普通高等教育“十一五”国家级规划教材
科学出版社“十三五”普通高等教育本科规划教材

植物基因工程实验技术指南

（第二版）

王关林　方宏筠　主编

科学出版社
北京

内 容 简 介

本书是新编写的系统阐述植物基因工程实验技术的学术专著，与本书编委会于2014年出版的《植物基因工程》理论书配套使用。全书共新增18章，新编写内容占全书的2/3以上。每个实验除详细叙述实验操作程序外，还设有实验解析：分析实验结果，指出关键技术，解释实验原理，从而培养实验者举一反三的创新能力，做到学以致用。同时本书还汇集了国内外近期研发的许多新成果、新技术，引入了最新的图表及近三年的文献，在附录中收集了植物基因工程实验相关的最新数据资料、目的基因结构功能及实验试剂等，以便使用。

本书是植物基因工程研究人员必备的实验手册，可作为植物基因工程研究的工具书，也可作为高等院校高年级生物技术专业本科生及硕士和博士研究生的实验参考教材。教师可根据教学大纲需要从中选择适当的实验内容灵活使用；也可作为学生参加课外科学研究活动、拓宽知识、激发兴趣、启蒙创新实践的实验指导书。

图书在版编目（CIP）数据

植物基因工程实验技术指南/王关林，方宏筠主编. —2版. —北京：科学出版社，2016

普通高等教育“十一五”国家级规划教材 科学出版社“十三五”普通高等教育本科规划教材

ISBN 978-7-03-049161-9

Ⅰ.①植… Ⅱ.①王… ②方… Ⅲ.①植物基因工程-实验-高等学校-教材 Ⅳ.①Q943.2-33

中国版本图书馆CIP数据核字（2016）第143474号

责任编辑：席 慧 / 责任校对：张怡君
责任印制：张 伟 / 封面设计：铭轩堂

科学出版社 出版
北京东黄城根北街16号
邮政编码：100717
http://www.sciencep.com
北京九州迅驰传媒文化有限公司印刷
科学出版社发行 各地新华书店经销
*
2016年8月第 二 版 开本：890×1240 1/16
2025年12月第七次印刷 印张：23 1/2
字数：760 000

定价：88.00元

（如有印装质量问题，我社负责调换）

《植物基因工程实验技术指南》（第二版）编委会名单

主　　编　王关林　方宏筠

副 主 编　朱延明　王傲雪　那　杰　胡银岗　杜　娟　王旭静　吴亮其　何俊娜　孙晓丽　李　威　端木慧子

编　　委（按姓氏笔画排序）

王小芳	清华大学
王旭静	中国农业科学院
王关林	辽宁师范大学
王傲雪	东北农业大学
方宏筠	辽宁师范大学
朱延明	东北农业大学
那　杰	辽宁师范大学
孙晓丽	黑龙江八一农垦大学
杜　娟	北京大学
李　威	Sangon Biotech (Shanghai) Co., Ltd.
李大力	南京理工大学
吴亮其	中国科学院大学
何俊娜	中国农业大学
闵东红	西北农林科技大学
张小红	西北农林科技大学
陈　亮	西北农林科技大学
陈秀玲	东北农业大学
罗红梅	中国医学科学院
赵春晖	辽宁师范大学
胡银岗	西北农林科技大学
夏　然	中国科学院遗传与发育生物学研究所
蒋　丹	辽宁出入境检验检疫局
端木慧子	东北农业大学

前　言

生物进化伴随着基因变异的轨迹缓缓而进。有性杂交育种是生物进化的高级阶段，也是自然界存在的转基因过程，但其仍然有着极大的随机性。基因工程是按照人们的愿望进行严密的设计，通过基因操作，有目的地改造生物种性，培育出符合人们需求的新品种及生产所需的产品。基因工程技术的建立，为人类改造生物开辟了崭新的途径，预示着生物进化史从自然进化发展到了人类改造自然的科学顶峰时期。植物基因工程技术将使整个生物界发生重大变革，孕育着巨大的产业潜力，为此，受到人们极大的关注。尽管目前对转基因植物的安全性还有争论，但是科学家深信：植物基因工程是一项给人类带来福祉的伟大技术，也是为农业谱写文明新篇章的技术，更是有望于解决全球粮食危机的技术。基因农业网2014年10月发布了一张主题为“转基因安全性结论”的信息图，图中选取了18家全球性权威机构对转基因作物和转基因食品的安全性所做出的科学论断。这些权威机构包括9家国际组织和9家国家机构，如世界卫生组织（WHO）、欧盟委员会（EC）、联合国粮食及农业组织（FAO）、毒理学学会（SOT）、美国国家科学院（NAS）、美国医学会（AMA）、英国皇家医学会和法国科学院等。他们的结论都表达了一个中心观点，即已经顺利通过科学评价的转基因作物和食品与传统种植的植物及其所制成的食品同样安全。这对转基因技术的产业化具有重大的推动作用。农业生物科技新时代已经来临，全球农业生物育种和产业化发展已进入战略机遇期。我国是发展中的农业大国，对植物基因工程技术高度重视，2008年投巨资启动了“十一五”和“十二五”植物基因工程育种专项，已对17种转基因植物发放了商品化生产许可。2015年08月28日农业部答复政协提案指出：“上市转基因食品都安全”。在2016年的中央一号文件中对植物基因工程产业的发展要求指出“大胆研发，谨慎推广”，已成为中央为转基因农作物商用的最新定调。在解读中央一号文件中再一次提出，在农业生物技术领域不能落伍，一定要抢占农业转基因技术的制高点，这将有力地推动我国植物基因工程产业的发展。

科技发展，人才为本。在20世纪90年代本书主编已出版了两部植物基因工程方面的专著，2008年承担编写“十一五”高等院校国家级规划教材《植物基因工程》的任务。该书是我国植物基因工程领域的第一本高等院校统编教材，于2009年由科学出版社出版后被中国科学院研究生院等多所大学遴选为本科高年级相关专业学生和研究生的教科书，使用多年来多次得到好评。为紧跟生物科技大时代的发展，导入近期植物基因工程的创新成果，作者在已出版的专著和“十一五”国家级规划教材的基础上，汇集近代的新理论、新技术及其产业化进展，分别重新编写论述植物基因工程理论和实验技术指南。2014年已出版了系统论述植物基因工程理论的新作《植物基因工程》，2016年编写这部系统阐述植物基因工程实验技术的新作《植物基因工程实验技术指南》，使之与理论书配套形成完整的植物基因工程理论技术体系。

本书保持了专著和第一版教科书的特点：以植物基因工程的操作程序为主线循序展开，逐渐深入，系统阐述了植物基因工程的实验技术。全书共设8篇38章：第一篇核酸提取技术、第二篇基因分离克隆技术、第三篇DNA重组及载体构建技术、第四篇目的基因遗传转化技术、第五篇转基因植物的检测鉴定、第六篇转基因植物的生物学特性及表观遗传学检测、第七篇生物信息学技术在植物基因工程中的应用、第八篇转基因植物的安全性评价检测。本书新编的主要内容：一是在第一篇中单独设立第4章，介绍了各种核酸提取物浓度、纯度及其定量的检测新技术；二是在第二篇中汇集了近期国内外植物基因分离克隆的新技术，建立了新的技术体系；三是在第三篇中详细阐述了近年来研发的DNA重组及载体构建新技术，如正负向选择克隆载体、转座子表达载体、不依赖基因序列和连接反应的克隆载体及目的基因定位整合表达载体等各种新载体的构建新技术；四是在第四篇中增加了第22章遗传转化新技术，详细介绍了叶绿体基因转化、基因敲除转化、基因编辑技术及其他遗传转化新技术；五是在第五篇中增加了第26章，介绍了当代转基因植物的检测新技术，如核酸生物传感器检测、侧向流动型免疫检测、色谱检测及毛细管电泳检测等；六是新增编了三篇，即第六篇转基因植物的生物学特性及表观遗传学检测、第七篇生物信息学技术在植物基因工程中的应用及第八篇转基因植物的安全性评价检测，首次汇集引入了这些领域内大量的新成果和新技术，反映了当今的研究进展。全书共新增 18 章，新编写内容占全书的 2/3 以上。此外，本书紧紧围绕植物基因工程实验技术的主题内容，突出植物特点，与相关学科既减少重复，又融会贯通。同时本书还引入了国内外近期研发的许多新图表，列出了近三年的文献，力求图文并茂，内容丰富，生动活泼，既具有较高的专业水平，又深入浅出，通俗易懂。每个实验除了详细叙述操作程序外，还设有实验解析：分析实验结果，指出关键技术，解释实验原理，从而培养实验者举一反三的创新能力。在附录中收集了植物基因工程实验相关的最新数据资料、目的基因结构功能及实验试剂等，以便使用。

因此，本书是植物基因工程研究人员必备的实验手册，也可作为高等院校高年级生物技术专业本科生及硕士和博士研究生的实验参考教材。教师可根据教学大纲需要从中选择适当的实验内容灵活使用，也是学生参加课外科学研究活动，拓宽知识，激发兴趣，启蒙创新实践的实验指导书。

《植物基因工程实验技术指南》是一部系统阐述植物基因工程实验技术，科学性、实践性和操作性很强的实验性著作。为提高本书的质量和水平，主编邀请了中国科学院大学、中国科学院遗传与发育生物学研究所、中国农业科学院、中国医学科学院、北京大学、清华大学、中国农业大学等国内十几个知名单位教学科研一线的中青年博士、副教授以上学者参加编写，汇集了他们的渊博学识和真知灼见。此外，为使本书的实验技术更紧贴实际应用，第一版书邀请了日本的 TAKARA Biotech（Dalian）Co. Ltd.［宝生物工程（大连）股份有限公司］参编，此次再版，本书又邀请了知名的生物工程公司 Sangon Biotech（Shanghai）Co. Ltd.［生工生物工程（上海）股份有限公司］的博士、研发专家参加编写，把公司的实践经验融入实验技术。参编的 20 多位博士、专家、教授大多数是留学回国人员，他们查阅了大量的最新文献资料，汇集了国内外植物基因工程的创新技术，并结合他们多年来的科研教学经验编写本书，其中多位作者的编写工作是 2016 年在国外留学及科学研究时完成的，使本书具有较高的专业水平，能与国际接轨，也反映了当今该领域的研究进展。他们（含参编部分内容的作者）分别负责编写的章节是：第一篇方宏筠、赵春晖、吴亮其、李威；第二篇杜娟、夏然、何俊娜、王小芳、罗红梅、李威、张天柱；第三篇朱延明、王傲雪、孙晓丽、陈秀玲、陈宏宇；第四篇王关林、那杰、张小红；第五篇朱延明、王傲雪、孙晓丽、张珍珠；第六篇胡银岗、闵东红、张小红、陈亮；第七篇朱延明、端木慧子；第八篇王旭静、李大力、蒋丹；附录及中英文名词（缩略）对照表王傲雪、陈宏宇。

本书的科学性、正确性及可操作性是十分重要的，作者已全力为之。尽管本书集成了我国三大"科学院"（中国科学院、中国农业科学院、中国医学科学院）和北京大学、清华大学等知名大学实验室的实验技术及国外的实验技术，引入了近期国内外该领域的研究新技术，如基因编辑 CRISPR \ CAs9 等，使本书既结合国内科研实际状况，又具有较高的专业水平，能与国际接轨。但是，由于植物基因工程实验具有基因型、生理性及环境性等高度专一的生命特性，而且书中列举的实验有一定的典型性、模式性和原理性，或是引用了研究者专一性科研中的实验操作，故读者在使用时要熟知实验原理、实验材料特性及操作条件，根据实际情况灵活应用。实验者可以根据实验目的、实验材料特性等实际情况，调整操作程序，设计新的实验方案。这也是本书的宗旨，为实验者的开拓创新，抛砖引玉。

本书编写过程中承蒙贾士荣和林忠平两位资深教授及我国多位知名植物基因工程科学家的鼓励和支持，引用了国内外许多科学家的著作、文献及科研成果，特别得到科学出版社领导及责任编辑席慧的鼎力相助和指导。在此一并表示衷心感谢。为减少书的篇幅，避免每章间文献的重复，又便于读者拓展次级文献查阅及体现本书的新颖性，在每篇后列出了部分近期的参考文献，请被引用文献而未列出的国内外作者见谅。

作者深知编写这本实验性的新作任务艰巨、责任重大，故邀请了国内十几个知名单位教学科研一线的中青年博士、副教授以上学者共同编写。他们各负其责，科学严谨，倍加努力，但囿于作者科研教学工作繁忙，时间紧迫，书中难免存在疏漏和不足之处，竭诚希望广大读者不吝赐教，予以斧正，不胜感激。

王关林

2016 年 2 月于大连

目　　录

前言

第一篇　核酸分离提取技术

第 1 章　微生物 DNA 提取技术 …… 2
实验 1-1　大肠杆菌质粒 DNA 提取 …… 2
1-1-1　质粒 DNA 小量常规提取法 …… 2
1-1-2　质粒 DNA 小量试剂盒提取法 …… 3
1-1-3　质粒 DNA 大量提取法 …… 5
实验 1-2　农杆菌 Ti 质粒 DNA 提取 …… 7
实验 1-3　农杆菌双元载体中 mini-Ti 质粒提取 …… 7
实验 1-4　M13 噬菌体 DNA 提取 …… 9
1-4-1　M13 噬菌体单链 DNA 提取 …… 9
1-4-2　M13 噬菌体 RF DNA 提取 …… 9
第 2 章　植物 DNA 提取 …… 10
实验 2-1　植物细胞总 DNA 提取 …… 10
2-1-1　可用于 PCR 的 DNA 微量制备 …… 10
2-1-2　SDS 法 …… 10
2-1-3　CTAB 法 …… 11
2-1-4　高盐法提取多糖类植物总 DNA …… 11
2-1-5　食用油中提取 DNA 的方法 …… 12
实验 2-2　植物核 DNA 提取 …… 13
2-2-1　核 DNA 的大量提取法 …… 13
2-2-2　核 DNA 微量提取法 …… 14
2-2-3　核 DNA 柱式抽提试剂盒法 …… 15
2-2-4　核 DNA 磁珠法抽提试剂盒法 …… 15
实验 2-3　植物叶绿体 DNA 提取 …… 17
2-3-1　密度梯度离心 DNase 处理法 …… 17
2-3-2　高盐低 pH 方法提取叶绿体 DNA …… 18
2-3-3　多糖类植物叶绿体 DNA 分离提取 …… 19
实验 2-4　植物线粒体 DNA 提取纯化 …… 20
第 3 章　植物 RNA 提取技术 …… 22
实验 3-1　植物总 RNA 提取 …… 22
3-1-1　异硫氰酸胍法 …… 22
3-1-2　苯酚法 …… 22
3-1-3　LiCl 沉淀法 …… 23
3-1-4　一步提取法 …… 23
3-1-5　植物总 RNA 提取纯化试剂盒法 …… 23
3-1-6　Fruit-mate™ for RNA purification 法 …… 24
3-1-7　RNAiso for polysaccharide-rich plant tissue 法 …… 25
3-1-8　TRIzol 法 …… 26
实验 3-2　总 RNA 中 mRNA 的分离提取 …… 27
3-2-1　层析法 …… 27
3-2-2　poly（A）mRNA 提取纯化试剂盒法 …… 27
3-2-3　Magnosphere™ UltraPure mRNA purification Kit 法 …… 28
实验 3-3　植物 microRNA 的提取分离 …… 29
3-3-1　microRNA 提取试剂盒法 …… 29
3-3-2　miRcute miRNA 提取分离试剂盒法 …… 30
第 4 章　核酸提取物纯度、浓度及定量检测 …… 32
实验 4-1　细菌 DNA 提取物纯度及浓度检测 …… 32
4-1-1　分光光度（紫外吸收）法 …… 32
4-1-2　琼脂糖凝胶电泳法 …… 32
实验 4-2　植物 DNA 提取物纯度及浓度检测 …… 33
4-2-1　分光光度（紫外吸收）法 …… 33
4-2-2　琼脂糖凝胶电泳法 …… 33
4-2-3　荧光光谱法 …… 33
实验 4-3　植物 RNA 提取物纯度及浓度检测 …… 34
4-3-1　分光光度（紫外吸收）法 …… 34
4-3-2　琼脂糖凝胶电泳法 …… 34
第一篇主要参考文献 …… 36

第二篇　基因分离克隆技术

第 5 章　目的基因的 PCR 扩增技术 …… 38
实验 5-1　cDNA 合成 …… 38
5-1-1　AMV 法 …… 38
5-1-2　M-MLV 法 …… 38
5-1-3　第一链 cDNA 合成试剂盒法 …… 39
实验 5-2　基因保守序列的 PCR 扩增 …… 40

5-2-1 一般的 PCR 方法 …… 40
5-2-2 PCR 酶试剂盒法 …… 40
5-2-3 PCR 反应要素 …… 41
5-2-4 PCR 反应条件：温度、时间和循环次数 …… 42
5-2-5 常用 PCR 反应试剂盒 …… 43
实验 5-3 反转录 PCR（RT-PCR）扩增技术 …… 44
5-3-1 植物总 RNA 提取 …… 44
5-3-2 反转录 PCR（RT-PCR）扩增 …… 44
5-3-3 一步法反转录 PCR（RT-PCR）试剂盒法 …… 45
实验 5-4 PCR 扩增产物的克隆 …… 46
5-4-1 平末端连接 …… 46
5-4-2 TA 克隆 …… 52
实验 5-5 反向 PCR（Reverse-PCR）…… 55
实验 5-6 实时荧光定量 PCR …… 55
5-6-1 样品 RNA 的抽提 …… 55
5-6-2 RNA 质量检测 …… 56
5-6-3 样品 cDNA 合成 …… 56
5-6-4 梯度稀释的标准品及待测样品的管家基因（β-actin）实时定量 PCR …… 56
5-6-5 制备用于绘制梯度稀释标准曲线的 DNA 模板 …… 57
5-6-6 待测样品的待测基因实时定量 PCR …… 57
5-6-7 实时定量 PCR 引物 …… 57
5-6-8 电泳 …… 57
5-6-9 实时荧光定量 PCR 试剂盒法 …… 57
实验 5-7 cDNA 末端快速扩增技术（RACE） …… 59
5-7-1 总 RNA 的提取 …… 59
5-7-2 反转录 PCR …… 59
5-7-3 RACE 方法扩增 3′端 …… 59
5-7-4 RACE 方法扩增 5′端 …… 60
第 6 章 基因芯片技术分离目的基因 …… 63
实验 6-1 制备芯片 …… 63
6-1-1 基片的制备 …… 63
6-1-2 点样探针的制备 …… 64
6-1-3 基因芯片点样 …… 64
实验 6-2 样品制备 …… 65
6-2-1 植物 RNA 提取 …… 65
6-2-2 检测提取的 RNA …… 65
6-2-3 纯化总 RNA（Qiagen 的 RNeasy Mini Kit 或 Micro Kit） …… 65
6-2-4 纯化总 RNA 的定量检测 …… 65
6-2-5 cDNA 合成 …… 65
6-2-6 纯化 cDNA（Affymetrix GeneChip Sample Cleanup Module） …… 66
6-2-7 cRNA 合成和纯化（GeneChip IVT Labeling Kit） …… 66
6-2-8 纯化 cRNA 的定量检测 …… 67
6-2-9 片段化 cRNA …… 67
实验 6-3 芯片杂交 …… 67
实验 6-4 芯片图像处理 …… 68
实验 6-5 芯片数据预处理 …… 69
实验 6-6 芯片差异表达基因分析 …… 69
实验 6-7 全基因克隆 …… 69
第 7 章 插入突变分离克隆目的基因 …… 71
实验 7-1 T-DNA 标签法 …… 71
7-1-1 T-DNA 载体的构建 …… 71
7-1-2 对转化后代进行表型分析 …… 71
7-1-3 对突变体进行遗传分析 …… 71
7-1-4 PCR 法分离 T-DNA 插入位点的侧翼序列 …… 71
7-1-5 证实 T-DNA 的插入导致表型的变异 …… 71
实验 7-2 转座子标签法 …… 71
7-2-1 农杆菌介导法把转座子导入目标生物体 …… 72
7-2-2 转座子的初步定位 …… 72
7-2-3 转座子插入突变的鉴定及分离 …… 72
7-2-4 转座子在目标生物体内的活动性能检测 …… 72
7-2-5 分离克隆目的基因 …… 72
实验 7-3 sAc/Ds 双系统法 …… 72
7-3-1 sAc 的转化植株和 Ds 的转化植株的获得 …… 72
7-3-2 转化株杂交，挑选杂合 sAc 和 Ds 的子一代植株 …… 73
7-3-3 Ds 在 sAc 产生的转位酶帮助下转座，产生表型突变株 …… 73
7-3-4 建立对应于变异株的基因文库或 cDNA 文库 …… 73
7-3-5 筛选对应的基因克隆并了解该基因的特征 …… 73
7-3-6 回复突变株的获得 …… 73
第 8 章 图位克隆目的基因 …… 74
实验 8-1 构建遗传作图群体 …… 74
实验 8-2 筛选连锁分子标记 …… 74
实验 8-3 突变基因的染色体初步定位 …… 75
实验 8-4 基因精细定位 …… 75

实验 8-5 构建基因组文库 …………………… 76
实验 8-6 利用分子标记筛选基因组文库 … 76
实验 8-7 PCR 扩增测序寻找突变位点 …… 76
实验 8-8 基因组高通量测序寻找突变位点 … 76
实验 8-9 验证克隆基因的正确性 ………… 77
第 9 章 基因文库技术分离目的基因………… 78
实验 9-1 cDNA 文库构建 ……………… 78
实验 9-2 BAC 文库构建 ………………… 80
实验 9-3 YAC 文库构建 ………………… 85
实验 9-4 TAC 文库构建 ………………… 89
第 10 章 差异表达基因的分离技术 ………… 92
实验 10-1 差别杂交与扣除杂交………… 92
10-1-1 原代目的基因培养 ………………… 92
10-1-2 总 RNA 提取 ……………………… 92
10-1-3 层析法分离提纯目的基因 ………… 92
10-1-4 制取 cDNA 探针 ………………… 92
10-1-5 cDNA 扣除文库的构建 …………… 92
10-1-6 cDNA 扣除文库的扩增及初步鉴定 … 94
实验 10-2 mRNA 差异显示技术（DDRT-PCR） ………………………………… 94
10-2-1 总 RNA 提取 ……………………… 94
10-2-2 RNA 样品中微量 DNA 的去除 …… 94
10-2-3 建立反转录归类反应体系 ………… 95
10-2-4 PCR 选择扩增 …………………… 95
10-2-5 差别条带的回收 ………………… 95
10-2-6 回收条带的 PCR 扩增 …………… 95
10-2-7 扩增产物的纯化 ………………… 96
实验 10-3 代表性差异（RAD）和抑制性扣除杂交（SSH） ……………… 96
10-3-1 总 RNA 提取 ……………………… 96
10-3-2 磁性球珠分离 mRNA …………… 96
10-3-3 抑制消减杂交文库的构建 ………… 96
10-3-4 载体的连接及转化 ……………… 98
10-3-5 插入片段长度的蓝白斑筛选与鉴定 … 98
10-3-6 菌体的培养与保存 ……………… 99
10-3-7 序列分析和序列提交 …………… 99
实验 10-4 交互扣除 RNA 差别显示技术（RSDD） ……………………… 99
10-4-1 扣除杂交………………………… 99
10-4-2 差异显示………………………… 99
10-4-3 表达分析 ………………………… 100
实验 10-5 随机引物 PCR 的 RNA 指纹法 … 100
10-5-1 RNA 的提取和制备 ……………… 100
10-5-2 总 RNA 的 DNase 处理 ………… 100
10-5-3 反转录及 PCR 扩增 ……………… 100
10-5-4 差异片段回收及克隆测序 ………… 101
第 11 章 功能蛋白组技术分离目的基因…… 102
实验 11-1 用于双向电泳分析的植物总蛋白提取及浓度测定 ……………… 102
11-1-1 酚法提取植物总蛋白……………… 102
11-1-2 三氯乙酸沉淀法提取植物总蛋白 … 103
11-1-3 植物总蛋白提取试剂盒法 ………… 103
11-1-4 Bradford 法测定蛋白质浓度 ……… 105
11-1-5 蛋白质浓度测定试剂盒法 ………… 105
实验 11-2 双向电泳分离目的蛋白 ……… 109
11-2-1 IPG 胶条的水合和等电聚焦 ……… 109
11-2-2 IPG 胶条的平衡…………………… 111
11-2-3 SDS-PAGE 电泳 ………………… 111
实验 11-3 双向电泳凝胶染色 ………… 111
11-3-1 考马斯亮蓝染色法………………… 111
11-3-2 SYPRO Ruby 染色法……………… 112
11-3-3 硝酸银（$AgNO_3$）染色法 ………… 112
11-3-4 考马斯亮蓝蛋白质染色试剂盒法 … 113
实验 11-4 用于质谱分析的多肽样品制备 … 113
第 12 章 酵母双杂交系统分离克隆目的基因 ………………………………… 116
实验 12-1 双杂交文库构建及筛选 ……… 116
实验 12-2 酵母双杂交文库筛选目的基因…… 117
12-2-1 通过酵母配对来筛选目的基因 …… 117
12-2-2 通过共转化的方法筛选目的基因 … 119
实验 12-3 分析阳性相互作用 ………… 120
12-3-1 营养缺陷型/报告基因表达/3AT 方法重测表型 ………………… 120
12-3-2 酵母双杂交相互作用基因的最终获得 ………………………………… 121
第二篇主要参考文献 …………………… 123

第三篇 DNA 重组及载体构建技术

第 13 章 目的基因克隆载体构建………… 126
实验 13-1 目的基因 PCR 扩增………… 126
实验 13-2 目的基因插入 T 载体 ……… 126
实验 13-3 目的基因与克隆载体的限制性酶切及回收 ……………… 127
13-3-1 平末端的限制性内切核酸酶单酶切 … 127
13-3-2 黏性末端的限制性内切核酸酶单酶切 ………………………………… 128
13-3-3 限制性内切核酸酶双酶切 ………… 128
13-3-4 试剂盒法回收酶切产物 ………… 129
13-3-5 采用乙醇沉淀法进行酶切产物的回收 ………………………………… 130

实验 13-4　目的基因与克隆载体的连接反应 …… 130
13-5　连接产物转化大肠杆菌感受态细胞 …… 131
13-5-1　化学法转化大肠杆菌感受态细胞 … 131
13-5-2　电击法转化大肠杆菌感受态细胞 … 132
实验 13-6　目的基因重组克隆载体的鉴定 … 132
13-6-1　重组克隆载体的 PCR 鉴定 ……… 132
13-6-2　重组克隆载体的酶切鉴定 ………… 133
13-6-3　菌落原位杂交鉴定重组克隆载体 … 133
13-6-4　α-互补实验鉴定重组克隆载体 …… 136
13-6-5　插入失活鉴定重组菌落 …………… 137
第 14 章　目的基因遗传转化载体构建 ……… 138
实验 14-1　一元转化系统的中间表达载体的构建 …… 138
14-1-1　共整合载体系统的中间表达载体构建 …… 138
14-1-2　拼接末端载体系统的中间表达载体构建 …… 139
实验 14-2　一元载体系统的中间表达载体导入农杆菌 …… 139
14-2-1　平板涂布法 …………………… 140
14-2-2　纤维素膜固定法 ………………… 141
实验 14-3　二元转化系统的中间表达载体构建 …… 141
实验 14-4　二元载体系统的中间表达载体导入农杆菌 …… 142
14-4-1　三亲本杂交法转化农杆菌 ……… 143
14-4-2　冻融法直接转化农杆菌 ………… 143
14-4-3　电转化法直接转化农杆菌 ……… 144
第 15 章　其他遗传转化载体构建 ………… 146
实验 15-1　发根农杆菌 Ri 遗传转化载体构建 …… 146
实验 15-2　病毒表达载体构建 …………… 147
实验 15-3　Tag 融合表达的遗传转化载体构建 …… 148
15-3-1　直接构建 Tag 融合表达的遗传转化载体 …… 148
15-3-2　通过中间载体构建 Tag 融合表达的遗传转化载体 ………… 149
实验 15-4　多基因遗传转化表达载体构建…… 150
15-4-1　融合基因表达法构建多基因表达载体 …… 151
15-4-2　利用普通限制性酶构建多基因独立表达载体 …… 152
15-4-3　利用同尾酶构建多基因独立表达载体 …… 154
第 16 章　组织特异表达载体构建 ………… 158
实验 16-1　组织特异性启动子与质粒 DNA 的酶切及回收 ………… 158
实验 16-2　组织特异性启动子与载体 DNA 的连接 ………… 158
实验 16-3　根特异性表达载体构建 ……… 159
实验 16-4　种子特异性表达载体构建 …… 160
第 17 章　DNA 重组及特异载体构建新技术 … 161
实验 17-1　DNA 重组新技术 ……………… 161
17-1-1　重组融合 PCR 法 ……………… 161
17-1-2　USER 酶克隆技术 ……………… 162
17-1-3　辅助交配遗传整合型克隆 ……… 163
17-1-4　无缝克隆技术 ………………… 163
17-1-5　TALE 技术 …………………… 165
17-1-6　Gateway 技术…………………… 166
17-1-7　TOPO 克隆技术 ……………… 167
实验 17-2　特异载体构建新技术 ………… 168
17-2-1　DNA 共转化及表达载体的正负向选择克隆载体构建 ………… 168
17-2-2　转座子表达载体构建 …………… 168
17-2-3　不依赖基因序列和连接反应的克隆载体构建 ………… 169
17-2-4　目的基因定位整合表达载体构建 … 170
第三篇主要参考文献 ………………… 172

第四篇　目的基因遗传转化技术

第 18 章　根癌农杆菌 Ti 质粒介导转化目的基因 ………… 174
实验 18-1　整体植株及组织器官接种根癌农杆菌诱发冠瘿瘤 ………… 174
18-1-1　开放性整体植株诱发冠瘿瘤 ……… 174
18-1-2　无菌整体植株诱发冠瘿瘤 ………… 174
18-1-3　无菌外植体诱发冠瘿瘤 ………… 174
实验 18-2　冠瘿瘤的离体培养及植株再生 … 175
实验 18-3　农杆菌叶盘法转化 ……………… 175
18-3-1　农杆菌培养基菌液直接侵染法 …… 175
18-3-2　植物组织培养基菌液间接侵染法 … 176
18-3-3　*cpti* 基因叶盘法转化甘蓝 ……… 176
实验 18-4　植物悬浮细胞与农杆菌共培养转化 ………… 177
实验 18-5　植物原生质体与农杆菌共培养转化 ………… 178

第 19 章 发根农杆菌 Ri 及病毒质粒介导转化目的基因 …… 180
实验 19-1 发根农杆菌整体植株接种及离体器官共培养诱发毛状根 …… 180
实验 19-2 毛状根的离体培养及植株再生 … 180
实验 19-3 发根农杆菌介导的目的基因转化 …… 181
实验 19-4 病毒介导外源基因转化 …… 182
19-4-1 病毒接种法 …… 182
19-4-2 农感染型质粒介导法（agroinfection） …… 182
第 20 章 直接导入法转化目的基因 …… 183
实验 20-1 基因枪转化外源基因 …… 183
实验 20-2 PEG 介导基因转化 …… 184
实验 20-3 电激诱导基因转化 …… 185
实验 20-4 显微注射导入外源基因 …… 186
实验 20-5 激光转化外源基因 …… 186
实验 20-6 超声波转化外源基因 …… 187
20-6-1 烟草叶片超声波转化 …… 187
20-6-2 玉米幼胚愈伤组织超声波转化 …… 188
实验 20-7 脂质体转化外源基因 …… 188
20-7-1 自制转化脂法 …… 189
20-7-2 使用商品转化脂方法 …… 189
第 21 章 种质系统介导转化目的基因 …… 191
实验 21-1 花粉粒媒体介导外源基因转化 … 191
21-1-1 花粉粒与 DNA 混合授粉法 …… 191
21-1-2 花粉培养法 …… 191
21-1-3 柱头切除法 …… 191
21-1-4 花粉粒转化法 …… 191
实验 21-2 子房注射导入外源基因 …… 192
实验 21-3 穗鞘腔浸泡导入外源基因 …… 192
实验 21-4 种子浸泡导入外源基因 …… 192
第 22 章 遗传转化新技术 …… 194
实验 22-1 叶绿体基因转化 …… 194
实验 22-2 基因敲除转化 …… 195
22-2-1 RNA 干扰转化 …… 195
22-2-2 siRNA 的设计及转染真核细胞 …… 199
实验 22-3 基因编辑及其遗传转化技术 … 201
22-3-1 基因组定点编辑技术概述 …… 201
22-3-2 CRISPR/Cas 系统的作用机制 …… 202
22-3-3 CRISPR/Cas 系统的类型及其特性 … 202
22-3-4 CRISPR/Cas 系统的基本操作程序 … 203
22-3-5 CRISPR/Cas 系统的功能及其应用 … 204
22-3-6 CRISPR/Cas 的遗传转化系统及其实验 …… 205
第四篇主要参考文献 …… 217

第五篇 转基因植物的检测鉴定

第 23 章 标记基因及报告基因表达检测 …… 220
实验 23-1 冠瘿碱检测 …… 220
23-1-1 胭脂碱、章鱼碱检测 …… 220
23-1-2 农杆碱、甘露碱检测 …… 221
实验 23-2 NPT-Ⅱ活性检测 …… 221
23-2-1 点渍法 …… 222
23-2-2 纸层析法 …… 223
23-2-3 非变性聚丙烯酰胺凝胶电泳法 …… 223
实验 23-3 GUS 活性检测 …… 224
23-3-1 组织化学染色法 …… 225
23-3-2 荧光测定法 …… 225
23-3-3 比色测定法 …… 228
实验 23-4 Cat 活性检测 …… 228
23-4-1 DTNB 比色法 …… 228
23-4-2 薄层层析法 …… 229
23-4-3 试剂盒法 …… 230
实验 23-5 Pat 活性检测 …… 231
23-5-1 DTNB 比色法 …… 231
23-5-2 薄层层析法 …… 232
实验 23-6 Dhfr 活性检测 …… 232
实验 23-7 萤光素酶活性检测 …… 232
23-7-1 光自显影定性检测 …… 233
23-7-2 光分析定量检测 …… 233
第 24 章 外源基因整合及其特性的检测鉴定 …… 235
实验 24-1 转基因植物的 Southern 杂交检测 …… 235
24-1-1 用作探针的核酸片段的制备 …… 235
24-1-2 ^{32}P 同位素标记探针的制备、纯化及效率检测 …… 235
24-1-3 生物素标记探针的制备、纯化及效率检测 …… 238
24-1-4 地高辛标记探针的制备、纯化及效率检测 …… 239
24-1-5 植物基因组 DNA 的大量提取及纯化 …… 240
24-1-6 植物基因组 DNA 的限制性酶切及纯化 …… 241
24-1-7 酶切产物的电泳及转移用膜和凝胶的准备 …… 241
24-1-8 转膜及固定 …… 242
24-1-9 探针杂交及信号检测 …… 242
实验 24-2 外源基因整合的 PCR-Southern 杂交检测 …… 243
实验 24-3 外源基因整合的拷贝数检测 … 243

24-3-1 利用 Southern blot 检测转基因植物中外源基因的拷贝数 …… 243
24-3-2 利用 real-time PCR 检测转基因植物中外源基因的拷贝数 …… 244
24-3-3 利用原位杂交检测转基因植物中外源基因的拷贝数 …… 245
实验 24-4 外源基因整合位点检测 …… 246
24-4-1 反向 PCR 检测外源基因整合位点 …… 246
24-4-2 交错式热不对称 PCR 检测外源基因整合位点 …… 247
第 25 章 外源基因表达的检测鉴定 …… 249
实验 25-1 外源基因表达的 Northern 杂交检测 …… 249
25-1-1 植物总 RNA 提取 …… 249
25-1-2 杂交探针制备 …… 249
25-1-3 Northern 杂交 …… 250
实验 25-2 外源基因表达的 RT-PCR 检测 …… 251
实验 25-3 外源基因表达的 mRNA 原位杂交 …… 251
实验 25-4 外源基因表达的 ELISA 检测 …… 253
实验 25-5 外源基因表达的 Western 杂交检测 …… 254
第 26 章 转基因植物检测新技术 …… 256
实验 26-1 生物传感器 …… 256
26-1-1 表面等离子共振生物传感器 …… 256
26-1-2 压电式晶体管生物传感器 …… 258
26-1-3 电化学发光 PCR 方法 …… 260
实验 26-2 侧向流动型免疫检测 …… 261
实验 26-3 转基因植物表达产物色谱检测 …… 263
实验 26-4 转基因植物毛细管电泳检测 …… 263
第五篇主要参考文献 …… 265

第六篇 转基因植物的生物学特性及表观遗传学检测

第 27 章 转基因植物的遗传特性检测 …… 268
实验 27-1 转基因植物的（非）孟德尔遗传规律检测 …… 268
实验 27-2 转基因植物的纯（嵌）合性检测 …… 268
实验 27-3 转基因植物的遗传稳定性检测 …… 269
第 28 章 转基因植物目的性状检测及其生理生化指标分析 …… 271
实验 28-1 转基因植物目的性状及其变异检测 …… 271
28-1-1 转基因植物目的性状检测 …… 271
28-1-2 转基因植物变异性状检测 …… 272
实验 28-2 抗逆转基因植物目的性状的生理指标分析 …… 273
28-2-1 叶片相对含水量（RWC）测定 …… 273
28-2-2 叶片相对电导率测定 …… 274
28-2-3 叶绿素含量测定 …… 274
28-2-4 净光合速率（Pn）、蒸腾速率（Tr）及水分利用效率测定（WUE） …… 274
实验 28-3 抗逆转基因植物生化指标检测与分析 …… 275
28-3-1 可溶性蛋白含量测定 …… 275
28-3-2 游离脯氨酸含量测定 …… 276
28-3-3 脱落酸（ABA）含量测定 …… 276
28-3-4 丙二醛（MDA）含量测定 …… 277
28-3-5 植物逆境保护酶（SOD、CAT、POD）活性测定 …… 278
实验 28-4 抗逆转基因植物目标性状鉴定与评价 …… 280
28-4-1 转基因植物的抗旱性鉴定 …… 280
28-4-2 转基因植物的耐盐性鉴定 …… 281
28-4-3 转基因植物耐寒性鉴定 …… 282
28-4-4 转基因植物耐热性鉴定 …… 284
第 29 章 转基因植物的遗传多样性检测 …… 285
实验 29-1 转基因植物的 RFLP 检测 …… 285
实验 29-2 转基因植物的 RAPD 检测 …… 286
实验 29-3 转基因植物的 SSR 检测 …… 287
第 30 章 转基因植物的表观遗传学检测 …… 289
实验 30-1 转基因植物染色质的免疫沉淀实验 …… 289
实验 30-2 转基因植物的甲基化敏感扩增多态性（MSAP） …… 290
实验 30-3 转基因植物 DNA 甲基化改变的变性梯度胶电泳检测 …… 291
第六篇主要参考文献 …… 293

第七篇 生物信息学技术在植物基因工程中的应用

第 31 章 基因分离克隆中的生物信息学技术 …… 296
实验 31-1 基因 PCR 引物设计及评价 …… 296
实验 31-2 基因电子克隆中的 BLAST 比对搜索 …… 299
实验 31-3 基因电子延伸中的序列拼接组装 …… 303
31-3-1 使用 CAP3 进行序列拼接组装 …… 303

31-3-2 使用DNAMAN进行序列拼接组装 …… 303

第32章 基因结构和功能分析中的生物信息学技术 …… 307

实验32-1 基因多序列比对分析 …… 307

实验32-2 基因的分子进化分析 …… 307

实验32-3 基因的完整性分析 …… 310

实验32-4 基因中motif的识别与分析 …… 313

第33章 基因表达分析中的生物信息学技术 …… 316

实验33-1 基因表达仓库（GEO）中数据的获得 …… 316

实验33-2 差异表达基因的筛选 …… 316

实验33-3 差异表达基因的聚类分析 …… 321

第34章 蛋白质结构功能分析中的生物信息学技术 …… 324

实验34-1 蛋白质结构与功能数据库检索 …… 324

实验34-2 蛋白质二级结构预测 …… 325

实验34-3 蛋白质三级结构预测 …… 327

第七篇主要参考文献 …… 330

第八篇 转基因植物的安全性评价检测

第35章 转基因植物的环境安全性评价 …… 332

实验35-1 转基因植物的生存竞争性实验 …… 332

实验35-2 转基因植物的杂草性实验 …… 332

实验35-3 转基因植物对靶标生物的影响 …… 333

实验35-4 转基因植物基因飘流检测 …… 334

第36章 转基因植物对土壤微生物群落的影响 …… 335

实验36-1 转基因植物对根圈细菌种群生态的影响 …… 335

36-1-1 稀释平板计数法 …… 335

36-1-2 Biolog ECO平板法 …… 335

实验36-2 转基因植物对土壤微生物群落多样性的影响 …… 336

实验36-3 转基因植物外源基因在土壤微生物中漂移检测 …… 337

第37章 转基因植物的营养学及过敏性检测 …… 338

实验37-1 转基因植物的营养学检测 …… 338

37-1-1 转基因大豆油成分分析检测 …… 338

37-1-2 转基因玉米胰蛋白酶抑制剂抗营养因子的安全性分析 …… 339

实验37-2 转基因植物表达蛋白的模拟胃肠道消化检测 …… 340

实验37-3 转基因植物中外源蛋白的过敏性分析 …… 343

第38章 转基因植物的毒理学检测 …… 345

实验38-1 转基因植物的急性毒性试验 …… 345

实验38-2 转基因植物的慢性毒性试验 …… 345

实验38-3 转基因植物的细胞毒性试验 …… 347

第八篇主要参考文献 …… 348

中英文名词缩写对照 …… 349

附 录

附录1 主要溶液及缓冲液的配制 …… 352

1-1 质粒提取试剂 …… 352

1-2 DNA提取溶液 …… 352

1-3 电泳溶液 …… 352

1-4 酵母转化试剂 …… 352

1-5 分子杂交试剂 …… 352

1-6 蛋白质电泳试剂 …… 353

1-7 磷酸盐缓冲液 …… 353

1-8 Tris-HCl缓冲液 …… 354

附录2 常用培养基的配制 …… 354

2-1 大肠杆菌LB培养基 …… 354

2-2 蓝白斑筛选培养基 …… 354

2-3 酵母YPD培养基 …… 354

2-4 酵母SC-U基本培养基 …… 354

2-5 酵母SC-U诱导培养基 …… 354

2-6 农杆菌培养基 …… 354

附录3 常用抗生素的配制及使用浓度 …… 355

3-1 卡那霉素 …… 355

3-2 氨苄西林 …… 355

3-3 潮霉素 …… 355

3-4 头孢菌素类 …… 355

附录4 常用相对分子质量标准 …… 355

附录5 常用的测量单位及摩尔数与重量间的换算 …… 356

5-1 常用的测量单位 …… 356

5-2 摩尔数与重量间的换算 …… 356

附录6 DNA片段分子质量及其量与质量的换算 …… 356

附录7 凝胶浓度的有效分离范围 …… 357

7-1 不同浓度琼脂糖凝胶的分离范围 …… 357

7-2 不同浓度SDS-PAGE胶的分离范围 …… 357

附录8 转基因植物主要目的基因、表达蛋白和目的性状 …… 357

8-1 目的性状为抗病菌类基因 …………… 357
8-2 目的性状为抗虫类基因 ………………… 357
8-3 目的性状为抗除草剂类基因 ………… 357
8-4 目的性状为品质改良类基因 ………… 357
8-5 目的性状为抗旱类基因 ………………… 358
8-6 目的性状为抗盐碱类基因 …………… 358
8-7 目的性状为抗低温类基因 …………… 358
8-8 目的性状为养分高效利用类基因 …… 358
8-9 目的性状为次生代谢类基因 ………… 358
8-10 目的性状为生物反应器类基因 …… 358
8-11 目的性状为雄性不育类基因 ……… 358
8-12 目的性状为筛选类基因 …………… 358
附录 9 植物基因组大小及拷贝数计算方法 … 358
9-1 基因 DNA 定量测定 ………………… 358
9-2 常见植物的基因组大小和质量 ……… 358
附录 10 我国转基因生物安全管理法规 …… 360
10-1 我国转基因生物安全管理机构 …… 360
10-2 我国转基因生物安全管理法规 …… 360
附录 11 植物基因工程实验守则 …………… 360
附录 12 植物基因工程实验报告的基本内容和要求 …………………………………… 361

第一篇

核酸分离提取技术

核酸是生命的遗传物质，包括DNA和RNA。DNA是遗传信息的载体，也是最重要的生物信息分子。RNA也是一种遗传物质，其主要是DNA转录的表达信息分子。因此，核酸的分离提取被视为基因工程实验技术中最重要、最基本的操作。在植物基因工程研究中，获得高质量的DNA和RNA是进行目的基因分离克隆、基因转化及转基因植物检测等后续工作的前提和保证，故其重要性毋庸置疑。

高质量DNA提取物需要满足如下要求：DNA结构完整；无蛋白质、多糖及RNA等其他大分子污染；提取的DNA中不含对酶有抑制作用的有机溶剂及高浓度的金属离子。经过几十年的研究，DNA的提取已有众多方法。不同方法适用于不同的实验材料和实验目的。本篇分别阐述微生物和植物中DNA和RNA提取技术及其注意事项。

第1章 微生物DNA提取技术

实验1-1 大肠杆菌质粒DNA提取

【实验目的】

植物基因工程分离克隆的目的DNA都要与大肠杆菌中的质粒DNA重组，构建克隆载体、中间载体及表达载体等，并保存在大肠杆菌中。为此，大肠杆菌质粒DNA提取技术是分子生物学和植物基因工程的基础技术。从大肠杆菌中提取的质粒DNA可用于载体构建、基因分离、目的片段亚克隆、重组体鉴定等分子操作，也可供植物基因转化使用，如花粉管导入、子房注射、基因枪等直接导入法。根据提取量可分为小量提取法和大量提取法，但是这两种方法的基本实验材料和实验试剂有一定的共同性和差异性。

【实验材料】

含所需质粒DNA的大肠杆菌。

1-1-1 质粒DNA小量常规提取法

【实验试剂】

（1）STE：0.1mol/L NaCl，10mmol/L Tris-HCl（pH8.0），1mmol/L EDTA（pH8.0）。高压蒸汽灭菌后于4℃储存。

（2）溶液Ⅰ：50mmol/L 葡萄糖，25mmol/L Tris-HCl（pH8.0），10mmol/L EDTA（pH8.0），高压蒸汽灭菌15min，于4℃储存。

（3）溶液Ⅱ：0.2mol/L NaOH，1% SDS（新鲜配制）。

（4）溶液Ⅲ：5mol/L KAc 60ml，冰醋酸11.5ml，dH_2O 28.5ml（pH4.8）。也可以按KAc 29.4g，冰醋酸11.5ml，加蒸馏水至100ml配制。

注：实验中的常规试剂，如Tris-HCl（pH8.0），平衡酚、酚/氯仿/异戊醇（25∶24∶1）、氯仿/异戊醇（24∶1）、水饱和乙醚、无水乙醇、70%乙醇、异丙醇、3mol/L 乙酸钠、10mol/L 乙醇胺、RNase、TE、TAE、TBE等及常用培养基如LB、YEB等配方见附录，不在此赘述。

【实验操作】

（1）从LB平板上挑取单菌落，接种于5ml附加相应抗生素的LB液体培养基中，37℃条件下250r/min振荡培养过夜（至对数生长后期）。

（2）取1.2～1.5ml菌液移至1.5ml无菌Eppendorf管中，12 000r/min离心30s，弃去上清液，必要时可再离心30s，弃去上清液。

（3）加入1ml STE溶液，涡旋振荡重悬菌体。12 000r/min离心30s，弃去上清液，用无菌吸水纸条吸去管壁上的液滴。

（4）重复（3）操作1次。

（5）向离心管内加入100μl冰冷的溶液Ⅰ，涡旋振荡悬浮菌体。

（6）加入200μl新配制的溶液Ⅱ，迅速盖严离心管盖，快速颠倒（千万不要振荡）离心管5次，室温放置5min。

（7）向离心管中加入150μl溶液Ⅲ，颠倒离心管10次，置冰水浴中5～10min，12 000r/min离心10min。

（8）将上清液转入1.5ml无菌Eppendorf管中，加入1/10体积RNase，37℃保温1h至过夜。

（9）分别用1倍体积的Tris平衡酚、酚/氯仿、氯仿各抽提1次，每次抽提后均于12 000r/min离心5min，仔细吸取上层水相。

（10）将氯仿抽提后的上层水相转入无菌Eppendorf管，加入1倍体积的水饱和乙醚，颠倒混匀，12 000r/min离心5min。取下层水相，转入无菌Eppendorf管中，打开离心管盖，置68℃水浴5min，以除去残留的乙醚。

（11）冷却至室温，加入2倍体积无水乙醇，−20℃放置30min（或加入2/3体积异丙醇，混匀，立即离心）。

（12）4℃下12 000r/min离心10min，弃去上清液，用无菌吸水纸条吸去管壁上的液滴。

（13）用500μl 70%乙醇洗沉淀1～3次，空气中干燥。

（14）加入适量（10～20μl）TE溶解质粒DNA。电泳检测纯度，紫外吸收法测定含量（详见第4章）。

【实验解析】

（1）本法可获高拷贝数质粒DNA 1μg。所提质粒DNA无需纯化可直接用于限制性酶切、载体构建、目的片段亚克隆、Southern印迹等。

(2) 对所提质粒DNA的质量要求不是十分严格时，粗提中的步骤（3)、(4）可省去。

(3)“实验操作”的步骤（8）后可直接进行限制酶消化，所提质粒可以切开。

(4) 抽提中的“实验操作”的步骤（10）可以省去。

(5) 为节约提取的操作时间，可在最后所提的质粒DNA样品溶液中加入1/20体积的10mg/ml的RNase，混匀后于－4℃保存，在保存过程中样品中的RNA被逐渐降解。也可以在步骤（5）后加入RNase，然后进行菌体裂解。

(6) 从10ml菌液中提取时使用量如下：200μl溶液Ⅰ、400μl溶液Ⅱ、300μl溶液Ⅲ。

(7) 提取大于15kb的大质粒请使用去污剂法。

1-1-2 质粒DNA小量试剂盒提取法

1-1-2-1 柱式质粒DNA小量抽提试剂盒法

【实验试剂】

SanPrep柱式质粒DNA小量抽提试剂盒［生工生物工程（上海）股份有限公司］，产品编号B518191：buffer P1，buffer P2，buffer P3，buffer DW1，wash solution，elution buffer，RNase A，VisualLyse。

【实验操作】

(1) 目标菌株培养。在含合适抗生素的培养基中接种目标菌株，于37℃摇床充分振荡培养12～16h。

(2) 菌体收集。

①对于高拷贝质粒，取1.5～5ml菌液，于室温，8000g离心2min收集菌体，倒尽或吸干培养基。对于高拷贝质粒，从5ml过夜菌液中通常可以获得超过20μg质粒DNA，不推荐使用更大的菌液量。

②对于低拷贝质粒，如果使用更多的菌液，则同一个样品分多管收集，每管不超过5ml，分别裂解，合并同一个样品的各管裂解液通过同一个吸附柱来获得更高的得率。

(3) 菌体重悬。

①在菌体沉淀中加入250μl buffer P1（buffer P1首次使用时请按说明书加入RNase A)，吸打或振荡至彻底悬浮菌体。

②如果使用VisualLyse，则在加入250μl buffer P1后再加入1μl VisualLyse，振荡混匀。VisualLyse需在临用前加入，直接加入buffer P1中出现浑浊为正常现象。

(4) 菌体裂解。

①加入250μl buffer P2，立即温和颠倒离心管5～10次混匀，室温静置2～4min。裂解时间与菌量相关，菌量多则适当延长时间，最长不能超过5min。

②如果使用了VisualLyse，则溶液呈现均匀的蓝色表示混匀良好，如果出现白色团块，则提示菌体可能过量，宜选用更少的菌液重新开始。

(5) 中和。

①加入350μl buffer P3，立即温和颠倒离心管5～10次充分混匀。

②加入buffer P3后，离心管中会立即出现大量白色絮状沉淀，如果使用了VisualLyse，则溶液由蓝色重新变为无色，有蓝色残留提示混匀不彻底，继续混合至蓝色全部消失。

③如果起始菌液较多，混匀后室温静置2min以彻底去除RNA。

(6) 于离心机最大转速（≥12 000g）离心5～10min，将上清全部小心移入吸附柱，9000g离心30s。倒掉收集管中的液体，将吸附柱放入同一个收集管中。

(7) 在吸附柱中加入500μl去蛋白液buffer DW1，9000g离心30s。倒掉收集管中的液体，将吸附柱放入同一个收集管中。

(8) 向吸附柱中加入500μl wash solution（首次使用前请按说明书加4倍体积的无水乙醇)，9000g离心30s。倒掉收集管中的液体，将吸附柱放入同一个收集管中。

(9) 重复步骤（8）一次。

(10) 将空吸附柱和收集管放入离心机，9000g离心1min。

(11) 在吸附膜中央加入50～100μl elution buffer，室温静置1～2min，9000g离心1min。将所得到的质粒DNA溶液置于－20℃保存或用于后续实验。

【实验解析】

1）未提出质粒或质粒得率较低

(1) 大肠杆菌老化。请涂布平板培养后，重新挑选单菌落进行液体培养。

(2) 菌体中无质粒。有些质粒本身不能在某些菌种中稳定存在，经多次转接后有可能造成质粒丢失。例如，柯斯质粒在大肠杆菌中长期保存不稳定，因此不要频繁转接，每次接种时应接种单菌落。另外，检查筛选用抗生素的使用浓度是否正确。

（3）碱裂解不充分。使用过多菌体培养液，会导致菌体裂解不充分，可减少菌体用量或增加 buffer P1、buffer P2 和 buffer P3 的用量。

（4）溶液使用不当。buffer P2 和 buffer P3 在温度较低时可能出现浑浊，应置于 37℃温浴直至溶解，待冷却至室温后使用。

（5）吸附柱过载。不同产品中吸附柱吸附能力不同，如果需要提取的质粒量很大，请分多次提取。若用富集培养基（如 SOC 或 SOB）或宿主菌生长率较高，则须减少菌液用量。

（6）乙醇残留。漂洗液洗涤后应离心尽量去除残留液体，再加入洗脱缓冲液。

（7）洗脱液加入位置不正确。洗脱液应加在硅胶膜中心部位以确保洗脱液可以完全覆盖硅胶膜的表面达到最大洗脱效率。

（8）洗脱体积太小。洗脱体积对回收率有一定影响。随着洗脱体积的增大回收率增高，但质粒浓度降低。为了得到较高的回收率可以增大洗脱体积。

（9）洗脱时间过短。洗脱时间对回收率也会有一定影响。洗脱时放置 1min 可达到较好的效果。如果是低拷贝质粒或质粒大于 8kb 时，可以分两次洗脱，并且对于大的质粒延长放置时间，让 DNA 完全溶解后再洗脱，可以提高洗脱效率。

（10）溶液失效。buffer P2 长期暴露在空气中容易失效，请每次使用完后，立即盖紧瓶塞，以免失效，造成碱裂解不充分。

2）质粒纯度不高

（1）混有蛋白。不要使用过多菌体。经 buffer P1、buffer P2 和 buffer P3 处理，离心后溶液应为澄清的，如果还混有微小蛋白悬浮物可再次离心，并延长离心时间，完全沉淀蛋白后再取上清到吸附柱中。

（2）混有 RNA。RNase A 处理不彻底，请减少菌体用量或加入 buffer P3 后室温再延长放置时间 5～10min。如果 buffer P1 已保存 6 个月以上，请在 buffer P1 中再添加终浓度为 20μg/ml 的 RNase A。

（3）混有基因组 DNA。加入 buffer P2 后应温和混匀，如果剧烈振荡，可能把基因组 DNA 打断从而混杂在质粒中。如果加入 buffer P2 后过于黏稠，无法温和混匀，请减少菌体用量。细菌培养时间过长会导致细胞内 DNA 的降解，培养时间不要超过 16h。

（4）含大量核酸酶的宿主菌。BL21 和 HB101 等 End A^+ 宿主菌含大量核酸酶，在质粒提取和保存过程中可能导致质粒 DNA 降解，影响提取质粒 DNA 的完整性，对于这些宿主菌请在操作过程中使用去蛋白液 DW1。

（5）质粒的二聚体和多聚体形式。质粒复制过程中形成的，与宿主菌相关，电泳可检测出多条条带，单酶切处理后可变成单一条带。

3）如何选择最合适的洗脱体积

SanPrep 质粒试剂盒具有优秀的洗脱效率，通常情况下，使用 50μl 洗脱液进行洗脱，回收率能达到 85%，使用小于 40μl 进行洗脱时，质粒浓度提高，但总得率明显下降，而使用超过 100μl 洗脱液进行洗脱，质粒得率增加不多，但浓度明显下降。实验时可以根据后续实验的需要进行选择。通常来说，如果预期质粒产量较低，则使用更少的洗脱液以保证得到的质粒浓度不至于过低，如果预期质粒产量较高，则可以使用更多的洗脱液进行洗脱。

1-1-2-2 磁珠质粒 DNA 小量抽提试剂盒法

【实验试剂】

磁珠法质粒 DNA 小量抽提试剂盒［生工生物工程（上海）股份有限公司］，产品编号 B518791：buffer MP1，buffer MP2，buffer MP3，PureMag Beads，buffer MPB，TE buffer（pH8.0），RNase A。

【实验操作】

（1）在含合适抗生素的培养基中接种目标菌株，于 37℃摇床充分振荡培养 12～16h。

（2）菌体收集。

①对于高拷贝质粒，取 1～2ml 菌液，于室温，8000*g* 离心 2min 收集菌体，倒尽或吸干培养基。对于高拷贝质粒，从 2ml 过夜菌液中通常可以获得超过 15μg 质粒 DNA，不推荐使用更大的菌液量。

②对于低拷贝质粒，如果使用更多的菌液，则同一个样品分多管收集，每管不超过 5ml，分别裂解，然后用同一批 PureMag Beads 吸附质粒 DNA 获得更高的得率。

（3）向菌体沉淀中加入 200μl buffer MP1（buffer MP1 首次使用时请加入 RNase A），吸打或振荡至彻底悬浮菌体。

（4）加入 250μl buffer MP2，立即温和颠倒离心管 5～10 次混匀，室温静置 3～5min 至完全裂解。

（5）加入 200μl buffer MP3，立即温和颠倒离心管 5～10 次充分混匀。

（6）于离心机最大转速（≥12 000r/min）离心 5～10min，小心吸取 600μl 上清并转移至新的

1.5ml离心管中，然后向上清液中加入与上清等体积的buffer MPB和25μl PureMag Beads，温和吸打混匀，室温静置1min。加PureMag Beads之前，请将其充分混匀。

(7) 将离心管置于磁力架上5min，待PureMag Beads完全吸至管壁上之后，吸弃上清，然后从磁力架上取出离心管。

(8) 向离心管中加入900μl 70%乙醇，缓慢吸打混匀，将离心管置于磁力架上1min，待PureMag Beads完全吸至管壁上之后，吸弃上清，从磁力架上取出离心管。吸弃上清前，若管口粘有少量PureMag Beads，请用上清液将其洗至离心管内，以确保所有PureMag Beads吸附至管壁上。

(9) 重复步骤(8)一次，室温开盖干燥15~20min或者55℃恒温箱中开盖干燥5~7min至管内无液体残留。干燥前，请尽量将管内液体吸干。

(10) 加入50~100μl的TE buffer (pH 8.0)，65℃水浴5~10min，间或混匀。

(11) 取出离心管并置于磁力架上1min，待PureMag Beads完全吸至管壁上之后，吸取上清至新的离心管，即获得纯的质粒DNA。

【实验解析】

1) 未提出质粒或质粒得率较低

(1) 碱裂解不充分。使用过多菌体培养液，会导致菌体裂解不充分，可减少菌体用量或增加buffer MP1、buffer MP2和buffer MP3的用量。

(2) 溶液使用不当。buffer MP2和buffer MP3在温度较低时可能出现沉淀，应置于37℃温浴直至沉淀溶解，待冷却至室温后使用。

(3) 洗脱液不合适。洗脱效率与洗脱液的pH有关，如果使用水进行洗脱，请确保其pH>7.5，如果pH过低可能导致洗脱量低，可以用1mol/L氢氧化钠溶液调节水的pH。

(4) 溶液失效。buffer MP2长期暴露在空气中容易失效，请每次使用完后，立即盖紧瓶塞，以免失效，造成碱裂解不充分。

(5) 结合不充分。加入buffer MPB和PureMag Beads之后，请将其充分混匀，并使PureMag Beads处于悬浮状态。

(6) 操作过程中丢失PureMag Beads。结合及洗涤过程中可能有少量的PureMag Beads粘在离心管管口，吸弃上清前请用少量的上清液清洗管口，使粘在管口的PureMag Beads也吸附在管壁上。

(7) 洗脱过程操作不当。洗脱时请将管壁上所有PureMag Beads充分悬浮在TE buffer中。

(8) 洗脱过程忘记水浴。加入TE buffer之后请65℃水浴5~10min，常温条件下PureMag Beads只能释放少量的质粒DNA，65℃条件下PureMag Beads与DNA的相互作用力减弱，PureMag Beads释放出大量的质粒DNA。

2) 质粒纯度不高

(1) 混有蛋白。请勿使用过多菌体。经buffer MP1、buffer MP2和buffer MP3处理，离心后溶液应为澄清，如果还混有微小蛋白悬浮物可再次离心，并延长离心时间，完全沉淀蛋白后再取上清。

(2) 混有RNA。RNase A处理不彻底，请减少菌体用量或加入buffer MP3后室温再延长放置时间5~10min。如果buffer MP1已保存6个月以上，请在buffer MP1中再添加终浓度为100μg/ml的RNase A。

(3) 混有基因组DNA。加入buffer MP2后应温和混匀，如果剧烈振荡，可能把基因组DNA打断从而混杂在质粒中。如果加入buffer MP2后过于黏稠，无法温和混匀，请减少菌体用量。细菌培养时间过长会导致细胞内DNA的降解，培养时间不要超过16h。

(4) 乙醇有残留。请吸弃上清之后从磁力架上取出离心管，放置2min之后再将离心管置于磁力架上30s，吸净管底的液体。若出现残液的挂壁现象，请短暂离心之后再将离心管置于磁力架上30s，吸净离心管内的液体。

(5) PureMag Beads洗涤不充分。向离心管中加入70%乙醇以后，请充分混匀，使PureMag Beads充分悬浮在70%乙醇中。

(6) PureMag Beads没有完全干燥。请将PureMag Beads完全干燥，保证无乙醇残留。

1-1-3 质粒DNA大量提取法

1-1-3-1 质粒DNA大量常规提取法

【实验目的】

提取更多的外源目的基因质粒DNA用于多种分子实验，DNA纯化及基因转化，如花粉管导入、子房注射及直接导入法等。

【实验试剂】

同1-1-1“质粒DNA小量常规提取法”。

【实验操作】

(1) 从LB平板上挑取单菌落，接种于2ml附加相应抗生素的LB液体培养基中，37℃条件下250r/min振荡培养过夜。

(2) 将菌液转入500ml附加相应抗生素的LB

液体培养基中，继续培养 8～12h。对于低拷贝数的质粒（如 pBR322），在培养至 OD_{600} 为 0.4 时，加入终浓度为 170μg/ml 的氯霉素（34mg/ml 溶于无水乙醇），继续振荡培养 12～16h，以选择性扩增质粒。

（3）将菌液平均分配于两个 500ml 无菌离心管中，其中一个离心管 8000r/min 离心 5min，弃去上清液。另一个离心管备用。

（4）向离心管中加入 100ml STE 溶液重悬菌体，8000r/min 离心 5min，弃去上清液。

（5）加入 20ml 预冷的溶液Ⅰ，振荡悬浮菌体。

（6）加入 40ml 新配制的溶液Ⅱ，轻轻地充分混匀，置冰上 10min。

（7）加入 30ml 预冷的溶液Ⅲ，轻轻地充分混匀，置冰上 30min。

（8）12 000r/min 离心 10min，转移上清至无菌离心管中，加入 0.6 倍体积的异丙醇，冰浴中放置 30min。

（9）12 000r/min 离心 10min，弃去上清液。

（10）用 10ml 70%乙醇洗涤沉淀，12 000r/min 离心 5min，弃去乙醇。

（11）沉淀溶于 2ml TE 溶液中，加入 1/10 体积 RNase，37℃保温 1h 至过夜。

（12）分别用 1 倍体积的 Tris 平衡酚、酚/氯仿、氯仿各抽提 1 次，每次抽提后均于12 000r/min 离心 5min，仔细吸取上层水相。

（13）将氯仿抽提后的上层水相转入无菌 Eppendorf 管，加入 2 倍体积的无水乙醇，－20℃放置 30min。

（14）12 000r/min 离心 10min，弃去上清液。

（15）加入 5ml 70% 乙醇洗涤沉淀，12 000r/min离心 5min，弃去乙醇，吹干沉淀，溶于 3ml TE，备用。

【实验解析】

步骤（7）加入预冷的溶液Ⅲ后绝对避免强烈振荡，冰浴放置形成的白色沉淀为细菌染色体 DNA、大分子质量 RNA、钾盐/蛋白质/细胞膜的混合物。

1-1-3-2 大量质粒 DNA 提取试剂盒法

【实验试剂】

离子交换质粒 DNA 大量抽提试剂盒［生工生物工程（上海）股份有限公司］，产品编号 B611253：ion exchange maxi column，collection tube，buffer MP1，buffer MP2，buffer MP3，buffer EBT，buffer EW，buffer EF，RNase A，elution buffer。

【实验操作】

（1）对于高拷贝质粒，取 100～200ml 过夜培养的菌液（OD_{600} = 2.5～5），室温 6000g 离心 10min。吸净上清。

（2）向菌体沉淀中加入 12ml buffer MP1，吸打或振荡至彻底悬浮菌体。

（3）加入 12ml buffer MP2，立即温和颠倒混匀 4～6 次，室温静置 5min。避免剧烈振荡，以防止基因组 DNA 污染。

（4）加入 12ml buffer MP3，立即温和颠倒混匀，室温静置 5min。

（5）15 000g 离心 10min。

（6）将 ion exchange maxi column 置于 50ml 离心管上，加入 20ml buffer EBT，在重力作用下流空纯化柱（大约 20min），弃流穿液。注意避免柱子过干。

（7）将步骤（5）获得的上清液转移至一个新的 50ml 离心管中，15 000g 离心 5min。

（8）将上清液转移至步骤（6）的 ion exchange maxi column 中，在重力作用下流空纯化柱，弃流穿液。

（9）向 ion exchange maxi column 中加入 25ml buffer EW，在重力作用下流空纯化柱，弃流穿液。

（10）将 ion exchange maxi column 转移至一个新的 50ml 离心管中，加入 10ml buffer EF，在重力作用下流空纯化柱，收集离心管中液体。

（11）加入 0.75 倍体积的异丙醇，混匀。15 000g离心 30min。小心弃掉上清液。

（12）用 5ml 70% 乙醇清洗质粒 DNA，15 000g离心 10min，收集沉淀。

（13）再次离心，弃净上清，空气中使质粒 DNA 完全干燥。弃上清时避免带走底部沉淀。

（14）用适量的 elution buffer 或 ddH_2O 溶解质粒 DNA。

【实验解析】

1）细菌不能完全裂解

（1）样品用量过多，可适当减少样品用量。

（2）检查 buffer MP2 溶液中是否有物质析出，如有析出，请于 37℃水浴溶解完全，冷却至室温后使用。

（3）溶液失效。buffer MP2 长期暴露在空气中容易失效，请每次使用完后，立即盖紧瓶塞，以免失效，造成碱裂解不充分。

2）质粒混有 RNA 污染

RNase A 处理不彻底，请减少菌体用量或加入 buffer MP3 后室温再延长放置时间 5～10min。如果 buffer MP1 已保存 6 个月以上，请在 buffer MP1 中再添加 RNase A 酶终浓度为 20μg/ml 的 RNase A。

3）质粒 DNA 中有基因组 DNA 污染

（1）加入 buffer MP2 后应温和混匀，如果剧烈振荡，可能把基因组 DNA 打断从而混杂在质粒中。如果加入 buffer MP2 后过于黏稠，无法温和混匀，请减少菌体用量。

（2）细菌培养时间过长会导致细胞内 DNA 的降解，培养时间不要超过 16h。

4）未得到质粒 DNA

（1）“实验操作”中步骤（11）～(13）过程中质粒 DNA 丢失。在步骤（11）～(13）过程中，弃上清液时，应用移液器吸弃，避免质粒 DNA 丢失。

（2）质粒 DNA 沉淀未完全溶解。质粒 DNA 在溶解之前需进行干燥，若 DNA 沉淀过度干燥，在溶解质粒 DNA 前请将 elution buffer 或 ddH_2O 预热，可促进质粒 DNA 充分溶解。

5）质粒提取试剂盒

目前各实验室已经很少使用传统的质粒提取方法，因为很多有效的质粒纯化试剂盒已经商品化，这些试剂盒包括用来吸附和洗脱质粒 DNA 的一次性色谱柱，使用非常简单、方便。虽然试剂盒较传统的碱裂解法昂贵，但随着市场竞争的加剧和技术工艺的改进，质粒提取试剂盒已经占据了绝大多数实验室。近些年，针对不同的实验需求，各种各样的质粒提取试剂盒被研发出来，不但可以提取大、中、小量的质粒，还可以提取不同纯度的质粒来满足科研工作者的需求。各实验室可以根据不同使用习惯、价格及质量等因素选用适合自己的质粒提取试剂盒。

实验 1-2　农杆菌 Ti 质粒 DNA 提取

【实验目的】

提取农杆菌中的 Ti 质粒（大质粒），其大小约 200kb，用于 Ti 质粒基因作图、Ti 质粒改造（卸甲和重组等）及分离、扩增目的片段等。

【实验材料】

根癌农杆菌。

【实验试剂】

（1）MG/L 液体培养基。

（2）1mg/ml 溶菌酶溶液：溶于 TE 缓冲液。

（3）LS 裂解液：3% SDS，0.2mol/L NaOH。

（4）TS 溶液：1mol/L Tris，4mol/L NaCl（pH7.0）。

（5）TES 溶液：50mmol/L Tris，5mmol/L EDTA，50mmol/L NaCl（pH8.0）。

（6）20×TE 缓冲液：0.8mol/L Tris，20mmol/L EDTA，0.1mol/L NaAc。

（7）BCP 染料：0.25%溴甲酚紫，50%甘油，50mmol/L Tris-乙酸（pH7.9）。

【实验操作】

（1）取一单菌落接种到 5ml MG/L 培养液中，26℃培养过夜。

（2）取 2ml 菌液置 8ml 离心管中，室温、5000r/min 离心 10min，弃上清液。

（3）加入 0.5ml 溶菌酶溶液，涡旋混匀，置冰浴中 30min。

（4）加入 1ml LS 裂解液，快速颠倒离心管 10 次，混合均匀，室温下放置 10min，得清亮黏稠的裂解液。

（5）加入 0.5ml 的 TS 溶液，快速颠倒离心管 10 余次，置冰浴中 1h，生成絮状沉淀。

（6）于 20℃、12 000r/min 离心 5min。

（7）转移上清液至离心管中，加入 2ml 冰冷的无水乙醇，混匀后冰上放置 30min。

（8）10 000r/min 离心 10min，弃上清液。

（9）加入 0.1ml TES 溶液，轻弹离心管壁，使沉淀溶解。

（10）加入 0.1ml 氯仿，颠倒离心管数次混匀，10 000r/min 离心 3min。

（11）吸出上清液，取样测定纯度及浓度，必要时重复氯仿抽提至质量合格。

（12）于氯仿抽提后的上清液中加入 2 倍体积的冷无水乙醇，沉淀质粒 DNA，于－20℃保存备用。

【实验解析】

（1）本方法用 SDS 及 NaOH 裂解细菌及使 DNA 变性，TS 液中和裂解液，高浓度的 NaCl 使变性的染色体 DNA 及蛋白质沉淀与质粒 DNA 分开。

（2）“实验操作”中步骤（4）所得裂解液如不清亮，可置 37℃水浴中保温 30min。

（3）本实验中沉淀质粒 DNA 的乙醇用量以 1 倍体积为佳。

实验 1-3　农杆菌双元载体中 mini-Ti 质粒提取

【实验目的】

双元载体中有两种质粒，一种是 mini-Ti 质粒，含有目的基因、T-DNA边界及标记基因等；另一种是具有vir区，缺失T-DNA的Helper-Ti质粒。本实验从双元载体中提取mini-Ti质粒，供质粒鉴定、制备探针、检测中作为阳性对照及进行植物基因转化使用。

【实验材料】

双元载体农杆菌。

【实验试剂】

(1) STE溶液：0.1mol/L NaCl，10mmol/L Tris-HCl (pH8.0)，1mmol/L EDTA。

(2) 溶液Ⅰ：50mmol/L葡萄糖，10mmol/L EDTA，25mmol/L Tris-HCl (pH8.0)。分装后高压灭菌，4℃冰箱储存备用，使用前加入溶菌酶，浓度为10mg/ml。

(3) 溶液Ⅱ：1% SDS，0.2mol/L NaOH。

(4) 溶液Ⅲ：2倍体积溶液Ⅱ平衡的酚（取适量重蒸酚，加入0.1%的8-羟基喹啉，再加入2倍酚体积的新配制的溶液Ⅱ，置磁力搅拌器上搅拌30min以上，置4℃冰箱中放置分层后，取下层酚使用）。

(5) 3mol/L乙酸钠（pH4.8），用冰醋酸调节pH。

(6) 0.3mol/L乙酸钠（pH7.0）。

【实验操作】

(1) 挑取单菌落接种在20ml YEB液体培养基中，于恒温摇床上26℃、160r/min培养过夜。

(2) 取4ml菌液置5ml离心管中，4000r/min离心10min，收集菌体。

(3) 用STE溶液洗涤菌体2次。

(4) 加入0.4ml溶液Ⅰ，涡旋悬浮细菌，室温下放置10min。

(5) 加入0.8ml新配制的溶液Ⅱ，颠倒离心管10次，室温放置10min。

(6) 加入0.4ml溶液Ⅲ，轻柔颠倒离心管数次，使酚与内容物混合均匀。

(7) 加入0.2ml 3mol/L乙酸钠，轻柔颠倒离心管数次，冰浴中放置5min。

(8) 10 000r/min离心5min，将上清液转入一支新离心管中，加入2倍体积冰冷的95%乙醇，−20℃放置1h。

(9) 10 000r/min离心10min，弃上清液。

(10) 沉淀中加入0.5ml 0.3mol/L乙酸钠溶解沉淀，加入1.0ml无水乙醇，颠倒离心管数次。−20℃放置1h。

(11) 10 000r/min离心5min，轻轻倒出上清液，离心管口向下，用无菌滤纸吸去管壁液滴。

(12) 加入1ml 70%乙醇漂洗沉淀，快速吹干，得粗制备物。

(13) 纯化：用20μl TE溶液或无菌双蒸水溶解沉淀，加入2μl RNase，37℃过夜。按照第4章方法操作纯化。样品干燥保存。

【实验解析】

(1) 该方法每4ml菌液可得2μg以上质粒DNA，可用于限制酶酶切。

(2) 大量提取时可采用如下的试剂用量。

①取4支50ml离心管，各分别加入40ml菌液，2ml溶液Ⅰ，4ml溶液Ⅱ，2ml溶液Ⅲ，1ml 3mol/L乙酸钠，1ml 0.3mol/L乙酸钠悬浮沉淀。

②纯化时用600μl TE溶解沉淀加入1/10体积RNase。

(3) 配制溶液Ⅲ时，有时会出现不分层现象。这可能是因为溶液Ⅱ用量大了一些。在强碱性条件下，酚羟基解离增大而使之在水中的分配数量增大。这时可以降低温度使酚在水中溶解下降，促进分层。也可以增加酚的比例。笔者曾使用1倍体积溶液Ⅱ平衡的酚，也获得良好效果。

(4) 农杆菌培养时间不能过长，以$OD_{260}\approx 1.0$为好。发生结絮及挂壁的菌液不应使用。

(5) 生长状态良好的农杆菌裂解时，可以不使用溶菌酶。用溶液Ⅰ悬浮起菌体后即可加入溶液Ⅱ。

(6) 加入溶液Ⅱ以后，应形成均匀黏稠的裂解液，打开离心管盖时有“拉丝”现象。如果未形成黏稠裂解液，表明农杆菌裂解不好。

(7) 加入溶液Ⅲ出现白色凝胶状沉淀。

(8) 加入3mol/L乙酸钠后pH下降，此时应是mini-Ti质粒复性。为防止Ti大质粒复性造成污染，低温放置时间不能过长，以5min为佳。

(9) 加入0.3mol/L乙酸钠时质粒DNA沉淀可以溶解。

(10) 70%乙醇漂洗后，可以自然干燥，也可快速吹干，但均不能干燥过度。

(11) 粗提样品用水或TE溶解，RNase酶解后用酚/氯仿抽提纯化。纯化后样品如果用于限制酶酶切，应用20μl无菌双蒸水溶解。取10μl样品建立20μl限制酶酶切反应体系，酶解过夜。需要回收酶切小片段时，应增加样品量。20μl酶切混合物上样电泳后，有时会出现小片段条带不清晰。这时可以将两三管酶切反应物合并上样于一个样品孔中，或采用电泳后凝胶用EB染色的方法。

(12) 现阶段农杆菌Ti质粒DNA的提取基本仍都采用SDS裂解的方法，有些科研工作者在传统方法的基础上进行了优化和部分步骤和试剂的改良，但大多数并未得到广泛应用，这主要是因为传统的方法基本可以满足实验需求，而改良的方法也未有实质性的进步。

实验 1-4　M13 噬菌体 DNA 提取

【实验目的】

制备 M13 的 RF DNA，供 DNA 重组使用。制备 M13mp 重组体单链 DNA 供序列分析。

【实验材料】

（1）带 F′ 因子的 *E. coli* 菌株（JM101、JM103、JM109 等）。

（2）M13mp18、M13mp19。

【实验试剂】

（1）20% PEG-2.5mol/L NaCl：20g PEG6000（或 PEG8000），14.6g NaCl 溶于 ddH_2O 中，定容至 100ml。

（2）3mol/L NaAc（pH4.8）。

（3）碱法提取质粒 DNA 的所需试剂（见 1-1-1“质粒 DNA 小量常规提取法”）。

【实验操作】

（1）挑取 JM101 单菌落，接种于 5ml 2×YT 液体培养基中，37℃振荡培养过夜。次日按 1% 比例稀释，继续培养至对数生长期。

（2）取 2ml 培养液加入 10ml 培养管中，再加入单个噬菌斑，于 37℃振荡培养 5～8h。

（3）将培养液转入 1.5ml Eppendorf 管中，10 000r/min 离心 10min。

（4）将上清液转入新的 1.5ml Eppendorf 管中，供提取单链 DNA。保留管中沉淀，供提取 RF DNA 用。

1-4-1　M13 噬菌体单链 DNA 提取

【实验操作】

（1）将以上步骤（4）的上清液 10 000r/min 再离心 10min。

（2）吸取 1.2ml 上清液，加入 300μl PEG 溶液中，振荡混匀，室温或于 4℃静置 10min。

（3）10 000r/min 离心 15min（沉淀 M13 颗粒），吸弃上清液，再离心 2min，吸弃上清液。

（4）加入 200μl TE 缓冲液，振荡，分散病毒颗粒。

（5）加入 200μl 平衡酚，混匀，12 000r/min 离心 5min。

（6）吸取 180μl 上清液，加入 180μl 酚/氯仿/异戊醇，混匀同上抽提 1 次。

（7）吸取 160μl 上清液，加入 1/10 体积的 3mol/L NaAc、2.5 倍体积无水乙醇，于－70℃放置 30min，沉淀单链 DNA。

（8）10 000r/min 离心 15min，弃去上清液，沉淀用 70% 乙醇洗 1 次，离心 5min，吸去上清液，再离心 2min，吸去残余上清液，真空抽干沉淀。

（9）加入 10μl TE 溶解沉淀，备用。

1-4-2　M13 噬菌体 RF DNA 提取

【实验操作】

（1）取实验 1-4 中保留管中的沉淀，供提取 RF DNA（双链复制型 DNA）用。

（2）按照实验 1-1“大肠杆菌质粒 DNA 提取”的碱裂解法操作。

【实验解析】

（1）M13 是一种丝状噬菌体。噬菌体颗粒含有环状正链 DNA。其进入宿主细胞后单链 DNA 复制为 RF DNA，该 DNA 拷贝数达 100～200 时病毒编码的特异单链结合蛋白结合在正链上，使其不再复制，负链继续复制产生大量正链 DNA，随即包装成病毒颗粒，从宿主细胞逸出，存在于培养液中。RF DNA 从感染细菌中提取，单链 DNA 从培养液中提取。

（2）M13 噬菌体 DNA 的提取目前仍比较多地使用上面介绍的传统方法，其已经足够有效，提取得到的 DNA 完整度高、纯度好，因此关于 M13 噬菌体 DNA 方法改良的报道也比较少。

第 2 章

植物 DNA 提取

实验 2-1　植物细胞总 DNA 提取

【实验目的】

（1）用于 DNA 杂交、PCR 扩增、RFLP 及 RAPD 分析。

（2）基因组克隆，分离纯化目的基因。

（3）植物基因转化（提供供体 DNA）等。

【实验材料】

植物的根、茎、叶、愈伤组织、悬浮细胞等新鲜组织或冷冻干燥的材料。

2-1-1　可用于 PCR 的 DNA 微量制备

【实验试剂】

（1）0.5mol/L NaOH。

（2）100mmol/L Tris（pH8.0）。

【实验操作】

（1）称取 5～10mg 供试材料叶片，置 Eppendorf 管中，加入 50～100μl NaOH，用玻璃棒研碎，静置片刻。

（2）取 5μl 上清液转入另一 Eppendorf 管中，加入 Tris 溶液至 50～500μl，备用。

【实验解析】

（1）此法提取的 DNA 主要用于利用 PCR 大量快速检测转基因植物的转化体，检测时取 1μl。

（2）国际农业生物技术周报（2014）报道威斯康星大学研究发现添加 MagnaCel 顺磁性纤维素粒子（PMC）是一种更有效的提取 DNA 的方法，比 DNase 和 CTAB 获得的 DNA 量多2 倍，纯度较高。特别适用于 DNA 含量低的样品。

2-1-2　SDS 法

【实验材料】

植物叶片，其他材料同实验 2-1。

【实验试剂】

（1）提取缓冲液：100mmol/L Tris-HCl(pH8.0)，50mmol/L EDTA（pH8.0），500mmol/L NaCl，10mmol/L α-巯基乙醇。

（2）10％或 20％ SDS。

（3）5mol/L KAc。

2-1-2-1　简易大量 DNA 粗提取法

【实验操作】

（1）取 25ml 的离心管，加入 15ml 提取缓冲液，1ml 10％ SDS，混匀，于 65℃预热。

（2）取植物材料 4g（叶片去除中脉），置液氮中研磨成粉。

（3）将冻粉转入上述离心管中，混匀，65℃保温 20min，其间摇动 1～2 次。

（4）向离心管中加入 5ml 5mol/L KAc，混匀，置冰浴中 30min。

（5）4℃下 12 000r/min 离心 10min，上清液转入另一离心管中。

（6）加入等体积的氯仿/异戊醇，颠倒离心管混匀，12 000r/min 离心 5min。

（7）取上清液，加入 2/3 体积的异丙醇，颠倒离心管混匀，静置至出现絮状物。

（8）挑出絮状物置离心管中，加入适量 70％乙醇，轻摇离心管，离心，去上清，再加入 70％乙醇，重复操作 2～3 次。

（9）沉淀吹干，TE 溶解，备用。

【实验解析】

（1）当对蛋白质杂质要求不高时，上述操作中步骤（6）可省去。

（2）此法制备的 DNA 可用于 PCR。

2-1-2-2　小（微）量 DNA 提取法

【实验试剂】

（1）2×CTAB 提取缓冲液：2g/100ml CTAB，1.4mol/L NaCl，20mmol/L EDTA，100mmol/L Tris-HCl（pH8.0）。

（2）PVP（聚乙烯吡咯烷酮）。

【实验操作】（括号内为微量提取时的试剂用量）

（1）取 0.8～1.2g（50～200mg）新鲜叶片，置液氮中研磨成粉。

（2）将冻粉大致平均分配到两个 15ml（1.5ml）的离心管中，各加入提取缓冲液 7ml（900μl），轻轻搅动，使粉末充分散开。

（3）各加入 1ml（100μl）10％ SDS，充分混匀，于 65℃水浴中保温 10～15min（间隔晃动2～

3 次)。

(4) 各加入 1.85ml (160μl) 5mol/L 乙酸钾，充分混匀，冰浴中放置 30min。

(5) 4℃下 12 000r/min 离心 15min。

(6) 上清液转入新离心管中，加入等体积的氯仿/异戊醇，轻轻颠倒离心管数次，放置片刻。

(7) 4℃下 8000r/min 离心 10min。

(8) 上清液转入另一离心管中，加入 2/3 体积、−20℃预冷的异丙醇，混匀，放置 30min，观察 DNA 沉淀生成。

(9) 于 4℃下 8000r/min 离心 10min，倾去上清液，将离心管倒置于吸水纸上，控干上清液。

(10) 用 80% 的乙醇洗涤沉淀，吹干 10～15min。

(11) 加入 500μl (100μl) TE 缓冲液充分溶解沉淀（若溶解不好，可置 37℃水浴中保温，促进溶解)。

(12) 将溶液转入 Eppendorf 管中，加入 10μl (2μl) RNase 酶液，于 37℃保温 1h。

(13) 加入等体积的氯仿/异戊醇，混匀，放置几分钟后 10 000r/min 离心 5min，重复 1 次。

(14) 转移并量出上清液体积，置新离心管中，加入 1/5 体积的 3mol/L NaAc，混匀，加入 2.5 倍体积的无水乙醇，轻缓混匀，室温放置数分钟。

(15) 10 000r/min 离心 5～10min，按步骤 (9) 操作，去尽上清液。

(16) 用 80%乙醇洗涤沉淀 2～3 次，吹干。

(17) 加入 50μl (10μl) TE 或 dH_2O 溶解 DNA 备用。

【实验解析】

(1) 该方法制备的 DNA 可用于限制酶酶切、DNA 杂交、RAPD 分析等。

(2) 用于禾谷类物总 DNA 提取时，在粗提物用 TE 溶解［步骤 (11)］后改用低速离心数分钟，去除不溶物后加入终浓度为 0.3mol/L 的 NaAc (pH5.2) 及 0.6 倍体积的异丙醇，再次沉淀 DNA，然后用 80%的乙醇洗沉淀，吹干，产率可达 40～120μg/g 鲜重。所提取的 DNA 可被限制酶消化，但酶切消化时，需加大酶量并反应3～4h。

(3) 对于马铃薯、番茄等富含多酚类物质的材料，提取缓冲液中 Tris 的浓度可以减半，巯基乙醇的含量应提高。加入提取缓冲液后增加在冰冷条件下加入 20% PVP 至终浓度为 6%。SDS 的用量应提高，可加入 20% SDS 至终浓度为 2%。

2-1-3　CTAB 法

【实验材料】

植物叶片预处理：供试植株暗培养 2～3d。

【实验试剂】

试剂同 2-1-2-2“小（微）量 DNA 提取法”。

【实验操作】

(1) 50ml 离心管中加入 10ml 提取缓冲液，65℃预热。

(2) 取 1～2g 新鲜幼嫩叶片，去除叶脉，于液氮中（加入 0.1g PVP 及少许石英砂）迅速研磨成粉。

(3) 将冻粉迅速转入提取缓冲液中，尽快用细玻璃棒混匀，于 65℃保温 30min。其间轻柔搅动 2～3 次。

(4) 取出离心管，冷至室温，加入等体积的氯仿/异戊醇，轻缓颠倒混匀，静置 10min。

(5) 10 000r/min 离心 10min。

(6) 转移上清液于另一离心管中，加入 2/3 体积的异丙醇，轻缓颠倒混匀，室温放置 15min。

(7) 10 000r/min 离心 10min，去上清液。

(8) 用 2ml 70%的乙醇洗涤沉淀 2 次，室温下微干，溶于 500～700μl TE 缓冲液。

(9) 加入终浓度 50μg/ml 的 RNase，37℃保温 1h。

(10) 用等体积的氯仿/异戊醇抽提 1～3 次。

(11) 上清液中加入终浓度为 0.2～0.4mol/L 的 NaCl，2 倍体积的无水乙醇，放置 1h 左右，12 000r/min离心 10min，除去上清液。

(12) 用 70%乙醇洗涤沉淀 2～3 次，自然干燥后溶于 50～100μl TE 中备用。

【实验解析】

以上仅介绍了几种比较传统的植物 DNA 的提取方法。DNA 提取质量的好坏还取决于植物材料的部位和老嫩程度。相比较而言，传统方法适用性更广、收量更高。对于一些特殊植物材料的 DNA 提取仍需进行探讨和研究。

2-1-4　高盐法提取多糖类植物总 DNA

【实验目的】

多糖是干扰植物 DNA 提取的主要物质。多糖的许多理化性质与 DNA 很相似，因此很难将它们分离。多糖与 DNA 结合形成的胶状物质不但影响实验的操作，而且可以通过引起酶的活性中心改变或必需基团的改变而抑制许多酶的活性，严重影响分子生物学研究的下游工作。本实验介绍高盐法从多糖类植物提取的 DNA 可直接用于 PCR 和实时荧光 PCR。

【实验试剂】

同 2-1-3 "CTAB 法"。

【实验材料】

丁香（*Syringa patula*）新鲜叶片。

【实验操作】

(1) 在液氮中迅速研磨 0.1g 新鲜叶片，将粉末状材料转移到 2ml 离心管中，加入适量的 CTAB 提取液，使得材料的体积与提取液体积比值为（3∶1）～（5∶1）。将离心管放入 65℃水浴锅中保温 30～60min，其间缓慢颠倒混匀。

(2) 加入 35%乙醇 6000r/min 离心 7min 沉淀部分多糖大分子。

(3) 取上清液加入 1/2 体积的 5mol/L 的氯化钠和 2.5 倍体积的无水乙醇 10 000r/min 离心 10min，溶解多糖收集 DNA 沉淀。

(4) 加入等体积的酚/氯仿（1∶1）溶液，缓慢翻转离心管使内含物充分混匀后形成乳液，10 000r/min 离心 10min 使其分层。

(5) 转移上清液于另一离心管中，加入 2/3 体积的异丙醇，轻缓颠倒混匀，室温放置 15min。

(6) 10 000r/min 离心 10min，去上清液。

(7) 用 2ml 70%的乙醇洗涤沉淀 2 次，室温下微干，溶于 500～700μl TE 缓冲液。

(8) 加入终浓度 50μg/ml 的 RNase，37℃保温 1h。

(9) 用等体积的氯仿/异戊醇抽提 1～3 次。

(10) 上清液中加入终浓度为 0.2～0.4mol/L 的 NaCl，2 倍体积的无水乙醇，放置 1h 左右，12 000r/min离心 10min，除去上清液。

(11) 用 70%乙醇洗涤沉淀 2～3 次，去除残留的无机离子，在室温下自然风干直至沉淀无乙醇味。

(12) 自然干燥后溶于 50～100μl TE 中放入 −20℃冰箱储存或放入 4℃冰箱备用。

【实验解析】

(1) 高盐法与 CTAB 法和氯苯法相比，后者也能去除多糖，但用的有机溶剂对人体和环境毒性较大，且操作复杂，故高盐法是最适合该种植物的 DNA 提取方法。可推广使用。

(2) 该实验的主要机制是：当盐离子的浓度为 2.0mol/L 时用乙醇沉淀 DNA，乙醇吸取了 DNA 周围的水分子，使得 DNA 大分子的疏水基团都裸露出来，Na^+ 中和了 DNA 分子所带的负电荷，使得 DNA 分子相互之间的斥力减小，从而相互结合沉淀下来。与此同时，高浓度盐离子增加了不带电荷的多糖物质离子间的相互作用力，这就使得加入盐之前占优势的非极性作用力被中和，不再占主导地位。多糖的极性增强，溶解度也随之增加了，这就使得多糖与 DNA 可以有效分离。

2-1-5 食用油中提取 DNA 的方法

【实验目的】

关于转基因食品的安全性多年来争论不休。转基因食品的 DNA 提取也一直是研究的课题。最常见的转基因食品是人们日常食用的大豆油。因为精炼大豆油是大豆原油经过滤、脱胶、脱酸、脱色、脱臭等一套加工工艺的深加工产品，其中的核酸被严重降解，含量非常低，且在核酸的提取过程中也会导致核酸部分损失。另外，有的还是掺假食用油及潲水油，使得 DNA 提取非常困难，导致后续的转基因检测很难实现。因此，精炼大豆油中 DNA 的提取方法，不仅对实施食品标签和标识，保护消费者的知情权和选择权具有重要意义，同时对食用油脂的掺假检测也具有重要的参考意义。

【实验材料】

已标注的转基因大豆油，检测大豆精炼油中的大豆内源基因（*lectin*）和外源基因 *CP4-EPSPS*。样品量分别为大豆原油 500ml，精炼大豆油 3L。

【实验试剂】

十六烷基三甲基溴化铵（CTAB），十二烷基硫酸钠（SDS），氯仿/异戊醇（24∶1），TE 缓冲液，异丙醇，Promega 公司 DNA 提取试剂盒：Wizard Magnetic DNA Purification System for Food、DNA Purification Kit。

【实验操作】

采用 Promega 公司的 Wizard Magnetic DNA Purification System for Food 试剂盒，在操作上稍作修改，具体过程如下。

(1) 取 40ml 待检大豆油于 50ml 离心管中，取 4 管，共 160ml 油样。在每个离心管中加入试剂盒中提供的 buffer A 2ml，在振荡器上充分振荡混匀 5min。

(2) 再加入 1ml buffer B，在振荡器上充分振荡混匀 5min。室温放置 10min。

(3) 加入 3ml precipitation solution，振荡混匀 10min。

(4) 4000r/min 离心 30min，弃上层油样。

(5) 如需提取更多的 DNA，可在该步骤继续加入油样，混匀，离心后弃上层油样，之后用移液器小心吸取水相到另外一支50ml离心管中，加入100μl Magnesil PMPS，混匀。

(6) 再加入0.9倍体积的异丙醇，颠倒混匀，室温放置1h，期间颠倒5次。

(7) DNA吸附于磁珠上，上磁力架除去液相，1min后倒掉液体。

(8) 加入1ml 70%乙醇洗涤磁珠，为避免管壁上剩余油脂的干扰，将乙醇和磁珠的混合物转移到新的1.5ml的离心管中，之后上磁力架，1min后吸掉液体，重复此步骤2次。

(9) 65℃干燥磁珠，之后加入100μl TE缓冲液，涡旋混匀，65℃温浴10min，上磁力架1min后，转移液体到另一支1.5ml离心管中。

(10) 为进一步去除影响PCR扩增的物质，需再加入50μl Magnesil PMPS，重复异丙醇沉淀、乙醇洗涤和磁珠吸附步骤。

(11) 最后加入50μl TE洗脱磁珠，将洗脱液转移至0.6ml的离心管中，该管中的液体即为已经提取好的DNA。−20℃保存该管，留待下一步PCR分析用。

【实验解析】

(1) 分析认为CTAB法、SDS法和标准方法所用样品量都较大（3L），且样品在提取之前都需要进行大量的前处理工作，耗时长。试剂盒法所用样品量少（160ml），且不需要进行大量的前处理，耗时短。

(2) 经实时荧光PCR可以看到，CTAB法和SDS法从精炼大豆油中提取的DNA经实时荧光PCR均不能产生明显的扩增曲线。标准方法和试剂盒法提取的DNA经实时荧光PCR能产生明显的扩增曲线。相比较，试剂盒法所提取的DNA的T_m值明显小于标准方法所提取的DNA的T_m值。

(3) 其中采用标准方法对比，试剂盒法DNA提取成功率及外源基因检测率均明显高于其他方法。

(4) 目前也有很多公司推出植物DNA提取用的试剂盒，如TaKaRa和Qiagen等公司，尤其针对一些多糖多酚含量较高的植物。但各种植物的各种组织中的成分极其复杂，很难保证使用某一种试剂可以有效地提取出所有植物组织的DNA并保证其纯度。而且，试剂盒一般只适用于小量组织的提取，植物组织本身的DNA含量就很少，因此提取效果往往不能满足要求。

(5) 所有DNA提取过程均设置阳性对照、空白对照和阴性对照作为质量控制。

实验2-2 植物核DNA提取

【实验目的】

用于基因组结构分析，目的基因扩增及分离、基因文库建立、DNA杂交等。

【实验材料】

新鲜叶片、愈伤组织或原生质体等。

2-2-1 核DNA的大量提取法

【实验试剂】

(1) 核分离缓冲液：1mol/L蔗糖，10mmol/L Tris-HCl（pH7.2），5mmol/L $MgCl_2$，2mmol/L β-巯基乙醇，高压灭菌。

(2) 核冲洗缓冲液：核分离缓冲液中加入0.5%的Triton X-100。

(3) 2mol/L HEPES(*N*-2-hydroxyethylpiperazine-*N*′-2-ethanesulfonic acid，*N*-2-羟乙基哌嗪-*N*′-2-乙磺酸)。

(4) 1.0mol/L DTT（二硫苏糖醇）：3.09g的DTT溶解于20ml dH_2O中，过滤灭菌。

(5) 核储存缓冲液：250mmol/L蔗糖，20mmol/L HEPES（pH7.8），5mmol/L $MgCl_2$，1mmol/L DTT，50%甘油。

(6) 核裂解缓冲液：10mmol/L Tris-HCl（pH7.2），10mmol/L EDTA，0.5% Triton X-100。

(7) 2×TAB提取缓冲液（见实验2-1-4“高盐法提取多糖类植物总DNA”）。

(8) 10% CTAB。

(9) DNA漂洗液：10mmol/L NH_4Cl，75%乙醇。

【实验操作】

1）材料预处理及制备

(1) 称取200g供试幼叶或100～150g愈伤组织，置大烧杯中，于通风橱内，加入预冷的二乙醚，将全部材料浸没。摇晃1～2min，轻轻倾出二乙醚，用预冷（2℃）的dH_2O冲洗材料。

(2) 将材料转入大培养皿中，用锋利的刀去除叶片中脉，并将叶片或愈伤组织分割成小块，转入Polytron或Waring搅拌器中。

(3) 加入400ml预冷的核分离缓冲液，中速匀浆1～2min或2次5s脉冲中速破碎组织。

(4) 用4层无菌平纹细布和1层Miracloth将匀浆过滤到无菌离心管中。

2）差速离心分离细胞核

(1) 离心管置水平转子中，4℃下500g离心10min，去上清液。

（2）沉淀用25ml核冲洗缓冲液悬浮，按步骤（1）离心3～4次，使细胞核与细胞碎片分离，收集细胞核样品（可悬浮在核储存缓冲液中，－70℃保存）。

3）细胞核破碎

（1）方法一。

①用5ml核裂解液于冰浴条件下悬浮细胞核沉淀。

②将细胞核悬液置于振荡器上振荡5s，随即冰浴冷却，反复操作10次。

（2）方法二。

①在核裂解液中加入浓度为500μg/ml的蛋白酶K，37℃保温1～2h。

②将冷冻核溶化，悬浮在5ml上述裂解液中，37℃保温30min。

4）核DNA提取

（1）核裂解液中加入0.1ml β-巯基乙醇，5ml 95℃预热的2×CTAB提取液，立即混匀。

（2）加入10ml氯仿/异戊醇，温和地反复颠倒离心管。

（3）室温下10 000r/min离心10min，上清液转入新离心管中。

（4）加入1/10体积的10% CTAB溶液，轻轻混匀。

（5）加入等体积的氯仿/异戊醇，温和地颠倒离心管混匀，室温下3500r/min离心10min。

（6）取上清，加入2/3体积、－20℃的异丙醇，温和混匀，室温下放置至沉淀形成。

（7）用带钩的玻璃棒挑出沉淀，置小离心管中，加入10～20ml DNA漂洗液洗沉淀，室温下3500r/min离心10min，收集沉淀，重复操作几次，清除CTAB。

（8）沉淀吹干后溶于1ml TE缓冲液中，加入1μl RNase（终浓度为10μg/ml），37℃保温1h。

（9）加入7.5mol/L NH_4Ac 至终浓度为2.5mol/L及2倍体积的冷无水乙醇，温和混匀，室温放置片刻。

（10）室温下15 000r/min离心10min，去上清液，沉淀吹干保存，使用时溶于适量TE。

【实验解析】

（1）本方法制备量大，所提DNA可供进一步纯化及基因转化使用。

（2）提取程序是先分离出细胞核，然后使核裂解，再用CTAB法提取核DNA。

（3）二乙醚处理材料可促进角质层溶解及细胞破裂。

（4）核DNA相对分子质量很大，提取时一切操作均要温和，避免剧烈振荡。匀浆时如产生泡沫，则应停止。使用的器皿、离心管应是经过硅化处理的。

（5）若所得的产品纯度不够，可以从两方面解决，一是用密度梯度离心制备样品；二是在RNase水解后，使用SephadexG-50柱纯化核DNA。

2-2-2 核DNA微量提取法

【实验试剂】

（1）核提取缓冲液：0.4mol/L葡萄糖，0.1mol/L柠檬酸钠，5mmol/L EDTA，10mmol/L β-巯基乙醇，5% Triton X-100（pH6.0）。

（2）核裂解液：4% Sarkosyl，0.1mol/L Na_2SO_3，0.1mol/L Tris-HCl，10mmol/L EDTA（pH8.0）。

（3）3mol/L柠檬酸钠（pH4.6）。

【实验操作】

1）匀浆制备

（1）称取0.5g幼叶，用蒸馏水冲洗，滤纸吸干水分，剪成碎片，置匀浆器中加入3ml提取缓冲液，匀浆1min。

（2）用Miracloth将匀浆过滤至15ml离心管中。

（3）用3ml提取缓冲液冲洗匀浆器及Miracloth，合并滤液于15ml离心管中。

2）差速离心分离细胞核

（1）室温下70*g*离心5min，转移上清液至离心管中，去组织碎片沉淀。

（2）室温下750*g*离心15min，去上清液，保留细胞核沉淀。

3）细胞核裂解

加入3ml核裂解液，悬浮沉淀，于60℃保温30min。

4）核DNA提取

（1）加入3ml酚/氯仿/异戊醇，温和颠倒离心管混匀，于4℃下8500*g*离心15min，转移上清液于另一离心管中。

（2）加入适量3mol/L柠檬酸钠（pH4.6），2倍体积无水乙醇，混匀，－20℃放置30min。

（3）4℃下8500*g*离心15min，去上清液。

（4）70%乙醇洗沉淀，吹干，溶于200μl无菌 dH_2O 中。

5）核DNA纯化

（1）加入2μl RNase，混匀，37℃保温1h。

（2）加入200μl酚/氯仿/异戊醇，混匀，室温下10 000r/min离心10min。

（3）取上相加入2倍体积无水乙醇沉淀DNA。

（4）沉淀溶于30μl TE缓冲液中。

【实验解析】

(1) 使用此法，0.5g 鲜叶片可得 5～15μg 核 DNA，纯度较高，可用于基因分子操作（限制酶酶切等）及扩增（PCR、RAPD）等。

(2) 加入 pH4.6 的柠檬酸钠，使提取液 pH 下降，防止提取液中的 Sarkosyl 被乙醇沉淀。

2-2-3　核 DNA 柱式抽提试剂盒法

【实验试剂】

柱式植物基因组 DNA 抽提试剂盒［生工生物工程（上海）股份有限公司］，产品编号 B518261：buffer PCB，buffer BD，PW solution，wash solution，TE buffer（pH8.0）。

【实验操作】

(1) 将 50～100mg 的新鲜植物组织在液氮中充分研磨成粉末，并转移至 1.5ml 的离心管中。

(2) 加入 600μl 65℃ 预热的 buffer PCB 和 12μl β-巯基乙醇。振荡混匀，置于 65℃ 水浴 25min，间或混匀。如需得到无 RNA 的 DNA，可在水浴后加入 20μl 的 RNase A（20mg/ml），室温放置 2～5min。

(3) 加入等体积的氯仿，充分混匀，12 000 r/min离心 5min。吸取上层水相至一个干净的 1.5ml 的离心管中。含有多酚或多糖的植物组织，可以在进行步骤（4）前用等体积酚/氯仿（1∶1，pH8.0）反复混匀，12 000r/min 离心 5min，取上清，反复抽提 1～3 次。

(4) 加入等体积 buffer BD，颠倒混匀 3～5 次，再加等体积的无水乙醇，充分混匀后用移液器将其全部加入吸附柱中，室温静置 2min。10 000r/min离心 1min，倒掉收集管中废液。

(5) 将吸附柱放回收集管中，加入 500μl PW solution，10 000r/min 离心 1min，倒掉收集管中废液。PW solution 使用前请检查溶液是否按比例加入异丙醇（PW solution 与异丙醇体积比为 3∶2）。

(6) 将吸附柱放回收集管中，加入 500μl wash solution，10 000r/min 离心 1min，倒掉收集管中废液。wash solution 使用前请检查溶液是否按比例加入无水乙醇（wash solution 与无水乙醇体积比为 1∶3）。

(7) 将吸附柱放回收集管中，12 000r/min 离心 2min。

(8) 取出吸附柱，放入一个新的 1.5ml 离心管中，在吸附膜中央加入 50μl TE buffer，静置 3min，12 000r/min 离心 2min，得到的 DNA 溶液置于－20℃保存或直接用于后续实验。

【实验解析】

1) 未获得 DNA

(1) 使用的样品量过少，以至于凝胶电泳或吸光度测定无法检测，可适当增加样品用量。

(2) 漂洗液 PW solution、wash solution 初次使用请按瓶身标签说明加入相应量的异丙醇、无水乙醇。否则，DNA 将在漂洗过程中流失。

2) 获得的 DNA 浓度很低

(1) 使用的样品量过少，可适当增加样品用量。

(2) 样品研磨不充分，取样后应将样品充分研磨，使样品和裂解液充分接触，确保样品完全裂解。

(3) 没有选择合适的洗脱液或没有按照洗脱说明操作，需严格按说明书洗脱 DNA。

3) 获得的 DNA 断裂、降解

(1) 样品没有按要求冷冻保存。建议使用新鲜样品用液氮进行研磨，样品如果因为某些原因必须先行保存，可以将样品保存于－70℃冰箱。

(2) 样品反复冻融。需要保存的样品应分割后保存于－70℃冰箱，避免反复冻融，以确保样品的 DNA 未降解。

(3) 提取过程操作过于剧烈，DNA 被机械打断，应严格按说明书操作。

4) 过柱离心吸附柱有时会堵塞

(1) 样品裂解时间过短，样品裂解不完全导致，应适当延长裂解时间。

(2) 加入 buffer BD 后，如有沉淀产生，应 70℃水浴 10min 至澄清。

(3) 样品使用量过大，应减少样品用量，取样不要超过说明书上的最大样品用量。

5) DNA 样品不纯，抑制或干扰后续实验反应

DNA 在洗脱前，有漂洗液残留，抑制后续酶解和 PCR 反应。加入洗脱液前，吸附柱应打开盖子于室温放置 5～10min，以彻底晾干吸附材料中残留的 wash solution。

2-2-4　核 DNA 磁珠法抽提试剂盒法

【实验试剂】

磁珠法植物基因组 DNA 抽提试剂盒［生工生物工程（上海）股份有限公司］，产品编号 B518731：buffer MPCB，MagicMag beads，buffer MPL，buffer MPW，proteinase K，TE buffer（pH8.0）。

【实验操作】

(1) 将 25～100mg 的新鲜植物组织在液氮中充分研磨成粉末，并迅速转移至 1.5ml 的离心管中。

（2）加入 600μl buffer MPCB、12μl β-巯基乙醇和 20μl proteinase K 溶液，振荡混匀，65℃水浴 30～60min，间或混匀。如需得到无 RNA 的 DNA，可在水浴后加入 20μl 的 RNase A（10mg/ml），混匀后室温放置 5min。

（3）12 000r/min 离心 5～10min，小心吸取 500μl 上清液至新的 1.5ml 离心管中。

（4）向上清液中加入 500μl MPL 和 15μl MagicMag Beads，吸打混匀，室温静置 1min。向离心管中加 MagicMag Beads 之前，请将其充分混匀。

（5）将离心管置于磁力架上 30s，待 MagicMag Beads 完全吸至管壁之后，吸弃上清，从磁力架上取出离心管。

（6）（可选步骤）向离心管中加入 500μl buffer MPW，吸打混匀，将离心管置于磁力架上 30s，待 MagicMag Beads 完全吸至管壁之后，吸弃上清，从磁力架上取出离心管。

（7）向离心管中加入 900μl 70%乙醇，吸打混匀，将离心管置于磁力架上 30s，待 MagicMag Beads 完全吸至管壁之后，吸弃上清，从磁力架上取出离心管。

（8）重复步骤（7）一次，室温开盖干燥15～20min 或者 55℃恒温箱开盖干燥 5～7min 至管内无液体残留。

（9）加入 100μl TE buffer（pH8.0），65℃水浴 5～10min，间或混匀。

（10）取出离心管并置于磁力架上 30s，待 MagicMag Beads 完全吸至管壁上之后，吸取上清至新的无菌离心管，即获得基因组 DNA。

【实验解析】

1）得率低

（1）样品研磨不充分。请将样品研磨成粉末。

（2）样品裂解不充分。请适当延长裂解时间。

（3）结合不充分。加入 buffer MPL 和 MagicMag Beads 之后，请将其充分混匀，并使 MagicMag Beads 处于悬浮状态。

（4）操作过程中丢失 MagicMag Beads。结合及洗涤过程中可能有少量的 MagicMag Beads 粘在离心管管口，吸弃上清前请用少量的上清液清洗管口，使粘在管口的 MagicMag Beads 也吸附至管壁上。

（5）洗脱液不合适。洗脱缓冲液的 pH 对洗脱效率有影响，如果使用水进行洗脱，请确保其 pH>7.5，pH 过低可能导致低洗脱效率。

（6）洗脱过程操作不当。洗脱时请将管壁上所有 MagicMag Beads 溶解在 TE buffer 中。

（7）洗脱过程忘记水浴。加入 TE buffer 之后请 65℃水浴 5～10min，常温条件下 MagicMag Beads 只能释放少量的基因组 DNA，65℃条件下 MagicMag Beads 与基因组 DNA 的作用力减弱，MagicMag Beads 释放出大量的基因组 DNA。

（8）取样量太多或者太少。请严格按照说明书操作。

2）获得的 DNA 溶液有颜色

（1）取样量过多。严格按照说明书操作，如果需要增加样本量，可以等比例增加 buffer MPCB、β-巯基乙醇、proteinase K 和 MagicMag Beads 的用量，其余溶液的量可以不变。

（2）裂解不充分。请将组织充分研磨，适当增加 buffer MPCB 用量及适当延长裂解时间。

（3）洗涤不充分。如果加入 MagicMag Beads 和 buffer MPL 之后，混匀过程中 MagicMag Beads 成团状、丝状或者颗粒状，请增加吸打或者点振次数。

（4）最后一步吸取上清时吸入 MagicMag Beads。请确保所有 MagicMag Beads 吸至管壁上之后，再吸取上清。如果不小心吸入 MagicMag Beads，请将上清液放回原管，待 MagicMag Beads 完全吸至管壁之后重新吸取上清。或者将吸取的 DNA 溶液 10 000r/min 离心 2min，再取上清。

3）获得的 DNA 条带弥散

（1）样品不新鲜。请尽量选择新鲜的样品。

（2）裂解时间过长。裂解时间不要超过 90min。

（3）研磨工具没有预冷。研磨样品前请用液氮充分预冷研钵和研钵棒。

4）获得的 DNA 断裂、降解

（1）样品没有按照要求冷冻保存。请使用新鲜样品用液氮进行研磨，样品如果因为某些原因必须先行保存，可以将样品保存于－70℃冰箱。

（2）样品反复冻融。需要保存的样品应分割后保存于－70℃冰箱，避免反复冻融，确保样品的 DNA 未降解。

（3）样品研磨不充分。液氮研磨样品时，应注意研磨充分，加入裂解液后充分混匀。

（4）操作过程过于剧烈，DNA 被机械打断。请严格按照说明书操作。

5）DNA 样品不纯，抑制或者干扰后续实验反应

（1）乙醇有残留。请吸弃上清后从磁力架上取出离心管，放置 2min 之后再将离心管置于磁力架上 30s，吸净管底的液体。若出现残液的挂壁现象，请短暂离心之后将离心管置于磁力架上30s，吸净离心管内的液体。

（2）MagicMag Beads洗涤不充分。向离心管中加入70%乙醇以后，请充分混匀，使MagicMag Beads充分悬浮在70%乙醇中。

（3）MagicMag Beads没有完全干燥。请将MagicMag Beads完全干燥，保证无乙醇残留。

（4）最后一步吸取上清时吸入MagicMag Beads。请确保所有MagicMag Beads吸至管壁上之后，再吸取上清。如果不小心吸入MagicMag Beads，请将上清液放回原管，待MagicMag Beads完全吸至管壁之后重新吸取上清。或者将吸取的DNA溶液10 000r/min离心2min，再取上清。

6）利用琼脂糖凝胶电泳检验DNA时，加样孔非常亮

（1）大片段的基因组DNA由于难以电泳出加样孔，会使加样孔非常亮。

（2）使用的琼脂糖凝胶浓度过高，建议使用0.8%的琼脂糖凝胶电泳。

（3）获得的DNA中含有蛋白质等杂质，建议适当减少样品用量。

实验2-3　植物叶绿体DNA提取

2-3-1　密度梯度离心DNase处理法

【实验目的】

叶绿体DNA均为环状分子，大小随物种不同而有所变化。高等植物的叶绿体DNA一般为120～160kb。提取的叶绿体DNA可用于叶绿体基因组结构分析及遗传转化。

【实验材料】

植物叶片，愈伤组织，原生质体等。

【实验试剂】

（1）细胞器分离缓冲液：300mmol/L山梨醇，50mmol/L Tris-HCl（pH8.0），5mmol/L EDTA，0.1% BSA，0.1% α-巯基乙醇。

（2）DNase缓冲液：细胞器分离缓冲液中含有13mmol/L $MgCl_2$，使用前加入DNase至250μg/L。

（3）冲洗缓冲液：150mmol/L NaCl，50mmol/L Tris-HCl（pH8.0），25mmol/L EDTA（pH8.0）。

（4）裂解缓冲液：50mmol/L Tris-HCl（pH7.2），20mmol/L EDTA。

（5）20% sarkosyl溶液（溶解于裂解缓冲液中）。

（6）0.5mol/L EDTA（pH8.0）。

（7）52%及30%蔗糖液：溶于50mmol/L Tris-HCl（pH8.0），25mmol/L EDTA混合液中。

（8）1.6mol/L、1.2mol/L、0.6mol/L蔗糖液：溶解于50mmol/L Tris-HCl（pH8.0），20mmol/L EDTA，0.1% BSA混合液中。

（9）1mol/L CsCl/EB溶液：1mol/L CsCl，50mmol/L Tris-HCl（pH8.0），10mmol/L EDTA，0.2mg/L EB。

（10）7mol/L CsCl/EB溶液：7mol/L CsCl，0.1% sarkosyl，0.2mg/L EB。

（11）CsCl饱和的异丙醇：0.5mol/L EDTA（pH8.0），3mol/L NaAc。

【实验操作】

1）材料预处理及匀浆

（1）取100g叶片或50～70g愈伤组织，二乙醚处理，冷蒸馏水洗涤后切割成小块，置匀浆器中，加入400ml 4℃预冷的提取缓冲液，中速匀浆1～2min。

（2）用4层无菌细布及1层Miracloth将匀浆过滤到1L无菌烧杯中。

2）差速离心分离细胞器

（1）匀浆转入无菌离心管中，4℃下700r/min离心10min。转移上清液至另一离心管中。

（2）上清液于4℃下2000r/min离心10min，转移上清液至另一离心管中，沉淀置冰浴中放置，准备进行叶绿体DNA提取。

3）DNase处理除核DNA污染

（1）分别将上述两沉淀悬浮于25ml DNase缓冲液中，于冰上放置1h，其间不时摇动。

（2）加入EDTA溶液至终浓度为20mmol/L，终止反应。

（3）将叶绿体悬液于4℃下2000*g*离心15min，收集叶绿体，沉淀悬浮于30ml细胞器分离缓冲液中供进一步纯化。

（4）将线粒体悬液于4℃下10 000r/min离心15min，收集线粒体，沉淀重悬于16ml细胞器分离缓冲液。

4）不连续蔗糖密度梯度区带离心叶绿体纯化

（1）制备蔗糖梯度：取4支50ml离心管，于管底部加入18ml 52%蔗糖液，其上注入7ml 30%蔗糖液。

（2）离心分离：取7.5ml叶绿体悬液上样于蔗糖梯度上，平衡后用水平转子于4℃下20 000r/min离心30min。

5）叶绿体裂解

（1）极缓慢地向收集的细胞器样品中加入3倍体积的细胞器分离缓冲液，使样品稀释。

(2) 将稀释的细胞器悬液转移到离心管中，叶绿体2000r/min离心15min，去上清液。

(3) 沉淀重悬于25ml细胞器冲洗缓冲液中，叶绿体悬液于4℃下2000r/min离心15min，去上清液。

(4) 沉淀悬浮于5ml裂解缓冲液，置冰上，摇动中滴加20% sarkosyl溶液至终浓度为1%。

6) CsCl/EB密度梯度离心分离叶绿体DNA

(1) 在超速离心管中加入适量的1mol/L CsCl/EB液，55℃水浴保温5min，再加入1.2倍体积的7mol/L CsCl/EB液。

(2) 将裂解液于4℃下500r/min低速离心5min。

(3) 取上清液，加入超速离心管CsCl/EB介质中，封管、轻缓倒置离心管混匀。

(4) 40 000r/min离心16h以上，320nm紫外光下观察DNA区带，穿刺取出DNA条带。

(5) 加入等体积CsCl饱和的异丙醇抽提EB。

(6) 水相置透析袋中，于4℃ dH_2O 中，磁力搅拌器搅拌条件下透析24h以上，其间更换 dH_2O 几次。

(7) 将透析袋内溶液转移至硅化离心管中，加入0.1倍体积的3mol/L NaAc和2倍体积的无水乙醇，混匀，−20℃放置过夜。

(8) 10 000r/min离心10min，去上清液，沉淀真空抽干后溶于适量的 dH_2O 中，检测。

【实验解析】

(1) 叶绿体DNA提取之前将试材于黑暗中培养几天，可以降低叶绿体中淀粉含量，有利提取。

(2) 如果试材中酚类物质的存在影响了cpDNA的产量时，在分离缓冲液中加入1.0% PVP。

(3) DNase用来消除核DNA片段对叶绿体的污染。其用量需根据经验而定，参考浓度为150～500μg/ml。

(4) 叶绿体裂解时，沉淀要充分悬浮后再慢慢加入sarkosyl，否则叶绿体裂解不完全，会影响产量。

(5) 叶绿体裂解时还可将去污剂与链霉蛋白酶合用，在加入sarkosyl前，悬浮液中加入预处理（37℃保温1～2h）过的链霉蛋白酶，浓度为1mg/ml，室温下保温2min或冰上放置15min，然后再使用去污剂。这种方法可提高制备物的产量和质量。

(6) 该制备过程使用两次密度梯度离心，前者为差速离心，后者为平衡密度梯度离心，不仅操作十分复杂、费时，而且成本高，非必要时不必采用。可以用非区带离心代替，做法是粗叶绿体沉淀悬浮后用1800～2000r/min离心15min收集沉淀。粗线粒体沉淀悬浮后，悬浮液用10 000r/min离心15min，收集沉淀，这样反复离心2～3次也可以起到纯化作用。另外，叶绿体裂解后可以用CTAB沉淀、氯仿抽提及RNA酶解的方法代替CsCl/EB离心纯化DNA，具体操作可按核DNA提取的操作进行。

(7) 植物叶绿体DNA提取的好坏主要取决于从植物组织中分离叶绿体的好坏。叶绿体的分离一般都采用梯度离心的方法，需要特殊的设备和仪器。由于植物组织、细胞中各种成分的复杂性，提取的DNA一般需要进行额外的纯化工作才能得到高纯度的DNA。

2-3-2 高盐低pH方法提取叶绿体DNA

【实验材料】

供试材料为小麦叶片。

【实验试剂】

(1) 蛋白酶K、Tris饱和酚（pH8.0）。

(2) 氯仿、异戊醇、无水乙醇、乙酸铵等其他常规试剂。

(3) 提取缓冲液A（pH3.6）：Tris-HCl 45mmol/L，NaCl 1.25mol/L，维生素C（抗坏血酸）0.25mol/L，EDTA 20mmol/L。

(4) 提取缓冲液B（pH8.0）：EDTA 25mmol/L，β-巯基乙醇10mmol/L，Tris-HCl 45mmol/L。

(5) 提取缓冲液C（pH8.0）：NaCl 150mmol/L，EDTA 80mmol/L。

(6) 提取缓冲液D（pH 8.0）：Tris-HCl 50mmol/L，EDTA 20mmol/L。

【实验操作】

1) 叶绿体的分离

(1) 取新鲜成熟的小麦叶片10g，4℃黑暗饥饿12h。

(2) 用蒸馏水冲洗干净，吸干水分，去中脉，剪碎放入匀浆器缸中，加入预冷提取缓冲液A 40ml高速匀浆，用2～3层74pm孔径的尼龙网过滤，滤液装入预冷的50ml离心管中，静置2min，4℃下1500r/min离心6min，弃上清。

(3) 沉淀中加入提取缓冲液B 20ml，悬浮沉淀，4℃下800r/min离心6min，倒掉上清。

(4) 沉淀用提取缓冲液C 3ml悬浮，4℃下800r/min离心6min，弃上清，沉淀即为粗提叶绿体。用荧光显微镜检测叶绿体的完整性。

2）叶绿体DNA的提取与纯化

（1）粗提叶绿体用1.6ml提取缓冲液D悬浮、混匀，加10% SDS至终质量分数为2%。

（2）加蛋白酶K（5mg/ml）30μl至终质量浓度为50μg/μl，37℃水浴3～4h。

（3）加入0.3mol/L Tris饱和酚（pH8.0）3ml抽提2次，每次4℃下11 000r/min离心15min。

（4）吸取上清到新的离心管，加与上清等体积的酚/氯仿/异戊醇（25∶24∶1）抽提2次，每次4℃下11 000r/min离心15min。

（5）转移上清至预冷的离心管，加1/2体积的7.5mol/L乙酸铵和3倍体积预冷的无水乙醇，充分混匀后放入－40℃冰箱沉淀30min。

（6）4℃下11 000r/min离心15min，弃去上清。

（7）沉淀用70%的冷乙醇洗2次，自然风干，加50μl TE buffer（pH8.0）溶解后备用。

【实验解析】

（1）相对于核DNA的提取，叶绿体DNA的提取有很多困难，首先必须得到完整的叶绿体。

（2）在这个过程中，可能存在核DNA和线粒体DNA污染等问题，这些都是制约叶绿体DNA提取的关键因素。把去核的离心速度提高为1500r/min离心6min，以便获得更多的叶绿体，既提高叶绿体DNA的得率，又去除核DNA的影响。

（3）提取之前，把新鲜叶片黑暗饥饿12h，目的是为了让叶片消化组织中的淀粉，以减少糖类物质对DNA分离纯化的干扰 。

2-3-3 多糖类植物叶绿体DNA分离提取

【实验材料】

供试甘蔗嫩叶或幼苗。

【实验试剂】

（1）$MgCl_2$、DNase Ⅰ、EDTA、蛋白酶K、*Taq* DNA聚合酶、DL2000 Plus DNA Marker、1kb DNA ladder DNA Marker、NTPs混合液等（生工生物工程股份有限公司）。

（2）buffer A（pH3.6）包括50mmol/L Tris、25mmol/L EDTA、1.25mol/L NaCl、0.25mol/L抗坏血酸。

（3）buffer B（pH8.0）包括50mmol/L Tris、25mmol/L EDTA、1.25mol/L NaCl、10mmol/L β-巯基乙醇、0.1% BSA。

（4）buffer C（pH8.0）包括150mmol/L NaCl、100mmol/L EDTA，buffer D（pH8.0）包括50mmol/L Tris、25mmol/L EDTA。

（5）buffer E（pH8.3）包括10mmol/L Tris-HCl和2% SDS。

【实验操作】

1）叶绿体DNA提取

（1）新鲜甘蔗叶片，用蒸馏水洗净后擦干，装入信封，置于4℃冰箱暗处理24h，待用。

（2）用榨汁机匀浆：将榨汁机的搅拌杯和缓冲液A置于－20℃冰箱预冷；甘蔗叶暗处理24h后去掉中脉并剪碎，称取100g叶片、加入400ml预冷缓冲液A至榨汁机中高速匀浆，以8层纱布过滤。

（3）初离心：将滤液分装到两个500ml离心管中，于超速冷冻离心机中2300r/min离心5min，再将上清液于4300r/min离心5min，所得沉淀用40ml缓冲液B充分悬浮后转入50ml离心管中，4300r/min离心20min。

（4）酶解：将沉淀重悬浮于40ml缓冲液B，并加入$MgCl_2$（15mmol/L）和DNase Ⅰ（75μg/ml），置于冰上；1h后加入EDTA终浓度25mmol/L终止反应，5300r/min离心6min；沉淀悬浮于40ml缓冲液C，5300r/min离心6min。

（5）洗涤：将沉淀再悬浮于30ml缓冲液C和15ml缓冲液D中8100r/min离心6min，沉淀即为粗提叶绿体。

2）cpDNA分离纯化

（1）裂解：将叶绿体粗沉淀悬浮于40ml缓冲液E，加入蛋白酶K（100μg/ml）37℃水浴1.5h。

（2）抽提：在叶绿体裂解后的溶液中加入0.2mol/L Tris饱和酚，9700r/min离心15min，取水相加入等体积的酚/氯仿/异戊醇（25∶24∶1），6100r/min离心6min，取上清液加入预冷的2倍体积无水乙醇和1/10体积3mol/L乙酸胺，于－20℃放置过夜后15 000r/min离心25min，沉淀用70%乙醇洗2次，抽干，沉淀加入500μl无菌水静置10min。

（3）纯化：将所得沉淀溶液转入1.5ml EP管，加入RNase A（50μg/ml）在37℃水浴1h后加入蛋白酶K（50μg/ml）继续水浴1h，加入2倍体积无水乙醇，于－20℃放置2h后，11 000r/min离心10min；沉淀用70%乙醇洗2次后溶于50μl无菌水，即为纯化的叶绿体DNA。

3）甘蔗纯化cpDNA检测

（1）cpDNA含量测定。

①取无菌水溶解的叶绿体DNA原液2.0μl，再加蒸馏水98.0μl（稀释50倍）。

②用Eppendorf蛋白核酸测定仪测核酸含量，记录OD_{260}/OD_{280}和质量浓度。

（2）琼脂糖电泳检测。

①取叶绿体 DNA 加入 10.0μl 5mg/ml 的 RNase 混匀后水浴 30min，取出加入 15.0μl 5mg/ml蛋白酶 K 继续水浴 30min。

②设置 2.0μl 叶绿体 DNA 原液和 10.0μl 核酸染料混合上样，采用 0.8%的琼脂糖凝胶、1×TAE 电泳缓冲液于 120V、400mA 条件下电泳 40min，利用凝胶成像系统观察结果、照相。

（3）PCR 扩增及凝胶电泳检测引物设计及 PCR 体系。

①以提取获得的 4 个 cpDNA 为模板，引物使用叶绿体 *trnL* 基因通用引物（上游引物 5′-CGAAATCGGTAGACGCTACG-3′，下游引物 5′-GGGGATAGAGGGACTTGAAC-3′）进行 PCR 扩增，反应体系为：10×buffer 反应缓冲液 2.0μl，dNTPs 0.42.0μl（10mmol/L），上、下游引物各 1.0μl（引物浓度 10mmol/L），1U *Taq* DNA 聚合酶，模板 DNA 1.0μl，去离子水补足体积至 20μl。

②PCR 反应程序：95℃预变性 5min；94℃ 30s，58℃ 30s，72℃ 30s，进行 35 个循环；72℃延伸 7min。

③反应结束后，采用 1.2%的琼脂糖凝胶、1×TAE电泳缓冲液、120V、400mA 电泳 40min，以 2.0μl 样品上样量，利用凝胶成像系统观察结果、照相。

④将扩增产物进行测序，并在 NCBI 上进行 BLAST 比对分析。

【实验解析】

（1）由于甘蔗为多糖、多纤维植物，在提取甘蔗叶片 cpDNA 前，对甘蔗叶片暗处理 24h；在抽提过程中加入预冷的 2 倍体积无水乙醇和 1/10 体积 3mol/L 乙酸胺，可除去多糖，提取效果更好。

（2）利用差速离心可将线粒体和叶绿体分开，再用 DNaseⅠ处理可能残留的核 DNA。

（3）此改良的 cpDNA 提取方法操作简单、节约时间，对仪器设备的要求不高，一次提取获得的量可以满足多次使用，电泳的条带清晰，纯度满足分子标记和酶切实验要求。

实验 2-4　植物线粒体 DNA 提取纯化

【实验目的】

（1）提取植物细胞中的线粒体 DNA（mtDNA），用于线粒体基因组结构功能分析及遗传修饰。

（2）植物细胞质雄性不育性（cytoplasmic male sterility，CMS）研究。

【实验材料】

植物叶片（油菜幼苗），愈伤组织，原生质体等。

【实验试剂】

（1）DNaseⅠ、RNA 酶、蛋白酶 K。

（2）匀浆缓冲液（grinding buffer，GB）：甘露醇 400mmol；Tris-HCl（pH7.8）50mmol；EDTA-Na_2 20mmol；NaCl 1.0mol；牛血清白蛋白 0.20%；半胱氨酸 0.10%；PVP（聚乙烯吡咯烷酮）1%（注：半胱氨酸和 PVP 在实验前加）。

（3）蔗糖衬垫缓冲液（MTE）：甘露醇 400mmol；Tris-HCl（pH7.8）50mmol；EDTA-Na_2 20mmol。

（4）DNaseⅠ处理缓冲液（MT）：甘露醇 400mmol；Tris-HCl（pH7.8）50mmol；BSA 0.1%（实验前加）。

（5）DNaseⅠ抑制洗涤 buffer（washing buffer，WB）：NaCl 1.0mol；Tris-HCl（pH8.0）50mmol；EDTA-Na_2 50mmol；氰代磷酸二乙酯（DEPC）2.0%；NaF 50mmol。

（6）50×TAE 储备液组分：Tris-乙酸 2mol，EDTA 100mmol。

【实验操作】

1）线粒体的提取与纯化

（1）组织破碎：为了保持组织破碎时线粒体的完整性，本实验设立了 3 种不同的缓冲液配比，探索最佳的匀浆缓冲液。

①取一定量经 4℃预冷的油菜黄化苗，在冰水中冲洗 10min，滤纸上晾干水分，去除叶脉后剪碎。

②称取 20g 油菜黄化苗于预冷的研钵中，取 80ml GB（buffer/材料为 3～5ml/g）分两次研磨。研磨前先将剪碎组织放在缓冲液里浸泡一段时间，使细胞材料提前充分进入安全状态，减少细胞器的损坏。

③用 6 层无菌纱布（45μm 孔径）过滤，合并滤液。将滤液等量分装在两个无菌的 50ml 离心管中。

（2）线粒体纯化。

①采取差速离心与密度梯度离心相结合方法，将线粒体从破碎组织中粗分离，在显微镜下检测分离效果，确定最佳离心力。

②参照线粒体在蔗糖中的浮力密度，配制两种不同密度的蔗糖溶液（23%：40%）作离心介质，将粗线粒体铺于离心管顶部，通过离心让线

粒体分布于介质界面，使其得到很好的纯化。

③为防止叶绿体和核基因组的污染，在线粒体裂解前，进行DNaseⅠ处理，在这个过程中，破裂的线粒体所释放出来的mtDNA也被降解，因此应尽量保证线粒体的完好性。

④匀浆滤液2000g（3800r/min）离心10min，去除破碎组织，再取上清4000g（5500r/min）离心20min，去除未破碎的细胞、纤维与原生质体等，再取上清20 000g（13 000r/min）离心20min，得沉淀。

⑤用洁净的毛笔将沉淀重悬在30ml GB中，13 000r/min离心20min，得线粒体沉淀。

⑥将沉淀悬浮在MTE缓冲液中，小心铺在按23%∶40%配好的蔗糖密度梯度液上，12 000r/min离心45min，然后用3ml灭菌注射器收集梯度液界面的线粒体层。

⑦将每管收集的纯线粒体沉淀用毛笔重悬在1ml MT中，加20μl 1mol的$MgCl_2$，1μl 250mg/ml的DNaseⅠ溶液。37℃水浴反应1h。

⑧加0.5mol的EDTA 40μl，混匀10min加DNaseⅠ酶终止消化反应。

⑨3倍体积WB混匀，13 000r/min离心20min，得到较纯的线粒体沉淀，再用缓冲液WB洗脱掉残留的DNase（以上所有操作除特别说明外均在4℃以下或者冰浴中进行）。

2）mtDNA提取纯化

（1）线粒体裂解。

①将线粒体沉淀悬浮在600μl TE（10mmol Tris-HCl pH8.0 1mmol EDTA-Na_2）中，缓慢加入30μl 20% SDS，再加蛋白酶K（10mg/ml）1μl，振荡混匀，37℃水浴反应1h。

②室温下待溶液清亮后，加5mol的KAc 100μl，混匀冰浴30min。

③室温3000r/min离心15min，小心吸取上清。依次加等体积的苯酚，1∶1的苯酚/氯仿，氯仿抽提，12 000r/min离心5min，吸取上清。

④加1/10体积的5mol的NH_4Ac溶液，再加2倍体积的预冷无水乙醇，－20℃静置2～3h或过夜，12 000r/min离心20min，得mtDNA沉淀。

⑤用适量70%乙醇洗涤沉淀2次，再用无水乙醇洗涤1次，倒置让其干燥。

⑥将干燥后的mtDNA沉淀溶解于600μl TE中，加10μl 20% SDS，5μl蛋白酶K（10mg/ml）和3μl RNase（10mg/ml），37℃水浴反应1h。

（2）CTAB法进一步纯化mtDNA。

①上一步反应结束后，加100μl 5mol的NaCl，80μl CTAB/NaCl溶液（10% CTAB，0.7mol NaCl），65℃水浴反应30min，其间颠倒混匀1次。

②加等体积的1∶1的苯酚/氯仿溶液，12 000r/min离心5min，小心吸取上清，再加等体积的氯仿，12 000r/min离心5min，小心吸取上清。

③70%乙醇洗涤沉淀2次，去除残留的盐分和CTAB。倒置EP管，室温干燥。溶于30μl TE中，于－20℃保存备用。

3）mtDNA的定量和定性分析

（1）按常规方法用紫外分光光度计测定mtDNA在OD_{260}和OD_{280}及OD_{230}的值，并计算mtDNA溶液的浓度和纯度。

（2）取2μl所得的mtDNA溶液，用1%琼脂糖电泳以观察DNA的带型及相对分子质量大小。

（3）取1μl mtDNA溶液，加入4U的限制性内切核酸酶*Eco*RⅠ于37℃下酶切4h，用1%琼脂糖电泳以观察酶切效果。

【实验解析】

（1）本研究成功构建了油菜黄化苗线粒体DNA的提取纯化方法体系。克服了传统方法操作复杂、耗时长、成本高的弊端，做到提取产率较高，纯度完全能满足限制性内切核酸酶酶切等后续研究的要求。

（2）本方案主要的改进步骤如下。

①在研磨破碎组织前，将材料切碎后置于预冷的匀浆缓冲液中4℃放置15～30min，预防线粒体被破坏。

②找到最佳匀浆缓冲液的组分和配比浓度。

③找到最佳差速离心力组合，简化改进密度梯度离心，使线粒体的分离效果得到明显提高。

④在去除残余的DNase时，使用DEPC代替NaF，很好地抑制了在EDTA环境下仍有活性的DNase。

⑤在用SDS裂解线粒体时及有机溶剂抽提除杂前，运用了高盐沉淀法先沉淀，提高纯化效果。

⑥通过沉淀法和有机溶剂抽提法提纯mtDNA后，用CTAB/NaCl进一步纯化，使mtDNA的纯度达到研究的要求。本研究提供的基本构建体系对于植物mtDNA的提取纯化具有普遍性。在构建提取纯化方法时，首先确定差速离心力最佳组合；在用蔗糖衬垫法进一步纯化时，应确定最佳的衬垫溶液浓度差及离心力和离心时间。根据具体的实验材料特点，应调整各种缓冲液的组分和浓度，使提取效果达到最佳。

第 3 章

植物 RNA 提取技术

实验 3-1　植物总 RNA 提取

【实验目的】

用于 RNA 杂交、mRNA 纯化、RT-PCR 及 DDRT-PCR 等。

【实验材料】

植物幼嫩组织器官或种子萌发的幼苗。

3-1-1　异硫氰酸胍法

【实验试剂】

（1）异硫氰酸胍溶液：4mol/L 异硫氰酸胍，25mmol/L 柠檬酸钠（pH7.0），0.5%十二烷基肌氨酸钠，0.1mol/L 巯基乙醇。

（2）2mol/L NaAc（pH4.0）：用经 DEPC 处理过的水配制，高压灭菌。

（3）水饱和苯酚（pH3.5）。

【实验操作】

（1）取两支 50ml 离心管，各加入 15ml 异硫氰酸胍溶液，于冰上预冷。

（2）取 5g 新鲜的幼嫩植物组织放在研钵中，加入液氮，迅速研磨成均匀的粉末。

（3）将粉末全部移入冰上预冷的离心管中，振荡离心管混合均匀，将离心管置冰上。

（4）加入 2mol/L NaAc 1.5ml、水饱和酚 15ml 和氯仿/异戊醇 3ml，每加一种试剂都轻轻摇晃离心管混合均匀，最后将离心管盖紧，倒转几次混合均匀，冰浴 15min。

（5）4℃下 15 000*g* 离心 30min，将上层水相转移至另一干净的离心管中，向管中加入等体积的异丙醇，混匀，置－20℃冰箱冷冻 1h。

（6）4℃下 13 000*g* 离心 25min，小心去除上清液，沉淀溶于 5ml 异硫氰酸胍溶液中（体积为第一次异硫氰酸胍溶液体积的 1/3），再加入等体积的异丙醇，混匀后置－20℃冰箱冷冻 1h。

（7）4℃下 13 000*g* 离心 20min，沉淀用 70%乙醇洗一遍，稍微晾干后，溶于适量体积（约 500μl）DEPC 处理的水中。检测后分装，于－70℃低温条件下保存。

【实验解析】

（1）提取时使用的所有玻璃器皿和离心管都要用 0.5%的 DEPC 溶液处理，37℃保温 12h 以上（注：DEPC 为剧毒物，活性很强，在通风橱中小心使用）。然后高压灭菌，枪头也需高压灭菌。以下各方法均同。

（2）该方法操作简便，同时可做多个样品，无需长时间氯化铯梯度离心，因此近年来已被许多实验室采用。

3-1-2　苯酚法

【实验试剂】

（1）研磨缓冲液：6% 4-氨基水杨酸盐，1%三异丙基萘硫酸盐，6%苯酚，50mmol/L Tris-HCl（pH8.4）。

（2）4mol/L NaAc（pH6.0）。

【实验操作】

（1）取新鲜幼嫩的植物材料 1～5g，剪成小块，立刻放入液氮中储存，直至提取时。

（2）研钵及杵用液氮预冷，取出冷冻材料，置研钵中加入液氮研至细粉状。

（3）加入研磨缓冲液（1g 材料加 2ml），转入 50ml 离心管中。

（4）加入约 1 倍体积的苯酚/氯仿/异戊醇，于冰上使粉末分散均匀，4℃下 5000r/min 离心 10min。

（5）上清液转至新离心管中，重复用苯酚/氯仿/异戊醇抽提 3 次。

（6）将上清液转入新离心管，加入 4mol/L NaCl（pH6.0）至终浓度为 0.2mol/L，混匀，然后加入 2.5 倍体积的冷乙醇，混匀，4℃条件下 10 000r/min 离心 10min。小心去除上清液，沉淀溶于较小体积的双蒸水中。

（7）加入 4mol/L NaAc（pH6.0）至3.0mol/L，混匀，置冰上 2～3h，然后 4℃条件下10 000r/min 离心 10～30min。沉淀溶于 200～1000μl 0.2mol/L 的 NaAc 中，加入 2.5 倍体积的冷乙醇，4℃下 10 000r/min离心 10min。

(8) 用70%乙醇洗沉淀，真空干燥，溶于100μl水中，贮于−70℃或液氮中。

【实验解析】

该方法简单、经济，是通用的方法。

3-1-3 LiCl沉淀法

【实验试剂】

(1) 提取缓冲液：100mmol/L LiCl，100mmol/L Tris-HCl (pH8.0)，100mmol/L EDTA，1% SDS。

(2) 4mol/L及2mol/L LiCl，50mmol/L EDTA。

【实验操作】

(1) 根据实验需要，取0.1～15g叶片或愈伤组织置于液氮中冷冻，研磨成粉。

(2) 加入3～5倍体积80℃预热的提取缓冲液，混匀。

(3) 加入0.5～1倍体积的氯仿/异戊醇，混匀，4℃下10 000g离心15min。

(4) 取上相，重复氯仿/异戊醇抽提1次。

(5) 取上相，加入1倍体积的4mol/L LiCl，混匀后于4℃沉淀过夜或−20℃放置3h以上，沉淀RNA。

(6) 12 000g离心30min，去上清液。

(7) 沉淀重悬于2mol/L LiCl和50mmol/L EDTA中，12 000g离心30min，收集RNA沉淀，70%乙醇漂洗，吹干，溶于适量无菌重蒸馏水中，备用。

【实验解析】

(1) 该方法叶片RNA的产量可达0.05mg/g，愈伤组织产量可达0.03mg/g。

(2) 对于不同材料及RNA的不同用处，在此基本方法上可加以修改。

①对于鉴定转化材料的简单快速提取，可在提取液中加入饱和酚，省去氯仿/异戊醇重复抽提及2mol/L LiCl的再次沉淀。

②对于富含多糖的植物材料，操作中可采用或合用以下方法去除多糖：首先，提取缓冲液提取后，离心上相中加入1/3体积的5mol/L KAc，冰浴中放置30min。然后，将用LiCl得到的沉淀溶于适量ddH_2O，加入0.1倍体积的无水乙醇放置30min，10 000g离心10min，取上相，再用2倍体积的无水乙醇沉淀［也可使用适量的3mol/L NaAc (pH5.2) 悬浮沉淀，冰浴放置3～5min后离心，收集沉淀。必要时可重复1次］。

③对于富含多酚类物质的材料，提取缓冲液中可加入2%的PVP及10mmol/L的半胱氨酸。

3-1-4 一步提取法

【实验试剂】

(1) RNA提取缓冲液：10mmol/L EDTA-Na_2，0.14mol/L NaCl，0.2mol/L硼酸/Tris，pH7.6。

(2) 2mol/L NaAc (pH4.0)，25% SDS，0.2mol/L NaAc饱和酚 (pH4.0)，2-丁氧基乙醇 (2-BE)。

【实验操作】

(1) 50ml无菌离心管内加入5ml提取缓冲液，200μl 25% SDS，200μl β-巯基乙醇，混匀。

(2) 取1g供试材料于液氮中研磨成粉，迅速转入上述离心管内，立刻充分混匀。

(3) 加入等体积的酚/氯仿/异戊醇，颠倒混匀，4℃下8000r/min离心10min。

(4) 取上清液，用等体积酚/氯仿/异戊醇反复抽提3～4次，至中间蛋白层消失。

(5) 上清液中加入等体积的异丙醇，混匀，冰浴5～10min。观察絮状沉淀出现。12 000r/min离心10min，弃去上清液。

(6) 用75%乙醇洗涤沉淀2～3次，自然风干。

(7) 用600μl DEPC处理的水溶解，转入1.5ml Eppendorf管中，加入1/25倍体积的NaAc (24μl) 使Na^+浓度为80mmol/L，混匀。

(8) 加入总体积0.4倍(240μl)的2-丁氧基乙醇(2-BE)混匀，冰浴30min，4℃下12 000r/min离心10min。

(9) 取上清液，加入2-BE至原体积的1倍(360μl)，混匀，冰浴30min，4℃下12 000r/min离心10min。弃上清，用75%乙醇洗涤RNA沉淀2～3次，自然风干。

【实验解析】

本方法简便易行，尤其适合于从草莓、葡萄、香蕉、荔枝等富含多糖、多酚类物质的植物材料中提取完整的RNA。

3-1-5 植物总RNA提取纯化试剂盒法

【实验试剂】

柱式植物总RNA抽提纯化试剂盒［生工生物工程（上海）股份有限公司］，产品编号B518661：buffer rlysis-PG，GT solution，NT solution，RNase free water。

【实验操作】

(1) 取450μl buffer rlysis-PG加入1.5ml RNase-free的离心管中备用。

(2) 取25～50mg植物组织用液氮研磨成粉末，加到上述1.5ml离心管中，立即振荡混匀，室温放置 5min。液氮研磨过程中要避免样品溶化，使用的研钵与药匙等工具应事先用液氮预冷。研磨后的样品应迅速加入裂解液中振荡混匀，避免 RNA 降解。样品转入离心管时避免带入液氮，因为液氮在封闭的离心管中迅速转变成气体可能引起离心管的爆裂，请注意安全。

（3）4℃下 12 000r/min 离心 3min，将上清移至 1.5ml RNase-free 的离心管中。

（4）加入 1/2 体积无水乙醇，充分混匀。

（5）将吸附柱放入收集管中，用移液器将溶液全部加至吸附柱中，静置 1min，室温12 000r/min离心 1min，倒掉收集管中废液。

（6）将吸附柱放回收集管中，加入 500μl GT solution，静置 1min，室温 10 000r/min 离心 1min，倒掉收集管中废液。GT solution 使用前请检查溶液是否按比例加入无水乙醇（GT solution 与无水乙醇体积比为 3∶2）。

（7）将吸附柱放回收集管中，加入 500μl NT solution，静置 1min，室温 10 000r/min 离心 1min，倒掉收集管中废液。NT solution 使用前请检查溶液是否按比例加入无水乙醇（NT solution 与无水乙醇体积比为 1∶4）。

（8）将吸附柱放回收集管中，12 000r/min 离心 2min。

（9）将吸附柱放入 RNase-free 的 1.5ml 离心管中，在吸附膜中央加入 30～50μl RNase-free water，静置 2min，12 000r/min 离心 2min，将所得到的 RNA 溶液置于－70℃保存或用于后续实验。

【实验解析】

1）加入裂解液后非常黏稠，样品转移比较困难

（1）使用的样品量过多，可适当减少样品用量。

（2）样品研磨不充分，取样后应将样品充分研磨，使样品和裂解液充分接触，确保样品完全裂解。

2）离心柱子堵塞

（1）使用的样品量过多，可适当减少样品用量。

（2）样品研磨不充分，取样后应将样品充分研磨，使样品和裂解液充分接触，确保样品完全裂解。

（3）提高离心力，确保溶液通过。

3）RNA 产率很低

（1）选择合适的样品用量，确保研磨、裂解充分。

（2）漂洗液 GT solution、NT solution 初次使用请按瓶身标签说明加入相应量的无水乙醇。否则，RNA 将在漂洗过程中流失。

4）RNA 发生降解

（1）样品存放时间太长。所用组织应该是新鲜的，如果没有及时液氮冻存，会导致组织或细胞中的 RNA 完全或部分降解。

（2）建议用液氮处理样品，研磨成粉末后迅速将样品转移至裂解液中并充分混匀。

（3）确保工作环境及所使用仪器和耗材都是无 RNA 酶的，操作时请佩戴手套并及时更换。

5）RNA 样品不纯，抑制或干扰后续实验反应

DNA 在洗脱前，有漂洗液残留，抑制后续酶解和 PCR 反应。加入洗脱液前，吸附柱应打开盖子于室温放置 5min，以彻底晾干吸附材料中残留的 NT solution。

6）RNA 有基因组 DNA 污染

（1）样品用量过多，请适当减少样品用量。

（2）用 RNase-free DNase 对总 RNA 进一步处理。

3-1-6 Fruit-mate™ for RNA purification 法

【实验试剂】

RNAiso plus（TaKaRa Code：D9108/9108Q/9109），Fruit-mate™ for RNA purification（TaKaRa Code：D9192），氯仿，异丙醇，75%乙醇（DEPC 处理水配制），RNase-free 水［制备方法：使用 RNase-free 的玻璃瓶，向超纯水中加入 DEPC 至终浓度 0.1%（*V*/*V*），过夜搅拌后，高温高压灭菌］。

【实验操作】

（1）Fruit-mate™ for RNA purification 的使用量：每提取 100mg 的样品，Fruit-mate™ for RNA purification 的使用量为 1ml，对于一些多糖多酚含量超高的特殊材料，可以适当增加用量。

（2）植物样品的研磨和匀浆。

①称量 100mg 的新鲜或超低温冻结的植物 RNA 提取样品，迅速转移至用液氮预冷的研钵中，用研杵研磨组织，其间不断加入液氮，直至研磨成粉末状（无明显的可见颗粒，如果没有研磨彻底会影响 RNA 的收率和质量）。

②向研钵中加入 1ml 的 Fruit-mate™ for RNA purification，将研磨成粉末状的样品完全覆盖，然后室温静置，直至样品完全溶化，再用研杵继续研磨至裂解液呈透明状。

③将匀浆液转移至 1.5ml 离心管中，4℃下

12 000g离心 10min。

④小心吸取上清液（切勿吸取沉淀），平均分至两个新的1.5ml离心管中，各约500μl。

（3）总RNA的提取。

①分别向上述步骤（2）的匀浆裂解液中加入等体积的RNAiso plus，盖紧离心管盖，用力振荡，待溶液充分乳化后（无分相现象），室温静置5min。

②分别向上述步骤①的混合液中加入1/5体积的氯仿（各约200μl），盖紧离心管盖，用力振荡（氯仿沸点低、易挥发，振荡时应小心离心管盖突然弹开），待溶液充分乳化后（无分相现象），室温静置10min。

③4℃下12 000g 离心15min。

④从离心机中小心取出离心管，此时匀浆液分为3层，即无色的上清液、中间的白色蛋白层及带有颜色的下层有机相。吸取上清液转移至另一新的离心管中（切勿吸出白色中间层）。

⑤向上清中加入与上清等体积的异丙醇，上下颠倒离心管充分混匀后，在15～30℃下静置10min。

⑥4℃下12 000g 离心10min。一般在离心后，试管底部会出现沉淀。

（4）RNA沉淀的清洗。小心弃去上清，缓慢地沿离心管壁加入75%的乙醇1ml（切勿触及沉淀），轻轻上下颠倒洗涤离心管管壁，4℃下12 000g离心5min后小心弃去乙醇（为了更好地控制RNA中的盐离子含量，应尽量除净乙醇）。

（5）RNA的溶解。室温干燥沉淀2～5min（不可以离心或加热干燥，否则RNA将会很难溶解），加入适量的RNase-free水溶解沉淀，必要时可用移液枪轻轻吹打沉淀，待RNA沉淀完全溶解后于－80℃保存。

【实验解析】

（1）Fruit-mate™ for RNA purification是RNAiso plus的辅助试剂，可以与RNAiso plus搭配使用，高效地从富含多糖、多酚的植物等材料中提取出纯度较高的total RNA。

（2）本制品内含高分子聚合物，能够有效地与组织样品中的多糖、多酚结合，并可以在之后的离心步骤中去除。

（3）Fruit-mate™ for RNA purification中不含有苯酚、巯基乙醇等刺激性气味的成分，无色无味，使用简单安全。

（4）Fruit-mate™ for RNA purification具有很强的广谱性，可以适用于叶片、果实、种子等各种植物材料，对于松针、香蕉、草莓等普通方法不能提取RNA的材料都能进行顺利提取。

（5）本方法尤其适用于多糖含量较高的植物组织，如香蕉果实、松针、马铃薯块根、芦荟叶片等。操作简单方便，提取的RNA纯度高，适用于后续的分子生物学实验。

3-1-7 RNAiso for polysaccharide-rich plant tissue法

【实验试剂】

RNAiso for polysaccharide-rich plant tissue（TaKaRa Code：D9752A/B/Q），氯仿，异丙醇，75%乙醇（DEPC处理水配制），RNase-free水[制备方法：使用RNase-free的玻璃瓶，向超纯水中加入DEPC至终浓度0.1%（V/V），过夜搅拌后，高温高压灭菌]，高盐溶液（0.8mol/L柠檬酸钠＋1.2mol/L NaCl），5mol/L NaCl。

【实验操作】

1）实验样品的研磨和匀浆

（1）将新鲜或超低温冻结的RNA提取样品称量后，迅速转移至用液氮预冷的研钵中，用研杵研磨组织，其间不断加入液氮，直至研磨成粉末状（无明显的可见颗粒，如果没有研磨彻底会影响RNA的收率和质量）。

（2）向研钵中加入适量的plant RNAiso，将研磨成粉末状的样品完全覆盖，然后室温静置，直至样品完全溶化，再用研杵继续研磨至裂解液呈透明状。一般情况下，每200mg植物材料加1ml plant RNAiso。

（3）将裂解液转移至离心管中。

（4）4℃下12 000g 离心5min。

（5）小心吸取上清液（切勿吸取沉淀），平均分至两个新的1.5ml离心管中。

2）总RNA的提取

（1）向上述上清液中加入1/5体积的5mol/L NaCl和3/5体积的氯仿。盖紧离心管盖，用力振荡（氯仿沸点低、易挥发，振荡时应小心离心管盖突然弹开）。待溶液充分乳化呈乳白状（无分相现象）后，再室温静置5min。

（2）4℃下12 000g 离心15min。

（3）从离心机中小心取出离心管，此时匀浆液分为3层，即无色的上清液、中间的白色蛋白层及带有颜色的下层有机相。吸取上清液转移至另一新的离心管中（切勿吸出白色中间层）。

（4）向上清中加入1/2体积的异丙醇和1/2体积的高盐溶液，上下颠倒离心管充分混匀后，在室温静置10min。

（5）4℃下12 000g 离心10min。一般在离心

后，试管底部会出现沉淀。

3）RNA 沉淀的清洗

小心弃去上清，加入 75%的乙醇 1ml（切勿触及沉淀），轻轻上下颠倒洗涤离心管管壁，4℃下12 000*g*离心 5min后，小心弃去乙醇（为了更好地控制 RNA 中的盐离子含量，应尽量除净乙醇）。

4）RNA 的溶解

室温干燥沉淀 2～5min（不可以离心或加热干燥，否则 RNA 将会很难溶解），加入适量的 RNase-free 水溶解沉淀，必要时可用移液枪轻轻吹打沉淀，待 RNA 沉淀完全溶解后于－80℃保存。

【实验解析】

（1）plant RNAiso 是一种快速、方便的植物总 RNA 提取试剂，可以从富含多糖、多酚的植物组织中提取总 RNA。plant RNAiso 利用特殊的渗透方法，使组织材料中的 RNA 渗透出细胞壁，在这一过程中多糖类、多酚类物质基本仍残留在组织细胞中。另外，plant RNAiso 中含有大量还原剂，这可以避免多酚类物质在提取过程中被氧化而导致 RNA 的降解。样品在 plant RNAiso 中充分裂解后，加入 NaCl 和氯仿离心，溶液会形成上清层、中间层和有机层（下层），RNA 分布在上清层中。收集上清层后，经异丙醇和高盐溶液沉淀便可以回收得到总 RNA。使用 plant RNAiso 可以从大多数富含多糖、多酚的植物材料中提取总 RNA，尤其适用于从马铃薯块茎、香蕉果实、苹果、芒果和松针等复杂材料中提取 RNA，提取过程方便快捷。

（2）植物材料的 RNA 提取是一个比较难的课题，到目前为止也没有哪一种方法可以从任何植物组织材料中纯化得到高质量的 RNA，这是植物材料的复杂性所造成的。部分植物材料当中含有的多糖理化性质与 RNA 非常相近，使用一般的方法很难将两者有效地分离。另外植物材料当中含有的多酚容易引起氧化作用变成多醌类物质与 RNA 结合。上面介绍的无论是传统方法还是试剂盒的方法都有自己的应用范围，研究者可以根据自己研究材料的不同选用适合自己的提取方法，另外对于一些特殊材料也可以根据其他研究者的报道进行优化。各种材料来源的植物 RNA 提取方法仍在探索中进步。

3-1-8 TRIzol 法

【实验试剂】

TRIzol® Reagent（Invitrogen Cat. no. 15596），氯仿，异丙醇，75%乙醇（DEPC 处理水配制），RNase-free 水［制备方法：使用 RNase-free 的玻璃瓶，向超纯水中加入 DEPC 至终浓度 0.1%（*V/V*），过夜搅拌后，高温高压灭菌］。

【实验操作】

（1）液氮研磨，组织块直接放入研钵中，加入少量液氮，迅速研磨，待组织变软，再加少量液氮，再研磨，如此 3 次，按每 50～100mg 组织加入 1ml TRIzol 试剂，转入离心管。

（2）室温放置 5min，使其充分裂解（注：此时可放入－70℃长期保持）。

（3）12 000*g* 离心 5min，弃沉淀。

（4）按 1ml TRIzol 加 200μl 氯仿的比例加入氯仿，手动振荡混匀 15s 后室温放置 2～3min（注：禁用涡旋振荡器，以免基因组 DNA 断裂）。

（5）4℃下 12 000*g* 离心 15min。

（6）吸取上层水相，至另一离心管中（注：千万不要吸取中间界面；若同时提取 DNA 和蛋白质，则保留下层酚相存于 4℃冰箱，若只提 RNA，则弃下层酚相）。

（7）按 1ml TRIzol 加 0.5ml 的比例加入异丙醇，混匀，室温放置 10min。

（8）4℃下 12 000*g* 离心 10min，弃上清，RNA 沉于管底。

（9）按 1ml TRIzol 加 1ml 的比例加入 75%乙醇，温和振荡离心管，悬浮沉淀。

（10）4℃下 8000*g* 离心 5min，尽量弃上清。

（11）室温晾干或真空干燥 5～10min（注：RNA 样品不要过于干燥，否则很难溶解）。

（12）可用 50μl H_2O 或 TE buffer 溶解 RNA 样品，55～60℃温育 10～15min（注：H_2O 或 TE buffer 均须用 DEPC 处理并高压灭菌）。

（13）测 OD 值定量 RNA 浓度。

【实验解析】

（1）TRIzol® 试剂用于处理少量组织（50～100mg）及大量组织（≥1g）均可获得较好结果。在 TRIzol® 试剂进行样本匀浆化的过程中，它可以破坏细胞，溶解细胞组分，同时高效的抑制 RNA 酶的活性，从而维持 RNA 的完整性。该方法十分简单，可同时处理大量样本。整个过程可在 1h 内完成。采用 TRIzol® 试剂提取的总 RNA 不会被蛋白质和 DNA 污染。

（2）此方法提取 RNA A_{260}/A_{280} 值为 1.6～1.8；产率估计：组织标本（μg RNA/mg 组织）为 1～10μg，培养细胞（μg RNA/10^6 细胞）为 5～15μg。

（3）组织或细胞量过少时可酌情减少 TRIzol 用量；组织或细胞用量过多，会引起 DNA 对

RNA的污染。

（4）提取的材料为高蛋白、脂肪或多糖类组织或块状植物组织等，组织匀浆或液氮研磨后须在4℃下12 000*g*离心10min去掉不溶物，再进行下面操作，若顶层有脂肪物，则也须去掉。

（5）在取RNase-free的物品时及与RNA制备有关的分子生物学实验时必须戴手套。

（6）组织块用液氮研磨，效果最好，若没有液氮或电动匀浆器，可用手动匀浆器代替，此时组织块不宜过大，且需先用剪刀将组织剪碎，然后再充分研磨。另外，组织体积不能超过TRIzol体积的10%，否则匀浆效果会不好。

实验3-2 总RNA中mRNA的分离提取

【实验目的】

分离纯化mRNA，用于cDNA合成及构建cDNA文库、RNA杂交及基因表达调控研究等。

【实验材料】

同实验3-1“植物总RNA提取”。

3-2-1 层析法

【实验试剂】

（1）上样缓冲液（1×）：20mmol/L Tris-HCl（pH7.6），0.5mmol/L LiCl，1mmol/L EDTA，0.1% SDS，高压灭菌，室温储存。

（2）洗脱缓冲液：10mmol/L Tris-HCl（pH7.6），1mmol/L EDTA，0.05% SDS，高压灭菌，室温储存。

（3）Oligo（dT）纤维素。

（4）4mol/L NaAc（pH8.0）。

（5）DEPC处理的水。

【实验操作】

1）制备层析柱

（1）取一支硅化灭菌的巴斯德管，用洗净灭菌的玻璃棉塞上出口。

（2）取5～15mg的Oligo（dT）纤维素悬浮于2ml上样缓冲液（1×）中，待Oligo（dT）沉下去后，小心移去上清液，再用上样缓冲液(1×)悬浮，重复几次至上清液完全清澈，备用。

（3）吸取Oligo（dT）悬浮液装柱，注意柱中液体不能流干，不要有气泡。用10ml上样缓冲液（1×）洗柱。

2）层析分离mRNA

（1）取一定体积的总RNA提取液，加入等体积的上样缓冲液（2×），于65℃加热7min，然后冰浴5～10min。

（2）待洗柱的上样缓冲液都过柱后，立刻取2ml样品上柱，收集流出液，然后重新上柱，重复5～6次。

（3）用10～100ml的上样缓冲液（1×）洗柱，除去rRNA、tRNA。

（4）将洗脱缓冲液置45℃水浴预热，待步骤（3）洗柱液流出后，加200μl洗脱缓冲液洗脱，重复5次，收集洗脱液。

（5）在分光光度计上测定各管洗脱液的RNA浓度。

（6）向各管洗脱液中加入4mol/L NaAc（pH6.0）至终浓度为0.2mol/L，混匀，然后加入2.5倍体积的无水乙醇，置−70℃沉淀mRNA。

（7）使用时将管取出，10 000r/min离心5min，真空干燥沉淀，再溶于适量的DEPC处理的水中。

【实验解析】

（1）石英比色杯要浸泡在浓盐酸中，使用时用DEPC处理的水彻底冲洗干净。

（2）如果没有洗脱出mRNA，产生的原因可能有：RNA样品与Oligo（dT）纤维素混合不充分；洗脱不彻底；沉淀不彻底。最好将洗脱液收集起来，以便进行再处理上柱。

（3）在分离mRNA的甲醛变性胶上仍然能够隐隐约约地看见28S和18S rRNA的条带，这是因为rRNA太多，不容易全部除去。

3-2-2 poly（A）mRNA提取纯化试剂盒法

【实验试剂】

poly（A）mRNA纯化试剂盒［生工生物工程（上海）股份有限公司］，产品编号B518810：2× binding buffer，1× binding buffer，washing buffer，RNA elution，Oligo（dT）cellulose，LPA，RNase-free water。

【实验操作】

（1）称取5mg Oligo（dT）cellulose，加入0.5ml×binding buffer，混匀，2000*g*离心5min，去上清。

（2）取0.2～1mg total RNA，使total RNA的总体积为0.5ml，如果体积不足0.5ml加RNase-free水补足。然后向total RNA中加入等体积的2×binding buffer，混匀。

（3）将上述混合液加入Oligo（dT）cellulose中充分混匀，65℃水浴5min，间或混匀。

（4）室温放置10min，间或混匀，然后在室温下2000g离心3min，弃上清。

（5）将RNA elution在65℃下水浴，以备后用。

（6）向mRNA-Oligo（dT）cellulose mix中加入0.5ml 1×binding buffer，混匀，室温下2000g离心3min，弃上清。

（7）重复步骤（6）一次。

（8）向mRNA-Oligo（dT）cellulose mix中加入0.5ml washing buffer，混匀，室温下2000g离心3min，弃上清。

（9）重复步骤（8）一次。

（10）向mRNA-Oligo（dT）cellulose mix加入200μl 65℃ RNA elution，室温下4000g离心3min，收集上清于新的离心管中。

（11）重复步骤（10）1～2次（每次都应加入65℃预热的RNA elution）。

（12）mRNA的浓缩。

①加入等体积的异丙醇和终浓度为1.6μl LPA/100μl mRNA洗脱液，轻轻上下颠倒，充分混匀。4℃下12 000g离心20min，弃上清。

②加入700μl 70%乙醇洗涤1～2次（4℃下12 000g离心5min），晾干。

③加入20～50μl的RNase-free water溶解。

【实验解析】

1）纯化的mRNA中混有的rRNA较多

适当缩短mRNA与Oligo（dT）cellulose的结合时间。

2）mRNA得率很低

（1）提高总RNA的用量，用于纯化的总RNA的量不能少于0.1mg。

（2）mRNA纯化时的离心速度不能超过4000g。

3）mRNA发生降解

（1）总RNA存放时间太长，发生降解。实验前请检测总RNA完整性。

（2）用于mRNA实验的器具，须使用干热灭菌（180℃，60min）或者上述DEPC处理的器具盛装，使用的无菌水须加入0.1% DEPC，然后进行高温高压灭菌。建议RNA实验使用的器具、试剂和无菌水专用。

3-2-3 Magnosphere™ UltraPure mRNA purification Kit法

【实验试剂】

Magnosphere™ UltraPure mRNA purification Kit（TaKaRa Code：D9186）。

【实验操作】

（1）将试剂盒中的Magnosphere™ Oligo-dT beads于37℃保温，混匀，取出20μl到1.5ml离心管中，加入100μl 2×binding buffer（经37℃保温预热）后放置1min。去上清。并重复上述清洗磁珠的操作一次。根据总RNA的量，加适当体积（50～100μl）的2×binding buffer备用。

（2）将50～100μl的总RNA（5～50μg）置于离心管中。

（3）65℃条件下孵育5min（RNA变性），然后放置在冰上2min。

（4）将变性的RNA全部转移至实验操作步骤（1）准备好的Magnosphere™ Oligo-dT beads溶液中，温和地混合均匀。室温放置5min（Magnosphere™ Oligo-dT beads和mRNA结合）。

（5）8000r/min离心1min。

（6）除去上清（不要吸入Magnosphere™ Oligo-dT beads），加入200μl的wash buffer，将Magnosphere™ Oligo-dT beads充分悬浮后，8000r/min离心1min。

（7）重复步骤（6）。

（8）除去上清（不要吸入Magnosphere™ Oligo-dT beads），向离心管中加入50μl 80℃预热的RNase-free H_2O，80℃保温2min。

（9）8000r/min离心1min，取上清（不要吸入Magnosphere™ Oligo-dT beads）放入新的离心管中，保留磁珠。

（10）向步骤（9）回收的上清中加入50μl 2×binding buffer混匀，室温保存，为步骤（13）备用。

（11）向步骤（9）保留的磁珠中加入200μl的wash buffer，将磁珠充分悬浮后，8000r/min离心1min，除去上清（不要吸入Magnosphere™ Oligo-dT beads）。

（12）重复步骤（11）。

（13）将步骤（10）的离心管（100μl上清与binding buffer的混合液）置于65℃条件下，孵育5min（RNA变性），然后放置在冰上2min。

（14）将变性的RNA（100μl）加入步骤（12）清洗后的磁珠中，混匀。

（15）室温放置5min。

（16）8000r/min离心1min，除去上清（不要吸入Magnosphere™ Oligo-dT beads）。

（17）加入200μl的wash buffer，将磁珠充分悬浮后，8000r/min离心1min，除去上清（不要吸入Magnosphere™ Oligo-dT beads）。

（18）重复步骤（17）。

（19）向离心管中加入20μl 80℃预热的RNase-free H_2O，80℃保温2min。

（20）8000r/min离心2min，取上清（mRNA）放入新的离心管中（不要吸入Magnosphere™ Oligo-dT beads），−80℃保存。

【实验解析】

（1）mRNA分离质量的好坏完全取决于总RNA的质量，因此如何分离得到高纯度植物RNA是纯化植物mRNA的关键。

（2）如果为了后续实验（如RT-PCR），需要去除所有残存的DNA，可以将纯化的mRNA用DNaseⅠ（RNase-free）处理。

（3）Magnosphere™ UltraPure mRNA purification kit可用磁性分离架来代替离心的方法捕获磁珠。

实验3-3　植物microRNA的提取分离

【实验目的】

分离纯化植物microRNA。

【实验材料】

植物幼嫩组织器官、种子萌发的幼苗或培养的细胞。

3-3-1　microRNA提取试剂盒法

【实验试剂】

柱式microRNA抽提试剂盒法［生工生物工程（上海）股份有限公司］，产品编号B518811：miRNA Extractor，RPE solution，RNase-free water，spin column TR with collection tube，spin column MR with collection tube。

【实验操作】

（1）样品裂解。

①植物组织：取新鲜样品在液氮中充分研磨或将其剪碎后直接在miRNA Extractor中研磨。50～100mg样品使用1ml miRNA Extractor。

②动物组织：取新鲜或−70℃冻存组织，每25～50mg组织加入1ml miRNA Extractor，用液氮研磨或用匀浆器匀浆处理。

③单层培养细胞的收集：可直接在培养容器中裂解（培养面积不超过$10cm^2$，细胞不超过2×10^7），或者使用胰蛋白酶处理后离心收集细胞沉淀。

a. 直接裂解法：直接在培养板中加入miRNA Extractor裂解细胞，每$10cm^2$面积加1ml miRNA Extractor。用移液器吹打混匀。

b. 胰蛋白酶处理法：收集细胞并大致确定细胞数量，用PBS洗涤细胞后，向细胞中加入含有0.1%～0.25%胰蛋白酶的PBS处理细胞，当细胞脱离容器壁后，加入含有血清的培养基使胰蛋白酶失活，将细胞溶液转移至无RNase的离心管中，5000r/min离心5min，收集细胞沉淀，去除上清。每$10cm^2$面积加1ml miRNA Extractor。用移液器吹打混匀。

④细胞悬液：离心收集细胞。每10^7动物、植物细胞加入1ml miRNA Extractor。

⑤血液处理：取0.5ml新鲜或冻融的血液，10 000r/min离心2min，去除血浆，再加入500μl RNase-free water悬浮沉淀，10 000r/min离心2min，弃上清，加入1ml miRNA Extractor，充分振荡混匀。

（2）将裂解后样品或匀浆液室温放置5～10min，使得核蛋白与核酸完全分离。

（3）加入0.2ml氯仿，剧烈振荡30s，室温放置3min。4℃下12 000r/min离心10min。

（4）吸取上层水相转移至干净的离心管中，加入1/3倍体积无水乙醇（如540μl上清液需加入180μl无水乙醇），混匀。

（5）将吸附柱（spin column TR）放入收集管中，将上述全部溶液加至吸附柱中，静置1min，12 000r/min离心2min，弃吸附柱，收集流穿液到干净的离心管中（约690μl）。

（6）加入2/3体积无水乙醇（如690μl流穿液加入460μl无水乙醇），混匀。用移液器将全部溶液加至吸附柱（spin column MR）中，静置1min，12 000r/min离心2min，倒掉收集管中废液。

（7）将吸附柱（spin column MR）放回收集管中，加入500μl RPE solution，静置2min，10 000r/min离心30s，倒掉收集管中废液。RPE solution使用前请检查是否按比例加入无水乙醇（RPE solution与无水乙醇体积比为1∶4）。

（8）重复步骤（7）一次。

（9）将吸附柱（spin column MR）放回收集管中，12 000r/min离心2min。

（10）将吸附柱放入干净的1.5ml离心管中，在吸附膜中央加入30μl RNase-free water，静置2min，12 000r/min离心2min，将所得到的RNA溶液置于−70℃保存或用于后续实验。

【实验解析】

1）离心柱子堵塞

（1）使用的样品量过多，可适当减少样品

用量。

（2）样品研磨不充分，取样后应将样品充分研磨，使样品和裂解液充分接触，确保样品完全裂解。

（3）提高离心力，确保溶液通过。

2）小 RNA 产率很低

（1）选择合适的样品用量，确保研磨、裂解充分。

（2）漂洗液 RPE solution 初次使用请按瓶身标签说明加入相应量的无水乙醇。否则，小 RNA 将在漂洗过程中流失。

（3）“实验操作”中步骤（4）和步骤（6）乙醇用量要严格按照说明书加入，否则会影响小 RNA 的得率。

3）小 RNA 发生降解

（1）样品存放时间太长。所用组织应该是新鲜的，如果没有及时液氮冻存，会导致组织或细胞中的 RNA 完全或部分降解。

（2）建议用液氮处理样品，研磨成粉末后迅速将样品转移至裂解液中并充分混匀。

（3）确保工作环境及所使用仪器和耗材都是无 RNA 酶的，操作时请佩戴手套并及时更换。

4）A_{260}与A_{280}的比值偏低

（1）样品未充分裂解，样品与裂解液需充分混匀。适当延长裂解时间。

（2）用紫外分光光度计检测浓度和纯度时，请用 10mmol/L Tris-HCl，pH7.5 进行 10 倍稀释后再进行检测。

3-3-2　miRcute miRNA 提取分离试剂盒法

【实验试剂】

miRcute miRNA 提取分离试剂盒（离心柱型）（TIANGEN 目录号：DP501）。

【实验操作】

（1）样品处理。

① 组织：将组织在液氮中磨碎，每 100mg 植物组织加 1ml 裂解液 MZ，研磨成匀浆（如果没有液氮，也可以用匀浆仪进行匀浆处理）。样品体积不应超过裂解液 MZ 体积的 1/10。

② 单层培养细胞：直接在培养板中加入裂解液 MZ 裂解细胞，每 $10cm^2$ 面积加 1ml 裂解液 MZ。用取样器吹打几次。

③ 细胞悬液：2100r/min 离心 5min，弃上清，取细胞。加入 1ml 裂解液 MZ，振荡器振荡或移液器吸打数次混匀。加裂解液 MZ 前不要洗涤细胞，以免降解 mRNA。

（2）将匀浆样品在室温放置 5min，使得核酸蛋白复合物完全分离。

（3）4℃下 12 000r/min 离心 5min，取上清，转入一个新的 RNase-free 的离心管中。

（4）加入 200μl 氯仿，盖好管盖，剧烈振荡 15s，室温放置 5min。

（5）4℃下 12 000r/min 离心 15min，样品分成 3 层：黄色的有机相、中间层和无色的水相。RNA 主要在水相中，水相的体积约为所用裂解液 MZ 试剂的 50%。把水相转移到新管中，进行下一步操作。

（6）量取转移液的体积，缓慢加入转移液体积 0.43 倍的无水乙醇（如 500μl 的转移液加 215μl 无水乙醇），混匀（此时可能会出现沉淀）。将得到的溶液和沉淀一起转入吸附柱 miRspin 中，室温 12 000r/min 离心 30s，若一次不能将全部溶液和沉淀加入吸附柱 miRspin 中，请分两次转入，离心后弃掉吸附柱 miRspin，保留流出液。

（7）量取流出液的体积，缓慢加入流出液体积 0.75 倍的无水乙醇（如 700μl 的流出液加 525μl 无水乙醇），混匀（此时可能会出现沉淀）。将得到的溶液和沉淀一起转入吸附柱 miRelute 中，室温 12 000r/min 离心 30s，若一次不能将全部溶液和混合物加入吸附柱 miRelute 中，请分两次转入，离心后弃掉流出液，保留吸附柱 miRelute。

（8）向吸附柱 miRelute 中加入 500μl 去蛋白液 MRD（请先检查是否已加入乙醇），室温静置 2min，室温 12 000r/min 离心 30s，弃废液。

（9）向吸附柱 miRelute 中加入 600μl 漂洗液 RW（请先检查是否已加入乙醇），室温静置 2min，室温 12 000r/min 离心 30s，弃废液。

（10）重复步骤（9）。

（11）将吸附柱 miRelute 放入 2ml 收集管中，室温 12 000r/min 离心 1min，去除残余液体。

（12）将吸附柱 miRelute 转入一个新的 RNase-free 1.5ml 离心管中，加 15～30μl RNase-free ddH_2O，室温放置 2min，室温 12 000r/min 离心 2min。

【实验解析】

（1）此方法也适用于动物组织的提取。

（2）样品处理时需注意裂解液 MZ 的加入量根据培养瓶面积决定，而不是由细胞数决定。如果加量不足，可能导致提取的 RNA 中有 DNA 污染。

（3）实验操作中的步骤（3）适用于样品中含有较多蛋白质、脂肪、多糖或样品为肌肉组织、植物结节部分等，离心得到的沉淀中包括细胞外膜、多糖、高分子质量DNA，RNA存在于上清溶液中。

(4)“实验操作”中步骤(11)的目的是将吸附柱中残余的漂洗液去除，离心后将吸附柱miRelute在室温放置片刻，或置于超净工作台上通风片刻，以充分晾干。如果有漂洗液残留，可能会影响后续的实验操作。

(5)“实验操作”中步骤(12)中洗脱的RNase-free ddH_2O体积不应少于15μl，体积过小影响回收效率。RNA应保存在－70℃，以防降解。如果想提高RNA得率，可重复“实验操作”步骤(12)一次。

(6) miRcute miRNA提取试剂盒(离心柱型)是天根生化科技(北京)有限公司专门针对miRNA提取而开发的新一代产品，同时还可以提取small interfering RNA(siRNA)、small nuclear RNA(snRNA)等small RNA，也可以用于总RNA的提取。该试剂盒适用于各种样本(细胞、动物组织、植物组织、血清、血浆)中RNA的提取，每个吸附柱每次可处理30～50mg动物组织(RNA含量高的组织，如肝脏不能超过30mg)，100mg植物组织或1×10^7细胞。1h内即可完成所有操作，提取的RNA没有DNA和蛋白污染，可用于Northern blot、Dot blot、poly A筛选、体外翻译、RNase保护分析和分子克隆。

第 4 章

核酸提取物纯度、浓度及定量检测

实验 4-1 细菌 DNA 提取物纯度及浓度检测

【实验目的】

检测细菌 DNA 及质粒 DNA 的纯度及浓度，为分子操作及基因转化提供依据。

【实验材料】

DNA 提取物及 DNA 分子质量标准物。

4-1-1 分光光度（紫外吸收）法

【实验操作】

（1）预热紫外分光光度计 10～20min。

（2）取两支 1ml 的狭缝石英比色杯，一支装入 1ml dH_2O 溶液，作为空白溶液，用来校正分光光度计零点及调整透光度至 100。

（3）DNA 纯度及浓度测定。

①取 5μl DNA 待测样品加入另一支比色杯中，加 dH_2O 至 1000μl，用比色杯盖或无菌石蜡膜堵住杯口，倒转混匀。

②将两支比色杯置于分光光度计中，调入射光波长，分别用空白溶液调整零点（T 为 100，OD 为 0），测定待测样品液在 260nm、280nm、230nm 处的 OD 值。

③计算浓度：对于双链 DNA $OD_{260}=1.0$ 时溶液浓度为 50μg/ml。DNA 样品浓度（μg/μl）等于 $OD_{260}\times N$（样品稀释倍数）×50/1000。按①方式稀释的被测 DNA 样品的浓度为其 OD_{260} 值的 10 倍，即 $OD_{260}=0.1$ 时，其浓度为 1μg/μl。对于单链 RNA $OD_{260}=1.0$ 时溶液浓度为 40μg/ml。

④测定纯度：纯的 DNA 溶液其 OD_{260}/OD_{280} 应为 1.8，OD_{260}/OD_{230} 应大于 2.0。OD_{260}/OD_{280} 大于 1.9 时，表明有 RNA 污染，小于 1.6 时表明有蛋白质或酚污染。OD_{260}/OD_{230} 小于 2.0 时，表明溶液中有残存的盐和小分子杂质，如核苷酸、氨基酸、酚等。

4-1-2 琼脂糖凝胶电泳法

【实验试剂】

（1）DNA 分子质量标准物：λDNA/*Hin*d Ⅲ+*Eco*R Ⅰ 等。

（2）加样缓冲液：0.25% 溴酚蓝、40% 蔗糖水溶液。

【实验操作】

（1）配制琼脂糖凝胶。

①称取适量琼脂糖，放入 100ml 锥形瓶中，按胶浓度加入 1×TAE 或 TBE 缓冲液，于微波炉或水浴中溶解。

②冷却至 60℃左右，加入终浓度为 0.5μg/ml 的 EB，混匀。

③将凝胶床水平放置，插入两端的挡板，用滴管吸取少量的凝胶封好胶床边缘。

④放入梳子，使梳齿高于底板 0.5～1.0mm。

⑤倒入琼脂糖凝胶溶液，其厚度为 3～5mm，放置 30～60min，使胶完全硬化。

⑥去掉两端的挡板，将胶床放入电泳槽中，加入电泳缓冲液，液面高出胶面 1～2mm。小心拔出梳子，检查样品孔是否完整。

（2）加样。

①取 5μl DNA 样品，与 5μl 加样缓冲液于封口膜上混合。

②用 20μl 的移液器将样品加入样品孔内。操作时，可用右手持移液器，左手握住右手腕，左肘支撑桌面，防止点样时右手晃动。

③同样操作在另一样品孔内加入 2μl DNA 分子质量标准物。

（3）电泳。盖上电泳槽盖，接通电源，样品端接负极（DNA 向阳极移动），以 5V/cm 电压电泳。

（4）溴酚蓝泳动至胶 3/4 处时可停止电泳，取出凝胶，置于短波紫外线（254nm）下观察。

DNA 样品纯度：质粒 DNA 应呈现 3 条不同构型的条带，这表明所提样品较纯。如果在溴酚蓝前有弥散的荧光区出现，则表明样品中存有

RNA 杂质；若所提总 DNA 或核 DNA 在 0.5%～1.0%琼脂糖凝胶上不能形成清晰的条带，而只是弥散一片，则表明 DNA 已严重降解。若所提质粒 DNA 样品在质粒条带上端还有荧光条带（迁移率小于质粒 DNA 条带），表明质粒 DNA 样品中有染色体 DNA 污染。

DNA 分子大小：与泳动距离相同的标准 DNA 条带的分子质量相近。

DNA 样品量：比较被测 DNA 样品条带与标准 DNA 样品条带的荧光强度，DNA 量相同时所产生的荧光强度相同。DNA 分子质量标准物各条带的 DNA 量＝标准物浓度（μg/μl）×加样体积×条带 bp 数/标准物总 bp 数。例如，λDNA/*Hin*d Ⅲ标准物中最大的条带为 23 130bp。在标准物浓度为 0.5μg/μl，加样 2μl 时，该条带 DNA 量为 0.5×2×23 130/48 502＝0.447μg。与其亮度相近的条带，DNA 量约为 0.5μg。

【实验解析】

（1）配制多大浓度的琼脂糖凝胶，要根据被检的 DNA 分子大小来确定。检测大肠杆菌质粒 DNA 时，一般使用 0.8%～1.0%的凝胶。

（2）制备 0.5%以下低浓度凝胶时，可先于胶床上制 1%的支持胶，待其固化后将低浓度的胶制于其上，以增加凝固强度。

实验 4-2　植物 DNA 提取物纯度及浓度检测

【实验目的】

检测植物总 DNA、核 DNA 的纯度及浓度，为分子操作及基因转化提供依据。

【实验材料】

植物 DNA 提取物及 DNA 分子质量标准物。

4-2-1　分光光度（紫外吸收）法

【实验操作】

按 4-1-1 方法进行植物 DNA 提取物纯度及浓度检测。

4-2-2　琼脂糖凝胶电泳法

【实验操作】

按 4-1-2 方法进行植物 DNA 提取物纯度及浓度检测。

【实验解析】

（1）检测植物总 DNA、核 DNA 时，使用 0.5%的凝胶。

（2）制备 0.5%以下低浓度凝胶时，可先于胶床上制 1%的支持胶，待其固化后将低浓度的胶制于其上，以增加凝固强度。

（3）植物总（核）DNA 样品应呈现一条迁移率很小的整齐条带，这表明所提样品较纯。如果在溴酚蓝前有弥散的荧光区出现，则表明样品中存有 RNA 杂质；若所提总 DNA 或核 DNA 在 0.5%琼脂糖凝胶上不能形成清晰的条带，而只是弥散一片，则表明 DNA 已严重降解。

4-2-3　荧光光谱法

【实验试剂】

（1）Hoechst 33258 浓染料溶液：Hoechst 33258 用水配制成 0.2mg/ml 的浓度，于室温下在金属箔纸包装的试管中储藏。

（2）测定缓冲液：0.2mol/L NaCl，10mmol/L EDTA，pH7.4。

（3）参比 DNA 母液：作标准曲线用的参比 DNA 用 TE 配制成 100μg/ml 的浓度。

【实验操作】

（1）预热荧光计 1h。

（2）计算需要配制 Hoechst 33258 稀释液的体积。每支分析试管需 3ml Hoechst 33258 稀释液，除了待测 DNA 样品，另外需要 6 支试管作空白和标准曲线。

（3）每 100ml 荧光测定缓冲液中加 50μl Hoechst 33258 浓染料溶液配制成 Hoechst 33258 稀释液。

（4）取作标准曲线用的参比 DNA 100ng、200ng、300ng、400ng 和 500ng 分别加到含稀释染料的试管中，立即混匀，并在荧光计上读取 458nm 处的荧光强度。

（5）将 0.1μl、1.0μl 及 10μl 待测 DNA 样品分别加入含稀释染料的试管中，混匀，并读取荧光强度。

（6）以 DNA 的质量（单位为 ng）为横坐标，荧光强度为纵坐标，建立标准曲线，并确定待测样品的 DNA 浓度。

【实验解析】

（1）Hoechst 33258 是一种双苯并咪唑荧光染料，可高度特异地与双链 DNA 非嵌入性结合。结合大分子双链 DNA 后最大吸收在 365nm 处，最大发射波长在 458nm 处。用 Hoechst 33258 荧光测定法分析核酸浓度操作简便，且比分光光度法灵敏，可测定 ng 级水平的 DNA。但由于 Hoechst 33258 对小分子 DNA 的结合能力较弱，待测 DNA 应为长度超过 1kb。

（2）由于 Hoechst 33258 与 DNA 结合受碱基组成影响，建议作标准曲线用的 DNA 与待测样品来自同一物种。

（3）如果待测 DNA 样品的测定值在标准曲线之外，可采用浓度更高的标准品作标准曲线，或对样品作适当稀释后再进行测定。

（4）极端 pH、去污剂浓度接近或高于临界胶束浓度和盐浓度高于 3mol/L 时，均不利于 Hoechst 33258 的结合。如果在制备 DNA 过程中采用了这些条件或试剂导致荧光分析结果不确定时，可对 DNA 进行乙醇沉淀，用 70%乙醇漂洗，将干燥的沉淀物溶于 TE 后再重新进行测定。

（5）用于荧光测定法的 Hoechst 染料一共有三种：Hoechst 33258、Hoechst 33342 和 Hoechst 34580。其中，33258 和 33342 最常用，激发/发射光谱也比较接近。

实验 4-3　植物 RNA 提取物纯度及浓度检测

【实验目的】

检测植物 RNA 的纯度及浓度，为分子操作及基因转化提供依据。

【实验材料】

RNA 提取物及 RNA 分子质量标准物。

4-3-1　分光光度（紫外吸收）法

【实验操作】

（1）预热紫外分光光度计 10～20min。

（2）取两支 1ml 的狭缝石英比色杯，一支装入 1ml dH_2O 溶液，作为空白溶液，用来校正分光光度计零点及调整透光度至 100。

（3）RNA 纯度及浓度测定。

①取 4μl RNA 样品加入另一支比色杯中，加 dH_2O 至 1000μl，用比色杯盖或无菌石蜡膜堵住杯口，倒转混匀。

②将两支比色杯置于分光光度计中，调入射光波长，分别用空白溶液调整零点（T 为 100，OD 为 0），测定待测样品液在 260nm、280nm、230nm 处的 OD 值。

③计算浓度：对于单链 RNA $OD_{260}=1.0$ 时溶液浓度为 40μg/ml。RNA 样品浓度（μg/μl）等于 $OD_{260}\times N$（样品稀释倍数）×40/1000。按①方式稀释的被测 RNA 样品的浓度为其 OD_{260} 值的 10 倍，即 $OD_{260}=0.1$ 时，其浓度为 1μg/μl。

④测定纯度：纯的 RNA 溶液其 OD_{260}/OD_{280} 的比值应为 1.7～2.0，OD_{260}/OD_{230} 的比值应大于 2.0。RNA 样品 OD_{260}/OD_{280} 的比值小于 1.7，说明有蛋白质或苯酚污染。比值大于 2.0，则可能被异硫氰酸胍等污染。OD_{260}/OD_{230} 的比值小于 2.0 时表明有小分子及盐存在。

4-3-2　琼脂糖凝胶电泳法

【实验试剂】

（1）MOPS 缓冲液（10×）：0.4mol/L 吗啉代丙烷磺酸（MOPS）（pH7.0），0.1mol/L NaAc，10mmol/L EDTA。

（2）上样染料：50%甘油，1mmol/L EDTA，0.4%溴酚蓝，0.4%二甲苯蓝。

（3）甲醛。

（4）甲酰胺（去离子）。

【实验操作】

（1）将制胶用具用 70%乙醇冲洗一遍，晾干备用。

（2）配制琼脂糖凝胶。

①称取 0.5g 琼脂糖，置干净的 100ml 锥形瓶中，加入 40ml 蒸馏水，微波炉内加热使琼脂糖彻底溶解。

②待胶凉至 60～70℃，依次向其中加入 9ml 甲醛、5ml MOPS 缓冲液（10×）和 0.5μl 溴化乙锭（EB），混合均匀。

③灌制琼脂糖凝胶（操作见 4-1-2）。

（3）样品准备。

①取 DEPC 处理过的 500μl 小离心管，依次加入如下试剂：MOPS 缓冲液（10×）2μl，甲醛 3.5μl，甲酰胺（去离子）10μl，RNA 样品 4.5μl，混匀。

②将离心管置于 60℃水浴中保温 10min，再置冰上 2min。

③向管中加入 3μl 上样染料，混匀。

（4）加样（操作同 4-1-2）（注：点 RNA 分子质量标准物）。

（5）电泳：电泳槽内加入 1×MOPS 缓冲液，于 7.5V/cm 的电压下电泳。

（6）电泳结束后，在紫外灯下检查结果。

RNA 样品质量：不管是变性凝胶电泳还是非变性凝胶电泳，完整的总 RNA 样品应呈现出 3 条条带，为28S rRNA、18S rRNA、5S rRNA。其中28S rRNA条带的亮度应约为18S rRNA条带亮度的2倍，表明RNA样品比较完整，无多少降解。如果两条带的亮度反过来了，说明28S rRNA已降解成18S大小。如无清晰条带，表明样品已严重降解。如果在点样槽内或槽附近有荧光区带，则表明RNA样品中有DNA污染。

【实验解析】

（1）RNA电泳可以在变性及非变性两种条件下进行。非变性电泳使用1.0%～1.4%的凝胶，不同的RNA条带也能分开，但无法判断其分子质量。只有在完全变性的条件下，RNA的泳动率才与分子质量的对数呈线性关系。因此要测定RNA分子质量时，一定要用变性凝胶。在需快速检测所提总RNA样品完整性时，配制普通的1%琼脂糖凝胶即可。

（2）植物总RNA中的28S rRNA及18S rRNA在变性凝胶上的迁移率相当于分子质量5.1kb及2.0kb RNA的迁移率。

第一篇主要参考文献

奥斯伯 FM，布伦特 R，金斯顿 RE，等. 2008. 精编分子生物学实验指南. 5 版. 金由辛，包慧中，赵丽云，等译. 北京：科学出版社

岑华飞，黄玉新，罗杨，等. 2014. 甘蔗叶绿体 DNA 的提取方法及其验证分析. 南方农业学报，4（4）：546-550

侯典云，马占强，徐虹，等. 2011. 小麦叶绿体 DNA 提取方法研究. 河南农业科学，40（10）：38-40

林佳. 2013. 宁夏枸杞花药线粒体 DNA-AFLP 技术体系. 银川：宁夏大学硕士学位论文

萨姆布鲁克 J，拉塞尔 DW. 2008. 分子克隆实验指南. 4 版. 黄培堂等译. 北京：科学出版社

王丹丹，丁炳旭. 2014. 菠菜叶片线粒体 DNA 的提取及 RAPD 分析. 辽东学院学报，21（1）：32-36

王关林，方宏筠. 2009. 植物基因工程. 北京：科学出版社

王关林，方宏筠. 2014. 植物基因工程. 2 版. 北京：科学出版社

王杨，韩同丽，刘荣宁，等. 2013. 泡桐叶绿体游离及其 DNA 提取方法的筛选. 河南农业科学，42（10）：126-129

张维铭. 2007. 现代分子生物学实验手册. 2 版. 北京：科学出版社

郑建树，喻春明，陈平，等. 2013. 苎麻叶绿体 DNA 的提取及分析. 中国麻业科学，35（5）：230-252

第二篇

基因分离克隆技术

基因分离克隆不仅可研究基因的结构功能及其表达调控，还将为作物的遗传修饰、品种改良和制药等产业发展奠定基础。为此，分离克隆基因技术一直是科学家研究的热点，也随着分子生物学的发展日臻完善，近期又研发了许多新技术。所有的植物基因分离技术都是依据基因的中心法则基本特性创建的。每一种方法都有其适用的范围和特点。在具体使用中读者可以根据实验目的和研究对象选择合适的基因分离克隆方法。本章将对基因分离克隆的基本技术进行详细地叙述，还汇集介绍了近期创建的一些新技术。

第 5 章

目的基因的 PCR 扩增技术

实验 5-1 cDNA 合成

【实验目的】

（1）合成 cDNA 供目的基因扩增。

（2）建立 cDNA 文库筛选目的基因。

【实验材料】

mRNA 提取物。

5-1-1 AMV 法

【实验试剂】

（1）10×第一链合成缓冲液：1.0mol/L Tris-HCl（pH8.3），100mmol/L $MgCl_2$，1.4mol/L KCl，2mmol/L 明胶。

（2）10×第二链合成缓冲液：1.0mol/L HEPES，100mmol/L $MgCl_2$，0.7mol/L KCl。

（3）100mmol/L DTT。

（4）10mmol/L dNTP（每种）。

（5）RNasin。

（6）2.5U/μl AMV 反转录酶。

（7）1mmol/L NAD。

（8）10U/μl DNA 聚合酶Ⅰ。

（9）1U/μl *E. coli* DNA 连接酶。

（10）1.9U/μl RNase H。

（11）250mmol/L EDTA。

（12）0.5μg/μl Oligo（dT）。

（13）DEPC 处理水。

5-1-1-1 第一链合成

【实验操作】

（1）取 1～5μg mRNA 提取物，溶于 20μl DEPC 处理的水中。

（2）加入 2μl Oligo（dT），混匀，65℃水浴热变性 5～10min，缓慢降至室温。

（3）按顺序加入以下试剂：1μl RNasin、5μl 第一链缓冲液、5μl DTT、5μl dNTP、2μl AMV 反转录酶，加 dH_2O 至 50μl。

（4）混匀，置 42℃水浴保温 1h。

5-1-1-2 第二链合成

【实验操作】

（1）取第一链反应液 20μl，再依次加入 10×第二链缓冲液 20μl，DNA 聚合酶Ⅰ 2μl，RNase H 0.8μl，再加 H_2O 至终体积为 100μl。

（2）轻轻混匀，如需进行第二链同位素掺入放射性活性测定，可取出 10μl 至另一 Eppendorf 管，加入 2～5μCi［α-^{32}P］dCTP。

（3）14℃温浴 2h（如需合成长于 3kb 的 cDNA，则需延长至 3～4h）。

（4）掺入测定 Eppendorf 管中加入 90μl 50mmol/L EDTA，取 10μl 进行同位素掺入放射性测定，余下的可进行电泳分析。

（5）cDNA 第二链合成离心管反应液 70℃处理 10min，低速离心后置冰上。

（6）加入 2μl T_4 DNA 聚合酶，37℃温浴 10min。

（7）加入 10μl 200mmol/L EDTA 终止反应。

（8）用等体积酚和氯仿抽提 cDNA 反应液，离心 2min。

（9）水相移至另一 Eppendorf 管，加入 0.5 倍体积的 7.5mol/L 乙酸铵（或 0.1 倍体积的 1.5mol/L 乙酸钠，pH5.2），混匀后再加入 2.5 倍体积的冰冷乙醇（－20℃），－20℃放置 30min 后离心 5min。

（10）小心丢去上清液，加入 0.5ml 冰冷的 70%乙醇，离心 2min。

（11）小心移去上清液，干燥沉淀。

（12）沉淀溶于 10～20μl TE 缓冲液。

注：①第一链合成后即可进行 PCR 扩增（称 RT-PCR），获得某目的基因。

②第二链合成后可用于连接。

5-1-2 M-MLV 法

【实验试剂】

（1）RTase M-MLV（RNase H^-）（200U/μl）（TaKaRa Code：D2640）。

（2）5×M-MLV buffer。

【实验操作】

（1）Microtube管中配制下列模板RNA引物混合液，全量6μl。

模板RNA	1ng～1μg
Oligo(dT)12-18 Primer(50μmol/L)	1μl
Primers(25μmol/L)或 Specific Primer(10μmol/L)	2μl
RNase-free ddH_2O	定容至6μl

（2）70℃保温10min后迅速在冰上急冷2min以上。

（3）离心数秒使模板RNA引物的变性溶液聚集于Microtube管底部。

（4）在上述Microtube管中配制下列反转录反应液。

上述模板RNA/引物变性溶液	6μl
5×M-MLV buffer	2μl
dNTP Mixture（各10mmol/L）	0.5μl
RNase Inhibitor（40U/μl）	0.25μl
RTase M-MLV（RNase H^-）（200U/μl）	0.25～1μl
RNase-free ddH_2O	定容至10μl

（5）42℃保温1h。以随机引物作为反转录引物时应先进行30℃，10min反应，然后再在42℃条件保温1h。

（6）70℃保温15min后冰上冷却，得到的cDNA溶液可直接用于第二链cDNA的合成或者PCR扩增等，PCR扩增时cDNA溶液的使用量建议使用1～5μl。

5-1-3　第一链cDNA合成试剂盒法

5-1-3-1　AMV第一链cDNA合成试剂盒

【实验试剂】

AMV第一链cDNA合成试剂盒[生工生物工程(上海)股份有限公司]，产品编号B532445：5×reaction buffer，dNTP Mix，Oligo dT Primer，Random Primer p(dN)6，RNase Inhibitor，AMV reverse transcriptase和RNase-free ddH_2O。

【实验操作】

（1）在冰浴的试管中加入如下反应混合物。

总RNA或poly（A）＋RNA 或特异性RNA	1～5μl
Oligo dT（0.5μg/μl） 或随机六合引物（0.2μg/μl） 或序列特异性引物（20pmol）	1μl
RNase-free ddH_2O	定容至12μl

（2）轻轻混匀后离心3～5s，反应混合物在65℃温浴5min后，冰浴30s，然后离心3～5s。

（3）将试管冰浴，再加入如下组分。

5×reaction buffer	4μl
RNase Inhibitor（40U/μl）	1μl
dNTP Mix（10mmol/L）	2μl
AMV RT（10U/μl）	0.5μl

（4）轻轻混匀后离心3～5s。

（5）在PCR仪上按下列条件进行反转录反应：cDNA合成，42℃、30～60min；终止反应，85℃、5min（酶失活），处理后，置于冰上放置。

①如果使用Oligo dT引物或序列特异性引物，进行42℃、30～60min反应。

②如果使用随机引物，应先进行25℃，10min反应，然后进行42℃、30～60min反应。

【实验解析】

（1）本试剂盒适用于总RNA或者mRNA反转录合成cDNA第一链，合成的cDNA第一链可广泛用于第二链合成、杂交、PCR扩增、real time qPCR和构建cDNA文库等。

（2）使用本试剂盒需要注意的是首先需要将试剂盒组分常温解冻，充分混匀之后置于冰上备用。另外，RNA样品和引物混合物65℃处理之后，请立即置于冰上，保证RNA部分二级结构完全解链，然后按照说明书加入剩余的组分。

（3）反转录引物的选择。

①Oligo dT有利于长链cDNA的合成，使用该引物只需42℃进行反转即可，无需25℃预热。

②随机引物适合于500bp以下的短链cDNA的合成，所转录的RNA模板无需poly（A）尾，可转录5′端区域。使用该引物前须将引物进行25℃温浴。

③基因特异性引物主要用于合成特定基因片段长度的cDNA。

（4）本试剂盒使用禽成纤维病毒反转录酶（AMV）反转录合成cDNA，合成cDNA最长可以达到8kb，模板RNA使用量在50ng～5μg。

5-1-3-2　M-MuLV第一链cDNA合成试剂盒

【实验试剂】

M-MuLV第一链cDNA合成试剂盒[生工生物工程（上海）股份有限公司]，产品编号B532435：5×reaction buffer，dNTP Mix，Oligo dT Primer，Random Primer p(dN)6，RNase Inhibitor，M-MuLV reverse transcriptase和RNase-free ddH_2O。

【实验操作】

（1）在冰浴的试管中加入如下反应混合物。

总 RNA 或 poly（A）＋ RNA 或特异性 RNA	1～5μl
Oligo dT（0.5μg/μl）或随机六合引物（0.2μg/μl）或序列特异性引物（20pmol）	1μl
RNase-free ddH_2O	定容至 12μl

（2）轻轻混匀后离心 3～5s，反应混合物在 65℃温浴 5min 后，冰浴 30s，然后离心 3～5s。

（3）将试管冰浴，再加入如下组分。

5×reaction buffer	4μl
RNase Inhibitor（40U/μl）	1μl
dNTP Mix（10mmol/L）	2μl
M-MuLV RT（200U/μl）	1μl

（4）轻轻混匀后离心 3～5s。

（5）在 PCR 仪上按下列条件进行反转录反应：cDNA 合成，42℃、30～60min；终止反应，70℃、10min（酶失活），处理后，置于冰上放置。

①如果使用 Oligo dT 引物或序列特异性引物，进行 42℃，30～60min 反应。

②如果使用随机引物，应先进行 25℃ 10min 反应，然后进行 42℃、30～60min 反应。

【实验解析】

（1）本试剂盒适用于总 RNA 或者 mRNA 反转录合成 cDNA 第一链，合成的 cDNA 第一链可广泛用于第二链合成、杂交、PCR 扩增、real time qPCR 和构建 cDNA 文库等。

（2）使用本试剂盒需要注意的是首先需要将试剂盒组分常温解冻，充分混匀之后置于冰上备用。另外，RNA 样品和引物混合物 65℃处理之后，请立即置于冰上，保证 RNA 部分二级结构完全解链，然后按照说明书加入剩余的组分。

（3）反转录引物的选择。

①Oligo dT 有利于长链 cDNA 的合成，使用该引物只需 42℃进行反转录即可，无需 25℃预热。

②随机引物适合于 500bp 以下的短链 cDNA 的合成，所转录的 RNA 模板无需 poly（A）尾，可转录 5′端区域。使用该引物前须将引物进行 25℃温浴。

③基因特异性引物主要用于合成特定基因片段长度的 cDNA。

（4）本试剂盒使用重组鼠白血病毒反转录酶（M-MuLV）反转录合成 cDNA，合成 cDNA 最长可以达到 5kb，模板 RNA 使用量在 50ng～5μg。这也是其与 AMV 试剂盒的差异。

实验 5-2　基因保守序列的 PCR 扩增

5-2-1　一般的 PCR 方法

【实验目的】

分离、扩增目的基因。用于基因克隆、基因改造、基因检测等。

【实验材料】

带目的基因的质粒 DNA、染色体 DNA、cDNA 等。

【实验试剂】

ddH_2O、buffer、dNTP、引物、*Taq* DNA 聚合酶。

【实验操作】

（1）在 Eppendorf PCR 薄壁管中建立 20～100μl（体积）的如下反应体系。

ddH_2O	补至 1 体积
10×buffer	1/10 体积
10×dNTP(各 2.5mmol/L)	1/10 体积
引物 1(20pmol/μl)	(1/40～1/20)体积
引物 2(20pmol/μl)	(1/40～1/20)体积
模板 DNA(0.1～2μg/μl)	1/50 体积
Taq 酶	1U

（2）轻轻混匀，瞬时离心，置 PCR 扩增仪中，盖上加热帽（使用无加热帽的 PCR 仪时，反应混合液上应覆盖 50μl 的液状石蜡）。

（3）反应程序：95℃变性 2～5min 后进入；94℃变性 30～60s；50～70℃退火 30～60s；72℃延伸 1～2min；30～40 个循环后，于 72℃延伸 10min。

（4）扩增产物的检测：取 5～10μl 的反应混合液，进行 1.0%～1.2%的琼脂糖凝胶电泳，胶上要有 DNA 分子质量标准样品作参照。

（5）将所要的特异性扩增条带从胶上切下，回收 DNA，纯化，供连接转化用。

5-2-2　PCR 酶试剂盒法

5-2-2-1　DNA 聚合酶试剂盒的选择

PCR 扩增的成功与否最重要的因素是 DNA 聚合酶，目前市场上的 DNA 聚合酶种类丰富、样式繁多，即使是一家生物公司也有数种 DNA

聚合酶可供选择。DNA聚合酶主要品种有*Taq*™、EX *Taq*™、LA *Taq*™、pyrobest™、prime STAR™、speed STAR™等几大品种，而这些DNA聚合酶又都具有Hot Start及GC buffer等版本，构成了完整的产品群，满足不同客户的不同需求。*Taq*™是最经济实效的DNA聚合酶，具有优良的反应性能及相对经济的价格，适用于普通的PCR检测及对扩增长度和收量没有太大要求的PCR反应。同时它还具有Hot Start的版本，可以减少非特异性的扩增。另外，还有PremiX *Taq*™这样的产品，其中，将PCR反应所必需的buffer、dNTP、*Taq*™ DNA聚合酶已经混合在一起，使用时只需添加模板及引物就可以直接进行PCR反应。

EX *Taq*™相比*Taq*™具有更好的灵敏性，同时收量及保真性也有显著提高，适用于大多数PCR反应，扩增产物长度较长，保真性高。同时它还具有Hot Start的版本，可以减少非特异性的扩增。另外，还有PremiX EX *Taq*™这样的产品，其中，将PCR反应所必需的buffer、dNTP、EX *Taq*™ DNA聚合酶已经混合在一起，使用时只需添加模板及引物就可以直接进行PCR反应。

LA *Taq*™更适合与扩增长度较长的DNA片段，其扩增性能、保真性较EX *Taq*™又有了一定程度的提高。同时还专门针对GC含量较高的DNA模板设计了GC LA *Taq*™更适合与扩增长度较长的DNA片段，其扩增性能、保真性较EX *Taq*™又有了一定程度的提高。同时还专门针对GC含量较高的DNA模板设计了GC buffer，搭配LA *Taq*™可以扩增GC含量较高的DNA 。Prime STAR™ HS DNA聚合酶是兼具高保真性和高扩增效率的PCR用DNA聚合酶。因其具有极强的3′→5′外切核酸酶活性而显示出超群的校正功能，同时还具有优于*Taq* DNA外切核酸酶的高扩增效率。其中添加了在常温状态下能够抑制DNA聚合酶活性及3′→5′外切核酸酶活性的抗体，有效防止PCR反应前的引物错配和引物消化。与最适反应buffer配合使用，可以实现对广泛靶序列的高保真性、高灵敏度、高特异性、高成功率的扩增，对于cDNA克隆等要求高保真的PCR反应发挥最强大的威力。Speed STAR™ HS DNA外切核酸酶是用于快速PCR扩增的Hot Start型DNA聚合酶，与附带的10×fast buffer Ⅰ或10×fast buffer Ⅱ组合使用，能在短时间内进行高效的PCR扩增。普通PCR用DNA聚合酶的延伸一般设定为1min/kb，设定为10s/kb，可以实现短时间内的PCR扩增。此外，由于使用了Hot Start型DNA聚合酶，能够有效抑制非特异性PCR扩增。以上仅对部分PCR相关的DNA聚合酶做了介绍，可以看出，在进行PCR反应之前需要根据不同的实验需要及实验目的，合理地选择最适合的DNA聚合酶。

5-2-2-2　PCR扩增的操作

按照试剂盒外标注的操作步骤进行规范操作。

5-2-3　PCR反应要素

5-2-3-1　引物

引物是PCR特异性反应的关键，PCR产物的特异性取决于引物与模板DNA互补的程度。理论上，只要知道任何一段模板DNA序列，就能按其设计互补的寡核苷酸链作引物，利用PCR就可将模板DNA在体外大量扩增。

设计引物应遵循以下原则。

（1）引物长度：15～30bp，常用为20bp左右。

（2）引物扩增跨度：以200～500bp为宜，特定条件下可扩增长至10kb的片段。

（3）引物碱基：G+C含量以40%～60%为宜，G+C太少扩增效果不佳，G+C过多易出现非特异条带。A、T、G、C最好随机分布，避免5个以上的嘌呤或嘧啶核苷酸的成串排列。

（4）避免引物内部出现二级结构，避免两条引物间互补，特别是3′端的互补，否则会形成引物二聚体，产生非特异的扩增条带。

（5）3′端的碱基，特别是最末及倒数第二个碱基，应严格要求配对，以避免因末端碱基不配对而导致PCR失败。

（6）引物中有或能加上合适的酶切位点，被扩增的靶序列最好有适宜的酶切位点，这对酶切分析或分子克隆很有好处。

（7）引物的特异性：引物应与核酸序列数据库的其他序列无明显同源性。引物量：每条引物的浓度0.1～1μmol或10～100pmol，以最低引物量产生所需要的结果为好，引物浓度偏高会引起错配和非特异性扩增，且可增加引物之间形成二聚体的机会。

5-2-3-2　酶

目前有两种*Taq* DNA聚合酶供应，一种是从栖热水生杆菌中提纯的天然酶，另一种为大肠菌合成的基因工程酶。催化一典型的PCR反应约需酶量2.5U（指总反应体积为100μl时），浓度过高可引起非特异性扩增，浓度过低则合成产物量减少。

5-2-3-3　dNTP

dNTP的质量与浓度和PCR扩增效率有密切关系，dNTP粉呈颗粒状，如保存不当易变性失去生物学活性。dNTP溶液呈酸性，使用时应配成高浓度后，以1mol/L NaOH或1mol/L Tris-HCl的缓冲液将其pH调节到7.0～7.5，小量分装，－20℃冰冻保存。多次冻融会使dNTP降解。在PCR反应中，dNTP应为50～200μmol/L，尤其是注意4种dNTP的浓度要相等（等物质的量配制），如其中任何一种浓度不同于其他几种时（偏高或偏低），就会引起错配。浓度过低又会降低PCR产物的产量。dNTP能与Mg^{2+}结合，使游离的Mg^{2+}浓度降低。

5-2-3-4　模板

模板核酸的量与纯化程度，是PCR成败的关键环节之一，传统的DNA纯化方法通常采用SDS和蛋白酶K来消化处理标本。SDS的主要功能是溶解细胞膜上的脂类与蛋白质，因而溶解膜蛋白而破坏细胞膜，并解离细胞中的核蛋白，SDS还能与蛋白质结合而沉淀；蛋白酶K能水解消化蛋白质，特别是与DNA结合的组蛋白，再用有机溶剂酚与氯仿抽提掉蛋白质和其他细胞组分，用乙醇或异丙醇沉淀核酸。提取的核酸即可作为模板用于PCR反应。一般临床检测标本，可采用快速简便的方法溶解细胞，裂解病原体，消化除去染色体的蛋白质使靶基因游离，直接用于PCR扩增。RNA模板提取一般采用异硫氰酸胍或蛋白酶K法，要防止RNase降解RNA。

5-2-3-5　Mg^{2+}浓度

Mg^{2+}对PCR扩增的特异性和产量有显著的影响，在一般的PCR反应中，各种dNTP浓度为200μmol/L时，Mg^{2+}浓度为1.5～2.0mmol/L为宜。Mg^{2+}浓度过高，反应特异性降低，出现非特异扩增，浓度过低会降低*Taq* DNA聚合酶的活性，使反应产物减少。

5-2-4　PCR反应条件：温度、时间和循环次数

5-2-4-1　温度与时间设置

基于PCR原理三步骤而设置变性-退火-延伸三个温度点。在标准反应中采用三温度点法，双链DNA在90～95℃变性，再迅速冷却至40～60℃，引物退火并结合到靶序列上，然后快速升温至70～75℃，在*Taq* DNA聚合酶的作用下，使引物链沿模板延伸。对于较短靶基因长度为100～300bp时可采用二温度点法，除变性温度外，退火与延伸温度可合二为一般采用94℃变性，65℃左右退火与延伸此温度*Taq* DNA酶仍有较高的催化活性。

1）变性温度与时间

变性温度低，解链不完全是导致PCR失败的最主要原因。一般情况下，93～94℃，1min足以使模板DNA变性，若低于93℃则需延长时间，但温度不能过高，因为高温环境对酶的活性有影响。此步若不能使靶基因模板或PCR产物完全变性，就会导致PCR失败。

2）退火复性温度与时间

退火温度是影响PCR特异性的较重要因素。变性后温度快速冷却至40～60℃，可使引物和模板发生结合。由于模板DNA比引物复杂得多，引物和模板之间的碰撞结合机会远远高于模板互补链之间的碰撞。退火温度与时间，取决于引物的长度、碱基组成及其浓度，还有靶基序列的长度。对于20个核苷酸，G＋C含量约50%的引物，55℃为选择最适退火温度的起点较为理想。引物的复性温度可通过以下公式帮助选择合适的温度：T_m值（解链温度）＝4G＋C＋2A＋T，复性温度＝T_m值－(5～10)℃。

在T_m值允许范围内，选择较高的复性温度可大大减少引物和模板间的非特异性结合，提高PCR反应的特异性。复性时间一般为30～60s，足以使引物与模板之间完全结合。

3）延伸温度与时间

Taq DNA聚合酶的生物学活性。

70～80℃	150核苷酸/S/酶分子
70℃	60核苷酸/S/酶分子
55℃	24核苷酸/S/酶分子

高于90℃ DNA合成几乎不能进行。

PCR反应的延伸温度一般选择在70～75℃，常用温度为72℃，过高的延伸温度不利于引物和模板的结合。PCR延伸反应的时间，可根据待扩增片段的长度而定，一般1kb以内的DNA片段，延伸时间1min是足够的。3～4kb的靶序列需3～4min；扩增10kb需延伸至15min。延伸时间过长会导致非特异性扩增带的出现。对低浓度模板的扩增，延伸时间要稍长些。

5-2-4-2　循环次数

循环次数决定PCR扩增程度。PCR循环次数主要取决于模板DNA的浓度。一般的循环次数选在30～40次，循环次数越多，非特异性产物的量也随之增多。

【实验解析】

(1) 本实验中给出的是一般的反应条件及程序参数范围，对于具体的扩增反应要经过摸索，建立最佳条件及程序。

(2) 实验中使用的 *Taq* 酶应与其缓冲液配套。不同厂家 *Taq* 酶的缓冲液成分不完全相同，Mg^{2+}浓度对扩增反应影响较大，要经过比较实验确定。

5-2-5 常用PCR反应试剂盒

5-2-5-1 *Taq* 即用型PCR扩增试剂盒

【实验试剂】

即用型PCR扩增试剂盒（*Taq* DNA polymerase）[生工生物工程（上海）股份有限公司]，产品编号B532071：2×PCR master，$MgCl_2$（25mmol/L）和sterilized ddH_2O。

【实验操作】

(1) 模板DNA准备：基因组DNA，反应体系中模板浓度推荐范围1～10μg/ml；质粒或噬菌体DNA浓度0.1～1ng/ml。

(2) 在无菌洁净的PCR管中，按照如下要求建立反应体系。

组分	加量	终浓度
sterilized ddH_2O	补足50μl	—
2×PCR master	25μl	1×
Forward primer（10μmol/L）	1～2.5μl	0.2～0.5μmol/L
Reverse primer（10μmol/L）	1～2.5μl	0.2～0.5μmol/L
template DNA	*X*μl	1pg～1μg

(3) 置于PCR仪按照下述反应程序进行PCR反应。

温度	时间	循环数
95℃	3min	1
95℃	30s	
退火温度/℃	30s	30
72℃	1min/kb	
72℃	5～10min	1

(4) 取5μl PCR产物琼脂糖凝胶电泳，检测PCR产物的扩增效果。

【实验解析】

(1) 本试剂盒中的2×PCR master包含PCR反应所需的$MgCl_2$、dNTP、*Taq* DNA聚合酶和2×PCR buffer，只需加入模板、引物和ddH_2O就可以建立整个反应体系，操作简单。其能够很好地扩增出7kb以下的PCR产物，获得PCR产物具有3′-dA，经纯化之后可直接用于TA克隆。

(2) 如果没有得到目的条带，可能的原因如下。

①试剂盒的保存：本试剂盒需要冰袋运输和－20℃保存。

②模板DNA的质量：电泳检测模板DNA亮度，测定OD_{260}检测其纯度和浓度。

③正反引物：严格按照引物设计的原则进行引物设计，保证引物的特异性。

④反应体系和反应条件：建立反应体系时精准加入各个组分，充分混匀；反应条件严格按照说明书操作进行，请注意退火温度和延伸时间的设置。

5-2-5-2 pfu即用型PCR扩增试剂盒

【实验试剂】

即用型PCR扩增试剂盒（pfu DNA polymerase）[生工生物工程（上海）股份有限公司]，产品编号B532073：2×HiFi-PCR master，$MgCl_2$（25mmol/L）和sterilized ddH_2O。

【实验操作】

(1) 模板DNA准备：基因组DNA，反应体系中模板浓度推荐范围1～10μg/ml；质粒或噬菌体DNA浓度0.1～1ng/ml。

(2) 在无菌洁净的PCR管中，按照如下要求建立反应体系。

组分	加量	终浓度
sterilized ddH_2O	补足50μl	—
2×HiFi-PCR master	25μl	1×
Forward primer（10μmol/L）	1～2.5μl	0.2～0.5μmol/L
Reverse primer（10μmol/L）	1～2.5μl	0.2～0.5μmol/L
template DNA	*X*μl	1pg～1μg

(3) 置于PCR仪按照下述反应程序进行PCR反应。

温度	时间	循环数
95℃	3min	1
95℃	30s	
退火温度/℃	30s	30
72℃	1min/500bp	
72℃	5～10min	1

(4) 取5μl PCR产物琼脂糖凝胶电泳，检测PCR产物的扩增效果。

【实验解析】

(1) 本试剂盒中的2×HiFi-PCR master包

含 PCR 反应所需的 $MgCl_2$、dNTP、pfu DNA 聚合酶和 2×PCR buffer，只需加入模板，引物和 ddH_2O 就可以建立整个反应体系，操作简单。其能够很好地扩增出 4kb 以下的 PCR 产物，获得 PCR 产物是平末端，加 A 之后可用于 TA 克隆。

（2）如果没有得到目的条带，可能的原因如下。

①试剂盒的保存：本试剂盒需要冰袋运输和－20℃保存。

②模板 DNA 的质量：电泳检测模板 DNA 亮度，测定 OD_{260} 检测其纯度和浓度。

③正反引物：引物设计应严格按照引物设计的原则，保证引物的特异性。

④反应体系和反应条件：建立反应体系时精准加入各个组分，充分混匀；反应条件严格按照说明书操作进行，请注意退火温度和延伸时间的设置。

实验 5-3　反转录 PCR（RT-PCR）扩增技术

【实验目的】

克隆特定基因的 cDNA 序列、检测细胞中基因表达水平，细胞中 RNA 病毒的含量。

5-3-1　植物总 RNA 提取

【实验材料】

番茄幼苗。

【实验试剂】及【实验操作】

参见实验 3-1“植物总 RNA 提取”和实验 3-2“总 RNA 中 mRNA 的分离提取”。

5-3-2　反转录 PCR（RT-PCR）扩增

【实验材料】

Taq 酶、dNTP、Oligo(dT)、TRIzol、Marker、M-MLV。

【实验试剂】

（1）DEPC 水：吸出 1ml 放在 1000ml 双蒸水中配成 1‰DEPC 水，放在 1000ml 容量瓶中静置 4h 备用。

（2）75％乙醇：用无水乙醇 DEPC 水配，然后放－20℃保存（其中 DEPC 水需先高压）。

（3）异丙醇：放入棕色瓶中。

（4）氯仿：放入棕色瓶中。

（5）琼脂糖。

（6）电泳缓冲液：Tris 54g，硼酸 27.5g，0.5mol/L EDTA 20ml，pH8.0 蒸馏水，1000ml 5×TBE（贮存液），再将 5×TBE 稀释 10 倍成 0.5×TBE 就可以在电泳时使用（即工作液浓度），如取 50ml 贮存液加水 450ml 至 500ml 工作缓冲液。

（7）上样缓冲液：0.25％溴酚蓝，0.25％二甲苯青 FF，30％甘油，6×缓冲液，4℃保存。

【实验操作】

具体实验操作流程如下。

TRIzol 法抽提总 RNA 细胞 1×10^7 组织 100mg

↓

加 1ml TRIzol 细胞用 1ml 加样器吹至液体澄清且无细胞团块

↓

匀浆（要彻底，后转至 EP 管）

（组织匀浆量＞100mg 时分装 1ml 每 EP 管）

↓

颠倒混匀 10 下，室温 5min

↓

加氯仿 1/5 体积（0.2ml）（必须按总体积的 1/5）

颠倒混匀 10 下，室温 5min

↓

4℃下 12 000r/min 离心 15min

↓

转上层水相（约 400μl）于另一 1.5ml EP 管中

↓

加等体积异丙醇（约 400μl），混匀室温 10min

↓

4℃下 12 000r/min 离心 10min

↓

弃上清

↓

加冰预冷的 75％乙醇（用 DEPC 水配制）1ml

↓

4℃下 7500*g* 离心 5min

↓

弃上清，空气干燥 5～10min（不能完全干燥）

↓

溶于 DEPC 水中至 20μl（10～20μl）

（可在 55～60℃水中，＜10min 助溶）

【实验解析】

（1）RNA 若用于核酸转移应溶解于样本缓冲液中，否则 DEPC 溶解。

（2）细胞组织加 TRizol 匀浆后，可在－80℃放置至少一个月（甚至可一年以上）。

（3）RNA 在 75％乙醇中，2～8℃至少可保存一周，－20℃至少可保存一年。

5-3-3　一步法反转录 PCR（RT-PCR）试剂盒法

5-3-3-1　AMV 酶 RT-PCR 扩增试剂盒法

【实验试剂】

一步法 RT-PCR 扩增试剂盒（AMV）［生工生物工程（上海）股份有限公司］，产品编号 B532441：10 × one step RT-PCR buffer、AMV RT、*Taq* DNA 聚合酶、RNase inhibitor、$MgCl_2$ 和 RNase-free ddH_2O。

【实验操作】

（1）待模板 RNA、10 × one step RT-PCR buffer、特异性引物溶解后，轻微短暂离心，然后冰浴放置。

（2）在冰浴的试管中加入如下 RT-PCR 反应混合物。

组分	使用量
10×one step RT-PCR buffer	5μl
正向引物（10μmol/L）	2μl
反向引物（10μmol/L）	2μl
AMV RT	0.5μl
RNase inhibitor	0.5μl
Taq DNA 聚合酶	0.5μl
模板 RNA	1～5μg
RNase-free ddH_2O	定容至 50μl

（3）在 PCR 仪上按下列条件进行反转录反应：45℃、10～30min；94℃、5min；94℃、30s，40～65℃、30s，72℃、1kb/min，30～40 个循环；72℃、10min。

PCR 条件的设定。

退火温度：根据实际情况，可适当地在 40～65℃降低或升高退火温度。

延伸时间：根据目的产物的长度而定，一般情况下 1kb 需设定时间 1min 左右。

循环次数：通常情况下设定为 30～40 个循环，cDNA 量较少时可适当增加循环次数。

（4）反应结束后，取 5～10μl 进行琼脂糖凝胶电泳检测。

【实验解析】

（1）本试剂盒适用于 RNA 的反转录和 PCR 扩增在同一反应体系中进行，即只需一步就可以简单便捷地获得以 RNA 为模板的 PCR 产物。与常规的两步法相比，反应过程中无需打开管盖，避免交叉污染，操作简单，方便快捷。适用于所有样本 RNA 的反转录和 PCR 扩增。

（2）使用本试剂盒需要注意的是首先需要将试剂盒组分常温解冻，充分混匀之后置于冰上备用。其目的是保证试剂盒组分的活性，避免温度造成相关组分的失活；建立反应体系时按照说明书精准地加入相应的组分，不可漏加或者多加等，然后将反应体系充分混匀，进行后续的反应。

（3）如果没有得到目的条带，可能的原因如下。

①试剂盒的保存：本试剂盒需要冰袋运输和－20℃保存。

②模板 RNA 的质量：电泳检测其完整性，测定 OD_{260} 检测其纯度和浓度。

③特异性引物：设定阳性对照确定特异性引物是否能够获得目的条带。

（4）反应体系和反应条件：建立反应体系时精准加入各个组分，充分混匀；反应条件严格按照说明书操作进行，请注意退火温度和延伸时间的设置。

（5）两种试剂盒都能满足实验要求，不同之处在于一步法 RT-PCR 扩增试剂盒（M-MuLV）采用的是 M-MuLV 反转录酶，可以获得 5kb cDNA，适用于 50ng～5μg 的 RNA 模板；一步法 RT-PCR 扩增试剂盒（AMV）采用的是 AMV 反转录酶，可以获得 8kb cDNA，适用于 50pg～5μg RNA 模板。

5-3-3-2　M-MuLV 酶 RT-PCR 扩增试剂盒法

【实验试剂】

一步法 RT-PCR 扩增试剂盒（M-MuLV）［生工生物工程（上海）股份有限公司］，产品编号 B532431：10 × one step RT-PCR buffer，M-MuLV RT，*Taq* DNA 聚合酶，RNase inhibitor，$MgCl_2$ 和 RNase free-ddH_2O。

【实验操作】

（1）待模板 RNA、10 × one step RT-PCR buffer、特异性引物溶解后，轻微短暂离心，然后冰浴放置。

（2）在冰浴的试管中加入如下 RT-PCR 反应混合物。

组分	使用量
10×one step RT-PCR buffer	5μl
正向引物（10μmol/L）	2μl
反向引物（10μmol/L）	2μl
M-MuLV RT	0.5μl

续表

组分	使用量
RNase inhibitor	0.5μl
Taq DNA 聚合酶	0.5μl
模板 RNA	1～5μg
RNase-free ddH_2O	定容至 50μl

（3）在 PCR 仪上按下列条件进行反转录反应：45℃、10～30min；94℃、5min；94℃、30s，40～65℃、30s，72℃、1kb/min；30～40 个循环；72℃、10min。

PCR 条件的设定。

退火温度：根据实际情况，可适当地的在 40～65℃降低或升高退火温度。

延伸时间：根据目的产物的长度而定，一般情况下 1kb 需设定时间 1min 左右。

循环次数：通常情况下设定为 30～40 个循环，cDNA 量较少时可适当增加循环次数。

（4）反应结束后，取 5～10μl 进行琼脂糖凝胶电泳检测。

【实验解析】

（1）本试剂盒适用于 RNA 的反转录和 PCR 扩增在同一反应体系中进行，即只需一步就可以简单便捷获得以 RNA 为模板的 PCR 产物。与常规的两步法相比，反应过程中无需打开管盖，避免交叉污染，操作简单，方便快捷。适用于所有样本 RNA 的反转录和 PCR 扩增。

（2）使用本试剂盒需要注意的是首先需要将试剂盒组分常温解冻，充分混匀之后置于冰上备用。其目的是保证试剂盒组分的活性，避免温度造成相关组分的失活；建立反应体系时按照说明书精准地加入相应的组分，不可漏加或者多加等，然后将反应体系充分混匀，进行后续的反应。

（3）如果没有得到目的条带，可能的原因如下。

①试剂盒的保存：本试剂盒需要冰袋运输和－20℃保存。

②模板 RNA 的质量：电泳检测其完整性，测定 OD_{260} 检测其纯度和浓度。

③特异性引物：设定阳性对照确定特异性引物是否能够获得目的条带。

④反应体系和反应条件：建立反应体系时精准加入各个组分，充分混匀；反应条件严格按照说明书操作进行，请注意退火温度和延伸时间的设置。

实验 5-4　PCR 扩增产物的克隆

【实验目的】

获得目的 DNA 片段，用于原核表达的研究；广泛应用于分子生物学相关研究。

【实验材料】

不同来源的模板 DNA。

5-4-1　平末端连接

5-4-1-1　PCR 反应

【实验试剂】

（1）反应体系 50μl，按下列顺序加样。

ddH_2O	(36.4+0.3)μl
10×PCR buffer	5μl
dNTPs	2μl
P1	1μl
P2	1μl
Taq	0.3μl
cDNA	适量
template	4μl

（2）PCR 产物回收试剂盒（E. Z. N. A. Gel EXtraction Kit）。

【实验操作】

（1）目的基因的 PCR 扩增。

①按照上述试剂及其用量加入 PCR 反应管，经过适当的混匀后可放到 PCR 仪进行 PCR 扩增。

②反应程序如下。

预变性	94℃	2min
变性	94℃	30s
退火	53℃	45s
延伸	72℃	1min
	30 个循环	
终延伸	72℃	10min

③琼脂糖凝胶电泳。

吸取一定量的 6× loading buffer 1μl 加到每一个 PCR 产物（50μl），吹打混合，加入琼脂糖凝胶点样孔中，同时在样品孔旁加入 8μl DL2000 DNA Marker 作对照，以 150V 左右电压进行电泳，约 15min 后于紫外灯下观察结果。

（2）切胶：若结果为阳性的话，把该凝胶置于紫外灯台对其目的条带的胶粒进行切割，放入空的 1.5 Eppendorf 管中。

(3) 加入 300μl binding buffer，盖实管口，标记，再用力甩一甩。

(4) 放入 76℃ 烘箱进行加热，其间需要把 Eppendorf 管摇动 2～3 次，使胶粒完全溶解。

(5) 低速离心一会。

(6) 将上述溶胶液加入 HiBind spin-column 中。

(7) 离心（1min，最大速）。

(8) 把收集管中的液体再倒入 column 中再进行离心（同上）。

(9) 弃去收集管中的液体（此时把 DNA elution buffer 拿至 76℃烘箱进行预热）。

(10) 加入 700μl SPW buffer，静置 2min，离心（1min，最大速）弃收集管中的液体。

(11) 重复步骤（10）。

(12) 空甩：空管离心（5min，最大速），以弃去 DNA 回收柱中的残余液体。

(13) 将 DNA 回收柱放入新的 1.5ml Eppendorf 管中，并加入 30μl DNA elution buffer 至膜的中央，室温放置 1min。

(14) 离心（1min，最大速），以收集纯化的 DNA，经琼脂糖凝胶电泳检测后于－20℃保存。

5-4-1-2 电泳

取 10μl 扩增产物用 1％琼脂糖凝胶进行电泳分析，检查反应产物及长度。

5-4-1-3 PCR 产物的纯化

扩增的 PCR 产物如利用 T-Vector 进行克隆，可直接使用，如用平末端或黏性末端连接，往往需要将产物纯化。

1）酚/氯仿法

(1) 取反应产物加 100μl TE。

(2) 加等体积氯仿混匀后用微型离心机 10 000r/min离心 15s，用移液器将上层水相吸至新的小管中这样抽提一次，可除去覆盖在表面的矿物油。

(3) 再用酚/氯仿/异戊醇抽提 2 次，每次回收上层水相。

(4) 在水相中加 300μl 95％乙醇，置－20℃下 30min 沉淀。

(5) 在小离心机上 10 000r/min 离心 10min，吸净上清液。加入 1ml 70％乙醇，稍离后，吸净上清液，重复洗涤沉淀 2 次。将沉淀溶于 7ml ddH_2O 中，待用。

2）Wizard PCR DNA 纯化系统法

(1) 1～3ml 过夜培养细胞液 4℃下 12 000r/min 离心 1～2/min。

(2) 去除上清液，菌体细胞悬浮于 200μl 细胞悬浮液中，充分混合，并移入 Eppendorf 管中。

(3) 加 200μl 细胞裂解液，颠倒离心管数次，直到溶液变清亮。

(4) 加 200μl 中和液，颠倒离心管数次。

(5) 4℃下 12 000r/min 离心 5min，取上清液于新的 Eppendorf 管中。

(6) 加 1ml Wizard 少量 DNA 纯化树脂，颠倒离心管数次以充分混匀。

(7) 取一次性注射器，取出注塞，并使注射筒与 Wizard 微型柱连接，用移液枪将上述混合液加入注射筒中，并用注塞轻推，使混合物进入微型柱。

(8) 将注射器与微型柱分开，取出注塞，再将注射筒与微型柱相连，加入 2ml 柱洗液，并用注塞轻推，使柱洗液进入微型柱。

(9) 取出微型柱置于 Eppendorf 管中，离心 2min 以除去微型柱中的柱洗液。

(10) 将微型柱放在一个新 Eppendorf 管中，加 50μl TE（或水）于微型柱中，静置 1min 后，4℃下 12 000r/min 离心 20s。

(11) 丢弃微型柱，将 Eppendorf 管中的质粒 DNA 贮于 4℃或－20℃冰箱。

3）柱式 PCR 产物纯化试剂盒法

【实验试剂】

SanPrep 柱式 PCR 产物纯化试剂盒［生工生物工程（上海）股份有限公司］，产品编号 B518141：buffer B3，wash solution、elution buffer 和纯化套件（吸附柱＋收集管）。

【实验操作】

(1) 将 PCR 反应液或酶促反应液移至一干净的 1.5ml 离心管中，加入 3 倍体积的 buffer B3，充分混匀。

(2) 将混合液全部移入吸附柱，8000*g* 离心 30s。倒掉收集管中的液体，将吸附柱放入同一个收集管中。

(3) 向吸附柱中加入 500μl wash solution，9000*g* 离心 30s。倒掉收集管中的液体，将吸附柱放入同一个收集管中。

(4) 重复步骤（3）一次。

(5) 将空吸附柱和收集管放入离心机，9000*g* 离心 1min。

(6) 在吸附膜中央加入 15～40μl elution buffer，室温静置 1～2min，9000*g* 离心 1min。将所得到的 DNA 溶液置于－20℃保存或用于后续实验。

【实验解析】

(1) 本试剂盒是直接从 PCR 反应液或者酶促

反应液中纯化回收DNA片段，对于PCR产物来说，PCR产物扩增条带要求单一，无非特异性扩增。

（2）PCR产物回收效率较低或者未回收到目的片段可能的原因如下。

①wash solution中未加入正确量的无水乙醇。

②提高buffer B3的相对浓度，增加DNA与吸附膜的作用时间（静置时间），在一定程度上可以提高回收率。

③如果纯化的片段长度大于4kb或者目的片段含量较少，可将洗脱液再次加入吸附柱进行洗脱，以提高回收效率。

④洗脱液加入位置不正确。洗脱液应加在硅胶膜的中心部位，以完全覆盖硅胶膜的表面，达到最大的洗脱效率。

⑤洗脱液不合适。洗脱缓冲液的pH对洗脱效率有影响，如果使用水进行洗脱，请确保其pH>7.0，pH过低可能导致低洗脱效率。

⑥洗脱时将洗脱液预热至60℃后使用，有利于提高洗脱效率。

⑦洗脱时间过短。洗脱时间对回收率也有影响。洗脱时放置1min可达到较好的效果。

（3）回收的PCR产物进行后续酶切或者连接效率低可能的原因如下。

①若洗脱产物中含有残留的乙醇会影响酶切。可将空柱离心后的吸附柱开盖室温晾干2～5min，有助于残留的乙醇挥发完全。

②盐分的残留。请确保使用wash solution冲洗两次，每次500μl沿管壁加入，有助于彻底去除管壁上的盐分。

③回收后的PCR产物在反复冻融的情况下，会加速末端A和整个PCR产物的断裂，从而造成与T载体连接或直接酶切。

④效率的下降。建议回收后立即进行酶切或连接实验。

⑤选择合适的PCR产物和T载体的分子数比例，有助于提高连接效率。

⑥请确保PCR最后72℃ 5～10min的延伸时间，这样才有足够的PCR产物在末段带有A附加碱基，保证较高的连接效率。

（4）回收的片段为什么电泳上样会漂起来？

主要原因是纯化过程中的乙醇没有去除干净。可将离心后的吸附柱开盖室温干燥2～5min，有助于残留的乙醇挥发完全。

4）磁珠PCR产物纯化试剂盒法

【实验试剂】

磁珠法PCR产物纯化试剂盒［生工生物工程（上海）股份有限公司］，产品编号B518741：buffer MP，MagicMag beads和TE buffer（pH8.0）。

【实验操作】

（1）将PCR反应液或酶促反应液移至一干净的1.5ml离心管中，加入1.5倍体积的buffer MP和10μl的MagicMag beads，吸打或者振荡混匀，室温静置1min。

（2）将离心管置于磁力架上30s，待MagicMag beads完全吸至管壁上之后，吸弃上清，从磁力架上取出离心管。

（3）加入500μl 85%乙醇，吸打或者点振混匀，将离心管置于磁力架上30s，待MagicMag beads完全吸至管壁上之后，吸弃上清，然后从磁力架上取出离心管。

（4）重复步骤（3）一次，室温开盖干燥15～20min或者55℃恒温箱中开盖干燥5～7min至管内无液体残留。

（5）加入与PCR产物或者酶促反应产物等体积的TE buffer（pH8.0），充分悬浮磁珠，65℃水浴5～10min，间或混匀。

（6）取出离心管并置于磁力架上30s，待MagicMag beads完全吸至管壁上之后，小心吸取上清至新的离心管，即获得纯化的产物。

【实验解析】

（1）本试剂盒采用独特的磁分离技术，从PCR反应液或者酶促反应液纯化回收得到DNA片段，对于PCR产物来说，PCR产物扩增条带要求单一，无非特异性扩增。

（2）PCR产物回收效率较低或者未回收到目的片段可能的原因如下。

①PCR产物浓度太低。纯化前请通过琼脂糖凝胶电泳检测PCR产物的浓度。

②结合不充分。加入buffer MP和MagicMag beads之后，请将其充分混匀，并使MagicMag beads处于悬浮状态。

③操作过程中丢失MagicMag beads。结合及洗涤过程中可能有少量的MagicMag beads粘在离心管管口，吸弃上清前请用少量的上清液清洗管口，使粘在管口的MagicMag beads也吸附在管壁上。

④洗脱液不合适。洗脱缓冲液的pH对洗脱效率有影响，如果使用水进行洗脱，请确保其pH>7.5，pH过低可能导致低洗脱效率。

⑤洗脱过程操作不当。洗脱时请将管壁上所有MagicMag beads悬浮在TE buffer中。

⑥洗脱过程忘记水浴。加入TE buffer之后请

65℃水浴5～10min，常温条件下 MagicMag beads 只能释放少量的DNA，65℃条件下 MagicMag beads与DNA的作用力减弱，MagicMag beads 释放出大量的DNA。

（3）回收的PCR产物进行后续酶切或者连接效率低可能的原因如下。

①乙醇有残留。请吸弃上清之后从磁力架上取出离心管，放置1min之后再将离心管置于磁力架上30s，吸净管底的液体。若出现残液挂壁现象，请短暂离心之后将离心管置于磁力架上30s，吸净离心管内的液体。

②MagicMag beads洗涤不充分。向离心管中加入85%乙醇以后，请充分混匀，使 MagicMag beads充分悬浮在85%乙醇中。

③MagicMag beads 没有完全干燥。请将 MagicMag beads完全干燥，保证无乙醇残留。最后一步吸取上清时吸入 MagicMag beads。请确保所有 MagicMag beads 吸至管壁上，再吸取上清。如果不小心吸入 MagicMag beads，请将上清液放回原管，待 MagicMag beads 完全吸至管壁之后重新吸取上清。或者将吸取的上清DNA溶液10 000r/min离心2min，再取上清。

④回收后的PCR产物在反复冻融的情况下，会加速末端A和整个PCR产物的断裂，从而造成与T载体连接或直接酶切效率的下降。建议回收后立即进行酶切或连接实验。

⑤选择合适的PCR产物和T载体的分子数比例，有助于提高连接效率。

⑥请确保PCR最后72℃、5～10min的延伸时间，这样才有足够的PCR产物在末段带有A附加碱基，保证较高的连接效率。

5-4-1-4 PCR产物切胶回收

1）柱式DNA胶回收试剂盒法

【实验试剂】

SanPrep柱式DNA胶回收试剂盒［生工生物工程（上海）股份有限公司］，产品编号 B518131：buffer B2，wash solution，elution buffer和纯化套件（吸附柱＋收集管）。

【实验操作】

（1）通过琼脂糖凝胶电泳尽可能将目的DNA片段与其他片段分开，用干净的手术刀片将含目的DNA片段的琼脂糖凝胶块切下，放入1.5ml离心管中，称重。

（2）根据胶块的质量和浓度，按每100mg琼脂糖（如胶块不足100mg则用水补充至100mg）加300～600μl的比例加入buffer B2。

（3）将离心管置于50℃水浴5～10min，间或混匀，直至胶块完全溶化。

（4）（可选步骤）当目的片段＜500bp时，加入所使用的buffer B2体积1/3的异丙醇，混匀。当目的片段≥500bp时，此步骤可以省略，直接进行步骤（5）。

（5）将溶化好的溶液全部移入吸附柱，8000g离心30s。倒掉收集管中的液体，将吸附柱放入同一个收集管中。

（6）向吸附柱中加入500μl wash solution，9000g离心30s。倒掉收集管中的液体，将吸附柱放入同一个收集管中。

（7）重复步骤（6）一次。

（8）将空吸附柱和收集管放入离心机，9000g离心1min。

（9）在吸附膜中央加入15～40μl elution buffer，室温静置1～2min，9000g离心1min。将所得到的DNA溶液置于－20℃保存或用于后续实验。

【实验解析】

（1）本试剂盒用于从琼脂糖凝胶中回收纯化DNA片段，适用于PCR产物条带不单一、存在非特异性扩增的产物回收，回收之后PCR产物条带单一，适用于后续的各种分子生物学实验。

（2）DNA回收效率较低或者未回收到目的片段可能的原因。

①胶块溶解不完全。可适当延长水浴的时间，并增加颠倒混匀的频率辅助溶解。

②胶块体积太大，溶胶困难。可先将胶块切碎，溶胶后分多次上柱离心，回收DNA片段。

③漂洗液中未加入正确量的无水乙醇。

④琼脂糖抑制DNA与吸附材料的结合。应尽量切除不含目的DNA片段的琼脂糖胶。

2）磁珠DNA胶回收试剂盒法

【实验试剂】

磁珠法DNA胶回收试剂盒［生工生物工程（上海）股份有限公司］，产品编号B518743：buffer MB2，PureMag beads，buffer MGB，buffer MGW和TE buffer（pH8.0）。

【实验操作】

自备材料：磁力架、水浴锅、1.5ml离心管和无水乙醇。

（1）通过琼脂糖凝胶电泳尽可能将目的DNA片段与其他片段分开，用干净的手术刀片将含目的DNA片段的琼脂糖凝胶块切下，放入1.5ml离心管中，称重。

（2）根据胶块的质量，按每100mg琼脂糖胶块（如胶块不足 100mg 则用水补充至 100mg）加入 300μl buffer MB2。

（3）将含有胶块的离心管置于 65℃水浴 5～10min，间或混匀，直至胶块完全溶化。

（4）取出离心管，加入与 buffer MB2 等体积的 buffer MGB 和 25μl PureMag beads，吸打混匀，室温静置 2min。

（5）将离心管置于磁力架上 3～5min，待 PureMag beads 完全吸至管壁上之后，吸弃上清，从磁力架上取出离心管。

（6）加入 900μl buffer MGW，吸打或者点振混匀，然后将离心管置于磁力架上 1min，待 PureMag beads 完全吸至管壁上之后，吸弃上清，从磁力架上取出离心管。

（7）重复步骤（6）一次，室温开盖干燥15～20min 或者 55℃恒温箱中开盖干燥 5～7min 至管内无液体残留。

（8）加入 50μl TE buffer（pH8.0），65℃水浴 5～10min，间或混匀。

（9）取出离心管并置于磁力架上 1min，待 PureMag beads 完全吸至管壁上之后，小心吸取上清至新的离心管，即获得回收的目的 DNA。

【实验解析】

（1）本试剂盒采用独特的磁分离技术，从琼脂糖凝胶中回收纯化 DNA 片段，适用于 PCR 产物条带不单一，存在非特异性扩增的产物回收，回收之后 PCR 产物条带单一，适用于后续的各种分子生物学实验。

（2）DNA 回收效率较低或者未回收到目的片段可能的原因。

①胶块溶解不完全。可适当延长水浴时间，并增加颠倒混匀的频率辅助溶解。

②胶块体积太大，溶胶困难。可先将胶块切碎，再水浴溶胶。

③buffer MGW 中未加入正确量的无水乙醇。

④结合不充分。加入 buffer MGB 和 PureMag beads 之后，请将其充分混匀，并使 PureMag beads 处于悬浮状态。

⑤操作过程中丢失 PureMag beads。结合及洗涤过程中可能有少量的 PureMag beads 粘在离心管管口，吸弃上清前请用少量的上清液清洗管口，使粘在管口的 PureMag beads 也吸附在管壁上。

⑥洗脱液不合适。洗脱缓冲液的 pH 对洗脱效率有影响，如果使用水进行洗脱，请确保其 pH>7.5，pH 过低可能导致低洗脱效率。

⑦洗脱过程操作不当。洗脱时请将管壁上所有 PureMag beads 悬浮在 TE buffer 中。

⑧洗脱过程忘记水浴。加入 TE buffer 之后请 65℃水浴 5～10min，常温条件下 PureMag beads 只能释放少量的 DNA，65℃条件下 PureMag beads 与 DNA 的相互作用力减弱，PureMag beads 释放出大量的 DNA。

（3）回收 DNA 进行后续酶切反应效率低可能的原因。

①洗涤液 buffer MGW 有残留。请吸弃上清之后从磁力架上取出离心管，放置 2min 之后再将离心管置于磁力架上 1min，吸净管底的液体。若出现残液挂壁现象，请短暂离心之后将离心管置于磁力架上 1min，吸净离心管内的液体。

②PureMag beads 洗涤不充分。向离心管中加入 buffer MGW 以后，请充分混匀，使 PureMag beads 充分悬浮在 Buffer MGW 中。

③PureMag beads 没有完全干燥。请将 PureMag beads 完全干燥，保证无乙醇残留。

④最后一步吸取上清时吸入 PureMag beads。请确保所有 PureMag beads 吸至管壁上，再吸取上清。如果不小心吸入 PureMag beads，请将上清液放回原管，待 PureMag beads 完全吸至管壁之后重新吸取上清。或者将吸取的上清 DNA 溶液 10 000r/min 离心 2min，再取上清。

5-4-1-5 载体加 dT 尾

1）常规法加 dT 尾

（1）将 1μg pUC19 用 *Sma* Ⅰ全酶切。

（2）在小管中按上述 PCR 反应，加入各种混合物，除将 4μl 4 种 dNTP 改为 4μl 25mmol/L dNTP。

（3）加入 1μl（5U）的 *Taq* DNA 聚合酶在 72℃下加热 2h。

（4）按前面所述，用酚/氯仿/异戊醇抽提两次。

（5）加入 2 倍体积 95%乙醇，在−20℃下沉淀 1h。

（6）离心，用 70%乙醇漂洗后，真空抽干，溶于 10ml ddH_2O 中。

2）平端 DNA 片段添加 dT 试剂盒法

【实验试剂】

平端 DNA 片段添加 dT 试剂盒［生工生物工程（上海）股份有限公司］，产品编号 B522293：*Taq* DNA 聚合酶，2×dT-tailing buffer 和 dTTP。

【实验操作】

（1）在 1.5ml 无菌干净的离心管中配制下列连接体系。

反应组分	50μl 反应体系
2×dT-tailing buffer	25μl（0.2pmol）
DNA 片段	0.2～2μg
dTTP	1μl
Taq DNA 聚合酶	1μl
sterilized ddH_2O	补足至 50μl

（2）在离心机上微离 3～5s，72℃保温 2h。

（3）酚/氯仿抽提去除反应体系中的 *Taq* DNA 聚合酶。

（4）得到的 DNA 溶于适量水和 TE 后即可用于后续连接反应。

【实验解析】

（1）本试剂盒利用 *Taq* DNA 聚合酶的不依赖于模板的末端转移酶活性，在只有 dTTP 存在的情况下，在平末端的 DNA 片段加上一个 dT 尾巴，主要用于制备 T 载体。

（2）采用本试剂盒对平末端质粒 DNA 加 dT 时，严格按照说明书操作精确加入相应的组分即可。

5-4-1-6　PCR 产物与载体黏性末端连接

（1）在 7ml PCR 产物中加 1ml 带 dT 尾的 pUC 质粒。

（2）加 1ml T4 DNA 连接酶，1ml 10×连接缓冲液，混匀，16℃连接过夜。

（3）取 5ml 连接产物转化感受态细胞并筛选重组子。

5-4-1-7　PCR 产物 3′突出端切平及平末端连接

（1）在 50ml 的 PCR 产物中，直接加 0.5ml T4 DNA 聚合酶混匀。

（2）37℃反应 10min 后，70℃灭活 10min。

（3）用酚/氯仿抽提 2 次。

（4）乙醇沉淀。沉淀用 70%乙醇漂洗后，真空抽干，溶于 7ml ddH_2O 中。

（5）质粒用 *Sma* Ⅰ 切开后，70℃、15min 灭活酶，取 1ml（约 0.1mg）加入上述 PCR 产物中。加 T4 DNA 连接酶 1ml，连接缓冲液 1ml 。

（6）取 5ml 连接产物转化感受态细胞并筛选重组子。

5-4-1-8　DNA 片段与载体连接试剂盒法

【实验试剂】

即用型无缝克隆试剂盒［生工生物工程（上海）股份有限公司］，产品编号 B632219：seamless cloning master Mix 和 sterilized ddH_2O。

【实验操作】

1）载体线性化

（1）采用酶切或 PCR 扩增方法将载体线性化，载体酶切一定要完全，否则未切开的载体会影响后续的阳性克隆鉴定。

（2）选取合适的位点，单酶切或双酶切皆可。但为了提高阳性率，建议采取双酶切方法获得线性化载体。

（3）酶切获得的载体可以是 3′突出或 5′突出，也可以是平末端线性化载体。但 3′突出或平末端的线性化载体可以提高克隆的效率。酶切获得的线性化载体需进行纯化后使用。

（4）选取合适的位点，设计正向和反向引物，引物长度一般为 18～20bp，一般载体长度均大于 3kb，建议用高保真的聚合酶扩增为了避免模板质粒 DNA 对后续实验的影响，建议载体酶切后再用 PCR 扩增，自连背景更低，阳性率更高。

2）目的 DNA 片段的 PCR 扩增

扩增目的 DNA 片段的引物 5′端要附加与载体末端相同的碱基序列（15～20bp），因此，PCR 每条引物长度至少在 35～40bp，包括 5′端与载体同源的 15bp 及目的片段特异性序列20～25bp。

3）目的片段与载体的重组

将目的 DNA 片段和线性化载体以一定的物质的量比加到 PCR 管中进行重组反应，如下。

反应组分	50μl 反应体系
seamless cloning master Mix	8.5μl
线性化载体	50ng
插入片段	*X*ng
sterilized ddH_2O	补足至 20μl
50℃反应 30～60min，反应时间取决于插入片段的数量	

4）转化

①加入 4μl 的反应液到感受态细胞中，轻弹数下，置冰上孵育 30min。

② 42℃ 水浴中热激 90s 后立即放置冰上 5min。

③加入 500μl SOC 液体培养基，37℃孵育 45～60min。

④4000r/min 离心 3min 收集菌体，根据需要将一定量的菌体均匀地涂布在含抗生素的平板上。

【实验解析】

（1）本试剂盒是一种即用型无缝克隆产品。无缝克隆是一种新型、快速、简洁的克隆方法，可以同时将多个 DNA 片段克隆到任何载体中。

只需插入的DNA片段末端与载体末端具有15～20个同源碱基序列就可以在载体的任意位点完成克隆重组。

（2）采用本试剂盒引物设计很关键，设计引物时同样要遵循引物设计的基本原则，只不过上下游引物要加上15～18bp的载体同源序列。引物序列包括：5′-15～20bp同源序列-所需酶切位点序列-特异性引物序列-3′。载体酶切后有5′端突出、3′端突出或平末端3种情况。

5-4-2 TA克隆

【实验试剂】

pMD 18-T Vector试剂盒，T4 DNA连接酶，IPTG，X-gal，LB培养基，200mg/ml的IPTG，20mg/ml的X-gal：溶于二甲基甲酰胺，避光保存。

【实验材料】

外源DNA片段。

5-4-2-1 大肠杆菌感受态细胞的制备

1）常规操作法

【实验操作】

第一天：

（1）将适合菌株置于LB或其他营养丰富的培养基上，在37℃下过夜培养。

（2）高温灭菌大的离心瓶（250～500ml）以备第二天摇菌用。

（3）准备几瓶无菌水（总量约1.5L），保存于冷冻室中以备第二天重悬细胞用。

第二天：

（4）转移0.2～1ml过夜培养物至装有500ml LB（或其他营养丰富的培养基）。

（5）37℃下剧烈振荡培养2～6h。

（6）定时监控OD_{600}值（培养1h后每半小时测定一次）。

（7）当OD_{600}值达到0.5～1.0时，从摇床中取出摇瓶，置于冰上冷却至少15min（需要的话这种方式可以存放培养液数小时）。

（8）细胞在4℃下5000*g*离心15min，弃上清液（如需要，沉淀可在4℃的10%甘油中保存一两天）。

（9）用灭菌的冰水重悬细胞。先用涡旋仪或吸液管重悬细胞于少量体积中（几毫升），然后加水稀释至离心管的2/3体积。

（10）照上面步骤重复离心，小心弃去上清液。

（11）照上面步骤用灭菌的冰水重悬浮细胞。

（12）离心，弃上清液。

（13）用20ml灭菌的、冰冷后的10%甘油重悬浮细胞。

（14）照上面步骤离心，小心弃去上清液（沉淀可能会很松散）。

（15）用10%甘油重悬浮细胞至最终体积为2～3ml。

（16）将细胞按150μl等份装入微量离心管，于－80℃保存。

2）大肠杆菌感受态细胞制备试剂盒法

【实验试剂】

感受态细胞制备试剂盒［生工生物工程（上海）股份有限公司］，产品编号B529303：BT buffer A、BT buffer B和BT media。

【实验操作】

（1）用超低温冰箱中保存的菌种在LB平板上进行划线，置37℃培养箱中静置培养12～16h，待菌落生长至直径1～2mm大小。

（2）挑取一个生长正常的菌落，接种至10～15ml液体LB培养基中，于37℃摇床充分振荡（≥250r/min）培养12～16h。

（3）取上述活化好的菌液0.5ml接种至准备好的50ml BT培养基中，于37℃摇床充分振荡培养至菌液OD_{600}＝0.5～0.6。

（4）将菌液转移至50ml聚丙烯塑料离心管中，冰上放置5～10min。

（5）4℃下3500～5000r/min离心5min收集菌体沉淀。

（6）每50ml培养物菌体沉淀用16ml冰上预冷的BT buffer A轻柔充分重悬菌体，冰上放置10～15min。

（7）4℃下3500～5000r/min离心2～5min收集菌体沉淀。

（8）每50ml菌体沉淀用4ml冰上预冷的BT buffer B轻柔充分重悬菌体，按每管100μl分装至冰上预冷的1.5ml离心管中。

（9）菌体直接用于转化或用液氮速冻后于超低温冰箱中保存。

【实验解析】

（1）本试剂盒是用于制备超级感受态细胞的试剂盒，采用本试剂盒制备的感受态细胞效率极高，可达10^9 pfu/DNA，能够满足大部分的转化实验。

（2）使用本试剂盒制备感受态细胞时需要所有的操作在低温条件下进行，离心时保持4℃，其他操作过程要在冰上，保证制备的感受态细胞的效果。

5-4-2-2 重组DNA的转化

【实验试剂】

无菌双蒸水、氨苄西林、X-gal溶液、0.1mol/L $CaCl_2$、IPTG溶液。

【实验操作】

(1) 在LB培养板上划线培养 *E.coli* XL1-Blue，37℃，过夜。

(2) 挑取单个菌落，接种于3ml LB培养液中，37℃下200～250r/min振摇培养，过夜。

(3) 将菌液置于0℃数小时。

(4) 取菌液1ml接种于100ml (用250ml锥形瓶) LB培养液中，37℃下200～250r/min振摇培养2～2.5h，菌液的OD值 (600nm) 达0.3～0.4。

(5) 将锥形瓶取出立即置冰浴10～15min。(自该步骤开始需无菌操作!)

(6) 将菌液转移到灭菌并经预冷的50ml离心管中，4℃下3000r/min离心10min。

(7) 弃去上清液，加预冷的无菌双蒸水10ml重悬菌体。将两个离心管中的菌液合并，4℃下3000r/min离心10min。

(8) 弃去上清液，加预冷的0.1mol/L $CaCl_2$ 10ml重悬菌体，冰浴15min。然后于4℃下3000r/min离心10min。

(9) 尽量弃去上清液，然后加入2ml预冷的$CaCl_2$溶液重悬菌体 (操作要轻)。

(10) 将上述菌液分装于0.5ml离心管中，每管200μl。此即为感受态细胞，可用于转化。如制备的感受态细胞一次不能用完，可加入30%甘油保存液，置于−70℃。

(11) 取感受态细胞200μl，加入1～2μl质粒或重组DNA，轻轻旋转以混合内容物，冰浴30min。

(12) 42℃(在PCR仪上操作) 热休克90s。

(13) 将转化的细菌用微量取液器转入预先装有0.8ml无抗生素LB培养液的1.5ml离心管中。

(14) 37℃摇床温和振摇45min。

(15) 取盛有LA (LB+Amp) 固体培养基的培养皿，在表面加入X-gal 40 Eppendorf和IPTG 4μl，用无菌玻璃涂布器将试剂均匀地涂布于整个平板表面。置37℃、30min。

(16) 将200μl转化的菌液涂布于平板表面，然后置37℃培养箱培养，过夜。

(17) 观察结果，并将有菌落的培养皿置于4℃保存。

5-4-2-3 重组质粒的鉴定

1) 抗生素平板筛选

(1) 制备含有Amp和Kan的LB琼脂培养板。

(2) 将100μl转化菌液用无菌涂布器均匀涂布于含有Amp和Kan培养板上，37℃培养12～16h。

(3) 在含有Amp和Kan培养板上能生长的菌落即为阳性重组质粒。并将其接种于含Kan的LB液体培养基2ml中培养8～16h。

(4) 小量制备质粒，限制性酶切分析进一步鉴定。

2) α互补筛选

(1) 制备含相应抗生素的琼脂平板。

(2) 于平板表面加X-gal 40μl和IPTG 4μl，并用无菌玻璃涂布器将试剂均匀涂布于整个平板表面，37℃静置1h。

(3) 将100μl转化的菌液涂布于平板表面，置37℃培养箱20min后，倒置平板继续培养12～16h。

(4) 中止培养后，将平板4℃静置4h，使蓝色充分显现，平皿上显示蓝色和白色两种菌落。

(5) 挑取白色菌落置2ml LB (含相应抗生素) 液体培养基中，37℃摇床培养8～12h。

(6) 提取质粒，以限制性酶切分析进一步鉴定。

5-4-2-4 质粒PCR

(1) 用离心管收集4ml在LB培养基 (含Amp) 中培养过夜的菌液，14 000r/min离心30s，弃尽上清。

(2) 用250μl已加入RNase A1的buffer S1充分悬浮细菌沉淀。

(3) 加入250μl buffer S2，温和但充分地上下翻转混合4～6次，此步骤不宜超过5min。buffer S2使用后应立即盖紧瓶盖，以免空气中的CO_2中和buffer S2中的NaOH，降低溶菌效率。

(4) 加入400μl buffer S3，温和地上下翻转8～10次，室温静置2min，14 000r/min离心10min。若离心后凝结块未沉淀到离心管底部，应再上下翻转数次，12 000r/min离心3min。

(5) 将DNA-prep Tube置于2ml Microfuge Tube中，将步骤 (4) 中的混合液移入DNA-prep Tube中，5500r/min离心1min。

(6) 弃滤液，将DNA-prep Tube置回到原2ml Microfuge Tube中，加入500μl buffer W1，5500r/min离心1min。

(7) 弃滤液，将DNA-prep Tube置回到原2ml Microfuge Tube中，加入700μl已加无水乙醇的buffer W2 5500r/min离心1min，以同样的方法再用700μl已加无水乙醇的buffer W2洗涤一次。

【实验解析】

（1）T4 噬菌体 DNA 连接酶有一种大肠杆菌 DNA 连接酶没有的特性，即能使两个平末端的双链 DNA 分子连接起来。但这种连接的效率比黏性末端的连接率低，一般可通过提高 T4 噬菌体 DNA 连接酶浓度或增加 DNA 浓度来提高平末端的连接效率。

（2）连接反应的温度在 37℃时有利于连接酶的活性。但是在这个温度下黏性末端的氢键结合是不稳定的。因此采取折中的温度，即 12～16℃，连接 12～16h。

5-4-2-5　PCR 产物 TA 克隆试剂盒法

【实验试剂】

T-载体 PCR 产物克隆试剂盒［生工生物工程（上海）股份有限公司］，产品编号 B522213：T Vector，10×ligation buffer，50% PEG4000，T4 DNA ligase，5U/μl 和 sterilized ddH_2O。

【实验操作】

（1）PCR 产物 3′端带有突出的 A 碱基：*Taq*、Tth、Ampli*Taq*、Klen*Taq* DNA 聚合酶扩增的 PCR 产物 3′端均带有突出的 A 碱基。建议扩增的 PCR 产物通过琼脂糖凝胶电泳进行回收，再进行连接转化实验，可以使用生工产品柱式 DNA 胶回收试剂盒（B518131）。如果 PCR 扩增产物特异性很高，可直接使用生工产品柱式 PCR 产物纯化试剂盒（B518131）纯化 PCR 产物。

（2）PCR 产物 3′端没有突出的 A 碱基：Pfu、Pwo、Tli 或 DeepVent 等 DNA 聚合酶具有 3′→5′外切酶活性，其扩增的 PCR 产物末端可能不带有 3′A，要对这种平末端 PCR 产物进行克隆，应先对其进行 3′端加 A，再进行连接转化实验。建议选用生工产品 dA-Tailing Kit（B518131）进行加 A 实验。

（3）自备试剂：SOC 培养基、IPTG、X-gal 等。

（4）在 0.2 ml PCR 管中配制下列连接体系。

反应组分	10μl 反应体系
插入的目的片段	*X*μl（0.2pmol）
pUCm-T Vector	1μl（50ng）
10×ligation buffer	1μl
50% PEG4000	1μl
T4 DNA ligase	1μl
sterilized ddH_2O	补足至 10μl

（5）16℃连接 1～12h。

（6）将 100μl 感受态细胞置于冰上解冻后，加入上述 10μl 连接液，轻轻混匀，冰上放置 30min。

（7）42℃水浴热激 90s，再冰上放置 5min。

（8）加入 900μl SOC 培养基，37℃振荡培养 1h。

（9）4000r/min 离心 3min，用移液器吸掉 750μl 上清液，用剩余的培养基将细胞悬浮。

（10）将细菌悬液均匀涂布在含 20μl IPTG（100mmol/L）和 100μl X-gal（20mg/ml）的氨苄西林抗性的 LB 平板上。

（11）将平板于 37℃培养 1h，然后倒置培养过夜。

（12）用牙签挑取白色菌落，以 M13 通用引物或基因特异性引物进行 PCR 扩增，确认载体中插入片段的长度大小。或将白色菌落挑至含氨苄西林的液体培养基中 37℃培养过夜，提取质粒后进行酶切鉴定。

【实验解析】

（1）本试剂盒是专门用于末端加 A 的 PCR 产物的 TA 克隆的试剂盒，若是平末端 PCR 产物，需要加 A 之后就可以采用本试剂盒进行 PCR 产物的 TA 克隆。

（2）实验操作过程需要的注意的关键点。

①连接反应前需用琼脂糖凝胶电泳检测 PCR 反应产物，如果电泳检测 PCR 产物条带弥散，或出现非特异条带，则需要切下目的条带，用胶回收试剂盒对目的片段进行回收。若 PCR 产物电泳检测只有预期大小的明显条带，也应使用 PCR 产物纯化试剂盒直接纯化 PCR 产物，以除去引物二聚体。不经纯化的 PCR 产物在某些条件下可直接用于连接，但由于引物二聚体和 PCR 产物中其他物质的影响，造成含有插入片段的阳性克隆数减少，因而需要筛选很多克隆方可得到含有目的 PCR 产物的阳性克隆。

②具有校正活性的热稳定性 DNA 聚合酶如 Pfu、Pwo、Tli 在进行 PCR 扩增时产生平端 PCR 产物。这种平端 PCR 产物可以进行 3′端加 A 尾后连接到 pUCm-T 载体中，采用这种方法进行连接，可大大提高克隆的效率。

③pUCm-T 载体优化的插入 DNA 片段和载体的物质的量比为 3∶1，采用（3∶1）～（10∶1）的连接比例也可成功进行连接。如果你的 PCR 产物开始连接的不理想，则有必要优化连接比例。

④插入片段成功克隆到 pUCm-T 载体中，可阻断 β-半乳糖苷酶的编码序列，因而重组克隆可在指示培养基上通过颜色进行筛选。大多数情况下含有 PCR 产物的克隆菌为白色，如果 PCR 片段和 *lacZ* 基因在同一读码框内，即 PCR 片段碱基数是 3 的整数倍（含 3′-A），并且读码框无终止密码子，则重组克隆菌可能为蓝色。

实验 5-5　反向 PCR
(Reverse-PCR)

【实验目的】

克隆插入片段侧翼序列。

【实验材料】

外源 DNA 片段。

【实验试剂】

DEPC 水，75%乙醇，异丙醇，氯仿，琼脂糖。

【实验操作】

具体操作流程如下。

组织 100mg/细胞 1×10^7

↓

加 1ml TRIzol

↓

组织：匀浆（彻底，分几次打，使匀浆时产生的热量能散出，后转至 Eppendorf 管）

细胞：用 1ml 加样器吹至液体澄清且无细胞团块

↓

颠倒混匀 10 下，室温 5min

↓

配制如下反应体系

试剂	浓度	体积	终浓度
M-MLV buffer	5×	4μl	1×
dNTP	10mmol	1μl	0.5mmol
RNasin	40U/μl	0.5μl	20U/μl
M-MLV	200U/μl	1μl	200U/μl

以上反应体系（0.2ml）（必须按总体积的 1/5 配制）

↓

颠倒混匀 10 下，室温 5min

↓

4℃下 12 000r/min 离心 15min

↓

转上层水相（约 400μl）于另一 1.5ml Eppendorf 管中

↓

加等体积异丙醇（约 400μl），混匀室温 10min

↓

4℃下 12 000r/min 离心 10min

↓

弃上清

↓

加冰预冷的 75%乙醇（DEPC 水配）1ml

↓

4℃下 7500*g* 离心 5min

↓

弃上清，空气干燥 5～10min（不能完全干燥）

↓

溶于 DEPC 水中

【实验解析】

（1）反转录后应立即冰水浴。

（2）RNA 抽提前，打开离心机预冷。

实验 5-6　实时荧光定量 PCR

【实验目的】

对特定核苷酸片段进行指数级扩增。

【实验材料】

核苷酸片段。

【实验试剂】

略，详见以下内容。

5-6-1　样品 RNA 的抽提

【实验操作】

（1）冻存已裂解的细胞，室温放置 5min 使其完全溶解。

（2）两相分离。每 1ml 的 TRIzol 试剂裂解的样品中加入 0.2ml 的氯仿，盖紧管盖。手动剧烈振荡管体 15s 后，15～30℃孵育 2～3min。4℃下 12 000r/min 离心 15min。离心后混合液体将分为下层的红色酚氯仿相、中间层及无色水相上层。RNA 全部被分配于水相中。水相上层的体积大约是匀浆时加入的 TRIzol 试剂的 60%。

（3）RNA 沉淀。将水相上层转移到一干净无 RNA 酶的离心管中。加等体积异丙醇混合以沉淀其中的 RNA，混匀后 15～30℃孵育 10min 后，于 4℃下 12 000r/min 离心 10min。此时离心前不可见的 RNA 沉淀将在管底部和侧壁上形成胶状沉淀块。

（4）RNA 清洗。移去上清液，每 1ml TRIzol 试剂裂解的样品中加入至少 1ml 的 75%乙醇（75%乙醇用 DEPC H_2O 配制），清洗 RNA 沉淀。混匀后，4℃下 7000r/min 离心 5min。

（5）RNA 干燥。小心吸去大部分乙醇溶液，使 RNA 沉淀在室温空气中干燥 5～10min。

（6）溶解 RNA 沉淀。溶解 RNA 时，先加入无 RNA 酶的水 40μl 用枪反复吹打几次，使其完全溶解，获得的 RNA 溶液保存于－80℃待用。

5-6-2 RNA 质量检测

1）紫外吸收法测定

【实验操作】

先用稀释用的 TE 溶液将分光光度计调零。然后取少量 RNA 溶液用 TE 稀释（1∶100）后，读取其在分光光度计 260nm 和 280nm 处的吸收值，测定 RNA 溶液的浓度和纯度。

（1）浓度测定。A_{260}为 1 表示 40μg RNA/ml。样品 RNA 浓度（μg/ml）计算公式为：A_{260}×稀释倍数×40μg/ml。具体计算如下：RNA 溶于 40μl DEPC 水中，取 5μl，1∶100 稀释至 495μl 的 TE 中，测得 A_{260}＝0.21，RNA 浓度＝0.21×100×40＝840μg/ml 或 0.84μg/μl。取 5μl 用来测量，剩余样品 RNA 为 35μl，剩余 RNA 总量为：35μl×0.84μg/μl＝29.4μg。

（2）纯度检测。RNA 溶液的 A_{260}/A_{280} 的比值即为 RNA 纯度，比值为 1.8～2.1。

2）变性琼脂糖凝胶电泳测定

【实验操作】

（1）制胶。1g 琼脂糖溶于 72ml 水中，冷却至 60℃，10ml 的 10×MOPS 电泳缓冲液和 18ml 的 37%甲醛溶液（12.3mol/L）。10×MOPS 电泳缓冲液：0.4mol/L MOPS，pH7.0 0.1mol/L 乙酸钠，0.01mol/L EDTA。灌制凝胶板，预留加样孔至少可以加入 25μl 溶液。胶凝后取下梳子，将凝胶板放入电泳槽内，加足量的 1×MOPS 电泳缓冲液至覆盖胶面几毫米。

（2）准备 RNA 样品取 3μg RNA，加 3 倍体积的甲醛上样染液，加 EB 于甲醛上样染液中至终浓度为 10μg/ml。加热至 70℃孵育 15min 使样品变性。

（3）电泳。上样前凝胶须预电泳 5min，随后将样品加入上样孔。5～6V/cm 电压下 2h，电泳至溴酚蓝指示剂进胶至少 2～3cm。

（4）紫外透射光下观察并拍照。28S 和 18S 核糖体 RNA 的带非常亮而浓（其大小决定于用于抽提 RNA 的物种类型），上面一条带的密度大约是下面一条带的 2 倍。还有可能观察到一个更小稍微扩散的带，它由低分子质量的 RNA（tRNA 和 5S 核糖体 RNA）组成。在 18S 和 28S 核糖体带之间可以看到一片弥散的 EB 染色物质，可能是由 mRNA 和其他异型 RNA 组成。RNA 制备过程中如果出现 DNA 污染，将会在 28S 核糖体 RNA 带的上面出现，即更高分子质量的弥散迁移物质或者带，RNA 的降解表现为核糖体 RNA 带的弥散。用数码照相机拍下电泳结果。

5-6-3 样品 cDNA 合成

【实验操作】

（1）反应体系如下所示。

序号	反应物	剂量
1	反转录 buffer	2μl
2	上游引物	0.2μl
3	下游引物	0.2μl
4	dNTP	0.1μl
5	反转录酶 MMLV	0.5μl
6	DEPC 水	5μl
7	RNA 模版	2μl

轻弹管底将溶液混合，6000r/min 短暂离心。

（2）混合液在加入反转录酶 MMLV 之前先 70℃干浴 3min，取出后立即冰水浴至管内外温度一致，然后加反转录酶 0.5μl，37℃水浴 60min。

（3）取出后立即 95℃干浴 3min，得到反转录终溶液即为 cDNA 溶液，保存于－80℃待用。

5-6-4 梯度稀释的标准品及待测样品的管家基因（β-actin）实时定量 PCR

【实验操作】

（1）β-actin 阳性模板的标准梯度制备。阳性模板的浓度为 10^{11}，反应前取 3μl 按 10 倍稀释（加水 27μl 并充分混匀）为 10^{10}，依次稀释至 10^{9}、10^{8}、10^{7}、10^{6}、10^{5}、10^{4}，以备用。

（2）反应体系如下。

①标准品反应体系如下所示。

序号	反应物	剂量
1	SYBR Green	10μl
2	阳性模板上游引物 F	0.5μl
3	阳性模板下游引物 R	0.5μl
4	dNTP	0.5μl
5	*Taq* 酶	1μl
6	阳性模板 DNA	5μl
7	ddH_2O	32.5μl

轻弹管底将溶液混合，6000r/min 短暂离心。

②管家基因反应体系如下所示。

序号	反应物	剂量
1	SYBR Green	10μl
2	内参照上游引物 F	0.5μl
3	内参照下游引物 R	0.5μl
4	dNTP	0.5μl

续表

序号	反应物	剂量
5	*Taq* 酶	1μl
6	待测样品 cDNA	5μl
7	ddH_2O	32.5μl

轻弹管底将溶液混合，6000r/min 短暂离心。

（3）制备好的阳性标准品和检测样本同时上机，反应条件为：93℃、2min，然后 93℃、1min，55℃、2min，共 40 个循环。

5-6-5　制备用于绘制梯度稀释标准曲线的 DNA 模板

【实验操作】

（1）针对每一需要测量的基因，选择一确定表达该基因的 cDNA 模板进行 PCR 反应。反应体系如下所示。

序号	反应物	剂量
1	10×PCR 缓冲液	2.5μl
2	$MgCl_2$溶液	1.5μl
3	上游引物 F	0.5μl
4	下游引物 R	0.5μl
5	dNTP 混合液	3μl
6	*Taq* 聚合酶	1μl
7	cDNA	1μl

轻弹管底将溶液混合，6000r/min 短暂离心。35 个 PCR 循环（94℃、1min；55℃、1min；72℃、1min）；72℃延伸 5min。

（2）PCR 产物与 DNA ladder 在 2%琼脂糖凝胶电泳，溴化乙锭染色，检测 PCR 产物是否为单一特异性扩增条带。

（3）将 PCR 产物进行 10 倍梯度稀释：设定 PCR 产物浓度为 1×10^{10}，依次稀释至 10^9、10^8、10^7、10^6、10^5、10^4几个浓度梯度。

5-6-6　待测样品的待测基因实时定量 PCR

【实验操作】

（1）所有 cDNA 样品分别配制实时定量 PCR 反应体系。体系配制如下所示。

序号	反应物	剂量
1	SYBR Green	10μl
2	上游引物	1μl
3	下游引物	1μl
4	dNTP	1μl
5	*Taq* 聚合酶	2μl
6	待测样品 cDNA	5μl
7	ddH_2O	30μl

轻弹管底将溶液混合，6000r/min 短暂离心。

（2）将配制好的 PCR 反应溶液置于 Realtime PCR 仪上进行 PCR 扩增反应。反应条件为：93℃、2min 预变性，然后按 93℃、1min，55℃、1min，72℃、1min，共 40 个循环；最后 72℃、7min 延伸。

5-6-7　实时定量 PCR 引物

引物设计软件为 Primer Premier 5.0，并遵循以下原则：引物与模板的序列紧密互补；引物与引物之间避免形成稳定的二聚体或发夹结构；引物不在模板的非目的位点引发 DNA 聚合反应（即错配）。

5-6-8　电泳

【实验操作】

各样品的目的基因和管家基因分别进行 Real-time PCR 反应。PCR 产物与 DNA ladder 在 2%琼脂糖凝胶电泳，GoldView™染色，检测 PCR 产物是否为单一特异性扩增条带。

5-6-9　实时荧光定量 PCR 试剂盒法

5-6-9-1　染料法实时荧光定量 PCR 试剂盒法

【实验试剂】

2×SG fast qPCR master Mix［生工生物工程（上海）股份有限公司］，产品编号 B639271：2×SG fast qPCR master Mix，DNF buffer 和 sterilized ddH_2O。

【实验操作】

1）建立反应体系

（1）解冻及充分混匀所有组分并短暂离心所有溶液。

（2）按照下表建立反应体系。

反应组分	20μl 反应体系	终浓度
2×SG fast qPCR master Mix	10μl	1×
10μmol/L forward primer	0.4μl	200nmol/L
10μmol/L reverse primer	0.4μl	200nmol/L
Template DNA	*X*μl	＜20ng/20μl rxn
DNF buffer (Optional)	2μl	0.5mol/L
PCR-grade water	定容至 20μl	—

①每 20μl 的反应体系中加入 20ng DNA 或者质粒 DNA。

②每 20μl 的反应体系中加入 1μg RNA 反转录获得的稀释或者未稀释的 cDNA。

③当引物的特异性很差，存在大量非特异性扩增时请加入 DNF buffer，如果引物的特异性比较好，无需加入。

2）建立每个反应

（1）向 real time PCR 反应板中转移相应体积的上述混合物。

（2）封口膜封闭 real time PCR 反应板和短暂离心。

3）运行反应条件

反应条件如下表所示。

步骤	温度	时间	循环
酶激活	95℃	3min	1
变性	95℃	1～3s	40
退火/延伸/数据采集	60℃	20～30s	
溶解曲线	按照仪器设备要求进行设置		

对于三步法反应条件，最佳退火温度条件下反应时间为 20s，72℃延伸时间按照仪器最小时间设置。

【实验解析】

（1）2×SG fast qPCR master Mix 是一种即用型的预混液，其中包含抗体介导的快速热启动 *Taq* DNA 聚合酶、SYBR Green Ⅰ、$MgCl_2$，dNTP Mix 和一些稳定剂等成分。其是一种 2×master Mix，包含除了引物和模板之外建立荧光定量 PCR 反应体系的所有组分。

（2）抗体介导的快速热启动 *Taq* DNA 聚合酶和独特的 buffer 大大减少引物二聚体的形成和提高扩增的特异性和高效性。另外，独特的 DNF buffer 保证特异性很差的引物能够扩增出单一的条带，保证适用于大部分引物获得好的实验结果。

（3）另外，根据不同厂家的仪器设备是否需要 Rox reference 校正，有相应的不含，含有低浓度和高浓度 Rox 的 2×SG fast qPCR master Mix。

（4）严格按照说明书操作，如果存在信号弱甚至无信号的现象，可能的原因如下。

①不正确的保存方法：SYBR GreenⅠdye 是一种光敏感试剂，需要避光保存和避免反复冻融。建立反应体系之前需要充分解冻和混匀。

②没能扩增出目的条带：需要采用完整性和纯度好的 DNA 或者 cDNA 作为模板，通过琼脂糖凝胶电泳检测模板的完整性。另外，验证引物的扩增效率和特异性。

（5）溶解曲线中出现非特异性峰图可能的原因。

①模板浓度过高，减少模板的浓度。

②延伸时间太长，如果是三步法，确保延伸时间是仪器设备能设置的最小时间。

③引物的特异性太差，重新设计特异性较好的引物。

5-6-9-2 探针法实时荧光定量 PCR 试剂盒法

【实验试剂】

2×*Taq*Man fast qPCR master Mix［生工生物工程（上海）股份有限公司］，产品编号 B639274：2×*Taq*Man fast qPCR master Mix、DNF buffer 和 Sterilized ddH_2O。

【实验操作】

1）建立反应体系

（1）解冻及充分混匀所有组分并短暂离心所有溶液。

（2）按照下表建立反应体系。

反应组分	20μl 反应体系	终浓度
2×*Taq*Man fast qPCR master Mix	10μl	1×
10μmol/L forward primer	0.4μl	200nmol/L
10μmol/L reverse primer	0.4μl	200nmol/L
10μmol/L probe	0.2～0.4μl	100～200nmol/L
Template DNA	*X*μl	<250ng
DNF buffer (Optional)	2μl	0.5mol/L
PCR-grade water	定容至 20μl	—

当引物的特异性很差，存在大量非特异性扩增时请加入 DNF buffer，如果引物的特异性比较好，无需加入。

2）建立每个反应

（1）向 real time PCR 反应板中转移相应体积的上述混合物。

（2）封口膜封闭 real time PCR 反应板和短暂离心。

3）运行反应条件

反应条件如下表所示。

步骤	温度	时间	循环
酶激活	94℃	3min	1
变性	94℃	5s	40
退火/延伸/数据采集	60℃	30s	

如果引物的最佳退火温度不在 60～65℃，按照下述反应条件进行。

步骤	温度	时间	循环
酶激活	94℃	3min	1
变性	94℃	5s	40
退火	最佳退火温度	15s	
延伸/数据采集	72℃	30s	

【实验解析】

(1) 2× *Taq*Man fast qPCR master Mix 是一种即用型的预混液，其中包含快速热启动 *Taq* DNA 聚合酶、$MgSO_4$、dNTP Mix 和一些稳定剂等成分。其是一种 2× master Mix，包含除了引物、探针和模板之外建立荧光定量 PCR 反应体系的所有组分。

(2) 快速热启动 *Taq* DNA 聚合酶和独特的 buffer 大大减少引物二聚体的形成和提高扩增的特异性和高效性。另外，独特的 DNF buffer 保证特异性很差的引物能够扩增出单一的条带，保证适用于大部分引物获得好的实验结果。

(3) 另外，根据不同厂家的仪器设备是否需要 Rox reference 校正，有相应的不含，含有低浓度和高浓度 Rox 2× *Taq*Man fast qPCR master Mix。

(4) 严格按照说明书操作，如果存在信号弱甚至无信号的现象，可能的原因如下。

①探针的保存方法不当：探针是一种光敏感试剂，需要避光保存和避免反复冻融。建立反应体系之前需要充分解冻和混匀。

②没能扩增出目的条带：需要采用完整性和纯度好的 DNA 或者 cDNA 作为模板，通过琼脂糖凝胶电泳检测模板的完整性。另外，验证引物的扩增效率和特异性。

实验 5-7 cDNA 末端快速扩增技术 (RACE)

【实验目的】

由已知的部分 cDNA 序列来得到完整的 cDNA 的 5′端和 3′端。

【实验材料】

cDNA 序列。

5-7-1 总 RNA 的提取

见实验 3-1“植物总 RNA 提取”。

5-7-2 反转录 PCR

【实验试剂】

略。详见以下操作。

【实验操作】

(1) 反转录反应 (RT)。

①以上述方法抽提的 RNA 为模板，按下列组成配制反转录反应液，体系如下：

RNA	0.5μl
25mmol/L	$MgSO_4$
2×Bca	1st
RNase	free
dNTP	MiXture
RNase	Inhibitor
BcaBEST	polymerase
Randommers	0.5μl
总体积	10μl

②按下列条件进行反转录反应。

65℃、1min，30℃、5min，15～30min 内匀速升温，65℃、15～30min，98℃、5min，5℃、5min。

③立即 PCR 或－20℃保存。

(2) 聚合酶链反应 (PCR)。

①按下列组成配制 PCR 反应液：

25mmol/L	3μl
5×Bca	8μl
dH_2O	0.25μl
Bca-Optimized	0.5μl
上游特异性引物	0.5μl
下游特异性引物	27.75μl
总体积	40μl

②把①的反应液加入 RT 步骤反转录反应结束后的 PCR 反应管中，轻轻混匀。

③按以下条件进行 PCR 反应。置 PCR 仪上按以下程序进行扩增：94℃预变性 5min；94℃变性 30s，60℃退火 30s，72℃延伸 45s，30 个循环；72℃终延伸 5min。

④反应结束后，取 PCR 反应液 5～10μl 产物进行 1%琼脂糖凝胶电泳，确认 PCR 反应产物。剩余 PCR 产物－20℃冷冻保存。

5-7-3 RACE 方法扩增 3′端

利用 mRNA 的 3′端的 poly (A) 尾巴作为一个引物结合位点，以连有 SMART 寡核苷酸序列通用接头引物的 Oligo (dT) 作为锁定引物反转录合成标准第一链 cDNA。然后用一个基因特异引物 GSP (gene specific primer，GSP) 作为上游引物，用一个含有部分接头序列的通用引物 UPM (universal primer，UPM) 作为下游引物，以 cDNA 第一链为模板，进行 PCR 循环，把目的基因 3′端的 DNA 片段扩增出来。

5-7-4 RACE 方法扩增 5′端

5-7-4-1 去磷酸化处理

【实验操作】

使用 alkaline phosphatase（CIAP）对 total RNA 中裸露的 5′磷酸基团进行去磷酸反应。

（1）按下列组分配制去磷酸反应液。

total RNA（1μg/μl）	2μl
RNase inhibitor（40U/μl）	1μl
10×alkaline phosphatase buffer（$MgCl_2$ free）	5μl
alkaline phosphatase（Calf intestine）（16U/μl）	0.6μl
RNase free dH_2O	定容至 50μl

注：total RNA 的推荐使用量为 2μg，最好不要多于 5μg。

（2）50℃反应 1h。

（3）向上述反应液中加入 20μl 的 3mol/L CH_3COONa（pH5.2），130μl 的 RNase free dH_2O 后，充分混匀。

（4）加入 200μl 的苯酚/氯仿/异戊醇（25∶24∶1），充分混匀后室温 13 000r/min 离心 5min，将上层水相转移至新的 Microtube 中。

（5）加入 200μl 的氯仿，充分混匀后室温 13 000r/min离心 5min，将上层水相转移至新的 Microtube 中。

（6）加入 2μl 的 NA carrier 后均匀混合。

（7）加入 200μl 的异丙醇，充分混匀后，冰上冷却 10min。

（8）4℃下 13 000r/min 离心 20min，弃上清。

（9）加入 500μl 的 70%冷乙醇（RNase free dH_2O 配制）漂洗，4℃ 下 13 000r/min 离心 5min，弃上清后干燥。

（10）加入 7μl 的 RNase free dH_2O 溶解沉淀，得到 CIAP-treated RNA。

5-7-4-2 “去帽子”反应

使用 tobacco acid pyrophosphatase（TAP）去掉 mRNA 的 5′帽子结构，保留一个磷酸基团。

【实验操作】

（1）按下列组分配制“去帽子”反应液。

CIAP-treated RNA	7μl
RNase inhibitor（40U/μl）	1μl
10×TAP reaction buffer	1μl
tobacco acid pyrophosphatase（0.5U/μl）	1μl
总体积	10μl

（2）37℃反应 1h。

（3）此反应液为 CIAP/TAP-treated RNA。取 5μl 用于 5′RACE adaptor 连接反应，剩余的 5μl 保存于−80℃。

5-7-4-3 5′RACE adaptor 的连接

【实验操作】

（1）首先配制下列溶液。

CIAP/TAP-treated RNA	5μl
5′RACE adaptor（15μmol/L）	1μl
RNase free dH_2O	4μl

（2）65℃保温 5min 后冰上放置 2min，然后加入下列试剂。

RNase inhibitor（40U/μl）	1μl
5×RNA ligation buffer	8μl
40% PEG6000	20μl
T4 RNA ligase（40U/μl）	1μl

（3）16℃反应 1h。

（4）向上述反应液中加入 20μl 的 3mol/L CH_3COONa（pH5.2），140μl 的 RNase free dH_2O 后，充分混匀。

（5）加入 200μl 的苯酚/氯仿/异戊醇（25∶24∶1），充分混匀后室温 13 000r/min 离心 5min，将上层水相转移至新的 Microtube 中。

（6）加入 200μl 的氯仿，充分混匀后室温 13 000r/min离心 5min，将上层水相转移至新的 Microtube 中。

（7）加入 2μl 的 NA carrier 后均匀混合。

（8）加入 200μl 的异丙醇，充分混匀后，冰上冷却 10min。

（9）4℃下 13 000r/min 离心 20min，弃上清。加入 500μl 的 70%冷乙醇（RNase free dH_2O 配制）漂洗，4℃下 13 000r/min 离心 5min，弃上清后干燥。

（10）加入 6μl 的 RNase free dH_2O 溶解沉淀，得到 ligated RNA。

5-7-4-4 反转录反应

【实验操作】

（1）按下列组分配制反转录反应液。

ligated RNA	6μl
random-mers（50μmol/L）	0.5μl
5×M-MLV buffer	2μl
dNTP（10mmol/L each）	1μl
RNase inhibitor（40U/μl）	0.25μl
reverse transcriptase M-MLV RNase（200U/μl）	0.25μl
总体积	10μl

（2）反转录反应条件如下：30℃，10min→42℃，1h→70℃，15min。

（3）反应结束后可以进行下一步实验，或将反应液保存于－20℃。

5-7-4-5　Outer PCR 反应

PCR 反应使用 TaKaRa LA *Taq*® （TaKaRa Code：DRR02AM）。

【实验操作】

（1）按下列组分配制 Outer PCR 反应液。

上述 5-7-4-4 的反转录反应液	2μl
1×cDNA dilution buffer Ⅱ	8μl
10×LA PCR buffer Ⅱ（Mg^{2+} free）	4μl
$MgCl_2$（25mmol/L）	3μl
TaKaRa LA*Taq*（5U/μl）	0.25μl
5′RACE Control Outer Primer（10μmol/L）	2μl
5′RACE Outer Primer（10μmol/L）	2μl
dH_2O	28.75μl
总体积	50μl

（2）PCR 反应条件如下：

94℃	3min	
94℃	30s	20 循环
55℃	30s	
72℃	1min	
72℃	10min	

5-7-4-6　Inner PCR 反应

【实验操作】

（1）按下列组分配制 Inner PCR 反应液。

outer PCR 反应液	1μl
10× LA PCR buffer Ⅱ（Mg^{2+} free）	5μl
$MgCl_2$（25mmol/L）	5μl
dNTP MiXture（各 2.5mmol/L）	8μl
TaKaRa LA*Taq*（5U/μl）	0.5μl
5′RACE control inner primer（10μmol/L）	2μl
5′RACE inner primer（10μmol/L）	2μl
dH_2O	26.5μl
总体积	50μl

（2）PCR 反应条件如下：

94℃	3min	
94℃	30s	25 循环
55℃	30s	
72℃	1min	
72℃	10min	

5-7-4-7　PCR 反应产物与载体的连接

【实验操作】

1）扩增产物的纯化（略）

2%琼脂糖凝胶电泳后，在紫外灯下观察并割取含有目的条带的胶块，利用胶回收试剂盒对扩增产物进行回收纯化。

2）纯化产物与载体的连接

（1）用纯化的 PCR 产物与 pMD19-T 载体连接，连接体系组成为：

pMD19-T 载体	1μl
纯化 DNA 片段	4μl

（2）加入 5μl（等量）的 solution Ⅰ。

（3）16℃反应连接过夜。

5-7-4-8　连接产物的转化

【实验操作】

将连接产物转化到感受态细胞中，按如下步骤进行：

（1）取 5μl 连接产物加入至 100ml JM 109（TG1）感受态细胞中，冰中放置 30min。

（2）42℃加热 90s 后，再在冰中放置 2min（此过程中要快拿快放）。

（3）加入 800μl SOC 培养基，37℃振荡培养 1h 后，12 000r/min 离心 1min。

（4）无菌条件下弃上清，用 200μl LB 液体培养基重新悬浮，涂布在含有 X-gal、IPTG、Amp 的 L-琼脂平板培养基上。

（5）将涂布好的平板倒置于 37℃培养箱中培养过夜。

5-7-4-9　阳性质粒的筛选与鉴定

【实验操作】

（1）蓝白菌落筛选。pMD19-T 载体是一种高效克隆 PCR 产物（TA Cloning）的专刚载体，由 pUC19 载体改建而成，它具有同 pUC19 载体相同的功能。可用含有 IPTG、X-gal 和氨苄西林的选择性培养基初步筛选，pMD19-T Vector 的 β-半乳糖苷酶的表达活性更高，菌落显示蓝色的时间缩短，菌落显示的蓝色更深。因此，克隆后更容易进行克隆体的蓝白筛选。

（2）菌液 PCR 鉴定。用牙签随机挑取若干个白色菌落，接种于含 3ml 含有 Amp 的 LB 液体培养基的试管中，200r/min，37℃摇床培养过夜。

菌液	0.4μl
通用引物 M13-47	0.2μl
通用引物 RV-M	0.2μl

续表

PremiX *Taq* DNA 聚合酶	5μl
H_2O	4.2μl
总体积	10μl

置 PCR 仪上按以下程序进行扩增：94℃预变性 3min；94℃变性 30s，55℃退火 30s，72℃延伸 1min 或 2.5min，32 个循环；72℃终延伸 10min。PCR 产物经过 0.8%琼脂糖凝胶电泳后，在紫外灯下观察目的条带。

【实验解析】

（1）可根据不同的 RNA 制备来修订反转录条件，以满足全长 cDNA 的获得。

（2）通过 RACE 技术获得 5′端调控序列和多聚腺苷化信号序列的信息，有助于选择引物以用于转录模型非常复杂的基因中扩增 cDNA 的亚群。

（3）RACE 技术能产生大量独立克隆，这些克隆可用来证实核苷酸序列，并使得被选择性剪接或开始用于很少使用的启动子的特殊转录物的分离成为可能。

（4）多数情况 5′端的编码区经常会由于反转录过程的不彻底而丢掉，特别是由于有大的转录物或者存在复杂的二级结构的时候，而且连接反应通常是特异性差效率很低，PCR 成功进行就不能保证。尤其在长片段扩增时，PCR 就显得不那么有效。

（5）RACE 扩增中经常出现由于引物的不匹配而导致的非特异性扩增，有时需要进行几轮巢式扩增来达到获得特异性扩增的目的，然而多轮扩增又容易提高 PCR 反应的错误发生率，由于这些原因，利用 RACE 技术通常不易获得所希望的结果。

（6）尽管 RACE 技术在应用中取得了很大的成功，但在实际操作过程仍有不少局限性。一般来说导致失败的原因主要有二：第一，在反转录、TdT 加尾、PCR 扩增这三个连接的酶促反应过程中，任何一步的失败都会导致前功尽弃；第二，即便是上述反应平稳顺利，但结果也通常会出现一些非特异性产物或非全长的产物。因此，要保证 RACE 技术的顺利进行，还需从不同方面进行改良优化。

第6章

基因芯片技术分离目的基因

实验6-1 制备芯片

【实验目的】

基因芯片是指利用微缩技术，把核酸密集有序地排列固定在固相平面载体预先设计的区域内，形成微型的检测器件。基因芯片技术是将待检测样品标记后与芯片进行杂交，通过检测杂交信号的强弱寻找与芯片内探针结合的待测样品中的对应片段。基因芯片可用于基因表达变化分析、基因序列检测、高通量基因组分析和甲基化分析等。本章介绍制备含有合适探针的芯片，用于检测后续待测样品中表达量有变化的基因，寻找目的基因。

【实验材料】

(1) 植物cDNA文库、基因组DNA及寡聚核苷酸探针。

(2) 基片。

(3) 活化试剂。

6-1-1 基片的制备

【实验试剂】

(1) 1mmol/L氨化反应溶液：0.67ml的四亚乙基五胺、0.65ml 1.4-对-(3-氨丙氧基)-丁烷、0.56ml 4-氨甲基-1,8-辛二胺、0.66ml 4,7,10-三氧-三二唑啉硫酮二胺、0.52ml *N*,*N*-二甲基-1,6-己二胺、0.30ml 2-(2-氨乙氧基)乙醇、0.021ml氨基-1,2-丙二醇和0.73ml Jefamine 8种氨基化合物溶解于100ml无水二甲基甲酰胺（DMF）中。

(2) PDITC溶液：192mg次亚苯基二异硫氰酸盐溶于40ml含10%无水吡啶的无水二甲基甲酰胺中。

(3) MEA溶液：1% 3-巯基丙基三甲氧基硅烷、95%乙醇、16mmol/L乙酸。

注：现在所用的基片大部分是玻璃片，在使用前需要活化处理，活化是指通过化学反应在基片表面键合上活性基团如氨基、巯基、醛基、环氧化物等，以便于与配基相结合，形成具有生物特异性的亲和载体，用于固定核酸等。玻璃基片的活化主要有氨基、巯基、醛基这三种方式。

【实验操作】

1）氨基修饰基片

(1) 清洗玻片：取普通载玻片放入95%的浓硫酸与5%重铬酸钾的溶液中浸泡过夜。用蒸馏水洗净玻片，浸入25%的氨水中，过夜。取出玻片，超纯水洗净，晾干。

(2) 硅烷化玻片：将清洗后的玻片放入10mmol/L氨基丙基三乙氧基硅烷的无水乙醇溶液浸泡30min。用无水乙醇反复清洗几次，晾干后放入烘箱（100～110℃）烘干。

(3) 氨基表面的活化。

①酰化反应：硅烷化的玻片浸于1mmol/L二异丙基乙胺和1mmol/L丙烯酰氯的无水二氯乙烷溶液中摇晃反应2h，随后用二氯乙烷清洗，烘干。

②氨化反应：将酰化好的玻片置于氨化反应溶液中过夜，反应时摇晃，然后玻片依次用二甲基甲酰胺、甲醇和丙酮清洗，烘干。以上两个反应可以重复，直至所需的连接分子衍生在玻片表面。

③表面活化：将上述氨化液处理的玻片用次亚苯基二异硫氰酸盐溶液活化2h，然后用二甲基甲酰胺，二氯乙烷清洗，干燥。

④活化好的基片放在暗盒里保存备用。

2）醛基化修饰基片

(1) 玻片的清洗：同“氨基化修饰基片”(1)。

(2) 玻片的硅烷化：同“氨基化修饰基片”(2)。

(3) 玻片的醛基化修饰：将硅烷化的玻片放入10mmol/L对苯二甲醛的丙酮溶液中浸泡30min。取出，用超纯水清洗几次，晾干。

(4) 活化好的基片放在暗盒里保存备用。

3）巯基化修饰基片

(1) 玻片的清洗：同“氨基化修饰基片”(1)。

(2) 巯基化修饰：取玻片无水乙醇冲洗后浸入MEA溶液中1h，再于95%乙醇与16mmol/L乙酸（pH4.5）溶液中浸泡5min，迅速放入干燥的氮气中室温过夜。

【实验解析】

（1）氨基化修饰产生的氨基基团可以与cDNA分子的磷酸基团发生电荷吸引，固定cDNA，主要用来制备cDNA芯片。

（2）醛基修饰产生的醛基基团既可以与氨基修饰的寡核苷酸发生反应，也可以与无修饰的探针碱基上的芳香氨发生反应，故其修饰的玻片可以用于cDNA芯片，也可用于寡核苷酸芯片。

（3）巯基修饰产生的巯基可以通过二硫键连接末端连有二硫基团的DNA链，但巯基和二硫键的氧化还原能力很强，此基片的稳定性较差。

（4）醛基化修饰还有一种方式：将硅烷化的玻片放入5%戊二醛的丙酮溶液中浸泡30min。取出，用超纯水清洗几次，晾干。

（5）现在很多生物公司都提供各种各样的活化的基片，不需要亲力亲为，因为很多药品有毒性。

6-1-2　点样探针的制备

直接点样制作基因芯片有三种类型：与mRNA互补的cDNA序列、基因组DNA序列、寡核苷酸序列。cDNA探针主要用于基因表达研究；DNA探针主要用于比较基因组杂交研究；寡核苷酸序列根据设计目的不同，可用于所有的基因芯片研究，如基因表达谱研究、基因多态性研究等。由于现在生物公司提供全套的基因芯片的服务，实验人员只需要提供样品的序列，公司自会设计探针，制备芯片，在此就不详细讲述探针制备的过程。

1）cDNA探针的制备

通常用于制备芯片的cDNA探针来自于cDNA文库，可以从细胞或组织中提取mRNA反反转录成cDNA，并与载体连接，再通过PCR扩增技术获得各种基因序列。cDNA克隆的另外一个来源是IMAGE（integrated molecular analysis of genome expression），其中的每个cDNA克隆均构建在质粒载体上，并已知序列。获得cDNA的序列后通过专业软件设计合适的探针，通过PCR扩增所需要的基因探针纯化后或是直接合成探针，为点样提供材料。

2）基因组DNA探针的制备

基因组DNA探针直接来源于细胞或组织中的基因组DNA，获得该样品的基因组序列，使用专业软件对该序列进行比对获得保守序列，再进行探针设计，然后合成探针。

3）寡核苷酸探针的制备

寡核苷酸探针一般是根据已有的基因序列数据库信息人工合成，现在已有专门的生物公司提供设计，合成好的全基因组寡核苷酸组。这些寡核苷酸序列数目齐全、质量可靠。

【实验解析】

（1）cDNA克隆在制备芯片前需要全部测序验证，测序后尽可能避免人工进行克隆重排。

（2）排列好的克隆最好备份几份，当其中一份污染时，可以使用其他备份。

6-1-3　基因芯片点样

基因芯片的制备分为两类，一类是将制备好的探针点样并固定到基片上即合成后点样，另一类是直接在基片上直接原位合成。合成后点样的操作过程如下。

【实验试剂】

（1）点样液：50% DMSO、3×SSC、商用点样液。

（2）洗涤液：0.2%SPS。

（3）封闭液：75%PBS、25%乙醇，0.1mol/L $NaBH_4$。

【实验操作】

（1）点样液的配制：用点样液配制点样样品，点样浓度一般在10～30μmol/L。

（2）将点样样品放到96孔或384孔板中。

（3）用点样仪将点样样品点至基片表面。

（4）点样后将基片放置于37℃潮湿环境中固定12h。

（5）紫外交联仪中设置65mJ/cm² 照射25min。

（6）用0.2% SDS洗涤液旋转洗涤20min。

（7）双蒸水洗涤，室温晾干。

（8）用含有75% PBS，25%乙醇，0.1mol/L $NaBH_4$封闭液中封闭5min。

（9）用超纯水清洗。

（10）氮气吹干或离心甩干，贴签后保存备用。

【实验解析】

（1）点样时要设计好芯片布局，包括重复实验、阳性对照和阴性对照。

（2）点样样品应该均匀溶于适宜的点样缓冲液中，点样液常用的有3种：50% DMSO、3×SSC、商用的点样液。

（3）为了保证点样的质量，对样品体积进行调整，应该确保同一次点样的样品体积基本一致。

（4）样品在点样仪中的摆放位置，要与点样阵列的排放方式相对应。

（5）将点样样品转移到96孔板或384孔板上

后，需要在离心机上短暂离心，保证样品沉淀到底部，盖上塑料膜，点样或－20℃保存。

（6）点样仪需要经常校正，点样针要定期测试。

注：①原位合成法制作的基因芯片是 Affymetrix 公司开发生产的，其主要是利用寡核苷酸光导原位合成技术得到位置确定、高度多样化的化合物集合，由这种方法得到的芯片通常称为 GeneChip™。在此不再叙述。

②基因芯片的制备与检测在时间和空间上可以完全分割开来。基因芯片制备好后，实验人员才能开始具体的操作，也就是样片的制备，核酸的杂交，洗片、扫描及后期的数据处理。由于使用基因芯片研究样品的基因表达水平很多，本章就以 Affymetrix 公司的基因芯片检测基因表达水平为例介绍。

实验 6-2　样品制备

【实验目的】

标记与探针结合的 cDNA 用于后续的杂交实验。

【实验材料】

待检测的植物材料。

【实验试剂】

Affymetrix 基因芯片试剂盒。

6-2-1　植物 RNA 提取

参见第 3 章。

6-2-2　检测提取的 RNA

参见第 4 章实验 4-3“植物 RNA 提取物纯度及浓度检测”。

用于芯片分析的 RNA 纯度要高，完整性好，A_{260}/A_{280} 为 1.8～2.0，电泳检测时 28S rRNA 和 18S rRNA 条带清晰明显，二者的比值约为 2∶1。

6-2-3　纯化总 RNA（Qiagen 的 RNeasy Mini Kit 或 Micro Kit）

【实验试剂】

Qiagen RNeasy Kit。

【实验操作】

（1）将总 RNA 用 RNase-free 的水调整到 100μl。

（2）加入 350μl RLT 工作液（1ml RLT 中加 10μl β-巯基乙醇，涡旋混匀），用 Tip 头充分混匀。

（3）加入 250μl 无水乙醇，用 Tip 头充分混匀。

（4）将混好的 700μl 样品加到 Qiagen 纯化柱中，室温放置 1min，2000r/min 离心 5min，弃废液。

（5）加入 500μl RPE 工作液（一份 RPE 中加入 4 份无水乙醇混匀而成），≥8000r/min 离心 1min，弃废液。

（6）加入 500μl RPE 工作液（一份 RPE 中加入 4 份无水乙醇混匀而成），≥8000r/min 离心 2min，弃废液。

（7）将纯化柱放入一个新的收集管中，最大转速离心 1min。

（8）将纯化柱换入一个 EP 管中，在纯化膜中间加入 30μl RNase-free 的水，室温放置 5min，5000r/min 离心 5min。再吸取 30μl RNase-free 的水，室温放置 5min，5000r/min 离心 5min，收集液体。

【实验解析】

（1）纯化后的 RNA 可以用来做下一步的反转录。

（2）使用 Qiagen 公司试剂盒纯化时，离心转速不要太大，以防纯化柱内滤膜无法承受。

（3）RLT 裂解液使用前需先加入 β-巯基乙醇，最多可稳定 1 个月。

（4）整个提取过程是常温操作，所有的离心步骤温度保持在 20～25℃，温度一定不能低于 20℃。

（5）如果使用 Qiagen 的 RNeasy Micro Kit 试剂盒，则需在步骤（6）操作时使用 500μl 80％乙醇，步骤（8）中加入 14μl RNase-free 的水洗脱。

6-2-4　纯化总 RNA 的定量检测

参见第 4 章实验 4-3“植物 RNA 提取物纯度及浓度检测”。

6-2-5　cDNA 合成

【实验试剂】

Affymetrix one-cycle cDNA Synthesis Kit。

【实验操作】

1）第一链 cDNA 的合成（Affymetrix one-cycle cDNA Synthesis Kit）

（1）稀释对照样品 poly A RNA control。整个过程要连续稀释 3 次，如下：第一次取 2μl poly A RNA control stock，加入 38μl 的 poly A control Dil buffer，混匀，离心将液体收集在管底（1∶20 稀释）；从第一次稀释液中取 2μl，加入 98μl 的

poly A control Dil buffer，混匀，离心将液体收集在管底（1∶50 稀释）；从第二次稀释液中取 2μl，加入 98μl 的 poly A control Dil buffer，混匀，离心将液体收集在管底（1∶50 稀释）。

（2）在 1.5ml 的 Eppendorf 管中加入 1～8μg 纯化好的 RNA，用 RNase-free 的水补至 8μl。

（3）加入 2μl T7-$(dT)_{24}$ Primer（50μmol/L）和稀释好的 poly A 2μl，轻轻混匀。

（4）70℃温浴 10min，置于冰上至少 2min，离心机上快速甩下。

（5）向离心管中加入 5×1st strand buffer 4μl，0.1mol/L 的 DTT 2μl，10mmol/L 的 dNTP 1μl，混匀，42℃温浴 2min。

（6）加入 SuperScript Ⅱ RT（200U/μl）1μl，42℃反应 1h，4℃冷却最少 2min。

2）第二链 cDNA 的合成（Affymetrix one-cycle cDNA Synthesis Kit）

（1）将试剂盒中所有溶液在使用前离心 30s，按比例混匀以下试剂。

组分	体积
RNase-free water	91μl
5×2nd strand buffer	30μl
dNTP（10mmol/L）	3μl
E. coli DNA ligase	1μl
E. coli DNA 聚合酶Ⅰ	4μl
E. coli RNase H	1μl
总体积	130μl

（2）吸取 130μl 混合液加入已经完成反应的第一链的混合溶液中，总体积达到 150μl，轻弹管壁混匀，离心机上离心约 30s，16℃反应 2h。

（3）加入 2μl T4 DNA 聚合酶混匀，16℃反应 5min。

（4）加入 10μl 0.5mol/L EDTA，混匀终止反应。

【实验解析】

（1）T7-$(dT)_{24}$ primer 必须用 HPLC 方式纯化。

（2）所用试剂在开始实验前提前解冻后置于 4℃备用，加入每种试剂前都要将其混匀。

（3）如果所用 RNA 总量超过 8μg，稀释的 poly A control 在第三步时以 1∶10 稀释，反转录时加入 SuperScript Ⅱ RT（200U/μl）2μl，其他不变。

（4）样品多时，应将共用试剂提前混合，并多混一个体系，4℃放置，分装，42℃温浴 2min，SuperScript Ⅱ RT 在 42℃可以直接加入。

6-2-6 纯化 cDNA（Affymetrix GeneChip Sample Cleanup Module）

【实验试剂】

Affymetrix Gene Chip Sample Cleanup Module Kit。

【实验操作】

（1）将 600μl cDNA binding buffer 加入合成双链的 cDNA 合成产物中，振荡混匀 3s。

（2）吸取 500μl 上述液体移入 cDNA cleanup spin column 管中，不要振荡，≥8000r/min 室温离心 1min，弃废液。

（3）将剩余的混合溶液重复步骤（2）。

（4）将吸附柱放入新的离心管中，加入 750μl cDNA wash buffer，最大转速离心 1min，弃废液。

（5）打开盖子，最大转速离心 5min，弃废液。

（6）将柱子转移至 1.5ml 的离心管中，加 14μl 的 cDNA elution buffer，室温静置 5min，最大转速（13 000r/min）离心 3min。

【实验解析】

（1）观察混合液的颜色是否与 cDNA binding buffer 的颜色相同，都为黄色，如果溶液颜色变为橙色或紫色，需要加入 10μl 3mol/L NaOAc（pH5.0），颜色会恢复为黄色。

（2）所有的操作步骤都在室温下进行。

6-2-7 cRNA 合成和纯化（GeneChip IVT Labeling Kit）

【实验试剂】

Affymetrix GeneChip IVT Labeling Kit。

【实验操作】

（1）cRNA 的 IVT 合成。按比例混匀以下组分。

组分	体积
模板 DNA	12μl
10×IVT labeling buffer	4μl
IVT labeling NTP Mix	12μl
IVT labeling enzyme Mix	4μl
加水至总体积	40μl

37℃温浴 16h，每隔 30min 600r/min 振荡 10s。

（2）纯化 cRNA（GeneChip sample cleanup module）。

①在 IVT 反应溶液中加入 60μl 的 RNase-free 水，涡旋混匀。

②加入 350μl IVT cRNA binding buffer，涡旋混匀。

③加入250μl无水乙醇，用移液器混匀。

④将所有的混合样品（700μl）加入IVT cRNA cleanup spin column，室温静放1min，12 000r/min离心30s，弃废液。

⑤纯化柱放入新的收集管中，在柱中加入500μl IVT cRNA wash buffer工作液，12 000r/min离心30s，弃废液。

⑥用500μl 80%的乙醇洗脱纯化柱，12 000r/min离心30s，弃废液。

⑦打开离心管盖，最大转速（13 000r/min）离心5min，弃掉液体。

⑧将纯化柱放入新的离心管中，加入11μl RNase-free的水直接加至纯化柱膜中间，室温放置5min，最大转速（13 000r/min）离心1min。

⑨再吸取10μl RNase-free的水直接加至纯化柱膜中间，室温放置5min，最大转速（13 000r/min）离心1min。收集液体约40μl。

【实验解析】

（1）混合好的溶液不能放在冰上，加入每个样品之前保证充分混匀。

（2）cRNA binding buffer在保存过程中可能会产生沉淀，使用前可在30℃水浴加热溶解。

（3）整个回收过程均在室温下进行，中间不能停顿。

（4）此回收不能使用酚-氯仿方法抽提，否则会影响标记效率。

（5）如果初始总RNA大于8μg，则模板DNA体积需要降至6μl（第二链合成纯化完后，能够收集到12μl模板DNA溶液）。

6-2-8 纯化cRNA的定量检测

【实验试剂】

fragmentation buffer。

【实验操作】

（1）分光光度计检测cRNA浓度。

（2）根据计算公式调整cRNA的含量，公式如下：

cRNA含量＝RNAm－(total RNAi)（y）

式中，RNAm为IVT后测得的cRNA量（μg）；total RNAi为开始总RNA的量（μg）；y为在IVT过程中使用的cDNA的倍数。

6-2-9 片段化cRNA

【实验操作】

（1）在新的1.5ml离心管中加入以下样品：20μg cRNA 1～32μl，5×fragmentation buffer 8μl，用RNase-free的水补足至40μl。

（2）94℃，35min。然后放置在冰上。

（3）变性凝胶电泳检测，至少需要1μg cRNA。

（4）片段化的cRNA可在－70℃保存，准备用于杂交。

实验6-3 芯片杂交

【实验目的】

待测样品结合芯片中的探针。

【实验材料】

（1）片段化的cRNA。

（2）制备好的芯片。

【实验试剂】

（1）12×MES stock buffer：1.22mol/L MES，0.89mol/L [Na^+]。

1L：70.4g MES free acid monohydrate，193.3g MES sodium salt溶于800ml分子生物级水，定容至1L，pH为6.5～6.7。0.2μm过滤灭菌，2～8℃避光保存。

（2）1×杂交缓冲液：100mmol/L MES，1mol/L [Na^+]，20mmol/L EDTA，0.01% Tween-20。

50ml：4.15ml 12×MES stock，8.85ml 5mol/L NaCl，2.0ml 0.5mol/L EDTA，0.05ml 10% Tween-20。2～8℃避光保存。

（3）杂交液：50pmol/L control oligonucleotide B2，0.1mg/mL herring sperm DNA，0.5mg/ml acetylated BSA，20×eukaryotic hybridization control（bioB、bioC、bioD、cre）浓度分别为1.5pmol/L、5pmol/L、25pmol/L、100pmol/L，10% DMSO。

（4）wash buffer A：6×SSPE，0.01% Tween-20。

1L：300ml 20×SSPE，1.0ml 10% Tween-20，698ml水，0.2μm过滤灭菌。

（5）wash buffer B：100mmol/L MES，0.1mol/L [Na^+]，0.01% Tween-20。

1L：83.3ml 12×MES stock buffer，5.2ml 5mol/L NaCl，1.0mmol/L 1ml 10% Tween-20，910.5ml水。0.2μm过滤灭菌，2～8℃避光保存。

（6）1×MES stain buffer：100mmol/L MES，1mol/L [Na^+]，0.05% Tween-20 250ml，20.85ml 12×MES stock buffer，46.25ml 5mol/L NaCl，1.25mmol/L 10% Tween-20，221.65ml水。0.2μm过滤灭菌，2～8℃避光保存。

（7）SAPE液：1×MES stain buffer，2mg/ml Acetylated BSA，10μg/ml SAPE。

（8）10mg/ml goat IgG stock：溶解50mg在

5ml 150mmol/L NaCl 中，4℃保存。

（9）抗体溶液：1×MES stain buffer，2mg/ml Acetylated BSA，0.1mg/ml goat IgG，3μg/ml biotinylated antibody。

【实验操作】

（1）将芯片室温平衡 10min 以上，同时打开杂交炉，升温至 45℃。

（2）配制杂交液 300μl，将混好的体系于 99℃、5min，然后 45℃、5min。最大转速离心 5min。

（3）在进行上述步骤的同时通过加样孔加入 200μl 杂交缓冲液湿润芯片，在杂交炉中，45℃，60r/min 预杂芯片 10min。

（4）从芯片中吸出杂交缓冲液，加等体积处理好的杂交缓冲液。

（5）杂交炉中 45℃，60r/min 杂交芯片 16h。

（6）杂交后将杂交液吸出，加入 wash buffer A 充满芯片，进入洗涤工作站进行实验设定，一般使用 EukGE-WS2v4 程序进行洗染程序。程序如下：

①25℃用 buffer A 洗染 10 个循环，每个循环 2min。

②50℃用 buffer B 洗染 4 个循环，每个循环 15min。

③染色的探针阵列置于 25℃ SAPE 溶液 10min。

④25℃用 buffer A 洗染 10 个循环，每个循环 4min。

⑤染色的探针阵列置于 25℃ 抗体溶液 10min。

⑥染色的探针阵列置于 25℃ SAPE 溶液 10min。

⑦30℃用 buffer A 洗染 15 个循环，每个循环 4min，25℃保存。

（7）扫描，采集图像。

①将杂交、洗脱后的芯片放置于载片台上。

②设置扫描参数。

③确认其置于初始位置，一般采用粗略扫描（低分辨率如 100μm/L）确定其矩阵区域。

④调整扫描参数和扫描区域进行精细扫描（采用高分辨率如 10μm/L，根据扫描仪的精度及用户的需求调节），获得芯片图谱。

（8）关闭洗涤工作站。

【实验解析】

（1）样品很珍贵时，杂交后可将杂交液吸出避光保存于 −70℃，以备下次使用。

（2）配制杂交液所用的 20× eukaryotic hybridization control 使用前需要 65℃温浴 5min。

（3）芯片使用前要进行室温平衡，芯片探针阵列的背面有两个橡胶的垫片，如果没有完全达到室温平衡，当加入杂交混合液时有可能造成倾斜泄露。

（4）预杂交和杂交时都要注意杂交炉的使用，要配平，而且在开始时转速不要太大，在达到 30r/min 后观察没有问题再逐渐加大转速至 60r/min。

（5）扫描前一定要赶掉气泡，晾干芯片，避免增加背景值。

（6）由于扫描时需要激发光照射，荧光分子产生的荧光强度随时间的延长会减弱，在扫描时注意设好参数，尽量减少扫描次数。

实验 6-4　芯片图像处理

【实验目的】

确定芯片图谱中的每个信号点的荧光强度，生成一个关联信号点-强度值的数据表格。

【实验材料】

扫描的芯片图片。

【实验操作】

1）芯片阵列的划格

（1）根据芯片陈列的行和列的数目，使用专门的图像处理软件自动生成一个网格，为芯片图像上的每个样点提供一个相对位置的坐标。

（2）检测自动生成网格的准确度，如果有误，需要对网格中的点进行快速的手动调整。

（3）对网格中的样点进行识别。一般的图像处理软件在网格交点处设计一个圆，使用该圆套住一个样点。按照一定的规则不断调节圆的位置和大小，找出和样点一样位置和大小适合的圆。

2）信号和背景像素的分割

信号点定位以后，将感兴趣的目标与图像其他部分分离开来。由于基因芯片图像影响因子很多，样点的大小和形状基本上不规则，不同的公司不同的图像处理软件会采取不同的分割方法。

3）数据信息的提取

将芯片图像中的各种数值量化，计算信号值和背景值等。

4）质量评估

检验图像处理后得到数据的可靠性，包括整个芯片数据的质量和每个样点的质量。

【实验解析】

（1）常见的芯片图片处理软件有：QuantArray、ImaGene、ArrayPro Analyzer、GenePixPro、Dapple 等。

（2）要根据所使用的芯片质量和类型选择合适的芯片图像处理软件。

（3）芯片图片的准确处理是得到高质量数据的一个重要因素。

（4）信号的划格，定位及分割最好用一套芯片图像进行评估，这些图像与常规生成图像越接近越好。

（5）最好记录图片获取时使用的位置，对于以后使用此次原始数据非常有用。

实验 6-5 芯片数据预处理

【实验目的】

将芯片图像处理获得的数据进行校正，得到样品中每个基因的相对丰度的可信估计。

【实验材料】

已经获得的芯片原始数据。

【实验操作】

（1）背景校正，样点的荧光强度值减去对应于背景的荧光强度值。可以通过局部背景校正、亚栅格背景校正、分组背景校正、空白点背景校正、对照点背景校正等实现。

（2）弱信号的处理。芯片上有许多弱信号点，有可能包含重要信息，要进行正确的处理。目前使用最多的方法是找到一个适当的信号强度阈值，高于该值则为是真正的弱信号点。

（3）数据过滤、标记和加权，是指对不可信或不可靠的数据做标记，将该数据过滤且去除，或是标记但不去除，或者是给芯片数据赋予权重，来提高检测差异表达基因的能力。

（4）数据的对数转换，是指将芯片分析之后得到的相对准确的数值转换为对数（$\log_2$），精确反应基因表达的变化倍数，而不是变化的强度。

（5）缺失值的处理。主要是在背景校正时的数据定量步骤产生，不能简单地删除取代，最好采用差补。

（6）数据归一化处理，指对芯片数据根据系统误差的来源进行归一化，消除系统误差的影响，进而可以比较同一芯片和不同芯片间基因表达水平的变化。包括表达不变的基因的选取和校准过程。

【实验解析】

（1）如果是 Affmetrix 数据预处理，在背景校正之后，还需要进行探针的校正和整合。

（2）现在有很多方法来处理质量很差的数据以得到有用的信息，不能简单地舍弃。

（3）有各种各样的绘图诸如散点图、直方图等可以用于观察芯片数据的优劣，质量衡量标准可以用于得到可变性的检测值。

（4）现有一些协会如生物芯片质量控制协会、外源 RNA 对照协会等会提供有关质控的有价值的、推荐的方法和建议。

实验 6-6 芯片差异表达基因分析

【实验目的】

获得样品中表达差异的基因。

【实验材料】

已经进行过预处理的芯片数据。

【实验操作】

（1）筛选差异表达基因。通常采用基因在实验组和对照组中信号的比值作为衡量基因在两种状态下基因的表达差异，有 *t*-检验、贝叶斯 *t*-检验、非参数统计的 SAM 方法等多种方法，均存在于不同的软件包中。使用软件筛选差异表达基因的结果要保存，用于下一步分析。

（2）对芯片数据进行基因注释及聚类分析。将筛选差异表达基因的结果输入含有的 GO 和 KEGG 软件包中，运行得到不同基因的对应编号、基因注释（gene ontology）及可能参与的相互作用及反应网络。

（3）挑选可能的候选基因。挑选符合实验目的，基因表达差异明显的基因作为候选基因，进行下一步的验证。

【实验解析】

（1）芯片数据经过分析后得到的差异表达基因一般比较多，可以根据统计量筛选适量的基因进行后续分析。

（2）可以使用多种方法进行同一芯片结果的分析，结果取其交集，可以在一定程度上避免假阳性基因带给后期验证分析的麻烦。

实验 6-7 全基因克隆

【实验目的】

分离得到目的基因。

【实验材料】

（1）待检测植物材料。

（2）目的基因的 cDNA 克隆。

【实验操作】

（1）获得 cDNA 克隆的序列，设计引物，提取待检测植物材料的 RNA，使用 RT-PCR 或实时荧光定量 PCR 检测目的基因的表达，验证芯片数据结果。

（2）进行 cDNA 全长的克隆，具体方法参见第 5 章。

（3）获得 cDNA 全长后，分析候选基因的结构，通过分子生物学和生物化学的方法研究基因的功能和参与的生理反应，确认候选基因是目的基因。

【实验解析】

（1）一般芯片数据会出来很多有差异表达的基因，首要工作是进行这些的基因的表达分析，只有芯片结果重复出来的基因才能作为候选基因进行下一步研究。

（2）由于芯片结果会出来许多候选基因，需要实验人员根据实验目的认真查找相关文献，确认一些可能的候选基因，进行功能验证。

（3）进行基因功能验证最好的办法就是获得该基因对应的缺失突变体或是过量表达株系，检测其相应的生理表型。

第 7 章

插入突变分离克隆目的基因

实验 7-1　T-DNA 标签法

【实验目的】

利用 T-DNA 作为插入突变原或分子标记，来分离或克隆因为插入而失活的基因并研究基因功能，也称农杆菌转导法。

【实验材料】

根癌农杆菌。

【实验试剂】

（1）液体培养基。

（2）1mg/ml 溶菌酶溶液：溶于 TE 缓冲液。

（3）LS 裂解液：3% SDS，0.2mol/L NaOH。

（4）TS 溶液：1mol/L Tris，4mol/L NaCl（pH7.0）。

（5）TES 溶液：50mmol/L Tris，5mmol/L EDTA，50mmol/L NaCl（pH8.0）。

（6）20 × TE 缓冲液：0.8mol/L Tris，20mmol/L EDTA，0.1mol/L NaAc。

（7）BCP 染料：0.25%溴甲酚紫，50%甘油，50mmol/L Tris-乙酸（pH7.9）。

7-1-1　T-DNA 载体的构建

参见实验 14-1 至实验 14-4。

7-1-2　对转化后代进行表型分析

如果是外部形态方面的突变体比较容易鉴别，但如果是生理生化代谢和抗病性方面的突变体，鉴定就要借助于一定的测定手段，根据研究目的进行选择和测定。

7-1-3　对突变体进行遗传分析

当得到突变体后，就要观察突变体后代 T-DNA 与表型遗传分离的相关性，确定 T-DNA 与表型几代稳定共分离的突变体以进行下一步的研究。

7-1-4　PCR 法分离 T-DNA 插入位点的侧翼序列

采用 TAIL-PCR 方法分离 T-DNA 插入位点的侧翼序列。

（1）T-DNA 插入突变体的 PCR 验证：根据 T-DNA 上 *gus* 基因序列设计一对引物，进行 PCR 扩增以鉴定 T-DNA 是否插入根癌农杆菌基因组内。

（2）TAIL-PCR 方法克隆突变体 T-DNA 插入区左侧序列：根据已知的 T-DNA 序列的边界序列设计特异性嵌套引物，进行 TAIL-PCR 扩增，扩增产物经 1%的琼脂糖凝胶电泳。

（3）TAIL-PCR 扩增产物的测序。

（4）将测序所得的 DNA 序列去除 T 载体，T-DNA 部分序列及随机引物序列后即为 T-DNA 插入位点的根癌农杆菌特异序列。

7-1-5　证实 T-DNA 的插入导致表型的变异

证实方法一般通过转基因技术重新转入突变的基因恢复原有的性状或者比较几个独立的转化植物，若 T-DNA 插入位点相同而且表型也相同，说明确实是插入的基因引起了表型的差异，这样就明确了突变基因的功能，并可对该基因进行进一步的遗传定位。

【实验解析】

一般用 0.3～1.0（OD）农杆菌菌液接种植物材料。

实验 7-2　转座子标签法

【实验目的】

转座子跳跃而插入某个功能基因时，就会引起该基因失活，并诱导产生突变型，而当转座子再次转座或切离这一位点时，失活的基因功能又可得到恢复。遗传分析可确定某个基因的突变是否由转座子引起。

【实验材料】

粳米中花 11（*Oryza sativa* L. subsp *japonica*），质粒 pDsBar1300H*（含 Ds 因子）和 pUBITs（含 Ac 片段），农杆菌菌株 EHA105。

【实验试剂】

100mmol/L Tris-HCl pH8.0，20mmol/L EDTA，

500mmol/L NaCl，1.5% SDS，urea 5mol/L，0.5×SSC pH7.0，0.4% SDS，2×SSC，H_2O_2，鲁米诺及增强剂，氯仿，异丙醇，异戊醇，3mmol/L 乙酸钠，无水乙醇。

7-2-1 农杆菌介导法把转座子导入目标生物体

利用实验室优化的高效农杆菌介导的水稻遗传转化方法把玉米转座子 Ac 片段、Ds 因子分别导入粳米品种中花。

7-2-2 转座子的初步定位

【实验操作】

（1）取幼叶 5g 左右，在液氮冷冻的条件下磨碎，加 20ml 经 65℃预热的抽提缓冲液（100mmol/L Tris-HCl pH8.0，20mmol/L EDTA，500mmol/L NaCl，1.5% SDS）预热 40min。

（2）加入等体积的氯仿/异戊醇（24∶1）于 60r/min 振荡 20min，3500r/min 离心 15min。

（3）取上清液，加 0.8 倍体积的异丙醇，钩出 DNA 沉淀。

（4）加 TE 溶解，RNA 酶消化，再用 3mmol/L 乙酸钠、100%冷乙醇纯化。并进一步进行 PCR 扩增。

7-2-3 转座子插入突变的鉴定及分离

（1）植株 DNA 经 *Eco*RⅠ限制酶完全水解，0.8%琼脂糖凝胶 35V 电压下电泳 15h。

（2）用毛细管转移法将片段转移至尼龙膜上，DNA 探针直接用核酸标记和检测系统 ECL 进行标记，然后把经 Southern 转移的膜于含有 0.5mol/L NaCl 和封闭试剂的杂交液中预热，42℃，预杂交 1h。

（3）再加入已标记好的探针，42℃杂交过夜。

（4）杂交膜用洗液Ⅰ（urea 5mol/L；0.5×SSC，pH7.0；0.4% SDS）于 42℃洗涤 2 次，每次 10min 再用 2×SSC 室温下洗涤 2 次，每次 5min。

（5）将等体积检测试剂 1（H_2O_2）和检测试剂 2（鲁米诺及增强剂）混合，倒于膜上，反应 1min，X 线片上曝光 0.5～2h，常规方法冲片。

7-2-4 转座子在目标生物体内的活动性能检测

参见实验 7-1-2 至实验 7-1-5。

7-2-5 分离克隆目的基因

对转座子插入引起的突变体，利用转座子序列作探针，分离克隆目的基因。

由转座子引起的突变便可以转座子 DNA 为探针，从突变株的基因组文库中钓出含该转座子的 DNA 片段，并获得含有部分突变株 DNA 序列的克隆，进而以该 DNA 为探针，筛选野生型的基因组文库，最终得到完整的基因。

【实验解析】

当转座子作为外源基因通过农杆菌介导等方法导入植物时，还会由于 T-DNA 整合到染色体中引起插入突变，并进而分离基因，因此大大提高了分离基因的效率。

实验 7-3 sAc/Ds 双系统法

【实验目的】

用 sAc/Ds 双系统法克隆基因，容易得到回复突变株和容易产生再次突变克隆其他基因，于 T-DNA 作基因标签相比省去了再次转化的繁琐程序，为克隆基因的工作带来了极大方便。

【实验材料】

农杆菌。

【实验试剂】

同实验 7-1“F-DNA 标签法”和实验 7-2“转座子标签法”。

7-3-1 sAc 的转化植株和 Ds 的转化植株的获得

将 sAc 和 Ds 分别与 T-DNA 连接，在农杆菌的帮助下分别转入植物中，获得 sAc 的转化株和 Ds 的转化植株。

1）sAc 转化植株的获得

经过农杆菌浸染后的外植体经过 2d 共培养、5～7d 的延迟筛选后，移入筛选培养基，在卡那霉素的作用下，大部分外植体变白、变紫或者褐化，小部分外植体伤口的基部分化出黄绿色的愈伤组织，约 20d 分化出绿色芽点，待芽长到 2～3cm 时。切下转入生根培养基，待根系发育良好后移入土壤。

2）Ds 转化植株的获得

经过农杆菌浸染后的外植体经过 2d 共培养、5～7d 的延迟筛选后，移入筛选培养基，在潮霉素的作用下，大部分外植体褐化，小部分外植体的伤口的基部分化出黄绿色的愈伤组织，约 20d 分化出绿色芽点，待芽长到 2～3cm 时，切下转入生根培养基，待根系发育良好后移入土壤。

7-3-2　转化株杂交，挑选杂合 sAc 和 Ds 的子一代植株

将 sAc 转化株与 Ds 转化株杂交，挑选同时含有 sAc 和 Ds 的子一代植株。

7-3-3　Ds 在 sAc 产生的转位酶帮助下转座，产生表型突变株

杂合植株中，Ds 在 sAc 产生的转位酶帮助下转座，引起某个基因突变，从而产生表型突变株。

7-3-4　建立对应于变异株的基因文库或 cDNA 文库

通过突变植株的自交和回交，选择仅含有 Ds 而无 sAc 的植株，从而使变异得到稳定。建立对应于变异株的基因文库或 cDNA 文库。

7-3-5　筛选对应的基因克隆并了解该基因的特征

用 IPCR 的方法扩增与 Ds 相邻的 DNA 片段，利用此片段作探针直接从基因文库或 cDNA 文库中筛选对应的基因克隆，通过 DNA 测序和比较了解该基因的特征。

7-3-6　回复突变株的获得

稳定的变异株再与 sAc 转化株杂交，使得 Ds 再次转位，使突变的基因得到回复，从而得到回复突变株，用于检验所得到的基因是否对应于变异的基因。

【实验解析】

(1) 用 sAc/Ds 双系统法克隆基因，容易得到回复突变株和容易产生再次突变克隆其他基因。

(2) Ds 属非自主性转座子，本身不能编码转位酶，必须依靠 Ac 转座子产生的转位酶才能产生转座，因此 Ds 只有和 Ac 联合使用才能作为基因标签。

第 8 章

图位克隆目的基因

实验 8-1　构建遗传作图群体

【实验目的】

图位克隆是一种利用分离群体的遗传连锁分析，通过分子标记将决定某种性状表型的目的基因定位到染色体上某一具体区域进而克隆得到该基因的方法。本章就以模式植物拟南芥盐相关基因克隆为例介绍图位克隆目的基因的步骤。首先建立具有 NaCl 敏感表型的 F_2 后代植株。

【实验材料】

（1）EMS 诱变的具有 NaCl 敏感表型的突变体（背景为 Col）。

（2）对 NaCl 敏感的生态型（Col）。

（3）对 NaCl 不敏感的生态型（Ler）。

【实验操作】

1）进行突变体的遗传学分析

对获得的突变体与 Col 进行杂交收获 F_1，F_1 代种下后自交获得 F_2。取合适的 F_2 代植株检测它们对 NaCl 的敏感性，如果不敏感植株∶敏感植株大约为 3∶1，表明该突变体中决定 NaCl 敏感表型的突变基因是单一的隐性突变基因。可以用于后续的图位克隆。

2）将突变体与 Ler 杂交构建作图群体

用突变体与另一生态型 Ler 杂交，获得 F_1 后种下自交获得 F_2 代。检测 F_2 后代中每个植株对 NaCl 的敏感性，挑取对 NaCl 敏感的植株作为可能含有突变位点的材料，种下收获 F_3，检测 F_3 代对 NaCl 的敏感性，如果 F_3 代对 NaCl 敏感，表明该植株含有突变位点，提取基因组 DNA，用于下一步实验。

【实验解析】

（1）图位克隆基因的首要条件是突变体的表型是由单一基因控制并且是可以稳定遗传的，克隆之前必须进行突变体的遗传学分析。

（2）拟南芥是自花授粉植物，收获 F_1 后可以自交收获 F_2 代。对于异花授粉植物，杂交收获 F_1 后，将 F_1 代同突变体的背景继续杂交收获 F_2，以此类推。

（3）如果是隐性单基因突变，需要挑选具有表型的纯合突变体构建作图群体；如果是显性单基因突变，需要挑选没有表型的纯合野生型构建作图群体。

（4）构建作图群体的两个材料非常重要，它们决定着作图群体和分子标记的质量。两者在研究的表型上是一致的，利于 F_2 代群体的表型检测，减少假样；同时要选择研究人员常用的材料，利于寻找分子标记。

（5）如果 F_2 代表型特别明显，假样产生很少，则不需要种下收获 F_3 代，直接提取 F_2 代植物基因组 DNA，做 PCR 扩增即可。

实验 8-2　筛选连锁分子标记

【实验目的】

获得可用的分子标记，用于基因定位。

【实验材料】

构建好的作图群体、Col 和 Ler 植株。

【实验操作】

（1）在拟南芥 5 条染色体的上、中、下 3 个位置寻找合适的 SSLP 位点，在 SSLP 位点上下游设计引物，扩增含有该位点的片段 DNA。

（2）挑选几个 F_2 代植株、Col 和 Ler 提取基因组 DNA，提取方法参见实验 2-1“植物细胞总 DNA 提取”。

（3）以提取的 DNA 为模板做 PCR 扩增含有 SSLP 位点的 DNA 片段，方法参见实验 5-2“基因保守序列的 PCR 扩增”。

（4）电泳检测扩增 DNA 片段的多态性，挑选可用的引物，方法参见实验 5-2“基因保守序列的 PCR 扩增”。

【实验解析】

（1）由于 SSLP 在两个生态型之间的差别只有几个核苷酸，最多至几十个核苷酸，在设计引物扩增的 PCR 产物越短越好，最长不超过 300bp。

（2）寻找 SSLP 标记，可以在 NCBI 或拟南芥网站上寻找。

（3）如果是寻找其他物种的 SSLP 标记，可以先寻找含有该位点的区域序列，然后使用 SSLP 序列分析软件进行搜寻。

(4) 在一个位置附近可以多设计几对引物，检测之后挑取可用的引物。

(5) 如果 F_2 代植株十分宝贵，可以只用两个生态型检测引物是否可用。

(6) 由于 SSLP 扩增片段比较小，最好使用浓度为 3%～4%的琼脂糖凝胶进行电泳。

实验 8-3　突变基因的染色体初步定位

【实验目的】

获得突变基因在染色体上的大体位置。

【实验材料】

构建好的作图群体、Col 和 Ler 的 DNA 样品。

【实验操作】

(1) 使用选择好的 15 对引物扩增构建好的作图群体。

(2) 电泳检测 PCR 产物，如果是用 24 孔通道检测，最后 3 个通道电泳模板为对照样品 Col、Ler 及 Col 和 Ler 混合的 PCR 产物。

(3) 统计每个样品在不同 SSLP 位点上的交换情况，计算交换率。交换的统计如下：样品条带和 Col 一致，没有交换；样品条带和 Ler 一致，双交换；样品条带和 Col 和 Ler 混合一致，是单价换。

交换率＝100%×（单交换＋双交换×2）/（样品数×2）

(4) 根据交换率，确定突变基因位于拟南芥的哪条染色体上及其大体位置。

【实验解析】

(1) 粗定位时所用的群体不用太大，对于拟南芥来说 42 个样品已经足够。可以在粗定位结果出来时，再扩大群体进行验证。

(2) 在实际操作过程中，不需要计算交换率就可以知道突变基因的大概位置，电泳时粗定位所在的引物扩增的 PCR 产物的电泳结果大部分是没有交换的。

(3) PCR 及电泳时最好每一排都有生态型的对照，便于统计交换情况。

(4) 如果想更快速地知道粗定位的结果，可以将用于粗定位的几十个样品的 DNA 混合在一起，用 15 对引物进行 PCR，然后电泳检测，比较多态性条带的亮度，可以大致推算出粗定位的位置，然后再进行验证。

(5) 如果是玉米、小麦等基因组较大的作物，可以在染色体上缩短距离多取几对引物进行粗定位。

实验 8-4　基因精细定位

【实验目的】

缩小突变基因在染色体上的具体区域。

【实验材料】

构建好的作图群体、Col 和 Ler 的 DNA 样品。

【实验操作】

(1) 对突变基因进行粗定位后，在粗定位位置的上下各 50 个 BAC 左右的区间，每隔 10 个 BAC 寻找 SSLP 标记，设计引物挑取可用的引物。

(2) 扩大样品数量至 200 左右包括粗定位的样品 DNA，PCR 电泳检测每个样品在不同 SSLP 标记位点的多态性，在 Excel 表里统计交换情况，无交换统计为 0，单交换统计为 X，双交换统计为 *，确定突变基因的上下边界。

(3) 继续扩大样品数量 1000 左右，使用边界引物进行 PCR 及电泳检测，统计不同样品的交换情况，挑出只有在一个边界标记发生单交换而另一个边界没有发生交换的样品。

(4) 使用边界中间的 SSLP 标记引物继续扩增挑出的样品，电泳检测多态性，并统计在不同标记位点的交换情况。

(5) 分析统计结果，缩小突变基因所在的区间。

(6) 在确定的区间内继续寻找 SSLP 标记，设计引物检测多态性。

(7) 最终可以将突变基因定位至 3～5 个 BAC，这区间如果没有 SSLP 标记，可以寻找 SNP 标记，设计 CAPS 或是 dCAPS 引物，继续 PCR 电泳检测，缩小定位区间。

【实验解析】

(1) 在构建作图群体时，可以一次性将群体构建到所需的数目，避免再次构建浪费时间。

(2) 随着分子标记的增多，拟南芥通过精细定位一个基因大约需要 1000 个样品。

(3) 确定边界的标志是存在上边界存在单交换的所有样品在下边界标记上不存在交换，下边界上存在单交换的所有样品在上边界标记不存在交换。边界标记设定一般在 50～100 个 BAC。

(4) 确定上下边界后，只需要使用边界引物检测所有作图群体的多态性，之后用中间的引物检测在边界引物存在单交换的样品，可大大减少工作量。

（5）现有发表的许多文献或网站上存在可用的引物，可以查找拿来检测使用。

实验 8-5 构建基因组文库

参见第 9 章“基因文库技术分离目的基因”。

实验 8-6 利用分子标记筛选基因组文库

【实验目的】

获得目标基因最近两个分子标记之间的基因组序列。

【实验材料】

（1）分子标记探针。

（2）构建的基因组文库。

【实验操作】

（1）使用与突变位点两侧连锁最近的分子标记杂交筛选基因组文库。具体实验方法参见第 9 章“基因文库技术分离目的基因”。

（2）测序所获得的阳性克隆。

（3）在测序的结果序列上设计探针，继续对基因组文库进行杂交。得到与探针具有重复序列的阳性克隆。

（4）重复步骤（2）和步骤（3），如此反复，直至获得具有目标基因两侧分子标记的大片段克隆。

（5）根据精细定位推测的目标基因所在的特定的位置，选择所需要的克隆，推测其中所包含的基因，设计测序突变体，获得突变基因。

【实验解析】

（1）此方法获得突变基因的应用主要在于基因组序列还没有测序的植物中。

（2）利用探针杂交基因组文库存在一定的局限性，如果存在无法克隆的片段或是片段中存在重复序列，这个方法就不能应用了。

实验 8-7 PCR 扩增测序寻找突变位点

【实验目的】

获得突变体中突变的核苷酸位点。

【实验材料】

突变体或是用来做基因精细定位的 F_2 代植株。

【实验操作】

（1）首先在 TAIR 网站或是 NCBI 网站上查得精细定位区间内存在的基因。

（2）查找基因信息，寻找可能与盐胁迫或非生物胁迫相关的基因作为候选基因准备测序。

（3）获得候选基因后，在 TAIR 或是 NCBI 网站上获得其基因组序列，设计引物。

（4）提取突变体的基因组 DNA，以其为模板扩增这些基因，对获得的 PCR 产物送测序公司进行测序。

（5）测序结果与已知的基因组序列在 DNAMAN 软件中进行比对，寻找可能的突变位点。

（6）比对出突变位点后，使用 chromas 查看测序结果峰图，确保测序的准确性。

（7）查找该基因的 cDNA 序列，分析突变位点导致的氨基酸的变化。

（8）如果是点突变，获得突变位点后可以设计 dCAPS 引物进行验证。

【实验解析】

（1）如果突变体的背景没有测序结果，需要同时测序突变体的背景。

（2）查找基因信息时尽可能全面，注释信息可以为选择候选基因提供可靠的参考。

（3）对于没有基因注释的物种来说，可以使用专门的软件如 softberry，或者是使用 EST 拼接或 Blast 等分析可能的候选基因。

（4）设计引物时从候选基因的 5′-UTR 开始，终止于 3′-poly（A），一对引物扩增的片段大约 1500bp。如果基因组 DNA 比较大，需要设计几对引物时，上一对引物扩增的片段和下一段引物扩增的片段最好重叠 100bp 以上。

（5）比对测序结果时，一定要看测序峰图，有时测序可能存在误差。

实验 8-8 基因组高通量测序寻找突变位点

【实验目的】

获得突变体中突变的核苷酸。

【实验材料】

突变体或是具有突变体表型的 F_2 代植株。

【实验操作】

（1）选择测序的样品，可以选择多株具有突变体表型的 F_2 代植株，或是多次回交的突变体植株。

（2）使用试剂盒提取测序样品的 DNA，根据测序公司的要求进行。

(3) 送样品到公司，根据基因组大小选择测序的深度，一般进行 30X 测序。

(4) 获得基因组重测序数据后，输入专门的数据分析软件，获得可能的 SNP 位点及对应的基因。

(5) 从网站上查找含有候选 SNP 位点的基因的基因组序列，设计引物，以突变体为模板扩增测序，验证高通量测序的结果。

【实验解析】

(1) 高通量测序最好选择具有突变体表型的杂交 F_2 代植株进行测序，便于寻找突变位点。

(2) 高通量测序之前可以先做一下粗定位，确定突变基因的大致位置，测序深度就可以降低，减少花费。

(3) 高通量测序的结果出来之后一定要经过普通 Sanger 测序验证。

实验 8-9　验证克隆基因的正确性

【实验目的】

验证突变体的表型是由克隆的目的基因突变造成的。

【实验材料】

(1) 突变体。

(2) T-DNA 突变体。

(3) 基因组表达载体。

【实验操作】

(1) 遗传互补实验验证：从 TAIR 或 NCBI 网站上查询突变基因的启动子和基因组序列，设计引物构建植物表达载体，转化突变体，获得纯合的转基因植株，检测表达量后，检验转基因植株对 NaCl 的敏感性，如果转基因植株的表型恢复到野生型的水平，表明克隆的突变基因是正确的（具体实验方法见第 13 章“目的基因克隆载体构建”、第 14 章“目的基因遗传转化载体构建”、第 18 章“根癌农杆菌 Ti 质粒介导转化目的基因”和第 25 章“外源基因表达的检测鉴定”）。

(2) 如果突变基因的基因组序列比较大，难以进行 PCR 扩增，可以扩增该基因的 cDNA，构建超表达载体，转化突变体，获得纯合的转基因植株，检测表达量后检验转基因植株对 NaCl 的敏感性（具体实验方法见第 13 章“目的基因克隆载体构建”、第 14 章“目的基因遗传转化载体构建”、第 18 章“根癌农杆菌 Ti 质粒介导转化目的基因”和第 25 章“外源基因表达的检测鉴定”）。

(3) 获得拟南芥突变基因后，直接从 TAIR 网站上订购该基因的 T-DNA 插入突变体，检验纯合后，检测 T-DNA 插入突变体对 NaCl 的敏感性，如果敏感，可以部分说明克隆基因的正确性（具体实验方法见实验 7-1“T-DNA 标签法”）。

(4) 检测突变基因的时空表达模式及其表达与 NaCl 的关系（具体实验方法见实验 5-6“实时荧光定量 PCR”）。

(5) 检测野生型、突变体、互补植株中盐胁迫相关基因的表达变化，寻找突变基因参与盐胁迫反应的证据（具体实验方法见实验 5-6“实时荧光定量 PCR”）。

【实验解析】

(1) 获得突变基因后，如果是已有文献报道且该文献中有有关该基因的突变体，可以直接向通讯作者寻要该突变体，检测突变体对 NaCl 敏感性。

(2) 获得的 T-DNA 插入突变体不一定有 NaCl 的敏感表型是可能存在的，这与 T-DNA 插入的位置有关，如果 T-DNA 插在 C 端，蛋白质功能没有完全丧失，突变体就可能没有表型。

(3) 如果克隆的突变基因至关重要，T-DNA 插入突变纯合致死，可以将突变体与 T-DNA 插入杂合突变体做杂交，检测 F_1 在 NaCl 上的表型，敏感与不敏感的分离比大约为 1∶1，也能说明是该基因的突变导致突变体对 NaCl 敏感。

(4) 检测突变基因的表达模式及盐胁迫相关基因的表达变化只能在互补的基础上辅助说明突变基因的功能。

第 9 章

基因文库技术分离目的基因

实验 9-1 cDNA 文库构建

【实验目的】

学习和掌握一种构建质粒 cDNA 文库的技术和方法。

【实验材料】

载体 pcDNA3，大肠杆菌 DH5α，总 RNA 或 mRNA。

【实验试剂】

SMART Ⅳ™ 寡聚核苷酸引物，第二链合成 5′PCR 引物，PowerScript™ 反转录酶，50 × Advantage 2 聚合酶混合物，限制性内切核酸酶 *Sfi*Ⅰ，T4 DNA 连接酶，蛋白酶 K，CDSⅢ/3′，5×第一链合成缓冲液，10 × Advantage 2 PCR 缓冲液，PCR-grade water，dNTP Mix，DTT，25mmol/L NaOH，DNA 纯化试剂盒，乙醇，氯仿，异戊醇，Tris 饱和苯酚。

【实验操作】

1）DNA 第一链的合成

（1）1.5ml 离心管中依次加入下列组分，配制 5μl 的反应体系，混匀，离心，72℃温育 2min，迅速冰浴 2min。

RNA（0.025～0.5μg mRNA 或 0.05～1.0μg total RNA）	1～3μl
SMART Ⅳ TM 寡聚核苷酸引物	1μl
CDSⅢ/3′ PCR 引物	1μl
RNase-free H_2O	补至 5μl

（2）短暂离心，弃上清，使混合物集于管底，在离心管中依次加入下列试剂：

5×第一链合成缓冲液	2μl
DTT（20mmol/L）	1μl
dNTP Mix（10mmol/L）	1μl
PowerScript™反转录酶	1μl
ddH_2O	补至 10μl

（3）轻轻混匀，短暂离心，42℃温育 1h，冰浴终止反应（注：cDNA 第一链反应混合物可在 −20℃保存 3 个月以上）。

2）PCR 扩增 cDNA 第二链

（1）PCR 扩增 cDNA 第二链反应体系：

cDNA 第一链反应混合物	2μl
10×Advantage 2 PCR buffer	10μl
dNTP	2μl
5′ PCR 引物	2μl
CDSⅢ/3′ PCR 引物	2μl
50×Advantage cDNA 聚合酶混合物	2μl
ddH_2O	补至 100μl

（2）充分混匀，放入预热至 95℃的 PCR 仪中，PCR 扩增程序：95℃、1min，95℃、15s，68℃、6min，根据不同 RNA 起始量可重复扩增数个循环（建议按最小的次数循环进行，反应不足可补加循环）。

（3）PCR 循环数与起始 RNA 量的关系如下。

total RNA/μg	mRNA/μg	循环次数
1.0～2.0	0.5～1.0	18～20
0.5～1.0	0.25～0.5	20～22
0.25～0.5	0.125～0.25	22～24
0.05～0.25	0.025～0.125	24～26

（4）PCR 完成以后，取 5μl PCR 产物，0.1μg 1kb DNA Marker，1.1%琼脂糖凝胶电泳检测分析。典型的双链 cDNA 一般集中分布在 0.1～4kb，丰富 mRNA 处应有亮带。

3）蛋白激酶 K 消化

（1）取 50μl 上一步的 PCR 产物（2～3μg 双链 cDNA）到 0.5ml 离心管中，加入 2μl 蛋白酶 K（20μg/μl），用于灭活 DNA 聚合酶。剩余的 PCR 产物在−20℃可保存 3 个月。

注：蛋白酶 K 对失活 DNA 聚合酶是必需的。该反应体系最好为 2～3mg（总体积为 50μl）PCR 产物。太多的双链 cDNA（3～4μg）会降低文库的滴度。

（2）混匀，短暂离心。

（3）45℃温育 20min，短暂离心。

(4) 转移到 0.5ml 离心管中，加入 50μl 去离子水。

(5) 加入 100μl 酚/氯仿/异戊醇（25∶24∶1）的混合液，混匀并持续颠倒萃取 1～2min，静置 2min。

(6) 4℃下 14 000r/min 离心 5min（0.5ml 离心管外需套一个 2ml 离心管）。

(7) 小心吸取上层水相到另一支 0.5ml 离心管中。加入氯仿/异戊醇（24∶1）100μl，混匀并持续颠倒萃取 1～2min，静置 2min。

(8) 4℃下 14 000r/min 离心 5min（0.5ml 离心管外需套一个 2ml 离心管）。

(9) 吸取上清到干净的 0.5ml 离心管中。加入 10μl 3mol/L NaAc，1.3μl 糖原（20μg/μl）及 260μl 室温放置的 95％乙醇。

(10) 立刻置于室温下，14 000r/min 离心 20min（不要冰浴或放于－20℃，否则不纯物质会共沉淀）。

(11) 小心吸去上清，加入 100μl 80％乙醇，洗涤沉淀。

(12) 室温，空气干燥沉淀约 10min，去除残留乙醇。

(13) 加入 79μl 去离子水溶解（必须保证沉淀充分溶解）。

4）*Sfi* Ⅰ酶切消化

(1) 取一支干净的 0.5ml 离心管，加入下列组分至总体积为 100μl。

cDNA	79μl
10×*Sfi* Ⅰ酶切缓冲液	10μl
Sfi Ⅰ酶	10μl
100×BSA	1μl

(2) 充分混匀，短暂离心。50℃温浴 2h（在温浴的同时准备下一步）。

加入 2μl 1％的二甲苯晴蓝混匀，短暂离心。

5）用 CHROMASPIN-400 分别收集不同大小的双链 cDNA 片段

(1) 16 支 1.5ml 离心管，标上号码，按顺序放置。

(2) 准备 CHROMASPIN-400 柱子。

①从冰箱里取出柱子，室温放置 1h。颠倒柱子数次，使填料充分悬浮混匀；用枪轻轻混匀填料，避免产生气泡。移去下盖子，让柱子内的液体自然流出。如果 3min 后还未流干，盖上上盖，产生的压力可使柱液流干，该步骤可去除柱中的气泡；竖直悬挂柱子固定，柱液流干后可看到填料颗粒应到达柱子 1.0ml 刻度处。如果显著不足，则用备用柱子的填料补足；用柱 buffer 调整流速为 40～60s/滴，40μl/滴。如果流速太慢或液滴太小，则应重新悬浮填料。

②剩余的柱 buffer 流完后，沿柱内壁小心加入 700μl column 缓冲液到柱子，让其自然流干（15～20min）。

③小心均匀地向柱料表面中心位置加入步骤 4）的 100μl 经染色的、*Sfi* Ⅰ酶切消化的 cDNA 样品（填料表面不平整影响不大）。

④让样品充分吸收，至填料上面不能有液滴为止。

⑤取 100μl 柱缓冲液小心上柱，让其自然流出，至无液体残留于柱料上为止。此时染料已进入柱料几毫米。

⑥在柱子底部接好已编号的 1.5ml 离心管准备收集。

⑦取 600μl 柱缓冲液小心上柱，立即用 1～16 号管收集流出液（每管 1 滴，每滴约 35μl）。当收集完 16 滴后，盖好盖子。

(3) 每支管中取出 3～5μl 进行电泳检测。

①1％ agarose/EB gel，0.1g 1kb DNA Marker；150V，10min（时间不能太长，否则很难看清 cDNA）。收集最早出现可见 cDNA 条带的前几管（滴），到 1.5ml 离心管（有时在确定其后一管符合片段大小的要求时，也可与前几管混合）。

②将 3～4 管 cDNA 合并（105～140μl），然后加入 0.1 倍体积的 3mol/L NaAc（pH4.8），1.3μl 糖原和 2.5 倍体积的经－20℃预冷的 95％乙醇。

③轻柔颠倒混匀后于－20℃冰箱放置 1h。放置过夜可提高回收率。

④25℃下 14 000r/min 离心 20min，沉淀 cDNA，用枪小心吸去上清，短暂离心，除去痕量的残余上清。80％乙醇洗沉淀一次，离心，吸去上清。

⑤室温干燥约 10min，去除残留乙醇，用 7μl 去离子水轻柔混匀。可直接用于与载体连接，或－20℃贮存备用。

6）连接反应

(1) 依次加入下列试剂建立 3 个连接反应体系，使载体片段与插入片段的物质的量比分别为 1∶1，1∶5，1∶15，最后补水至总体积为 10μl。

T4 ligase 10×buffer	1μl
pcDNA3.0（20U/μl）	1μl
cDNA	由浓度及连接比例而定
(3U/μl)	1μl
ddH_2O	补体系总体积至 10μl

(2) 充分混匀，16℃ T4 DNA ligase 连接过夜或 16h。

7）文库的转化

(1) 分别取 1μl 连接反应产物进行转化。

(2) 比较 3 个连接反应产物的转化结果，得出 cDNA 量和转化克隆数比例最好的连接反应体系，按此体系将余下的 cDNA 进行连接转化。

8）文库克隆的 PCR 检测

(1) 随机挑选 20 多个克隆，提取质粒 DNA。

(2) 利用 pcDNA3.0 上的 T7 和 SP6 引物进行 PCR 扩增插入的 cDNA 片段。

(3) 在每个 20μl 的 PCR 体系中加入下列组分：

质粒	1.0μl
T7 Primer (100μmol/L)	0.1μl
SP6 Primer (100μmol/L)	0.1μl
dNTP Mix (10mmol/L)	0.5μl
1×PCR buffer (含 Mg^{2+})	2.0μl
Taq DNA 聚合酶 (5U/μl)	0.5μl
ddH_2O	补至 20.0μl

(4) 将反应体系充分混匀，置于 PCR 仪中，PCR 反应条件为：94℃，5min；94℃，30s；56℃，1min；72℃，90s；30 个循环；72℃，10min。

(5) 各取 5μl PCR 产物，用 1% 琼脂糖凝胶进行电泳检测。

【实验解析】

cDNA 文库能够特异地反映某种组织或细胞中，在特定发育阶段表达蛋白质的编码基因，因此 cDNA 文库具有组织或细胞特异性，在研究具体某类特定细胞中基因组的表达状态及表达基因的功能鉴定方便具有特殊的优势，从而使它在个体发育、细胞分化、细胞周期调控、细胞衰老和死亡调控等生命现象的研究中具有更为广泛的应用价值，是研究工作中最常使用到的基因文库。cDNA 文库分为噬菌体 cDNA 文库和质粒 cDNA 文库，二者主要的区别是构建 cDNA 文库的载体不同，本实验介绍的是质粒 cDNA 文库的构建方法，两种文库的构建有一些共同需要注意的地方。

(1) RNA 的质量是 cDNA 文库成功构建的关键。可通过以下方法来分析 RNA 的质量：琼脂糖变性电泳，高质量的哺乳动物总 RNA 应在约 4.5kb 和 1.9kb 处有两条亮带（28S 和 18S 核糖体 RNA），它们之间的亮度比应为 (1.5∶1)～(2.5∶1)。mRNA 应分布在 0.5～12kb；将 RNA 样品置于 37℃温浴 2h，再跑电泳应该没有明显的降解现象。只有符合上述要求的 RNA 才可以进行 cDNA 文库构建，否则就需要重新提取 RNA。

(2) 对于第一链合成和 PCR，所有试剂和反应管应在冰上预冷并在冰上操作。

(3) 如果需要暂停反应，在第一链合成后，可将反应混合物置于－20℃保存。也可以在任意一步乙醇沉淀后停止反应。

(4) LD-PCR 后如果双链 cDNA 产量很低或者分布范围小于 mRNA 的分布，表明扩增循环数不够，可适当增加 2～3 个循环，但如果已经超过推荐最大循环数 3 个循环仍然没有明显的改变，则建议用新的 2μl 第一链产物重新扩增，或者考虑是否第一链合成出现问题。

(5) 本实验使用质粒载体，在操作上较为方便，且由于使用的是表达载体 pcDNA3.0，得到的将是直接可用于功能筛选的表达文库。但质粒文库在保存和扩增的过程中容易丢失，故应该避免多次扩增并尽可能在 1～2 个月内将所有单克隆独立保存或完成筛选。

(6) PCR 检测文库克隆插入 cDNA 片段分子质量应该分布在 0.5～4kb，并与 mRNA 的分布式基本一致的。

实验 9-2 BAC 文库构建

【实验目的】

学习和掌握一种构建 BAC 文库的技术和方法。

【实验材料】

DH10B 感受态细胞，pBeloBAC11 载体。

【实验试剂】

Qiagen Large-Construct Kit，琼脂糖，限制性内切核酸酶 *Hin*dⅢ，HK 磷酸酶，限制性内切核酸酶 *Not* Ⅰ，T4 DNA 连接酶，蛋白酶 K，GELaseTM，PFGE λ ladder，液氮，异丙醇，乙醚，X-gal，MBG 水，20% SDS，5mol/L 的 NaOH，5×TBE，50×TAE，40mmol/L 亚精胺（以 MBG 水溶解，过滤除菌，分装后贮存于－20℃），1.0mol/L 二硫苏糖醇（DTT）（20ml）（3.09g DTT 溶解于 20ml pH5.2 的 0.01mol/L 的 NaAc，过滤除菌，分装后贮存于－20℃），SOC 培养基，XIC（X-gal、IPTG、CM）琼脂糖凝胶（1L）。

【实验操作】

1）BAC 载体制备

(1) 扩大培养 BAC 载体，按照使用说明用 Qiagen Large-Construct Kit 从 DH10B 的细菌培养物（LB＋CM）中分离 BAC 载体。

（2）取 10μg 载体进行限制性内切核酸酶消化实验：

载体 DNA	10μg
10×*Hin*d Ⅲ酶切缓冲液	7.5μl
100×BSA	1.5μl
*Hin*dⅢ	5μl
MBG 水	定容至 75μl

（3）轻轻混匀，37℃，2h。

（4）65℃水浴 20min 去除 *Hin*dⅢ，室温冷却 10min，10 000r/min 离心 30s。

（5）HK 磷酸酶解。

10×磷酸酶缓冲液	2.5μl
HK 磷酸酶	5μl
0.1mol/L 的氯化钙	5μl
MBG 水	12.5μl

（6）轻轻混匀，30℃水浴中放置 90min。

（7）65℃处理 20min 使 HK 磷酸酶失活，室温冷却 10min，10 000r/min 离心 30s，用无菌水稀释至载体终浓度 10ng/μl，25μl/管分装于 0.5ml 的离心管中，−20℃保存。

2）核 DNA 的提取

（1）取目的部位嫩叶 200～500g，迅速浸泡于预冷的 1×TE 溶液中。

（2）将叶子从 1×TE 溶液中取出，浸泡于预冷的乙醚中 3min。

（3）向滤液中加入 Triton X-100 至终浓度为 0.5%，将混合液分装到 4 个 500ml 的离心瓶中，4℃下 800*g* 离心 20min，轻轻倒出上清液，留下剩余的组织匀浆，再次离心。

（4）以 4ml MPDB（50ml：2.95g 2-甲基-2，4-戊二醇，0.15g PIPES KOH，0.1g $MgCl_2$，0.1g 偏亚硫酸氢钠，0.25ml Triton X-100，19.5μl β-巯基乙醇，MBG 水定容至 50ml，调 pH7.0，贮存于冰箱）重悬每管中的沉淀，制成悬浮液，取 1 小滴与等体积的 1%亚甲蓝在玻片上混匀，盖上盖玻片，以反向（或正向）视野显微镜观察。如果一切顺利，混合物应含有许多染成深蓝色的细胞核，没有完整的细胞，没有线粒体和叶绿体，淀粉颗粒染色应较轻。

（5）在 50ml 离心管中加入 7.5ml 珀可（PVP 包被的含 SiO_2颗粒的无菌胶体悬浮液，无毒，化学惰性，在离心时可形成 1.0～1.3g/ml 的密度梯度），加入 MPDB 至终体积为 20ml 使珀可浓度为 37.5%。将核悬浮液轻置于 37.5%的珀可上，用吊桶式转头 4℃下 650*g* 梯度离心 1h。由于核的结构相对紧密，因此通常与淀粉物质形成沉淀，沉积在离心管的底部。密度低的物质（如大部分的细胞碎片、细胞器官和质粒 DNA）存在于上清液中。需要注意的是：有时一些或全部的核都不形成沉淀，原因是有些珀可的胶黏度高于通常情况，细胞碎片形成了一种半固体障碍，在梯度中阻止细胞核的迁移。因此如果不能确保核沉淀的话，不要轻易丢弃上清液，这一点很重要。在弃去上清之前，最好取 1 滴用显微镜进行观察。如果上清液形成了几个特征性层次，在丢弃每一层之前都要取其中的 1 滴进行观察。不论什么原因，如果在上清液中发现了细胞核，最简单的办法就是加入 5～10ml 的 MPDB，旋转混匀，再次 650*g* 离心 30min，如果还不沉淀，稀释后再离心。

（6）轻轻弃上清，小心地以 0.5ml 的 MPDB 重悬沉淀，按照步骤（4），以显微镜取 1 滴进行观察，并将核悬液转到一个新的 15ml 的离心管中。

（7）300*g* 离心 10min，再用 650*g* 离心 10min，弃去上清。

（8）得到的沉淀可能含有 2 层或更多层，如果只有 1 层，跳到步骤（11）；如果有两层或更多的层，做下一步。

（9）如果多于 1 层，加 2ml MPDB，小心旋转管子，直至最上层重新悬浮，将悬浮液倒入一离心管中，剩余的沉淀置于另一离心管中。

（10）重复上一步骤，直到所有的沉淀层分到不同的管子中；按步骤（4）将每一管中的物质制一玻片，以显微镜的观察结果作为依据，留下核最多、碎片最少的离心管，弃去其他离心管。

（11）向核中加入 10ml 的 MPDB，轻轻翻转悬液混匀，650*g* 离心 10min，小心地弃去上清（注：高纯度的核并不形成非常坚固的沉淀，如果猛烈弃去上清的话，细胞核可能会从管子中滑出）；轻弹管子以便核在残余的 MPDB 中重新悬浮起来，置于冰上。

3）植物核 DNA 部分酶切物制备

（1）plug 的制备。

①在一个 50ml 的锥形瓶中，加入 0.15g 的 LMP 琼脂糖凝胶和 10ml MPDB 混匀，置于天平上，清零，将锥形瓶放在微波炉中加热到熔化后，放在天平上，以 MBG 水调至零，以补充损失的水分，然后盖上铝箔，置于 45℃水浴。

②将一琼脂糖 plug 模子放在冰上（模子需仔细清洗并以乙醇洁净或清洗后进行紫外线灭菌），在其孔底放置新鲜的胶条。

③将盛有细胞核的离心管45℃水浴10min。

④将等体积的LMP琼脂糖溶液与预热的细胞核混匀，以大口径的枪头将核酸与琼脂糖的混合物置于预冷的plug模子的孔中，将装有plug模子和plug的冰盒放在冰箱中，使plug冷凝30min。

⑤从胶模中取出plug（应该是白色到淡黄），放在50ml裂解缓冲液［1%十二烷基肌氨酸钠、0.1mg/ml蛋白酶K、0.1%抗坏血酸（维生素C）、2% PVP-40、0.13%二乙基二硫氨基甲酸酯钠溶液于pH9.1的0.5mol/L的EDTA溶液］中。

⑥于裂解液中孵育plug，50℃，24h，滤干plug上的裂解液，加入50ml新鲜的裂解液，50℃再孵育24h。

⑦将plug转入50ml新鲜的裂解液中，4℃存放过夜。

（2）限制性内切核酸酶消化测试。

①将plug从裂解缓冲液中取出，放于一个50ml的离心管中，加入WB-A（0.1%的抗坏血酸、2% PVP-40和0.13%二乙基二硫氨基甲酸酯钠，溶于pH9.1的0.5mol/L的EDTA溶液），50℃水浴1h。

②小心弃去上清液，加入50ml WB-B（0.1%的抗坏血酸、2% PVP-40和0.13%二乙基二硫氨基甲酸酯钠，溶于pH8.0的0.05mol/L的EDTA溶液），冰浴1h。

③小心弃去上清，加入50ml WB-C（0.1%的抗坏血酸、2% PVP-40和0.13%二乙基二硫氨基甲酸酯钠，溶于10mmol/L EDTA和pH8.0的10mmol/L的Tris-HCl溶液），孵育plug 30min。

④去掉缓冲液，加入50ml新的WB-C，50μl 0.1mol/L的PMSF（0.1mol/L的PMSF：0.017g PMSF溶于1ml无水乙醇），小心混匀，冰浴1h，PMSF可以除去plug中残余的蛋白酶K。

⑤重复上一步骤。

⑥弃去上清，加入50ml冰冷的WB-C，冰浴30min，弃去WB-C，加入50ml新鲜的WB-C。

⑦重复上一步骤两次以上（加PMSF后的清洗总次数达到4次），除去plug中高浓度的EDTA（EDTA可以抑制限制性内切核酸酶的活力）；将离心管置于冰箱中。

⑧以小的BioRad CHEF灌胶架和15孔的梳子配制0.5×TBE的1%胶，分别在泳道1和13放入PFGE λladder。

⑨将3块测试plug放入10ml的H3M（10% 10×*Hin*dⅢ buffer，1.0mol/L DTT，4mmol/L亚精胺，1% 100×BSA）中，平衡1h。

⑩将11个1.5ml的离心管置于一个离心管架上，标记为A～K，每管加入250μl的H3M。

⑪在一个1.5ml的离心管中加入10μl *Hin*dⅢ（20单位/μl）、80μl的MBG水和10μl 10×*Hin*dⅢ缓冲液，混匀得到2.0单位/μl的*Hin*dⅢ溶液（稀释液1）。取10μl加入80μl的MBG水和10μl 10×*Hin*dⅢ缓冲液中以得到0.2单位/μl的*Hin*dⅢ溶液（稀释液2）。在部分消化中所使用的限制性内切核酸酶视载体的多克隆位点序列而定。PBeloBAC11中有3个克隆位点（*Hin*dⅢ、*Bam*HⅠ和*Sph*Ⅰ），但是只有在*Hin*dⅢ和*Bam*HⅠ位点进行酶切才能产生易于进行载体去磷酸化的5′突出端。因此*Hin*dⅢ和*Bam*HⅠ经常用于构建BAC文库。本规程使用的是*Hin*dⅢ，但也可以用*Bam*HⅠ。

⑫按照表9-1，以未稀释的*Hin*dⅢ、稀释液1和稀释液2、特定量的*Hin*dⅢ加入这11个离心管中。

表9-1 反应体系

编号	酶/体积	*Hin*dⅢ数量/单位	最终*Hin*dⅢ浓度/(单位/ml)
A	0	0	0
B	1μl稀释液2	0.2	0.05
C	2.5μl稀释液2	0.5	0.125
D	5μl稀释液2	1	0.25
E	7.5μl稀释液2	1.5	0.375
F	1μl稀释液1	2.0	0.5
G	1.5μl稀释液1	3.0	0.75
H	2μl稀释液1	4	1
I	2.5μl稀释液1	5	1.25
J	5μl稀释液1	10	2.5
K	2.5μl未稀释的*Hin*dⅢ	50	12.5

⑬将离心管A～K置于冰上。

⑭将3块测试用plug置于一块经过70%乙醇擦拭干净的载玻片上，以一干净的盖玻片将之切成12块1/4大小的条块。

⑮以盖玻片将每个1/4胶块压碎（不会引起大量的DNA碎片）。

⑯将两块压碎的1/4 plug条（即1/2的plug）放于A管，取剩下的10块胶分别放入10个（B～K）管中。

⑰小心混匀，冰浴1h，从而使酶渗入胶块。轻轻混匀，37℃水浴20min，迅速取出，冰浴。

⑱向每管中加入30μl pH8.0的0.5mol/L的EDTA（抑制酶的进一步作用），轻轻混匀，以增

加胶与EDTA的相互作用，冰浴。

⑲以匙突的尖端将A管中未消化的1/2 plug转入孔2中，将B管中未消化的1/4 plug转入孔3，依此类推。以剩余的50℃、1%胶封住加样孔。设定以下参数跑胶：电泳液12℃，6V/cm，转换120°，初始转换时间1s，终末转换时间40s，线性斜坡电压，18h。

⑳染色，脱色；如果部分消化成功，可进行大规模的限制性消化。

(3) 限制性消化。

一旦确定了产生100～350kb片段的最佳条件，就可以用几个plug进行大量消化。plug中经过部分消化的DNA可以作为插入片段用于BAC文库的构建。

①将8～16块经过PMSF处理的plug转移到50ml的聚丙烯离心管中。

②将plug放入20ml的H3M中，4℃，1h。

③将plug放到2～3块干净的载玻片上，以干净的盖玻片压碎胶块，将每一块压碎的胶块放入其自身的1.5ml微量离心管中，每管加入1ml新鲜的H3M。

④将*Hin*d Ⅲ和1×*Hin*d Ⅲ缓冲液混合以得到1∶10或1∶100的酶稀释液。分装后分别加入反应管中。

⑤轻轻混匀后冰浴1h。

⑥轻弹离心管混匀，37℃水浴20min，冰浴。

⑦马上加入150μl pH8.0的0.5mol/L的EDTA到每一管中以抑制酶的进一步作用，小心晃动离心管以增加胶与EDTA的接触，将离心管放在冰上。管子可以在4℃下保存过夜，但是存在一定的风险性，应尽可能地马上做下一步实验。

4）选择大小合适的DNA片段

胶块中的DNA在被消化后应确定DNA的大小正好可以用于BAC文库的构建。>350kb和<100kb的DNA通过第一次大小选择被排除。相反，大部分处于100～350kb的DNA被收集并通过第二次大小选择被分离出来。

(1) 第一次大小选择。

①以常规的BioRAD CHEF制胶架和15孔梳子，用0.5×TBE制备一块1%的琼脂糖凝胶。

②以一干净的解剖刀，切下4～6孔之间的琼脂糖凝胶，形成一个大的加样孔（必须平整、平行）。

③向加样孔中加入少量溶化的琼脂糖凝胶以完全密封加样孔的底部，让胶凝固。

④将压碎后已经消化的胶条块从反应管中转移到加样孔中，压紧胶条。

⑤在大加样孔旁边的泳道中加入PFGE λ ladder。

⑥以溶化的胶封住所有加样后的孔，使之凝固。

⑦将凝固的胶从灌制架上取下，除尽底板上的胶。

⑧将胶放入BioRAD CHEF电泳槽中，电泳槽内装2.5L已经冷却到12℃的新鲜0.5×TBE。

⑨以下列参数电泳：电泳液12℃，6V/cm，转换120°，初始转换时间1s，终末转换时间40s，线性斜坡电压，18～20h，通常是电泳过夜。

⑩以直尺作参照切胶；对两块边胶进行0.5μg/ml EB染色30min，脱色，于紫外灯箱中排好这两块胶条，打开电源。

a. 在边条的100～350kb处作一小切口标记。

b. 关闭电源，在工作台上放一干净的塑料垫片，将未染色的中心条带放在两个边胶条之间以便重新拼胶。以一直尺作为参照，切下中心胶条；注意不要将中心胶条暴露于紫外灯下以免损伤DNA。

c. 在两个地方切下中心胶条从而得到三部分（从上到下依次标记为X、Y、Z），其大小大致相等。如有需要，对边条以EB进行染色，以不同的染色条块重拼胶条并照相，但是不能包括没有染色的条块，将X、Y、Z三块胶置于一塑料板下以免干燥。

d. 继续下一步操作。

(2) 第二次大小选择。

尽管第一次大小选择能够除去大部分<100kb的DNA，但是仍有少量小分子质量的DNA被大分子质量的DNA所吸附，尤其是在胶块中DNA浓度相对较高的情况下就更是如此。第二次大小选择可以增加在连接前除去小分子质量DNA的机会。

①以大的BioRAD CHEF灌胶架和30孔的梳子用0.5×TBE配制一块1%的琼脂糖凝胶，灌胶直至快溢出；等待至胶完全凝固。

②用一干净的解剖刀挖三个加样孔（每个加样孔为4个梳子大小），确保与孔底相连的琼脂糖凝胶已经除去，而且四条边相互平行。

③在胶上部的正中区域挖出一大块胶，移去这一区域所有的胶，往空洞中倒入以0.5×TBE配制的1%的LMP胶，使之凝固。

④在边孔中加入PFGE λ ladder。

⑤将(1)中获得的X、Y、Z胶块按照其从上到下的方向铺放在3个加样孔中，小心避免气泡并使胶块与孔的边缘接触平实。

⑥以溶化的 LMP 胶封住加有 PFGE λ ladder 的孔，使凝固。

⑦从灌胶架上取下凝胶，除去底板下端的琼脂糖凝胶。

⑧放入 BioRAD PFGE 电泳槽，内有 2.5L 已经冷却到 12℃的新鲜 0.5×TBE。

⑨以下列参数电泳：4V/cm 或 6V/cm，转换 120°，初始转换时间 3s，终末转换时间 5s，线性斜坡电压，18～20h，通常是电泳过夜。

⑩以一直尺作为标准，用一解剖刀切胶，应该出现从左到右几条胶带，以解剖刀在胶条的底端作好特征性的标记，从而易于在随后的步骤中分辨出来。

⑪对奇数的胶条进行染色和脱色（即含有 PFGE λ ladder 的胶条），在紫外灯下重排染色的胶条。在观察发光胶条时，以解剖刀在每一染色胶条的 125kb 和 350kb 处做一小的标记。

⑫关闭紫外灯，注意不要将偶数的胶条暴露于紫外线下，以免损伤 DNA 使之无法克隆。

⑬在工作台上铺一张干净的塑料纸，将未染色的偶数胶条放在其侧边的奇数胶条中间重建胶块，将每一染色胶条 125kb 和 350kb 处的切割扩展到相邻的未染色的偶数胶条中，弃去染色的胶条。

⑭以解剖刀、盖玻片和剃须刀片将每一偶数胶条上的切线连在一起，从而得到含有 125～350kb 大小 DNA 的 3 段未染色的胶条。对来自这些胶条（从左到右依次标为 a、b、c）中的 DNA 进行分离。对 a 条平行切割两次以得到大小几乎相等的 3 段，对其余胶条也如此操作。将 3 块 a 胶条置于同一个 50ml 的聚丙烯离心管中，其余胶条也如此。

⑮如果要在 2d 内对来自这些胶的 DNA 进行分离，向各自盛有 a、b、c 等胶条的管子加入 50ml 无菌的 1×TAE，贮存于 4℃；如果暂时不分离 DNA，则将胶置于 70% 的乙醇中贮存于 −20℃。

⑯对剩下的胶条进行染色和脱色，以事先做好的刻框为基础，在紫外灯下重建凝胶，如有需要，可以成像存盘。

5）回收合适大小的 DNA 片段

（1）Gelase™ 消化。

①取 3 块 a 胶块中的一块，称重，将胶块转移到一支无菌的 15ml 培养管中。

②以一块 b 胶和 c 胶重复上一步骤。

③向每支管子中加入 MBG 水，放在冰上，10min 后轻轻倒去水后加入新鲜的 MBG 水，重复 5 次，以除去胶块中的电泳缓冲液，从而降低对连接的影响。

④弃去最后一次的洗液，每 50mg 胶加入 1μl 50×Gelase 缓冲液。

⑤将培养管放于 70℃水浴 3min 或者直至胶块完全熔化，迅速转移到 45℃水浴中。

⑥每 200mg 胶中加入 1 单位的酶。

⑦小心旋转管内物质，45℃水浴 45min，管内的 DNA 即可用于分离后的操作。

（2）分离后的操作。

①将通过电洗脱或 Gelase 消化所分离到的 a、b、c 的 DNA 样品（DNA 插入片段溶液）于冰上置于 1.5ml 的离心管中。

②用 1×TAE 制备一块含有 7 孔或多于 7 孔的 1% 的胶。

③于微量离心管中分别加入 0.5μl、1μl、2μl 和 4μl 的 1× uncut λ ladder（25ng、50ng、100ng 和 200ng），每管加入 2μl 上样缓冲液。

④取 5μl 含有 qDNA 插入片段的溶液置于 0.65ml 的微量离心管中，加入 2μl 上样缓冲液，对 b 和 c 样品也同样如此。

⑤在合适的装置中将胶淹没于 1×TAE 中，上样，100V 电泳 15～20min，进行染色和照相，通过比较样品和标准条带的相对荧光，可以估计每一样品的浓度；将这一浓度乘以样品体积就可以得到样品中插入 DNA 的总数量。

⑥选择最大浓度的高分子质量插入 DNA 溶液用于下面的连接反应；只要 DNA 浓度大于 5ng/μl就可以用于连接。

6）连接、测试转化和大量转化

①将插入子 DNA、去磷酸化的 pBoleBAC11 载体贮存液和 T4 DNA 连接酶 10×缓冲液放在冰上，使缓冲液和载体贮存液溶化，将 T4 DNA 连接酶存放于−20℃冰箱直到使用。

②按表 9-2 所述建立连接反应。大部分 BAC 文库的构建过程中使用的 DNA 与 BAC 载体的物质的量比为（5∶1）～（15∶1）；可从 5∶1 开始逐渐改变插入子与载体的比例以得到最佳实验结果。

表 9-2 连接体系

试剂	用量
载体 DNA	50ng
10×连接酶缓冲液	15μl
T4 DNA 连接酶（9 单位）	3μl
插入 DNA	300ng
以 MBG 水定容到	150μl

③轻轻混匀反应物，严禁振荡或搅动以免损伤插入子。

④16℃下存放过夜进行连接反应。

⑤65℃水浴20～30min灭活。

⑥取300μl以下的连接反应物置于Millipore硝酸纤维素滤膜上，除盐。

⑦将除盐后的连接反应产物加入新的1.5ml的离心管中，4℃贮存。

⑧以BRL电转仪对1μl脱盐后的连接产物和20μl的DH10B感受态细胞进行转化，参数如下：320V，330μF电容，低欧姆值阻抗，快速电荷流量，4000Ω电压加强抗性；将转化好的细胞转移到1ml SOC中，37℃下225r/min离心1h，涂布于含有XIC的LB培养基上，37℃培养18h。

⑨检测平板过夜培养后，确定转化反应的滴度和蓝白斑比率。

⑩如果测试转化的结果不错的话，就可以进行批量转化。将得到的转化物铺于XIC平板上，挑取白色克隆即为BAC文库（注：批量转化使用与测试转化相同的电转化装置和仪器参数）。

7）BAC克隆鉴定

（1）从文库中随机挑选12个克隆，提取质粒DNA。

（2）用植物中稀有位点的限制酶消化质粒，以λ-DNA为分子质量标准，用1%琼脂糖凝胶，0.5×TBE，9V/cm条件下进行脉冲电泳5～10s，转换110°，在11.5℃条件下电泳5h，检测DNA插入片段长度。

（3）以建库所用植物核基因组DNA片段为探针，对所得凝胶进行Southern检测，进一步验证重组克隆是否携带目标植物的核基因组DNA插入片段。

【实验解析】

（1）BAC文库可以用来插入大片段生物体DNA（100kb左右）。构建的BAC文库可以用来对进行遗传图谱的构建、图位克隆等生物学研究。BAC文库构建需要注意的事项：BAC克隆中，限制性插入片段的最佳大小为100～350kb。plug于4℃在裂解液中的存放时间因物种而异（不发生明显的DNA降解）。要得到最好的结果，应以几天为限。如果要存放更长的时间，可以将plug转入一支盛有70%乙醇的聚丙烯管中，让凝胶在70%的乙醇中于室温下至少平衡4h，然后置于－20℃下。凝胶以这种方式至少可以存放6个月，而不发生明显的DNA降解。在消化之前，将70%乙醇中的plug置于4℃下的20ml的适当水溶液中。起初plug漂浮于缓冲液的液面。但是一旦乙醇从plug中扩散出去了，plug将沉到管底。此时，plug才可以进行进一步的使用。

（2）如果假阳性克隆大于10%，很有可能是载体DNA在脱磷酸化过程中受到了破坏；极高的蓝色克隆比例（大于40%）则表明在载体制备、连接和（或）转化过程中出了问题。

实验9-3 YAC文库构建

【实验目的】

（1）学习和掌握一种构建YAC文库的技术和方法。

（2）利用YAC文库克隆植物核基因，构建物理图谱。

【实验材料】

植物材料，酵母菌株AB1380，pYAC。

【实验试剂】

（1）植物中百万碱基级大片段DNA的制备：蛋白酶K，0.5mol/L EDTA，二乙基醚，天青C（可加可不加），1 ×TBE，PMSF（苯甲基磺酰氟）。

（2）载体的制备：限制性内切核酸酶*Bam*HⅠ和*Eco*RⅠ，CsCl-溴化乙锭梯度所需的多种试剂（Sambrook et al.，1989），碱性磷酸酶，多聚核苷酸激酶，氮川乙酸（NTA），酚/氯仿，氯仿溶液，无水乙醇。

（3）对基因组DNA进行*Eco*RⅠ部分酶解及通过PFGE对*Eco*RⅠ片段进行大小选择：*Eco*RⅠ，*Eco*RⅠ甲基化酶，T4 DNA连接酶，TE，0.5mol/L EDTA，5-腺苷甲硫氨酸，牛血清清蛋白50mg/ml，1×*Eco*RⅠ缓冲液。

（4）连接和转化样品的制备：0.1mol/L ATP，0.1mol/L DTT，TE，0.5mol/L EDTA，琼脂糖。

（5）酵母原生质体：1%细菌-酵母提取物，2%细菌胰蛋白胨，2%葡萄糖，溶细胞酶（Sigma），1mol/L山梨醇。顶层琼脂：1mol/L山梨醇，2.5%琼脂，0.67%不含氨基酸的YNB，2%葡萄糖。补充氨基酸溶液：0.2g精氨酸，0.1g组氨酸，0.6g异亮氨酸，0.6g亮氨酸，0.4g赖氨酸，0.1g甲硫氨酸，0.6g苯丙氨酸，0.5g苏氨酸，0.4g色氨酸，溶于100ml无菌水，灭菌后使用，浓度为10ml/L。酪氨酸，半硫酸腺苷酸和尿嘧啶溶液：每种取1g溶于90ml无菌水中后加入10ml 1mol/L NaOH；每升培养基中加5ml酪氨酸，1ml腺苷酸，4ml尿嘧啶，在LRA选择培养基中不要加尿嘧啶。

(6) 酵母人工染色克隆的制备和PFGE分析：0.5mol/L EDTA，相对分子质量标准。

【实验操作】

1）植物中百万碱基级大片段DNA的制备

(1) 制备原生质体。

①采集生长在温室中或培养箱中的开花期前的植物叶片。

②纵切叶片为1～2mm的小块，将切好的叶片转至盛有洗涤液（B5盐，pH5.6）的培养皿中。

③弃洗涤液，用溶于原生质体分离缓冲液（B5盐，pH5.6，0.6mol/L蔗糖，5mmol/L $CaCl_2$）中的含1% callulysin，0.2%果胶酶Y23的酶液替换。室温暗培养5h后过夜，以消化细胞壁，消化过程中应温和摇动（25～40r/min）。通过倒置显微镜观察释放出的原生质体，当大部分原生质体已释放出来之后停止反应。

④用100μm的尼龙布过滤，滤液转至50ml锥形瓶中。用分离缓冲液洗涤培养皿，过滤回收原生质体。

⑤悬液在室温下，台式离心机200～500*g*离心10min。

⑥用原生质体分离缓冲液洗涤沉淀一次，然后用约与沉淀等体积的原生质体分离缓冲液轻轻重悬沉淀。取一滴悬浮液用血细胞计数器统计其中的原生质体的数目；用原生质体分离缓冲液调节原生质体的浓度至1×10^7～5×10^7个/ml。

⑦将分离到的原生质体与等体积的用原生质体分离缓冲液配制的1.6%的琼脂糖低熔点胶小心混合，然后将胶倒入样品模，冰上放置15min，使胶凝结。

⑧将样品块从模子中取出置于一装有含2mg/ml蛋白酶K的NDS（1% *N*-月桂酰肌氨酸，0.5mol/L EDTA，10mmol/L pH8.0的Tris-HCl）缓冲液的15ml试管中，加入足够的缓冲液没过样品块，50℃培养36～48h。

⑨用含有40mg/ml PMSF的TE缓冲液在50℃洗样品块两次，每次30min；再用TE缓冲液在室温下洗两次，每次30min，每个样品块每次至少用5ml。

⑩此时样品块可用于限制性内切核酸酶的酶解或在10mmol/L EDTA中在4℃保存几个月备用。

⑪DNA完整性可以通过PFGE来判断。一般情况下，PFGE都是在0.5×TBE，1%的琼脂糖胶上进行的。电泳条件依PFGE装置的不同而不同。最初的脉冲周期为80s，选用的条件是200V，13℃电泳24h。然后脉冲周期改为90min，40V，13℃电泳168h。

⑫凝胶用溴化乙锭染色30min，脱色15min。可以看到大量未分开的DNA，它们一般都集中在点样孔的下方。

(2) 核的提取。

①将植物材料在黑暗条件下萌发培养10～15d（或更长时间，依植物种类不同而异）产生黄化苗。

②选取气生组织，用自来水洗涤后用手术刀切成小块。

③将材料在乙醚中浸泡7～10min，使质壁分离。

④按每克组织4ml的比例加入核分离缓冲液（1mol/L蔗糖，10mmol/L Tris-HCl pH7.0，2.5mol/L $MgCl_2$，2mmol/L β-巯基乙醇），在市售搅拌机中匀浆。

⑤用4层细纱布过滤后滤液用Sonrall GSA转头5K离心12min。

⑥弃上清，沉淀用毛笔轻轻重悬于20ml核洗涤液中。

⑦将样品转至50ml离心管中，用Sorvall HB-4转头5K离心12min。

⑧用核洗涤缓冲液NWB（NIB加0.5% Triton X-100）溶液重复清洗步骤（步骤⑥和⑦）两次，最后用NIB清洗沉淀一次。

⑨取切去头部的吸头，用等体积的NIB轻轻重悬沉淀一次。

⑩取一小份用天青C染色，在光学显微镜下观察，检查核的纯度和完整性。

⑪用制备原生质体的方法中的步骤⑧至步骤⑪处理核。

2）载体的制备

(1) 大量制备载体DNA，用通常的方法分离质粒DNA，用CsCl-溴化乙锭梯度纯化两次。

(2) 用*Bam*HⅠ完全酶解500μg的载体DNA。琼脂糖凝胶电泳检测酶解效果；应该得到9.6kb和1.7kb两个片段。

(3) 用过量碱性磷酸酶（每50μg DNA用1U）37℃消化30min。加入15mmol/L NTA 65℃保温5min，使碱性磷酸酶失活。用酚/氯仿抽提两次，氯仿抽提两次，乙醇沉淀DNA后溶于TE。

(4) 用*Eco*RⅠ完全消化载体。琼脂糖凝胶电泳检查酶解结果，得到5.9kb、3.7kb和1.7kb 3个片段。每500μg载体用0.5～2个单位碱性磷酸酶进行处理，按步骤（3）的方法失活碱性磷酸酶，DNA重悬于TE中，使终浓度达到1μg/ml。

(5) 用多聚核苷酸激酶和ATP处理载体，然后进行连接反应，以进一步确认克隆位点的完整性。琼脂糖凝胶电泳检查连接效果，用激酶处理过的载体应为线性或超螺旋分子。

3）对基因组DNA进行*Eco*RⅠ部分酶解及通过PFGE对*Eco*RⅠ片段进行大小选择

（1）用TE换洗几次用PMSF处理过的贮存于100mmol/L EDTA中的样品块。将4个琼脂糖样品块置于50ml Falcon离心管中，在冰上用40ml TE平衡10h，再重复一次。

（2）取一半样品块置于一个Eppendorf离心管中，进行如下8个反应：40μl DNA（样品块的一半），10μl 10×*Eco*RⅠ缓冲液，80μmol/L S-腺苷甲硫氨酸，500mg/ml牛血清清蛋白（BSA），用无菌水加至100μl。加入1μl的*Eco*RⅠ和以下不同量的*Eco*RⅠ甲基化酶：A为1000U；B为500U；C为200U；D为100U；E为50U；F为不加*Eco*RⅠ甲基化酶，仅加入1U的*Eco*RⅠ；G为不加*Eco*RⅠ甲基化酶，仅加入20U的*Eco*RⅠ；H为不加任何一种酶。其中F、G、H均是对照。

（3）冰上放置2h。

（4）将各反应管转至37℃保温4h。

（5）加入EDTA至50mmol/L终止反应，冰上放置30min。

（6）在1%的琼脂糖凝胶上进行脉冲电泳，脉冲周期为80s，在13℃、180V电泳16h。

（7）电泳后凝胶用溴化乙锭染色30min。拍照，找出最好的部分酶解样品。挑选好的部分酶解样品需凭经验，一般来说，要选那些产生酶解但又无过量酶解的酶浓度。

（8）选定酶量的*Eco*RⅠ甲基化酶一般为100～200U，与不同浓度的*Eco*RⅠ酶混合使用再次对酶的浓度进行滴定。用实验操作中“1）植物中百万碱基级大片段DNA的制备”中的方法平衡4个样品块，把样品块的一半放入Eppendorf管按步骤（2）设立8个反应。

（9）加入200U的*Eco*RⅠ甲基化酶和不同量的*Eco*RⅠ：A为20U；B为10U；C为5U；D为1U；E为0.5U；F为0.1U；G为0.05U；H为0.01U；I为不加酶的对照。

（10）按步骤（3）～（7）的方法进行反应。

（11）把最好的酶解反应放大用于10个样品块的反应。

（12）制备1%的低熔点琼脂糖凝胶用于对*Eco*RⅠ部分酶解产物进行大小分离。

（13）将样品分别加入长的点样孔中，在凝胶两端点样孔中均加入酵母染色体作为相对分子质量标准，在13℃、0.5% TBE中进行脉冲电泳，脉冲周期为20s，180V电泳16h（可以选择300kb的片段）。

（14）切下凝胶两端的相对分子质量标准和部分样品在EB中染色30min，脱色15min。把凝胶的中心部分仍留在PFGE电泳盒中，放一把尺子在胶的旁边对染色后的凝胶拍照，找出刚好在点样孔下面的未分离的DNA区域。

（15）把未染色的胶与相对分子质量标准放在一起，切下相应的未分离的DNA区域。把切下的包含经大小选择的*Eco*RⅠ部分酶解产物的胶条置于50ml离心管中，用TE充分平衡至少4h，然后胶条可以保存在50mol/L EDTA中。

4）连接和转化样品的制备

（1）将含有部分酶解的DNA的胶条在以下溶液中平衡两次，每次1h：25mmol/L NaCl，50mmol/L Tris-HCl（pH7.5），10mmol/L $MgCl_2$，3mmol/L三盐酸亚精胺。

（2）把胶切成小块置于Eppendorf管中，每管放入的胶块大小相当于约500μl。向每管中加入约20倍摩尔数过量的载体DNA，65℃放置10min然后置于37℃。一般在500μl的反应体系中加入15～25μg的载体DNA。

（3）计算样品的准确体积，加入ATP和DTT使其终浓度为1mol/L，加入20U的T4 DNA连接酶。用剪去尖头的吸头轻轻混匀，37℃保温1h。

（4）连接混合物室温下保温过夜。

（5）制备用于分离连接产物的1%的低熔点琼脂糖凝胶。

（6）将连接混合物在65℃放置10min，然后置于37℃；将溶化了的琼脂糖加入胶中。把样品上到一长的胶孔中，在胶的两端点上酵母染色体作为相对分子质量标准，进行脉冲电泳。脉冲周期为20s，在13℃、0.5%的TBE中用180V的电压电泳16h。

（7）切下相对分子质量标准和部分含有分开的连接产物的区域，溴化乙锭染色30min，脱色15min，在胶旁放一把尺子拍照。

（8）确定未分开的DNA区域，通常集中在点样孔下面形成一条带。置于Eppendorf管中，加入50mmol/L EDTA贮存。

（9）每200μl胶于10mmol/L Tri-HCl（pH7.5），1mmol/L EDTA，25mmol/L NaCl中平衡；每次30min，至少换3次平衡液。

（10）将管置于65℃保温10min溶化胶条，然后转至37℃。每100μl溶化的琼脂糖中加入1U琼脂糖酶，40℃保温1～2h。用琼脂糖酶处理样品。可与制备转化用的原生质体同时进行。

5）酵母原生质体

（1）在YPD培养基中接种酵母AB1380[*ade*2-1，*can*1-100，*cys*2-1，*trp*1，*ura*3，*his*5，（psi^{+}）]的单菌落，30℃下剧烈振荡培养过夜。

（2）取10μl和100μl过夜培养物分别转接于两个50ml YPD培养基中。剧烈摇动培养过夜，至有一瓶培养物OD_{600}达到3～4，即3×10^{7}个细胞/ml，弃去另一瓶培养物。

（3）在50ml Falcon离心管中3000r/min离心5min，收集细胞。

（4）用20ml无菌水重悬细胞（可通过微量加样器上下吸动或用振荡器轻轻振荡重悬），用上一步骤的条件离心。

（5）用20ml 1mol/L山梨醇洗沉淀一次，再用上一步骤的条件离心沉淀。

（6）用20ml SCE（1mol/L山梨醇，10mmol/L EDTA，0.1mol/L pH7.5乙酸钠，30mmol/L β-巯基乙醇，临用前加入β-巯基乙醇）重悬细胞，加入1000U的溶细胞酶。30℃轻轻摇动保温20min，可以通过在显微镜下观察溶于5% SDS的样品的原生质体形成情况，或通过测量用稀释10倍的原生质体（应得到80%～90%的原生质体）在800nm处混浊度的下降情况来监测细胞。

（7）1000r/min离心4min沉淀原生质体。

（8）洗原生质体两次，第一次用1mol/L的山梨醇，然后再用20ml的STC（1mol/L山梨醇，10mmol/L pH7.5 Tris-HCl，10mmol/L $CaCl_2$）洗，需要注意的是，这一步的原生质体处理一定要轻柔。

（9）用2ml STC重悬原生质体。

（10）极其小心地将5μg载体DNA（随机剪切的牛胸腺DNA，经酚、酚/氯仿抽提后，乙醇沉淀，用无菌水重悬至浓度为5mg/ml）与琼脂糖酶处理过的连接产物混匀。正负对照各做一个转化：质粒YCP50作为正对照，载体DNA作为负对照。

（11）把10μl上述混合物加入100μl的原生质体中室温下放置10min。

（12）加入1ml的PEG溶液[20% PEG8000，10mmol/L pH7.5 Tris-HCl，10mmol/L $CaCl_2$（注：先把PEG和Tris-HCl溶于500ml水中灭菌，然后再加入$CaCl_2$，可能会形成白色沉淀，但是沉淀对转化没有影响），轻轻颠倒管子几次混匀，室温放置10min]。

（13）1000r/min离心4min，然后尽可能把上清去干净。

（14）用150ml SOS（1mol/L山梨醇，65mmol/L $CaCl_2$，0.25%酵母提取物，0.5%细菌胰蛋白胨）重悬原生质体，30℃保温30～40min，不要摇动。

（15）加入8ml的顶层琼脂后轻轻颠倒混匀，铺于选择性SORB[0.67%不含氨基酸的酵母氮碱，0.9mol/L山梨醇，3%葡萄糖，2%琼脂（注：琼脂用500ml水灭菌，然后加入YNB、山梨醇和葡萄糖的灭菌混合物，加补充物）平板上，30℃保温3～5d]。

（16）每天检查平板，以防污染。如有污染，用解剖刀或巴斯德取样器除去。从转化平板中挑选菌落转至TRP-URA SD平板（0.67%不含氨基酸的YNB，2%葡萄糖，2%琼脂，需要时可加补充物）上。

6）酵母人工染色克隆的制备和PFGE分析

（1）在含5ml YPD（细菌-酵母提取物1%，细菌胰蛋白胨2%，葡萄糖2%）培养基试管中，分别接种20个菌落，30℃培养过夜。

（2）3000r/min离心5min收集细胞。可以用一次性8ml塑料离心管，所有的清洗和对样品块的操作都可以在同一试管中进行。

（3）用5ml 50mmol/L EDTA，pH8.0溶液中洗细胞两次，离心。

（4）在150ml 50mmoL/L EDTA，pH8.0中重悬细胞。

（5）加入4μl酶解酶（由10mmol/L pH7.5 Na_3PO_4缓冲液和50%甘油配制成10mg/ml的贮液），轻轻混匀。

（6）在39℃加入用125mmol/L EDTA制备的250ml 1%低熔点琼脂糖胶。轻轻混匀，注意不要产生气泡，4℃冷却15min使胶凝固。

（7）用1ml的LET（0.5mol/L EDTA，10mmol/L Tris-HCl，pH7.5，7.5% β-巯基乙醇）浸泡样品块，37℃保温过夜（也可保温4～6h）。

（8）把LET换成0.5ml YLB（1%十二烷基磺酸锂，0.1mol/L EDTA，10mol/L pH8.0 Tris-HCl）浸泡样品块，50℃保温过夜。

（9）用50mmol/L EDTA洗样品块数次，将样品块在4℃下保存于50mmol/L EDTA中。

（10）制备1%的琼脂糖凝对酵母染色体进行电泳，脉冲周期为60s，160V，13℃电泳36h。

（11）凝胶用溴化乙锭染色30min，脱色25min，拍照检查染色体之间新出现的DNA片段。

（12）用标准程序将DNA转至尼龙膜上，并与标记的pBR322质粒DNA作探针进行杂交，鉴定人工染色体。

(13) 用植物总 DNA 作探针再次对膜进行杂交，确认插入的植物 DNA。

7) YAC 文库的保存和筛选

YAC 文库的保存并非易事。在很多情况下，文库是以单个有序排列的形式保存的，因此 YAC 文库保存的最简便的方法是将每一单个克隆均转至 96 孔板中的一个孔内，然后，在 −80℃ 保存。既可转移液体培养物，也可用无菌牙签从琼脂板中挑取大菌落转移。用于保存的培养基中应加入 20% 的甘油。用这种方法保存的 YAC 文库可以使克隆保持较高的活性，但是对多次反复冻融很敏感。因此，建议用同样的方法多制备几份（可以用完全培养基加大接种转移量和细胞活性供日常使用），并把主要的一份连续冻存于 −80℃。如果 YAC 文库是用来筛选某一基因的，那么这种方法是最合适的保存方法。因为用这种方法保存的 YAC 文库可以很方便地用 96 针复制仪复制转移到尼龙膜上，然后把尼龙膜放在琼脂平板上生长，菌落的 DNA 固定到膜上后，用同位素标记的探针进行杂交。虽然 YAC 文库有多种筛选方法，但是菌落杂交是其中最常用的方法。混合克隆的 PCR 法也是一种十分有效的筛选方法。

【实验解析】

YAC 能够容纳长达几百 kb 的外源 DNA，这是质粒和黏粒办不到的。大片段的插入更有可能包含完整的基因，在染色体步移中每次允许更大的步移距离，同时能够减少完整基因组文库所需的克隆数目。因此 YAC 载体主要是用来构建大片段 DNA 文库，特别是用来构建高等真核生物的基因组文库，并不用作常规的基因克隆。YAC 载体功能强大，但有一些弊端。这主要表现在以下几个方面：首先，在 YAC 载体的插入片段会出现缺失（deletion）和基因重排（rearrangement）的现象。其次，容易形成嵌合体。嵌合就是在单个 YAC 中的插入片段由两个或多个的独立基因组片段连接组成。嵌合克隆占总克隆的 5%～50%。最后，YAC 染色体与宿主细胞的染色体大小相近，影响了 YAC 载体的广泛应用。YAC 染色体一旦进入酿酒酵母细胞，由于其大小与内源的染色体的大小相近，就很难从中分离出来，不利于进一步分析。但是 YAC 的一个突出优点是，酵母细胞比大肠杆菌对不稳定的、重复的和极端的 DNA 有更强的容忍性。另外，YAC 在功能基因和基因组研究中是一个非常有用的工具。由于高等真核生物的基因大多数是多外显子结构并且有长长的内含子，大型基因组片段可通过 YAC 载体转移到动物或动物细胞系中，进行功能研究。在构建 YAC 库时需要注意以下几点。

(1) 在 YAC 的克隆过程中，载体制备是一个很重要的步骤，克隆的效率取决于在载体臂上的克隆位点的完整性，因此，关键是要证明载体没有自连。

(2) 要实现 *Eco*RⅠ部分酶解，可以对基因组 DNA 同时用 *Eco*RⅠ和 *Eco*RⅠ甲基化酶处理，竞争 *Eco*RⅠ酶解位点，这样可以获得一致性更好的 DNA 酶解样品。而通过减少酶量或缩短酶解时间来实现部分酶解时，其 DNA 样品酶解一致性较差，因为限制性内切核酸酶很难接触到处在样品最里面的 DNA 分子，得到的 DNA 样品往往是一部分已被完全酶解，而另一部分则完全没有酶解。而用 *Eco*RⅠ和 *Eco*RⅠ甲基化酶竞争获得部分酶解片段时，由于对酶量和酶解时间没有限制，两种酶以大致相等概率接触样品中的所有分子，因此产生出均匀的部分酶解样品。一般是先用 1 单位 *Eco*RⅠ和不同浓度的 *Eco*RⅠ甲基化酶混合部分酶解，然后人们建议用选定量的 *Eco*RⅠ甲基化酶和同浓度范围的 *Eco*RⅠ混合进行部分酶解。

(3) 酵母转化的方法最早由 Burgers 和 Percival（1987 年）建立。在用选出的连接产物转化酵母之前，用质粒 YCP50（Rose et al.，1987）和一个 YAC 克隆作为对照来优化转化的效率非常关键。建议在转化前用不同浓度的各种溶细胞酶处理酵母原生质体，检查每种浓度的转化效率。

实验 9-4　TAC 文库构建

【实验目的】

学习和掌握可转化人工染色体库的技术和方法。

【实验材料】

植物组织材料，两种 TAC 载体 pYLTAC17 和 pYLTAC747H/*sac*B，大肠杆菌感受态细胞（ElectroMAX，DH10B，Cells）或农杆菌株 LB4404 感受态细胞。

【实验试剂】

限制性内切核酸酶（如 *Hin*dⅢ等），T4 DNA 连接酶，HK 脱磷酸酶，HK 磷酸酶，PFG Marker，Spermidine，Triton X-100，Trizma base，EDTA，Na lauryl sarcosine，蛋白酶 K，IPTG，卡那霉素，琼脂糖，低熔点琼脂糖（low-melting-point agarose，LMP），BRL peptone，BRL yeast extract，NaCl，Tris-HCl，KCl，VSWP（0.025μm）。

【实验操作】

1）植物 2Mb 以上核 DNA 的制备

（1）取 25g 植物幼嫩的组织，在液氮中磨成粉末。加入 250ml 预冷的核分离缓冲液 1×NIB［0.15% β-巯基乙醇，0.5% Triton X-100，1×HB（10mmol/L Tris-HCl，10mmol/L EDTA，80mmol/L KCl，0.5mol/L 蔗糖，4mmol/L Spermidine，1.0mmol/L 精胺，pH9.4）］，混匀冰浴 10min，依次用 30 目、65 目、180 目和 300 目的钢丝细胞筛过滤，再用 250ml 预冷的 1×NIB 缓冲液清洗，将滤液分装于 50ml 离心管中，4℃下 2000*g* 离心 15min。

（2）回收上清液，重新离心 15min，弃上清回收沉淀。将两次离心获得的沉淀用预冷的 1×NIB 悬浮，4℃下 2000*g* 离心 10min，弃上清。

（3）用 1×HB（0.15% β-巯基乙醇）缓冲液悬浮细胞核，将其转移到 2 支 10ml 离心管，4℃下 2000*g* 离心 10min。1×HB 悬浮细胞核，转移到 1 支 1.5ml 离心管，4℃下 2000*g* 离心 10min。

（4）沉淀用 1ml 1×HB 缓冲液悬浮，在 40×相差显微镜下测算细胞核的浓度。用适量预冷的 1×HB缓冲液将细胞核的浓度到 1×10^8 个/ml。

（5）将细胞核溶液置于 45℃水浴中孵育 1～3min，加入等体积浓度为 1.4%的 LMP 凝胶（用 1×HB 配制，45℃），轻轻混匀，迅速加到模具中，4℃凝固 30min。

（6）取出胶块，置于 10 倍体积裂解液（0.25mol/L EDTA pH8.1mg/100ml Na lauryl sarcosine，0.2mg/ml 蛋白酶 K）中，重置于 50℃杂交炉轻柔振荡温育 36h，每 12h 更换一次裂解缓冲液。

（7）用 0.5mol/L EDTA 溶液（pH9.3）置换裂解液，50℃温育 1h。置于 0℃的 0.05mol/L EDTA（pH8.0）溶液中冰上 1h，最后按酵母染色体 PFG Marker 条件进行脉冲电泳，用 1%的 LMP 回收 2Mb 以上的 DNA 片段，保存于 0.5mol/L EDTA（pH8.0）溶液中。

2）植物 2Mb 以上核 DNA 的部分酶切

（1）取 5g 只含 2Mb 以上核 DNA 的 LMP 凝胶块，将其切成约 0.5g/块，置于 10 倍体积含 0.1mmol/L PMSF 的 TE（pH8.0）溶液中，冰浴 1h，重复 3 次。

（2）用 10 倍体积的 TE 缓冲液（pH8.0）冰上洗凝胶 3 次，每次 1h。

（3）2Mb 以上核 DNA 的预酶切：以 3 倍凝胶块体积作为反应总体系，加入 10×的 0.3 倍体积的 *Hin*dⅢ 酶切缓冲液，用 ddH_2O 加到 3 体积（包括胶体积），冰上平衡 3h，弃掉酶切缓冲液，重新加入 0.3 倍体积的 *Hin*dⅢ 10×酶切缓冲液和 *Hin*dⅢ。限制酶 *Hin*dⅢ 的酶量以胶的重量为参数计算，设 10 个梯度：每 0.05g 凝胶 *Hin*dⅢ 的使用量依次为 0.2U、0.4U、1U、2U、3U、4U、6U、8U、10U、15U，加 ddH_2O 到 3 倍体积（包括胶体积），冰上平衡 3h，再加 0.3 倍体积的 0.1mol/L 的 $MgCl_2$，冰上孵育 1h，37℃酶切 30min，加入 0.1 倍体积的 0.5mol/L EDTA（pH8.0），冰上 15min 终止酶反应，TE 缓冲液洗两次。按 MidRange PFG Marker 条件脉冲电泳，确定最佳酶的用量。

（4）按同批回收胶的最佳酶量进行大量酶切，酶切后进行脉冲电泳，回收不同大小 DNA 片段，分别将回收的凝胶放入透析袋中进行电洗脱回收。电洗脱回收 DNA 的条件：0.5×TBE，起始脉冲 50s，终止脉冲 50s，电压 6V/cm，角度 120°，温度 14℃，泵 80。电泳 9h 后，将透析袋反转 180°同条件电泳 3min，停止电泳。回收的 DNA 在超净台蒸发浓缩 2～3 倍后，于 VSWP 膜上，在 0.8×TEN（1×TEN：10mmol/L Tris-HCl，1.0mmol/L EDTA，30mmol/L NaCl）缓冲液中，4℃透析 30min，小心吸取后 4℃保存。

3）TAC 载体的制备和连接反应

（1）扩大培养含 pYLTAC17 和 pYLTAC747H/*sacB* 质粒 TAC 载体的大肠杆菌，用 QIAprep Spin miniprep Kit 试剂盒进行分离与纯化。取 3μg TAC 载体用 10×TA 缓冲液 5μl 和 15U *Hind* Ⅲ加 ddH_2O 到 50μl，37℃酶切 30min，68℃、5min 钝化限制酶。

（2）加 2.5μl 100mmol/L $CaCl_2$ 和 3MBU HK 脱磷酸酶 30℃作用 1h，65℃温育 30min。

（3）将反应液置于 VSWP 膜上，在 TE 缓冲液中 4℃透析 60min，－20℃保存备用。

（4）TAC 载体(pYLTAC17 75ng；pYLTAC747H/*sacB* 65ng）和 5 组 DNA（A 为 30ng，B 为 60ng，C 为 120ng，D 为 160ng，E 为 350ng）混合后，放入 PCR 仪，50℃温育 1min，降温至 10℃。

（5）加 6μl 的 10×T4 DNA 连接酶缓冲液和 T4 DNA 连接酶 100U（0.84 Weiss units），用 0.7×TEN 调至 60μl 充分混匀后，按以下程序进行连接反应：10℃，3min；3min 升至 16℃，16℃，5min；30s 升至 18℃，18℃，30s；30s 升至 20℃，20℃，30s；8s 降至 4℃，4℃，3min；5min 从 4℃升温至 22℃，22℃，1min，再回到 10℃。如此 20 次循环。最后 65℃，5min。连接反应液用 VSWP 膜对 1/4×TE 溶液在 4℃透析 2～3h。

4）TAC 克隆导入大肠杆菌和阳性克隆菌落的收集与保存

（1）取 1μl 的 DNA 连接产物和 20μl 的电转化感受态细胞 DH10B 混匀后，电激转化。电激后将菌体转入 1ml SOC 培养基（2%BRL 蛋白胨，0.5% BRL 酵母提取物，10mmol/L NaCl，10mmol/L $MgCl_2$，10mmol/L $MgSO_4$，20mmol/L 葡萄糖，pH7.0）中，37℃，225r/min 恢复培养 1h。

（2）取 10～100μl 间 10 个梯度的菌液涂于含 25μg/ml 卡那霉素和 5%蔗糖的 LB 固体培养基，37℃培养 12～16h，计算克隆数。以每平板约 500 个克隆量的菌液按相同方式培养，每次电激挑取 24～96 个单克隆于 384 孔板中，每孔加 90μl 冷冻保存液［36mmol/L K_2HPO_4，13.2mmol/L KH_2PO_4，1.7mmol/L citrate，0.4mmol/L $MgSO_4$，6.8mmol/L $(NH_4)_2SO_4$，4.4%（*V*/*V*）甘油，25mg/L 卡那霉素的 LB 溶液］，37℃培养 10～12h，置于－80℃冰箱中保存。

（3）每板统计克隆数后加 3ml 冷冻保存液，用涂布器刮下菌落，混匀后保存于 96 孔板中，37℃培养 8～10h，冰上 15min，后置于－80℃冰箱中保存备用。

5）TAC 文库的鉴定和分析

随机检测 10 个 TAC 克隆，分别接种于 3ml 含有 25μg/ml 卡那霉素的 LB 培养基中，37℃培养 12～14h，采用碱裂解法提取 TAC 克隆质粒 DNA，用 *Hin*d Ⅲ完全酶切，0.7%琼脂糖凝胶普通电泳检查文库插入片段大小和空载率。随机挑取一个克隆，接种于 20ml 含 25μg/ml 卡那霉素的 LB 培养基 37℃培养 12h 后，培养物稀释 10^6 倍后接种到 200ml 含 25μg/ml 卡那霉素的 LB 培养基 37℃过夜继代培养。连续继代培养 5d 后，分别提取 1（0 代）和 5d（约 100 代）的 TAC 克隆质粒 DNA，经 *Hin*dⅢ完全酶切后，用 0.7%琼脂糖凝胶电泳检查 TAC 克隆在继代培养中是否发生变化。

【实验解析】

YAC 能够容纳长达几百 kb 的外源 DNA，这是质粒和黏粒办不到的。大片段的插入更有可能包含完整的基因，在染色体步移中每次允许更大的步移距离，同时能够减少完整基因组文库所需的克隆数目。构建 YAC 文库应该注意以下几点。

（1）制备好的载体 DNA 浓度为 100ng/μl，分装后保存于－20℃，避免因反复冻融而降低载体连接效率。

（2）常用的 DNA 连接反应温度为 16℃、4℃或 22～25℃。在 4℃条件下，反应体系中 DNA 分子末端之间易形成可供连接酶作用的底物，然而在此温度下酶活性较低。在 22℃时，连接酶活性虽高，但 DNA 分子运动快，不易形成稳定的可供连接的底物，一般只适用于高浓度 DNA 分子间的线状连接。利用 PCR 仪在 4℃、10℃、16℃、18℃、20℃和 22℃间进行温度循环，可使这两个因素得到优化，提高了连接效率。采用电激法转化大肠杆菌不仅可提高转化效率，而且对大质粒有效进入宿主菌体也是必需的。

（3）为了得到好的酶切效果，即让 2Mb 以上 DNA 尽可能多地在 *Hin*dⅢ酶切位点切开，且酶切后尽可能多地分布在选择范围内，首先必须减少 2Mb 以上 DNA 的机械断裂，最好 Mb 级 DNA 没有酶切前不要离开 LMP 凝胶固相和减少人为切割，其次以 2Mb 以上 DNA 的浓度、胶重量、胶体积为参照，先作小量酶切测定同一批次回收胶的最佳用酶量后再大量酶切、脉冲电泳回收一定范围的 DNA 片段。

（4）为了评估 TAC 克隆的插入片段在大肠杆菌中是否稳定，可随机挑选所建文库的一个克隆，接种于 5ml 含 25μg/ml 卡那霉素的 LB 培养基中进行继代培养，比较第 1 代和第 100 代 *Hin*d Ⅲ完全酶切图谱，如果 TAC 克隆在继代培养前后没有变化则前后两次 TAC 克隆的 *Hin*d Ⅲ酶切图谱均相同。

第 10 章

差异表达基因的分离技术

实验 10-1　差别杂交与扣除杂交

【实验目的】

（1）分离器官组织特异性表达的基因。

（2）研究外源基因在转基因植物中的表达部位、表达调控及研究细胞分化机制。

【实验材料】

（1）同一植株的不同组织、器官，如根、茎、叶、花等。

（2）同一植株不同发育阶段的组织、器官。

（3）不同环境因子诱导的同种植物的组织、器官。

10-1-1　原代目的基因培养

选两种细胞进行培养（含表达目的基因的细胞 A 和不表达目的基因的细胞 B）。

10-1-2　总 RNA 提取

分别提取两种细胞中的总 RNA，并进行电泳检测。实验操作详见实验 3-1“植物总 RNA 提取”。

10-1-3　层析法分离提纯目的基因

【实验试剂】

（1）上样缓冲液（1×）：20mmol/L Tris-HCl（pH7.6），0.5mmol/L LiCl，1mmol/L EDTA，0.1% SDS，高压灭菌，室温储存。

（2）洗脱缓冲液：10mmol/L Tris-HCl（pH7.6），1mmol/L EDTA，0.05% SDS，高压灭菌，室温储存。

（3）Oligo（dT）纤维素 。

（4）4mol/L NaAc（pH 8.0）。

（5）DEPC 处理的水。

【实验操作】

1）制备层析柱

（1）取一支硅化灭菌的巴斯德管，用洗净灭菌的玻璃棉塞上出口 。

（2）取 5～15mg 的 Oligo（dT）纤维素悬浮于 2ml 上样缓冲液（1×）中，待 Oligo（dT）纤维素沉下去后，小心移去上清液，再用上样缓冲液（1×）悬浮，重复几次至上清液完全清澈，备用。

（3）吸取 Oligo（dT）悬浮液装柱，注意柱中液体不能流干，不要有气泡。用 10ml 上样缓液（1×）洗柱。

2）层析分离 mRNA

（1）取一定体积的总 RNA 提取液，加入等体积的上样缓冲液（2×），于 65℃加热 7min，然后冰浴 5～10min。

（2）待洗柱的上样缓冲液都过柱后，立刻取 2ml 样品上柱，收集流出液，然后重新上柱，重复 5～6 次。

（3）用 10～100ml 的上样缓冲液（1×）洗柱，除去 rRNA、tRNA。

（4）将洗脱缓冲液置 45℃水浴预热，待步骤（3）洗柱液流出后，加 200μl 洗脱缓冲液洗脱，重复 5 次，收集洗脱液。

（5）在分光光度计上测定各管洗脱液的 RNA 浓度。

（6）向各管洗脱液中加入 4mol/L NaAc（pH6.0）至终浓度为 0.2mol/L，混匀，然后加入 2.5 倍体积的无水乙醇，置－75℃沉淀 mRNA。

（7）使用时将管取出，10 000 r/min 离心 5min，真空干燥沉淀，再溶于适量的 DEPC 处理的水中。

【实验解析】

如果没有洗脱出 mRNA，产生的原因可能有：

（1）RNA 样品与 Oligo（dT）纤维素混合不充分。

（2）洗脱不彻底。

（3）沉淀不彻底。最好将洗脱液收集起来，以便进行再处理上柱。

10-1-4　制取 cDNA 探针

经反转录制取 cDNA 探针。

10-1-5　cDNA 扣除文库的构建

【实验试剂】

（1）DEPC 处理的水。

（2）20mmol/L DTT水溶液。

（3）0.5mg/ml Oligo（dT）12～18引物。

（4）第一链反应液：含FPLC pure反转录酶，RNase抑制剂，BSA，dNTP。

（5）第二链反应液：含*E.coli* RNase H和*E.coli* DNA聚合酶。

（6）连接反应缓冲液：66mmol/L Tris-HCl（pH7.6），0.1mol/L亚精胺，6.6mmol/L $MgCl_2$，10mmol/L DTT，150mmol/L NaCl。

（7）*Eco*RⅠ/*Not*Ⅰ衔接子溶液。

（8）10% PEG8000溶液。

（9）20mmol/L ATP溶液。

（10）T4 DNA连接酶。

（11）包装蛋白。

（12）SM溶液：50mmol/L Tris-HCl，0.1mol/L NaCl，0.2% $MgSO_4\cdot 7H_2O$，0.01%明胶（pH7.5）。

【实验操作】

1）cDNA第一链的合成

（1）在1.5ml的Eppendorf管中放入1～5μg干燥的mRNA，加入20μl DEPC处理的水，使其溶解。

（2）于65℃水浴中变性10min，迅速置冰中。

（3）加入1μl DTT溶液、1ml Oligo（dT）引物、1μl第一链反应液，混匀于37℃保温1h。

2）第二链合成

（1）将第一链反应混合物转入第二链反应液中，混匀，12℃保温30min。

（2）22℃保温1h。

（3）加入100μl酚/氯仿抽提1次，12 000r/min离心5min。

3）纯化大于400bp的双链cDNA

（1）吸取上清液，缓慢加到预先用连接反应缓冲液平衡好的Sepharose 4B离心层析柱凝胶上。

（2）将柱子套在一只1.5ml的Eppendorf管中，用水平转头400*g*离心2min，收集Eppendorf管中的洗脱液（小于400bp的片段滞留在柱中）。

4）cDNA片段两端修饰

（1）向洗脱液中加入5μl *Eco*RⅠ/*Not*Ⅰ衔接子溶液、30μl PEG溶液、1μl ATP 1∶4稀释液、1μl T4 DNA连接酶，混匀，于16℃保温1～2h。

（2）65℃水浴保温10min（使酶变性），冰上冷却。

（3）向管内加入1.5μl ATP溶液、1.0μl T4多核苷酸激酶，混匀，37℃保温30min（使3′端连上磷酸基团，以便与载体相连）。

（4）65℃变性10min（使酶变性）。

（5）加入1倍体积的酚/氯仿抽提。

5）去除未连接的衔接子及衔接子二聚体

（1）吸取上清液，按3）“纯化大于400bp的双链cDNA”中步骤（1）及（2）的操作进行。

（2）收集洗脱液，加入0.1倍体积的3mol/L NaAc（pH4.0）、2.5倍体积预冷的无水乙醇，混匀，−20℃放置1h至过夜。

（3）12 000r/min离心10min，收集cDNA沉淀，吹干。

6）cDNA克隆入载体

（1）用2μl ddH_2O溶解cDNA沉淀。

（2）加入4μl λgt10 *Eco*RⅠ消化的臂、1μl 10×连接酶缓冲液、1μl 1∶4稀释的ATP溶液、1μl T4 DNA连接酶，混匀，16℃保温过夜。

7）包装

（1）将包装蛋白从−70℃冰箱中取出，冰浴中解冻。

（2）将连接后的产物全部加入45μl包装蛋白中，混匀，于22℃保温3h。

8）保存

向包装液中加入445μl SM缓冲液及25μl氯仿，混匀，于4℃保存，3周内筛选。

9）库容量测定

（1）宿主菌C600感受态制备：将C600单菌落接种于2ml LB液体培养基中，38℃振荡培养至对数生长期，转入4℃保存。

（2）制作1.5%琼脂的LB平板。

（3）取1μl噬菌体，用SM缓冲液稀释100倍，加入100μl感受态C600宿主菌，于37℃保温30min。

（4）加入3ml溶化后冷至45℃的0.7%琼脂糖，混匀，立即铺在LB琼脂平板上，凝固后将平板倒置，于37℃培养过夜。

（5）统计清晰噬菌斑，计算库容量（库容量=噬菌斑数×稀释倍数×总体积）。

10）分子杂交筛选目的基因

若不能及时筛选应在扩增之后保存。

【实验解析】

（1）本方法是构建非表达文库。构建表达文库时要使用pd（N）6（6聚体寡核苷酸）引物（保证有三种可读框）和λgt11载体。文库用免疫学探针筛选。表达文库适用于蛋白质的氨基酸序列不清楚的目的基因。

（2）*Eco*RⅠ/*Not*Ⅰ衔接子是加在cDNA两端的接头，一端是平端，与cDNA连接，另一端是*Eco*RⅠ的黏性末端，与载体的*Eco*RⅠ酶切末端互补相连。

10-1-6　cDNA 扣除文库的扩增及初步鉴定

cDNA 探针和表达目的基因的细胞 cDNA 文库进行杂交筛选，经放射至显影后可看到：含目的基因的重组体克隆在 X 线片上均呈现黑斑，而不含目的基因的重组体菌落的 X 线片在目的基因位置不呈现黑斑，由此对照原平板，便可挑出含目的基因的菌落，做进一步研究（图 10-1）。

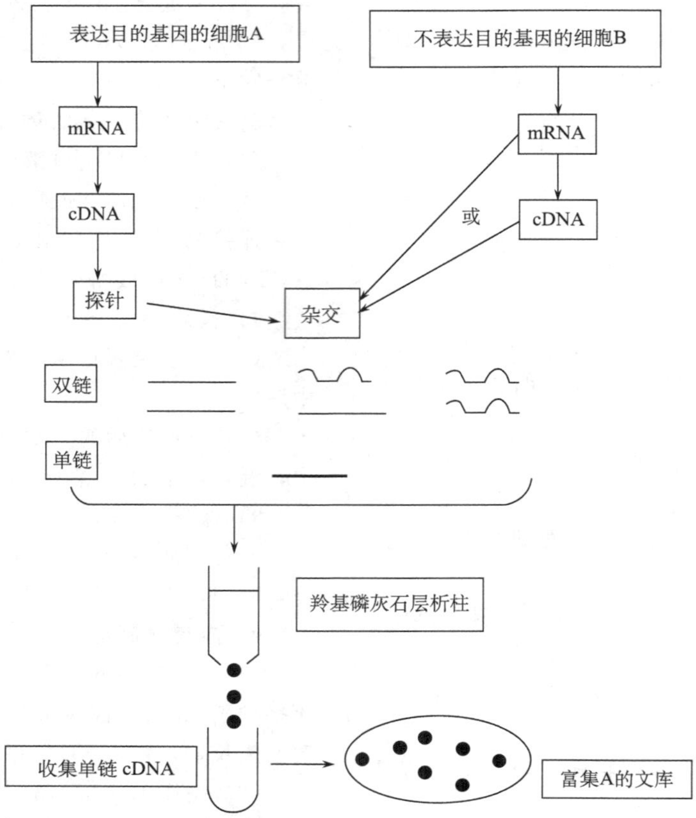

图 10-1　cDNA 扣除文库扩增鉴定操作程序

【实验解析】

（1）石英比色杯要浸泡在浓盐酸中，使用时用 DEPC 处理的水彻底冲洗干净。

（2）在分离 mRNA 的甲醛变性胶上仍然能够隐隐约约地看见 28S 和 18S rRNA 的条带，这是因为 rRNA 太多，不容易全部除去。

实验 10-2　mRNA 差异显示技术（DDRT-PCR）

【实验目的】

（1）分离器官组织特异性表达的基因。

（2）研究外源基因在转基因植物中的表达部位、表达调控及研究细胞分化机制。

【实验材料】

（1）同一植株的不同组织、器官，如根、茎、叶、花等。

（2）同一植株不同发育阶段的组织、器官。

（3）不同环境因子诱导的同种植物的组织、器官。

10-2-1　总 RNA 提取

分别提取供试组织的总 RNA，并进行电泳检测。实验操作详见实验 3-1 “植物总 RNA 提取”。

10-2-2　RNA 样品中微量 DNA 的去除

【实验试剂】

Total RNA Isolation System-Promega Kit

（1）10×DNase Ⅰ buffer。

（2）RNase（33U/μl）。

（3）DNase Ⅰ-RNase-free（1U/μl）。

（4）25mmol/L EDTA。

（5）10mg/ml 糖原。

（6）2.5mmol/L KAc（pH4.0）。

【实验操作】

(1) 取 1～5μg 总 RNA 样品加入 25μl DEPC 处理的 ddH_2O。

(2) 加入 3μl 10×DNase Ⅰ buffer、1μl RNase、1μl（无 RNase 的）DNase Ⅰ，混匀，室温静置 15min。

(3) 加入 1μl 25mmol/L EDTA，65℃保温 10min，以灭活 DNase Ⅰ。

(4) 加入 25μl 酚、5μl 氯仿抽提 1 次，12 000r/min离心 5min。

(5) 取上清液，加入 5μl 糖原、5μl KAc 及 120μl 无水乙醇，混匀，－20℃放置沉淀 RNA。

(6) 12 000r/min 离心 15min，去上清液，75%乙醇洗涤沉淀，稍吹干，用适量 DEPC 处理的 ddH_2O 溶解，－20℃保存备用。

10-2-3　建立反转录归类反应体系

【实验试剂】

使用反转录归类反应体系建立的试剂盒（BRL 公司）。

(1) 5×buffer。

(2) 0.1mmol/L DTT。

(3) 250μmol/L 4 种 dNTP。

(4) 10μmol/L T12 MN 引物。

(5) 200U/μl 鼠源反转录酶（MOMULV 酶）。

【实验操作】

(1) 取 4μl 5×buffer、2μl 0.1mol/L DTT、1.6μl 4 种 dNTP，于 Eppendorf 管中混匀。

(2) 加入 0.2μg 总 RNA 或 0.1μg mRNA 样品，2μl 引物 T12 MN，补 ddH_2O 至终体积为 19μl。

(3) 置 65℃，5min，然后转入 37℃，10min 进行退火。

(4) 加 1μl 反转录酶，混匀，于 37℃保温 50min。

(5) 95℃保温 5min 使酶失活。可立即使用或于－20℃贮存 6 个月以内使用。

10-2-4　PCR 选择扩增

【实验试剂】

使用 PCR 选择扩增试剂盒。

【实验操作】

(1) 在 0.5ml Eppendorf 管中按序加入以下试剂：ddH_2O 9.2μl、10×buffer 2μl、25μmol/L 4 种 dNTP 1.6μl（终浓度 2μmol/L）、^{32}P-dATP 1μl、10μmol/L Oligo（dT）MN 2μl（终浓度 1μmol/L）、cDNA 2μl、5U/μl *Taq* 聚合酶 0.2μl、2μmol/L 随机引物 2μl、总体积 20μl，混匀后加入 25μl 矿物油。

(2) 按下列参数进行循环反应：94℃变性 10min，94℃变性 30s，40℃退火 2min，72℃延伸 30s，40 个循环，72℃延伸 5min。

(3) 取 3.5μl PCR 扩增产物与 2μl 甲酰胺加样液混匀，并于 80℃保温 2min 。

(4) 上样于 6%聚丙烯酰胺凝胶进行电泳分离，直至二甲苯腈（XC）泳动到胶底部。

10-2-5　差别条带的回收

【实验试剂】

10mg/ml 糖原。

【实验操作】

(1) 从聚丙烯酰胺凝胶上切下目的条带，放入 1.5ml Eppendorf 管中。

(2) 用 1ml TE 冲洗一遍，再加入 100μl TE，碾碎胶条。室温放置 15min，100℃水浴 15min。

(3) 12 000r/min 离心 2min，上清液转至一新的 Eppendorf 管中。

(4) 加入 1/10 体积的 3mol/L NaAc（pH4.8）、5μl 糖原、250μl 无水乙醇，混匀，－20℃沉淀过夜。

(5) 于 4℃下 12 000r/min 离心 15min，70%乙醇洗涤沉淀两次，室温下轻度干燥后用 ddH_2O 溶解，－20℃保存备用。

10-2-6　回收条带的 PCR 扩增

【实验试剂】

随机引物 PCR 扩增试剂盒，参见实验 5-1 “cDNA 合成”。

【实验操作】

(1) 在 0.5ml Eppendorf 管中按序加入以下试剂：dH_2O 33.5μl、10×buffer 5μl、4 种 dNTP（2.5mmol/L）2.5μl、T12 MN 引物 1μl、随机引物 2μl、回收的 cDNA 5μl、*Taq*（5U/μl）1μl、总体积为 50μl，混匀，加 25μl 矿物油，瞬时离心一下。

(2) 按下列参数第一次循环扩增 94℃变性 10min，94℃变性 1min、40℃退火 90s、72℃延伸 90s，21 个循环。72℃延伸 10min。

(3) 按下列参数第二次循环扩增：94℃变性 10min，94℃变性 1min、42℃退火 90s、72℃延伸 90s，20 个循环。72℃延伸 10min 。

(4) 取 15μl 扩增产物用 2%琼脂糖凝胶电泳检测。

10-2-7 扩增产物的纯化

【实验试剂】

10mg/ml 糖原。

【实验操作】

(1) PCR 产物中加入 100μl ddH_2O。

(2) 用等体积的酚/氯仿/异戊醇抽提。

(3) 取上清液加入 10μl 3mol/L NaAc (pH5.2)、5μl 糖原、250ml 无水乙醇，混匀，−20℃沉淀过夜。

(4) 12 000r/min 离心 15min，用 75%乙醇洗涤沉淀两次，再溶于适量的 ddH_2O 中，−20℃贮存备用。

【实验解析】

(1) 经 mRNA 差别显示法分离的 cDNA 片段可进行克隆、序列分析、数据检索等。

(2) mRNA 差别显示为半定量实验，可在一定程度上观察 mRNA 表达的剂量效应。

实验 10-3 代表性差异（RAD）和抑制性扣除杂交（SSH）

【实验目的】

(1) 分离器官组织特异性差异表达的基因。

(2) 研究外源基因在转基因植物中的表达部位、表达调控及研究细胞分化机制。

【实验材料】

(1) 同一植株的不同组织、器官，如根、茎、叶、花等。

(2) 同一植株不同发育阶段的组织、器官。

(3) 不同环境因子诱导的同种植物的组织、器官。

10-3-1 总 RNA 提取

分别提取供试组织的总 RNA，并进行电泳检测。实验操作详见实验 3-1“植物总 RNA 提取”。

10-3-2 磁性球珠分离 mRNA

polyAT traet® mRNA Isolation System Ⅳ 系统组成：

生物素标记的 Oligo (dT) 探针 (50pmol/μl)；20× SSC 溶液；亲和素磁性球珠™；超纯水；1.5ml 微型离心管用的磁球珠磁性分离架。

(1) 在 1.5ml Eppendorf 管中，加入 0.1～1.0mg 的总 RNA 和超纯水至体积为 500μl，65℃水浴 10min。

(2) 加入 3μl 的生物素标记 Oligo (dT) 和 13μl 的 20×SSC，轻轻混合，室温放置 10min。

(3) 亲和素顺磁珠球冲洗：将磁珠 (SA-PMPS) 轻晃散开后，放入磁性分离架中，使 SA-PMPS 集中于试管一侧（约 30s），小心去除上清。

(4) 将漂洗后的 SA-PMPS 重新悬浮于 0.1ml 的 0.5×SSC。

(5) 将步骤 (3) 中的 Oligo (dT) /mRNA 退火反应物，全部加入含漂洗好的 SA-PMPS 的 1.5ml Eppendorf 管中，轻轻混匀，室温放置 10min，用磁性分离架捕获 SA-PMPS。

(6) 用 0.3ml 0.1×SSC 洗磁珠 3 次，每次都要转晃管底使颗粒全部悬浮，最后一次漂洗后，尽可能多地移去水相而不扰乱 SA-PMPS。

(7) 将 SA-PMPS 重新悬浮在 0.1ml 无 RNase 水中，反复颠倒 Eppendorf 管使 SA-PMPS 悬浮散开。

(8) 用磁性分离架捕获 SA-PMPS，将洗脱 mRNA 的水相吸至一个新的 Eppendorf 管中。

(9) 将 SA-PMPS 重悬浮于 0.15ml 无 RNase 的水中，重复洗脱一次，与步骤 (8) 的洗脱液合并（总量 0.25ml）。

(10) 加 0.1 倍体积的 3mol/L NaAc 和 1 倍体积的异丙醇于洗脱液中，−20℃沉淀过夜。

10-3-3 抑制消减杂交文库的构建

10-3-3-1 双链 cDNA 链的合成步骤

【实验操作】

(1) 在微量离心管中配制下述反应液，总体积 20μl。

5×first strand synthesis buffer	4μl
dNTP Mixture	1.2μl
Primer (10μmol/L)	2μl
RNase Inhibitor	1μl
Reverse transcriptase (M-MLV)	1μl
1.5μg poly (A) RNA	6.8μl
RNase-free ddH_2O	4μl

(2) 混匀反应液，室温放置 10min，42℃反应 75min；45℃反应 15min。

(3) 反应结束后置于冰中冷却 2min。

(4) 在 cDNA 第一链合成后的微量离心管中按下列顺序配制合成 cDNA 第二链的反应液，总体积为 146μl。

合成第一条cDNA链的反应液	20μl
5×2nd strand synthesis buffer	30μl
dNTP Mixture	3μl
E. coli DNA 聚合酶Ⅰ	2μl
E. coli RNase H/*E. coli* DNA ligase mixture	2μl
RNase-free H_2O	89μl

（5）16℃反应150min。

（6）25℃反应10min。

（7）加入4μl T4 DNA 聚合酶，混匀反应液。

（8）37℃反应10min，反应结束后置于冰中冷却2min。

（9）加入等体积氯仿，混匀，室温12 000r/min离心5min，上层转入新管。

（10）在上清中加入0.1倍溶液Ⅲ和3倍体积无水乙醇，12 000r/min离心15min，收集沉淀。

10-3-3-2　双链cDNA的*Afa* Ⅰ酶切

【实验操作】

（1）加适量去离子水溶解上述沉淀，转于PCR管1中。

（2）再在PCR管1中加入下述反应液：

10×T buffer	3μl
BSA	3μl
Afa Ⅰ	3μl

（3）轻轻混匀，稍离心。

（4）37℃温育2h。

（5）加入等体积氯仿，混匀。

（6）室温12 000r/min离心5min，上层转入新管。

（7）分别取未经酶切及*Afa* Ⅰ酶切的Tester ds cDNA和Driver ds cDNA在1% agarose/EtBr凝胶中电泳。检验反转录及酶切效果。

（8）在剩余上清中加入0.1倍3mol/L的NaAc和3倍体积无水乙醇。

（9）室温12 000r/min离心15min沉淀酶切产物。

10-3-3-3　酶切后的cDNA加接头Adapter 1和Adapter 2R及连接检测

【实验操作】

（1）向沉淀中加去离子水5.5μl溶解沉淀。

（2）取1.5μl酶切后的Tester及4.5μl去离子水，混匀，分别取2μl，分装于2个新的PCR管中，记为管1，管2。

（3）在管1，管2中分别加入：

RNase-free H_2O	3μl
5×ligase buffer	2μl

（4）管1中加入2μl Adaptor 1（10μmol/L）；管2中加入2μl Adaptor 2R（10mmol/L）。

（5）分别向管中加入T4 DNA ligase 1μl。

（6）16℃水浴过夜。

（7）模板的制备：从管1、管2中各取1μl的连接液溶于一新PCR管中，混匀。然后在PCR仪上进行如下操作：94℃、5min，68℃、5min，作为PCR反应的模板。

（8）向PCR管中依次加入：

去离子水	14.3μl
10×PCR buffer	2μl
dNTP	0.4μl
引物P_1	1μl
r*Taq*	0.3μl
模板	2μl

（9）反应程序：75℃，10min；94℃预变性1min；94℃，20s；66℃，30s；75℃，90s；27个循环；72℃延伸10min。PCR产物进行琼脂糖凝胶电泳，如果出现弥散带则说明连接成功。

10-3-3-4　两轮杂交操作步骤

【实验操作】

（1）取1个PCR管，记为M，依次加入：

4×hybridization buffer	1.3μl
管1中反应液	1.2μl
Driver cDNA	1.5μl
液体石蜡	8μl

（2）另取1个PCR管，记为N，依次加入：

4×hybridization buffer	1.3μl
管2中反应液	1.2μl
Driver cDNA	1.5μl
液体石蜡	8μl

（3）将两个PCR管稍微离心。

（4）98℃热变性2min后68℃水浴杂交8h。

（5）向一个新PCR管中依次加入：

去离子水	0.85μl
4×hybridization buffer	0.65μl
Driver cDNA	0.5μl

（6）混匀反应液，吸1μl于另一新的PCR管中，记为H。

（7）将H管98℃变性2min。

(8) 准备68℃的水浴，将M、N管中液体迅速移至H管中，68℃杂交过夜。

10-3-3-5 两轮PCR操作过程

【实验操作】

(1) 模板的制备：取1μl第一轮杂交后的产物，加入19μl稀释液混匀，68℃保温7min后作为PCR的模板。

(2) 向PCR管中依次加入：

去离子水	14.3μl
10×PCR buffer	2μl
dNTP	0.4μl
引物 P_1	1μl
Ex*Taq*	0.3μl
模板	2μl

(3) 反应程序：75℃，10min；94℃预变性1min；94℃，20s；66℃，30s；75℃，90s；27个循环；72℃延伸10min。

(4) 模板的制备：将第一轮PCR产物稀释20倍（取1μl加入19μl稀释液）作为模板。

(5) 向PCR管中依次加入：

去离子水	14.3μl
10×PCR buffer	2μl
dNTP	0.4μl
引物 NP_1，NP_2	1μl
Ex*Taq*	0.3μl
模板	2μl

(6) 94℃，20s；94℃，10s；68℃，30s；72℃，90s；18个循环；72℃，10min。

(7) PCR产物进行琼脂糖凝胶电泳，检测消减杂交结果。

10-3-3-6 消减杂交产物的纯化

【实验操作】

(1) 取第二轮PCR产物15μl进行琼脂糖凝胶电泳，从电泳胶上切下含DNA的琼脂糖块，使它尽可能小，放入1.5μl离心管中。

(2) 按每100mg琼脂糖加入300μl S_1液的比例加入S_1，置50℃水浴10min，每2min颠倒一次。

(3) 加入1/3 S_1液体积的异丙醇，混匀。50℃温浴1min，混匀。

(4) 将溶化的胶液移入吸附柱，离心30s，倒掉收集管中的液体，将吸附柱放入同一收集管。

(5) 在吸附柱中加入500μl W_1液，离心15s，倒掉收集柱中的液体，再将吸附柱放入同一收集管中。

(6) 在吸附柱中加入500μl W_1液，静置1min，离心15s，倒掉收集管中的液体，将吸附柱放入同一收集管中，离心1min。

(7) 将吸附柱放入一个干净的1.5μl离心管中，在吸附膜中央加入30μl T_1液，静置1min，离心1min，将1.5μl离心管贮存于−20℃。

10-3-4 载体的连接及转化

【实验操作】

(1) 在0.5μl PCR管中依次加入：

2×rapid ligation buffer	5μl
pGEIVl@-T Vector（50ng）	1μl
PCR product	2.6μl
T4 DNA ligase（3 Weiss units/μl）	1μl

(2) 加去离子水，使总体积为10μl。

(3) 4℃连接16h。

(4) 分别取感受态细胞和solution A、solution B溶液，置于冰上溶化。

(5) 每只感受态细胞（10μl）加入10μl solution A、8μl solution B、92μl冰预冷的无菌去离子水，混合均匀。

(6) 加入目的DNA，轻轻旋转以混匀内容物，在冰浴中放置30min。

(7) 42℃水浴60～90s，快速将管移到冰浴中，冷却2～3min。

(8) 每管加500μl LB培养基，置于37℃摇床振荡培养45min。

(9) 将100μl已转化的感受态细胞转移到含Amp和X-gal的平板上，用玻璃棒轻轻均匀涂开。

(10) 将平板置于室温直至液体被吸收，倒置平板，于37℃培养12～16h。

10-3-5 插入片段长度的蓝白斑筛选与鉴定

10-3-5-1 质粒提取试剂

Sol Ⅰ：葡萄糖50mmol/L、Tris-HCl 25mmol/L、EDTA 10mmol/L。

Sol Ⅱ：NaOH 0.2mol/L、SDS 1%。

Sol Ⅲ：KAc 5mol/L、60ml冰醋酸11.5ml、去离子水28.5ml。

10-3-5-2 质粒提取过程

【实验操作】

(1) 挑选白色单菌落（重组克隆）于含5ml LB液体培养基的小锥形瓶中，加入6μl Amp（50mg/ml），37℃下200r/min培养5h。

（2）收集1ml培养的菌液于1.5ml离心管中，8000r/min离心3min，收集菌体。

（3）加入200μl的Sol Ⅰ，剧烈振荡。

（4）加入400μl的Sol Ⅱ，快速颠倒几次，室温放置2min。

（5）加入300μl的Sol Ⅲ，翻转几次，冰中放置2min。

（6）加入600μl的氯仿，来回颠倒旋转5min。

（7）在4℃下12 000r/min离心5min，将上清转移至一新离心管中。

（8）加入等体积倍的异丙醇，室温放置10min，12 000r/min离心10min，沉淀质粒。

（9）弃上清，倒置晾干，75%乙醇洗涤二次，每次洗完12 000r/min离心20min，晾干。

（10）每孔中加入适量的超纯水，室温放置5min。

10-3-5-3 插入片段长度的PCR检测

【实验操作】

（1）PCR反应体系：依次加入下列试剂，然后加去离子水补足20μl。

模板DNA	1μl
10×PCR buffer	2μl
dNTP	0.4μl
引物1	1μl
引物2	1μl
r*Taq*	0.3μl

（2）PCR反应程序：94℃，2min；94℃，30s；56℃，30s；72℃，90s；30个循环；72℃，10min。

（3）凝胶电泳检测插入片段长度。

10-3-6 菌体的培养与保存

【实验操作】

（1）向灭菌的96孔深孔板（2.2ml）每孔加入0.9ml LB液体培养基（Amp 50μg/ml）。

（2）从平板上挑取单菌落（白斑），接种于96孔深孔板，然后用封口膜封住深孔板，用无菌针头在每孔中央扎一针眼。

（3）37℃，260r/min过夜培养（18～24h）至OD_{600}＝1.8～2.0。

（4）每孔吸取50μl的菌液至PCR板。

（5）加入50μl灭菌处理的40%甘油。

（6）用封口膜封口，略振荡混匀，－80℃保存。

10-3-7 序列分析和序列提交

测序结果经过NCBI去载体和DNAstar去除接头序列后在NCBI蛋白数据库Blastx中进行同源蛋白序列检索。将所得的高质量的EST序列递交GenBank的EST数据库。

【实验解析】

（1）菌体培养应在37℃条件下。

（2）含有IPTG的培养基4℃避光保存，须在1～2周内使用。

实验10-4 交互扣除RNA差别显示技术（RSDD）

【实验目的】

（1）分离器官组织特异性表达的基因。

（2）研究外源基因在转基因植物中的表达部位、表达调控及研究细胞分化机制。

【实验材料】

（1）同一植株的不同组织、器官，如根、茎、叶、花等。

（2）同一植株不同发育阶段的组织、器官。

（3）不同环境因子诱导的同种植物的组织、器官。

【实验操作】

10-4-1 扣除杂交

首先是要获得两个具有差别基因表达的细胞系的cDNA文库，然后将这两个文库进行交互扣除杂交，从而获得两个扣除cDNA文库。随后通过体内剪切得到质粒cDNA文库。

10-4-2 差异显示

由交互扣除cDNA文库获得的纯化质粒可直接进行差异显示，这包括PCR扩增（加入3种3′锚定引物和18种5′随机引物）和进行5%序列胶电泳并切割回收差异显示条带。

（1）从植物组织中提取总RNA，在这个步骤中注意不能有DNA污染，一般用无RNA酶的DNA酶在37℃下处理30min。

（2）在反转录酶作用下，以Oligo T11 MN为引物（M为G、A、C中的任一种，N为A、C、G、T任一种），进行反转录。

（3）PCR反应，扩增cDNA的第一条链。

（4）扩增后的cDNA进行聚丙烯酰胺凝胶电泳，使差异表达的cDNA片段在6%测序胶上分开。

（5）找出不同处理间差异显示的条带，从胶上切割下来，并回收，再进行第二次扩增。

（6）克隆差异片段，差异片段可作为探针。

（7）Northern 杂交，验证目的片段，去掉假阳性片段。

（8）对目的片段进行测序。

（9）以克隆的目的片段为探针，从基因组文库中筛选出相应的全长基因。

10-4-3　表达分析

运用反向 Northern 印记分析和 Northern blot 分析鉴定经再扩增的 DNA 片段的差异表达。反向 Northern blot 是将经差异显示得到的扩增后的 RNA 经反转录制备的 ^{32}P 标记的 cDNA 第一链探针进行杂交。234 条再次扩增的 DNA 片段中有 181 条被探测到（77%），其差异表达显示水平比两种细胞间 Northern blot 分析要高 1.8 倍。最后经 Northern blot 分析得到两种细胞系差别表达的 DNA 片段被克隆到载体上进行测序分析。

【实验解析】

（1）扣除杂交法的本质是除去那些普遍共同存在的或是非诱发产生的 cDNA 序列，从而使欲分离的目的基因的序列得到有效的富集，提高了分离的敏感性。

（2）差异显示技术由于充分利用 PCR 技术和反转录，因此比较快速，且利用该技术能够观察细胞中 mRNA 的组成，了解植物不同发育阶段或不同环境条件下的细胞之间的差异表达，克隆目的基因。

实验 10-5　随机引物 PCR 的 RNA 指纹法

【实验目的】

（1）分离器官组织特异性表达的基因。

（2）研究外源基因在转基因植物中的表达部位、表达调控及研究细胞分化机制。

【实验材料】

（1）同一植株的不同组织、器官，如根、茎、叶、花等。

（2）同一植株不同发育阶段的组织、器官。

（3）不同环境因子诱导的同种植物的组织、器官。

【实验试剂】

略，详见操作步骤。

10-5-1　RNA 的提取和制备

以酸性酚-硫氰酸胍-氯仿提取法为基础，并作适当改进。

【实验操作】

（1）取 500mg 冻存的实验材料，经液氮研成粉末。

（2）迅速转移至装有 3ml 预冷提取液[4mol/L 异硫氰酸胍，25mmol/L 柠檬酸钠（pH 7.0），0.5%（*m/V*）十二烷基肌氨酸钠，0.1mol/L 巯基乙醇]的 10ml 离心管中，混匀。

（3）依次加入 0.3ml 2mol/L NaAc（pH 4.0）、3ml 水饱和苯酚和 0.6ml 氯仿/异戊醇(24∶1)充分混匀。

（4）冰浴 15min，4℃ 下 13 000r/min 离心 30min。

（5）将上层水相转移至 4 支干净的 1.5ml 离心管中。

（6）加入等体积的预冷异丙醇，混匀，置于 −20℃ 冰冻 2h。

（7）4℃ 下 13 000r/min 离心 20min，小心倒去上清，将沉淀用 75% 的乙醇洗两次，沉淀稍晾干后溶于 100μl DEPC 处理的双蒸水中于 −20℃ 冻存备用。

10-5-2　总 RNA 的 DNase 处理

为防止总 RNA 中可能混杂的 DNA 分子对后续操作产生不必要的影响，可先利用无 RNase 的 DNase 对提取的 RNA 进行消化处理。70μl RNA 溶液加入 10×DNase 缓冲液 10μl，DNase（U/μl）5μl，补 DEPC 处理过的超纯水至 100μl。37℃ 温浴 30min 后，用氯仿/异戊醇（4∶1）提纯化，异丙醇沉淀，离心，75% 的乙醇洗涤沉淀，处理过 RNA 沉淀稍晾干后溶于 100μl DEPC 处理的双蒸水中于 −20℃ 冻存备用。

10-5-3　反转录及 PCR 扩增

【实验操作】

（1）反转录反应体积为 25μl，上述处理的 RNA 溶液 12.5μl，5×M-MLV 缓冲液 5μl，dNTP（2.5mmol/L）5μl，随机六聚体引物 100ng，RNase（40U/μl）0.5μl，M-MLV（200U/μl）1μl。

（2）反应程序：RNA 65℃ 变性 5min，冰浴冷却 5min，迅速加入上述各种成分，22℃ 复性 10min，37℃ 温浴 60min，75℃ 变性反转录酶，处理 15min，反转录产物 4℃ 保存备用。

（3）cDNA-RAPD 扩增，在 25μl PCR 反应体系中，10×PCR 缓冲液（不含 Mg^{2+}）2.5μl，*Taq* DNA 聚合酶 1μl，上述反转录产物 1μl，$MgCl_2$ 2.5mmol/L，RAPD 引物浓度 0.3μmol/L，4 种 dNTP 浓度各为 0.2mmol/L，热循环条件为 94℃ 预变性 4min，94℃、60s，36℃、60s，72℃、90s 共进行 45 轮循环后 72℃延伸 10min。

（4）特异引物扩增在 25μl PCR 反应体系中，10×PCR 缓冲液（不含 Mg^{2+}）2.5μl，*Taq* DNA 聚合酶 1U，以 mtDNA 为模板扩增时模板为 20ng，RT-PCR 时模板为 1μl 反转录产物，$MgCl_2$ 2.5mmol/L，上、下游特异性引物各 0.3μmol/L，4 种 dNTP 浓度各为 0.2mmol/L，热循环条件为 94℃预变性 4min，94℃、45s，54℃、60s，72℃、90s 共进行 35 轮循环后 72℃延伸 10min。

10-5-4　差异片段回收及克隆测序

PCR 扩增产物经 2.0% 的琼脂糖凝胶电泳，用试剂盒回收特异片段。回收产物与 pMD 18-T 克隆载体连接、转化感受态细胞等步骤按载体的构建操作说明书进行。经挑斑鉴定后，选出有外源插入片段的克隆进行测序。DNA 序列测定由生工生物工程（上海）技术有限公司完成。

【实验解析】

（1）RNA 的提取和制备后应于－20℃冻存。

（2）有些标题中的操作程序有重复，应按照已标注的实验操作。

第 11 章

功能蛋白组技术分离目的基因

实验 11-1 用于双向电泳分析的植物总蛋白提取及浓度测定

【实验目的】

双向电泳（two-dimentional gel electrophoresis，2-DE）是功能蛋白组学研究的经典方法，特别是以固相 pH 梯度等电聚焦为第一向的双向电泳技术是当前分辨率最高、信息量最大的电泳技术。用于双向电泳的总蛋白的提取是本章实验的第一个关键技术。

【实验材料】

新鲜的植物叶片。

【实验试剂】

（1）酚提取缓冲液：0.7mol/L 蔗糖；0.1mol/L KCl；0.5mol/L Tris-HCl，pH7.5；50mmol/L EDTA；2% β-巯基乙醇（使用前添加）；1mmol/L PMSF（蛋白酶抑制剂）（用异丙醇配制成 100mmol/L 母液贮存，使用前添加）；Tris 饱和酚；0.1mol/L 乙酸铵甲醇溶液。

（2）TCA 样品提取缓冲液：0.1mol/L Tris-HCl，pH7.5；5mmol/L EDTA；20mmol/L DTT（新鲜制备）；1mmol/L 苯甲黄酰氟化物（phenylmethylsulfonyl fluoride，PMSF）（用异丙醇配制成 100mmol/L 母液贮存，使用前添加）；10μmol/L 亮抑蛋白酶肽（leupeptin）（新鲜制备）；三氯乙酸（trichloroacetic acid，TCA）溶液：100%三氯乙酸溶于 MilliQ 水中，4℃保存；80%冷丙酮（贮存于−20℃）。

（3）UTC 裂解液：含 7mol/L 尿素、2mol/L 硫脲、4% Chaps、50mmol/L DTT、0.5%两性电解质和 1mmol/L PMSF；牛血清白蛋白（bovine serum albumin，BSA）溶液 1.38mg/ml；考马斯亮蓝 G-250 溶液。

11-1-1 酚法提取植物总蛋白

【实验操作】

（1）收集生长旺盛的植物叶片材料，并于液氮中冷冻。

（2）将 1g 材料加入液氮预冷过的研钵，同时加入 1%（质量百分比）PVPP（交联聚乙烯吡咯烷酮），研磨成很细的粉末之后，分装在 50ml 预冷过的离心管中。

（3）离心管中加入 10ml 预冷过的酚提取缓冲液，蛋白质会溶解在缓冲液当中。

（4）加入等体积 pH7.5 的 Tris 饱和酚。

（5）将离心管用封口膜封好之后，放入冰盒中振荡混匀 30min。

（6）4℃下 5000*g* 离心 30min，小心吸取上层酚相，不要扰动界面上的物质。蛋白质、色素和脂类都在酚相中，PVPP、不溶的细胞碎片、糖类、核酸、盐都存在于水相或者沉淀中。

（7）加入同酚等体积的提取缓冲液，重复步骤（5）～（7），尽可能除去保留在酚相中的污染物。

（8）重复步骤（5）～（6），向收集的酚相中加入 5 倍体积的预冷的 0.1mol/L 乙酸铵甲醇溶液，−20℃沉淀蛋白质过夜。

（9）4℃下 5000*g* 离心 30min，小心吸取上清保留沉淀。

（10）用预冷的甲醇清洗沉淀，4℃下 5000*g* 离心 10min，吸取上清丢弃，保留沉淀。

（11）重复步骤（10）2 次，以去除乙酸铵、酚、脂类等。

（12）使用丙酮代替甲醇重复步骤（10）2 次，以去除甲醇并利于沉淀干燥。

（13）将沉淀晾干，用提取液溶解之后转移至 1.5ml 离心管中，测定蛋白质浓度备用。

【实验解析】

（1）酚法得到的蛋白质纯度高、杂质少，但产量较低。

（2）酚法利用 Tris 饱和酚的特性，酚是蛋白质的良好溶剂，在样品制备过程中，蛋白质和脂类溶于酚相，盐、核酸、多酚和多糖等可溶性物质进入水相。

（3）酚相中的蛋白质通过乙酸铵的甲醇溶液沉淀，再用冷丙酮多次清洗蛋白质，去除色素和铵离子等杂质。

(4) 在研磨样品时加入 PVPP 用来吸附样品中富含的酚、醌类物质。

(5) 酚提取法对于多糖含量较多的组织能够获得较好的结果，但这种方法相对复杂，耗时长。

(6) 破碎样品的方法取决于样品的来源，须以最小限度减少样品中蛋白质水解和其他形式的蛋白质降解为原则。破碎应在低温中进行，并减少破碎过程中热量的产生，为此可将预冷的样品放在冰块上或液氮中，并且应当直接在含有蛋白酶抑制剂的裂解液中进行样品破碎，防止蛋白酶水解蛋白质的发生。

(7) 首先应该根据实验目的，确定总蛋白分离制备的方法。提取的样品蛋白质的纯度和再溶性直接影响双向电泳对总蛋白的分离结果。溶解的效果取决于样品裂解、破碎、沉淀、溶解的过程及去污剂的选择和各种溶液的组成。如果只对样品中的一部分蛋白质感兴趣，可采取预分离的方法。例如，欲分析的蛋白质来源于细胞器（细胞核、线粒体、叶绿体等），则应先采取超速离心或者其他方法将细胞器分离出来再溶解蛋白质。有些植物中富含的酚类、醌类、多糖类等污染物质常会干扰双向电泳对总蛋白的分离。因此，应尽量去除样品总蛋白中的杂质，以提高分离效果。本节实验需掌握用于双向电泳分析的提取植物总蛋白的酚法和三氯乙酸沉淀法及植物总蛋白含量Bradford测定方法。

11-1-2　三氯乙酸沉淀法提取植物总蛋白

【实验操作】

(1) 收集生长旺盛的植物叶片材料 0.2g 于 1.5ml 离心管中，并于液氮中冷冻。

(2) 用研磨棒将叶片磨成粉末，并加入 0.9ml样品匀浆缓冲液，在冰上继续研磨至糊状。

(3) 4℃下 15 000r/min 离心 15min，上清转移至新的离心管中。

(4) 重复步骤 (3)，尽可能除去沉淀。

(5) 加入三氯乙酸至终浓度 10%。

(6) 混匀之后，冰上放置 15min，或－20℃沉淀蛋白质过夜。

(7) 4℃下 15 000r/min 离心 15min，小心吸取上清，保留沉淀。

(8) 向沉淀中加入冷丙酮，4℃下15 000r/min离心 15min，吸取上清丢弃，保留沉淀。

(9) 重复步骤 (7)～(8) 1 次。

(10) 冷冻干燥 1～2min，加入 200μl 匀浆缓冲液，测定蛋白质浓度备用。

【实验解析】

(1) TCA 作为蛋白质变性剂使蛋白质构象发生改变，暴露出较多的疏水性基团，使之聚集沉淀。TCA 还能有效地抑制蛋白酶对蛋白质的水解作用，保证在制样过程中蛋白质不被降解。

(2) 实验过程中采用的高速离心法能较好地去除多糖的影响。

(3) 在提取过程中尽可能保持低温操作。

(4) “实验操作”中步骤 (8) 在洗涤过程中，以彻底打散沉淀，以确保所有的 TCA 被除去。

(5) 该方法的一个最大缺点是蛋白质很难重新溶解，而且样品中的非蛋白成分很难除去。可能导致图谱上有明显的横纵条纹。

(6) 残留的 TCA 可以用丙酮或乙醇洗去。

(7) 沉淀方法可从复杂的蛋白质混合物中去除杂质（如盐、去污剂、核酸、脂类等），有选择性的分离蛋白质。但有些蛋白质沉淀后不能重新溶解，并且使用沉淀方法有可能改变样品中蛋白质的成分。如果想要完全和精确地得到样品中的蛋白质，最好避免使用沉淀和重溶的方法。

(8) 样品中的非蛋白杂质会影响双向电泳的结果，因此在制备样品时应设法除去杂质。对于不同的污染物有不同的清除方法。污染物包括盐和外源带电小分子、核苷、代谢物、磷脂、去污剂、核酸、多糖、脂类、酚类化合物及不溶解的物质等。

11-1-3　植物总蛋白提取试剂盒法

11-1-3-1　一步法植物活性蛋白提取试剂盒法

【实验试剂】

一步法植物活性蛋白提取试剂盒［生工生物工程（上海）股份有限公司］，产品编号 C510004：buffer A，buffer B，DTT，蛋白酶抑制剂。

【实验操作】

1) 试剂准备

(1) 在 1ml 的 buffer A 中加入 1μl 蛋白酶抑制剂混匀待用。

(2) 如果植物中含有较多的氧化酶和醌，请加入终浓度为 0.05%～0.1% 的焦亚硫酸，sodium diethyldithiocarbamate trihydrate（DDTC 铜试剂）等抗氧化试剂到 buffer A 中。

(3) 如果植物中含有较多的多酚类化合物，请加入 2%～3% 的 PVPP 等多酚类化合物吸附试剂。

（4）实验前根据所提取的植物样品的量，将已经加入蛋白酶抑制剂或（和）抗氧化试剂或（和）多酚类化合物吸附试剂的 buffer A 990μl，DTT 5μl 和 buffer B 750μl 在涡旋振荡器混匀，直到形成均一的胶体悬浊液，由于该混合液在放置的条件下容易分层，如果发生分层，请在加入所提取的植物样品前再次混匀，同时该混合液应现配现用。

2）操作步骤

（1）取 40mg 新鲜或冻存的植物组织或 10mg 干燥的植物组织剪成细小的碎片，转移到 1.5ml 离心管中。

（2）加入 1ml 混合液，用塑料研磨棒或匀浆器，进行研磨或匀浆。直到没有明显的植物组织团块。

（3）涡旋振荡 1～2min，然后 4℃下 8000r/min 离心 5min，以便于有机相和水相的分层。

（4）将枪头伸入下层水相中，将含有蛋白的下层水相吸出，转移到一个新的 1.5ml 离心管中，此下层水相中含有植物的可溶性蛋白。在枪头移取过程中，尽量不要接触到离心管的底部（沉淀）含有植物纤维和基因组碎片等。

（5）上层有机相中可能含有蜡、脂肪酸和其他长碳链有机化合物，也可能含有一些高度疏水性的细胞膜和细胞器膜蛋白。因此如果需要研究以上蛋白质，请留作分析。

【实验解析】

（1）一步法植物活性蛋白质提取试剂盒含有 3 种试剂：有机溶剂裂解植物组织，水溶性试剂溶解蛋白质，DTT 稳定蛋白质。本试剂盒可以在 10min 内从植物组织中提取可溶性活性蛋白质，提取的蛋白质可以用于 SDS-PAGE、2D 电泳、Western blot 和免疫共沉淀、Pull Down、EMSA 等蛋白活性分析及亲和纯化等。

（2）本试剂盒可以从新鲜或冻存的植物组织，或者干燥的植物组织中提取所需要的蛋白质。可以从各种植物的叶、根、花和种子等植物组织中提取，所提取的蛋白质绝大多数能够保持蛋白质的活性，但是从干燥的植物或液氮研磨的组织所提取的蛋白质可能有部分没有活性，不能够用于与活性相关的蛋白质功能研究。

（3）注意事项。

①对于含有植物纤维组织比较多的组织样品，如木本植物的根、茎，请用适当方式处理，以便破碎坚硬的组织和蛋白质的充分释放。

②如果必要，请提取前加入一定浓度的磷酸酶抑制剂，再进行植物组织蛋白质的提取。

③对于细胞膜和细胞器膜上的蛋白质，在离心分相后，蛋白质是进入有机相还是水相，是由该蛋白质在膜上的跨膜穿梭的程度来决定的，该蛋白质的疏水性越强，越容易进入有机相。如果需要对此类蛋白质进行研究，请保留有机相做进一步分析。

④为了避免所提取的蛋白质产生沉淀和变性，请透析或进行溶液交换或加入一定量的蛋白稳定试剂，如果短期保存，请加入终浓度为 5%～10%的 PEG 或甘油；如果长期保存，请加入终浓度为 10%～20%的 PEG 或甘油。

11-1-3-2　植物蛋白提取试剂盒法Ⅱ

【实验试剂】

植物蛋白提取试剂盒［生工生物工程（上海）股份有限公司］，产品编号 C500053：solution A，solution B，solution C，solution D。

【实验操作】

（1）实验前，将研钵和研槌置于－20℃冰箱中预冷。将植物组织置于－80℃冰箱中冷冻保存以备后用。

（2）当植物组织处于冷冻状态时，用剪刀将植物组织剪碎。将剪碎的植物组织置于预冷的研钵中，加入液氮保持植物组织处于冷冻状态，用研槌尽快将植物组织研磨成粉末状。

（3）取大约 100mg 的组织粉末，加入 1ml solution A 和 0.7μl solution C，将粉末悬浮后，置于－20℃冰箱中，静置 45min。4℃下 15 000r/min 离心 15min，取沉淀。

（4）往沉淀中加入 1ml solution B、10μl solution D 和 0.7μl solution C，并将沉淀重悬后，置于－20℃冰箱中，静置 60min。4℃下 15 000r/min 离心 15min，取沉淀。

（5）往沉淀中加入 1ml solution B、10μl solution D 和 0.7μl solution C，并将沉淀重悬后，立即于 4℃下 15 000r/min 离心 15min，取沉淀。

（6）取沉淀进行冷冻干燥，－80℃保存。

（7）根据下游实验的要求，选择合适的样品缓冲液对冷冻干燥的样品进行溶解，4℃下15 000r/min 离心 15min。取上清，－20℃保存，取适量体积用于各种实验。

【实验解析】

（1）植物蛋白提取试剂盒在利用液氮充分磨碎植物组织的同时，采用特殊的试剂对植物细胞释放出来的蛋白质进行沉淀，并使用广谱蛋白酶抑制剂抑制蛋白酶活性，最大限度地保留所抽提蛋白质的完整性。

（2）本试剂盒提取的蛋白质，包括膜蛋白、核蛋白、胞质蛋白及在植物组织中含有的稀有蛋白在内的全蛋白。分离得到的蛋白组分可应用于 SDS-PAGE、Western blot 等。

（3）注意事项。

①solution A 和 solution B 易挥发，有一定的腐蚀性和易燃性。实验时请戴上一次性手套在化学通风橱中进行，并注意远离明火。

②植物细胞壁的破碎程度会影响蛋白质的抽提效果。尽量将植物组织充分研磨成粉末，以破碎细胞壁，促进细胞蛋白的释放，同时尽量不要取植物的维管组织。

③冷冻的固体样品中含有或多或少的植物纤维，在加入适当的样品缓冲液对冷冻干燥固体溶解离心后，会产生植物纤维沉淀，不影响下游实验。

④用含有 SDS、尿素、SB3-10 等的样品缓冲液对冷冻干燥的样品进行溶解，有助于疏水性蛋白质的完全溶解。

11-1-4　Bradford 法测定蛋白质浓度

【实验操作】

（1）取 1 管称重的粗蛋白样品，按每毫克粗蛋白加入 15μl UTC 裂解液。

（2）在室温下裂解 1h，裂解期间应将管上下颠倒混匀，保证蛋白裂解充分。

（3）20℃下 13 000r/min 离心 20min，取上清液并移入 1.5ml 的离心管中。

（4）取出 50ml 蛋白质溶液放于新管中，用于蛋白质浓度测定。其余蛋白样品置于－80℃超低温冰箱中用于进一步实验。

（5）采用 Bradford（1976）法测定蛋白浓度前，先制作标准蛋白浓度曲线：取 6 支 2ml 离心管，分别加入标准蛋白 BSA（1.38mg/ml）0μl、2μl、4μl、6μl、8μl、10μl、12μl，然后加入 1ml 考马斯亮蓝 G-250 溶液显色，再分别加入 1012μl、1010μl、1008μl、1006μl、1004μl、1002μl、1000μl ddH_2O，混匀，15min 后在 595.0nm 处测定吸光度。按横坐标为蛋白量，纵坐标为吸光度，制作二维曲线。

（6）测定样品蛋白质浓度：取 3 支 2ml 离心管，每管均加入 4μl 蛋白样品，然后加入 1ml 考马斯亮蓝 G-250 溶液显色，再加入 1012μl ddH_2O，混匀，15min 后在 595.0nm 处测定光密度。

（7）根据光密度值，查阅光密度与蛋白量的标准二维曲线，通过计算得到样品浓度。

【实验解析】

（1）Bradford 法用于大多数蛋白质定量是相当精确的，特别是用于小分子多肽定量。

（2）灵敏度高，检测浓度下限达到 25mg/ml，最小检测蛋白量达到 0.5mg，待测样品体积为 1～20μl。

（3）考马斯亮蓝显色法的基本原理是在一定蛋白质浓度范围内，蛋白质-染料复合物在 595nm 处的光吸收与蛋白质含量成正比，故可用于蛋白质的定量测定。

（4）比色皿的清洁程度影响实验结果，可使用一次性塑料比色皿；测吸光度前混匀样品使其颜色均匀。

（5）此方法简单，只需一种显色液；反应迅速，只需一步反应，显色可在 5min 之内完成；干扰少。

（6）其他的分光光度法还包括安玛西亚公司等推出的 2-D Quant Kit 是用 2% SDS、1% DTT、8mol/L 尿素、2mol/L 硫脲、2% Pharmalyte 或 2% IPG 缓冲液，基于蛋白质和铜离子的结合，在 480nm 处进行蛋白质定量。样品体积为 1～50μl，线性范围为 0～50μg。

11-1-5　蛋白质浓度测定试剂盒法

11-1-5-1　Bradford 蛋白质浓度测定试剂盒法

【实验试剂】

改良型 Bradford 蛋白质浓度测定试剂盒［生工生物工程（上海）股份有限公司］，产品编号 C503041：Bradford 试剂，BSA 蛋白质标准液（1mg/ml）。

【实验操作】

1）试剂准备

（1）将样品用蒸馏水做适当倍数的稀释。

（2）取 12 支 1.5ml 离心管，按照下表的比例分别加入各溶液，其中 0 号管为空白对照。

	0	1	2	3	4	5	6	7	8	9	10	11	12
蒸馏水/μl	1000	995	990	985	980	975	970	950	900	850	800	750	700
1mg/ml BSA/μl	0	5	10	15	20	25	30	50	100	150	200	250	300
BSA 浓度/(μg/ml)	0	5	10	15	20	25	30	50	100	150	200	250	300

2）分光光度计法1（标准曲线蛋白质浓度为50～300μg/ml）

（1）取16支1.5ml离心管，分为标准组和样品组。其中12支1.5ml离心管，每个标准品设置1个重复，各管分别加入100μl相应浓度的标准蛋白质溶液，对应管编号为0、7、8、9、10、11和12号。

（2）剩余4支1.5ml离心管，分为2个重复组，重复组离心管编号相同。其中不同编号的两管加入100μl不同浓度的样品稀释液。

（3）各管加入1ml Bradford工作液，迅速混匀。

（4）室温25～30℃，反应10min后，以0号管为空白对照，在分光光度计上测各管的A_{595}值。

（5）以标准组各管A_{595}平均值为纵坐标，对应的蛋白质浓度为横坐标，在坐标纸上或Microsoft Excel软件中绘制标准曲线。

（6）根据两个相同样品稀释液A_{595}值的平均值，在标准曲线上计算出该样品经过稀释后的蛋白质浓度，选择合适稀释度的样品计算最终的样品蛋白浓度，再由稀释倍数计算原样品蛋白质浓度。

3）分光光度计法2（标准曲线蛋白质浓度为5～30μg/ml）

（1）取16支1.5ml离心管，分为标准组和样品组。其中12支1.5ml离心管，每个标准品设置1个重复，各管分别加入500μl相应浓度的标准蛋白质溶液，对应管编号为0、1、2、3、4、5和6号。

（2）剩余4支1.5ml离心管，分为2个重复组，重复组离心管编号相同。其中不同编号的两管加入500μl不同浓度的样品稀释液。

（3）各管加入50μl Bradford工作液，迅速混匀。

（4）室温25～30℃，反应10min后，以0号管为空白对照，在分光光度计上测各管的A_{595}值。

（5）以标准组各管A_{595}平均值为纵坐标，对应的蛋白质浓度为横坐标，在坐标纸上或Microsoft Excel软件中绘制标准曲线。

（6）根据两个相同样品稀释液A_{595}值的平均值，在标准曲线上计算出该样品经过稀释后的蛋白质浓度，选择合适稀释度的样品计算最终的样品蛋白浓度，再由稀释倍数计算原样品蛋白质浓度。

4）酶标板法1（标准曲线蛋白质浓度为50～300μg/ml）

（1）选取酶标板上16个孔，分为标准组和样品组。其中12个孔，每个标准品设置1个重复，各孔分别加入20μl相应浓度的标准蛋白质溶液。对应管编号为0、7、8、9、10、11和12号。

（2）剩余4孔，分为2个重复组，重复孔编号相同。其中编号不同的两孔分别加入浓度不同的20μl样品稀释液。

（3）各酶标孔中加入200μl Bradford工作液，迅速混匀。

（4）室温25～30℃，反应5min后，以0号管为空白对照，在酶标仪上测各孔的A_{595}值。

（5）以标准组各孔A_{595}平均值为纵坐标，对应的蛋白质浓度为横坐标，在坐标纸上或Microsoft Excel软件中绘制标准曲线。

（6）根据两个相同样品稀释液A_{595}值的平均值，在标准曲线上计算出该样品经过稀释后的蛋白质浓度，选择合适稀释度的样品计算最终的样品蛋白浓度，再由稀释倍数计算原样品蛋白质浓度。

5）酶标板法2（标准曲线蛋白质浓度为5～30μg/ml）

（1）选取酶标板上16个孔，分为标准组和样品组。其中12个孔，每个标准品设置1个重复，各孔分别加入150μl相应浓度的标准蛋白质溶液，对应管编号为0、1、2、3、4、5和6号。

（2）剩余4孔，分为2个重复组，重复孔编号相同。其中编号不同的两孔分别加入浓度不同的150μl样品稀释液。

（3）各酶标孔中加入150μl Bradford工作液，迅速混匀。

（4）室温25～30℃，反应5min后，以0号管为空白对照，在酶标仪上测各孔的A_{595}值。

（5）以标准组各孔A_{595}平均值为纵坐标，对应的蛋白质浓度为横坐标，在坐标纸上或Microsoft Excel软件中绘制标准曲线。

（6）根据两个相同样品稀释液A_{595}值的平均值，在标准曲线上计算出该样品经过稀释后的蛋白质浓度，选择合适稀释度的样品计算最终的样品蛋白浓度，再由稀释倍数计算原样品蛋白质浓度。

【实验解析】

（1）Bradford试剂蛋白质定量是一种快速、即用型的蛋白质光学定量方法。在酸性条件下，考马斯亮蓝G-250染料与蛋白质疏水区结合，导致最大吸收峰由465nm变成595nm，同时颜色由棕色变成蓝色，该蓝色化合物颜色的深浅与蛋白质浓度的高低成正比关系。

（2）在使用常规Bradford试剂进行蛋白质定

量时，考马斯亮蓝 G-250 染料分子之间，以及 G-250 与蛋白质复合物之间会发生聚集，随着时间的延长，产生可见的易沉淀的颗粒，使得在 595nm 处测定的吸光度时，蛋白质浓度的定量偏低。改良型 Bradford 法蛋白质浓度测定试剂盒针对此种情况，通过添加特殊的试剂，使得考马斯亮蓝 G-250 染料分子之间，以及 G-250 与蛋白质复合物在 30min 内不容易发生沉淀，从而提高了测量结果的准确性，比较适合于进行大量样品的定量。与常规的 Bradford 法相比，线性关系更佳。

（3）注意事项。

①样品检测后的 A_{595} 值应在标准曲线范围之内，若超过此范围则需将样品酌情稀释或浓缩。

②加完 Bradford 试剂后，须在 30min 内完成吸光度的测定，防止沉淀形成后影响实验结果，如果已经产生了沉淀，可以在测量前先颠倒混匀几次，可以减少误差。

③进行吸光度测定时，请使用玻璃或塑料比色皿，不可使用石英比色皿。使用后尽快用无水乙醇清洗比色皿。

④疏水的膜或黏蛋白在该 Bradford 试剂中，不容易产生沉淀。如果形成沉淀，也可以在样品溶液中加入等体积的 1mol/L NaOH 促进蛋白质溶解。

⑤Bradford 法测定不受还原试剂的影响，但是受略高浓度的去垢剂影响。需确保 SDS 低于 0.1%，Triton X-100 低于 0.1%，Tween-20、Tween-60、Tween-80 低于 0.06%。含去垢剂的样品建议使用 BCA 蛋白质浓度测定试剂盒法。

⑥测量顺序应为该蛋白浓度由低到高的顺序，或使用一次性塑料比色杯，以避免影响结果。

11-1-5-2　BCA 蛋白质浓度测定试剂盒法

【实验试剂】

改良型 BCA 蛋白质浓度测定试剂盒［生工生物工程（上海）股份有限公司］，产品编号 C503051：5×溶液 A，溶液 B，试剂 C，溶液 D，BSA 蛋白质标准液（2mg/ml）。

【实验步骤】

1）试剂准备

（1）按照以下公式计算所需的 BCA 工作液总体积。

BCA 工作液总体积＝(标准曲线测定点数＋样品数)×重复次数×每个样品所需 BCA 工作液体积

（2）将 5×溶液 A 用蒸馏水稀释为 1×溶液 A，根据所需 BCA 工作液总体积，定量取溶液 A：溶液 B＝50：1，混匀制成 BCA 工作液。

（3）取 1000μl 蒸馏水和 1000μl 溶液 D，混匀制得溶液 E。

（4）称取 10mg 试剂 C，用 500μl 溶液 E 溶解，涡旋振荡 1min，得到溶液 F。

（5）取 8 支 1.5ml 离心管，按照下表平行操作。

	0	1	2	3	4	5	6	7
溶液 D/μl	80	79	77	75	70	60	50	40
2mg/ml BSA/μl	0	1	3	5	10	20	30	40
BSA 浓度/(μg/ml)	0	25	75	125	250	500	750	1000

2）分光光度计法

（1）取 20 支 1.5ml 离心管，分为标准组和样品组。其中 16 支 1.5ml 离心管，每个标准品设置 1 个重复，各管分别加入 25μl 相应浓度梯度的标准蛋白质溶液。剩余 4 支 1.5ml 离心管，分为 2 个重复组，重复组离心管编号相同。其中编号不同的两管加入 25μl 不同浓度的样品稀释液。

（2）各管分别加入 25μl 溶液 F，37℃水浴中保温 30min。

（3）各管加入 1ml BCA 工作液，迅速混匀。在 37℃水浴中保温 30min。

（4）冷却至室温后，在分光光度计上测定各管的 A_{562} 值。

（5）以标准组各管 A_{562} 平均值为纵坐标，对应的蛋白质浓度为横坐标，在坐标纸上或 Microsoft Excel 软件中绘制标准曲线。

（6）根据两个相同样品稀释液 A_{562} 的平均值，在标准曲线上计算出该样品经过稀释后的蛋白质浓度，选择合适稀释度的样品计算最终的样品蛋白浓度，再由稀释倍数计算原样品蛋白质浓度。

【实验解析】

（1）BCA 法是理想的蛋白质定量方法，在碱性环境下，蛋白质分子中肽键结构与 Cu^{2+} 络合并将其还原成 Cu^{+}。BCA 与 Cu^{+} 结合形成稳定的紫蓝色复合物，在 562nm 处有最大光吸收，且与蛋白质浓度呈线性关系，颜色的深浅与蛋白质的含量成正比，据此可测定蛋白质的浓度。

（2）若样品中存在还原剂，同样可以将 Cu^{2+} 还原成 Cu^{+}，从而提高光吸收值，干扰蛋白质浓度检测。改良型 BCA 蛋白浓度测定试剂盒中的试剂 C 可以有效地降低蛋白质样品中残留的还原剂对蛋白质浓度检测的干扰。样品中 DTT 浓度≤5mmol/L 或 β-巯基乙醇浓度≤10mmol/L 时，蛋白质浓度的测定不会受影响。

（3）本试剂盒可以采用分光光度法或者酶标板法进行蛋白质定量。如果用于酶标板法进行蛋白质定量，可以按照分光光度法的基本程序将所用试剂的量减少到分光光度法所用量的1/5。同时本试剂盒不受样品中低浓度的离子型和非离子型去污剂影响，准确灵敏，检测不同蛋白质分子的变异系数远小于考马斯亮蓝，线性关系良好。

（4）注意事项。

①样品稀释的倍数应使蛋白质含量在标准曲线范围之内（25～1000μg/ml），若超过此范围则再需将样品酌情稀释。

②同时进行实验的样品须在10min内完成吸光度的检测。

③若蛋白质缓冲液的pH＜5，溶解试剂C时所用的溶液E，应改用溶液D。

④当溶液A和溶液B混合时可能会有浑浊，但混匀后就会消失。

⑤在加入溶液A和溶液B的混合液，37℃加热30min后，要让离心管冷却，否则吸光值不太准确。

⑥当样品中含有儿茶氨酚类等生物胺或者脂，脂蛋白时，也会使得光吸收度升高。在含铜离子螯合试剂时，可以使吸光度降低，这时可以用DOC-TCA法沉淀祛除。

11-1-5-3 Lowry法蛋白质浓度测定试剂盒法

【实验试剂】

改良型Lowry法蛋白质浓度测定试剂盒［生工生物工程（上海）股份有限公司］，产品编号C504041：溶液A，溶液B，溶液C，Folin酚试剂（1mol/L），BSA蛋白质标准液（5mg/ml）。

【实验步骤】

1）试剂准备

（1）将5mg/ml BSA蛋白质标准液用蒸馏水稀释为0.1mg/ml。

（2）样品用蒸馏水做适当稀释，预做2个稀释度。

（3）根据标准品和样品计算所需的工作液，按溶液A∶溶液B＝1∶50配制，充分混匀。

（4）将样品溶液按照每0.5ml加入50μl溶液C，充分混匀，在冰箱的冷藏室中放30min，再于4℃下15 000r/min离心15min。在通风橱中去掉上清液和管壁及管底的液体，保留沉淀。自然干燥后用适量双蒸水溶解，稀释到适当倍数。

2）分光光度计法

（1）准备22个微量离心管，设置重复管号0到10，按下表配制BSA浓度梯度的标准溶液。

	0	1	2	3	4	5	6	7	8	9	10
蒸馏水/μl	200	180	160	140	120	100	80	60	40	20	0
稀释后BSA/μl	0	20	40	60	80	100	120	140	160	180	200
BSA浓度/(μg/ml)	0	10	20	30	40	50	60	70	80	90	100

（2）另外准备4个微量离心管，设置2个重复组，编号不同的2管分别加入200μl不同稀释度的蛋白样品。

（3）各离心管加入1ml反应工作液，混匀，室温下静置10min。

（4）各离心管加入10μl Folin酚试剂，迅速混匀，室温下静置30min。

（5）分光光度计测各离心管中的A_{750}值。以标准品不同梯度的BSA测定的A_{750}值为纵坐标，对应的蛋白质浓度为横坐标，在坐标纸上或使用Microsoft Excel软件绘制标准曲线。

（6）选择合适的稀释度，根据标准曲线和稀释度计算原样品的蛋白质浓度。

3）酶标法

（1）按上表比例配制BSA浓度梯度的标准溶液，体积为20μl，分别加入22个酶标孔中，各设置1个重复孔。

（2）另外准备4个酶标孔，设置2个重复组，编号不同的2孔分别加入20μl不同稀释度的蛋白样品。

（3）各孔加入0.2ml反应工作液，混匀，室温下静置10min。

（4）各孔加入10μl Folin酚试剂，迅速混匀，室温下静置30min。

（5）酶标仪上测各孔的A_{750}值。以标准品不同梯度的BSA测定的A_{750}值为纵坐标，对应的蛋白质浓度为横坐标，在坐标纸上或使用Microsoft Excel软件绘制标准曲线。

（6）选择合适的稀释度，根据标准曲线和稀释度计算原样品的蛋白质浓度。

【实验解析】

（1）在碱性条件下，蛋白质与铜作用生成蛋白质-铜络合物。此络合物将磷钼酸-磷钨酸试剂（Folin酚试剂）还原，产生深蓝色复合物（磷钼蓝和磷钨蓝混合物），这种深蓝色的复合物在750nm处有最大吸收峰，颜色深浅与蛋白质含量成正比。

（2）本试剂盒通过特殊的沉淀试剂可以完全去除蛋白质样品中的大部分干扰物质，而蛋白质的损失几乎为零，保证了结果的准确性和提高了定量的灵敏度，比常规Lowry法有更好的线性关系，定量范围为5～100μg/ml。

（3）注意事项。

①样品稀释的倍数应使蛋白质含量在标准曲线范围之内，若超过此范围则需将样品酌情稀释。

②加Folin酚试剂后必须立即混匀，以便在Folin酚试剂被破坏之前即能发生还原反应，否则会使显色程度减弱。

③加Folin酚试剂后在60min内测定，否则颜色信号会逐渐减弱，影响结果的准确性。

④Folin酚试剂显色反应由酪氨酸、色氨酸和半胱氨酸引起，因此样品中若含有酚类、柠檬酸和巯基化合物均有干扰作用。此外，不同蛋白质因酪氨酸、色氨酸含量不同而使显色强度稍有不同。如果样品蛋白与BSA中的酪氨酸、色氨酸含量差异较大，建议使用Bradford或BCA蛋白质浓度测定试剂盒法。

⑤低浓度尿素、胍、硫酸钠、硝酸钠、三氯乙烯、乙醇、乙醚、丙酮对显色无影响。

实验11-2　双向电泳分离目的蛋白

【实验目的】

蛋白质双向电泳的第一向为等电聚焦（isoelectric focusing，IEF）电泳，根据蛋白质的等电点不同，在一个稳定的、连续的、线性pH梯度中进行蛋白质的分离和分析；第二向为SDS-聚丙烯酰胺凝胶（SDS-PAGE）电泳，按亚基分子质量大小对蛋白质进行分离。经过依据电荷和分子质量大小两次分离后，可以得到蛋白质分子的等电点和分子质量信息。蛋白质双向电泳是将蛋白质等电点和分子质量两种特性结合起来进行蛋白质分离的技术，因而具有较高的分辨率和灵敏度，已成为蛋白质特别是复杂体系中的蛋白质检测和分析的一种强有力的生化手段。利用双向电泳分离植物总蛋白，选取功能蛋白。应用高电压系统进行IPG胶条操作，可以避免胶条污染，减少出错概率。

【实验材料】

符合双向电泳要求的植物总蛋白。

【实验试剂】

（1）矿物油。

（2）平衡缓冲液：50mmol/L Tris（pH8.8），6mol/L尿素，20%甘油，2% SDS。

TCEP（Tris-carboxyethyl phosphine）：保存在pH8.8的1.5mol/L Tris中。TCEP平衡缓冲液：在30ml平衡缓冲液中加入750μl 200mmol/L TCEP，现用现配。碘乙酰胺平衡缓冲液：在30ml平衡缓冲液中加入750mg碘乙酰胺，现用现配。

（3）电泳缓冲液：25mmol/L Tris（pH 8.3），192mmol/L甘氨酸，0.1% SDS；12% SDS-PAGE胶；预染分子质量标准。

11-2-1　IPG胶条的水合和等电聚焦

【实验操作】

（1）将聚焦盘的“+”端放在左边，每道加入200μl植物蛋白样品，加样过程中注意避免产生气泡。

（2）夹住一根IPG胶条，轻折保护层，用镊子夹住胶条底部塑料片，小心剥去保护层。

（3）观察胶条的酸性端（阳极），将胶条从酸性端开始轻轻地浸入聚焦槽内，注意胶面向下，同时要确保胶面下没有气泡，小心移动胶条使样品均匀分布并赶走可能存在的气泡。

（4）IPG胶条吸胀5～10min之后，胶条上加上矿物油约1ml，盖上聚焦槽盖子并标记好槽内样品于盖子上。

（5）将聚焦盘放入聚焦单元中，确保聚焦盘上的电极和聚焦单元的电极接触。

（6）打开电泳仪电源，设定程序进行水化。电压50V，温度20℃，水合16h，目的是使蛋白质进入IPG胶条。

（7）水合结束后，取出聚焦盘。

（8）用镊子取适量滤纸片，每片滤纸片上加40～50μl纯水湿润纸片，吸去多余的水。

（9）用镊子小心夹住IPG胶条的塑料面，将胶条末端轻轻夹起，镊子夹着湿润的滤纸片放在槽内的金属电极上，注意不要碰到胶面。滤纸的作用是吸收胶条聚焦时析出的物质，定时更换胶条能够降低电阻，提升电压上升速度，减少变性蛋白在胶条末端的堆积。

（10）盖上聚焦盘盖子，把它放回电泳仪上，确保电极相连。

（11）打开电泳仪，设置程序。电泳仪温度设定为20℃，最大限制电流为50μA，电泳时间依需要的电压决定。电泳仪能够按设定的程序自动运行，250V下15min，电压在2.5h之后逐步上升到8000V，电泳时间约为50 000V-h。

（12）电泳开始后每隔1～2h更换滤纸片，更换时按下电泳仪“pause”键并等电压回到0时进行，换好之后按“run”继续等电聚焦，直至聚焦结束。

【实验解析】

(1) 胶条的选择对双向电泳图谱具有重要的影响。在线性宽范围的胶条（如pH3～10），尽管可以在同一块凝胶上显示样品中绝大多数的蛋白质，但大量的蛋白点都集中在胶条的中间，两端的蛋白点较少，从而造成中间蛋白的分辨率较低。

(2) IPG凝胶的干胶条一般保存于－20℃，在室温条件下平衡一段时间，去掉保护膜。用新鲜配制的泡胀液重新水化凝胶。为保证凝胶的厚度和浓度，应将干胶条放在模具中泡胀。

(3) IPG凝胶的干胶条泡胀过程中，泡胀液中可以含样品，也可以不含样品。对不稳定的样品应采用后一种方法。

(4) 采用逐渐增压方法能达到好的聚焦效果。目前要获得最好的图谱质量和重复性所需最佳时间是分离达到稳定态所需的时间。样品不同，等电聚焦条件也会有所差异。

(5) 凝胶条的长度、pH范围、样品的组成、泡胀液的组成、上样方式等都会影响电压的升高。电压越高，聚焦时间越短。过长的聚焦时间会导致拖尾或蛋白质损失，这种现象称为“过聚焦”。

(6) 一般情况下，在电泳槽上泡胀干胶条，采用低电压（几十伏）。加样时也可以采用低电压（200～500V），低电压有利于样品进入凝胶，并减少蛋白质的聚合和相互作用。再逐步分级升高电压，直到达到预置的电压并维持几个小时。

(7) 上样量的高低直接影响电泳图谱上蛋白质点的差异，过低的上样量导致一些低丰度蛋白质不能呈现，过高的上样量会导致在聚胶过程中蛋白质在胶条槽中沉积，不能很好地进入IPG胶条。

(8) 根据等电聚焦的原理，样品可以加在凝胶的任何位置，但由于尿素在碱性pH时产生的异硫氰酸盐会使蛋白质的氨基甲酰化，因此一般加在阳极侧为宜，如植物蛋白、鼠肝蛋白、酵母细胞蛋白等加在阳极侧分离效果较好，而人的心脏蛋白萃取物则加在阴极为宜。上样前先将样品离心，以去掉不溶性颗粒。

(9) 双向电泳第一向固相pH梯度等电聚焦的加样方法有两种，一种是在干胶条泡胀时或者在泡胀后在泡胀盘中加样；另一种是泡胀后在干胶条上的加样杯中加样。两种方法各有优缺点。在样品杯中加样，容易渗漏、蛋白质易聚集在加样点、上样量受到限制、碱性蛋白质分离效果好、泡胀时蛋白质不易发生水解；在泡胀盘中加样，样品不会渗漏、加样均匀、加样量可以多达5mg、碱性蛋白质分离效果不好、泡胀时蛋白易发生水解。

(10) 由于第一向聚焦电泳的凝胶和样品中都含有高浓度的尿素，为防止尿素在电泳时析出，电泳时的温度应该在20℃为宜。聚焦时间不够会影响分辨率，聚焦太长会引起阴极漂移并丢失碱性蛋白质。合适的聚焦时间取决于样品量、去污剂的浓度、分离距离和pH范围。由于固相pH梯度的稳定性，延长聚焦时间并不会产生阴极漂移，但过长的聚焦时间会丢失蛋白质斑点。

(11) 在进行固相pH梯度凝胶等电聚焦时，为了防止尿素析出、蛋白氧化、冷凝水等，应在凝胶表面铺一层矿物油或液体石蜡。

(12) 等电聚焦过程中出现冷凝水虽然是常见现象，但它是烧胶的征兆，因此应予以密切注意。如果只在加样上方出现冷凝水，说明加样过多或样品中有盐。在凝胶的碱性侧或阴极沿边出现冷凝水通常由凝胶介质的电内渗引起的。在凝胶的部分位置出现冷凝水是由于凝胶与冷却板之间有气泡，接触不好。电极沿边的冷凝水常常是由过多过浓的电极液造成的。

(13) 双向电泳后，发现蛋白带的拖尾和纹理现象，可能是由于样品溶解不好、有沉淀颗粒；或因为加样器或加样滤纸片在凝胶上放置时间过长；或由于样品放置时间太长已变性；或由于样品分子质量太大，堵塞凝胶。

(14) 如果蛋白带偏斜可能是由于凝胶不成规则的矩形或正方形；或因为阴、阳电极条长度不一致；电极或电极条的放置不平行。

(15) 如果蛋白带不细窄，可能是因为低分子质量的蛋白质在等电聚焦时不能在凝胶介质中聚焦；或因为聚焦时间不够；或因为聚焦后没有及时或没有充分固定；或因为在碱性侧由于pH梯度的原因。

(16) 一些蛋白带聚焦在错误位置，可能由于蛋白质分子形成复合物或丢失配体。

(17) 凝胶胶条长度的选择取决于第二向水平或垂直电泳槽的宽度，pH范围的选择则取决于分辨率的要求和样品的特性。

(18) 蛋白样品需要用样品液溶解，样品液与裂解液相似，但无需再加蛋白酶抑制剂，为便于观察，可加少许溴酚蓝。通常用4倍体积的样品液溶解裂解后的样品。

11-2-2　IPG 胶条的平衡

【实验操作】

（1）将胶条胶面朝上放入一个玻璃试管中，加入 5ml TCEP 平衡缓冲液，缓慢摇动 15min。

（2）轻轻倒出试管中的溶液，重新加入 5ml 碘乙酰胺缓冲液，缓慢摇动 15min。

【实验解析】

（1）由于双向电泳的第一向固相 pH 梯度等电聚焦后的样品并没有满足第二向 SDS 电泳的条件，因此聚焦后的 IPG 胶条需要在平衡液中平衡。

（2）平衡的目的是使蛋白质分子与 SDS 和还原试剂充分作用，使 IPG 胶条的 pH 维持在适宜的范围内。

（3）平衡过程可导致蛋白质丢失 5%～25%，还会使分辨率降低，平衡 30min，蛋白质带变宽 40%，因此平衡时间不可过长。但是如果不经平衡或平衡不充分，则会导致高分子质量蛋白质的纹理现象，并且等电聚焦凝胶会粘在 SDS 胶上。

（4）为使蛋白比较完全地从第一向转移到第二向，与载体两性电解质凝胶条相比，固相 pH 梯度凝胶条的平衡时间应延长到 20～30min（取决于凝胶条的宽度）。

（5）碘乙酰胺由于烷基化作用保护巯基，防止蛋白质氧化修饰，捕集过量的 DTT，可以排除双向电泳的纹理现象（streaking）。

（6）双向电泳图谱中条状纹的纹理现象是常见的问题。水平条纹与第一向（IPG）电泳的时间有关，通常是由于时间不够或在加样处产生沉淀和重新溶解引起的。纵向条纹表明在 SDS 电泳时样品没有完全溶解。表面条纹也称点纹理现象，在第二步平衡时加碘乙酰胺可以减轻这种现象。

（7）胶条平衡的时间是重要的因素，一般情况下，柱状胶需 30～40min；薄层胶（0.5～1mm）需 5～10min，超薄胶只需 1～2min。

11-2-3　SDS-PAGE 电泳

【实验操作】

（1）SDS-PAGE 电泳槽中加入 1× 电泳缓冲液。去掉胶盒的梳子，用电泳缓冲液冲洗两个胶槽。

（2）在其中一个电泳槽中加入 5μl 预染分子质量标准。

（3）将平衡后的胶条小心地从一端开始放在二向胶的上部，确保 IPG 胶条和 SDS-PAGE 胶之间没有气泡。

（4）将胶盒插入二向电泳槽内，连接好电源之后打开电泳仪，4℃，200V 运行 1～1.5h。

（5）第二向电泳结束之后，取出胶盒，将胶小心转移至洗胶的容器中，先用水洗胶 5min，然后进行染色。

【实验解析】

（1）双向电泳所用的样品制备试剂应该是最高质量的，样品的提取溶液也应现用现配，或者分装后冷冻保存备用。

（2）样品制备后应尽快用于 IEF 实验，可以最好地保证样品质量，如无法立即用于后续实验，应将样品分装后保存于－80℃。

（3）平衡后的等电聚焦胶条与 SDS 凝胶的良好接触是双向电泳结果的保证。管状凝胶的转移需要用琼脂糖密封，但琼脂糖中的不纯物质在银染时会显现斑点。

实验 11-3　双向电泳凝胶染色

【实验目的】

双向电泳结束后，应根据不同的目的及样品中各成分的含量，采用不同的染色方法对蛋白斑点进行染色及分离。目前，以考马斯亮蓝染色法最为常用；此外，还有荧光染色法和银染法。样品含量达到微克级可选择考马斯亮蓝染色。一般情况下，作全蛋白分析可以选择考马斯亮蓝染色或者银染法。染料质量和染色液浓度直接影响凝胶染色和脱色效果。本节实验主要掌握考马斯亮蓝、SYPRO Ruby 及硝酸银对双向电泳凝胶进行染色的实验方法。

【实验材料】

双向电泳之后的凝胶。

【实验试剂】

（1）考马斯亮蓝染色液：0.25g 考马斯亮蓝 R-250 溶于 1L 10% 的冰醋酸溶液中。脱色液：10% 的冰醋酸溶液。MilliQ 水。

（2）固定液：40% 甲醇；10% 冰醋酸。SYPRO Ruby 染液（Bio-Rad）；洗液为 10% 甲醇。

（3）硝酸银染色液：500ml 中含有 3.6% NaOH 10.5ml、20% $AgNO_3$ 9ml 和 5ml 氨水。固定液：40% 甲醇＋10% 乙酸。显色液：500ml 中含有 1% 柠檬酸 2.5ml 和甲醛 250μl。

11-3-1　考马斯亮蓝染色法

【实验操作】

（1）将胶放入染色盘中，用 MilliQ 水洗双向凝胶 3 次，每次 5min。

（2）加入适量（没过胶面）的考马斯亮蓝染色液，在摇床上染色 30min。

（3）倒掉染色液，分别用脱色液和 MilliQ 水洗凝胶脱色，直至背景清晰。

（4）用可见光密度扫描仪获取蛋白质分离图谱。

【实验解析】

（1）考马斯亮蓝 R-250 与蛋白质结合比较缓慢，但可以穿透凝胶，染胶效果好，染色后为红蓝色，且可以被洗脱下去，因此可以用来对电泳条带染色。

（2）染色液及脱色液具有比较刺鼻的味道，尽量在通风橱内操作。

（3）考马斯亮蓝 R-250 溶于 1L 10%的冰醋酸溶液后，搅拌均匀，用滤纸除去颗粒物后，室温保存即可。

（4）考马斯亮蓝染色法对蛋白质的检测灵敏度为 0.2～0.5μg。

（5）考马斯亮蓝有两种染色方法：一种是先固定，再进行染色和脱色。另一种方法是同时进行固定和染色，再脱色。本实验方法为第二种方法，这种方法的特点是快速而简便，有时甚至不需要脱色。固定和染色的时间取决于凝胶的厚度、孔径及有否支持膜。固定的时间可以长一些，染色的时间不宜过长，否则会增加脱色的难度。

（6）为了加速染色和脱色过程，可加温和搅拌染色液和脱色液。

（7）对碱性蛋白质和低分子质量多肽的检测，最好使用甲醛固定。

11-3-2　SYPRO Ruby 染色法

【实验操作】

（1）将胶放入染色盘中，加入固定液浸没过胶，摇床上轻摇 2h，充分固定。

（2）倒掉固定液，用双蒸水冲洗 3 次。

（3）加入 SYPRO Ruby 染液浸没过胶，染色 90min 以上。

（4）用洗液洗胶 3 次，每次 15min。

（5）用荧光扫描仪获取蛋白质分离图谱。

【实验解析】

（1）SYPRO Ruby 试剂要注意避光保存，在染色的时候尽量避光或暗室操作。

（2）甲醇具有挥发性和毒性（可引起失明和肝病），操作时应尽量在通风橱内进行。

（3）SYPRO Ruby 荧光染色技术在定量精确性、探测敏感性、重复性及下游质谱鉴定兼容性、定量动力学范围宽等方面都优于传统的考马斯亮蓝染色及银染。缺点是花费大，需要荧光扫描仪。

（4）SYPRO Ruby 荧光染色技术进行蛋白质分析具有灵敏度高、线性动态范围宽、使用方便、样品稳定性高和安全等优点，没有放射性，且蛋白质检测不受核酸和脂多糖的影响。用激光扫描仪检测 SYPRO Ruby 能够达到纳克级灵敏度，但与传统银染方法相比有更宽的线性动态范围。SYPRO Ruby 染色后的样本可以进行质谱分析和 Edman 测序。

（5）SYPRO Ruby 荧光染料是天然材料，不含重金属，对环境无害；黏度低，易于操作。

11-3-3　硝酸银（$AgNO_3$）染色法

【实验操作】

（1）电泳完毕后，小心剥取凝胶，轻放入大塑料皿中。

（2）加入固定液固定 30min（每块凝胶的固定液用量为 250ml）。

（3）弃去固定液，用双蒸水冲洗 3 次，时间分别为 3min、5min 和 3min。

（4）用 500ml $AgNO_3$染色液染色 30min。

（5）弃去染色液，用双蒸水冲洗 4 次，时间分别为 3min、4min、4min 和 1min。

（6）用 500ml 显色液显色 5～12min，显色时应摇动，显色时间可灵活控制，一般采用边显色边观察。

（7）显色完毕加入 50ml 5%乙酸终止反应 5min。

（8）用双蒸水冲洗 2～3 次。

（9）最后用扫描仪扫描成像，以作进一步胶图匹配分析用。

（10）采用 Bio-Rad 公司研制的 PDQUEST 软件分析差异表达的蛋白质。

【实验解析】

（1）在“实验操作”中步骤（7）中，加入乙酸终止反应，至无气泡即可。

（2）银染法是利用银离子与氨基酸共价结合，还原剂的加入使与胶内蛋白质结合的银离子形成金属银而显色。

（3）银染法灵敏度比传统考马斯亮蓝染色法高约 100 倍，可检测低丰度蛋白，但银染步骤复杂、繁琐，每一步都必须小心操作，且着色线性动力学的覆盖范围窄，导致蛋白质差异显示的不准确性，同时由于游离银离子及相关试剂的存在，给后续分析及鉴定带来一定的实际困难。

（4）在银染过程中，蛋白质首先需要被固定。固定有两个作用，第一是把蛋白质固定在凝胶中或至少是阻滞它们在凝胶中的扩散。第二是为了去除干扰染色过程的物质，如去污剂、还原剂和缓冲液的成分。

(5) 银染过程中，对染色所用的水和试剂要求很高，否则会产生高背景。

(6) 银染法对一些蛋白质不能着色，有时还会出现“负染”，因此会使有些蛋白质漏检。

(7) 因为银染同时可检测 DNA、多糖、脂多糖等，所以不能作为蛋白质的专一检测方法。

(8) 理论上，一块双向电泳凝胶能分离出多达 15 000 个蛋白斑点，实际上，一次双向电泳最多可得到 11 000 个蛋白斑点。因此，必须对凝胶进行图像扫描，存储为图像文件进行分析。

(9) 凝胶扫描时应选择合适的分辨率，多数情况下 300dpi（dot per inch）比较合适。扫描时图像与凝胶大小最好是 1∶1；如果是考马斯亮蓝或银染色，可采用灰度透射模式扫描。

(10) 在比较蛋白质组学研究中，需要用图像分析软件通过对正常和异常的组织或细胞等材料的蛋白质凝胶电泳图谱间的匹配和比对，找出差异蛋白点，再结合图像分析数据与内部和外部数据库比对的结果做出结论。

(11) 图像分析软件一般都包括点检测、背景消减、匹配、分子质量与等电点校正、数据标准化等分析过程。

11-3-4　考马斯亮蓝蛋白质染色试剂盒法

【实验试剂】

高灵敏度快速考马斯亮蓝染色试剂盒［生工生物工程（上海）股份有限公司］，产品编号 C510041：染色液 A，染色液 B，脱色液。

【实验操作】

(1) 取出电泳后的聚丙烯酰胺凝胶，用蒸馏水冲洗凝胶。

(2) 加入 20ml 蒸馏水，置于摇床上，振荡清洗 5min，重复 3 次。

(3) 在干净的器皿中，加入 20ml 1 倍染色液 A 和 1.2ml 染色液 B 充分混合，将胶放入，置于摇床上，振荡染色 30min。

(4) 将胶放入另一个干净的器皿中用双蒸水冲洗胶，再加入 20ml 1 倍的脱色液，置于摇床上，振荡清洗 15min，重复 3 次。

(5) 清洗后，即可进行蛋白条带的观察和照相。

【实验解析】

(1) 考马斯亮蓝 R-250 与考马斯亮蓝 G-250 相比，它的疏水性相对较弱，与蛋白质的结合速度相对较低。本试剂盒采用离子对方法，使得考马斯亮蓝 R-250 与蛋白质的结合较快，而与胶的结合的程度较低，因此大大减少了脱色的时间，同时也不需要固定，可以在 1h 左右完成，最低能够检测出 10ng 的蛋白条带。

(2) 本试剂盒法所配的试剂量是针对 80mm×60mm×1mm 凝胶而定，若凝胶体积较大，可适当增加染色液的体积。

(3) 本试剂盒法推荐的染色时间是针对 10ng 的蛋白质而定，若蛋白质含量较少，可适当延长染色时间。

(4) 注意事项。

①实验前，根据所染胶块的数量，取一定体积的染色液 A 和脱色液，用双蒸水稀释为 1 倍浓度后再使用。

②染色液 A 和染色液 B 的混合应该即用即配，配好的溶液在 1h 左右，会产生沉淀，影响后面的染色过程。

③盛装染色液的器皿容易产生蓝色的沉淀物，可以用 1% 的 SDS 浸泡，洗刷去除。

④实验时，戴上一次性手套，因为染色液 A 和染色液 B 有一定的腐蚀性，同时染色液与皮肤接触会产生稳定的复合物，很难清洗干净。

实验 11-4　用于质谱分析的多肽样品制备

【实验目的】

双向电泳的凝胶染色后，经过扫描和图像处理，为了对感兴趣的蛋白斑点进行进一步的质谱或其他分析，可利用自动切取蛋白斑点的仪器将斑点挖出，并按程序放在 96 孔板中再将蛋白酶解，以供质谱仪进行 MALDI-TO 分析，进而得到蛋白质氨基酸序列或肽图。本实验利用蛋白质胶内分离酶切的方法，制备用于质谱分析的多肽样品。

【实验材料】

双向电泳染色后的凝胶。

【实验试剂】

乙腈；1mol/L 碳酸氢铵；消化液（100mmol/L 碳酸氢铵，0.5mmol/L 氯化钙，12.5ng/μl 测序级胰蛋白酶，新鲜制备并放于冰上）；50mmol/L 二硫苏糖醇（DTT）；甲酸；100mmol/L 碘乙酰胺（IAA）。

【实验操作】

(1) 将考马斯亮蓝染色后的凝胶分析，使用修剪好的吸头或者干净刀片切取目的蛋白点，转移至干净的微量离心管中，同时将凝胶的非蛋白区域切去同样大小的凝胶作为胶内蛋白消化和质谱分析的对照，与样品同时处理。

(2) 用多于2倍凝胶体积的水/乙腈（1∶1）混合液洗涤凝胶，并吸去洗涤液，反复洗涤凝胶，直至将凝胶中的绝大部分考马斯染料去除。

(3) 添加乙腈浸没凝胶，待凝胶收缩并显乳白色后，吸去乙腈。

(4) 加入100mmol/L碳酸氢铵，5min后加入等体积的乙腈，继续孵育15min，吸去液体。

(5) 用真空干燥器抽干凝胶。

(6) 加入10mmol/L DTT和10mmol/L碳酸氢铵溶液，浸没凝胶，并及时补充溶液。65℃孵育45min，目的是抑制二硫键形成。

(7) 吸去溶液，加入等体积的50mmol/L IAA和100mmol/L碳酸氢铵，并于30℃避光孵育30min，目的是将半胱氨酸残基烷基化并防止二硫键形成。

(8) 吸去溶液，并重复步骤（2）和（3），用真空干燥器抽干凝胶。

(9) 加入新鲜配制的消化液浸没凝胶，冰上孵育45min，并及时添加消化液保持浸没状态。

(10) 吸去过量的消化液，添加5～20μl 100mmol/L碳酸氢铵溶液保持凝胶在酶解时的湿度，37℃孵育过夜。

(11) 添加适量100mmol/L碳酸氢铵溶液浸没凝胶，室温孵育15min。

(12) 添加等体积乙腈，室温孵育15min。

(13) 将上清转移至新的微量离心管内。

(14) 用5%甲酸取代100mmol/L碳酸氢铵溶液重复提取步骤（11）～(13）两次以上，目的是为了保护肽段。所有的上清都混合到微量离心管中。

(15) 将上清液在干冰上冷冻。

(16) 将提取肽段冷冻干燥至离心管中还留有1～2μl液体即可。

(17) 加入5%甲酸2～20μl溶解肽段。

(18) 样品用于质谱分析。

【实验解析】

(1) 吸头修剪时可用剪刀将200μl的Eppendorf吸头尖端剪掉约1cm，孔的直径约1mm。

(2) 水/乙腈混合液洗涤凝胶时室温浸泡，每隔30min换一次洗涤液，一般1～2次即可。

(3) 每一步加入的液体量视胶块大小定，一般是50μl/管，较大的样品需要更多提取液。

(4) 每次打开EP管盖子前确认胶块在管内，并将胶块甩至管底。开盖子动作尽量轻巧，以免胶块弹出。

(5) 在冻干样品后，要确保样品在管底，以防样品与封口膜一起被去掉。

(6) 以上所有实验所用的试剂均为最高纯度，实验过程中应佩戴无粉手套以减少人表皮蛋白污染。

(7) 在电泳后对样品组分进行定量检测时，需注意以下几点：

①已知和未知样品必须使用相同的溶剂系统，相同的浓度，相同的加样量，并在同一块凝胶上电泳和染色。

②在凝胶上必须按照说明书采用合适的方法扣除背景。

③对未知和已知样品扫描和进行数据处理时应该采用相同的参数。

④选择合适的染色方法，以使样品的浓度和吸光度的关系在线性范围内。

(8) 通常可采用凝胶内切酶或电洗脱后在溶液中酶切等酶解方法将蛋白质切成肽段。

(9) 酶解后，可以采用基体辅助激光解析电离飞行时间质谱（matrix-assisted laser desorption ionization time of flight mass spectrometry, MALDI-TOF-MS）测定凝胶内酶切后多肽混合物的质量，获得肽质量指纹图谱（peptide mass fingerprinting, PMF）。

部分蛋白质组学数据库如表11-1所示。

表11-1 部分蛋白质组学工具网址

网址	内容
http://base-peak.wiley.com	Base Peak; www resources collected by Wiley
http://www.narrador.embl-heidelberg.de	EMBL protein and peptide group
http://prospector.ucsf.edu	ProteinProspector
http://www.narrador.embl-heidelberg.de/Services/PeptideSearch/PeptideSearchIntro.html	PeptideSearch

续表

网址	内容
http://www. matrixscience. com	Mascot
http://www. seqnet. dl. ac. uk/bioinformatics/webapp/mowse	Mowse
http://prowl. rockefeller. edu/cgi-bin/ProFound	ProFound
http://www. lsbc. com：70/lutefisk97. html	Lutefisk97
http://www. m-scan. com	M-scan
http://www. protana. com	Protana
http://www. expasy. ch/tools	Expasy proteomics tools
http://www. ncbi. nlm. nih. gov/	NCBI homepage
http://www. ncbi. nlm. nih. gov/dbest/index. html	dbest database
http://genome-www. stanford. edu/saccharomyces/	Saccharomyces cerevisiae genome database
http://fields. scripps. edu/sequest/start. html	SEQUEST

第12章 酵母双杂交系统分离克隆目的基因

实验12-1 双杂交文库构建及筛选

【实验目的】

学习和掌握一种酵母双杂交文库构建的方法和技术。

【实验材料】

pGADT7-Rec克隆载体，酵母菌株Y187，2～5μg拟南芥ds cDNA，无菌的玻璃珠（5mm）。

【实验试剂】

（1）SD固体培养基：硫酸铵5g，酵母氮源（不含氨基酸）1.7g，葡萄糖20g，琼脂粉17g，10×SD（不含亮氨酸）100ml，去离子水定容至1L，115℃高压灭菌15min，倒入培养皿中，待冷却后用封口膜封口，储存于4℃备用（注：卡那霉素硫酸盐应以50μg/ml的浓度加入酵母培养基中来抑制培养基中细菌污染）。

（2）SD/-Leu固体培养基：1.335g SD agar base，50ml 10×DO（-Leu-Trp）；2.5ml 20×Trp，加水定容至50ml。

（3）YPDA培养基：15g YPD，4.5ml 0.2% Adenine，加水定容至300ml，灭菌。

（4）YPDA/25%甘油（将100ml无菌的YPDA和50ml 75%无菌的甘油混匀）。

（5）50% PEG4000（wt.=3350），用前抽滤或高压蒸汽灭菌。

（6）100% DMSO。

（7）10×TE：0.1mol/L Tris-HCl（pH7.5），10mmol/L EDTA，高压蒸汽灭菌。

（8）10×LiAc：1mol/L LiAc用乙酸调pH7.5，高压蒸汽灭菌；

（9）20×Trp：200mg Trp溶于100ml ddH_2O中。

（10）0.2% Adenine：0.2g Adenine Hemisulfate Salt溶于100ml ddH_2O中。

（11）ddH_2O：高压蒸汽灭菌。

【实验操作】

1）酵母感受态细胞的制备

（1）从YPDA平板上挑取直径2～3mm Y187单克隆，接入1ml YPDA液体培养基中，振荡打散菌落，然后接入50ml YPDA液体培养基中，30℃恒温，250r/min振荡培养过夜（16～18h），至OD_{600}＞1.5。

（2）取适量过夜菌液接种于300ml新鲜的YPDA培养基，至OD_{600}=0.2～0.3，30℃恒温，250r/min振荡培养至OD_{600}=0.4～0.6（约3h）。

（3）室温5000r/min离心5min，弃上清，加入25～50ml ddH_2O或TE重悬洗涤酵母沉淀细胞，离心弃上清，重复洗涤一次，沉淀用1.5ml 1×TE/LiAc重悬后，即为酵母感受态细胞。

2）植物cDNA文库与酵母pGADT7-Rec载体共转化

（1）准备下列试剂。

		10×TE	10×LiAc	50% PEG	ddH_2O
1×TE/LiAc	1.50ml	150μl	150μl	—	1.20ml
PEG/LiAc	10ml	1.0ml	1.0ml	8.0ml	—
1×TE	10ml	1.0ml	—	—	9.0ml

（2）取1ml用1.5ml 1×TE/LiAc重悬的酵母感受态细胞，加入以下成分，振荡混匀：20μl ds cDNA（ds cDNA 2～5μg），6μl pGADT7-Rec（0.5μg/μl），10mg/ml Sperm DNA* 200μl。

注：Sperm DNA新配制时水浴煮沸20min，立即插入冰浴，保存于－20℃。

（3）加入6ml PEG/LiAc，剧烈振荡（提高转化效率），30℃恒温，200r/min振荡培养30min。

（4）加入700μl DMSO，缓缓倒置混匀（不能振荡），42℃水浴热休克15min（间歇轻柔混匀），迅速插入冰浴冷却1～2min。

（5）室温2500r/min离心5min，尽量弃尽上清，以10ml 1×TE重悬沉淀细胞，将100μl 1/10、1/100稀释液分别铺板于SD/-Leu 100mm固体培养基上，30℃孵育3～4d；确定文库的库容。独立克隆数=No. of cfu/ml on SD/-Leu×重悬液体积（15ml），这个值表示转化效率。若建立2×10^7库容的文库，那么在1/100稀释板上应当有133个独立克隆；若这时候有1×10^7个独立克隆子，那么可以直接进行步骤（7）。若这时候没有1×10^7个独立克隆子，请重新制备感受态细胞提高转化效率和 cDNA 的质量。

(6) 将剩下的悬浮液铺板于 150mm SD/-Leu 选择培养基上。每板 150μl 悬浮液，约使用 100 板，30℃孵育 3～4d。

(7) 收获步骤 (6) 中的转化子：4℃，3～4h 冷却培养板。

①加入 5ml 的冻存液。

②使用无菌的玻璃珠将板中的菌落分离下来（缓缓地摇晃培养板，玻璃珠均匀地滚动于培养基表面将分离菌落，分离后的菌落溶于冻融液中）。

③将所有的液体收集于无菌的单管中（收集后的体积要达到 0.5L）。

④用细胞计数板来计算细胞密度。若细胞密度小于＜2×10^7cfu/ml，离心来减少悬浮液的体积。

⑤将文库 1ml 分装几管待短期使用，剩下的 50ml 分装待长期使用。−80℃贮存。

分装的 1ml 单管文库可用于进行筛选（注：当复苏贮存文库时，每次务必重新计算文库的滴度，确保文库滴度大于1×10^7cfu/ml）。

3）文库滴度测定

(1) 将 10μl 的文库加入装有 1ml YPD 液体培养基的 1.5ml 离心管中，涡旋轻柔混匀。这是稀释液 A（稀释因子＝10^{-2}）（注：酵母文库非常黏，因此，在分装时要小心点，尽量缓慢些）。

(2) 从稀释液 A 中取 10μl 文库，然后加入装有 1ml YPD 液体培养基的 1.5ml 离心管中，涡旋轻柔混匀。这是稀释液 B（稀释因子＝10^{-4}）。

(3) 从稀释液 A 中取 10μl 文库，然后加入装有 50μl YPD 液体培养基的 1.5ml 离心管中，涡旋轻柔混匀。将这 60μl 培养基铺板与 SD/-Leu 固体培养基上。

(4) 从稀释液 B 中取 50μl 铺板于 SD/-Leu 固体培养基上。

(5) 将板倒置，30℃，孵育 3～5d（注：菌落大小会因插入片段而异）。

(6) 数培养板上的菌落，每板应该有 30～300 个菌落。

(7) 利用如下方法计算滴度（cfu/ml）：克隆数＝cfu/ml 铺板体积（ml）×稀释因子（注：由于移液管的误差，2～5 倍的滴度差异是正常的）。

举例计算：每板克隆数＝100，铺板体积＝0.05ml，稀释因子＝10^{-4}，则

$$\frac{100}{0.05\text{ml}\times10^{-4}}=2\times10^7\ \text{cfu/ml}$$

【实验解析】

酵母双杂交文库构建是通过酵母双杂交技术分离克隆基因的基础，高质量的文库才有可能筛选到目的蛋白的互作基因。在酵母双杂交文库构建过程可能会遇到转化效率不高的问题，这个问题通常有几个方面的原因：

(1) DNA 纯度不够。解决方法是检测 DNA 的纯度，如果必要，使用乙醇沉淀进行重新纯化。

(2) 培养基不合适。解决方法是重新配制培养基，并且验证其质量，使用 pGBT9 对照分析转化效率。预期的转化效率≥1×10^5克隆子/μg DNA。

(3) Y187 酵母生长太慢，应挑选单克隆制备感受态。在 YPDA 培养基上培养 4 个单菌落，然后挑选生长最快、状态最好的菌落来制备感受态细胞。

实验 12-2　酵母双杂交文库筛选目的基因

【实验目的】

(1) 学习和掌握两种不同的酵母双杂交文库筛选的方法和技术。

(2) 利用酵母双杂交系统筛选目的基因。

【实验材料】

酵母菌株 AH109（pGBKT7-bait），酵母菌株 Y187（pGADT7-cDNAs），酵母菌株 AH109。

【实验试剂】

TE/LiAc 溶液，LB 培养基，YPD 培养基，YPD 琼脂培养基，YPDA 培养基，羧苄西林，卡那霉素，腺苷酸，腺嘌呤，minimal SD base，minimal SD agar base，-Leu DO supplement，-Trp DO supplement，-Leu/-Trp DO supplement，-Leu/-Trp/-His DO supplement，PEG8000，DMSO，PEG/LiAc，酵母质粒提取试剂盒。

12-2-1　通过酵母配对来筛选目的基因

【特殊目的】

学习并掌握从已经构建好的酵母双杂交文库中筛选克隆基因。

【实验操作】

1）酵母菌株 AH109（pGBKT7-bait）的复苏与表型验证

(1) 酵母菌株 AH109（pGBKT7-bait）复苏前 1～2d，配制营养缺陷型培养基并于高压消毒后倒平板。

（2）用无菌接菌环在酵母冻存管中挑取一小团酵母细胞接种到 YPDA 琼脂板营养缺陷型培养基上，30℃倒置孵育 3～5d。

（3）待酵母长到直径 2～3mm 后，将其接种到营养缺陷型培养基上进行表型验证。

2）融合文库宿主菌和诱饵菌株

（1）在室温水浴中溶化 1ml 等份（$\geqslant 2\times10^7$ 细胞）Y187（文库）。

（2）混合 5ml AH109（pGBKT7-bait）（诱饵，$\geqslant1\times10^9$ 细胞/ml）和 1ml 均分的 Y187 细胞（文库，$\geqslant 2\times10^7$ 细胞）在一个无菌 2L 烧瓶中（注：烧瓶的大小至少 2L，以便足够低速摇动培养充气量）。

（3）加入 45ml 2×YPDA/Kan（50μg/ml），轻轻摇动。

（4）用两个 2×YPDA/Kan（50μg/ml）均分液从文库瓶中洗脱细胞。

（5）30～50r/min 转速，30℃温育 20～24h。

注：低速转动保持细胞免于附着烧瓶底部是非常必要的，>50r/min 速度的摇动培养会非常明显地降低融合率。

（6）20h 融合后，在相差显微镜下检查一滴融合培养物，如果合子存在，可以再进行 4h 的融合。否则就继续步骤（5）。

（7）把融合混合物转移到一个无菌 100ml 的离心管底部。1000*g* 离心 10min。用 0.5×YPDA/Kan（50μg/ml）冲洗融合烧瓶 2 次（每次用 50ml 冲洗）。收集冲洗液并用它重新悬浮细胞。

（8）1000*g* 离心 10min。在 10ml 0.5×YPDA/Kan（50μg/ml）细胞块。测量细胞和培养基总体积。

（9）涂于事先备好的 SD/-Leu，SD/-Trp，SD/-Leu/-Trp，SD/-His/-Leu/-Trp 平板上，每种涂两板，每板加入 150μl 共转化产物，30℃培养一周左右，观察各培养基上酵母菌的生长情况。

（10）评估 SD/-Leu，SD/-Trp 和 SD/-Leu/-Trp 上的生长。计算融合的效率和筛选克隆的数量。

3）计算融合效率和可筛选的克隆数

（1）计算在 30～300cfu 的 SD/-Leu，SD/-Trp 和 SD/-Leu/-Trp 稀释平板上的生长的克隆（cfu）。

（2）计算能在每一个 SD 培养基上生存的 cfu/ml：

Cfu/Vol. plated（ml）×dilution factor ＝＃viable cfu/ml

＃ cfu/ml on SD/-Leu＝活力 of AH109 partner

＃ cfu/ml on SD/-Trp＝活力 of Y187 partner

＃ cfu/ml on SD/-Leu/-Trp＝二倍体活力

（3）对比两个可融合菌株的生存 cfu/ml。低存活菌株是“限制”菌株。在这个文库筛选方案中，Y187（文库）菌株应该是一个限制菌株，它可以确定相融合菌株的最大文库细胞数目。

（4）计算融合效率：＃ cfu/ml of diploids/＃ cfu/ml of limiting partner×100＝% Diploid。

注：如果融合效率小于 2%，并获得较少的阳性克隆，则可以用另 1ml 重复文库筛选，参照 the Troubleshooting Guide 的上面部分改进融合效率。

（5）评估可筛选的克隆数目。

＃ cfu/ml of diploids × resuspension volume（ml）＝＃ of clones screened

4）对照实验：小规模的酵母融合

（1）每一个类型挑一个克隆使用［Y187（pGBKT7-RecT）、AH109（pGBKT7-53）和 AH109（pGBKT7-Lam）］。仅仅使用主板上大的（2～3mm）、新鲜的（小于两个星期）克隆。

（2）放两个克隆在一个加入了 2×YPDA 培养基的 1.5ml 离心管中，振荡离心管 1min 完全悬浮细胞。

（3）30℃温育、摇动过夜(20～24h)（注：使用最低摇速尽可能地阻止细胞聚集，剧烈的摇速也能降低融合效率）。

（4）铺细胞于 SD 基本培养基上（100μl 细胞/100mm 平板）。使用无菌的 5mm 的玻璃珠去促进细胞的铺展。

（5）30℃温育平板 3～5d（有克隆面向下），让二倍体细胞形成可见的克隆。

（6）评估生长情况，计算融合效率。

（7）确定二倍体营养和报告基因的表现型。

（8）从平板上挑选有代表性克隆，划到新的培养基上。

（9）克隆生长后，用封口膜密封平板，保存在 4℃。对于长期保存（大于两周），准备甘油培养物并在－70℃冻存。当检测新一批的 SD 培养基的时候，这些作为参照菌株二倍体是非常有用的。

【实验解析】

酵母融合法进行文库筛选适用于酵母文库已经构建好的情况，实际操作过程中可能由于融合率低而得不到预期的结果，解决这一问题的方法有以下几种。

（1）在融合过程中，预转化的诱饵细胞数量不足。如果你准备过夜培养诱饵菌株，确定使用一个大的、新鲜的克隆作为接种体。在离心和重新悬浮后，使用计数器计算细胞数。密度应该是

大于 1×10^{-9} 细胞/ml，超过预转化文库细胞 100 倍的量。

（2）一个或者两个融合蛋白对酵母有毒。可以制备融合蛋白，减轻它的毒性但让相互作用发生。也可以使用表达低水平融合基因的 DNA-BD 和 AD 载体（如 pBridge 或 pGBT9）。很有必要在琼脂平板进行融合或者在滤膜上。确定建立融合对照作为对比。

（3）如果诱饵蛋白与酵母融合蛋白有同源性，它可能妨碍融合。如果怀疑是同源，很有必要通过共转化筛选你的文库。

12-2-2　通过共转化的方法筛选目的基因

【特殊目的】

学习并掌握一种一步法进行酵母双杂交筛选克隆基因的方法和技术。

【实验材料】

pGADT7-Rec 克隆载体，pGBKT7-bait，酵母菌株 Y187，2～5μg 拟南芥 ds cDNA，无菌的玻璃珠（5mm），Herring DNA。

【实验操作】

1）AH109 菌株与 ds cDNA，pGADT7-Rec，pGBKT7/bait 的共转化

（1）准备感受态细胞（Appendix B）。

（2）在一支无菌的 15ml 试管中加入以下试剂：20μl ds cDNA，6μl pGADT7-Rec（0.5μg/μl），5μg pGBKT7/bait plasmid DNA（≤10μl），20μl Herring Testes Carrier DNA（已变性）。

注：移取大约 50μl Herring DNA 到一个离心管中，100℃加热 5min。然后立即放在冰浴上冷却 DNA。在加 DNA 到 1.5ml 反应管之前再重复一次。

（3）加 600μl 感受态细胞到 DNA 中，轻轻振荡混合。

（4）加入 2.5ml PEG/LiAc 溶液，轻轻振荡混合。

（5）30℃温育 45min，每隔 15min 混合一次细胞。

（6）加入 160μl DMSO，混合，放在 42℃水浴 20min，每隔 10min 混合一次细胞。

（7）700*g* 离心 5min。弃掉上清并用 3ml YPD Plus 液体培养基重新悬浮（YPD Plus 特别配制用于转化，这一步不使用标准的 YPD 培养基）。

（8）30℃温育，摇动，90min。

（9）700*g* 离心 5min。弃掉上清并用 6ml 0.9% NaCl 溶液重新悬浮。

（10）共转化产物涂于事先备好的 SD/-Leu，SD/-Trp，SD/-Leu/-Trp，SD/-His/-Leu/-Trp 平板上，每种涂两板，每板加入 150μl 共转化产物，30℃培养一周左右，观察各培养基上酵母菌的生长情况。

2）评估 SD/-Leu 和 SD/-Leu/-Trp 稀释平板上的生长

（1）计算 SD/-Leu 上生长的克隆。

colonies × 1000 ＝ # transformants/ 3μg pGADT7-Rec

期望结果：$\geqslant1\times10^{6}$ transformants/ 3μg pGADT7-Rec

（2）计算 SD/-Leu/-Trp 上生长的克隆。

colonies×1000 ＝ # clones screened

期望结果：$\geqslant1\times10^{5}$ clones/ library

3）对照实验：小规模的酵母共转化

在小规模酵母共转化时，试剂中阳性对照和阴性对照的成分及用量见下表。

成分含量	阳性对照 /μl	阴性对照 /μl
SV40 Large T PCR Fragment（25ng/μl）	5.0	5.0
pGADT7-Rec（*Sma* I-linearized；500ng/μl）	0.5	0.5
pGBKT7-53（500ng/μl）	0.5	—
pGBKT7-Lam（500ng/μl）	—	0.5
Herring Testes Carrier DNA（10mg/μl），denatured	5	5
Y187 Competent Yeast Cells	50	50
PEG/LiAc solution	500	500

（1）移取大约 50μl Herring DNA 到一个离心管中，100℃加热 5min。然后立即放在冰浴上冷却 DNA。在加 DNA 到 1.5ml 反应管之前再重复一次。

（2）准备酵母感受态细胞。

（3）采用两支 1.5ml 离心管。加入 DNA、感受态细胞和 PEG/LiAc 溶液，使用的体积和加入的顺序上表已经列出。

（4）轻轻用涡旋振荡完全混合。

（5）30℃温育 30min，每隔 15min 轻轻涡旋振荡一次。

（6）每支管中加入 20μl DMSO，混合，放在 42℃水浴 20min，每隔 5min 轻轻振荡一次。

（7）在离心管高速离心 15s。弃掉上清并用 1ml YPD Plus 液体培养基重新悬浮。

（8）30℃温育 90min，每隔 15min 轻轻振荡一次。高速离心 15s。

（9）抛掉上清，用 1ml NaCl 溶液通过轻轻上下吸打重新悬浮。

(10) 铺 100μl 按照 1∶10，1∶100，1∶1000 稀释悬浮液到 100mm SD 琼脂平板上：

SD/-Leu/-Trp 检查共转化的效率

SD/-Ade/-His/-Leu/-Trp/X-α-gal 选择表达相互作用蛋白的共转子

(11) 30℃温育 2～4d（上面向下），直到克隆出现。

(12) 用表 12-1 显示结果对比你的结果。

(13) 挑出最大的克隆，重新划同样的选择培养基上。

(14) 在克隆长出来以后，用封口膜密封这些主板并保存在 4℃。对于长期保存（大于两周），准备甘油培养物并在－70℃冻存。检测新一批的 SD 选择培养基的时候，这些作为参照菌株是非常有用的。

表 12-1　双杂共转化对照：期望结果

对照菌株	SD 培养基平板	表型	
		Meu	His/Ade
阳性对照 Y187［PGADT7-RecT＋pGBKT7-53］	-Ade/-His/-Leu/-Trp/X-α-Gal	蓝色	＋
阴性对照 Y187［PGADT7-RecT＋pGBKT7-Lam］	-Ade/-His/-Leu/-Trp/X-α-Gal	无克隆	－

【实验解析】

共转化的酵母文库筛选方法节省了酵母双杂交文库构建及转化的步骤，直接在一个酵母菌中同时转入 cDNA 文库、诱饵载体及文库载体，通过营养缺陷型、X-α-gal 底物反应等筛选阳性克隆，从而获得诱饵蛋白的互作基因。该方法的成功与否受到 cDNA 文库质量、酵母感受态细胞质量及诱饵载体质量的影响，操作过程中各种条件需要调整到较优状态才有可能获得预期结果。

实验 12-3　分析阳性相互作用

【实验目的】

学习并掌握酵母双杂交文库筛选结果的分析方法。

【实验材料】

通过 12-2-2 实验获得的转化体为实验材料。

【实验试剂】

Z-buffer (pH7.0)：$Na_2HPO_4 \cdot 7H_2O$ 16.1g/L，$NaH_2PO_4 \cdot H_2O$ 5.5g/L，KCl 0.75g/L，$MgSO_4 \cdot 7H_2O$ 0.246g/L；X-α-gal 或 X-β-gal，-Leu/-Trp/-His/-Ade DO supplement。

12-3-1　营养缺陷型/报告基因表达/3AT 方法重测表型

【实验操作】

1）营养缺陷型法重测表型

(1) 铺展融合培养物或共转化产物于 TDO 或者 QDO 平板（200μl cells/ 150mm 平板）（TDO 代表 3 种缺省培养基：SD/-His/-Leu/-Trp；QDO 代表 4 种缺省培养基：SD/-Ade/-His/-Leu/-Trp）。

(2) 30℃温育直到克隆出现。2～3d 后，将会看到一些克隆，但是平板应再温育至少 5d，让生长慢的克隆出现（弱的阳性）。2d 后忽略小的、灰色的克隆，但是生长不要超过 1mm 的直径。真正的 Ade^+、His^+ 克隆是粗糙的并生长到大于 2mm 的直径。Ade^+ 克隆是白色的或者是浅红色的，但 Ade^- 克隆将在 Ade 限制的培养基上慢慢变红。

(3) 对于生长在 TDO 培养基上的克隆，复制到 QDO 培养基上。30℃温育 3～8d。

(4) 选择克隆进一步分析。从这个选择存活下来的克隆不是所有的都是真正的双杂阳性克隆。多数普通类型的假阳性的结果能通过 ADE2 和 HIS3 表达筛选被删除掉，其他类型的假阳性克隆则可以通过添加 3AT 被删除掉。

2）3AT 法重测表型

划 Ade^+/His^+ 克隆到新的添加不同浓度的 3AT 的 SD/-Ade/-His/-Leu/-Trp 主板上并在 30℃下生长 2～4d，直至菌落出现，出现的菌落即可认为是阳性克隆，对于经过此方法筛选到的阳性克隆，还可以通过报告基因的表达来进一步验证。

3）报告基因表达法重测表型

(1) 划 $3AT^+$ 克隆到新的 SD/-Ade/-His/-Leu/-Trp/X-α-gal 主板上并在 30℃下生长 2～4d，有 X-α-gal 的培养基能检测 Ade^+/His^+ 克隆对第三个报告基因 *MEL1* 的激活，*MEL1* 能够编码 α-galactosidase，它是一种内分泌的、能水解 X-α-gal 产生蓝色终产物的酶。

(2) 用封口膜密封主板并保存在 4℃。如果想得到克隆，准备感兴趣的克隆的甘油培养物，冻存在－70℃下长期保存。

【实验解析】

检测数据要通过统计学处理。

12-3-2　酵母双杂交相互作用基因的最终获得

【特殊目的】

学习和掌握一种获得相互作用基因方法。

【实验材料】

大肠杆菌电转感受态细胞，KC8 细胞。

【实验试剂】

SD/-Leu 培养液，酵母裂解液（2% Triton X-100；1% SDS；100mmol/L NaCl；10mmol/L Tris，pH8.0；1mmol/L EDTA），酸洗玻璃珠，3mol/L NaAc，BD Matchmaker AD LD-Insert Screening Amplimer Set，BD Advantage 2 PCR Kit polymerase Mix，M9 培养基。

【实验操作】

1）从酵母中分离质粒 DNA

（1）挑取经过酵母营养缺陷平板筛选并分离的蓝色酵母单菌落，接种于 5.0ml SD/-Leu 液体培养基，30℃恒温，250r/min 振荡培养 1～2d，使其丢失 pGBKT7/bait 质粒。

（2）室温 5000r/min 离心 1min，弃上清。

（3）加入酵母裂解液 200μl，振荡重悬菌团。

（4）加入玻璃珠（sigma）0.2g，苯酚/氯仿/异戊醇（25∶24∶1）0.2ml，涡旋振荡 5min。

（5）－70℃保存过夜或液氮冻存 10min。

（6）室温复溶，再振荡 5min。

（7）室温 12 000r/min 离心 10min，上清转移至新的 1.5ml 离心管中，加入 3mol/L NaAc（1/10*V*）20μl，无水乙醇（2.5*V*）500μl，－70℃冻存 30～60min。

（8）4℃下 12 500r/min 离心 10min，弃上清；70%乙醇洗涤沉淀，于 37℃烘箱或超净台干燥 DNA；以 20～30μl 无菌 ddH_2O 重悬 DNA，保存于－20℃。

2）通过大肠杆菌选择来分离质粒

由于从每个酵母克隆分离的质粒是一个诱饵质粒和至少一个文库质粒混合的杂合质粒，因此需要通过大肠杆菌选择来分离质粒。根据诱饵质粒与文库质粒抗生素选择标记的异同通常选择不同的方法来进行分离。

（1）诱饵质粒和文库质粒有不同的抗生素选择标记：转化已分离的酵母质粒提取物到普通的大肠杆菌菌株，铺转化子到含有诱饵质粒携带的抗生素选择标记的 LB 培养基上，仅仅选择外文库质粒。

（2）诱饵质粒和文库质粒有相同的抗生素选择标记：转化酵母纯化的质粒到 KC8 大肠杆菌细胞中，将转化子涂布在缺乏 Leu 的 M9 培养基上仅仅选择文库质粒（KC8 细胞内缺少 LeuB，这个能被酵母 LEU2 所互补）。

（3）将仅含有文库质粒的大肠杆菌扩增培养，并提取质粒，即获得了经过酵母双杂交方法筛选到的带有目的基因的质粒。

3）通过 PCR 扩增 cDNA 插入片段

（1）预热 PCR 仪到 94℃。

（2）把 BD Advantage 2 PCR Kit components 和 GAL4 AD LD-Insert Screening Amplimers 放在冰上，让其完全溶化。在使用前充分混合每个组分。

（3）准备主混合液，按下表所列的混合各个组分。

实验结果	1 rxn	10 rxns +1 extra	25 rxns +1 extra
PCR-grade deionized H_2O	41μl	451μl	1066μl
10×Advantage 2 PCR Buffer	5μl	55μl	130μl
5′LD Amplimer (20μmol/L)	1μl	11μl	26μl
3′LD Amplimer (20μmol/L)	1μl	11μl	26μl
50×dNTP Mix (10mmol/L ea.)	1μl	11μl	26μl
50×Advantage 2 polymerase Mix	1μl	11μl	26μl
合计	50μl	550μl	1300μl

（4）使用无菌的吸头，从一个克隆上蘸一些大肠杆菌细胞。把这些细胞放到一个干净的 250μl PCR 管的底部。

（5）加 50μl 主混合液到反应管中，轻轻地上下吸打分散细胞。

（6）如有必要用两滴矿物油覆盖反应混合物。盖上盖子后放入预热的热循环仪上。

（7）开始热循环反应。参考使用下列程序：94℃，3min；94℃、30s，68℃、3min（25～30 循环）；68℃，3min；15℃保持。

（8）PCR 产物进行凝胶电泳分析。

4）cDNA 插入片段的测序

（1）文库（AD/library）cDNA 插入片段能进行测序，使用 BD Matchmaker AD LD-Insert Screening Amplimer Set、一个 T7 测序引物或者通过 BD Matchmaker Two-Hybrid System 3 提供的 3′AD 测序引物。通过所使用的引物检测载体序列，一定要注意一些 BD Matchmaker AD 质粒不包含有 T7 启动子。

（2）鉴定融合有 GAL4 AD 序列的开放式阅

读框的存在，并比对在 GenBank、EMBL 或其他数据库这些序列。

【实验解析】

（1）如果测序结果显示非常短（小于氨基酸）多肽融合有 AD 或者测序超过终止子没有融合的多肽，可以寻找其他大的开放式阅读框。当一个 mRNA 一部分 5′非翻译区和编码区一起被克隆的时候那样的间隔就出现了。Western blot 将会揭示一个 AD 融合蛋白的有无和大小。

（2）在一些例子中，即使在它们之间由于翻译通读出现非翻译的间隔，两个不同的 ORF 也可以作为与 AD 融合基因被表达。

（3）如果你的序列结果没有在 AD 编码区显示任何的 ORF，也可能是这样，阳性的文库克隆在反方向被 ADH1 之内的不知道的启动子转录了。酵母也会出现翻译移码。在错误的阅读框中一个大的 ORF 也可以出现不符合的表达蛋白。

第二篇主要参考文献

韩慧，胡子有，吴炳义. 2012，荧光定量PCR和环介导等温扩增方法检测隐球菌CAP1O基因的比较研究. 南方医科大学学报，32（6）：817-820

贺斌，黄兴奇，余腾琼，等. 2012，cDNA末端快速扩增技术及其方法的改进. 浙江农业科学，(9)：1352-1357

金燕，张薇薇，王溯源，等. 2015. 辣椒中常见产毒性真菌的裸磁珠-多重实时荧光定量PCR检测方法. 南方医科大学学报，35（1）：23-28

赖燕，林明，陈桂信，等. 2010. 辣椒应答疫霉差异表达基因cDNA分离技术平台建立与应用. 江西农业大学学报，(5)：997-1003

李瑶. 2006. 基因芯片数据分析与处理. 北京：化学工业出版社

梁远学. 2014. 椰肉发育过程中差异表达基因的分离和功能注释. 海口：海南大学硕士学位论文

林克 AJ，拉巴厄 J. 2012. 冷泉港蛋白质组学实验手册. 曾明，王恒樑，王斌，等译. 北京：化学工业出版社：11-31

吕洪坤，郑军. 2013. 图位克隆技术在玉米基因分离中的应用. 分子植物育种，11（3）：460-468

史蒂夫·拉塞尔，丽莎·梅多斯，罗斯林·拉塞尔，等. 2010. 生物芯片技术与实践. 肖华胜，张春秀，武雪梅，等译. 北京：科学出版社

王芳. 2014. 中华水韭重金属诱导差异表达基因的分离. 哈尔滨：哈尔滨师范大学硕士学位论文

王关林，方宏筠. 2009. 植物基因工程. 北京：科学出版社

王关林，方宏筠. 2014. 植物基因工程. 2版. 北京：科学出版社

魏开华，应天翼. 2010. 蛋白质组学实验技术精编，北京：化学工业出版社. 16-72

张丽，曹应龙，王海英，等. 2015. 实时荧光定量PCR（qRT-PCR）检测转基因成分的数据分析及其标准化研究. 农业生物技术学报，23（1）：126-134

第三篇

DNA 重组及载体构建技术

载体构建是植物基因工程最核心的技术。经过 DNA 酶切、连接、重组等，将目的基因连接到特定的载体上，才能用于对受体植物遗传转化。

本篇详细阐述了常用的目的基因克隆载体和遗传转化载体构建技术，以及特殊遗传转化载体构建技术，如 Tag 融合表达载体和多基因表达载体。另外，还详细介绍了组织特异性载体构建技术及几种最新的特异载体构建新技术，可以满足不同的教学科研需求。

第13章

目的基因克隆载体构建

实验13-1　目的基因PCR扩增

【实验目的】

分离克隆目的基因，用于后续目的基因克隆载体、中间表达载体和遗传转化载体构建。

【实验材料】

（1）PCR扩增模板（基因组DNA、cDNA或带有目的基因的其他质粒等）。

（2）基因特异引物。

【实验试剂】

（1）DNA聚合酶（如pfu高保真聚合酶）。

（2）DNA聚合酶缓冲液。

（3）2.5mmol/L dNTP。

（4）二价阳离子（如Mg^{2+}）。

（5）去离子水。

【实验操作】

操作步骤详见实验5-2“基因保守序列的PCR扩增”。

【实验解析】

（1）本实验中扩增目的基因的目的是用于后续克隆载体、中间表达载体和遗传转化载体构建。因此，为了保证目的基因序列的准确性，需要使用保真性较高的DNA聚合酶，如pfu高保真聚合酶。

（2）不同的高保真DNA聚合酶对于PCR反应体系和反应条件可能要求不同，如TAKARA公司的KOD高保真聚合酶对于模板质量要求较高，退火温度T_m为－5℃，延伸温度为68℃。因此，在进行目的基因PCR扩增时，要严格按照公司提供的说明书进行。

（3）按PCR产物末端是否有A尾巴，DNA聚合酶分为两种：一类DNA聚合酶的PCR扩增产物为平末端，另一类DNA聚合酶有非模板依赖性活性，可将PCR双链产物的每一条链3′端加入单A核苷酸尾，故可使PCR产物具有3′端突出的单A核苷酸尾。

（4）二价阳离子（通常是Mg^{2+}）的作用是激活热稳定的DNA聚合酶。在一定浓度范围内增加镁离子浓度可以提高PCR扩增效率和特异性。现在很多DNA聚合酶制剂都是预混合液，包括了DNA聚合酶、缓冲液、dNTP和Mg^{2+}，只需加入引物和模板即可进行PCR反应。

实验13-2　目的基因插入T载体

【实验目的】

将上述获得的目的基因PCR扩增产物，插入克隆载体T-vector，用于后续的中间表达载体和遗传转化载体构建。

【实验材料】

（1）目的基因PCR回收产物。

（2）T-vector克隆试剂盒。

（3）大肠杆菌感受态细胞（DH5α、TOP10、JM109等）。

【实验试剂】

（1）LB培养基（液体、固体）。

（2）抗生素（如氨苄霉素等）。

【实验操作】

具体操作步骤详见实验5-4“PCR扩增产物的克隆”。

【实验解析】

（1）常用的克隆载体有两类：一类是不依赖于限制性内切核酸酶酶切反应的T-vector，也是最为常用的克隆质粒载体；另一类是依赖于限制性内切反应的克隆载体，其重组载体构建见实验13-3“目的基因与克隆载体的限制性酶切及回收”。

（2）常用的商品化克隆载体分为两类：一类是平末端的线性化克隆载体，适用于平末端的PCR产物；另一类克隆载体末端含有一个额外的T，适用于末端带有A尾巴的PCR产物。因此在进行目的基因克隆载体构建时，应根据PCR产物末端是否带A，选择合适的克隆载体。

（3）如果要将平末端PCR扩增产物连入带有T的克隆载体，PCR产物需要进行一个加A反应；如果要将末端带A的PCR产物连入平末端克隆载体，则载体需要进行一个加T反应。

（4）很多商品化克隆载体中都引入了 *lacZ* 基因，目的基因的插入会阻碍 *lacZ* 基因表达，因此可利用蓝白斑筛选鉴定是否存在目的基因插入。

（5）有些商品化克隆载体含有自杀基因，可通过自杀基因表达与否筛选阳性重组子。当有外源 DNA 片段插入载体，破坏了自杀基因的读码框，致使其无法表达，重组菌正常生长；当无外源片段插入时，自杀基因的表达使重组菌无法生长，即“Zero”背景。这种载体无需蓝白斑筛选，易于操作，效率高。

实验 13-3　目的基因与克隆载体的限制性酶切及回收

【实验目的】

使用限制性内切核酸酶对上述获得的目的基因 PCR 产物与克隆质粒载体 DNA 进行酶切，并回收酶切产物，用于后续的连接反应。

【实验材料】

（1）克隆载体质粒 DNA（如 pBR322、pBSK 等）。

（2）目的基因（PCR 产物、RT-PCR 产物等）。

【实验试剂】

（1）限制性内切核酸酶及相应的缓冲液。

（2）10×上样缓冲液。

（3）TAE 电泳缓冲液。

13-3-1　平末端的限制性内切核酸酶单酶切

【特殊目的】

若使用的克隆载体中含有一个平末端的限制性内切核酸酶酶切位点（如 *Sma* Ⅰ、*Eco*RⅤ等），可以将载体进行单酶切，采用碱性磷酸酶将线性化的载体 DNA 去磷酸化处理后，直接与平末端的目的基因 DNA 片段（如 PCR 扩增产物）连接。这种情况下，目的基因不需要含有这种限制性内切核酸酶识别位点，也不需进行酶切反应。

【实验试剂】

（1）平末端限制性内切核酸酶及相应的缓冲液。

（2）碱性磷酸酶。

【实验操作】

（1）在 EP 管中依次加入以下试剂（以 20μl 反应体系为例）：

ddH_2O	7～12μl
10×buffer	2μl
克隆载体质粒 DNA（100ng/μl）	5～10μl
限制性内切核酸酶	1μl

注：① 一般情况下，加入 500～1000ng 的质粒 DNA 足够后续的回收和连接反应，如需获得更多量的质粒 DNA 酶切产物，则需加大反应体系。

②通常情况下，使用较大的反应体系或较少量的质粒，会使酶切反应更充分。反应体系中的 DNA 浓度不宜太大，小体积中过高浓度的 DNA 会形成黏性 DNA 溶液，抑制酶的扩散，降低酶活性。

③ 限制性内切核酸酶在使用前应短暂离心，使管壁上挂的酶液沉到管底。在吸取时吸头尽量不要碰到管壁，防止交叉污染。同时，酶应置于冰上，并尽量缩短酶在室温的放置时间，以免降低酶活性。

（2）充分混匀，瞬时离心，置于 37℃水浴锅中，孵育 3h。

注：① 绝大多数限制性内切核酸酶最适反应温度为 37℃，但也有个别反应温度为 30℃（如 *Bam*HⅠ）或者 50℃（如 *Sfi* Ⅰ）等，因此需要根据限制性内切核酸酶说明书进行。

②传统的限制性内切核酸酶一般需要较长的时间（3h）才能完成酶切反应，但现在很多公司开发了快速内切酶，如 Fastdigest™ 内切酶，仅需要 5～15min 即可酶切完全。

（3）取少量的酶切产物，加入 10×上样缓冲液，充分混匀，进行琼脂糖凝胶电泳，分析载体是否酶切完全。

注：在进行目的基因克隆载体构建时，要求载体质粒 DNA 酶切完全，否则在后续的大肠杆菌转化时，由于存在未切开的质粒 DNA，会出现很多假阳性。在电泳时推荐使用浓度较小的琼脂糖凝胶，一般 1% 即足够，易于区分酶切后线性化的、未酶切开的质粒 DNA。

（4）向剩余的酶切产物中加入碱性磷酸酶 CIAP，充分混匀，置于 50℃水浴锅中孵育 5min。

注：由于酶切后产生的平末端线性质粒载体，在后续连接反应中很容易发生自连，造成假阳性，因此有必要进行去磷酸化处理。

（5）将上述反应产物置于 65℃水浴锅中孵育 10min，灭活限制性内切核酸酶和碱性磷酸酶。

注：有些碱性磷酸酶具有热稳定性，65℃热激处理并不能使其失活，因此应按照说明书进行。

【实验解析】

(1) 常见的能产生平末端的限制性内切核酸酶有 *Sma* Ⅰ、*Eco*RⅤ、*Dra* Ⅰ、*Sna*BⅠ、*Stu* Ⅰ等。在使用过程中，不同酶的反应缓冲液不同，尤其是购自不同公司的限制性内切核酸酶。通常酶制剂自带缓冲液，请严格按照产品说明使用。

(2) 很多商品化的平末端克隆载体就是利用了平末端限制性内切核酸酶的这一特点，使用 *Eco*RⅤ将环形的质粒载体切成平末端的线性载体，并进行了5′端去磷酸化处理，避免载体自连。另一类 T-vector 则是在线性载体 DNA 3′端添加了一个额外的 T，这一处理不仅大大降低了载体自连的概率，也因为 T-A 碱基配对提高了外源基因插入 T-vector 的概率。

(3) 有些限制酶具有星活性（如 *Apo* Ⅰ、*Bam*HⅠ、*Eco*RⅠ、*Eco*RⅤ、*Hin*dⅢ、*Pst* Ⅰ、*Sal* Ⅰ、*Sca* Ⅰ）。反应体系中的甘油浓度、离子浓度、反应温度、酶含量、反应时间等都可能使限制酶产生星活性。减少酶用量、合适的反应温度、不进行长时间的酶切反应等，可减少星活性的概率。

(4) 碱性磷酸酶可以催化 DNA、RNA、核糖核苷酸和脱氧核糖核苷酸水解释放5′端或3′端磷酸基团。常用的碱性磷酸酶有细菌碱性磷酸酶和牛小肠碱性磷酸酶。用碱性磷酸酶处理线性载体，可防止载体发生自连环化，降低假阳性。

13-3-2 黏性末端的限制性内切核酸酶单酶切

【特殊目的】

采用黏性末端的限制性内切核酸酶将载体进行单酶切，以插入外源目的基因片段。需采用碱性磷酸酶将线性载体进行去磷酸化处理，避免载体自连。这种情况下，在目的基因克隆时，需要在上下游引物上添加该限制性内切核酸酶的识别序列，通过 PCR 扩增在目的基因两侧引入该酶切位点。需要注意的是，目的基因内部不能含有该酶的识别位点。

【实验试剂】

(1) 黏性末端限制性内切核酸酶及相应的缓冲液。

(2) 碱性磷酸酶。

【实验操作】

(1) 在 Eppendorf 管中依次加入以下试剂（以 20μl 反应体系为例）：

ddH_2O	7～12μl
10× buffer	2μl
克隆载体质粒 DNA (100ng/μl)	5～10μl
限制性内切核酸酶	1μl

(2) 充分混匀，瞬时离心，37℃孵育 3h。

(3) 取少量酶切产物，加入 10×上样缓冲液，充分混匀，进行琼脂糖凝胶电泳，分析载体是否酶切完全。

(4) 向上述酶切产物中加入碱性磷酸酶 CIAP，充分混匀，50℃孵育 5min。

注：与平末端线性化的质粒载体相比，单酶切产生的黏性末端线性载体，更易发生自连，因此去磷酸化处理是十分必要的。

(5) 将上述反应产物于 65℃孵育 10min，灭活限制性内切核酸酶和碱性磷酸酶。

【实验解析】

(1) 大多数限制性内切核酸酶对裸露的酶切位点不能完全切断（尤其是目的基因 PCR 产物酶切时），必须在酶切位点旁边加一个或几个保护碱基，才能使其进行有效切断。

(2) 有些限制性内切核酸酶识别位点和切割位点不一致，如 *Sfi* Ⅰ (GGCCNNNN^NGGCC)，*Bgl* Ⅰ (GCCNNNN^NGGC) 等。这类酶的特点是识别不连续的序列，中间的碱基可为任意序列。这类酶一般成对出现，两个位点识别序列中间的碱基序列不同（如 *Sfi* Ⅰ-A GGCCATTACGGCC，*Sfi* Ⅰ-B GGCCGCCTCGGCC），切割后产生的黏性末端也不同，因此单酶切可以起到双酶切的效果。

(3) *Sfi* Ⅰ限制性内切核酸酶需要成对出现时才能达到较好的切割效果，只有一个酶切位点时切割效率非常低。

13-3-3 限制性内切核酸酶双酶切

【特殊目的】

为了避免单酶切产生的载体自连问题，在目的基因克隆载体构建时往往采用双酶切，产生两种不同的黏性末端，有利于目的基因 DNA 片段的插入，并且线性载体不需要去磷酸化处理。在目的基因克隆时，需要在上下游引物上分别添加两种限制酶的识别序列，通过 PCR 扩增在目的基因两侧分别引入所选用的限制酶识别序列。目的基因内部不能含有这两种限制酶的识别序列。

【实验试剂】

限制性内切核酸酶及相应的缓冲液。

【实验操作】

（1）在 Eppendorf 管中依次加入以下试剂（以 20μl 反应体系为例）：

ddH_2O	6～11μl
10× buffer	2μl
质粒载体 DNA（100ng/μl）	5～10μl
限制性内切核酸酶 1	1μl
限制性内切核酸酶 2	1μl

注：反应体系中的限制性内切核酸酶的总体积不能超过总反应体系的 1/10，因为限制酶通常保存在 50%甘油缓冲液中，过高的酶用量会导致甘油含量提高，引起星活性。

（2）充分混匀，瞬时离心，37℃孵育 3h。

注：尽量选择反应温度和反应缓冲液一致的酶，可以在同一反应管中同时进行，节约时间。

（3）取少量酶切产物，加入 10×上样缓冲液，充分混匀，进行琼脂糖凝胶电泳，分析载体是否酶切完全。

（4）将上述反应产物置于 65℃孵育 10min，灭活限制性内切核酸酶。

【实验解析】

（1）在目的基因克隆载体构建时，通常采用限制性内切核酸酶双酶切。与单酶切相比，双酶切能够保证目的基因 DNA 片段与载体的连接效率和插入方向。

（2）选择双酶切位点时，应避免选择识别序列有部分重叠或者紧挨的酶切位点，以免产生空间位阻，或因为一个位点切割后留下的碱基过少影响旁边的位点切割，降低酶切效率。

（3）双酶切时要特别注意同尾酶，即识别序列不同，但切割后产生相同末端的限制酶。如 *Bam*HⅠ、*Bgl*Ⅱ、*Xho*Ⅱ、*Bac*Ⅱ即为同尾酶，均产生 GATC 的黏性末端。采用同尾酶进行双酶切后，会导致载体自连。

（4）双酶切时，如果两种酶可以在同种缓冲液中作用良好，则可同时切割；如果所要求的缓冲液不同，则可采用以下方法：先用在低离子强度的缓冲液中活性高的酶切割，然后加入适量 NaCl 和第二种酶，继续反应；或使用能够使两种限制酶均表现较高活性的缓冲液；或先用第一种酶切割，回收酶切产物后再用第二种酶切。

13-3-4　试剂盒法回收酶切产物

【特殊目的】

回收目的基因和克隆载体的酶切产物，用于后续的连接反应。

【实验试剂】

（1）凝胶回收试剂盒。

（2）无水乙醇。

（3）目的基因或克隆载体的酶切产物。

（4）琼脂糖。

（5）1×TAE 缓冲液。

【实验操作】

（1）将上述目的基因和克隆载体的酶切产物进行琼脂糖凝胶电泳。切取琼脂糖凝胶中的目的 DNA 条带，放入干净的离心管中称重，凝胶重 100mg 可视为 100μl。

注：①若酶切产物不能立即进行电泳切脉回收，可加入 10×上样缓冲液，终止酶切反应并置于 4℃或−20℃冰箱短期保存。

②若电泳后无法立即进行后续回收步骤，可将装有胶块的离心管保存在 4℃冰箱内过夜。

（2）向凝胶中加入 3 倍体积的溶胶液 GSB，于 55℃水浴锅中溶胶 6～10min，每 2～3min 颠倒混匀一次，确保胶块完全溶化。当胶完全溶化后，观察溶液的颜色，如为紫色，加入适量 3mol/L 乙酸钠（pH5.2），调整颜色和 GSB 颜色相同（黄色）。

注：为增加 DNA 回收量，可加入 1 倍体积异丙醇于凝胶溶液中，如凝胶重为 100mg，加入 100μl 异丙醇。

（3）待溶化的凝胶溶液降至室温（高温时离心柱结合 DNA 能力弱），转移至吸附柱中，静置 1min，10 000*g* 离心 1min，弃流出液。

（4）往吸附柱中加入 650μl 漂洗液 WB，10 000*g* 离心 1min，弃流出液。

（5）将吸附柱放回收集管中，10 000*g* 离心 2min，去除残留的漂洗液 WB。

（6）将吸附柱置于干净的离心管中，开盖静置 1min，使残留乙醇挥发干净。在柱的中央加入 30～50μl 洗脱液 EB，室温静置 1min。

注：EB 在 60～70℃水浴锅中预热，可提高 DNA 洗脱效率。

（7）10 000*g* 离心 1min，洗脱 DNA。

（8）取少量回收产物，琼脂糖凝胶电泳或紫外分光光度计分析，检测回收效率。

注：回收产物如不能迅速进行连接反应可在−20℃保存。

【实验解析】

（1）在实验过程中需要注意：

①为了保证回收效果，电泳时使用新鲜电泳缓冲液。

②切胶时胶块尽量小，溶胶时确保胶块完全溶化。

③为避免紫外照射造成 DNA 损伤，影响下游连接反应，在切胶时尽量缩短紫外照射时间。

（2）多数回收试剂盒对于过小或过大的 DNA 片段的回收效率较低。因此，在回收过小或过大的 DNA 时（尤其是目的基因片段过小），需要注意查看说明书中的 DNA 片段大小范围。

（3）有些酶切产物酶切后仍为单一的 DNA 片段，不需要进行跑胶回收，如目的基因 PCR 产物酶切后，往往只切除掉了几个保护碱基。这种情况下，直接向酶切产物中加入 3 倍体积的溶胶液 GSB，按照后续步骤回收即可。若酶切体系小于 100μl，建议先用 ddH_2O 将体系补足至 100μl。

13-3-5 采用乙醇沉淀法进行酶切产物的回收

【特殊目的】

对于不需要跑胶回收的 DNA 片段（如目的基因 PCR 产物酶切），直接用酚/氯仿去除蛋白质，乙醇沉淀法回收，DNA 损失较少。

【实验试剂】

（1）3mol/L 乙酸钠（pH7.0）。

（2）Tris 饱和酚。

（3）氯仿。

（4）无水乙醇。

（5）TE 缓冲液（pH8.0）。

【实验操作】

（1）直接向酶切产物中加入等体积的酚/氯仿（1∶1，*V/V*），轻柔混匀，12 000r/min 离心 5～10min。

（2）将上清液转移至另一新的离心管中，加入 1/10 体积的 3mol/L 乙酸钠和 2 倍体积预冷的无水乙醇。

（3）室温静置 10min，或于 −20℃ 冰箱静置 1h。

（4）12 000r/min 离心 5～10min，弃上清。

（5）用 70%乙醇清洗沉淀 2 次，将沉淀吹干后，加入 30～50μl TE 缓冲液。

（6）取少量回收产物，进行琼脂糖凝胶电泳或紫外分光光度计分析，检测回收效率。

【实验解析】

（1）本实验是针对于酶切后，产物中只有一种 DNA 片段，如目的基因 PCR 产物酶切后只是切掉了酶切位点外侧的几个保护碱基。这种情况下，直接用酚、氯仿有机溶剂去除蛋白质，并采用乙醇沉淀法回收 DNA。

（2）由于省去了电泳、切胶等过程，与试剂盒回收相比，该方法回收效率较高，也适用于过大或过小的 DNA 片段的回收。

实验 13-4 目的基因与克隆载体的连接反应

【实验目的】

将酶切回收后的目的基因与克隆载体进行连接，形成重组克隆载体，用于后续转化大肠杆菌感受态细胞。

【实验材料】

（1）酶切回收后的目的基因 DNA 片段。

（2）酶切回收后的质粒载体片段。

【实验试剂】

T4 DNA 连接酶及缓冲液。

【实验操作】

（1）连接反应体系如下（以 10μl 反应体系为例）：

线性载体 DNA	20～100ng
目的基因 DNA	与载体 DNA 的物质的量比为(3∶1)～(10∶1)
5×连接酶缓冲液	2μl
T4 DNA 连接酶	1μl
ddH_2O	补足体系至 10μl

注：① DNA 连接酶容易失活，应该放置在冰上，或使用时取出。

② 连接酶缓冲液在使用前应该完全溶解，直至看不到任何白色固体物质。

（2）充分混匀，瞬时离心。

（3）黏性末端连接时，25℃ 反应 10min；平末端连接时，25℃ 反应 2h 或 16℃ 过夜；黏性末端与平末端连接时，25℃ 反应 2h。

【实验解析】

（1）通常情况下，25℃ 反应 10min、16℃ 或 4℃ 反应过夜，均可以保证较高的连接效率。但是不同公司的 T4 DNA 连接酶要求反应体系和反应条件（缓冲液、温度、时间等）有所不同，因此使用时要严格按照说明书进行。

（2）在加入缓冲液和 DNA 连接酶之前，可将 ddH_2O、目的基因片段和载体 DNA 混合好后置于 45℃ 水浴 5min，然后立即置于冰上冷却，这一操作可提高连接效率。

（3）同尾酶或单酶切连接时，线性载体 DNA 会发生自连或几个分子串联形成寡聚物，因此需调整连接反应中目的基因和载体 DNA 的浓度比例，加大目的基因片段的比例。需将质粒载体 DNA 进行去磷酸化处理，最大限度地抑制自连。

（4）平末端连接效率远远低于黏性末端，因此在平末端连接时要加大 DNA 连接酶的浓度，目的基因与载体 DNA 的浓度比例，并延长连接时间。此外，加入一定浓度的 PEG4000（终浓度 5%，m/V），可提高平末端连接效率。

实验 13-5　连接产物转化大肠杆菌感受态细胞

【实验目的】

将上述连接产物转化大肠杆菌感受态细胞，筛选重组子，实现目的基因克隆载体的构建。

【实验材料】

（1）连接产物。

（2）大肠杆菌感受态细胞（DH5α、Top10、HB101、JM109 等）。

【实验试剂】

（1）LB 培养基（固体、液体）。

（2）抗生素（氨苄霉素等，根据载体的筛选标记而定）。

（3）20mg/ml X-gal（溶于二甲基甲酰胺，避光保存）。

（4）200mg/ml IPTG（过滤灭菌，－20℃保存）。

13-5-1　化学法转化大肠杆菌感受态细胞

【特殊目的】

将上述连接产物通过化学法（即 $CaCl_2$ 法），转化大肠杆菌感受态细胞。

【实验操作】

（1）将恒温水浴锅调到 42℃，摇床调至 37℃。

（2）从－70℃超低温冰箱中取出大肠杆菌感受态细胞（100μl），置于冰上解冻。

注：① 冰浴最好使用冰水混合物。

② 大肠杆菌感受态半解冻时加入连接产物效果最好。

（3）待感受态细胞溶化后，在超净工作台中加入 5～10μl 连接产物，轻轻混匀，冰上静置 30min。

注：① 转化时加入的连接产物体积不能超过感受态细胞总体积的 1/10，否则会降低转化效率。

② 刚刚溶化的感受态细胞，转化效率最高。

③ 混匀时将管倾斜，用手轻弹管壁，避免反复用移液器吹打。

（4）将 EP 管置于 42℃恒温水浴中热激 90s，迅速放回冰上，静置 1～2min。

注：此过程中避免晃动 EP 管。

（5）将 EP 管再次置于 42℃恒温水浴中热激 20s，立即水浴 1～2min。

（6）在超净工作台中加入 800μl LB 培养基（不含抗生素），轻轻混匀，37℃振荡（100～150r/min）培养 40～60min。

（7）在超净工作台中取上述转化混合液100～300μl，滴到含抗生素的 LB 固体培养基平板上，用酒精灯烧过的玻璃涂布棒涂布均匀。

（8）若载体和宿主菌需要进行蓝白斑筛选，将 4μl，200mg/mL IPTG 和 40μl 20mg/ml X-gal 混合，均匀地涂布于准备好的平板上，37℃恒温培养箱中避光放置 30min。

（9）待 IPTG 和 X-gal 被吸收后，取 100～300μl 菌液涂布在上述准备好的平板上，37℃恒温培养箱中培养过夜（为了得到更多的克隆，4000r/min 离心 1min，弃上清，留 100～150μl 培养基重悬菌体后，取全部菌液涂布平板）。

注：克隆载体一般为氨苄西林抗性，也有卡那霉素抗性的，需要根据所用载体添加不同抗生素进行筛选。注意不宜培养时间过长，否则会产生卫星菌落，导致无法判断阳性菌落。

【实验解析】

（1）大肠杆菌的转化常用化学法，其原理是细菌处于 0℃的 $CaCl_2$ 低渗溶液中，细胞膨胀成球形，转化混合物中的 DNA 形成抗 DNase 的羟基-钙磷酸复合物黏附于细胞表面，经 42℃短时间热激处理促使细胞吸收 DNA，在不含抗生素的培养基里恢复培养后，在选择性培养基平板上筛选所需的转化子。转化率一般能达到 $5\times10^6\sim2\times10^7$ 转化子/μg 质粒 DNA。

（2）如果需要自己制备化学感受态细胞，$CaCl_2$ 纯度是非常重要的，有时同一厂家不同批号产品，致敏的感受态细胞转化率也有区别。

（3）连接产物转化时，需要正确设置对照实验。对照 1：只有感受态细胞无外源 DNA 的负对照，在筛选培养基上不能生长，如有菌落，则为污染或抗生素失效。对照 2：感受态细胞中加入未进行连接的质粒载体，证明是否有残留的未被酶切的原始质粒。对照 3：感受态细胞中加入未进行酶切的质粒载体，证明感受态细胞是否有效。若进行蓝白斑筛选时，此时平皿中应有大量的蓝色菌落；如果无蓝色菌落出现，则表明感受态细胞不好。

13-5-2 电击法转化大肠杆菌感受态细胞

【特殊目的】

通过电击法将上述连接产物导入大肠杆菌感受态细胞进行复制和增殖。

【实验试剂】

0.2cm 电转化杯。

【实验操作】

（1）从－70℃超低温冰箱中取出大肠杆菌电转化感受态细胞（100μl），置于冰上解冻。

（2）待感受态细胞溶化后，在超净工作台中加入 5～10μl 连接产物，轻轻混匀，冰上静置 5min。

（3）期间，将电转化仪调到 2.5kV、25μF，脉冲控制器调到 200～400Ω。

（4）将转化混合物转移到预冷的电转化杯中，轻轻敲击电转化杯使混合物均匀进入杯的底部，并用吸水纸吸干外表面的冰水。

（5）将电转化杯放入样品槽中，进行脉冲电转化，听到蜂鸣声后迅速取出电转化杯，加入 800μl LB 液体培养基（不含抗生素），重悬细胞后转移至无菌的 EP 管中。

（6）轻轻混匀，37℃振荡（100～150r/min）培养 40～60min。

（7）在超净工作台中取上述转化混合液100～300μl，滴到含抗生素的固体 LB 平板培养皿中，用酒精灯烧过的玻璃涂布棒涂布均匀。

（8）若载体和宿主菌要进行蓝白斑筛选，将 4μl，200mg/mL IPTG 和 40μl 20mg/ml X-gal 混合，均匀地涂布于准备好的平板上，37℃恒温培养箱中避光放置 30min。

（9）待 IPTG 和 X-gal 被吸收后，取 100～300μl 菌液涂布在上述准备好的平板上，37℃恒温培养箱中培养过夜（为了得到更多的克隆，4000r/min 离心 1min，弃上清，留 100～150μl 培养基重悬菌体后，取全部菌液涂布平板至过夜）。

【实验解析】

（1）电击法转化是利用瞬间高压在细胞上打孔，转化效率为 10^9～10^{10} 转化子/μg 质粒 DNA，远远高于化学法。

（2）平末端产物连接时反应体系中连接酶的浓度过大，此时连接产物需要进行纯化后才能进行电击法转化，否则会影响转化效率。

实验 13-6 目的基因重组克隆载体的鉴定

【实验目的】

对上述获得的阳性转化子进行鉴定，判断是否存在目的基因的插入。目的基因克隆载体通常是以多拷贝的大肠杆菌质粒为载体，其功能是保存和克隆目的基因。

【实验材料】

含抗生素的 LB 固体培养基平板上的阳性单菌落。

【实验试剂】

（1）LB 液体培养基。

（2）抗生素（氨苄西林等，根据载体的筛选标记而定）。

13-6-1 重组克隆载体的 PCR 鉴定

【特殊目的】

利用 PCR 技术，检测上述含抗生素的 LB 固体平板上生长的单菌落细菌细胞中是否含有目的基因的重组克隆载体。

【实验试剂】

（1）r-*Taq* DNA 聚合酶及其缓冲液。

（2）2.5mmol/L dNTP。

（3）目的基因特异引物或载体通用引物。

（4）10×电泳上样缓冲液。

（5）10×TAE 电泳缓冲液。

【实验操作】

PCR 扩增和琼脂糖凝胶电泳步骤参见 5-4-1-1“PCR 反应”和 5-4-1-2“电泳”。

【实验解析】

（1）该实验是利用目的基因特异引物或载体通用引物，进行 PCR 扩增和琼脂糖凝胶电泳检测，若出现与目的基因 DNA 片段大小相同的目的带则为正确重组子。

（2）PCR 扩增实验可直接以转化获得的单菌落为模板，也可以其菌液或者提取出的质粒为模板。

（3）PCR 鉴定过程中应正确设置对照。对照 1：以 ddH_2O 代替模板进行 PCR 扩增，检测实验过程中是否存在污染。对照 2：以目的基因 DNA 片段（基因特异产物扩增时）或质粒载体 DNA 片段（以载体通用引物扩增时）为模板进行 PCR 扩增，检测实验过程中是否存在操作失误。

13-6-2　重组克隆载体的酶切鉴定

【特殊目的】

提取上述含抗生素的 LB 固体平板上生长的单菌落细菌细胞中的质粒，通过酶切鉴定其中是否含有目的基因片段。

【实验试剂】

(1) 质粒小量提取试剂盒。

(2) 限制性内切核酸酶（TAKARA）。

(3) 10×电泳上样缓冲液。

(4) 10×TAE 电泳缓冲液。

【实验操作】

(1) 挑取单菌落接种于 5～10ml 含有抗生素的 LB 液体培养基中，37℃下 200r/min 振荡培养过夜。

(2) 按 1-1-3“质粒 DNA 大量提取法”所述的方法小量提取质粒 DNA。

(3) 采用重组时使用的限制性内切核酸酶，按实验 13-3“目的基因与克隆载体的限制性酶切及回收”所述的方法进行酶切反应，通过琼脂糖凝胶电泳观察是否存在目的基因插入。

【实验解析】

该方法是从转化获得的阳性重组菌中提取重组质粒，并进行限制性酶切及凝胶电泳检测，出现大小与线性载体和目的基因 DNA 片段相同的两条目的带的为正确重组子。

13-6-3　菌落原位杂交鉴定重组克隆载体

【特殊目的】

通过菌落原位杂交，鉴定 LB 固体培养基平板上生长的单菌落中是否含有目的基因的重组克隆载体。

【实验试剂】

(1) 待鉴定的单菌落平板。

(2) 硝酸纤维素滤膜。

(3) Parafilm 膜。

(4) LB 培养基（固体、液体）。

(5) 抗生素。

(6) 10% SDS。

(7) 变性液：0.5mol/L NaOH、1.5mol/L NaCl。

(8) 中和液：1.5mol/L NaCl、0.5mol/L Tris-HCl（pH7.4）。

13-6-3-1　将少数菌落转移到硝酸纤维素滤膜上

【实验操作】

(1) 在含有选择性抗生素的琼脂平板上放一张硝酸纤维素滤膜（Millipore HAWP 或与之相当的产品）。

(2) 用无菌牙签将单菌落分别转移至带滤膜和未放滤膜的琼脂主平板上。应按一定的格子进行划线接种，划出 2～3mm 的短线。每个菌落分别划在两个平板的相同位置上。

(3) 倒置平板，于 37℃培养，直至划线的细菌生长达到 0.5～1.0mm 的宽度。

(4) 在硝酸纤维素滤膜 3 个以上的不对称位置作记号。在琼脂平板对应的位置上也进行标记。

(5) 用 Parafilm 膜封好平板，倒置贮放在 4℃。

13-6-3-2　将菌落影印在硝酸纤维素滤膜上

【实验操作】

1）方法Ⅰ

(1) 用软铅笔将硝酸纤维素滤膜编号，用水浸湿，将其夹在 Whatman 3MM 滤纸中间，用锡箔包裹整叠夹好的滤膜，高压蒸汽灭菌。准备足够的滤膜以便每个平板制备 1 张主滤膜和 2 张影印滤膜。

(2) 用无菌平头镊子把一张无菌滤膜放到前一天制备的含相应抗生素的 LB 琼脂平板上，编号的一面朝下，当滤膜彻底湿润后，将滤膜从琼脂平板上剥离，编号的一面朝上放到琼脂表面上。

(3) 将悬于体积较小的液体中的细菌放到位于琼脂平板表面的滤膜中央。大张滤膜（138mm 直径）最多可接纳 0.5ml 菌液，内含 2×10^4 个活细菌。小张滤膜（82mm 直径）最多可接纳 0.2ml 菌液，大约含 10^4 个活细菌。用一无菌的玻璃涂布器均匀地将菌液涂布在滤膜表面，滤膜的边缘留出 2～3mm 宽的无菌边界。涂完后，平板（不倒置）半开盖放在层流式通风橱内培养几分钟使接种物蒸发，然后盖好盖，倒置平板，再于 37℃培养至小菌落（直径 0.1～0.2mm）出现（8～10h）。

(4) 将滤膜（菌落面朝上）转到含相应抗生素和 25%甘油的 LB 琼脂平板上 37℃培养 2h。

(5) 用 Parafilm 膜封好平板，倒置装在一密闭的塑料袋内，于－20℃贮存。于室温将主平板（仍倒置）溶化，制备影印滤膜。

(6) 按下述方法制备影印滤膜：

①事先准备一叠 Whatman 3MM 滤纸（每张滤膜 1 张，略有富余），切成比滤膜稍大些，高压蒸汽灭菌 10min。

②从贮存平板剥下主滤膜，菌落面朝上放在

湿的无菌3MM滤膜上。

③将一张湿的无菌硝酸纤维素滤膜编号，放在主滤膜上，注意防止两张滤膜间留有气泡。为此，最好使第二张滤膜略为弯曲，使两张滤膜从中央开始相互接触。一旦接触后务必小心避免滤膜间发生相互移位。巧妙安置好两张滤膜，使它们不致恰好重叠，这样分离两张滤膜时会容易些。

④用丝绒影印铺板器或一个重玻璃平皿（在玻璃和滤膜之间有一张3MM滤纸）将两张滤膜紧紧地压在一起。

⑤用18号针头在两张滤膜上制作一系列定位标记孔。

⑥分开两张滤膜，把影印滤膜放到一新鲜的含相应抗生素的LB琼脂平板上，于37℃培养至出现菌落（4～6h）。

注：在此阶段，当细菌仍生长迅速时，可将滤膜转移至含有氯霉素（170～200μg/ml）的琼脂平板上，于37℃培养12h。仅当重组质粒的拷贝数预计较低［如插入片段异常大（>10kb）］时或使用高度简并的寡聚核苷酸作探针时，才需要采用扩增步骤。在正常情况下，无需先对重组质粒进行扩增，就可以轻而易举地通过杂交检出克隆化的DNA序列。仅当载体可进行松弛型复制时，才能进行扩增。

⑦将主滤膜重新放回一新鲜的含相应抗生素和25%甘油的LB琼脂平板上于37℃培养1h，然后按步骤（5）进行冻存处理。

注：如有必要，可用同样的方式从主滤膜制备更多的影印滤膜，将第二张和以后的影印滤膜对准主滤膜上的孔，然后把滤膜都放回到相应的平板中。如要制备两个或更多的影印滤膜，主滤膜应再行培养几小时以使菌落重新生长，通常可制备2～3张影印滤膜，若需要更多的影印滤膜，则为避免菌落弥散，进行影印时，细菌菌落一定要非常小（直径约0.1mm）。为避免污染，涉及有价值的基因文库的滤膜最好在层流式通风橱中操作。

（7）按13-6-3-3"菌落的裂解及DNA结合"所述两种方法之一裂解细菌，释放的DNA结合到影印滤膜上。

2）方法Ⅱ

（1）直接将细菌悬液铺于含相应抗生素的LB琼脂平板表面，已放置2～3d的平板效果最好，因为它们更易吸收接种物。将平板开盖放在层流式通风橱中，直到琼脂表面完全干燥，盖好平皿倒置放于37℃培养12～14h，于4℃放置30～60min冷却平皿。

（2）用一软铅笔或圆珠笔将一干净的硝酸纤维滤膜（Millipore HATF）编号，按方法Ⅰ中的步骤（1）进行。使编号的一面朝下，将滤膜放到LB琼脂培养基表面，与菌落接触直到膜完全湿润。用一带18号针头和装有防水黑色墨水的注射器，穿透滤膜和下面的琼脂作3个或3个以上的不对称标记。

注：① 最好用无菌滤膜，若不用制备更多的影印滤膜，也可以使用未灭菌的滤膜不可。

② 在实际应用中，也可使用空的18号针头在滤膜上穿孔，避免使用墨水（墨水容易弄脏）。杂交后可逆光观察，对准滤膜上的孔和琼脂上的标记。

（3）用平头镊子剥离滤膜，此时有几种方法可供选择：

①用13-6-3-3"菌落裂解及DNA结合"所述两种方法之一使黏在滤膜上的细菌立即裂解，释放的DNA结合于滤膜上。

②菌落向上将膜放在新配制的含相应抗生素的LB琼脂平板表面。培养几小时后细菌长到2～3mm时可裂解菌落。仅当菌落向滤膜转移的情况较差或不均匀才用此法，这种情况不常出现。

③将滤膜转移至含氯霉素的琼脂平板上于37℃培养12h。仅当重组质粒的拷贝数预计较小或使用高度简并的寡居核苷酸作探针时，才需要此步骤。

④可用滤膜来制备第二张影印滤膜，使带菌落的面朝上，将滤膜放在新鲜的含相应抗生素的LB琼脂平板表面，然后小心地将第二张干的硝酸纤维素滤膜放到第一张滤膜上，并与之对准。将滤膜夹层一起放于37℃培养数小时。在随后的裂解和中和步骤中，滤膜夹层保持不变，只有在洗膜时才将之互相剥离。

（4）于37℃培养主平板5～7h直到菌落再生，用封口膜封好，倒置贮放于4℃。

13-6-3-3　菌落的裂解及DNA结合

【实验操作】

1）方法Ⅰ

（1）切4张大小及形状适宜的Whatman 3MM滤纸，放于4个玻璃盘或塑料盘的底部每张3MM滤纸用10% SDS、变性液、中和液、2×SSC溶液中的一种饱和，并倒掉多余的液体。

注：如3MM滤纸太湿，菌落在裂解过程中会胀大并扩散。杂交信号则会变得模糊并有所减弱，因而很难确定产生信号的单个菌落。

（2）用平头镊子把硝酸纤维素滤膜从平板上

剥离下来，菌落面朝上放于浸过SDS的3MM滤纸上，这样处理可以限制质粒DNA在变性和中和期间发生扩散，从而使杂交信号更为清晰。

(3) 第一张滤膜在SDS溶液中暴露3min后将其转到用变性液饱和的3MM滤纸上。将剩下的滤膜按其从琼脂平板上取下的顺序进行转膜，使之暴露于变性液5min。

注：①将滤膜从一个盘转到另一个盘时，可用第一只盘的边缘从滤膜下方尽可能拭去液体，也可以将滤膜转到一张干纸巾上停留片刻以去掉多余的液体。

②注意避免将液体弄到滤膜带细菌菌落的一面上。

(4) 将滤膜转到用中和液饱和的3MM滤纸上，放置5min。

(5) 将滤膜转到用2×SSC饱和的3MM滤纸上，作用5min。

(6) 使菌落面朝上，将滤膜放到一张干的3MM滤纸上，于室温干燥至少30min。

(7) 将滤膜夹在两张干的3MM滤纸之间，80℃干烤1～2h，以固定DNA。

注：如干烤过度可使滤膜变脆，在干烤期间，没有完全中和的滤膜会变成黄色或棕色，很容易破碎。非特异的杂交背景也会剧增。

2）方法Ⅱ

(1) 相对应于每一张滤膜，在一片Saran包装膜上制作一个装有0.5mol/L NaOH的小洼(0.75ml)，使菌落面朝上，将滤膜放到小洼上，展平Saran包装膜，使滤膜均匀温润，让滤膜留于原处2～3min。

(2) 用干的纸巾从滤膜的下方吸干滤膜，重复步骤(1)。

(3) 再次吸干滤膜，将滤膜转移到新的带有1mol/L Tris-HCl(pH7.4)的Saran包装膜小洼上，5min后吸干滤膜，重复此步骤。

(4) 吸干滤膜，把它转到新的带有1.5mol/L NaCl、0.5mol/L Tris-HCl(pH7.4)的Saran包装膜小洼上，5min后吸干滤膜，把它转移到一张干的3MM滤纸上，于室温晾至少20～30min，使滤膜干燥。

(5) 将滤膜夹在两张干的3MM滤纸之间，80℃干烤2h，以固定DNA。

13-6-3-4 与菌落的影印滤膜进行杂交

【实验操作】

(1) 盘内盛有2×SSC，将干烤的滤膜漂浮在液面上，直到滤膜从下到上彻底浸湿，浸泡5min。

(2) 将滤膜一张张叠在一起，放于盛有200ml预洗液的玻璃皿中，用Saran包装膜盖住玻璃皿。置于培养箱内的旋转平台上（这一步及以后的所有步骤中，应缓缓摇动滤膜，防止粘在一起），于50℃温育30min。

注：在预洗、预杂交或杂交的过程中不要使滤膜干涸。

(3) 用泡过预洗液的Kimwipes纸轻轻地从膜表面拭去细胞碎片，这样可以降低杂交背景且不影响阳性杂交信号强度或清晰度。

(4) 将滤膜转到盛有150ml预杂交液的玻璃皿中，在适宜温度（在水溶液中杂交时用68℃而在50%甲酰胺中杂交时用42℃）下，温育1～2h。

(5) 将^{32}P标记的双链DNA探针于100℃加热5min，使其变性。迅速置于冰浴中冷却。单链探针不必变性。将探针加入覆盖滤膜的预杂交液中，在适当温度下，温育直至达到(1～3)×$C_0t_{1/2}$。杂交期间，盛滤膜的容器应盖严以防液体蒸发。

注：①加入0.1倍体积的3mol/L NaOH溶液，也可使探针变性。于室温作用5min后，加入1mol/L Tris-HCl(pH7.2)和3mol/L HCl，置冰浴中待用。

②每毫升预杂交液应加入2×10^5～2×10^6计数/min的^{32}P标记探针，探针过多会导致非特异性杂交背景增加，探针用量不足可降低杂交速率。

(6) 杂交结束后，去除杂交液，将滤膜放入大体积(300～500ml)的2×SSC和0.1% SDS溶液中，轻轻振摇。在洗膜过程中，至少将滤膜翻转1次。5min后，将滤膜转到新的洗液中，继续轻轻振摇，反复洗两遍，在洗膜过程中应避免使膜干涸。

注：含放射性标记的单链探针的杂交混合液可于4℃保存几天，重新使用时不用进一步处理。但是含互补链DNA的杂交混合物应弃去，因无法使第一轮杂交中形成的双链DNA变性。

(7) 于68℃用300～500ml 1×SSC和0.1% SDS溶液洗膜两次，每次1～1.5h。如背景仍很高或实验要求严格的洗膜条件，可用300～500ml 0.2×SSC和0.1% SDS的溶液于68℃将滤膜浸泡60min。

(8) 把滤膜放在纸巾上于室温晾干，编号面朝上放在一张Saran包装膜上，使用以放射性墨水制作的黏性圆点标签在Saran包装膜上做几个不对称的标记，这些标记有助于使滤膜与放射性自显影片对准位置，用Scotch胶带盖住标记，以防胶片夹或增感屏受到放射性墨水的污染。

注：放射性墨水由少量^{32}P与防水黑色墨水混合而成。为方便起见，按3种级别制备这种墨水：很热（>2000计数/s，据手提式小型探测器），热（>500计数/s）和冷（>50计数/s）。用纤维尖笔把所需热度的墨水加到黏性标签纸上，纤维尖笔应贴上放射性物质的专用提示胶带，妥善保管。

（9）用第二张Saran包装膜包住滤膜。加X线片并加上增感屏于－70℃曝光12～16h（见放射自显影操作方法）。

（10）底片显影后，利用放射性墨水所留下的标记对准滤膜与底片的位置。用一无放射性的纤维尖笔在底片上按编号的滤膜上不对称分布的点的位置作出标记。在底片上贴一张透明的Mylar聚酯薄膜或一透明硬纸片，在纸上标记阳性杂交信号的位置，同时也在不对称分布点的位置上以不同颜色作出标记。可从底片上取下透明纸，通过对比纸上的点与琼脂上的点来鉴定阳性菌落。

注：有些批号的硝酸纤维素滤膜在杂交和相继的干燥过程中发生膨胀和变形，因此常常难以对准两组斑点。使用前，将干燥的滤膜放在两张湿的Whatman 3MM滤纸间进行高压蒸汽灭菌10min，可在一定程度上减轻此问题。

（11）用灭菌牙签挑取每个阳性细菌菌落，放到1～2ml含相应抗生素的LB培养液中。通常，滤膜与平板对准后并不能甄别单独的一个杂交菌落。在此情况下，应合并数个邻近菌落，培养物生长几个小时后，稀释并重新铺于平板上，使每个平板大约可获得500个菌落。然后通过杂交对这些菌落进行第二次筛选。第二次筛选应可挑出单个分隔良好的阳性菌落以供进一步分析。

【实验解析】

（1）原位杂交（*in situ* hybridization histochemistry，ISHH），属于分子杂交的一种，利用标记探针与细胞中的待检测核酸杂交，再利用标记物相关的检测系统，在核酸原有的位置将其显现出来的一种检测技术。

（2）原位杂交可以分为菌落原位杂交和组织原位杂交。菌落原位杂交是将细菌从培养平板转移到硝酸纤维素膜上，然后将滤膜上的菌落裂解以释放DNA。将DNA烘干固定于膜上与^{32}P标记的探针杂交，利用放射性自显影检测菌落杂交信号，并与平板上的菌落相对应。

（3）根据杂交实验的不同，选用不同的核酸探针。一般情况下，可以选择目的基因DNA或cDNA双链探针。探针的标记方法很多，一般认为放射性探针比非放射性探针灵敏度高。

（4）在一定范围内，探针浓度与杂交率成正比，随着探针浓度的增加，敏感性也增加。探针的任何内在物理特性均不影响其使用浓度，但受不同类型标记物的固相支持物的非特异结合特性的影响。当探针量足够多时，杂交率主要依赖探针长度即探针的复杂性。

（5）影响杂交效率的最重要的一个因素就是杂交温度。若反应温度比T_m值低10～15℃，碱基顺序高度同源的互补链可形成稳定的双链，错配对减少。若反应温度再低（T_m－30℃），虽然互补链之间也可形成稳定的双链，但互补碱基配对减少，错配对增多、氢键结合得更弱。因此在实验前必须首先确定杂交温度。

（6）在其他条件都满足的情况下，杂交的成败取决于保温时间，时间太短杂交反应没有完成，时间过长非特异结合增多。

13-6-4 α-互补实验鉴定重组克隆载体

【特殊目的】

用X-gal（5-溴-4-氯-3-吲哚-β-D-半乳糖苷）和IPTG（异丙基-β-D-半乳糖苷）筛选细菌重组菌落。

【实验试剂】

（1）20mg/ml IPTG溶液。

（2）20mg/ml X-gal溶液。

【实验操作】

1）直接在连接产物转化时进行α-互补筛选

（1）制备含相应抗生素的LB固体培养基平板。

（2）在平板表面滴加40μl 20mg/ml X-gal和40μl 20mg/ml IPTG溶液，用无菌玻璃涂布器均匀涂布于整个平板表面，置于37℃培养箱中静置1h至所有液体消失。

注：由于X-gal的溶剂挥发度低，如使用新制备的平板则需3～4h。

（3）将200μl转化时恢复培养后的菌液涂布于平板表面，置于37℃培养箱中静置1h至所有液体消失后，倒置培养12～16h。

（4）将平板从37℃培养箱中取出，置于4℃冰箱1～4h后观察菌落颜色，白色菌落为含有目的基因的重组菌。

注：带有β-半乳糖苷酶活性蛋白的菌落中间为淡蓝色，外周为深蓝色。白色菌落偶尔也在中央出现一个淡蓝色斑点，但其外周无色。

2）对固体LB培养基平板上的单菌落进行α-互补筛选

（1）在一事先准备好的含有相应抗生素的LB

琼脂板上加 40μl 20mg/ml X-gal 和 40μl 20mg/ml IPTG 溶液。

（2）用无菌玻璃涂布器把溶液涂布在整个平板的表面，置于 37℃ 培养箱中静置 1h 至所有液体消失。

（3）用接菌环或牙签划线接种，将待检的单菌落接种到平板上，倒置平板于 37℃ 培养 12～16h。

（4）将平板从 37℃ 培养箱中取出，置于 4℃ 冰箱 1～4h 后观察菌落颜色，白色菌落为含有目的基因的重组菌。

【实验解析】

（1）携带空载体质粒的细菌含有 β-半乳糖苷酶活性，菌落的中央呈淡蓝色，外周呈深蓝色。

（2）携带重组质粒的大肠杆菌，因为目的基因的插入，破坏了 *lacZ* 基因的编码框，无 β-半乳糖苷酶活性，菌落呈奶白色，有时会在菌落中央呈现假性蓝斑。

（3）以鲜黄色为背景观察琼脂板可增强肉眼辨别蓝色或者白色菌落的能力。

13-6-5　插入失活鉴定重组菌落

【特殊目的】

通过抗生素筛选克隆载体中是否存在目的基因插入。有些克隆载体（如 pBR322）带有两个或多个抗性基因（如氨苄霉素和四环素），目的基因 DNA 片段的插入一般位于一个抗生素抗性基因编码区内（如 tet^r 基因），会导致重组菌丧失该抗生素抗性。

【实验试剂】

（1）含氨苄霉素的 LB 固体培养基平板。

（2）含有四环素的 LB 固体培养基平板。

【实验操作】

（1）将连接产物转化大肠杆菌后涂布于含有氨苄霉素的 LB 固体培养基平板上，筛选阳性单克隆。

（2）将同一个阳性单菌落分别接种于含有氨苄霉素或四环素的 LB 固体培养基平板的对应位置上。

（3）将平板倒置于 37℃ 恒温培养箱中，培养 12～16h，观察其生长状态。

（4）选择在四环素平板上不生长而在氨苄霉素平板上生长的菌落，即是含有目的基因的阳性重组菌。

【实验解析】

此法只针对于目的基因插入含有两种抗生素筛选标记的克隆载体。

第 14 章

目的基因遗传转化载体构建

实验 14-1 一元转化系统的中间表达载体的构建

【实验目的】

在实验 13-6 获得目的基因克隆载体的基础上，以现有的中间表达载体为基础，通过多克隆酶切位点插入目的基因，构建含有目的基因的重组中间表达载体。一元转化系统的中间表达载体是在大肠杆菌克隆载体（如 pBR322 质粒）中插入一段合适的 T-DNA 片段而构成的小型质粒，能够解决 Ti 质粒不能直接导入目的基因的问题。

【实验材料】

（1）含有目的基因的重组克隆载体。

（2）大肠杆菌感受态细胞（如 DH5α）。

（3）中间表达载体(如 pLGV1103、pMON200 等)。

（4）质粒小量提取试剂盒。

（5）胶回收试剂盒。

【实验试剂】

（1）LB 培养基（固体、液体）。

（2）限制性内切核酸酶及其缓冲液。

（3）T4 DNA 连接酶及其缓冲液。

（4）抗生素（如卡那霉素，配制成 100mg/ml 母液）。

（5）r-*Taq* DNA 聚合酶及其缓冲液。

（6）2.5mmol/L dNTP。

14-1-1 共整合载体系统的中间表达载体构建

【特殊目的】

在实验 13-6 获得目的基因克隆载体的基础上，以现有的共整合载体系统的中间表达载体为基础，通过多克隆位点插入目的基因，构建含有目的基因的重组中间表达载体。本实验以共整合载体系统的中间表达载体 pLGV1103 为例说明目的基因中间表达载体构建过程。

【实验操作】

（1）提取含有目的基因的克隆载体和中间表达载体 pLGV1103 的质粒 DNA，具体操作步骤参见实验 1-1“大肠杆菌质粒 DNA 提取”。

（2）采用相同的限制性内切核酸酶，分别切割目的基因重组克隆载体和中间表达载体 pLGV1103 的质粒 DNA，并回收含有目的基因的 DNA 片段和线性化载体 DNA 片段。具体操作步骤详见实验 13-3“目的基因与克隆载体的限制性酶切及回收”。

注：① 最好使用双酶切，目的基因 DNA 序列中不能含有这两种限制性内切核酸酶的识别序列，否则会被切断。

② 若重组克隆载体和中间表达载体上不存在两种共有的酶切位点，也可以使用单酶切，但载体要进行去磷酸化处理，且重组后需对目的基因的插入方向进行鉴定；可以根据中间载体的 MCS 选用合适的酶切位点，设计带有酶切位点识别序列的基因特异引物，重新 PCR 扩增目的基因，对 PCR 产物进行酶切。

（3）将酶切回收后的目的基因 DNA 片段与线性化载体 pLGV1103 进行连接，具体操作步骤详见实验 13-4“目的基因与克隆载体的连接反应”。

（4）将上述连接产物转化大肠杆菌感受态细胞（如 DH5α），具体操作步骤详见实验 13-5“连接产物转化大肠杆菌感受态细胞”。

（5）对 LB 固体培养基平板上的单菌落进行鉴定，检测其中是否含有目的基因的重组中间表达载体，具体操作步骤详见实验 13-6“目的基因重组克隆载体的鉴定”。

【实验解析】

（1）植物遗传转化常采用两种载体系统：一元载体系统和双元载体系统。一元载体系统进行遗传转化的原理是首先将目的基因插入中间表达载体，构建含有目的基因的重组表达载体；然后将重组质粒导入根癌农杆菌，重组质粒与受体 Ti 质粒上的同源序列发生重组，将外源基因整合到受体 Ti 质粒上，形成一个大的整合载体；通过农杆菌侵染植物细胞，将含有目的基因的 T-DNA 片段整合到基因组上，再利用选择标记筛选转化细胞。一元载体系统主要有两种：共整合载体和拼接末端载体。

（2）双元载体系统的原理是将目的基因插入中间表达载体（微型质粒）中，构建含有目的基因的重组微型质粒，然后将重组质粒导入携带辅助质粒（卸甲 Ti 质粒）的农杆菌中；农杆菌侵染植物细胞后，创伤信号启动 Ti 质粒上的 *vir* 基因表达，将微型质粒上的 T-DNA 整合到植物基因组中。与一元载体不同，双元载体系统不依赖两个质粒间的同源序列重组，不需要整合就能在农杆菌内独立复制，因此在实际应用中多采用双元载体系统。

（3）中间表达载体不能直接将外源基因转化植物细胞中，需要将中间表达载体引入改造的受体 Ti 质粒中，构建成能侵染植物细胞的遗传转化载体，才能应用于植物遗传转化。

（4）共整合载体系统的受体 Ti 质粒（卸甲质粒，如 pGV3850）T-DNA 区引入了 pBR322，而中间表达载体（如 pLGV1103）是 pBR322 质粒或其衍生质粒。二者具有 pBR322 同源序列，中间表达载体导入农杆菌后，通过同源重组，实现目的基因、选择标记基因与受体 Ti 质粒的整合，形成一个共整合载体，以顺式方式将目的基因转化到植物细胞中。

（5）由于共整合载体是由两个质粒重组而成，因此分子较大，构建比较困难。且共整合体的形成频率与两个质粒的重组频率有关，相对较低，必须用 Southern 杂交或者 PCR 对共整合载体质粒进行检测。除此之外，共整合载体构建成功后，工程菌的稳定性较差，因而在实际操作过程中并不常用。

14-1-2　拼接末端载体系统的中间表达载体构建

【特殊目的】

在上述获得目的基因克隆载体的基础上，以现有的拼接末端载体系统的中间表达载体为基础，通过多克隆位点插入目的基因，构建含有目的基因的重组中间表达载体。本实验以共整合载体系统的中间表达载体 pMON200 为例，说明目的基因中间表达载体构建过程。

【实验操作】

（1）提取含有目的基因的重组克隆载体和中间表达载体 pMON200 的质粒 DNA，详细步骤参见实验 1-1“大肠杆菌质粒 DNA 提取”。

（2）采用相同的限制性内切核酸酶分别酶切目的基因重组克隆载体和中间表达载体 pMON200 的质粒 DNA，并回收含有目的基因的 DNA 片段和线性化载体 DNA 片段，具体操作步骤详见实验 13-3“目的基因与克隆载体的限制性酶切及回收”。

（3）将酶切回收后的目的基因 DNA 片段与线性化载体 pMON200 进行连接，具体操作步骤详见实验 13-4“目的基因与克隆载体的连接反应”。

（4）将上述连接产物转化大肠杆菌感受态细胞（如 DH5α），具体操作步骤详见实验 13-5“连接产物转化大肠杆菌感受态细胞”。

（5）对 LB 固体培养基平板上的单菌落进行鉴定，检测其中是否含有目的基因的重组中间表达载体，具体操作步骤详见实验 13-6“目的基因重组克隆载体的鉴定”。

【实验解析】

（1）拼接末端载体系统（SEV 系统）的中间表达载体（如 pMON200 或 pMON120）包含胭脂碱合成酶基因、大观霉素抗性基因 spe^r、链霉素抗性基因 str^r 和卡那霉素抗性基因 *npt-Ⅱ*，特别是具有与受体 Ti 质粒同源的左边界内部同源区 LIH 及右区 TR。

（2）拼接末端载体系统的受体 Ti 质粒（如 pTiB6S3-SE）缺失了 T-DNA 左区的致瘤基因 *onc* 和 T-DNA 右区，只保留了左边界内部同源序列 LIH、*vir* 基因和其他正常的功能基因，同时还携带用于细菌筛选的卡那霉素抗性基因 kan^r。

（3）当含有目的基因的重组中间表达载体导入含有受体 Ti 质粒的根癌农杆菌后，通过 LIH 序列同源重组，实现目的基因、选择标记基因与受体 Ti 质粒的整合，形成一个共整合载体，以顺式方式将目的基因转化到植物细胞中。

实验 14-2　一元载体系统的中间表达载体导入农杆菌

【实验目的】

中间表达载体是一种细菌质粒，不具备将外源基因转化到植物细胞的能力，因此不能直接作为外源基因的遗传转化载体。必须将目的基因重组中间表达载体导入含有受体 Ti 质粒的根癌农杆菌，通过同源重组，实现目的基因、选择标记基因与受体 Ti 质粒的整合，形成一个共整合载体，借助于 Ti 质粒的侵染能力，共整合载体才能用于植物遗传转化。目前，一元转化系统的中间表达载体导入农杆菌主要采用三亲杂交法。

【实验材料】

（1）根癌农杆菌（如 C58C1 含有共整合载体系统的卸甲 Ti 质粒 pGV3850；GV3111 含有拼接末端载体系统的卸甲 Ti 质粒 pTiB6S3）。

（2）含有辅助质粒的大肠杆菌（如 GJ23 含有共整合载体系统的辅助质粒 pGJ28 和 R64drd11；HB101 含有拼接末端载体系统的辅助质粒 pRK2013）。

（3）带有目的基因中间表达载体的大肠杆菌（供体菌）。

【实验试剂】

（1）LB 培养基（固体、液体）。

（2）抗生素（卡那霉素、利福平、氯霉素、大观霉素、链霉素等）。

14-2-1　平板涂布法

【特殊目的】

目前，三亲本杂交导入农杆菌主要有平板涂布法和纤维素膜固定法两种。本实验采用平板涂布法，将目的基因的中间表达载体导入农杆菌，通过重组，形成可用于遗传转化的转化载体。

【实验试剂】

YEB 培养基（固体、液体）。

【实验操作】

（1）将受体根癌农杆菌在含有相应抗生素的 LB 固体培养基平板上划线，倒置于 28℃ 恒温培养箱中培养，直至长出单菌落（2～3d）。

注：① 共整合载体系统的受体根癌农杆菌菌株 C58C1，含有 pGV3850 卸甲 Ti 质粒，为氨苄霉素抗性。

② 拼接末端载体系统的受体根癌农杆菌菌株 GV3111，含有 pTiB6S3 质粒，为氯霉素抗性。

（2）分别将含辅助质粒的大肠杆菌和含有目的基因中间表达载体的大肠杆菌在含有相应抗生素的 LB 固体培养基平皿上划线，倒置于恒温培养箱中，37℃培养直至长出单菌落（12～16h）。

注：① 共整合载体系统的辅助大肠杆菌菌株 GJ23，含有 pGJ28 和 R64drd11 辅助质粒，抗性为卡那霉素抗性和链霉素。

② 拼接末端载体系统的辅助大肠杆菌菌株 HB101，含有 pRK2013 辅助质粒，抗性为卡那霉素。

（3）挑取受体农杆菌单菌落接种于含有相应抗生素的 LB 液体培养基中，28℃下 200r/min 振荡培养直至菌液 OD_{600} =0.5～0.6(2～3d)。

注：受体农杆菌培养时间要长一些，保证得到足够的菌量，一般来说处于对数生长期的中期最佳，此时菌活力最好。

（4）挑取含辅助质粒的大肠杆菌单菌落接种于含相应抗生素的 LB 液体培养基中，37℃下 200r/min 振荡培养直至菌液 OD_{600} = 0.5～0.6（12～16h）。

（5）挑取含目的基因中间表达载体的大肠杆菌供体菌的单菌落，接种于含相应抗生素的 LB 液体培养基中，37℃下 200r/min 振荡培养直至菌液 OD_{600} =0.5～0.6（12～16h）。

注：① 共整合载体系统的中间表达载体 pLGV1103，抗性为卡那霉素抗性。

② 拼接末端载体系统中间表达载体 pMON120，抗性为大观霉素。

（6）取上述 3 种菌液（OD_{600} =0.5）各 500μl 于 EP 管中混匀，5000r/min 离心 5～10min，收集菌体。

（7）用 1ml YEB 液体培养基重悬菌体，5000r/min 离心 5～10min，收集菌体。

（8）用 500μl YEB 液体培养基重悬菌体，取 50～100μl 重悬液涂布于不含抗生素的 YEB 固体培养基平板上，置于恒温培养箱中 28℃ 培养过夜。

（9）取一接种环的混合培养物，悬浮于 100μl YEB 液体培养基中，涂布于含有相应抗生素的 YEB 固体培养基平板上，置于恒温培养箱中，28℃倒置培养直至长出单菌落（2～3d）。

注：① 共整合载体系统（pLGV1103/pGV3850）所需抗生素包括氨苄霉素和卡那霉素。

② 拼接末端载体系统（pMON120/pRK2013）所需抗生素包括氯霉素和大观霉素。

（10）对 YEB 固体培养基平板上的单菌落进行鉴定，检查其中是否含有目的基因的重组载体，具体步骤同实验 13-6“目的基因重组克隆载体的鉴定”。

注：重组农杆菌的鉴定一般采用 PCR 检测，以未带目的基因的空载体和未经转化的空农杆菌作为阴性对照。也可根据需要选择菌落原位杂交或者质粒酶切鉴定。但农杆菌的质粒拷贝数较低，所提取的质粒浓度较低，酶切鉴定需要增加质粒 DNA 的量，一般 20μl 反应体系加入 10μl 质粒 DNA。

（11）将经鉴定为阳性的单菌落活化并存菌，用于后续农杆菌介导的植物遗传转化。

【实验解析】

（1）一元载体系统的遗传转化载体构建过程包括中间表达载体导入农杆菌、中间载体与受体 Ti 质粒在农杆菌体内的同源重组及共整合载体的筛选鉴定 3 个过程。

（2）采用三亲本杂交法将中间表达载体导入农杆菌，需要 3 种菌：含有目的基因重组中间载体的大肠杆菌供体菌、含有辅助质粒的大肠杆菌、根癌农杆菌受体菌。当 3 种菌混合时，辅助质粒能够游动进入大肠杆菌供体菌内，提供游动（mob）和转移（tra）功能，把供体的重组质粒转移到根癌农杆菌受体菌内。因此，中间载体需带有特定的转移起始点和活化位点，以便辅助质粒的 *mob* 和 *tra* 基因发挥作用，驱动中间载体转移。

（3）共整合载体系统中，含有目的基因的中间表达载体 pLGV1103 导入农杆菌后，由于其与受体 Ti 质粒 pGV3850 均带有 pBR322 同源序列，因此通过同源重组整合到 pGV3850 的 T-DNA 区域内，形成一个大的共整合载体。整合在受体 Ti 质粒中的中间载体随同 Ti 质粒得到复制和增殖，中间载体所带的抗性基因能够表达。因此含有共整合载体的农杆菌能够表现出中间载体携带的抗生素抗性，在含有相应抗生素的培养基上能够正常生长，而未发生重组的不能生长。

（4）拼接末端载体系统中，含有目的基因的中间表达载体 pMON200 或 pMON120 导入含有受体 Ti 质粒 pTiB6S3-SE 的农杆菌后，由于其与受体 Ti 质粒均带有 LIH 同源序列，通过同源重组形成共整合载体，可用于植物遗传转化。

（5）受体农杆菌所含的 Ti 质粒应是解除武装的卸甲 Ti 质粒。

（6）通常共整合载体在用于植物遗传转化之前，必须通过 Southern 杂交来鉴定 Ti 质粒的拷贝数和大小。

14-2-2　纤维素膜固定法

【特殊目的】

采用纤维素膜固定法，将目的基因的中间表达载体导入农杆菌，通过重组，形成用于遗传转化的转化载体。

【实验试剂】

（1）1mmol/L $MgSO_4$（高压灭菌）。

（2）无菌纤维素膜。

【实验操作】

（1）、（2）、（3）与 14-2-1“平板涂布法”相同。

（4）取 3 种菌液各 100μl，混匀，5000r/min 离心 2min，弃上清，收集菌体。

注：在操作过程中，可依据菌实际的活力状况及生长情况适当调整 3 种菌的比例。有时为增加导入效率，可适量增加供体菌与辅助菌的量，将供体菌：辅助菌：受体菌的比例调整为 3：3：1。

（5）加入 1ml LB 液体培养基重悬菌体，5000r/min 离心 2min，去上清液。

注：尽量将上清液去除干净。

（6）加入 20ml LB 液体培养基重悬，将菌液滴在无菌纤维素膜上吹干。

注：菌液滴到纤维素膜上后，一定要吹干，直至看不到液体痕迹，否则会影响下一步转移。

（7）将无菌纤维素膜转移到 LB 固体培养基平板上，置于恒温培养箱中，28℃培养 18h。

注：保证固体 LB 培养基表面干燥，无水渍，否则会影响细菌间的反应。

（8）将纤维素膜取出，放入 1mmol/L $MgSO_4$ 溶液中，轻轻振荡，使膜上的细菌充分悬浮于 $MgSO_4$ 溶液中。

（9）取出纤维素膜，5000r/min 离心 2min，弃上清，收集菌体。再用 1mmol/L $MgSO_4$ 溶液重复洗涤菌体一次。

注：用 $MgSO_4$ 洗涤两次，保证培养基去除干净，否则会影响后续筛选重组子。

（10）加入 200μl 1mmol/L $MgSO_4$ 溶液重悬菌体，酌情稀释 100～1000 倍，将菌液涂在含有相应抗生素的固体 LB 培养基上，置于恒温培养箱中，28℃培养至出现单菌落。

注：可以按照梯度稀释（如 1、1/10、1/100、1/1000）菌液，分别涂布到相应的筛选培养基上。涂布的菌液要适量，菌液过多会难以分离单菌落。

（11）对 LB 固体培养基平板上的单菌落进行鉴定，检查其中是否含有目的基因的重组载体，具体步骤同实验 13-6“目的基因重组克隆载体的鉴定”。

（12）将经鉴定为阳性的单菌落活化并存菌，用于后续农杆菌介导的植物遗传转化。

【实验解析】

（1）利用纤维素膜固定细菌可提高导入效率，但操作较复杂。

（2）与冻融法和电转化法相比，三亲本杂交法效率较高，且经济节省。

实验 14-3　二元转化系统的中间表达载体构建

【实验目的】

在上述获得目的基因克隆载体的基础上，以现有的二元载体系统的中间表达载体为基础，通过多克隆位点插入目的基因，构建含有目的基因的重组中间表达载体。实际应用中常见的质粒载体多为二元转化系统的中间表达载体，本实验以pBI121载体为例说明目的基因中间表达载体构建过程。

【实验材料】

（1）含有目的基因的重组克隆载体。

（2）大肠杆菌感受态细胞（如DH5α）。

（3）中间表达载体（如pBI121）。

（4）质粒小量提取试剂盒。

（5）胶回收试剂盒。

【实验试剂】

（1）LB培养基（固体、液体）。

（2）限制性内切核酸酶及其缓冲液。

（3）T4 DNA连接酶及其缓冲液。

（4）抗生素（如卡那霉素，配制成100mg/ml母液）。

（5）r-*Taq* DNA聚合酶及其缓冲液。

（6）2.5mmol/L dNTP。

【实验操作】

（1）提取含有目的基因的克隆载体和中间表达载体pBI121的质粒DNA，具体操作步骤参见实验1-1“大肠杆菌质粒DNA提取”。

（2）采用相同的限制性内切核酸酶，分别酶切目的基因重组克隆载体和中间表达载体pBI121的质粒DNA，并回收含有目的基因的DNA片段和线性化载体DNA片段。具体操作步骤详见实验13-3“目的基因克隆载体的限制性酶切及回收”。

注：① 最好使用双酶切，目的基因DNA序列中不能含有这两种限制性内切核酸酶的识别序列，否则会被切断。

② 若重组克隆载体和中间表达载体上没有共同的酶切位点，则可以根据中间载体的MCS选用合适的酶切位点，设计带有酶切位点识别序列的基因特异引物，重新PCR扩增目的基因，对PCR产物进行酶切；也可以使用单酶切，但载体要进行去磷酸化处理，且重组后需要对目的基因的插入方向进行鉴定。

（3）将酶切回收后的目的基因DNA片段与线性化载体pBI121进行连接，具体操作步骤详见实验13-4“目的基因与克隆载体的连接反应”。

（4）将上述连接产物转化大肠杆菌感受态细胞（如DH5α），具体操作步骤详见实验13-5“连接产物转化大肠杆菌感受态细胞”。

（5）对LB固体培养基平板上的单菌落进行鉴定，检测其中是否含有目的基因的重组中间表达载体，具体操作步骤详见实验13-6“目的基因重组克隆载体的鉴定”。

【实验解析】

（1）二元载体系统是指由两个分别含T-DNA和Vir区的相容性突变Ti质粒构成的双质粒系统，即微型Ti质粒和辅助Ti质粒。Ti质粒上的*vir*基因与T-DNA具有反式互补作用，即*vir*基因可以反式激活T-DNA的转移。因此，即使T-DNA与Vir区处于不同的Ti质粒中，*vir*基因同样可以激活T-DNA的转移，使插入T-DNA区的外源基因导入植物细胞中。

（2）微型Ti质粒是一个广谱质粒，含有T-DNA左右边界、广谱质粒的复制起始点OriV及选择标记基因，是一种分子质量较小的大肠杆菌和农杆菌的穿梭载体。但微型Ti质粒缺失*vir*基因，因而转化的植物不会产生肿瘤。

（3）辅助Ti质粒是含有*vir*基因，但缺失了T-DNA的突变型Ti质粒，完全丧失了致瘤功能，相当于一元载体系统中的卸甲Ti质粒。其作用是提供*vir*基因功能，激活处于反式位置上的T-DNA转移。

（4）二元载体含有广谱质粒的复制起始点，替代了一元载体中用以重组的同源区，因此能够在任何农杆菌中自发复制，因此，中间表达载体只要导入任何一种仅含有一套完整的*vir*基因的受体农杆菌，都能成为二元遗传转化载体。

（5）与一元载体系统相比，二元载体的优势在于：不需经过两个质粒的共整合过程；微型Ti质粒具有大肠杆菌质粒的复制位点，能在大肠杆菌中复制，使拷贝数增加10～100倍，且微型Ti质粒较小，易导入农杆菌；由于无需进行同源重组，插入载体的外源DNA片段变异要小；植物遗传转化效率较高。因此，在实际应用中多采用二元载体系统进行植物遗传转化。

实验14-4　二元载体系统的中间表达载体导入农杆菌

【实验目的】

将二元载体系统的目的基因重组中间表达载体导入根癌农杆菌中，获得能用于植物遗传转化的工程菌。二元载体系统的中间表达载体导入农杆菌通常有3种方法：三亲本杂交法、冻融法和电转化法。

【实验材料】

（1）受体农杆菌（选择范围比较广泛，不需要与中间载体有同源序列，常用受体菌如LBA4404、GV3101、EHA105等）。

（2）含有目的基因的重组中间表达载体。

【实验试剂】

（1）抗生素（卡那霉素、利福平等）。

（2）YEB 培养基（液体、固体）。

14-4-1　三亲本杂交法转化农杆菌

【特殊目的】

采用三亲杂交法将目的基因的中间表达载体导入农杆菌，获得能用于植物遗传转化的工程菌。

【实验试剂】

（1）含有辅助质粒的大肠杆菌（如 HB101，含有 pRK2013 辅助质粒）。

（2）供体菌，带有目的基因中间表达载体的大肠杆菌。

（3）1mmol/L $MgSO_4$（高压灭菌）。

（4）无菌纤维素膜。

【实验操作】

分为平板涂布法和纤维素膜固定法，具体实验操作详见实验 14-2“一元载体系统的中间表达载体的构建”。

【实验解析】

（1）与一元载体系统类似，二元载体系统的中间表达载体也可以采用三亲本杂交法转化受体农杆菌。所有中间载体（即微型 Ti 质粒）均能以大肠杆菌的 pRK2013 为辅助质粒，通过三亲本杂交而接合转移到含有辅助 Ti 质粒的受体农杆菌中。由于大肠杆菌 pRK2013 不能在农杆菌中复制而最后消失，含有微型 Ti 质粒和辅助 Ti 质粒的农杆菌即可直接用于植物细胞的转化。

（2）与一元载体系统不同，二元载体系统不需要通过同源重组形成大的共整合载体，而是利用辅助 Ti 质粒上的 *vir* 基因，反式激活微型 Ti 质粒上的 T-DNA 转移。因此，二元载体系统中的两个质粒不需含有同源序列，转化效率较高。

14-4-2　冻融法直接转化农杆菌

【特殊目的】

采用冻融法将目的基因的中间表达载体导入农杆菌，获得能用于植物遗传转化的工程菌。

【实验试剂】

20mmol/L $CaCl_2$（高温高压灭菌）。

【实验操作】

1）根癌农杆菌感受态细胞制备

（1）将根癌农杆菌在含有相应抗生素的 YEB 固体培养基平板上划线，倒置于恒温培养箱中，28℃培养直至长出单菌落（2～3d）。

（2）挑取单菌落接种于 5ml 含相应抗生素的 YEB 液体培养基中，28℃下 200r/min 振荡培养至菌液 OD_{600}＝0.5～0.6（2～3d）。

（3）将上述菌液按照 1∶10 比例接种于 50ml 含相应抗生素的 YEB 液体培养基中，28℃下 200r/min 振荡培养至 OD_{600}＝0.5～0.6（5～6h）。

（4）将上述菌液转入冰预冷的 50ml 无菌离心管，冰浴 30min，4℃下 5000r/min 离心 5min，弃上清。

注：离心管要提前预冷，保证实验过程中细菌处于低温环境。

（5）向上述离心管中加入 10ml 冰预冷的 20mmol/L $CaCl_2$ 溶液重悬菌体，去除残留的 YEB 培养基。

注：重悬过程要一直保持在冰上，且动作要轻柔，避免用吸头反复吹打菌体，可轻轻摇晃离心管使菌体重悬。

（6）4℃下 5000r/min 离心 5min，弃上清。再次加入 1ml 冰预冷的 20mmol/L $CaCl_2$ 重悬菌体。

（7）制备好的感受态细胞可马上使用，也可按每管 200μl 分装于无菌 EP 管中于 4℃保存 48h 内使用。长期贮存时必须在液氮中速冻后转入－70℃冰箱保存，使用时从－70℃冰箱取出，置冰上溶化后使用。

注：感受态制备过程中要避免手接触到装有菌体的管底部，保证所有步骤要在冰上操作。

2）冻融法转化农杆菌

（1）将 1～5μl 纯化的质粒 DNA 加入 200μl 感受态细胞中，轻轻混匀。

注：在感受态细胞刚溶化时加入质粒转化效率最好，注意动作一定要轻柔，避免对感受态细胞造成伤害。

（2）将上述混合物冰浴 5min，液氮冷冻 5min 后，迅速置于 37℃水浴锅，温浴 5min，解冻感受态细胞。

注：使用冰水混合物效果最佳。

（3）向感受态细胞中加入 1ml 不含抗生素的 YEB 液体培养基，28℃下 100r/min 振荡培养 4～5h。

注：感受态细胞比较脆弱，恢复培养时转速要低。

（4）将恢复培养后的感受态细胞室温4000r/min 离心 5min，轻轻倒掉上清液，用剩余约 100μl 液体重悬菌体，将菌液均匀涂布到含有相应抗生素的 YEB 固体培养基平板上。

（5）将平板置于恒温培养箱中，28℃倒置培养至长出单菌落（2～4d）。

(6) 对 YEB 固体培养基平板上的单菌落进行鉴定，检查其中是否含有目的基因的重组载体，具体步骤同实验 13-6“目的基因重组克隆载体的鉴定”。

(7) 将经鉴定为阳性的单菌落活化并存菌，用于后续农杆菌介导的植物遗传转化。

【实验解析】

(1) 通过 $CaCl_2$、温度变化等处理，可使细菌的细胞壁和细胞膜结构发生变化，从而更利于吸收外源 DNA。将细胞能吸收外源 DNA 的状态称为感受态。

(2) 携带外源 DNA 的质粒载体进入细菌细胞后，能够游离于细胞质中，独立于细菌染色体进行复制。通过载体上的抗生素抗性基因的表达，使细胞产生抗生素抗性，因此可在含有相应抗生素的选择性培养基上筛选转化细胞。

(3) 冻融法转化农杆菌的优点在于操作方便且不需要特殊的仪器设备。虽然该方法转化效率相对较低，但是可以满足大部分农杆菌转化的需要。

(4) 若在含有抗生素的培养基平板上没有长出单菌落，可能导致实验失败的原因有：

①感受态细胞活力不好。

②未能严格执行热激时间。

③使用了错误的抗生素。

④涂布器过热，烧死了大量活菌。

⑤质粒浓度不足或纯度不高。

⑥质粒不正确，缺失了某些重要结构。

(5) 若在含有抗生素的培养基平板上长出一片菌苔，分不清单菌落，可能原因有：

①抗生素失效。

②涂板时菌液浓度过大。

③农杆菌感受态细胞被污染。

14-4-3 电转化法直接转化农杆菌

【特殊目的】

采用电转化法将目的基因的中间表达载体导入农杆菌，获得能用于植物遗传转化的工程菌。

【实验试剂】

(1) 灭菌 ddH_2O。

(2) 灭菌 10%甘油。

【实验操作】

1) 根癌农杆菌感受态细胞制备

(1) 将根癌农杆菌在含有相应抗生素的 YEB 固体培养基平板上划线，倒置于恒温培养箱中，28℃培养直至长出单菌落（2～3d）。

(2) 挑取农杆菌单菌落接种于 5ml 含相应抗生素的 YEB 液体培养基中，28℃下 200r/min 振荡培养至菌液 OD_{600}=0.5～0.6（2～3d）。

(3) 取上述菌液，按照 1∶10 比例接种于 50ml 含相应抗生素的液体 YEB 培养基中，28℃下 200r/min 振荡培养至 OD_{600}=0.5～0.6（5～6h）。

(4) 将上述菌液转入冰预冷的 50ml 无菌离心管，4℃下 5000r/min 离心 10min，弃上清，加入 5～10ml 预冷的无菌 ddH_2O 重悬菌体。

注：离心前要将转子预冷，保证离心时细菌处于低温环境。

(5) 重复步骤（4）3～4 次。

注：在感受态制备时，需要使用无菌 ddH_2O 多次冲洗，把残留的离子漂洗干净，否则可能在转化时导致电击穿。

(6) 4℃下 5000r/min 离心 10min，弃去上清液，加入 5ml 预冷的 10%甘油重悬菌体。

(7) 制备好的感受态细胞可马上使用，也可按每管 200μl 分装于无菌 EP 管中于 4℃保存 48h 内使用。长期贮存时必须在液氮中速冻后转入－70℃冰箱保存，使用时从－70℃冰箱取出，置冰上溶化后使用。

注：感受态制备过程中要避免手接触到装有菌体的管底部，保证所有步骤要在冰上操作。

2) 电转化法转化农杆菌

(1) 从－70℃超低温冰箱中取出大肠杆菌电转化感受态细胞（100μl），置于冰上解冻。

(2) 待感受态细胞溶化后，在超净工作台中加入 1～5μl 纯化质粒 DNA，轻轻混匀，冰上静置 5min。

注：① 用于电转的质粒 DNA 必须去除盐，RNA 及蛋白质，一般 1～2μl。在 TE 缓冲液中贮存的质粒 DNA 最好用乙醇沉淀后水溶，再进行后续实验。

② 在感受态细胞刚溶化时加入质粒转化效率最好，注意动作一定要轻柔，避免对感受态细胞造成伤害。

(3) 期间，将电转化仪调到 2.5kV、25μF，脉冲控制器调到 400Ω。

(4) 将转化混合物转移到预冷的 0.2cm 电转化杯中，轻轻敲击电转化杯使混合物均匀进入杯的底部，并用吸水纸吸干外表面的冰水。

(5) 将电转化杯放入样品槽中，进行脉冲电转化，听到蜂鸣声后迅速取出电转化杯，加入 800μl YEB 液体培养基（不含抗生素），重悬细胞后转移至无菌 EP 管中。

(6) 轻轻混匀，28℃振荡（100～150r/min）

培养 4～5h。

(7) 4000r/min 离心 5min，弃上清，剩余约 100μl 菌液重悬后均匀涂布到含有相应抗生素的 YEB 固体培养基平板表面。

(8) 在涂好的培养皿上做好标记，正向放置于 28℃恒温培养箱中 30～60min，直到表面的液体都渗透到培养基里后，倒置培养至长出单菌落(2～3d)。

(9) 对 YEB 固体培养基平板上的阳性重组菌进行鉴定，检测其中是否含有目的基因的重组中间表达载体，具体操作步骤详见实验 13-6“目的基因重组克隆载体的鉴定”。

【实验解析】

(1) 电击法转化的原理是在电场的作用下，农杆菌细胞表面形成两极化，产生高强度的跨膜电势，当电位差超过某一临界水平时细胞表面被击穿而产生暂时性孔道，这些孔道就是外源 DNA 分子进入农杆菌细胞的孔隙。

(2) 影响农杆菌电转化效率的因素有以下几方面。

①电场强度：电场强度过低会导致转化率降低；但随着电场强度的增加，细胞存活率下降，转化率也会降低。

②电脉冲时间：在一定范围内，电场强度恒定时，脉冲时间延长，转化效率增加；但超出一定范围，转化效率降低。不同电场强度在某一脉冲时间有最大转化率。最适宜的实验条件，需要研究者根据实验室现有条件摸索。

③农杆菌细胞浓度：在一定范围内细胞浓度与转化效率成正比。

④农杆菌细胞生长周期：一般来说处于对数生长中期的农杆菌转化效率最高。

(3) 与冻融法相比，电转化法对质粒 DNA 的纯度要求比较高，且需要有电转化仪，转化条件严格，但转化效率高；三亲本杂交法操作繁琐，转化过程长达 2d，且需要辅助质粒。

第 15 章

其他遗传转化载体构建

实验 15-1　发根农杆菌 Ri 遗传转化载体构建

【实验目的】

以现有的 Ri 质粒载体为基础，通过多克隆位点插入目的基因，构建含有目的基因的 Ri 中间表达载体，通过转化发根农杆菌，构建可用于植物遗传转化的目的基因 Ri 表达载体和工程菌。Ri 转化载体构建与 Ti 载体类似，也分为共整合载体系统和二元载体系统。本实验以适用于双子叶植物遗传转化的二元表达载体 pRI201-AN 为例，说明目的基因 Ri 表达载体构建的过程。

【实验材料】

（1）含有目的基因的重组克隆载体。

（2）Ri 二元表达载体（如 TAKARA 公司的 pRI 系列载体）。

（3）大肠杆菌感受态细胞 DH5α。

（4）发根农杆菌感受态细胞。

（5）胶回收试剂盒。

（6）质粒小量提取试剂盒。

【实验试剂】

（1）高保真 DNA 聚合酶及其缓冲液。

（2）限制性内切核酸酶及其缓冲液。

（3）T4 DNA 连接酶及其缓冲液。

（4）LB 培养基（液体、固体）。

（5）YEB 培养基（液体、固体）。

（6）抗生素（卡那霉素）。

【实验操作】

（1）提取含有目的基因的重组克隆载体和 Ri 中间表达载体 pRI201-AN 的质粒 DNA，详细步骤参见实验 1-1“大肠杆菌质粒 DNA 提取”。

注：① TAKARA 公司的 pRI 系列载体包括 pRI909、pRI910、pRI101-AN、pRI101-ON、pRI201-AN、pRI201-ON。这些载体均含有 pUC 质粒的大肠杆菌复制起始点 ColE1 ori、根癌农杆菌 Ri 质粒的突变复制起始点 Ri-ori、卡那霉素抗性基因 *npt* Ⅲ（用于大肠杆菌和农杆菌的抗性筛选）及卡那霉素抗性基因 *npt* Ⅱ（用于植物体内抗性筛选）。

② 其中，pRI909 和 pRI910 质粒含有 pUC 质粒的多克隆位点，可用于插入含有外源目的基因的完整表达框（启动子-目的基因-终止子）。

③ pRI101-AN 和 pRI201-AN 含有由 35S 启动子-AtADH 5′-UTR-MCS-NOS 终止子组成的完整表达框，通过 MCS 插入目的基因。由于其以拟南芥 *adh* 基因的 5′-UTR 作为增强子，因此适用于双子叶植物的遗传转化。

④ pRI101-ON 和 pRI201-ON 含有由 35S 启动子-OsADH 5′-UTR-MCS-NOS 终止子组成的完整表达框，通过 MCS 插入目的基因。由于其以水稻 *adh* 基因的 5′-UTR 作为增强子，因此适用于单子叶植物的遗传转化。

（2）采用相同的限制性内切核酸酶分别酶切目的基因克隆载体和中间载体的质粒 DNA，回收含有目的基因的 DNA 片段和线性化载体，具体操作步骤详见实验 13-3“目的基因与克隆载体的限制性酶切及回收”。

（3）将酶切回收后的目的基因 DNA 片段与线性化载体连接，具体操作步骤详见实验 13-4“目的基因与克隆载体的连接反应”。

（4）将连接产物转化大肠杆菌感受态细胞（如 DH5α），具体操作步骤详见实验 13-5“连接产物转化大肠杆菌感受态细胞”。

（5）对 LB 固体培养基平板上的大肠杆菌单菌落进行鉴定，检测其中是否含有目的基因的中间表达载体，具体操作步骤详见实验 13-6“目的基因重组克隆载体的鉴定”。

（6）通过三亲本杂交、冻融法或者电转化法将上述重组载体转化发根农杆菌感受态细胞，具体操作步骤详见实验 14-4“二元载体系统的中间表达载体导入农杆菌”。

（7）对 YEB 固体培养基平板上的农杆菌单菌落进行鉴定，获得可用于植物遗传转化的工程菌，具体操作步骤详见实验 13-6“目的基因重组克隆载体的鉴定”。

（8）将经鉴定为阳性的单菌落活化并存菌，用于后续农杆菌介导的植物遗传转化。

【实验解析】

（1）与 Ti 质粒类似，Ri 质粒的转化载体构建分为共整合载体和二元载体。Ri 共整合载体的中间载体常用 pBR322、pBI121 和 pBI101 等，把目的基因插入 T-DNA 中，形成中间表达载体，然后和含有辅助质粒（如 pRK2013）的大肠杆菌、野生型的发根农杆菌进行三亲本杂交，通过同源重组把中间载体整合到 Ri 质粒的 T-DNA 中，形成带有目的基因的共整合载体。二元载体构建的基础也是 Ri 质粒的 *vir* 基因在反式条件下能驱动 T-DNA 转移。

（2）与 Ti 质粒相比，Ri 质粒转化具有以下优点。

① Ri 质粒可以不经“解除武装”进行转化，并且转化产生的发根能够再生植株。

② 发状根是一个单细胞克隆，可以避免嵌合体。

③ Ri 质粒既可直接作为中间载体，也可结合 Ti 质粒构建二元载体。

④ 发根适用于离体培养，以及一些植物次生代谢产物的合成。

（3）发根农杆菌转化植株的以下形态特征值得研究者关注。

① 能在无激素培养基上生长。

② 分生不定根和侧根能力极强，呈现毛状根。

③ 根趋向于水平生长，向地性全部或部分消失，多数根含有相应的冠瘿碱。但是不同植物转化会产生不同的转化根，同一植物的不同组织也可能产生不同的转化根系。

④ 转化植株的形态、生理及生长发育会表现出异常。例如，许多转化植株的叶缘缺刻变浅、叶片皱缩、节间缩短、顶端优势减弱、侧根和不定根分生能力增强等。一些转化植株的渗透势降低，细胞液中 K^+ 减少，呼吸速率降低。

实验 15-2　病毒表达载体构建

【实验目的】

病毒 DNA（或 RNA）中存在能被寄主细胞 DNA 复制和转录（或反转录）的酶系统所识别的核酸序列。当病毒侵染植物后，其核酸分子进入植物细胞进行自我复制和蛋白质表达。在病毒载体中插入目的基因片段，侵染寄主植物后导致基因沉默，以此来研究目的基因的功能。本实验以双元 VIGS 病毒载体——马铃薯 X 病毒载体 pgR107 为例，介绍目的基因植物病毒表达载体的构建过程。

【实验材料】

（1）目的基因克隆载体。

（2）双元病毒表达载体（如马铃薯 X 病毒载体 pgR106 或 pgR107）。

（3）大肠杆菌感受态细胞 DH5α。

（4）农杆菌感受态细胞 GV3101（含有辅助质粒 pJIC Sa _ Rep）。

【实验试剂】

（1）LB 培养基（液体、固体）。

（2）抗生素（卡那霉素）。

（3）限制性内切核酸酶。

（4）T4 DNA 连接酶。

（5）回收试剂盒。

（6）质粒提取试剂盒。

【实验操作】

（1）将含有病毒表达载体 pgR107 的大肠杆菌在含有相应抗生素的 LB 固体培养基平板上划线，倒置于 37℃恒温培养箱中培养过夜。

注：① 马铃薯 X 病毒载体 pgR106 和 pgR107 是根据 pGreen0000 载体改造过的双元表达载体，它们基本结构类似，具有大肠杆菌的复制起始点和卡那霉素筛选标记基因。转化农杆菌时需要辅助质粒 pJIC Sa _ Rep。

② pgR106 含有 *Cla* Ⅰ-*Asc* Ⅰ-*Not* Ⅰ-*Sal* Ⅰ 多克隆位点可用于插入目的基因，其中 *Asc* Ⅰ 和 *Not* Ⅰ 是只含有 GC 的 8bp 限制性内切核酸酶。pgR107 含有 *Cla* Ⅰ-*Sma* Ⅰ-*Sal* Ⅰ 多克隆位点，*Sma* Ⅰ 是平末端限制性内切核酸酶，更适用于 PCR 产物连接。

（2）挑取 LB 固体培养基平板上的单菌落，接种于 5～10ml 含有 100mg/L 卡那霉素的 LB 液体培养基中，37℃下 180～200r/min 振荡培养过夜。

（3）采用试剂盒法提取 pgR107 质粒，具体操作步骤见 1-1-3“质粒 DNA 大量提取”。

（4）根据目的基因序列设计基因特异引物，以 cDNA 或者含有目的基因的重组载体为模板，PCR 扩增目的基因 DNA 片段。

（5）采用限制酶 *Sma* Ⅰ 酶切 pgR107 质粒，回收酶切产物，并对线性化载体进行去磷酸化处理，具体操作步骤详见实验 13-3“目的基因与克隆载体的限制性酶切及回收”。

（6）将目的基因 PCR 产物与 pgR107 线性化载体进行连接，具体操作步骤详见实验 13-4“目的基因与克隆载体的连接反应”。

（7）将连接产物转化大肠杆菌感受态细胞

（如 DH5α），具体操作步骤详见实验 13-5“连接产物转化大肠杆菌感受态细胞”。

（8）对 LB 固体培养基平板上的单菌落进行鉴定，构建目的基因病毒表达载体，具体操作步骤详见实验 13-6“目的基因重组克隆载体的鉴定”。

（9）将上述构建好的重组载体导入已含有辅助质粒 pJIC Sa _ Rep 的农杆菌感受态细胞 GV3101，并对 YEB 固体培养基平板上长出的单菌落进行鉴定，获得可用于植物遗传转化的工程菌，具体操作步骤见实验 14-2“一元载体系统的中间表达载体导入农杆菌”或实验 14-4“二元载体系统的中间表达载体导入农杆菌”。

【实验解析】

（1）植物病毒转基因系统就是将外源目的基因插入病毒基因组中，通过病毒感染植物细胞而将外源目的基因导入植物。与传统的农杆菌 T-DNA 导入植物细胞核基因组不同，病毒介导的外源基因并不整合到寄主核基因组上，而随着病毒的入侵在寄主细胞内增殖表达。

（2）与质粒载体介导的遗传转化系统相比，病毒转基因系统的优势在于以下几点。

① 病毒载体较小，便于操作。

② 病毒载体能把外源基因直接导入植物细胞，并且系统地分布到整个植株，无需经过组织培养再生植株的过程。

③ 导入的外源基因能在植物细胞中快速复制和高水平表达。

④ 病毒载体的 DNA 一般不整合到植物细胞核 DNA 上，不影响植物基因组的其他功能基因的表达。

（3）病毒转基因系统的缺点如下。

① 病毒载体的容量有限，不能包装大片段的外源 DNA。

② 寄主范围窄，复制稳定性差，转录和复制机制复杂。

（4）利用病毒作为载体进行遗传转化，一般有以下两种方式。

① 将外源目的基因片段构建到病毒表达载体，并进行体外转录，通过带有外源基因的病毒 DNA 感染并进入植物寄主细胞。

② 另一种是构建双元病毒表达载体，通过农杆菌介导方式进行重组病毒接种。该方法以双元表达载体（如 pGreen、pCAMBIA）为基础，首先将病毒全长 cDNA 克隆到真核启动子及终止子之间，再将其植入载体 T-DNA 的左右臂之间。当双元载体通过农杆菌介导转化植株以后，在寄主细胞内通过真核启动子转录出病毒的侵染性克隆；随着病毒的复制与移动，其携带的基因片段诱导同源基因的系统沉默。

（5）与传统的体外转录病毒侵染植物细胞相比，双元病毒表达载体避免了体外转录，可操作性强，并大大降低了成本。

（6）构建双元病毒表达载体进行基因沉默研究时，需要选择正确的目的片段及合适的长度，理论上最小插入片段是 23bp，但实际上 23bp 太小不能有效地进行基因沉默，所以一般选择300～500bp 的核苷酸片段。

实验 15-3　Tag 融合表达的遗传转化载体构建

【实验目的】

构建目的基因与 Tag 融合表达的遗传转化载体，以便于对转基因植物进行 Western blot 检测，或通过 Tag 纯化目的基因编码蛋白，或观察目的基因的表达特性（如亚细胞定位）。本实验以二元遗传转化系统的中间表达载体为例，说明目的基因与 Tag 融合表达的遗传转化载体构建过程。

【实验材料】

（1）含有目的基因的 DNA（如 cDNA、克隆载体等）。

（2）大肠杆菌感受态（如 DH5α 等）。

（3）农杆菌感受态细胞（如 LBA4404 等）。

（4）中间表达载体。

【实验试剂】

（1）LB 培养基（液体、固体）

（2）YEB 培养基（液体、固体）。

（3）抗生素（如卡那霉素、氨苄霉素等）。

（4）限制性内切核酸酶及其缓冲液。

（5）T4 DNA 连接酶及其缓冲液。

（6）DNA 回收试剂盒。

（7）质粒 DNA 提取试剂盒。

15-3-1　直接构建 Tag 融合表达的遗传转化载体

【特殊目的】

以现成的带有 Tag 的中间表达载体（如 pCAMBIA 系列）为基础，通过多克隆位点插入目的基因，构建目的基因与 Tag 融合表达的中间载体和遗传转化载体。本实验以 pCAMBIA1302 载体为例，说明构建目的基因与绿色荧光蛋白 GFP 融合表达的中间表达载体和遗传转化载体的过程。

【实验试剂】

带有Tag的中间表达载体（如pCAMBIA1302）。

【实验操作】

（1）将含pCAMBIA1302的大肠杆菌在含相应抗生素（100mg/L卡那霉素）的固体LB培养基平板上划线，倒置于恒温培养箱中，37℃培养过夜，直至长出单菌落。

注：pCAMBIA系列载体为二元载体系统的中间表达载体，其中常用的pCAMBIA1201、pCAMBIA1301、pCAMBIA2301和pCAMBIA3301等带有GUS-HIS Tag，pCAMBIA1302和pCAMBIA2302带有GFP-HIS Tag，而pCAMBIA1303带有GUSA-mGFP5-HIS Tag，pCAMBIA1304带有mGFP5-GUSA-HIS Tag。

（2）挑取LB固体培养基平板上的单菌落，接种于5～10ml含有100mg/L卡那霉素的LB液体培养基中，37℃下180～200r/min振荡培养过夜。

（3）采用试剂盒法提取pCAMBIA1302质粒，具体操作步骤参见1-1-3“质粒DNA大量提取法”。

（4）设计含有酶切位点的目的基因扩增引物，以cDNA或者含有目的基因的重组载体为模板，PCR扩增目的基因，在目的基因两侧分别引入相应的限制性内切核酸酶识别序列和保护碱基。

注：① 在构建目的基因Tag融合表达载体时，可根据需要选择不同的融合表达模式。例如，pCAMBIA1302载体中，可将目的基因插入在GFP-HIS Tag之前，构建目的基因与GFP-HIS Tag融合的表达载体，该载体可用于目的基因编码蛋白的亚细胞定位分析和蛋白纯化；也可用目的基因替换掉GFP Tag，构建目的基因与HIS Tag融合的表达载体，用于纯化目的基因编码蛋白。但是在进行目的基因功能验证时，尽量选择分子质量较小的Tag，以免影响研究结果的准确性。

② 在构建目的基因Tag融合表达载体时，pCAMBIA系列载体可用的酶切位点较少。例如，pCAMBIA1302载体中，可采用*Nco* Ⅰ、*Bgl* Ⅱ和*Spe* Ⅰ 3个位点，将目的基因插入在GFP-HIS Tag之前；或者将目的基因插入在*Nco* Ⅰ/*Bgl* Ⅱ/*Spe* Ⅰ（其中之一）与*Nhe* Ⅰ酶切位点之间，替换GFP Tag，获得目的基因与HIS Tag融合表达的中间载体，而目的基因内部不能含有这些酶切位点。

③ 在设计目的基因特异引物时，需要注意读码框是否串码，必须保证目的基因与其后的Tag融合表达。

④ 若Tag在目的基因的C端，则需要去掉目的基因的终止密码子，保证后续的Tag能够正常表达。

（5）通过酶切、连接、转化等步骤将目的基因in-fused插入中间表达载体pCAMBIA1302的多克隆位点处，构建目的基因与Tag融合表达的中间表达载体，具体操作步骤参见实验14-1“一元转化系统的中间表达载体的构建”或实验14-3“二元转化系统的中间表达载体构建”。

（6）将上述构建好的中间表达载体导入农杆菌感受态细胞，并对YEB固体培养基平板上长出的单菌落进行鉴定，获得可用于植物遗传转化的工程菌，具体操作步骤见实验14-2“一元载体系统的中间表达载体导入农杆菌”或实验14-4“二元载体系统的中间表达载体导入农杆菌”。

【实验解析】

（1）该类载体的目的是使目的基因与常见的Tag（如HIS-Tag、HA-Tag、c-Myc-Tag、GFP-Tag、GUS-Tag等）融合表达为重组蛋白。该类载体一般具有以下特殊的用途。

①在植物细胞内瞬时表达目的基因，通过Tag纯化目的基因编码蛋白，或通过免疫共沉淀CoIP检测蛋白相互作用（如HIS-Tag、HA-Tag、c-Myc-Tag）。

②通过瞬时表达观察目的基因编码蛋白在细胞内的定位（如GFP-Tag）。

③利用商品化Tag特异的抗体，通过Western blot检测转基因植物中目的蛋白是否表达（如HIS-Tag、HA-Tag、c-Myc-Tag、GFP-Tag）。

④ 观察目的基因在植物不同组织或者不同发育阶段的表达特异性（如GUS-Tag）。在实验时，可根据不同实验目的，选择合适的载体。

（2）实验时需要根据目的基因编码蛋白质的结构特性，确定Tag与目的基因的相对位置。一般来说，Tag位于目的蛋白的C端，因为很多蛋白质的N端具有翻译后修饰（如信号肽、豆蔻酰化等），N端融合会影响蛋白质的正确折叠和功能。

15-3-2 通过中间载体构建Tag融合表达的遗传转化载体

【特殊目的】

利用带有Tag的中间载体（如含HIS-Tag的pET32-a），在目的基因5′端和（或）3′端添加Tag，构建目的基因与Tag融合表达的中间载体；

再利用此重组中间载体，构建目的基因重组二元表达载体和遗传转化载体。本实验以 pET32-a 为中间载体，说明目的基因与 HIS-Tag 融合表达的中间表达载体和遗传转化载体构建的过程。

【实验试剂】

含有 Tag 的中间载体（如含 HIS-Tag 的 pET 系列载体 pET32-a）。

【实验操作】

（1）将含有 HIS-Tag 载体（如 pET32-a）的大肠杆菌在含相应抗生素（如 100mg/L 氨苄霉素）的固体 LB 培养基平板上划线，倒置于恒温培养箱中，37℃培养过夜，直至长出单菌落。

注：① pET 系列载体中均带有 HIS-Tag，pET32-a 载体在多克隆位点两侧均带有 HIS-Tag。

② 除 HIS-Tag 外，常见的 Tag 还有 HA-Tag（如 pGADT7）、c-Myc-Tag（如 pGBKT7）、GST-Tag（如 pGEX 系列）等。其中，HIS-Tag、HA-Tag、c-Myc-Tag 片段较小，而 GST-Tag、GFP-Tag 片段较大。

（2）挑取 LB 培养基平板上的单菌落接种于含有 100mg/L 氨苄霉素的液体 LB 培养基中，37℃下 180～200r/min 振荡培养过夜。

（3）采用试剂盒法提取 HIS-Tag 中间载体 pET32-a 的质粒（见 1-1-3）。

（4）设计含有酶切位点的目的基因扩增引物，以 cDNA 或者含有目的基因的重组载体为模板，PCR 扩增目的基因，在目的基因两侧分别引入相应的限制性内切核酸酶识别序列和保护碱基。

注：① 在设计目的基因特异引物时，需要注意读码框是否串码，必须保证目的基因与其后的 Tag 融合表达。

② 若 Tag 在目的基因的 C 端，则需要去掉目的基因的终止密码子，保证后续的 Tag 能够正常表达。

③ 若 Tag 在目的基因的 N 端，而中间载体上有终止密码子时，则可保留也可去除目的基因的终止密码子；但若中间载体上没有终止密码子时，则必须保留目的基因的终止密码子。

④ 所选用的酶切位点不能出现在目的基因编码区内。

（5）通过酶切、连接、转化等步骤将目的基因 in-fused 插入 pET32-a 的多克隆位点处，构建目的基因-HIS 融合表达的中间载体。

（6）若上述构建的目的基因-HIS 融合表达的中间载体和拟采用的植物遗传转化中间表达载体（如 pCAMBIA 载体）上有可采用的酶切位点，则直接通过酶切、连接、转化等步骤，将目的基因-HIS Tag 插入中间表达载体上，构建目的基因-HIS 融合的植物中间表达载体。

注：① 此步骤不需要考虑密码子串码问题，但需要注意插入中间表达载体的 DNA 片段，必须含有起始密码子、目的基因-HIS Tag 及终止密码子。

② 所选用的酶切位点不能出现在目的基因编码区内。

（7）若上述构建的目的基因-HIS 融合表达的中间载体和拟采用的植物遗传转化中间表达载体上没有合适的酶切位点可用，则根据植物中间表达载体的多克隆位点，设计含有酶切位点的特异引物，扩增目的基因-HIS 片段，在两侧分别引入相应的限制性内切核酸酶识别序列和保护碱基，再通过限制性酶切、连接、转化等步骤，将目的基因-HIS Tag 插入中间表达载体上，构建目的基因-HIS 融合的植物中间表达载体。

注：① 此步骤也不需要考虑密码子串码问题，但 PCR 扩增的片段必须含有起始密码子、目的基因-HIS Tag 及终止密码子。

② 所选用的酶切位点也不能出现在目的基因编码区内。

（8）将上述构建好的中间表达载体导入农杆菌感受态细胞，并对 YEB 固体培养基平板上长出的单菌落进行鉴定，获得可用于植物遗传转化的工程菌，具体操作步骤参见实验 14-2“一元载体系统的中间表达载体导入农杆菌”或实验 14-4“二元载体系统的中间表达载体导入农杆菌”。

【实验解析】

（1）相比 15-3-1“直接构建 Tag 融合表达的遗传转化载体”，利用中间载体构建 Tag 融合表达载体虽然操作步骤较多，但对于 Tag 种类和酶切位点的选择范围也较大。

（2）一般来说，在进行目的基因功能研究时，尽量选择分子质量较小的 Tag（如 HIS-Tag、HA-Tag、c-Myc-Tag），以免影响研究结果。

（3）除了借助带有 Tag 的中间载体，对于分子质量较小的 Tag 还可以在 PCR 引物上添加 Tag 的编码序列，通过多重 PCR 扩增在目的基因上游或下游引入 Tag 编码序列。但此种方法需要每做一次 PCR 扩增，进行一次测序保证目的基因编码序列的准确性。

实验 15-4　多基因遗传转化表达载体构建

【实验目的】

将多个目的基因串联构建到同一个植物表达

载体上，通过多个基因一个表达载体的方法，一次性转化受体植株，获得多基因聚合的转基因植物。

【实验材料】

（1）目的基因克隆载体。

（2）大肠杆菌 DH5α。

（3）胶回收试剂盒。

（4）质粒提取试剂盒。

【实验试剂】

（1）高保真 DNA 聚合酶及其缓冲液。

（2）限制性内切核酸酶及其缓冲液。

（3）T4 DNA 连接酶及其缓冲液。

（4）抗生素（如卡那霉素等）。

（5）LB 培养基（固体、液体）。

（6）YEB 培养基（固体、液体）。

15-4-1 融合基因表达法构建多基因表达载体

【特殊目的】

将多个基因的 DNA 序列融合克隆到一个表达载体上，使其处于同一表达框内，多个基因在同一个启动子下转录成一个转录单元，翻译后得到一个由不同的功能蛋白拼合在一起而形成的新型多结构域的人工蛋白。本实验以二元表达载体 pCAMBIA1302 为例，介绍融合基因表达法构建两个目的基因的双价表达载体。

【实验试剂】

中间表达载体（如 pCAMBIA 系列载体等）。

【实验操作】

（1）将含 pCAMBIA1302 的大肠杆菌在含相应抗生素（100mg/L 卡那霉素）的固体 LB 培养基平板上划线，倒置于恒温培养箱中，37℃培养过夜，直至长出单菌落。

（2）挑取 LB 固体培养基平板上的单菌落，接种于 5～10ml 含有 100mg/L 卡那霉素的 LB 液体培养基中，37℃下 180～200r/min 振荡培养过夜。

（3）采用试剂盒法提取 pCAMBIA1302 质粒，具体操作步骤参见实验 1-1-3“质粒 DNA 大量提取法”。

（4）根据 pCAMBIA1302 载体的多克隆位点（*Nco* Ⅰ-*Bgl* Ⅱ-*Spe* Ⅰ）和第一个目的基因的序列，设计含有酶切位点的 PCR 引物，以 cDNA 或者含有目的基因的重组载体为模板，PCR 扩增第一个目的基因，在目的基因两侧分别引入相应的限制性内切核酸酶识别序列和保护碱基。

注：由于该基因 3′端还要插入第二个目的基因，因此，在扩增目的基因时，需要去除终止密码子，保证第二个目的基因能够正常表达。

（5）通过酶切、连接、转化等步骤将目的基因插入 pCAMBIA1302 的多克隆位点处，构建含有第一个目的基因的重组中间表达载体（见实验 14-1 或实验 14-3）。

（6）根据第二个目的基因序列设计 PCR 引物，在上游引物中添加第一个目的基因下游引物上的限制性内切核酸酶识别序列和保护碱基，在下游引物中添加 pCAMBIA1302 载体上的 *Pml* Ⅰ 或 *Bst*EⅡ的识别序列保护碱基。

注：第二个基因上游引物设计时，需要注意与第一个基因密码子的融合问题，保证其能正确表达；若后面不再插入第三个基因，则下游引物需要添加终止密码子。

（7）以 cDNA 或者含有目的基因的重组载体为模板，PCR 扩增第二个目的基因，在目的基因两侧分别引入相应的限制性内切核酸酶识别序列和保护碱基。

（8）通过酶切、连接、转化等步骤将第二个目的基因 in-fused 插入 pCAMBIA1302 载体中，替换掉 GFP 报告基因，构建含有两个目的基因的重组中间表达载体（见实验 14-1 或实验 14-3）。

（9）将上述构建好的中间表达载体导入农杆菌感受态细胞，并对 YEB 固体培养基平板上长出的单菌落进行鉴定，获得可用于植物遗传转化的工程菌（见实验 14-2 或实验 14-4）。

【实验解析】

（1）单一基因表达因强度不够或作用机制单一不能获得理想的转基因植物，而多基因转化能够最大限度地发挥植物基因工程育种的优势，如同时超量表达同一信号通路中的多个正调控基因（SOS3-SOS2-SOS1 盐胁迫信号通路）可在更大程度上提高耐盐性。

（2）遗传转化多基因聚合技术主要的途径有杂交聚合、多基因多载体顺序转化、多基因多载体共转化和多基因一个载体一次转化。杂交聚合、多基因多载体顺序转化和多基因多载体共转化方法存在繁琐费时、转化效率低、需要不同的筛选标记基因、整合模式复杂及后代分离重组问题等缺点。将多个基因串联在同一个表达载体上，通过一次遗传转化，使多个目的基因整合在受体染色体的同一个位点上，较容易获得能稳定遗传的转基因株系。

（3）将多个基因串联在同一个载体的构建方法分为两种。

①多基因融合表达法：将多个基因的 DNA

序列融合克隆到一个表达载体上，使其处于同一个表达框内，多个基因在同一个启动子下转录成一个转录单元，翻译后得到一个由不同的功能蛋白拼合在一起而形成的新型多结构域的人工蛋白。

②独立表达框法：每个目的基因的两端均具有各自的启动子和终止子等转录和翻译调控元件，将它们串联起来，共同组建于一个植物表达载体中。

(4) 考虑到融合蛋白结构和功能的复杂性或有时必须得到各目的基因独立的表达产物时，可在目的基因之间插入一段 linker 序列。如两个基因之间用中性疏水氨基酸连接；或在目的基因两侧提供剪切供体/受体位点，通过剪切初始转录本，形成不同的 mRNA 或两个基因之间用内部核糖体进入位点 IRES 序列连接，在上游启动子的控制下，该序列及与之相连的基因可同时转录，并以不依赖帽的方式启动远端 mRNA 翻译，从而在同一转录本上翻译出不同的蛋白质；或两个基因之间用 Furin 的切割靶点序列连接，在翻译后加工过程中，蛋白前体被 Furin 切割成各个分离的产物。

(5) 相对于独立表达框法，基因融合表达法由于融合在一起的多个基因处在同一个表达框中，表达载体较小，同时各个目的基因的表达完全同步，表达水平相当。

15-4-2 利用普通限制性酶构建多基因独立表达载体

【特殊目的】

采用普通的限制性酶切反应，构建多价植物表达载体卡盒，再将目的基因的 DNA 序列插入表达载体的相应位置，每个目的基因有独立的启动子和终止子，使得转基因植株中每个基因在启动子作用下得以独立表达。一般情况下，由于载体上可用的限制性内切核酸酶的种类限制，此法适用于少量（2 个或 3 个）目的基因共价表达载体构建。本实验以双价植物表达载体卡盒的构建为例。

【实验试剂】

(1) 中间表达载体（pBEOM 和 pCAMBIA330035Su）(Nour-Eldin，2006)。

(2) USER 酶及其缓冲液。

(3) 碱性磷酸酶及其缓冲液。

【实验操作】

(1) 将含有中间表达载体 pBEOM 和 pCAMBIA330035Su 的大肠杆菌在含相应抗生素（100mg/L 卡那霉素）的 LB 固体培养基平板上划线，倒置于恒温培养箱中，37℃ 培养过夜，直至长出单菌落。

注：①pBEOM 为普通二元表达载体（图 15-1，E12-35S-Omega-MCS-Tnos）。

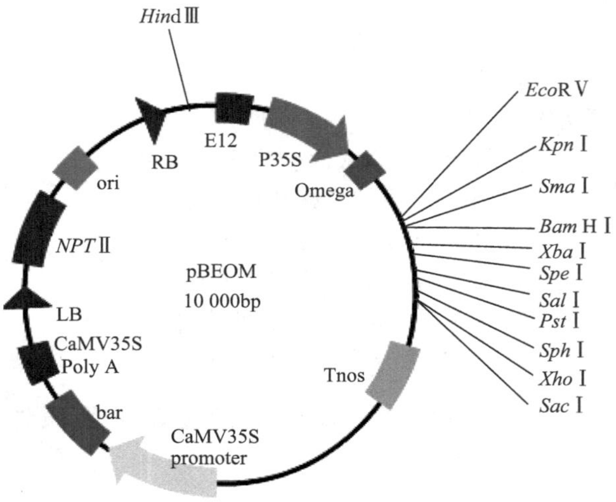

图 15-1 pBEOM 二元表达载体结构示意图

② pCAMBIA330035Su 是基于 USER 技术的二元表达载体（图 15-2），在 pCAMBIA3300 载体的基础上，添加了 USER 载体卡盒（35S-*Pac* Ⅰ卡盒-polyA）。插入目的基因时不依懒于限制性酶切反应，只需将载体采用 *Pac* Ⅰ和 Nt. *Bbv*C Ⅰ酶切，形成黏性末端；PCR 产物在扩增时添加接头，采用 USER 酶处理后，即可产生与载体互补的黏性末端（图 15-2）。USER 载体一定程度上降低了载体上可用的限制酶的种类限制。

(2) 挑取 LB 培养基平板上的单菌落接种于含有 100mg/L 卡那霉素的 LB 液体培养基中，37℃下 180～200r/min 振荡培养过夜。

(3) 提取 pBEOM 和 pCAMBIA330035Su 的质粒 DNA（见实验 1-1-3）。

(4) 用限制酶 *Hin*dⅢ酶切 pBEOM 载体，回收线性化的载体 DNA 片段，并采用碱性磷酸酶进行去磷酸化处理（见实验 13-3）。

(5) 用 *Hin*d Ⅲ酶切载体 pCAMBIA330035Su，回收约 1000bp 的 DNA 片段（35S-*Pac*Ⅰ卡盒-polyA）（见实验 13-3）。

(6) 将上述两个回收片段连接，转化大肠杆菌 DH5α（见实验 13-4 和实验 13-5）。

(7) 对 LB 固体培养基平板上的阳性重组菌进行鉴定（见实验 13-6），获得双价植物表达载体 pBEOu（图 15-3）。

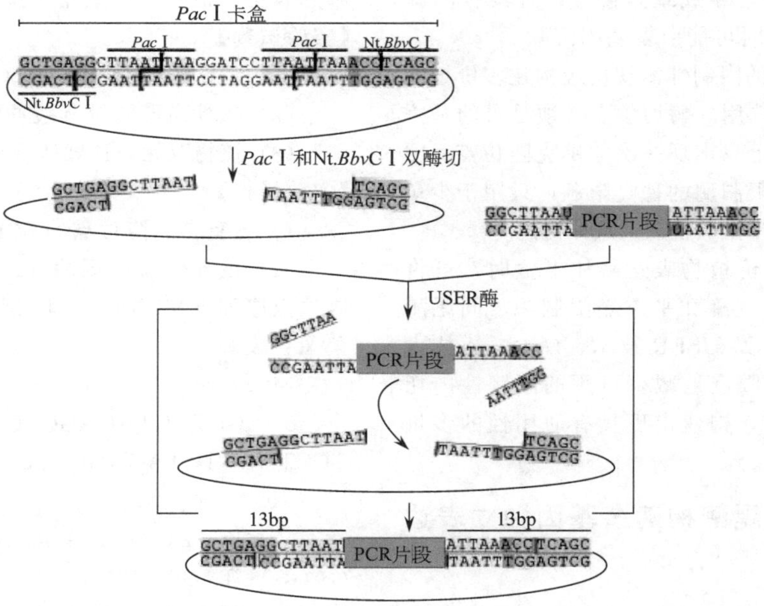

图 15-2　基于 USER 技术的载体构建原理图（Nour-Eldin，2006）

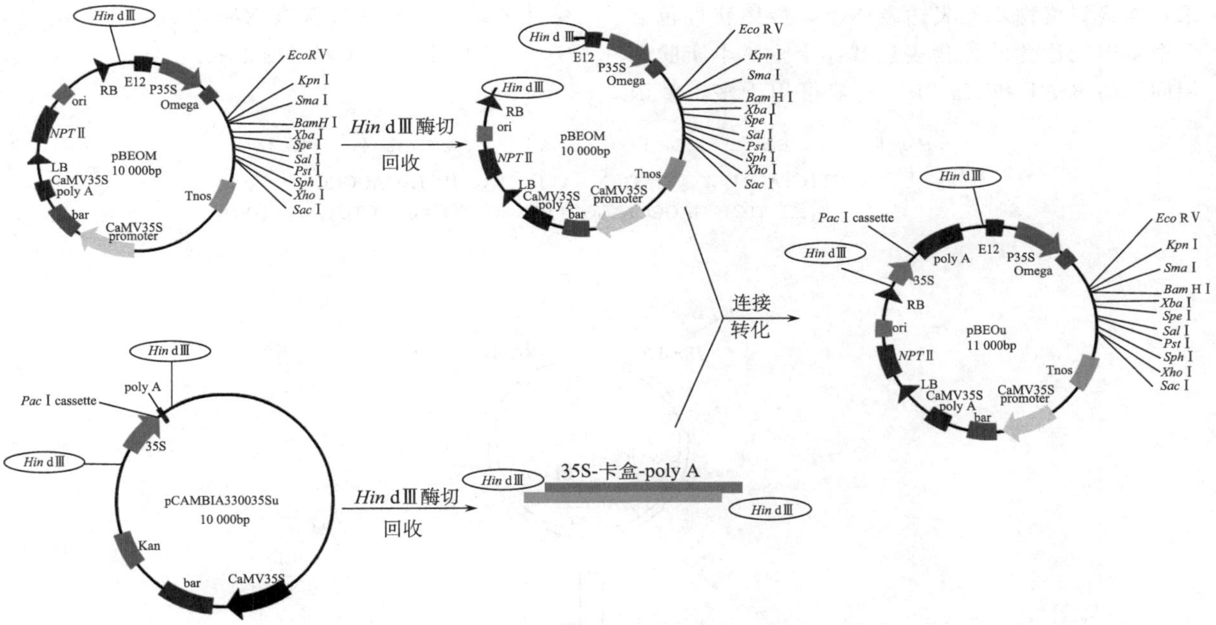

图 15-3　双价植物表达载体 pBEOu 的构建过程

注：pBEOu 以 pBEOM 载体为骨架，含有 E12-35S-Omega-MCS-Tnos 表达卡盒，可利用多克隆位点 *Eco*RⅤ-*Kpn* Ⅰ-*Sma* Ⅰ-*Bam*H Ⅰ-*Xba* Ⅰ-*Spe* Ⅰ-*Sal* Ⅰ-*Pst* Ⅰ-*Sph* Ⅰ-*Xho* Ⅰ-*Sac* Ⅰ，选择合适的酶切位点通过双酶切或单酶切插入第一个目的基因，或者通过 *Eco*RⅤ和 *SmaI* Ⅰ平末端限制酶酶切载体后，直接插入目的基因 PCR 产物。该双价植物表达载体还带有 pCAMBIA330035Su 的 35S-*Pac* Ⅰ卡盒-polyA 表达卡盒，可通过 USER 技术插入第二个目的基因，不需要进行酶切反应。

【实验解析】

（1）与基因融合表达法相比，独立表达框法的优点是：由于目的基因各自具有表达元件，因此能分别转录成相应的转录本，表达出各自的蛋白产物；多个基因之间一般为完全连锁，同时表达；通过采用不同的启动子，调控不同基因在表达上的时空特异性，使目的基因更灵活、更协调的表达。缺点是：由于每个目的基因都具有各自的启动子和终止子，导致载体较大；且具有同源性的启动子序列有时可能引发基因沉默。

（2）采用普通的限制性酶切反应构建多价植物表达载体卡盒，所选用的酶切位点必须是目的基因中没有，且在载体上只出现一次的单克隆位点。因此，受载体上可用限制酶的种类限制，只用于少量（2个或3个）目的基因共价表达载体构建。

（3）在构建多价植物表达载体卡盒时，可将普通的黏性末端限制酶和平末端限制酶、同尾酶及其他克隆技术（如USER技术、Gateway技术等）结合，以最大限度地减少可用的限制性内切核酸酶的种类限制，构建出更具有通用性的多价植物表达载体卡盒。

15-4-3 利用同尾酶构建多基因独立表达载体

【特殊目的】

利用两个或多个同尾酶将多个基因构建到辅助载体上，再将多基因表达盒从辅助载体上切下来，连接到植物双元表达载体上，最终获得包含多个基因表达盒的植物表达载体卡盒。本实验利用同尾酶 *Sal* Ⅰ 和 *Xho* Ⅰ，构建可用于多个基因独立表达的植物表达载体卡盒（孙全喜，2008）。

【实验试剂】

（1）辅助载体骨架（如pCR2.1-TOPO）。

（2）碱性磷酸酶及其缓冲液。

（3）植物双元表达载体（如pCAMBIA1300）。

【实验操作】

1）含有多克隆位点的pCRMCS载体构建

（1）设计带有同尾酶 *Sal* Ⅰ 和 *Xho* Ⅰ 的多克隆位点序列（MCS Long 和 MCS Short），并送交公司合成。

MCS Long

5′-AGCTTCTAGAGCTCAGGATCCGAAT-TCCTAGGTCTAGAGGGCC-3′

MCS Short

5′-CTCTAGACCTAGGAATTCGGATCCT-GAGCTCTAGA-3′

（2）将MCS Long和MCS Short等物质的量混合，94℃变性5～10min，缓慢降温退火形成双链DNA，其末端带有限制酶 *Hin*dⅢ 和 *Apa* Ⅰ 的黏性末端，中间依次含有 *Xba* Ⅰ-*Sac* Ⅰ-*Eco*R Ⅰ-*Spe* Ⅰ-*Xba* Ⅰ 识别序列（图15-4）。

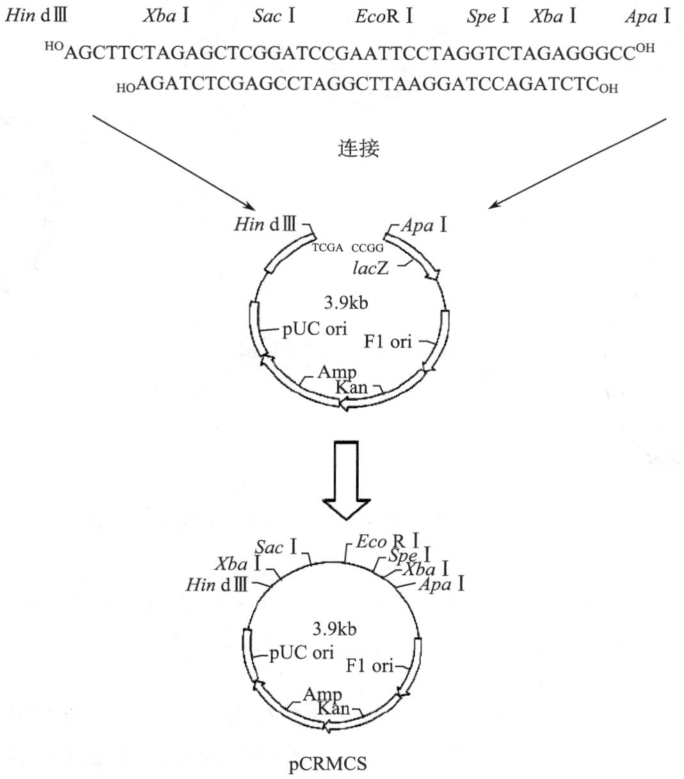

图15-4 辅助中间载体pCRMCS的构建过程（孙全喜，2008）

（3）用 *Hin*dⅢ 和 *Apa* Ⅰ 双酶切辅助载体骨架pCR2.1-TOPO，回收线性化的载体片段，具体操作步骤详见实验13-3“目的基因与克隆载体的限制性酶切及回收”。

注：辅助载体骨架 pCR2.1-TOPO 是 invitrogen 克隆载体，含有卡那霉素和氨苄霉素的抗性基因，属于松弛型质粒，在大肠杆菌中拷贝数高，并且带有 M13 和 T7 启动子测序引物，方便亚克隆测序。

（4）将上述两个回收片段连接，转化大肠杆菌 DH5α，具体操作步骤详见实验 13-4“目的基因与克隆载体的连接反应”和实验 13-5“连接产物转化大肠杆菌感受态细胞”。

（5）对 LB 固体培养基平板上的阳性重组菌进行鉴定，具体操作步骤详见实验 13-6“目的基因重组克隆载体的鉴定”，获得重组辅助载体 pCRMCS（图 15-4）。

注：重组辅助载体 pCRMCS 是在 pCR2.1-TOPO 克隆载体的基础上，引入了多克隆位点 *Xba* Ⅰ-*Sac* Ⅰ-*Eco*R Ⅰ-*Spe* Ⅰ-*Xba* Ⅰ，其中含有两个同尾酶 *Sal* Ⅰ和 *Xho* Ⅰ。

2）含有启动子的 pCR35S 载体构建

（1）采用 *Sac* Ⅰ和 *Eco*R Ⅰ双酶切 pCRMCS 质粒，回收线性化载体 DNA 片段，具体操作步骤详见实验 13-3“目的基因与克隆载体的限制性酶切及回收”。

（2）采用 *Sac* Ⅰ 和 *Eco*R Ⅰ 双酶切载体 pCB302-1，回收含有 35S 启动子的 DNA 片段，具体操作步骤详见实验 13-3“目的基因与克隆载体的限制性酶切及回收”。

注：或者设计 35S 启动子特异的 PCR 引物，在上游引物中添加 *Sac* Ⅰ识别序列，下游引物中添加 *Eco*R Ⅰ识别序列，以任意含有 35S 启动子的质粒载体为模板，PCR 扩增 35S 启动子，采用 *Sac* Ⅰ和 *Eco*R Ⅰ双酶切 PCR 扩增产物并回收，具体操作步骤见实验 13-1“目的基因 PCR 扩增”和实验 13-3“目的基因与克隆载体的限制性酶切及回收”。

（3）将上述两个回收片段连接，转化大肠杆菌 DH5α，具体操作步骤详见实验 13-4“目的基因与克隆载体的连接反应”和实验 13-5“连接产物转化大肠杆菌感受态细胞”。

（4）对 LB 固体培养基平板上的阳性重组菌进行鉴定，具体操作步骤详见实验 13-6“目的基因重组克隆载体的鉴定”，获得重组辅助载体 pCR35S（图 15-5）。

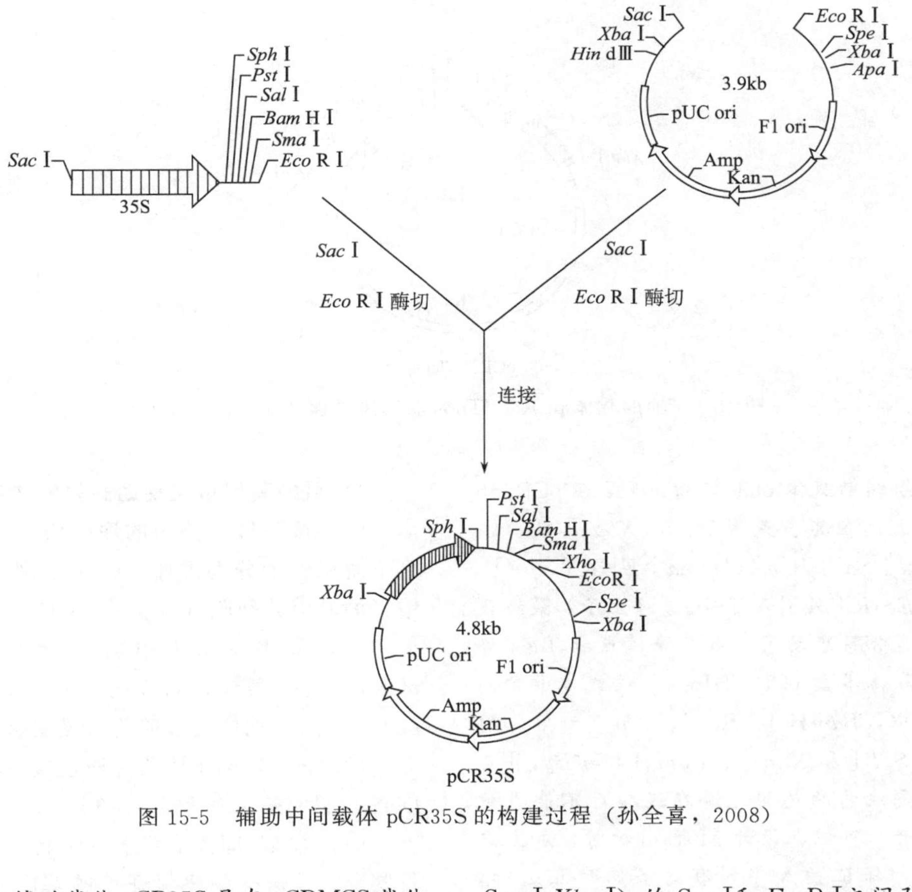

图 15-5　辅助中间载体 pCR35S 的构建过程（孙全喜，2008）

注：重组辅助载体 pCR35S 是在 pCRMCS 载体的基础上，在其多克隆位点（*Xba* Ⅰ-*Sac* Ⅰ-*Eco*R Ⅰ-*Spe* Ⅰ-*Xba* Ⅰ）的 *Sac* Ⅰ和 *Eco*R Ⅰ之间引入了 35S 启动子和其他酶切位点（*Xba* Ⅰ-*Sac* Ⅰ-35S-*Sph* Ⅰ-

Pst Ⅰ-*Sal* Ⅰ-*Bam* HⅠ-*Sma* Ⅰ-*Eco* RⅠ-*Spe* Ⅰ-*Xba* Ⅰ)。

3）含有终止子的 pCR35STnos 载体构建

（1）设计 Tnos 终止子特异的 PCR 引物，以 pCB302-1 质粒 DNA 或任意含有 Tnos 终止子的质粒为模板，PCR 扩增 Tnos 终止子，回收 PCR 产物，连接至 pGEM-T Easy 克隆载体，送交测序保证序列完全正确（见实验 13-1 和实验 13-2）。

（2）采用 *Eco* RⅠ单酶切上述重组克隆载体和 pCR35S 载体，回收酶切产物，并将线性化 pCR35S 载体进行去磷酸化（见实验 13-3）。

（3）将上述两个回收片段连接，转化大肠杆菌 DH5α（见实验 13-4 和实验 13-5）。

（4）对 LB 固体培养基平板上的阳性重组菌进行鉴定（见实验 13-6），获得重组辅助载体 pCR35STnos（图 15-6）。

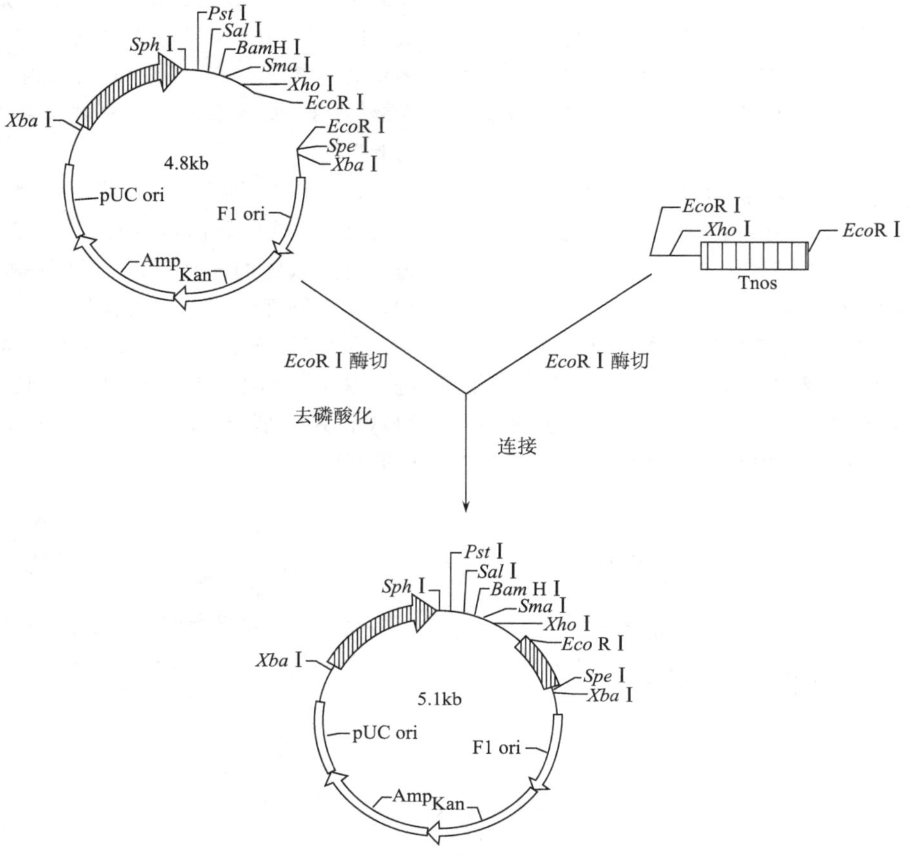

图 15-6　辅助载体 pCR35STnos 的构建过程（孙全喜，2008）

注：重组辅助载体 pCR35STnos 是在 pCR35S 载体的基础上，在其多克隆位点（*Xba* Ⅰ-*Sac* Ⅰ-35S-*Sph* Ⅰ-*Pst* Ⅰ-*Sal* Ⅰ-*Bam* HⅠ-*Sma* Ⅰ-*Eco* RⅠ-*Spe* Ⅰ-*Xba* Ⅰ）的 *Eco* RⅠ处引入了 Tnos 终止子。最终获得了一个带有 35S 启动子、多克隆位点和 Tnos 终止子的表达载体卡盒 pCR35STnos。该载体卡盒的多克隆位点中，*Bam* HⅠ、*Sal* Ⅰ、*Xho* Ⅰ为单一酶切位点，且 *Sal* Ⅰ和 *Xho* Ⅰ、*Bam* HⅠ与 *Bgl* Ⅱ是同尾酶。需要注意的是同尾酶在连接后不能再被这两个酶切开。可以在设计 MCS 引物时，加上更多的同尾酶，保证插入序列有更多的位点选择，方便目的基因亚克隆。

4）目的基因重组辅助载体的构建

（1）按照目的基因的序列设计特异引物，在上下游引物中分别添加 *Xho* Ⅰ识别序列，PCR 扩增目的基因并回收（见实验 13-1）。

（2）采用 *Xho* Ⅰ单酶切 PCR 回收产物和 pCR35STnos 载体，回收酶切产物，并将线性化 pCR35STnos 载体去磷酸化（见实验 13-3）。

（3）将上述两个回收片段连接，转化大肠杆菌 DH5α（见实验 13-4 和实验 13-5）。

（4）对 LB 固体培养基平板上的阳性重组菌进行鉴定，并送交测序保证目的基因序列完全正确（见实验 13-6），获得重组辅助载体 pCR35STnos-Gene。

5）多基因共价表达辅助载体的构建

（1）采用 *Spe* Ⅰ单酶切第一个目的基因的重组辅助载体 pCR35S/gene 1/Tnos（作为受体载体）并回收酶切产物，将线性化载体去磷酸化（见实验 13-3）。

（2）采用 *Xba* Ⅰ单酶切第二个目的基因的重组载体 pCR35S/gene 2/Tnos，并回收 *Xba* Ⅰ-35S-gene 2-Tnos-*Spe* Ⅰ-*Xba* Ⅰ DNA 片段（见实验 13-3）。

（3）将上述两个回收片段连接，转化大肠杆菌 DH5α（见实验 13-4 和实验 13-5）。

（4）对 LB 固体培养基平板上的阳性重组菌进行鉴定（见实验 13-6），获得两个目的基因的共价重组辅助载体，含有两个完整的表达盒 35S-gene 1-Tnos 和 35S-gene 2-Tnos。

注：由于 *Spe* Ⅰ和 *Xba* Ⅰ是同尾酶，酶切后产生相同的黏性末端，因此酶切后的 DNA 片段可以连接在一起，并且连接后的产物不能再被这两个酶切开。而引入的第二个目的基因表达盒中 *Xba* Ⅰ-35S-gene 2-Tnos-*Spe* Ⅰ-*Xba* Ⅰ又加入了一个 *Spe* Ⅰ酶切位点，可用于通过同样的步骤插入下一个目的基因。

（5）在上述双基因表达载体的基础上，按照同样的步骤依次引入后续的目的基因，构建多基因共价表达的辅助载体，最终得到的重组载体含有所有目的基因完整的表达盒（图 15-7）。

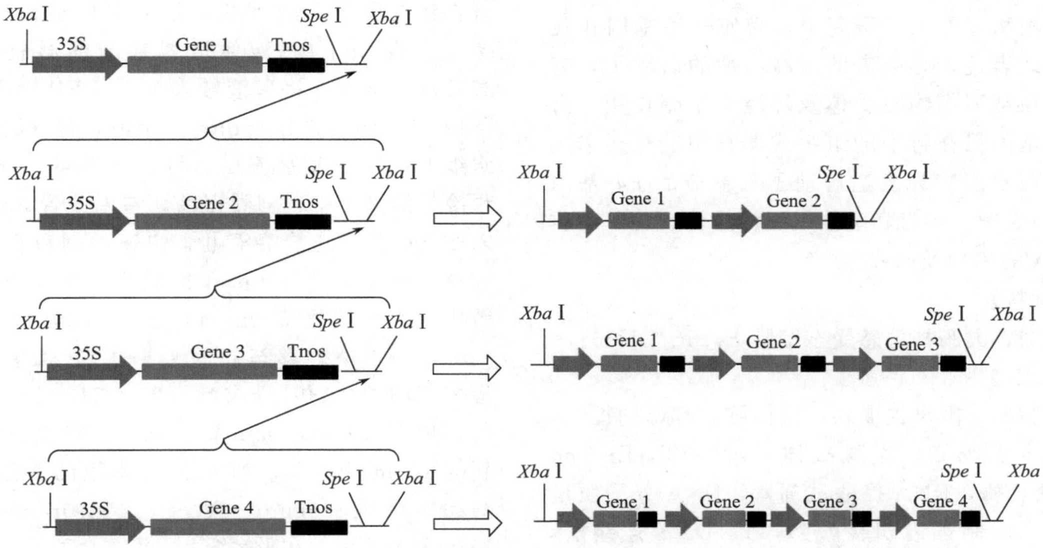

图 15-7　多基因共价表达的辅助载体构建过程

注：最终的重组辅助载体两侧各含有一个 *Xba* Ⅰ酶切位点，最后一个基因的 Tnos 终止子和 *Xba* Ⅰ之间有一个 *Spe* Ⅰ酶切位点（*Xba* Ⅰ-35S-gene 1-Tnos-35S-gene 2-Tnos ……35S-gene N- Tnos-*Spe* Ⅰ-*Xba* Ⅰ）。因此，可通过 *Xba* Ⅰ将所有目的基因的表达框切下来，连接入含有 *Xba* Ⅰ的植物表达载体上。

6）多基因共价中间表达载体的构建

（1）采用 *Xba* Ⅰ单酶切上述构建的多基因辅助载体，回收含有目的基因表达框的 DNA 片段（*Xba* Ⅰ-35S-gene 1-Tnos-35S-gene 2-Tnos- ……-35S-gene N-Tnos-*Spe* Ⅰ-*Xba* Ⅰ）。

（2）采用 *Xba* Ⅰ单酶切二元表达载体 pCAMBIA1300，回收线性化载体并去磷酸化。

注：此处所用的二元表达载体是指含有可用的 *Xba* Ⅰ酶切位点的载体，如 pCAMBIA 系列，pGreen 系列等。

（3）将上述两个回收片段连接，转化大肠杆菌 DH5α（见实验 13-4 和实验 13-5）。

（4）对 LB 固体培养基平板上的阳性重组菌进行鉴定（见实验 13-6），获得多基因的共价植物表达载体。

7）获得工程菌

采用三亲本杂交、冻融法或电转法将上述构建的多基因共价表达载体转化农杆菌感受态细胞，获得可用于植物遗传转化的工程菌。

【实验解析】

（1）本实验利用同尾酶酶切后产生相同的黏性末端这一特性，采用一对常用的同尾酶实现了多基因单表达载体的构建。与其他方法相比，简单易用且应用范围广。

（2）根据 Gateway 原理，可在 MCS 上添加 *ccdB* 基因和 att 位点序列，以解决目的基因中可能含有 *Xba* Ⅰ和 *Spe* Ⅰ识别序列的问题，增加该辅助载体的适用范围。

第 16 章 组织特异表达载体构建

实验 16-1 组织特异性启动子与质粒 DNA 的酶切及回收

【实验目的】

在植物基因工程研究中，为使外源基因在受体中高效表达，必须借助于高活性的启动子，有时为避免基因产物对受体及环境产生副作用，需使外源基因只在特定的组织或器官中表达。本实验以番茄果实特异表达启动子（番茄的 *E4* 基因启动子）为例，学习和掌握组织特异性启动子与质粒 DNA 的酶切及回收。

【实验材料】

番茄，大肠杆菌感受态细胞 *E. coli* DH5α。

【实验试剂】

琼脂糖，酵母提取物，蛋白胨，酵母抽提物，NaCl，卡那霉素，克隆载体 pMD-18T，Ex-*Taq* DNA 聚合酶，RNA 提取试剂盒，DNA 分子质量 Marker，限制性内切核酸酶，T4 DNA 连接酶，反转录试剂盒，DNA 胶回收试剂盒，质粒提取试剂盒，DNA 提取试剂盒。

【实验操作】

1）启动子的克隆与验证

（1）启动子序列的查找与引物设计通过 GenBank 数据库查找番茄的 *E4* 基因启动子序列，利用引物设计软件设计番茄的 *E4* 基因启动子的引物，由引物合成公司合成引物。

（2）番茄总 RNA 提取（见实验 3-1，实验 3-2）。

（3）cDNA 的合成（见实验 5-1～实验 5-3）。

（4）启动子的 PCR 扩增(见实验 5-4～实验 5-7)。

（5）启动子目的片段的回收和连接（见实验 5-4～实验 5-7）。

（6）质粒或连接产物的转化。取 50μl 大肠杆菌感受态细胞冰上溶解，加入质粒或连接产物 10μl。将上述混合物冰上放置 30min，42℃ 热激 90s，然后迅速放在冰上冷却 2min。在超净工作台中向上述混合物加入 800μl LB 液体培养基，混匀后于 37℃ 培养 1h，使菌体恢复正常生长状态。6000r/min离心 2min，弃去 900μl 上清液，保留 100μl 培养基，充分悬浮菌体，均匀涂布在含 Amp 的 LB 培养基上，待菌液完全被培养基吸收后，将平板于 37℃ 恒温培养箱中倒置培养。

（7）转化子的鉴定。质粒提取的具体步骤如下：将在含有 Amp 平板上长出的大肠杆菌单菌落接入含有 5ml LB 液体培养基的锥形瓶中，于 37℃ 过夜培养；将菌液转入 1.5ml EP 管中，4℃ 下12 000r/min离心 1min；弃上清，将管倒置于吸水纸上，使培养基流尽；将菌体重悬浮于 100μl 预冷的溶液Ⅰ中，剧烈振荡，室温放置 5min；加入 200μl 新配制的溶液Ⅱ，快速颠倒数次，冰上放置 5min；加入 150μl 预冷的溶液Ⅲ，快速颠倒数次，冰上放置 5min；4℃ 下 12 000r/min 离心 5min；将上清转移至新的 1.5ml EP 管中，加入等体积的酚/氯仿/异戊醇（25∶24∶1）颠倒混匀；4℃ 下12 000r/min离心 5min；将上清转移至新的 1.5ml EP 管，加入 2 倍体积的无水乙醇，－20℃ 沉淀 10min；4℃ 下 12 000r/min 离心 10min；弃上清，在吸水纸上空干多余乙醇。再加入 1ml 70% 乙醇，颠倒洗涤沉淀；4℃ 下12 000r/min，离心 5min；弃上清，用真空抽干机抽干沉淀。将沉淀溶于 20μl 含 0.2g/L 的 RNaseA 的 TE 溶液中，37℃ 消化 1h；取 2μl 质粒用琼脂糖凝胶电泳进行检测，剩余样品保于－20℃ 冰箱。

（8）启动子目的片段的测序选取阳性克隆，由公司进行测序。将测序结果在 NCBI 网站上进行 BLAST 同源性分析，确定目标启动子的正确性。

2）启动子与质粒 DNA 的酶切

提取质粒 pBI121，分别用限制酶进行消化。酶切反应体系如下：8μl 双蒸水，2μl 10×H buffer，2μl BSA，6μl 质粒，1μl 限制酶。37℃ 消化 3h，电泳观察酶切结果。

实验 16-2 组织特异性启动子与载体 DNA 的连接

【实验目的】

在实验 16-1 的基础上，本实验进一步以番茄

果实特异表达 *E4* 启动子为例，学习和掌握果实组织特异性启动子与载体 DNA 的连接。本实验以番茄果实特异表达启动子（番茄的 *E4* 基因启动子）为例，学习和掌握组织特异性启动子与质粒 DNA 的酶切及回收。

【实验材料】

实验 16-1 所获得的番茄果实特异表达启动子（番茄的 *E4* 基因启动子）与质粒。

【实验试剂】

琼脂糖，酵母提取物，蛋白胨，酵母抽提物，NaCl，卡那霉素，DNA 分子质量 Marker；T4 DNA 连接酶，质粒提取试剂盒，DNA 提取试剂盒。

【实验操作】

1）组织特异性启动子与载体 DNA 的连接

将胶回收得到的目的启动子片段在 T4 DNA 连接酶的作用下，与植物表达载体在 22℃ 连接 0.5h。

2）连接产物的验证

（1）连接产物转化大肠杆菌。取 50μl 大肠杆菌感受态细胞冰上溶解，加入质粒或连接产物 10μl。将上述混合物冰上放置 30min，42℃ 热激 90s，然后迅速放在冰上冷却 2min。在超净工作台中向上述混合物加入 800μl LB 液体培养基，混匀后于 37℃培养 1h，使菌体恢复正常生长状态。6000r/min 离心 2min，弃去 900μl 上清液，保留 100μl 培养基，充分悬浮菌体，均匀涂布在含 Amp 的 LB 培养基上，待菌液完全被培养基吸收后，将平板于 37℃恒温培养箱中倒置培养。

（2）转化子的鉴定。质粒提取的具体步骤如下：将在含有 Amp 平板上长出的大肠杆菌单菌落接入含有 5ml LB 液体培养基的锥形瓶中，于 37℃过夜培养；将菌液转入 1.5ml EP 管中，4℃下 12 000r/min 离心 1min；弃上清，将管倒置于吸水纸上，使培养基流尽；将菌体重悬浮于 100μl 预冷的溶液Ⅰ中，剧烈振荡，室温放置 5min；加入 200μl 新配制的溶液Ⅱ，快速颠倒数次，冰上放置 5min；加入 150μl 预冷的溶液Ⅲ，快速颠倒数次，冰上放置 5min；4℃下 12 000r/min 离心 5min；将上清转移至新的 1.5ml EP 管中，加入等体积的酚/氯仿/异戊醇（25∶24∶1）颠倒混匀；4℃下 12 000r/min离心 5min；将上清转移至新的 1.5ml EP 管，加入 2 倍体积的无水乙醇，－20℃沉淀 10min；4℃下 12 000r/min 离心 10min；弃上清，在吸水纸上空干多余乙醇。再加入 1ml 70%乙醇，颠倒洗涤沉淀；4℃下 12 000r/min 离心 5min；弃上清，用真空抽干机抽干沉淀。将沉淀溶于 20μl 含 0.2g/L 的 RNaseA 的 TE 溶液中，37℃ 消化 1h；取 2μl 质粒用琼脂糖凝胶电泳进行检测，剩余样品保存于－20℃冰箱。

3）目的启动子片段的测序

选取阳性克隆，50μl PCR 反应体系：38.5μl PCR-Grade water，5μl 10 × advantage 2 PCR buffer，1μl dNTP Mix（10mmol/L），1μl 50×advantage polymerase Mix，1μl SPl（10μmol/L），1μl 引物，2.5μl cDNA；PCR 反应条件：94℃、2min，94℃、30s，55℃、40s，72℃、1min 进行 35 个循环，72℃延伸 10min。PCR 产物由公司进行测序。将测序结果在 NCBI 网站上进行 BLAST 同源性分析，确定目标启动子序列准确。

实验 16-3　根特异性表达载体构建

【实验目的】

在组织特异性表达载体构建中，除果实特异性表达载体外，另一个重要载体是根特异性表达载体构建。本实验以烟草根特异表达启动子（烟草 *TobRBT* 基因启动子）为例，学习和掌握根特异性启动子与质粒 DNA 的酶切及回收。

【实验材料】

烟草或其他植物，大肠杆菌感受态细胞 *E. coli* DH5α。

【实验试剂】

琼脂糖，酵母提取物，蛋白胨，酵母抽提物，NaCl，卡那霉素，克隆载体 pMD-18T，Ex-*Taq* DNA 聚合酶，RNA 提取试剂盒，DNA 分子质量 Marker，限制性内切核酸酶，T4 DNA 连接酶，反转录试剂盒，DNA 胶回收试剂盒，质粒提取试剂盒，DNA 提取试剂盒（见第 5 章）。

【实验操作】

1）启动子的克隆与验证

（1）启动子序列的查找与引物设计：通过 GenBank 数据库查找烟草 *TobRBT* 基因启动子序列，利用引物设计软件设计烟草 *TobRBT* 基因启动子的引物，由引物合成公司合成引物。

（2）烟草总 RNA 提取(见实验 3-1，实验 3-2)。

（3）启动子的 PCR 扩增(见实验 5-1，实验 2-2)。

（4）质粒或连接产物的转化（见实验 16-2）。

（5）转化子的鉴定（见实验 16-2）。

（6）启动子目的片段的测序（见实验 16-2）。

2）启动子与质粒 DNA 的酶切

提取质粒 pBI121，分别用限制性内切核酸酶进行消化。酶切反应体系如下：8μl 双蒸水，2μl 10×H buffer，2μl BSA，6μl 质粒，1μl 限制酶。

37℃消化3h，电泳观察酶切结果。

3）组织特异性启动子与载体DNA的连接

将胶回收得到的目的启动子片段在T4 DNA连接酶的作用下，与植物表达载体在22℃连接0.5h。

4）连接产物的验证

详见实验16-2“组织特异性启动子与载体DNA的连接”。

实验16-4　种子特异性表达载体构建

【实验目的】

外原基因在种子特异性表达具有十分重要的生产实践意义，也是研究的热点。种子特异性表达载体的构建是科研成功的关键。本实验以*GCN4*基序为例，学习和掌握种子特异性启动子与质粒DNA的酶切及回收。

【实验材料】

拟南芥或其他植物，大肠杆菌感受态细胞*E. coli* DH5α。

【实验试剂】

同实验16-3“根特异性表达载体构建”。

【实验操作】

1）启动子的克隆与验证

同实验16-3“根特异性表达载体构建”。

2）启动子与质粒DNA的酶切

提取质粒pBI121，分别用限制性内切核酸酶进行消化。酶切反应体系如下：8μl双蒸水，2μl 10×H buffer，2μl BSA，6μl质粒，1μl限制酶。37℃消化3h，电泳观察酶切结果。

3）组织特异性启动子与载体DNA的连接

将胶回收得到的目的启动子片段在T4 DNA连接酶的作用下，与植物表达载体在22℃连接0.5h。

4）连接产物的验证

（1）连接产物转化大肠杆菌参见实验16-3“根特异性表达载体构建”。

（2）转化子的鉴定。质粒提取的具体步骤如下：将在含有Amp平板上长出的大肠杆菌单菌落接入含有5ml LB液体培养基的锥形瓶中，于37℃过夜培养；将菌液转入1.5ml EP管中，4℃下12 000r/min离心1min；弃上清，将管倒置于吸水纸上，使培养基流尽；将菌体重悬浮于100μL预冷的溶液Ⅰ中，剧烈振荡，室温放置5min；加入200μl新配制的溶液Ⅱ，快速颠倒数次，冰上放置5min；加入150μl预冷的溶液Ⅲ，快速颠倒数次，冰上放置5min；4℃下12 000r/min离心5min；将上清转移至新的1.5ml EP管中，加入等体积的酚/氯仿/异戊醇（25∶24∶1）颠倒混匀；4℃下12 000r/min离心5min；将上清转移至新的1.5ml EP管，加入2倍体积的无水乙醇，－20℃沉淀10min；4℃下12 000r/min离心10min；弃上清，在吸水纸上空干多余乙醇。再加入1ml 70%乙醇，颠倒洗涤沉淀；4℃下12 000r/min，离心5min；弃上清，用真空抽干机抽干沉淀。将沉淀溶于20μl含0.2g/L的RNaseA的TE溶液中，37℃消化1h；取2μl质粒用琼脂糖凝胶电泳进行检测，剩余样品保于－20℃冰箱。

（3）*GCN4*基序启动子片段的测序参见实验16-3“根特异性表达载体构建”。

第 17 章

DNA 重组及特异载体构建新技术

传统的 DNA 重组及载体构建以限制酶和 DNA 连接酶为基础，通过一系列的酶切连接反应将各片段逐步连接起来，构成表达载体。这种方法费时费力，不但在连接过程中引入了不必要的酶切位点碱基序列，而且对于长片段的连接有时难以找到合适的酶切位点，此外还会导致一些非原始蛋白的其他氨基酸也混在其中，从而影响蛋白质表达和功能。

随着分子生物学技术的发展，为了克服传统的 DNA 重组及载体构建方法的缺陷，出现了一系列的新技术。DNA 重组方面的新技术主要有融合 PCR 技术、USER 酶克隆技术、辅助交配遗传整合型克隆技术、无缝克隆技术、TALE 技术、Gateway 技术和 Topo 克隆技术等，特异载体构建新技术有 DNA 共转化及表达载体的正负向选择克隆载体构建、转座子表达载体构建、不依赖基因序列和连接反应的克隆载体构建及目的基因定位整合表达载体构建等方法，本章对比较常用的 DNA 重组及特异载体构建新技术做一简单介绍。

实验 17-1 DNA 重组新技术

17-1-1 重组融合 PCR 法

【实验目的】

融合 PCR 技术（fusion PCR）是以聚合酶链式反应为基础的片段拼接技术，采用具有互补末端的引物，形成具有重叠链的 PCR 产物，通过 PCR 产物重叠链的延伸，从而将不同来源的任意 DNA 片段连接起来，此技术在不需要限制酶消化和连接酶处理的条件下实现 DNA 片段的体外连接，为同源重组片段的构建提供了快速简捷的途径。

【实验材料】

（1）引物。

① 引物 A：基因特异正义引物（21～24bp）；距离 ATG 2～3kb。

② 引物 A′：基因特异正义引物（21～24bp）；距离引物 A 下游 3～10bp。

③ 引物 B：反义嵌合引物（融合目的基因＋启动子；例如，为了构建 GFP 融合基因引物应为-5′ AGTCGACCTGCAGGCATGCAAGCT ＋ XXXYYYZZZ …）。

④ 引物 C：融合目的基因正义引物（如 GFP-5′AGCTTGCATGGCTGCAGGTCGACT）。

⑤ 引物 D：融合目的基因反义引物（如 GFP-5′AAGGGCCCGTACGGCCGACTAGTAGG）。

⑥ 引物 D′：融合目的基因反义引物，在引物 D 的上游 3～10bp（如 GFP - 5′GGAAACAGT-TATGTTTGGTATATTGGG）。

（2）适合的模板 DNA 。

【实验操作】

融合 PCR 操作流程如图 17-1 所示，具体包括以下几个步骤。

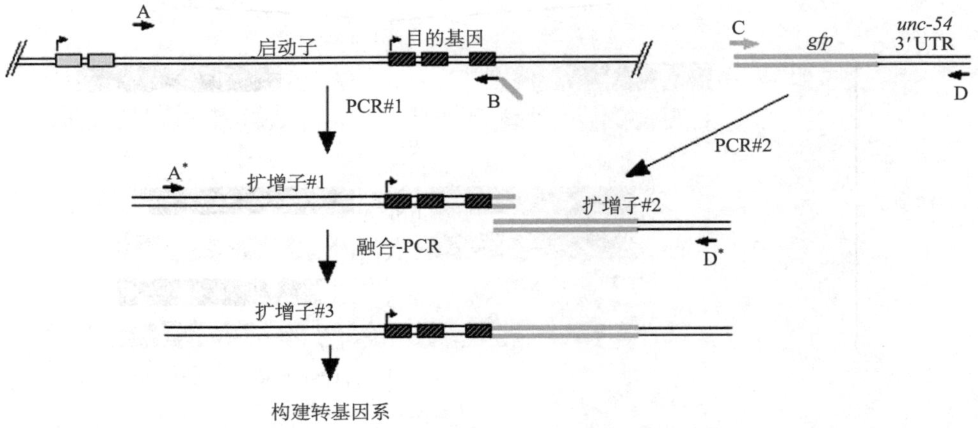

图 17-1 融合 PCR 技术流程（Hobert，2002）

（1）PCR 扩增 DNA 片段：两轮 PCR 反应，PCR＃1 程序利用引物 A、引物 B 和 DNA 模板扩增得到＃1 片段；PCR＃2 利用引物 C、引物 D 和 DNA 模板扩增得到＃2 片段。

（2）检测纯化后的＃1 扩增片段和＃2 扩增片段的纯度和浓度：将扩增得到两个片段分别用 0.8%琼脂糖凝胶电泳纯化回收。凝胶制备过程中减少 EB 的加入量，要求 EB 浓度一般低于 0.15μg/ml。

（3）融合 PCR 反应（PCR＃3）：在同一反应体系中加入各片段的混合物（10～50ng 的＃1 扩增片段和＃2 扩增片段），以一对外侧引物进行融合片段的全长扩增（引物 A′和引物 D′）。反应体系中加入等物质的量的待融合片段，加入 dNTP、PCR 缓冲液及 DNA 聚合酶，按正常程序进行第一轮 PCR 互补延伸，8～15 个循环，两个片段碱基互补配对，形成杂交链，即形成全长的融合 PCR 产物。向体系中加入一对内侧引物，按正常程序进行第二轮 PCR 扩增，30 循环。

（4）融合 PCR 产物用琼脂糖凝胶电泳纯化回收。

（5）构建转基因系。

【实验解析】

（1）PCR 产物的纯化对融合 PCR 成功与否起关键作用。

（2）即使＃1PCR 扩增片段在琼脂糖凝胶电泳检测时浓度很低，也有可能得到融合产物。

（3）如果融合 PCR 反应后，得到不止一条带，一般情况下也不会影响后续实验，但在确定 DNA 浓度时只选择大小正确的 PCR 融合产物。

17-1-2 USER 酶克隆技术

【实验目的】

USER 酶克隆技术（USER friendly cloning techniques）可以不使用酶切位点和 DNA 连接酶而将 PCR 产物直接克隆到载体，克隆只需一步完成，是一种高效、简单、省时的克隆方法。

【实验材料】

1）USER 酶

USER 酶克隆技术中使用到的 USER（uracil-specific excision reagent）酶是一种特异切割尿嘧啶的混合酶，包含尿嘧啶 DNA 糖基化酶（UDG）和核酸内切酶Ⅷ。

2）引物

USER 酶克隆技术需在 PCR 引物在 5′端加入一段 8～10bp 包含脱氧尿嘧啶（dU）的与载体互补的特异性序列。在 USER 酶作用下，引物两侧 5′端与 dU 之间的序列被剪切，形成 3′突出黏性末端（具有 8～10bp）。

3）适合的模板 DNA

选用适合的模板 DNA。

4）载体

线性化的质粒载体，需要与 USER 酶作用后引物产生的黏性末端互补。

【实验操作】

USER 酶克隆技术流程如图 17-2 所示，具体包括以下几个步骤。

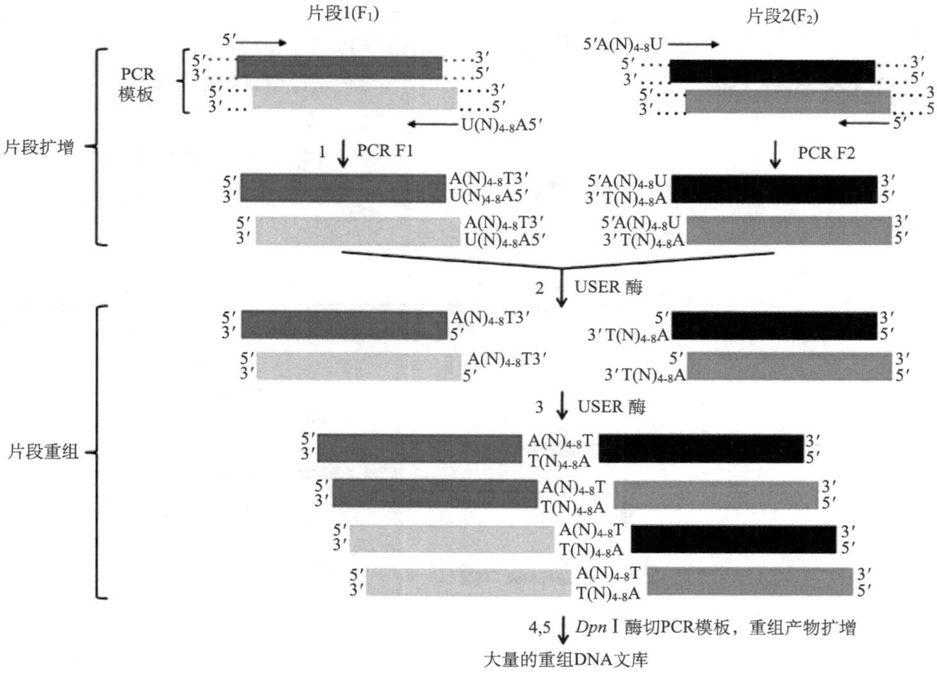

图 17-2 USER 酶克隆技术流程图（Villiers et al.，2010）

(1) PCR扩增DNA片段：利用 *Taq* DNA聚合酶和引物进行PCR扩增。

(2) 组装反应：利用USER酶将载体与PCR产物组装，反应体系为25μl，其中10μl PCR产物、1μl (50～200ng) 线性化的载体和1μl UESR酶 (1unit)，无菌去离子水补齐。37℃孵育15min后室温孵育15min，完成组装反应。

(3) 将组装反应产物转化大肠杆菌感受态细胞。

(4) 利用含有IPTG和X-gal的LB平板，进行蓝白斑筛选（平板中要加入载体对应的抗生素）。

(5) 转化子鉴定及后续实验。

【实验解析】

(1) USER反应：USER酶对自带的PCR缓冲液和大多数常用缓冲液均是有活性的，因此在扩增后不需要进行纯化或改变反应缓冲液。

(2) 组装反应：由于长的黏性末端、载体和PCR产物不需要使用DNA连接酶就可以形成稳定的重组子。为了得到更好的实验结果，重组反应后最好立即进行转化实验，如果不能立刻进行后续实验，请将产物保存在－20℃。

17-1-3 辅助交配遗传整合型克隆

【实验目的】

辅助交配遗传整合型克隆法（mating-assisted genetically integrated cloning，MAGIC）是一种快速构建重组DNA分子的体内克隆基因的方法。该方法构建重组DNA不需要DNA的制备，也不需使用位点特异性重组酶，而且整合后非重组背景的水平较低。MAGIC的高效性使其可以应用到全基因组中的基因操作中，可将测序完成后鉴定到的基因转换成任何表达文库。这不仅有助于功能基因组学的研究，而且有助于从基因组工程到蛋白质组工程的研究。

【实验材料】

1) 细菌菌株

(1) 携带目的DNA片段的供体质粒的细菌菌株。

(2) 携带受体质粒的细菌菌株。

2) 限制性内切核酸酶Ⅰ (*Sce* Ⅰ)

【实验操作】

辅助交配遗传整合型克隆技术流程如图17-3所示，具体包括以下几个步骤。

(1) 携带目的DNA片段的供体质粒及菌株 (strain A) 的构建。

(2) 携带受体质粒的细菌菌株 (strain B) 的获得。

(3) 将携带含有目的DNA片段的供体质粒的细菌菌株和携带受体质粒的细菌菌株进行交配，使两个质粒位于同一个细胞内。

(4) 供体和受体质粒经限制性内切核酸酶Ⅰ (*Sce* Ⅰ) 的消化，各形成两个线性片段，进而催化同源替换重组，导致重组后该DNA片段受控于受体质粒中新的调控元件。

【实验解析】

(1) MAGIC方法构建重组DNA不需要DNA的制备，也不需使用位点特异性重组酶。

(2) 较长的基因片段（＞100kb）也可用MAGIC方法进行。

(3) MAGIC方法整合后非重组背景的水平较低。

17-1-4 无缝克隆技术

【实验目的】

无缝克隆技术（seamless cloning/in-fusion cloning）提供了一种新的、高效快速的基因克隆方法。该方法与传统PCR产物克隆的差异在于载体末端和引物末端应具有15～20个同源碱基，由此得到的PCR产物两端便分别带上了15～20个与载体序列同源性的碱基，依靠碱基间作用力互补配对成环，无需酶切连接即可直接用于转化宿主菌，进入宿主菌中的线性质粒（环状）依靠自身酶系将缺口修复。

无缝克隆技术可灵活地将多个DNA片段组合成具有更多功能的DNA分子，具有位点选择灵活的特点，可以在载体的任意位置进行基因克隆；简便快捷，30min完成载体构建，不需要增加任何额外的程序；克隆效率高，高达90%阳性克隆。可广泛应用于合成生物学领域，包括载体DNA片段克隆、载体DNA转移、启动子和外显子研究、蛋白质功能研究、蛋白质表达、应用合成生物学、代谢工程、高通量克隆等。

【实验材料】

(1) 引物设计。基因克隆的引物设计及目的DNA片段的扩增，与常规PCR法是相同的。唯一的差异在于载体末端和引物末端应具有15～20个同源碱基，由此得到的PCR产物两端便分别带上了15～20个与载体序列同源性的碱基。

(2) 适当的限制酶和重组酶。

【实验操作】

无缝克隆技术操作流程如图17-4所示，具体包括以下几个步骤。

(1) 设计引物。可以利用软件或者在线工具进行引物设计，引物组成为5′-15bp同源碱基序列＋补齐酶切位点缺失碱基＋与目的基因片段相同/相互补的特异碱基序列-3′。

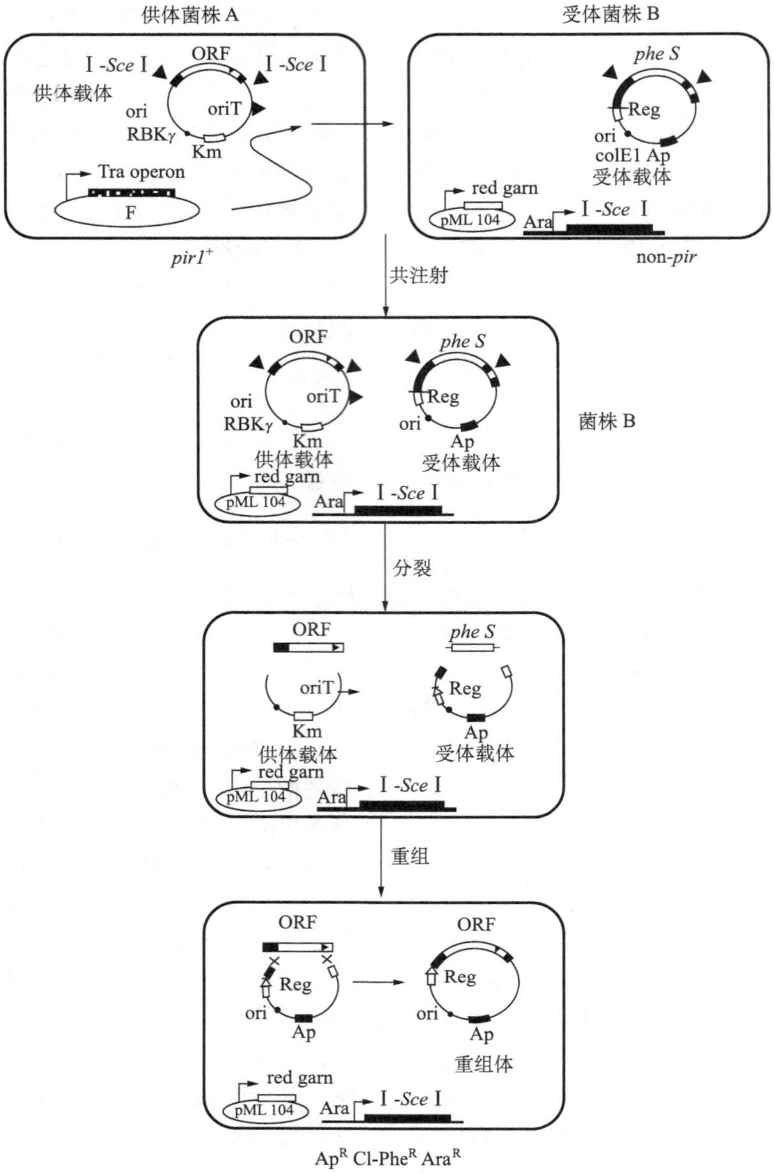

图 17-3 MAGIC 技术的流程图（Li et al.，2005）

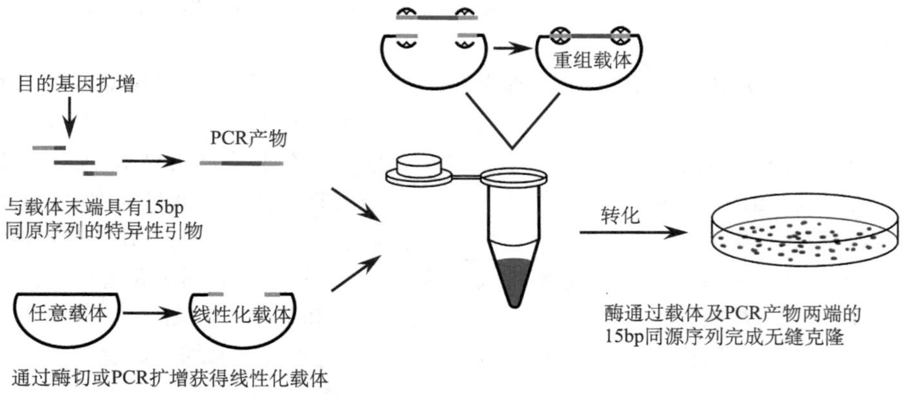

图 17-4 无缝克隆技术流程图

（2）采用酶切或者 PCR 扩增方法将载体线性化。

（3）使用设计好的引物进行目的 DNA 片段的 PCR 扩增。

（4）将目的 DNA 片段和线性化载体以物质的量比 2∶1 加到试管中进行重组反应。

buffer-enzyme（mix）	15μl
线性化载体	Xμl
PCR 片段	Yμl
ddH_2O	Wμl
总体积	20μl

（5）混匀后在 PCR 仪中适当温度孵育 30～60min，然后转移至冰上。

（6）克隆产物直接转化宿主菌，涂平板挑选出阳性克隆子。

【实验解析】

（1）无缝克隆技术通过相关酶试剂处理，同时除去载体与目的 DNA 上同源片段的双链中的一条链，这样载体和目的 DNA 两端就露出了能够互补配对的序列，依靠同源序列碱基间的配对能使载体和目的 DNA 较为紧密的连在一起而无需酶切连接，直接用于转化。

（2）无缝克隆技术可以将 PCR 产物定向克隆至任意载体的任意位点。

（3）无缝克隆技术可使酶切产物或 PCR 产物和插入片段不进行 DNA 纯化而直接用于克隆重组。

17-1-5　TALE 技术

【实验目的】

TALE（transcription activator-like effectors）技术是一种新的分子生物学工具。来自细菌 *Xanthomonas* sp. 的 TAL（transcription activator-like）蛋白的核酸结合域的氨基酸序列与其靶位点的核酸序列之间有恒定的对应关系，利用 TAL 的序列模块，可组装成特异结合任意 DNA 序列的模块化蛋白，从而达到靶向操作内源性基因的目的。与常规的 ZFN（zinc-finger nuclease）方法相比，TALE 技术不受基因序列及物种限制，靶序列识别模块特异识别并打断基因组中的任意靶序列，不受上下游影响。而且成对的 TAL 识别模块保证了基因敲除靶点的准确性，成功率高，脱靶情况少，实验周期短，成本低。TALE 技术已经成功应用到细胞、植物、酵母、斑马鱼及大、小鼠等各类研究对象，日益成为功能强大的实验室工具。主要有 TALEN（transcription activator-like effector nucleases）和 TALEA（transcription activator-like effector activator）两种应用，TALEN 技术构建针对任意特定核酸靶序列的重组核酸酶，在特异的位点打断目标基因 DNA，进而在该位点进行 DNA 操作，如 Knock-out、Knock-in 或点突变。TALEA 技术，针对基因启动子上游任意特定 DNA 序列构建转录激活因子，可提高特异内源基因的表达水平，而不需要购买或克隆 cDNA。

【实验材料】

（1）TALE 靶点识别模块：如图 17-5 所示，TALE 单体中的二联体氨基酸与 A、G、C、T 有恒定的识别关系，即 NG 识别 T，HD 识别 C，NI 识别 A，NN 识别 G。为获得识别某一特定核酸序列的 TALE，只需按照 DNA 序列将相应 TAL 单元串联克隆即可。

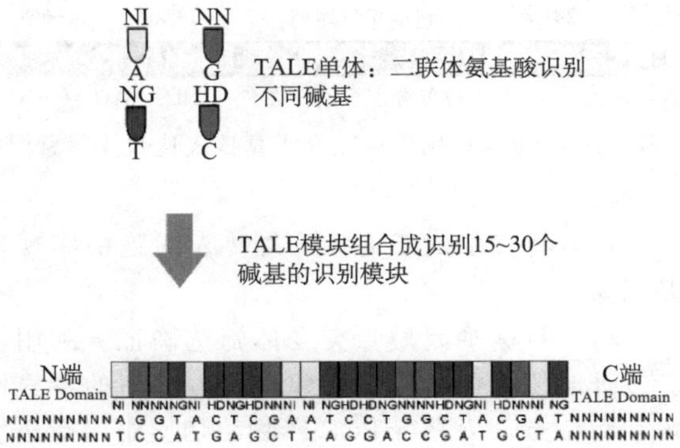

图 17-5　TALE 靶点识别模块

（2）TALEN 质粒对实现 TALEN 基因敲除：将识别特异 DNA 序列的 TALE 与限制性内切核酸酶 *Fok* Ⅰ偶联，可构建成剪切特异 DNA 序列的内切酶 TALEN。而且 *Fok* Ⅰ需形成二聚体方能发挥活性，大大减少了随意剪切的概率。在实际操作中，需在目标基因的编码区或外显子和内显子的交界处选择两处相邻（间隔 13～22 个碱基）的靶序列（一般 16～20 个碱基）分别进行 TAL 靶点识别模块构建。将这两个相邻靶点识别模块（分别）融合克隆到 *Fok* Ⅰ的 N 端，形成真核表达载体，得到 TALEN 质粒对。

将 TALEN 质粒对共转入细胞中可实现靶基因敲除（图 17-6）。TALEN 质粒对共转入细胞后，表达的融合蛋白，分别与靶位点特异结合，由于两个 TALEN 融合蛋白中的 *Fok* Ⅰ临近，形成二聚体，发挥非特异性内切酶活性，在两个靶位点之间剪切 DNA，形成 DSB（double-strand breaks），诱发 DNA 损伤修复机制。细胞可以通过 NHEJ（non-homologous end joining）修复 DNA，在此修复过程中或多或少地删除或插入了一定数目的碱基，造成移码，形成目标基因敲除突变体。

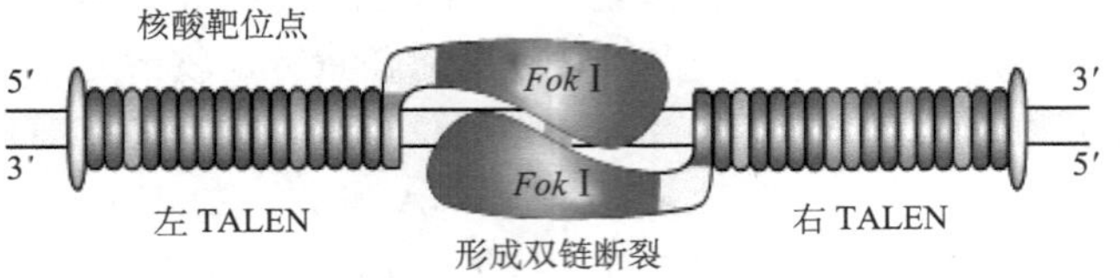

图 17-6　TALEN 质粒对实现 *TALEN* 基因敲除示意图

【实验操作】

（1）TAL 靶点识别模块构建。

（2）将（两个相邻）靶点识别模块（分别）克隆到真核表达载体，得到 TALEN 质粒。

对靶点识别模块串接成功后需克隆到真核表达载体中，此真核表达载体含有 TAL 的其他必需结构域并在 C 端融合有 *Fok* Ⅰ序列（图 17-7）。

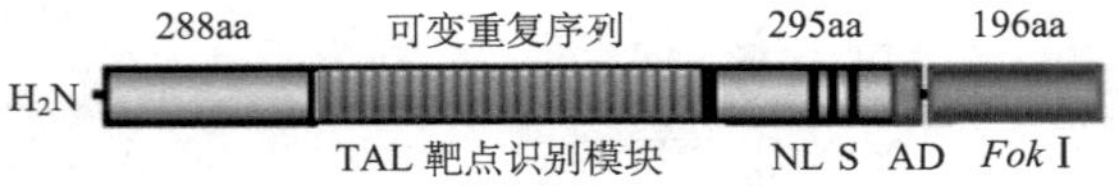

图 17-7　靶点识别模块克隆入真核表达载体示意图

（3）将 TALEN 质粒对共转入细胞中实现靶基因敲除。

（4）目标基因敲除突变体筛选确证。利用实验设计时挑选的，位于相邻靶位点之间的特异性内切酶位点，可进行 PCR 产物酶切鉴定以筛选发生目标基因敲除的突变个体。

【实验解析】

（1）TALEN 系统利用 *Fok* Ⅰ的内切酶活性打断目标基因。因 *Fok* Ⅰ需形成二聚体方能发挥活性，在实际操作中需在目标基因中选择两处相邻（间隔 17bp）的靶序列（一般十几个碱基）分别进行 TAL 识别模块构建。

（2）TALEA 技术针对特定基因启动子上游任意 DNA 序列构建转录激活因子，从而提高内源基因的表达水平。

（3）TALEN 技术构建针对任意特定核酸靶序列的重组核酸酶，在特定位点打断目标基因 DNA，进而进行 DNA 操作。

17-1-6　Gateway 技术

【实验目的】

Gateway 技术能够克隆一个或多个基因进入任何蛋白表达系统。这项强大的体外技术大大地简化了基因克隆和亚克隆的步骤，而同时典型的克隆效率高达 95%或更高。当基因在目的表达载体之间快速简便的穿梭时，还可以保证正确的方向和阅读框。Gateway 也有助于进行带不同数目纯化和检测标签蛋白的表达。

目的基因克隆进入门载体后，可以同时转移目的基因到多个目的载体。Gateway 利用了位点特异重组，所以在构建入门载体后，不再需要使用限制性内切核酸酶和连接酶。一旦拥有了一个入门克隆，就可以多次使用它，转移目的基因到 Gateway 改造过的各种表达载体（目的载体）。此外，由于在重组时 DNA 片段的阅读框和方向保持不变，不必再为新的表达克隆测序担心。在使用每一种新的表达系统时，将会节省更多的时间。

【实验材料】

（1）目的基因扩增：基因两端应该有 *att* 位点，在其 N 端含有 *att*B1 位点，C 端含有 *att*B2 位点。

（2）入门载体包含两个重组位点序列 *att*L1 和 *att*L2，大小均为 100bp，中间夹着一个自杀基因——*ccdB* 基因。

（3）与 Gateway 系统匹配的目的载体（destination vector），即目的载体的表达调控元件下游有两个重组位点 *att*R1 和 *att*R2，大小均为 125bp，同样也夹着一个 *ccdB* 自杀基因。

【实验操作】

Gateway 技术在 BP 反应中基因转移形成入门克隆，在 LR 反应中入门克隆可以作为反应物产生最终的表达克隆（图 17-8）。具体实验操作如下。

（1）创建入门克隆，通过 PCR 或传统的克隆方法将目的基因克隆到入门载体。

有几种方法可以构建 Gateway 入门克隆。无论您选择何种方法，创建的入门克隆都是准备用来与各种目的载体进行重组。

① PCR 克隆（定向 TOPO 克隆至入门载体或与供载体 B×P 重组）。

② 限制性内切核酸酶消化和连接进入入门载体。

③ 构建 Gateway 兼容 cDNA 文库。

④ Gateway 改造过的克隆资源。

这些克隆资源和 cDNA 文库两边加有 *att*B 位点。这些克隆可以通过与供载体及 BP Gateway 酶反应转换到入门载体。获得已有克隆资源的更多信息。

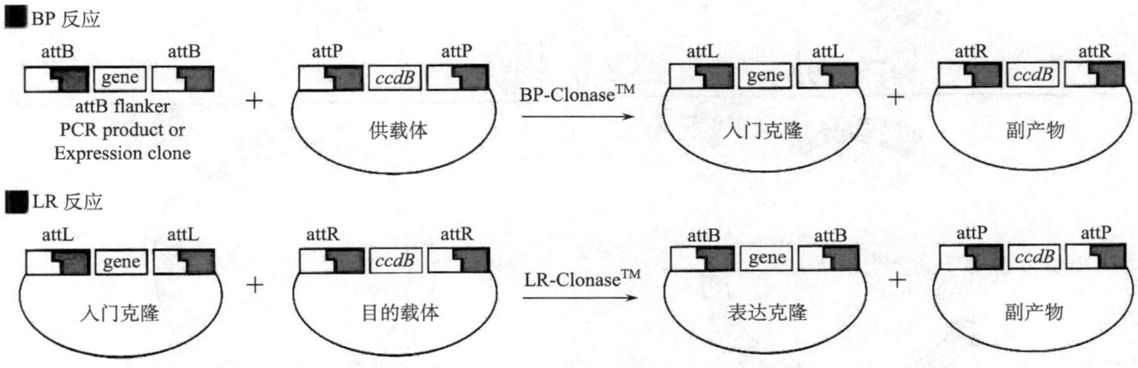

图 17-8 Gateway 技术（引自 Invitrogen 公司，2013）

（2）混合包含目的基因的入门克隆和合适的目的载体及 Gateway LR Clonase 酶，构建表达克隆（表达克隆用来在合适的宿主中进行蛋白的表达和分析）。

【实验解析】

（1）Gateway 克隆是基于 λ 位点特异重组，不会发生不正确的重组现象。

（2）在不同载体之间转换方便，省去了大量的酶切/胶回收/去磷酸/连接的步骤，尤其适合筛选大量基因和突变体的应用。

（3）速度快，大部分反应 1h 完成而且转化效率很高，自制的感受态 DH10B（$1\mu g=10^8$ cfu）加 $1\mu l$ 反应产物就可以。

17-1-7 TOPO 克隆技术

【实验目的】

TOPO 克隆技术把 PCR 产物直接克隆至表达载体，可以避免传统限制酶切法中利用一系列酶切连接反应引入非原始蛋白的其他氨基酸从而影响蛋白表达和蛋白功能的缺陷。定向 TOPO 克隆使得克隆 PCR 产物和其他的 DNA 分子更加快速和有效。不再需要连接酶、PCR 后续步骤或者限制酶，是一种高效的一步法克隆策略。进行 5min 的简单连接，产生大于 90%的重组子。不仅会比用连接酶介导的方法更快地获得克隆，而且可以节省因无结果而重复实验所带来的时间和试剂的损失。

【实验材料】

TOPO 克隆技术可利用的载体有两种 pCR-TOPO 克隆载体和 pCR-Blunt-TOPO 载体。

（1）pCR-TOPO 载体是基于 TOPO 的一种 T 载体，在 3′端的突出 T 上共价结合了一个拓扑异构酶Ⅰ，为了利用拓扑异构酶的连接活性，并在每个 3′磷酸基团上连接了拓扑异构酶Ⅰ，确保了载体与互补末端的迅速连接。

（2）pCR-Blunt-TOPO 载体，该载体在 *lacZ* 基因的下游融合了一个 *ccdB*（control of cell death）基因，当没有外源 DNA 片段插入时，*ccdB* 基因表达并导致大肠杆菌致死；而有外源基因插入时，*ccdB* 基因表达受阻，细胞可正常生长，节省了筛选时间。

【实验操作】

TOPO 克隆技术流程如图 17-9 所示，具体包括以下几个步骤。

（1）利用特异的 TOPO 引物进行 PCR 反应，琼脂糖凝胶电泳检测 PCR 产物并进行纯化。

（2）估算纯化后的 PCR 产物浓度，并计算需加入的量，用灭菌去离子水调整到 $4\mu l$ 后加入 $1\mu l$ 的盐溶液。

（3）取 $2.5\mu l$ 上述混合溶液加入新的反应管中，并加入其他的转化所需的试剂，加入 $0.5\mu l$ TOPO 载体。

（4）混匀，室温孵育 15min，立即转化大肠杆菌中，利用卡那霉素（kanamycin）抗性基因筛选。

【实验解析】

（1）TOPO 克隆技术对小片段效率高，当片段大于 2500bp 时效率降低，需要检测更多的重组子来筛选正确的克隆。

（2）TOPO PCR 表达克隆法仍利用特异引物把目标基因 PCR 扩增后，再利用高效的 Topoisomerase 酶把产物快速连接到表达载体上，这是到载体上的目标基因不含非编码区，Invitrogen 公司提供了原核细胞、酵母、昆虫细胞和哺乳动物细胞的各种 PCR 克隆表达系统。

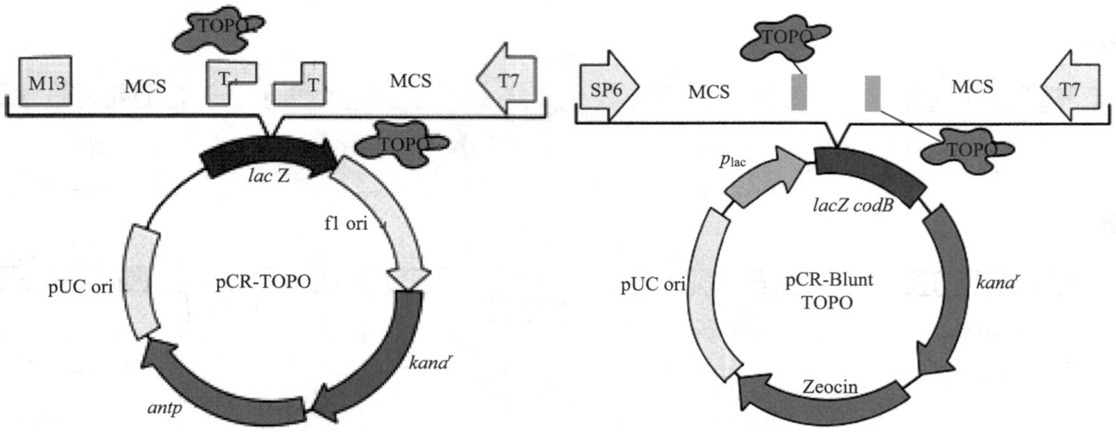

图 17-9　pCR-TOPO 和 pCR-Blunt TOPO 载体（参照 Invitrogen 公司，2013）

实验 17-2　特异载体构建新技术

17-2-1　DNA 共转化及表达载体的正负向选择克隆载体构建

【实验目的】

DNA 共转化及表达载体的正负向选择克隆法是一种自动快速且低成本的体内构建表达克隆的方法，该方法不需要涉及外源插入片段和载体的体外操作。DNA 共转化及表达载体的正负向选择克隆载体不但可以进行有插入片段的正向选择或者是只有空载体分子的负向选择，而且在载体的 N 端和 C 端位置都有可利用的标签，可以在大肠杆菌感受态细胞中启动目的基因编码蛋白质的高效表达。

【实验材料】

（1）载体：线性载体和插入片段的末端要有 13～20 个核苷酸的重叠区域。

（2）Phusion 聚合酶（其他的带有修正作用的 DNA 聚合酶也可以使用，但是具有末端转移酶活性的聚合酶不可使用，以免造成 3′端 A 尾巴的出现）。

（3）适合的模板 DNA 。

【实验操作】

（1）引物设计及合成。

（2）模板 DNA 制备。

（3）PCR 反应：2ng 模板 DNA，使用 Phusion 聚合酶。

（4）利用大肠杆菌细胞进行共转化：PCR 扩增和线性载体分别凝胶纯化，以 2.5∶1 的质量比混合进行共转化，在大肠杆菌感受态细胞内发生同源重组并整合成表达质粒。

（5）载体构建及其他常规操作参照 *Molecular Cloning Handbook*。

【实验解析】

（1）由于 DNA 共转化及表达载体的正负向选择克隆法在处理片段和载体这一步需要做胶回收，因此，这种方法还不能实现完全意义上分子克隆的自动化操作，但是此方法建立了共转化和正负向选择的自动克隆平台，可作为高通量的克隆系统应用。

（2）对于短于 1.5kb 的片段用 DNA 共转化的方法较好。

（3）转化感受态细胞时需要延长复苏时间（2h），以保证末端连接反应的彻底性。

17-2-2　转座子表达载体构建

【实验目的】

转座子是存在于染色体 DNA 上可自主复制和位移的基本单位，可以通过切割、重新整合等一系列过程从基因组的一个位置“跳跃”到另一个位置。转座子标签技术利用转座子特有的转座功能将带有标记的转座子插入目的基因或基因组，用以确定基因功能、分析基因功能差异、改变目的基因活性及获得转基因生物等。

【实验材料】

（1）载体：AC/DS 转座子是植物中应用比较广泛的一类转座子。构建 AC-DS 载体（以 pSQ5 为例）需要至少包含 Ubi-DsRed-Nos 盒（来源 pSK62）、1785bp 的 5′Ds 和 222bp 的 3′Ds（来源 pWS32）、4 × En（CaMV 35S 增强子，来源 AcREH construct）、标记基因及抗性基因等元件。

（2）限制性内切核酸酶。

【实验操作】

转座子表达载体构建流程如图 17-10 所示，具体包括以下几个步骤。

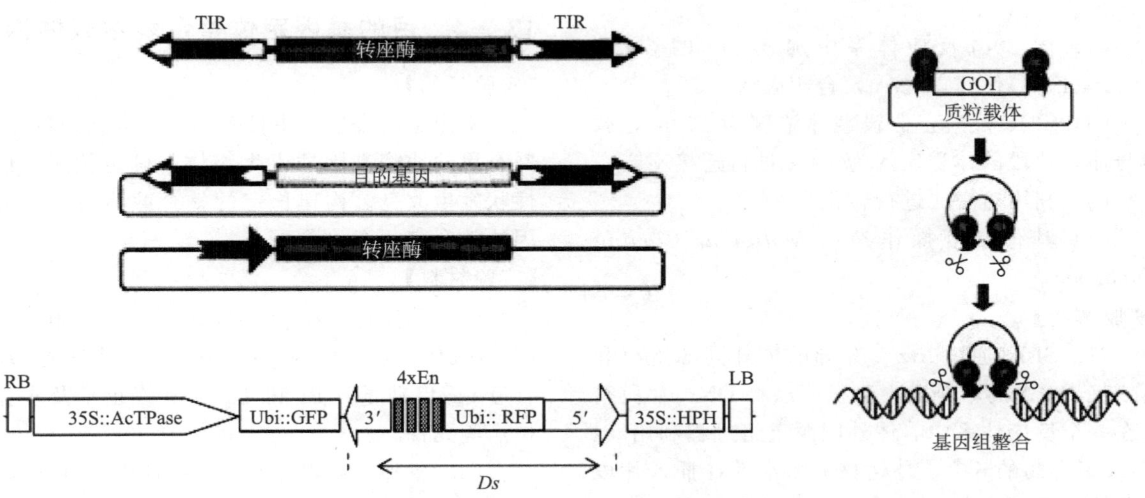

图 17-10　转座子表达载体构建流程图（Ivics et al.，2010；Qu et al.，2008）

（1）利用 *Nco* Ⅰ/*Eco*R Ⅰ对质粒 pWS32 进行酶切，并加入 *Nco* Ⅰ/*Hin*dⅢ/*Eco*RⅠ连接子产生质粒 pSQ1。

（2）利用限制酶 *Hin*d Ⅲ从 AcREH construct 中得到 1.4kb 的 4×CaMV 35S 增强子，并克隆到质粒 pSQ1 的 *Hin*d Ⅲ位点，得到质粒 pSQ2。

（3）*Sac* Ⅰ/*Eco*RⅠ消化质粒 pSQ2 得到 1.7kb 的 3′Ds/4×En 片段。

（4）*Sac* Ⅰ/*Hin*d Ⅲ 消化质粒 pWS32 得到 1785bp 的 5′Ds。

（5）*Hin*d Ⅲ/*Eco*R Ⅰ 消化质粒 pSK62 得到 3.3kb Ubi-DsRed-Nos 盒。

（6）将步骤（3）～（5）的产物连接，并用 *Sac* Ⅰ消化，纯化得到 6.8kb 的产物并克隆到 pCAMBIA-1300 的 *Sac* Ⅰ位点，载体构建成功。

（7）载体构建及其他常规操作参照 *Molecular Cloning Handbook*。

【实验解析】

（1）构建转座子表达载体时要防止同类转座产物的产生。

（2）利用转座子进行植物基因功能研究及基因克隆时，在对其进行生物信息学分析以确定其可能的结构和功能后仍需对其进行遗传转化确定其实际的生物学功能。

17-2-3　不依赖基因序列和连接反应的克隆载体构建

【实验目的】

不依赖基因序列和连接反应的克隆法（sequence and ligation-independent cloning，SLIC）是一种不依赖基因序列和连接反应的基因克隆方法。该方法可以有效地同时将多个 DNA 片段整合在一起。

【实验材料】

（1）引物：引物设计时应该保证退火区域至少有 25bp 与目的片段同源，引物总长度应该保证在 50～60bp。

（2）Phusion 聚合酶或其他高保真聚合酶。

【实验操作】

不依赖基因序列和连接反应的克隆载体构建流程如图 17-11 所示，具体包括以下几个步骤。

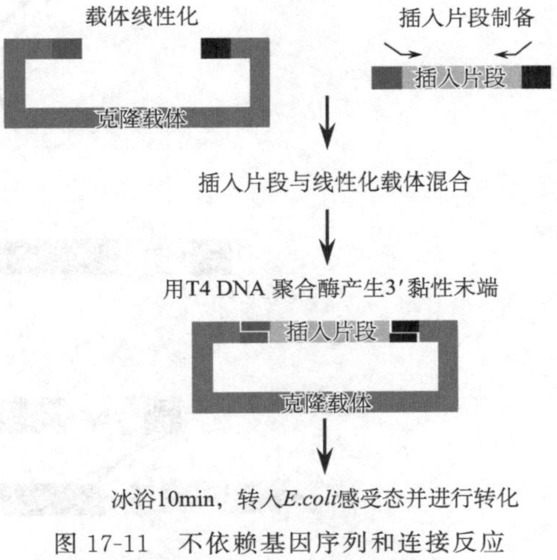

图 17-11　不依赖基因序列和连接反应的克隆载体构建流程图（Jeong，2012）

（1）利用约 1ng 模板 DNA 进行 PCR 反应，并利用琼脂糖凝胶电泳检测 PCR 产物。

（2）向 PCR 产物中加入 1μl *Dpn* Ⅰ 后 37℃孵育 2～4h，纯化酶切产物。

（3）用 T4 DNA 聚合酶处理纯化后的酶切产物产生重叠（在缺少 dNTPs 的条件下室温处理

30min)。

(4) 向 20μl 反应体系中加入 1μl 的 dNTP (10mmol/L) 使 T4 DNA 聚合酶灭活。

(5) SLIC 反应：假设载体浓度为 150ng，载体与插入片段的体积比约为 1∶2 进行连接反应。

(6) 利用热激法进行转化。

(7) 其他常规操作参照 *Molecular Cloning Handbook*。

【实验解析】

(1) SLIC 通过 *Rec*A 介导的体外同源重组和不依赖 *Rec*A 的单链退火途径可以将 DNA 片段整合在一个反应体系中。体外同源重组过程利用 T4 DNA 聚合酶的 5′→3′外切核酸酶活性在插入片段及载体片段的末端产生单链 DNA 突出末端，通过同源序列在体外完成交换重组，达到片段的重新组合，进而完成基因克隆的目的。

(2) 改进后的一步法 SLIC 可以不依赖 *Rec*A 的存在，并可在几分钟之内完成线性载体与 PCR 产物在 T4 聚合酶作用下的细菌转化。

17-2-4 目的基因定位整合表达载体构建

【实验目的】

基因定位表达可将目的基因整合到染色体上，并有目的地将基因插入生物体的确定位置，使其性状发生改良。构建稳定的整合载体对于目的基因的整合表达至关重要。

【实验材料】

(1) 载体：质粒 pLoxGen4 含有 *ori* 和 *bla* 基因、*loxP* 位点；质粒 pTrc99A 是一个表达载体，含有 *trc* 启动子、T1 和 T2 rrnB 终止子及多克隆位点等元件。

(2) 各种常规培养基及限制性内切核酸酶。

【实验操作】

目的基因定位整合表达载体构建流程如图 17-12 所示，具体包括以下几个步骤。

(1) 利用 *Hin*d Ⅲ对质粒 pLoxGen4 进行酶切获得质粒 pLox Gen4Δ*Hin*d Ⅲ。

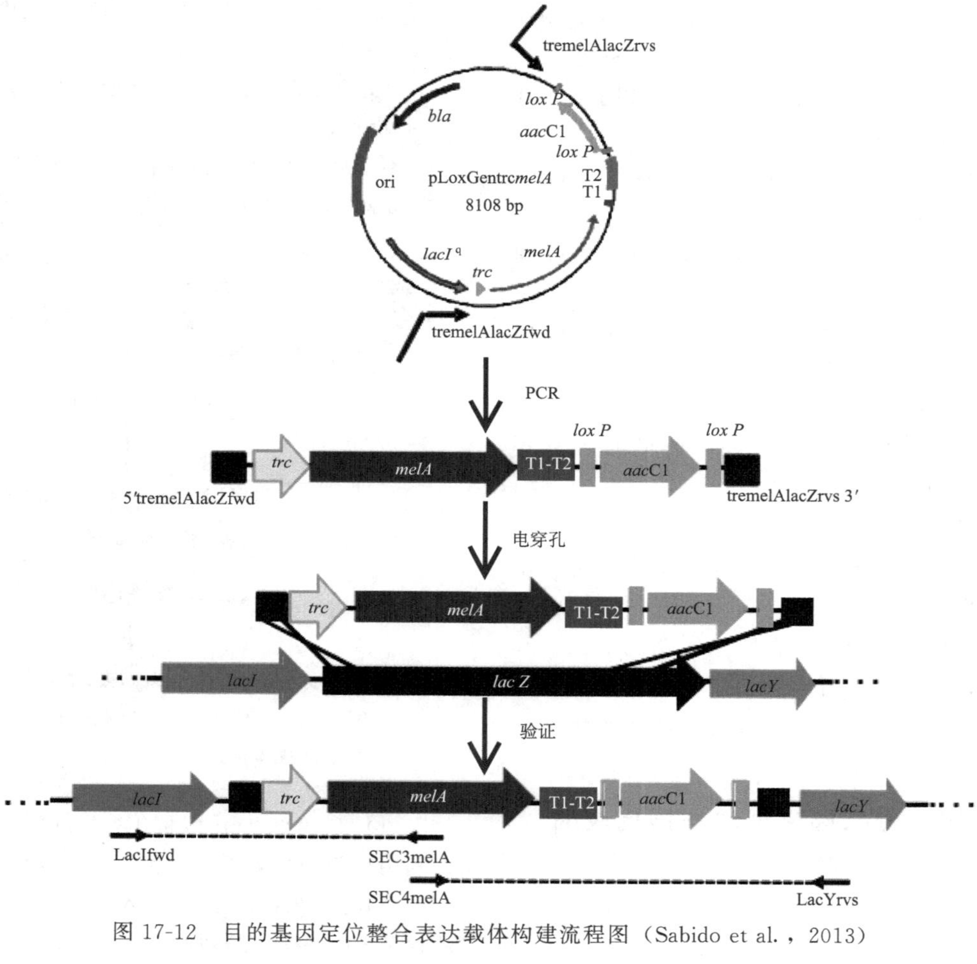

图 17-12 目的基因定位整合表达载体构建流程图 (Sabido et al., 2013)

（2）利用引物对 pTrc99A 进行扩增，获得 2266bp 的片段，包括 *lacI*^{q}、Ptrc、多克隆位点、T1 和 T2 *rrn*B 终止子序列。并用 *Bst* Z17I 和 *Not* Ⅰ 对该片段进行酶切。

（3）利用 *Eco*R Ⅰ 对质粒 pLox-Gen4Δ*Hin*d Ⅲ 进行酶切，平端化后用 *Not* Ⅰ 酶切并与步骤（2）中得到的 2266bp 片段连接，得到载体 pLoxGentrc。

（4）利用引物扩增得到目的基因（如 *melA*）。

（5）将目的基因与载体 pLoxGentrc 连接，得到 pLoxGentrc*melA*。

（6）利用 pLoxGentrc*melA* 为模板，扩增得到包含 *aac*C1、*lox*P 位点、目的基因、Ptcr、T1 和 T2 *rrn*B 终止子的片段，PCR 产物利用凝胶纯化并用限制酶 *Dra* Ⅰ 消化。

（7）将步骤（6）中的产物与相应载体转化到细菌中，并进行筛选。

（8）PCR 及其他常规操作参照 *Molecular Cloning Handbook*。

【实验解析】

（1）载体 pLoxGentrc 含有多克隆位点和强启动子，可以用于染色体基因整合表达。

（2）载体 pLoxGentrc 在构建时含有 *lacI*，可以利用蓝白斑进行后续阳性克隆的筛选。

第三篇主要参考文献

李煦，王荣春，何影，等. 2007. 多基因双 T-DNA 植物表达载体的构建及拟南芥转化. 山东大学学报（理学版），42（9）：1-6

孟洋. 2014. Ri 质粒介导人参发根表达人成纤维细胞生长因子 2（FGF2）的研究. 长春：吉林大学硕士学位论文

宋震. 2013. 柑橘碎叶病毒侵染性克隆构建及其诱导的基因沉默（VIGS）体系建立. 重庆：西南大学博士学位论文

孙全喜. 2008. 多基因植物表达载体构建方法的研究. 泰安：山东农业大学硕士学位论文

王关林，方宏筠. 2009. 植物基因工程. 北京：科学出版社

王关林，方宏筠. 2014. 植物基因工程. 2 版. 北京：科学出版社

Ivics Z，Izsvák Z. 2010. The expanding universe of transposon technologies for gene and cell engineering. Mobile DNA，1-25

Jeonga JY，Yima HS，Ryua JY. 2012. One-step sequence-and ligation-independent cloning（SLIC）: Rapid and versatile cloning method for functional genomics studies. Appl Environ Microbiol，78（15）：5440-5443

Olieric N，Kuchen M，Wagen S. 2010. Automated seamless DNA cotransformation cloning with direct expression vectors applying positive or negative insert selection. BMC Biotechnol，10（32）：1-10

Sabido A，Martínez LM，de Anda R，et al. 2013. A novel plasmid vector designed for chromosomal gene integration and expression: Use for developing a genetically stable *Escherichia coli* melanin production strain. Plasmid，69 ：16-23

Villiers BR，Stein V，Hollfelder F. 2010. USER friendly DNA recombination（USERec）: gene library construction requiring minimal sequence homology. Protein Eng Des Sel，23（1）：1-8

Wang HS，Yu C，Zhu ZJ，et al. 2011. Overexpression in tobacco of a tomato GMPase gene improves tolerance to both low and high temperature stress by enhancing antioxidation capacity. Plant Cell Reports，30（6）：1029-1040

Yan HL，Deng X，Cao Y，et al. 2011. A novel approach for the construction of plant amiRNA expression vectors. J Biotechnol，151（1）：9-14

第四篇

目的基因遗传转化技术

植物遗传转化（genetic transformation）是将外源基因导入植物细胞，获得转基因植株的技术。迄今，已建立了多种植物基因转化系统。归纳起来，植物基因转化技术可分为两类四种系统：一类是利用功能载体介导进行基因转化，包括农杆菌介导转化系统、病毒介导转化系统及种质介导转化系统。另一类是无功能载体介导，而是利用物理功能直接把裸露的DNA导入受体植物细胞，故称之为直接导入系统，包括基因枪法、电击法、注射法等。其中最常用的是农杆菌介导转化系统。近年来创建的植物质体转化系统备受关注，有望大幅度提高转化率。本篇将详细讲述这些技术的实验操作。

第18章 根癌农杆菌Ti质粒介导转化目的基因

实验18-1 整体植株及组织器官接种根癌农杆菌诱发冠瘿瘤

【实验目的】

（1）掌握野生型根癌农杆菌侵染敏感性实验操作。

（2）获得天然T-DNA转化体。

【实验材料】

（1）野生型根癌农杆菌或含有pGV2215或pGV2219的农杆菌菌株。

（2）植物材料：落地生根、烟草、矮牵牛、拟南芥、豌豆、马铃薯等。

18-1-1 开放性整体植株诱发冠瘿瘤

【实验操作】

（1）农杆菌固体培养：将野生型根癌农杆菌在LB或YEB平板上划线，于27℃培养。

（2）农杆菌液体培养：将野生型根癌农杆菌在LB或YEB培养基中进行液体振荡培养至对数生长期，OD值达到 OD_{600} 为0.6～0.8。

（3）选取生长良好、健壮的供试植株，用牙签从平板上挑取菌体，在植株叶片中脉、茎节等不同部位穿刺，深1～2mm，进行多次接种。

（4）将接种后的植株置阳光下（勿使阳光直射，必要时用保鲜膜将接种部位罩上），数周后观察接种部位冠瘿瘤的生成。

（5）检测瘤组织中的冠瘿碱。

【实验解析】

在较为敏感的幼嫩节间，容易诱发冠瘿瘤。致瘤性弱的菌株易在叶脉和幼茎上形成瘤，但不能在叶片上形成瘤。

18-1-2 无菌整体植株诱发冠瘿瘤

【实验材料】

上述植物种子。

【实验操作】

（1）试管苗培养：将种子用70％乙醇浸泡2min，10％漂白粉或0.1％升汞浸泡20min，无菌水冲洗5次，接种于无激素的MS培养基上，于16h 12 000lx光照，8h黑暗，24℃温度、70％相对湿度的条件下，培养4～6周。

（2）农杆菌培养：将野生型根癌农杆菌与实验18-1-1一样的方法进行培养。

（3）选取高3cm 、具4片叶以上的幼苗，用无菌刀片从最嫩的节间处截除顶端，从平板上挑取生长良好的菌落或用针头蘸取适量菌液，涂抹在植株伤口的表面，继续培养，数周后观察冠瘿瘤生成。

【实验解析】

无菌整体植株接种方法同样可用于目的基因转化，只是使用的不是野生型农杆菌，而是含有目的基因的农杆菌。植物材料涂菌后需接种在愈伤组织诱导培养基中，在切口面诱导出愈伤组织而不是产生冠瘿瘤。把愈伤组织切下来接种在筛选培养基中，然后再将抗性愈伤组织转入分化培养基中，可获得转基因植株。

18-1-3 无菌外植体诱发冠瘿瘤

18-1-3-1 甘蓝胚轴及茎段诱发冠瘿瘤

【实验材料】

甘蓝种子。

【实验操作】

（1）甘蓝种子用蒸馏水漂洗3次，浸入70％乙醇中，摇动2min，用10％漂白粉或0.1％升汞消毒几分钟，再用无菌水冲洗5次，接种在仅有0.7％琼脂的培养基中，于培养室内培养。

（2）切取下胚轴或茎段，每段约长1cm，顺极向插入仅有0.7％琼脂的培养基中（注意勿将切段倒置）。

（3）将野生型根癌农杆菌在LB或YEB平板上划线，于27℃固体培养或液体培养。

（4）挑取极少量菌体涂在胚轴或茎段的切口面上，也可用微量进样器将新培养的菌液滴加在伤口面上（操作中要注意不要让菌体污染培养基），继续在培养室内培养。

(5) 培养 4d 后，野生型农杆菌株可使材料切口面膨大，诱导出冠瘿瘤。

(6) 检测冠瘿瘤中的冠瘿碱。

18-1-3-2　胡萝卜肉质根切片诱发冠瘿瘤

【实验材料】

胡萝卜肉质根。

【实验操作】

(1) 将实验菌株培养在无抗生素的 YEP 液体培养基中，在 28℃摇床上培养，次日取菌液置无菌离心管中，4000r/min 离心 5min，菌体重悬于 0.01mol/L $MgSO_4$ 中，备用。

(2) 胡萝卜肉质根洗净，注意不要损伤表皮，无菌消毒（同上）。

(3) 将肉质根切成厚 3～4mm 的切片，顺极向平放在 MS 培养基上。

(4) 将菌液接种在切片上，在 28℃条件下培养，观察冠瘿瘤生成。

【实验解析】

若实验使用的菌株为致瘤较弱的突变菌株，接种菌液后，可在切片上滴加适量的 0.1μg/ml 的 2,4-D，促使突变菌株恢复野生型的致瘤能力。

实验 18-2　冠瘿瘤的离体培养及植株再生

【实验目的】

离体培养冠瘿瘤，诱导分化再生完整植株。

【实验材料】

烟草，矮牵牛，胡萝卜，拟南芥，豌豆，马铃薯等植株诱发的冠瘿瘤。

【实验操作】

1) 冠瘿瘤组织脱菌培养

从试材上切取瘤组织，不要带有正常及坏死的植物组织。

(1) 将直径大于 4mm 的瘤组织切成 2～4 块，转移到含有 1mg/ml 氨苄西林的无激素 LS 培养基上，培养 2～3 周。

(2) 2～3 周后将冠瘿瘤材料转入新的相同培养基内，重复操作 2～3 次，可获得无菌瘤组织。

2) 无菌瘤组织的继代培养

将无菌冠瘿瘤组织转入不含抗生素的无激素 LS 培养基上，每 4 周转移一次，长期继代培养。

3) 冠瘿瘤的植株再生

(1) 含有 pGV2215 或 pGV2219 的农杆菌接种烟草（*Nicotiana tabacum*、*Nicotiana plumbaginifolia*、*Nicotiana silvestris*）、矮牵牛和马铃薯形成的瘤组织接种于无激素 MS 固体培养基上进行分化培养。

(2) 待离体培养的冠瘿瘤长出芽后，将芽从瘤组织上切下，继续培养至长成正常植株。

【实验解析】

(1) 冠瘿瘤具有植物激素非依赖性生长能力，上述材料的瘤组织可以在无激素 MS 或 LS 培养基上自主生长。冠瘿瘤组织离体培养时，先要进行脱菌处理，即在培养基中加入一定浓度的抗生素，杀死农杆菌。

(2) 天然 Ti 质粒 T-DNA 中 *onc* 基因的产物干扰植物内源激素，使转化细胞长成瘤组织而阻碍再生。当 T-DNA 中 *onc* 基因发生某种突变时，可使转化的冠瘿瘤组织长芽，从诱导长芽的突变型 Ti 质粒诱发的冠瘿瘤，可以低频率地再生植株。

(3) 以马铃薯和 *N. silvestris* 产生转化芽的频率最高。

(4) 在烟草冠瘿瘤再生植株中，约有 0.4% 可合成章鱼碱，并且含有 1.5kb 的 T-DNA 片段，以孟德尔方式遗传给后代。

实验 18-3　农杆菌叶盘法转化

【实验目的】

通过农杆菌介导获得目的基因的转化植株。

【实验材料】

(1) 含目的基因共整合载体或双元载体的根癌农杆菌。

(2) 受体植物幼苗。

18-3-1　农杆菌培养基菌液直接侵染法

【实验操作】

1) 无菌受体材料的准备

叶片、茎段、胚轴、子叶等均可作受体材料，有两种来源。

(1) 取自无菌试管苗，试管苗培养方法同实验 18-1-2“无菌整体植株诱发冠瘿瘤”、实验 18-1-3“无菌外植体诱发冠瘿瘤”。

(2) 取自田间或温室栽培植株：叶片、茎尖、茎段用蒸馏水冲洗 1 遍后，70% 乙醇洗 45s，0.1% 升汞消毒 6～8min，无菌水冲洗 5 遍，无菌滤纸吸干水分。

2) 受体材料预培养

将无菌叶片剪成 0.5cm×0.5cm 的小块或用 6mm 打孔器凿成圆盘，无菌胚轴、茎切成 0.8～1cm 长的切段，接种在愈伤组织诱导或分化培养基上进行预培养，注意叶片近轴面向下。预培养2～3d，材料切口处刚刚开始膨大时即可进行侵染。

3）农杆菌液体培养

（1）从平板上挑取单菌落，接种到20ml附加相应抗生素的细菌液体培养基（pH7.0）中，在恒温摇床上，于27℃下180r/min培养至OD_{600}为0.6～0.8。

（2）取OD_{600}为0.6～0.8的菌液，按1%～2%的比例，转入新配制的无抗生素的细菌液体培养基中，可同时加入100～500μmol/L的乙酰丁香酮（AS）。在与上相同的条件下培养6h左右，OD_{600}为0.2～0.5时即可用于转化。

4）侵染

于超净工作台上，将菌液倒入无菌小培养皿中（可根据材料对菌液的敏感情况进行不同倍数的稀释）。从培养瓶中取出预培养过的外植体，放入菌液中，浸泡适当时间（一般0.5～5min，不同材料处理时间不同）。取出外植体置于无菌滤纸上吸去附着的菌液。

5）共培养

将侵染过的外植体接种在愈伤组织诱导或分化培养基上（烟草为MS＋IAA 0.5mg/L＋BA 2.0mg/L），在28℃暗培养条件下共培养2～4d（光对某些植物的转化有抑制作用，故需暗培养，共培养时间因不同植物而异）。

6）选择培养

将经过共培养的外植体转移到加有选择压（以*npt-Ⅱ*为标记基因时一般使用卡那霉素，烟草以100mg/L的选择浓度为宜，其他植物需通过敏感试验确定）的脱菌（附加250～500mg/L的羧苄西林或头孢霉素，抑制农杆菌生长）分化或愈伤组织诱导培养基上，在光照为2000～10 000lx、25℃条件下进行选择培养。

7）继代选择培养

选择培养2～3周后，外植体的转化细胞将分化出抗性不定芽或产生抗性愈伤组织，将这些抗性材料转入相应的选择培养基中进行继代扩繁培养，或转入附加选择压的生长或分化培养基中令其生长或诱导分化。

8）生根培养

待不定芽长到1cm以上时，切下并插入含有选择压的生根培养基上进行生根培养，2周左右长出不定根。

18-3-2 植物组织培养基菌液间接侵染法

【实验操作】

此方法与上述农杆菌培养液直接侵染法不同之处是农杆菌被悬浮培养在植物组织培养基（如1/2 MS、MS或其他培养液）中，而不是细菌培养液（如YEB或LB等）中。具体做法有两种。

（1）在超净工作台上，将按上述方法培养的OD_{600}为0.6～0.8的菌液，转入无菌离心管中，于室温条件下4000r/min离心5min，去掉上清液，菌体用MS液体培养基（pH5.4～5.8）重悬，稀释至OD_{600}为0.2左右，用于转化。

（2）取适量的OD_{600}为0.6～0.8的菌液加入到30～50倍体积无激素的植物组织培养的液体培养基中（pH5.8）（同时可加入100μmol/L的AS），在上述条件下继续振荡培养2～4h，至OD_{600}为0.2左右时用于侵染。

【实验解析】

（1）上述的各种作法，包括加入AS及不加AS，都能获得一定的转化率。侵染时采用哪种做法，除要根据受体材料及菌株情况选定外，也有个人的习惯。

（2）如果共培养后，外植体周围菌体很多，转入选择培养时，可先用液体MS培养基冲洗材料，吸干液体后再转入选择培养基。但这种做法常常引起材料损伤，应尽量避免。

（3）为提高转化细胞成活率，可采用哺育细胞看护培养及延迟筛选的方法。哺育细胞看护培养是以迅速生长的植物细胞悬浮系（常用胡萝卜悬浮细胞系）为哺育细胞。共培养时在共培养的培养基表面铺上一层哺育细胞层，然后覆盖一张无菌滤纸，将侵染后的材料放在滤纸上面进行共培养，哺育细胞的滋养有利于转化细胞成活。所谓延迟筛选是指共培养后的材料不马上转入筛选培养基中，而是先转入只含有抑制农杆菌生长的抗生素（如羧苄西林或头孢霉素），不含选择压（如卡那霉素）的分化或愈伤组织诱导培养基中培养5～10d（称脱菌培养），然后再转入具有选择压的筛选培养基中进行抗性筛选。延迟筛选的好处是转化细胞受非转化细胞滋养有利于成活，缺点是常造成“逃逸”（假转化）现象及嵌合体出现。

18-3-3 *cpti*基因叶盘法转化甘蓝

【实验材料】

（1）农杆菌LBA4404（pRCL27）。

（2）甘蓝种子。

【实验操作】

1）受体材料准备

甘蓝种子用水漂洗，70%乙醇消毒1min，0.1%的升汞消毒20～30min，无菌水冲洗5遍，播种于无菌 0.7% 固体琼脂培养基上，阳光下培养 6～7d。

2）配制培养基

预培养培养基，MS ＋IAA 0.2＋BA 2.0；共培养培养基，同上；脱菌培养基：MS ＋IAA 0.2＋BA 2.0＋Cef 500mg/L；筛选培基：MS ＋ IAA 0.2＋BA 2.0＋Cef 500mg/L＋Km 25mg/L；生根培养基：1/2 MS ＋IBA 0.5＋Km 25mg/L。抗生素用无菌滤膜过滤，添加在高压灭菌后冷至 50℃左右的培养基中，用力摇匀（可将磁棒与培养基一起灭菌，加入抗生素后，置磁力搅拌器上搅匀）后分装于无菌培养皿中，生根培养基分装于三角瓶中。

3）农杆菌培养

（1）挑取单菌落，接种于 20ml YEB ＋Km 25mg/L ＋ Rif 50mg/L 液体培养基中，27℃下 180r/min 培养过夜。

（2）取 400μl 菌液转接入 20ml 无抗生素的 YEB 液体培养基中，继续培养 4～6h。

（3）在超净工作台上，将菌液倒入无菌带盖离心管内，盖上管盖，用石蜡膜封口，4000r/min 离心 5min。

（4）取出离心管，在超净工作台上弃去上清。向离心管内加入适量无菌 MS 液体培养基，悬浮起菌体，转入无菌容器中，用 MS 液体培养基稀释至 OD_{600} 为 0.2 左右。

4）叶盘法转化

（1）取培养 6～7d 的甘蓝无菌幼苗，将胚轴剪成 5～8mm 长的小段，子叶带子叶柄剪下，转入预培养培养基中，于 25℃，光照条件下预培养 2d。

（2）将预培养的材料取出，放在无菌的小培养皿中，保留培养基。

（3）向皿中倒入稀释好的菌液，轻轻摇晃2～3 下，立即取出胚轴切段及子叶，置无菌滤纸上吸去多余菌液。

（4）将子叶及胚轴切段放回到原预培养的培养基中，盖上培养皿盖，用石蜡膜封口，于 27℃，黑暗中共培养 3d。

（5）将材料转入到脱菌培养基中，于 26℃，光照条件下培养 6～7d。

（6）将脱菌培养基中的材料转入筛选培养基中，同样条件下培养。2～3 周有绿芽分化。

（7）将绿芽转入筛选培养基，2 周更换一次新鲜的筛选培养基，筛选培养 3～4 代，淘汰白化苗及畸形苗。

（8）选择形态正常，生长旺盛的抗性绿苗，转入生根培养基中，15d 后可见幼根生成。待根系形成后取出小苗，自来水洗净根上的琼脂，移入珍珠岩与草炭土 1∶1 混合的基质中，于温室中培养。

（9）取生长良好的植株叶片提取 DNA，进行 PCR 扩增及 DNA 杂交鉴定。

【实验解析】

LBA4404（pRCL27）为双元载体，所含 pRCL27 质粒的 T-DNA 中有 *npt-Ⅱ* 基因和以 CaMV35S 启动子调控的 *cpti* 基因。

实验 18-4　植物悬浮细胞与农杆菌共培养转化

【实验目的】

以悬浮培养的单细胞或细胞团为受体，与农杆菌共培养实现目的基因转化，并通过再生培养获得转基因植株。

【实验材料】

（1）烟草愈伤组织。

（2）含 *npt-Ⅱ* 基因质粒载体的农杆菌菌株。

（3）悬浮培养液：愈伤组织培养基成分中增加 2,4-D 浓度，可至 2mg/L；维生素 B_1、维生素 B_6 浓度可增至 10mg/L；烟酸浓度可增至 5mg/L，并加入水解酪蛋白 1g/L。

【实验操作】

1）悬浮细胞系的建立

（1）在 150ml 的三角瓶中加入约 50ml 的悬浮培养液。

（2）取生长快，松散的愈伤组织转入悬浮培养液中，24℃下 100r/min 振荡培养。

（3）每隔 3d 转入新培养液中继代一次。

2）农杆菌培养

（1）将农杆菌接种在 YEB 液体培养基中，于 28℃下 200r/min 振荡培养至 OD_{600} 为 0.6～0.8。

（2）取 20ml 菌液置无菌离心管中，4000r/min离心 5min，收集菌体。

（3）用细胞悬浮培养液重悬菌体，并稀释至 OD_{600} 为 0.25 左右，置冰上待用。

（4）另一种做法是取 1ml 菌液加入到 50～100ml 新鲜的 YEB（pH7.0）或细胞悬浮培养液中（pH5.8），同时加入 100μmol/L AS 继续培养至 OD_{600} 为 0.25 左右，4～6h，放置冰上待用。

3）共培养转化

（1）将农杆菌液置 20℃平衡几分钟。

（2）取 4ml 处于对数生长期的植物细胞悬浮

液放入直径为 10cm 的培养皿中。

(3) 再加入 4ml 平衡好的农杆菌液混匀，于 28℃静置培养 2d。

4) 转化体筛选

(1) 将共培养物低速离心（700r/min），弃上清。

(2) 加入细胞悬浮培养液洗涤细胞沉淀 3 次。

(3) 最后用含 500μg/ml 羧苄西林或头孢霉素及 100μg/ml 卡那霉素的选择细胞悬浮培养液重悬细胞沉淀，于 24℃ 100r/min 条件下进行选择培养。

(4) 当出现微小愈伤组织后转入固体选择培养基上进行愈伤组织继代选择培养。

5) 愈伤组织分化及生根培养

愈伤组织转入附加卡那霉素的固体分化培养基中诱导分化，将分化出的幼苗转入附加卡那霉素的生根培养基中培养。

【实验解析】

共培养时不要振荡，培养条件必须有利于细胞旺盛分裂，才能得到较好效果。

实验 18-5 植物原生质体与农杆菌共培养转化

【实验目的】

以原生质体为受体，进行农杆菌介导的目的基因转化。

【实验材料】

烟草，带目的基因的根瘤农杆菌。

【实验试剂】

(1) 原生质体分离缓冲液：0.07%MES [2-(*N*-吗啉)-乙磺酸]，0.07% $CaCl_2$，0.11% NaH_2PO_4，0.5mol/L 甘露醇（pH5.8）。

(2) 原生质体分离酶液：1%～2%纤维素酶 R10（cellulase onozuka R10），0.1%果胶酶 R10（Macerozyme R10），溶于原生质体分离缓冲液（pH5.8）。

(3) 16%蔗糖溶液。

【实验操作】

1) 烟草叶肉原生质体制备

(1) 以 12 周龄烟草植株为试材，选取已伸展开的幼嫩叶片按下面程序进行表面消毒：先浸于 70%乙醇 30s，无菌水冲洗 1 次。然后浸入 5%次氯酸钠溶液（其中可加入少许 Tween-20）30min，无菌水冲洗 3 遍。再浸入 1%次氯酸钠溶液 10min，无菌水冲洗 3 次。

(2) 无菌操作剪碎叶片，放入培养皿中，加入 25ml 左右的原生质体分离酶液，于 28℃下 20～30r/min 轻摇 4～6h。

(3) 用倒置显微镜观察原生质体分离情况。

(4) 将分离良好的原生质体悬液用 60～80μm 孔径的滤网过滤，原生质体进入滤液。

(5) 滤液经 600r/min 离心 5min，原生质体沉于管底，除去上清酶液。

(6) 离心管内加入 2ml 原生质体分离缓冲液重悬沉淀，然后在管底缓缓加入 16%蔗糖溶液，800r/min 离心 10min，原生质体漂浮在蔗糖溶液与分离缓冲液中间界面上。

(7) 吸取原生质体，用分离缓冲液洗涤，600r/min 离心 3min，去上清液。

(8) 反复洗涤 2～3 次后供转化使用。

2) 原生质体预培养

(1) 用含 0.4mol/L 蔗糖的 $K_3+NAA_{0.1}+KT_{0.2}$ 的液体培养基重悬原生质体，使终浓度为 1×10^5～2×10^5/ml。

(2) 将原生质体悬液分装于 9cm 的培养皿中，每皿 5ml 左右，在弱光照（400lx）下培养至原生质体第一次分裂前。

3) 农杆菌培养

(1) 将农杆菌接种于 YEB 液体培养基中，在 27℃下 200r/min 条件下振荡培养至 OD_{600} 为 0.5 左右。

(2) 将菌液转入无菌离心管中，5000r/min 离心 5min 收集菌体。

(3) 用原生质体液体培养基悬浮、稀释至细胞浓度为 1×10^9 放置冰上待用。农杆菌培养的另一种做法是经“实验操作”中步骤 3）（1）后，取 1ml 菌液加入到 50～100ml 新鲜的 YEB（pH7.0）或原生质体培养液（pH5.8）中，同时加入 AS 100μmol/L，继续培养至 OD_{600} 为 0.2 左右时即可直接使用。

4) 共培养

取 50μl 农杆菌加入到盛有原生质体的培养皿中轻轻地混匀，使农杆菌：原生质体约为 100：1，农杆菌终浓度约为 10^7 个细胞/ml。于室温下共培养 2d。

5) 脱菌培养

将共培养液转入无菌离心管中，700r/min 离心 5min，弃上清。用原生质体培养基轻轻悬浮，再次离心，用含有 500μg/ml 的羧苄西林的原生质体再生液体培养基悬浮，使细胞浓度为 3×10^4～6×10^4，于室温脱菌培养并诱导分裂。原生质体细胞分裂至 10 个细胞期时，逐渐降低培养基中的渗透压至原始培养基的一半。

6）选择培养

离心收集小细胞团及微小的愈伤组织，转至含有 100～200μg/ml 卡那霉素和 500μg/ml 的羧苄西林的诱导愈伤组织或芽再生选择培养基上，进一步培养。

【实验解析】

（1）原生质体与农杆菌共培养转化具有如下优点：①转化体来自单个细胞，便于对转化体进行 T-DNA 整合及表达的分析，对转化体的分子生物学研究具有重要价值。②转化频率一般在 0.1%～1%，条件适宜时可高达 20%。③一次可以处理多个细胞，得到相对较多的转化体。

（2）原生质体的预培养是实验的一个关键。游离的原生质体在适宜的条件下形成细胞壁，然后进行分裂。将分裂之前刚形成新壁的细胞与农杆菌共培养，就能够成功地转化，在形成新壁之前及经多天培养之后都不易被转化。这很可能是因为转化与原生质体新壁的成分有关。对于不同的植物材料，需进行预备实验，摸索原生质体至细胞第一次分裂前所需的时间，烟草需 1～2d。

第 19 章

发根农杆菌 Ri 及病毒质粒介导转化目的基因

实验 19-1　发根农杆菌整体植株接种及离体器官共培养诱发毛状根

【实验目的】

（1）测试各种植物对发根农杆菌的敏感性。

（2）发根农杆菌侵染获得转化毛状根。

【实验材料】

（1）植物实生幼苗，试管幼苗或子叶，子叶柄，胚轴，叶片，叶柄，茎段等。

（2）发根农杆菌野生菌株。

【实验操作】

1）菌株培养

（1）将发根农杆菌在 YEB 平板上划线培养。

（2）挑取单菌落接种于 20ml YEB 液体培养基中，28℃下 160～200r/min 条件下振荡培养，至 OD_{600} 为 0.6～0.8 时按 1%量接种于新鲜 YEB 培养基（pH5.4～5.8），需要时也可添加 AS 100μmol/L，继续培养至 OD_{600} 为 0.2 左右时用于侵染，或将 OD_{600} 为 0.6～0.8 时的菌液转入无菌离心管中，4000r/min 离心 5min，去除上清液，菌体用新鲜的 YEB 或 MS 液体培养基重悬，需要时可加入 100μmol/L 的 AS，并稀释至 OD_{600} 为 0.2 即可用于侵染。

2）接种及侵染

（1）用解剖刀从实生幼苗或试管幼苗顶端最幼嫩的节间处切除幼苗顶部。用无菌牙签从 YEB 平板上挑取少量细菌接种于创口表面，或用微量注射器吸取菌液，将菌液滴在伤口面，也可用针头刺入叶腋或茎、根的皮层分生组织内，接种极微量的菌液。处理后的实生苗用塑料袋套上，以防伤口干燥。

（2）从实生幼苗或试管幼苗上剪取的子叶、子叶柄、胚轴、或叶片（叶片中间剪 2～3 个剪口）、叶柄、茎段（实生离体材料需经消毒处理）置无菌小培养皿中，加入适量菌液，轻轻摇动一下，浸泡 1～10min（视具体材料而定），取出置无菌滤纸上吸去多余的菌液，转入不含激素的 MS 培养基中进行共培养。

3）共培养转化

将处理后的植株及共培养材料置适宜条件下培养，2～4 周创口面或注射部位开始长出毛状根。

【实验解析】

（1）该菌株是发根农杆菌野生菌株，其对不同的植物种类敏感性有明显差异，故要通过转化率比较筛选出最敏感的菌株进行转化。

（2）对获得的毛根要进行鉴定，与不定根区别。

实验 19-2　毛状根的离体培养及植株再生

【实验目的】

（1）筛选优良转化克隆，大量增殖毛状根。

（2）通过毛状根增殖进行植物体内次生代谢物的生产。

（3）诱导毛状根分化获转化植株。

【实验材料】

（1）携带有次生代谢物目的基因的发根农杆菌。

（2）转化的毛状根及受体植物。

【实验操作】

1）毛状根的继代扩繁培养和筛选

（1）脱菌培养：将 1cm 以上的毛状根从外植体上切下，转入到含 500mg/L 羧苄西林的无激素 MS 培养基上，每周转移 1 次，5～6 次后可获脱除农杆菌的毛状根。

（2）检测毛状根中的冠瘿碱。

（3）挑选冠瘿碱多，生长速度快，分枝多的毛状根进行继代培养。有两种做法：一是将优良克隆的毛状根切成几段，转入无激素的 1/2 MS 固体培养基上培养。二是将优良克隆的毛状根切成 1cm 大小，接种于无激素的 K3 或 1/2 MS 液体培养基中，于黑暗、100r/min 振荡条件下培养。这两种方法都可使毛状根大量增殖，用于目的

(2) 时主要采用后一种方法。

2) 生产植物体内次生代谢物

转化毛状根培养若干时间（视不同次生代谢物而定）后，取出风干或冷冻干燥，提取及测定次生代谢物。

3) 毛状根分化再生植株

(1) 芽分化：在以下情况中都可出现毛状根的芽分化。

① 无激素固体培养基上的茎芽分化：切取 5cm 长的毛状根，转入无激素固体 MS 培养基，连续培养数月（不继代），观察根段切口及侧根交叉处少量茎芽的生成。

② 无激素液体培养的茎芽分化：将 MS 或 K3 液体培养基灭菌后分装于 100ml 的三角瓶中，每瓶 10ml，切取 3cm 长的毛状根放入培养液中，于 25℃、110r/min 振荡、光照条件下培养。

③ 激素诱导的芽分化：将毛状根切段转入 MS ＋BA 1.0～2.0＋IAA 0.1～0.5 的芽分化培养基中，于 26℃、光照条件下培养 1 个月左右，可观察到毛状根上不定芽的分化。

(2) 毛状根的愈伤组织诱导及芽分化：切下毛状根转入 MS ＋NAA 1.0～2.0＋BA 0.1 的愈伤组织诱导培养基中，2～3 周后在毛根的切口处可生长出愈伤组织，再转入上述分化培养基中诱导芽的分化。

(3) 生根：将长至 1cm 以上的茎芽切下，转入 1/2 MS ＋NAA 0.1～0.5 的生根培养基中，培养 2 周后可生根。

(4) 毛状根的体细胞胚胎发生。

① 将毛状根切段转入 B5＋2,4-D 1.0 固体培养基上，于 24℃ 培养 1 个月，观察愈伤组织生成。

② 将愈伤组织转移到相同成分的液体培养基中，24℃下 100r/min 振荡培养 2 周，进行悬浮细胞培养。

③ 低速离心收集细胞，用无激素 B5 培养液洗涤细胞 2 次。将细胞转入 9cm 直径平皿中，加入 10ml 无激素 B5 液体培养液，密度为 10^3～10^4/ml，24℃培养 1 个月，观察胚状体出现。

④ 将诱导出来的胚状体转移至无激素的 MS 固体培养基上，于 24℃培养。2 周左右继代 1 次，至长出生根的小植株。

4) 转化再生植株移栽

小苗根系发达后打开培养瓶塞，自然光下练苗 3d 后移栽至砂土中，注意保湿。成活后取叶片进行冠瘿碱检测及分子生物学鉴定。

【实验解析】

(1) 该菌株是携带有次生代谢物目的基因的发根农杆菌菌株，故区别于野生菌株。

(2) 对获得的毛根要进行目的基因的鉴定，与不定根区别。

实验 19-3　发根农杆菌介导的目的基因转化

【实验目的】

利用 Ri 质粒转化目的基因。

【实验材料】

(1) 植物材料。

(2) RiT-DNA 上嵌合 *npt-Ⅱ* 标记基因及目的基因的发根农杆菌菌株。

【实验操作】

1) 发根农杆菌与受体材料共培养诱导毛根

(1) 菌株培养与实验 19-2 中菌株培养相同。

(2) 受体材料准备：将取自田间及温室的叶片、茎尖、茎段、肉质根和块茎等材料常规消毒。

① 无菌试管苗培养：种子常规消毒，接种于无激素 1/2 MS 培养基。

② 萌发后切取子叶、胚轴切段、茎切段、叶片、叶柄等均可作为转化的外植体。

(3) 侵染和共培养。

① 下胚轴切段：将下胚轴切段插入固体 MS 培养基中，用接种环将菌液涂布于下胚轴的切口，28℃培养。

② 其他外植体材料：操作方法与实验 4-6 离体器官侵染及共培养相同，共培养为 1～3d。

(4) 转化体筛选：共培养 1～3d 后，将试材转入无激素 MS 附加羧苄西林或头孢霉素 250～500mg/L、Km 25～100mg/L 脱菌及筛选培养基中，于 24℃培养。1～2 周后在试材切口处长出抗性毛根。挑选生长快，分枝好的毛根转入脱菌筛选培养基中继代筛选。

2) 毛根诱导分化及植株再生

操作同实验 19-2“毛状根的离体培养及植株再生”，再生培养基中均加 25～100mg/L Km。

【实验解析】

(1) 发根农杆菌的 Ri 质粒也可以构建成带标记基因及目的基因的共整合载体或双元载体。由于某些发根农杆菌侵染能力较强，并且毛根可诱导再生，因此利用发根农杆菌介导目的基因转化有一定的实际意义。

(2) Ri T-DNA 上插入 *npt-Ⅱ* 标记基因同样

能使转化体表现出抗卡那霉素的性状，所以可以用Km来筛选转化体，侵染后筛选培养基中的Km的浓度需根据试材对它的敏感程度而定。

（3）脱菌的抗生素与根癌农杆菌一样，可使用羧苄西林或头孢霉素。

实验19-4 病毒介导外源基因转化

【实验目的】

以病毒DNA为载体将外源基因导入受体细胞，并获得转基因植株。

【实验材料】

（1）受体植物或组织、器官。

（2）病毒载体DNA或农感染型质粒。

19-4-1 病毒接种法

【实验目的】

有些裸病毒基因组或包裹外壳蛋白的病毒颗粒可直接侵染植物细胞，利用这条途径也可把重组病毒引入植物细胞中，从而实现目的基因的转化。下面以TMV为例说明具体操作程序。

【实验材料】

（1）烟草幼苗。

（2）携带外源基因（如*cat*）重组TMV cDNA的质粒。

【实验试剂】

（1）转录反应液：25mmol/L Tris-HCl（pH 8.0），5mmol/L $MgCl_2$，150mmol/L NaCl，1mmol/L DTT，200μmol/L ATP，200μmol/L CTP，200μmol/L GTP，200μmol/L UTP。

（2）大肠杆菌RNA聚合酶。

（3）50mmol/L EDTA。

（4）酚/氯仿。

（5）0.1mol/L磷酸钠缓冲液（pH7.0）。

（6）烟草花叶病毒外壳蛋白。

【实验操作】

（1）离体转录：将纯化好的质粒DNA 10μg，加入到50μl转录反应液中，混匀后加入5U的大肠杆菌RNA聚合酶，混匀，于37℃水浴保温60min。加入终浓度为10mmol/L的EDTA终止反应。

（2）抽提病毒RNA：反应液中加入等体积的酚/氯仿，混匀，10 000r/min离心5min。转移上层溶液至新离心管中，加入2倍体积的无水乙醇，于－20℃沉淀30min。10 000r/min离心10min，弃去上清液，沉淀用0.1mol/L的磷酸缓冲液（pH7.0）溶解。

（3）病毒离体包装：在离体转录RNA病毒的溶液中加入纯化的病毒外壳蛋白，浓度为4μg/μl，在20℃条件下保温16h。

（4）接种：将离体包裹病毒用水稀释5倍，每个烟草叶片接种50～60μl，接种后的幼苗置适宜条件下培养7～14h。

（5）检测：取烟草幼苗进行外源基因（如*cat*）活性及分子杂交检测。

19-4-2 农感染型质粒介导法（agroinfection）

【实验目的】

该方法是把带有外源基因的重组病毒DNA插入农杆菌Ti质粒的T-DNA区，构成“农感染型质粒”，用带“农感染型质粒”的农杆菌浸染转化植物细胞。

【实验材料】

（1）植物受体材料。

（2）带“农感染型质粒”的农杆菌。

【实验操作】

（1）农杆菌叶盘法（见18-3-3“*cpti*基因叶盘法转化甘蓝”）。

（2）农杆菌共培养法（见实验18-4“植物悬浮细胞与农杆菌共培养转化”）。

【实验解析】

（1）由于病毒可侵染完整的植株或组织，以及病毒基因在植物细胞内可大量自主复制，因此病毒介导基因转化与其他的转化方法相比具有如下优点。

① 可通过系统感染把外源基因转移到各个器官和组织，从而省去了从单个转化细胞或原生质体再生完整植株的复杂过程。

② 通过大量自主复制可使外源基因在一个细胞内形成多个拷贝，有利于快速形成大量的目的基因产物。此外，这种转化系统在植物病毒学、基因表达调控研究等方面具有很大的应用潜力。但由于病毒在植物体内的分布是不均匀的，特别是在茎尖等分生组织及与生殖有关的器官中很少积累，所以通过病毒载体转入的基因很难通过有性繁殖传递给后代。病毒作为植物基因表达载体的另一个限制因素是人们担心病毒的高变异率是否会影响插入基因的稳定性。

（2）虽然农感染法是通过农杆菌介导使T-DNA区进入植物细胞，但由于T-DNA上的重组病毒DNA在转化的植物细胞内同样具有上述性质，因而使外源基因按病毒介导方式转移，复制。

第20章 直接导入法转化目的基因

实验20-1 基因枪转化外源基因

【实验目的】

利用基因枪将外源DNA直接导入植物受体细胞，经转化细胞分化可获得转基因植株。

【实验材料】

(1) 烟草、水稻、玉米等植物的幼胚、幼叶、幼茎等外植体、愈伤组织、悬浮细胞、原生质体等。

(2) 外源DNA。

【实验操作】

1) 受体材料预处理

在基因枪轰击前先将外植体转入含渗透剂(0.2mol/L甘露醇和0.2mol/L山梨醇)的愈伤组织诱导培养基或分芽培养基中预培养4～6h。

2) 微弹载体制备

(1) 称60mg M10钨粉或金粉(Bio-Rad)置1.5ml小离心管中。

(2) 加入1ml 70%的乙醇，充分涡旋，然后静置15min，1500r/min离心5min。

(3) 小心去除上清液，加入1ml无菌水，充分涡旋，1500r/min离心5min，去上清液，用无菌水重复冲洗三次。

(4) 将金属颗粒转入1ml无菌的50%甘油中。

(5) 取50μl上述制备好并已涡旋的金属颗粒转入一无菌的1.5ml离心管中，按顺序加入5μl DNA(1μg/μl)、50μl 2.5mol/L $CaCl_2$和20μl 0.1mol/L亚精胺(现配现用)。

(6) 将混合物涡旋10min，然后用15 000r/min离心5s，去除上清液。

(7) 用140μl 70%乙醇冲洗上述沉淀物一次，再用100%乙醇冲洗一次，最后用48μl 100%乙醇重新悬浮颗粒，并将离心管浸入超声波清洗器中3s，以分散金属颗粒。

3) 装弹

(1) 将基因枪放置一个较大型的超净工作台上，以利于无菌操作。用70%乙醇擦净真空室，用浸泡消毒法将可裂圆片、微粒子弹载体、阻挡网于70%乙醇中消毒15min，然后用无菌滤纸吸干或吹干残余乙醇。

(2) 打开电源开关、真空泵及氦气瓶阀。

(3) 将可裂圆片装入固定盖，旋紧。

(4) 取6μl包被DNA的金属颗粒无水乙醇悬浮液(约含0.6μg质粒DNA和0.37mg的金属颗粒)点于微粒子弹载体中心，立即在干燥器中干燥，或于工作台上吹干。

(5) 将载有微粒子弹的微粒子弹载体及阻挡网装入微粒子弹发射装置中。

(6) 将欲转化的靶组织平铺在一个由液体培养基润湿过的1～2层滤纸或含固体培养基的9cm培养皿中心。

4) 轰击

(1) 抽真空，按VAC键，当真空度达到所需要值(660～760mmHg，1mmHg＝133.332Pa)时，将VAC键转到HOLD位置。

(2) 轰击，按FIRE键使氦气压力达到适当值，约花费12s打一枪。再按VENT键，取出样品，通常每四枪击两次。

5) 过渡培养

(1) 将轰击后的外植体转入愈伤组织诱导培养基或芽分化培养基中，在28℃、黑暗或弱光下培养。该培养基中不加卡那霉素等选择压力，以利于受轰击细胞的恢复及充分表达外源基因。

(2) 过渡培养时间一般1～2周，需根据外植体情况而定。

6) 筛选培养

过渡培养后的外植体转入含有适量卡那霉素的培养基中进行选择培养，当愈伤组织形成或分化出不定芽后(1个月左右)转入继代扩繁培养基中培养。

【实验解析】

(1) 金粉和钨粉是基因枪转化中最普遍采用的金属颗粒。钨粉比较便宜，但与DNA结合时间过长会催化性降解DNA并对某些类型细胞有毒害作用。金粉大小比较一致，不会引起DNA降解，对细胞也无毒害。不过，金粉在水溶液中趋向于不可逆的结块，故现用现配比较好。

(2) 在"实验操作"步骤 2) (4) 操作中，有人采用将消毒过的金属颗粒直接悬于 600μl 的无菌水中，而不使用甘油，效果很好。

(3) 枪击前最好将质粒 DNA 储存浓度调至 1μg/μl，这样有利微粒子弹制备时 DNA 的取样。若进行两种质粒共转化，则每种质粒可各取 2.5μg。

(4) 关于质粒 DNA 与金属颗粒之比，现有报道为 2～500μg/mg 金粉。

(5) 亚精胺最好是现用现配，或者配后于 −20℃保存，但不得超过 1 个月。没有保存好的或保存时间过长的亚精胺都会发生降解，从而严重影响转化率。

(6) 无菌的 2.5mol/L $CaCl_2$ 可于 4℃保存备用。

(7) 也可以将操作"实验操作"步骤 2) (6) 中的混合物放置于 4℃下 5～10min，然后吸除 100μl 上清液，余下的直接用于枪击，每枪取 3μl 左右。

(8) 关于金粉与无水乙醇之比，有报道为 2mg 金粉/ml 无水乙醇。

(9) 对于植物材料的转化，微粒子弹载体选择 1100Psi 或 1500Psi 规格为好，可裂圆片规格应与微粒子弹载体对应。

(10) 干燥过程中或干燥之后，如果将载有微粒子弹悬浮液的微粒子弹载体暴露于高湿度条件下，会由于乙醇吸水，导致金属颗粒结块并紧黏于微粒子弹载体上，严重影响转化率。因此，装好的微粒子弹载体应尽可能快地使用。

(11) 质粒 DNA 的纯度和浓度是影响转化率的重要参数之一。在现有报道中，每一枪使用的 DNA 的量有所差异。PDS-1000/He 基因枪一般使用 0.5～0.75μg/枪。ACCELLTM 基因枪一般用约 0.32μg/枪。PIG 一般使用 1μg/枪。而微靶点基因枪则每次吸一滴 (1μl) DNA 与金属颗粒的混合物（含 0.5μg 左右的质粒 DNA）滴于毛细管尖端，1μl 上样量足够打 30～40 枪。质粒 DNA 的用量不宜过多，也不宜过少，过多会导致微粒子弹严重结块，从而严重影响转化率；过少则导致被轰击的靶细胞获得外源 DNA 的概率减少，因而影响转化效率。

(12) 不同型号的基因枪要求用不同的真空度，如火药基因枪，一般是当真空度达到 0.08MPa 时，按轰击键，AC-CELL™ 则要求真空度达 500mmHg，而 PIG 达 710～760mmHg 等。

(13) 每皿材料的轰击次数应依据基因枪的型号、材料类型与状态、加入培养皿中的材料厚度等而定，一般每皿轰击两次。第二次或第三次轰击时，可适当地翻动材料，以利于更多细胞受到轰击。

实验 20-2　PEG 介导基因转化

【实验目的】

经 PEG 诱导使外源 DNA 直接导入植物受体细胞。

【实验材料】

烟草等及外源 DNA。

【实验试剂】

(1) W5 溶液：154mmol/L NaCl，125mmol/L $CaCl_2$，5mmol/L KCl (pH5.6)。

(2) 转化介质：0.5mol/L 甘露醇，15mmol/L $MgCl_2$，0.1%MES，用 KOH 溶液调 pH 至 5.6。

(3) 40%PEG 溶液：PEG 6000 溶于 0.1mol/L $Ca(NO_3)_2$ 及 0.4mol/L 甘露醇溶液中，再用 KOH 溶液调 pH 至 8.0。

(4) 0.2mol/L $CaCl_2$ 溶液。

(5) 1mg/ml 质粒 DNA pABD1 水溶液。

(6) 1mg/ml 小牛胸腺 DNA 水溶液：称取 20mg 小牛胸腺 DNA，灭菌后溶于 20ml 灭过菌的蒸馏水中，用经高压灭菌的 18 号针头的注射器来回吸注几次，把 DNA 剪切成 3～15kb，大多数为 7kb 左右的片段。片段大小应通过电泳检测。如 DNA 片段太大，会引起原生质体破裂。浓度应经紫外分光光度法检测。

(7) 原生质体制备和培养所需要的培养基与试剂（见实验 18-5 "植物原生质体与农杆菌共培养转化"）。

(8) 10mg/ml 卡那霉素。

【实验操作】

(1) 制备烟草叶肉原生质体（见实验 18-5 "植物原生质体与农杆菌共培养转化"）。

(2) 将纯化的原生质体悬浮于 W5 溶液中，保持 30min 以上（在 8℃时可保持 8h 而不至丧失转化能力）。

(3) 转化前用 500r/min 的速度离心 5min，收集原生质体，随后用适量的转化介质重新悬浮，使原生质体密度为 2×10^6 /ml。

(4) 取 0.5ml 原生质体悬液放入 10ml 的离心管中。加入 50μl 小牛胸腺 DNA，轻轻混匀后静置 10min。

(5) 加入 10μl 质粒 DNA（对照不加），轻轻混匀后静置 10min。

(6) 加入等体积 40%PEG 溶液，并立即混匀。在室温下放置 30min，偶尔摇动一下。

（7）每隔 5min 加 1～2ml 0.2mol/L $CaCl_2$ 溶液，逐步稀释到 10ml 为止。

（8）离心收集原生质体，并重新悬浮到 10ml 原生质体培养基中进行培养。

（9）一周后转入附加 50mg/L 卡那霉素的培养基中进行筛选。

转化体的鉴定。

【实验解析】

（1）质粒 pABD1 带有能在植物细胞中表达的 *npt-Ⅱ* 基因。

（2）用 W5 悬浮的原生质体离心后应尽可能弃尽 W5 溶液。加入转化介质后应立即加入 DNA 进行转化处理。

（3）加入 PEG 溶液后，必须立即与原生质体悬浮液相混匀。否则，原生质体会凝集成团，用 $CaCl_2$ 溶液稀释时，很难分散开来。

（4）稀释时，$CaCl_2$ 溶液应逐步加入。这样可使 PEG 浓度慢慢地降低，Ca^{2+} 浓度慢慢地升高，这对获得较高的转化频率是很重要的。

【实验作业】

（1）根据实验结果写出实验报告，并分析影响因素。

（2）阐明 PEG 介导基因转化的原理。

（3）设计一个基因枪介导基因转化水稻 *npt-Ⅱ* 标记基因的实验。

实验 20-3　电激诱导基因转化

【实验目的】

应用电激技术使外源 DNA 直接导入受体细胞。

【实验仪器和材料】

（1）电激仪（LN 101）。

（2）普通小麦京药 1 号悬浮细胞。

（3）质粒：pACt 1-F，pAHC 25。

【实验试剂】

（1）悬浮细胞培养基：W14 基本成分附加 2mg/L 2,4-D，500mg/L LH，3%蔗糖（pH5.8）。

（2）原生质体制备混合酶液：2%纤维素酶 RS，0.1%果胶酶 Y23，5mmol/L MES 甲基乙烷磺酸，5mmol/L $CaCl_2$，KM8P 无机盐，0.6mol/L 甘露醇（pH 5.6）。

（3）20%蔗糖。

（4）KM8P 培养基：KM8P ＋2,4-D 1.0＋ZT 1.0＋NAA 0.3＋蔗糖 10g/L ＋葡萄糖 50g/L ＋甘露醇 50g/L（pH5.6）。

（5）EP 缓冲液：0.6mol/L 甘露醇，50mmol/L NaCl，5mmol/L Ca（NO_3）$_2$，10mmol/L Hepes（pH7.2）。

（6）抽提缓冲液 50mmol/L Na_2HPO_4（pH7.0），10mmol/L β-巯基乙醇，10mmol/L Na_2EDTA，0.1% SDS，0.1% Triton X-100。

（7）鲑精 DNA。

（8）Bosta。

【实验操作】

（1）悬浮细胞继代培养：将疏松愈伤组织转入悬浮细胞培养基中，于 25℃ 恒温摇床上，130r/min 暗培养，每周继代培养一次。

（2）原生质体制备。

① 取继代培养第 3 天的悬浮细胞放入 1 支 50ml 离心管中，500r/min 离心 5min 收集细胞。

② 加入 5 倍体积的原生质体制备酶液重悬细胞，转入 150ml 的三角瓶中，于 26～28℃、黑暗条件下，50r/min 摇动酶解 2～3h。然后静置酶解 1～3h。其间镜检细胞壁消化程度。

③ 将酶解混合液先后用 50 目、200 目和 400 目不锈钢网过滤，去除未消化细胞和细胞团。

④ 原生质体用 KM8P 培养基洗 1 次，随后用等体积 KM8P 培养基和 20%蔗糖分层纯化，收集分布在界面的原生质体，最后再用 KM8P 培养基洗 1 次。

（3）电激处理。

① 将原生质体悬浮于 EP 缓冲液，密度为 5×10^6/ml。

② 取 0.5ml 原生质体悬液，移入间距 0.2cm 的电击杯中，置于冰上。加入 10μg 质粒 DNA 和 25μg 鲑精 DNA，于冰上放置 10min，并不时用手指弹动电击杯使原生质体保持悬浮状态。

③ 施加 1500V/cm 电场（电压 300V，电容 20μF），于冰上处理 10～20min。

（4）原生质体培养与转化细胞的筛选：10～20min 后将部分原生质体移到平皿中，用 0.2%琼脂糖的 KM8P（附加 1～5mg/L Bosta）固化，密度为 1×10^6/ml，置于 25℃ 黑暗条件下培养，选择转化细胞。

【实验解析】

（1）直接用细胞团进行电激转化也可以，省去原生质体制备。但是，与原生质体电激转化的条件不同。

（2）由于不同种类植物的细胞结构不同，电激转化的条件不同，要重新研究。

（3）转化细胞要进一步培养再生植株，并进行检测。

实验 20-4　显微注射导入外源基因

【实验目的】

采用毛细管微针穿孔将目的 DNA 注入受体细胞。

【实验仪器和材料】

（1）显微注射装置：显微注射采用 OPTON 微注射系统，包括 OPTON 倒置相差显微镜和显微注射器。

（2）荧光观察装置：荧光观察用 Olympus BH-2 型荧光显微镜，采用激发滤色镜为 G（F-545＋BG-36）和 EY455，分色镜为 G（DM-580＋DM-590），吸收激发滤色镜为 0.590。

（3）照相器材：观察结果记录采用高分辨率数码相机及计算机扫描仪记录。

（4）烟草、胡萝卜等悬浮细胞及外源 DNA。

【实验操作】

1）微针的制备

（1）毛细管准备：用于显微注射的毛细管可分为两种：有蕊毛细管（外径分别为 1.7mm、1.5mm、1.2mm）及无蕊毛细管（外径为 1.2mm）。它们均可从中国科学院上海脑研究所买到，也可自己拉制。

（2）毛细管硅化：毛细管用双蒸水冲洗三次，180℃烘干 1h。

① 把烘干的管放入一个大的干燥器内，再于干燥器内放入 1ml 二氯二甲硅烷，抽真空 5min。关掉真空泵，并迅速让空气进入干燥器内。再抽真空 5min，关掉真空泵，使该干燥器处真空态 2h。

②取出毛细管，于 180℃烘干 2h 即可使用。

（3）拉针：在拉针装置上用上述硅化的毛细管进行拉针，拉针装置可以购买也可自制，拉出的针粗细控制在 1μm 左右。

2）受体细胞的选择

显微注射的细胞要求是活细胞，要有一定膨压。选择椭圆形的悬浮细胞，棒状或形状弯曲的细胞因膨压太低而微针不易刺进。

3）注射细胞固定

采用 Capillary holder 吸附法固定悬浮细胞和原生质体，然后用含有 DNA 的微针从另一方向刺入细胞。吸附时要根据受体细胞性质的差异调整负压，有壁的悬浮细胞要加入负压。

4）注射及注射量的控制

（1）将注射针装入显微操作仪上的聚焦。

（2）用 32× 物镜聚焦受体细胞，操纵显微操作仪将微针插入受体细胞。

（3）针尖注入细胞后针尖上所加的压力为 2000MPa，针尖在细胞内滞留时间约为 5s。

（4）在上述条件下，注入硅油或外源 DNA 溶液至细胞中，可见硅油液滴直径约为 20μm，注射量为 4pl。

5）注射细胞的培养

悬浮细胞微滴培养，先在载玻片上加 1μl 液体石蜡，再用一个内径比细胞大的毛细管把细胞吸入管内，再转移至液体石蜡中，油滴中含有 10～100nl 培养基，再把载玻片放入培养皿内，加少许 0.2mol/L 甘露醇，用 Para -film 封口，防止液体蒸发，再放入生长箱中培养。

【实验解析】

（1）该实验方法以原生质、单细胞和细胞团为试材。关于卵细胞及子房注射，为了突出性细胞的功能而列入生物媒体转化。

（2）由于该转化技术工作效率很低，每一次只注射一个细胞，因此对操作者的经验要求很高。从现有的结果看，多数实验的表达频率不稳定，特别当基因枪技术采用后，该方法在植物细胞转化中已少用。目前在动物细胞中应用较多。

实验 20-5　激光转化外源基因

【实验目的】

利用激光微束扫描打孔将外源基因导入受体细胞。

【实验仪器和材料】

（1）Nd-YAG 四倍频脉冲激光显微照射仪。

（2）胚性愈伤、悬浮细胞、幼胚等及外源 DNA。

【实验试剂】

（1）高渗缓冲液：10mmol/L Tris-HCl（pH 7.2），0.7mol/L 山梨醇。

（2）组织培养液体培养基。

【实验操作】

（1）试材的预处理：将试材转入高渗缓冲液中浸泡 1～5h（不同作物的不同外植体浸泡时间不同）。再用无菌水或植物液体培养基洗去高渗缓冲液，立即加入新鲜的组培液体培养基。

（2）将试材置 Rose 小室中，愈伤组织、器官等试材可平铺于小室内，细胞悬浮培养物注入小室。

（3）向小室加入适量 0.2μg/μl 的外源 DNA，混匀。

（4）激光照射：使用 Nd-YAG 四倍频脉冲激光显微照射仪输出波长为 1060nm、532nm、355nm 和 266nm，脉宽 10ns，激光器在 532nm 波长时，输出能量为 10mJ。用 40×物镜聚焦受体细胞，激光光斑直径为 1.3μm。每个 Rose 小室样品照射 60min，约打 4000 个脉冲。照射时，通过前后左右移动载物台使激光脉冲在样品上进行扫描照射。

(5) 激光照射后，将样品用新鲜的液体培养基冲洗 1～2 次，然后接种在培养基中按常规方法进行筛选培养。

(6) 几种试材 *gus* 基因转化实例。

① 兰花的小圆球茎 *gus* 基因转化：选择生长旺盛的直径小于 1mm 的圆球茎，在固体培养基上培养 3d，高渗缓冲液预处理 1h。制备好 Rose 小室，经激光微束照射，每个样品照射 1h，继续培养 3d，用 X-Gluc 染色 40h，在倒置显微镜下观察，凡经激光照射过的细胞均显示出大小均等的深蓝色的细胞团。

② 橡胶 *gus* 基因转化：选择生长旺盛的金黄色胚性愈伤，30 目筛网过滤，高渗液处理 40min。用微束激光在样品上均匀扫描，每个样品照射 40min。细胞继续培养 3d，X-Gluc 染色 36h，倒置显微镜下观察，凡经激光照射的细胞均显示深蓝色，并且大细胞团上显示深蓝色的细胞呈直线排列，此现象与移动载物台使激光脉冲在细胞团上扫描照射的操作相吻合，说明质粒 DNA 的确是通过激光所成的微孔进入细胞的。

③ 棉花 *gus* 基因转化：选取生长旺盛的胚性愈伤在液体培养基上培养半个月，30 目筛网过滤培养过夜，经高渗处理 20min，然后对胚状体和胚性愈伤直接用微束激光扫描照射，每个样品照射 40min。继续液体培养 3d，X-Gluc 染色 24h，镜检，凡经激光照射的胚状体细胞均显示蓝色。

④ 油菜 *gus* 基因转化：实验中选取的胚性愈伤由于生长状态不好，用果胶酶进行分散处理，试材经激光微束照射后，X-Gluc 染色后未显示蓝色，即没有瞬时表达。此例果胶酶处理时，使细胞壁受到损伤，因此，细胞生长状态非常重要，一定要选取生长旺盛的细胞或组织作为受体。

【实验解析】

(1) 激光不具有很强的穿透力，但原生质体、悬浮细胞、胚性愈伤组织、幼胚及组织均可作激光转化的试材。

(2) 用高渗缓冲液处理的目的是使细胞失水并形成内高外低的渗透压梯度，有利于被激光微束穿孔的细胞在极短时间内吸收其周围的 DNA。各种植物的渗透压一般在 0.25～0.65mol/L。当植物细胞置于浓度 0.5～1.0mol/L 的高渗缓冲液中，其内外渗透压差超过 0.05mol/L，这对外源 DNA 的导入可能是十分有利的，且该处理方法对受体细胞损伤小。

(3) 植物材料在高渗缓冲液中的浸泡时间以出现明显的质壁分离为准。一般应超过 20min，以 1～5h 为宜。不同材料处理的最佳时间不同，需通过实验确定。

(4) 激光微束只能使受体材料的表层细胞穿孔，照射时应确保材料表层细胞全部照射到，以增大转化概率。

实验 20-6 超声波转化外源基因

【实验目的】

通过超声波处理，将外源 DNA 导入受体细胞。

20-6-1 烟草叶片超声波转化

【实验仪器和材料】

(1) 超声基因转化仪。

(2) 烟草试管苗。

(3) 质粒 pBI121-1。

【实验试剂】

(1) 超声缓冲液：15mmol/L NaCl，5mmol/L 柠檬酸钠，5%～20% 二甲基亚砜 (DMSO) (pH7.5)。

(2) MS 无激素培养基。

(3) 分化培养基：MS＋BA 1.0＋NAA 0.1。

【实验操作】

(1) 试管苗培养：白肋烟草 (*Nicotiana tabacum* var. White Burley) 无菌试管苗生长在 14h 光照 (光照强度为 1500～2000lx) /10h 黑暗的培养室中，昼温度为 28℃，夜温度为 22℃。

(2) 质粒的提取：碱法提取 pBI121-1 质粒 (见 1-1-1 "质粒 DNA 小量常规提取法")。

(3) 设置对照：①加质粒 DNA，不作超声处理；②超声不加质粒；③不超声不加质粒 3 种对照。

(4) 超声处理。

① 向超声小室中加入 DMSO 为 5% 的超声缓冲液 3ml、pBI121-1 质粒 DNA 60μg (20μg/ml)，鲑鱼精 DNA (Salmon，Sigma) 120μg (40μg/ml)，混匀。

② 取无菌试管苗中部的展开叶片，切成 4mm×8mm 的小块，并在叶块上用针刺若干小孔放入超声小室中。

③ 室温下以 0.5W/m² 的声强，脉冲式超声处理 30min。

④ 超声后叶块组织用不加 DMSO 的缓冲液

洗涤 3 次，接种在 MS 无激素培养基上，于 3000～4000lx，16h 光照，昼夜温度分别为（25±1）℃及（20±1）℃条件下培养。

（5）β-葡糖苷酸酶（GUS）活性的检测。

① 叶片在 MS 无激素培养基上培养一天后，每种处理取样 10 片，作徒手切片。

② 于 37℃下与 X-Gluc（1mg/ml）一起温育过夜，检测 *gus* 基因的瞬时表达。

③ 转基因植株叶片中 GUS 活性的检测方法同上。每次检测均以非转化烟草叶片和转 *gus* 基因的叶片作为阴性和阳性对照。

④ 统计瞬时表达频率（TTF%）及转化组织面积百分数（PATT）。TTF%按具有转化细胞的外植体数占检测外植体总数的百分比计算。PATT 则为转化组织面积占切片总面积的百分数平均值。

（6）Km 抗性选择：对照及经超声波处理的叶块在 MS 无激素培养基上培养 3d 后，转移至附加 Km 100mg/L 的分化培养基上进行抗性选择。再生的 Km 抗性芽转移至含 Km 100mg/L 的 1/2 MS无激素培养基上诱导生根。培养条件同前。

【实验解析】

（1）pBI121-1 质粒上带有 *gus* 基因和 *npt-Ⅱ* 基因，前者用作报告基因，后者用作卡那霉素（Km）抗性选择。

（2）为观察超声处理对质粒 DNA 的影响，将质粒经 0.5W/cm^2 脉冲超声处理 30min，与未经超声的质粒 DNA 一起进行琼脂糖凝胶电泳（40V，1.5～2h），观察条带的变化。

20-6-2　玉米幼胚愈伤组织超声波转化

【实验仪器和材料】

（1）超声基因转化仪。

（2）玉米幼胚。

（3）质粒 pB48-415。

【实验试剂】

（1）超声缓冲液：15mmol/L NaCl，1.5mmol/L $Na_3C_6H_5O_7 \cdot 2H_2O$，5% DMSO（二甲基亚砜）（pH7.2）每毫升超声缓冲液中加入5～10μg 的质粒 DNA。

（2）愈伤组织诱导培养基：N 6＋2,4-D 2.0。

（3）筛选培养基：N 6＋2,4-D 2.0＋潮霉素 20mg/L。

【实验操作】

（1）愈伤组织的诱导：于授粉后 11～12d，取下玉米幼胚，置于愈伤组织诱导培养基上常规条件下培养。3 周后挑选胚性较强的愈伤组织转入相同培养基中培养，备用。

（2）质粒 DNA 的提取：按常规方法提取和纯化（见实验 1-1“大肠杆菌质粒 DNA 提取”）。

（3）超声转化：将愈伤组织切碎，放入直径为 35mm 的无菌培养皿中，加入 2ml 超声缓冲液，然后经耦合剂耦合，置于发射超声的超声探头上，进行超声处理，处理强度为 0.5～2.0W/cm^2，处理时间为 15～45min。

（4）超声处理后愈伤组织的培养和筛选：处理后将愈伤组织从缓冲液中取出，置于愈伤组织诱导培养基上恢复生长 1 周，淘汰死亡的愈伤组织，存活愈伤组织转移到含有 20mg/L 潮霉素的选择培养基上，每 3 周继代一次，每次继代均淘汰褐化的愈伤组织。

【实验解析】

（1）质粒 pB48-415 含有 Bt 毒蛋白基因和抗潮霉素的选择标记基因 *HPT*。

（2）超声波处理后的玉米幼胚诱导愈伤组织较为困难，因此以愈伤组织作为转化材料。

（3）抗性愈伤组织的筛选是整个转化实验的关键之一。实验表明，愈伤组织刚转移到选择培养基上时，无论转化愈伤组织，还是设置的非转化对照，均表现出一定程度的抗性，经过 2 轮以上的继代筛选，对照愈伤组织才逐渐死亡。经处理的愈伤组织转入筛选培养基上，表现明显抗性，生长正常和明显褐化死亡的都占少数，大多数则表现为生长受到抑制。将能正常生长的愈伤在筛选培养基上继代，大多数逐渐死亡，只有少数能繁殖形成克隆。对于大多数在选择培养基上生长受抑制的愈伤组织，也需要进一步继代筛选培养，经过几次继代后，抗性和非抗性愈伤组织的分离才逐渐明显。

（4）超声波转化法的原理是在超声波作用下，受体材料的细胞壁及质膜的通透性发生变化，而使外源 DNA 导入受体细胞。

（5）超声波处理时的声强和处理时间要根据不同植物、不同外植体而异。这需根据材料类型进行试验，以选择适宜的条件，正确进行。

实验 20-7　脂质体转化外源基因

【实验目的】

含有外源 DNA 的脂质体复合物与原生质体共培养，通过膜融合或胞吞作用将外源 DNA 导入受体细胞并获得转基因植株。

【实验材料】

（1）植物原生质体。

（2）转化脂（lipofectin）：自制转化脂或商品转化脂。

（3）外源 DNA。

20-7-1　自制转化脂法

【实验试剂】

（1）牛脑磷脂酰丝氨酸（PS）：使用时需用 EDTA 和 NaCl 洗涤，使其转变成钠结合型。

（2）胆固醇：从甲醇中重结晶，除去氧化物。以上两种脂质分散在氯仿中成为 5μmol 或 20μmol 大小的液滴，储存于－70℃氮气和氩气中。

（3）RNA 或 DNA 样品。

（4）样品缓冲液：10mmol/L Tris，50mmol/L KCl，0.4mol/L 甘露醇，0.1mmol/L EDTA（pH7.0）。

（5）保温缓冲液：5mmol/L Tris，0.5mol/L 甘露醇，5mmol/L $CaCl_2$（pH7.05）。

（6）15％（*m*/*V*）PEG 6000～10 000：溶于保温缓冲液。

（7）10％ Ficoll 和 25％ Ficoll ：溶于样品缓冲液，过滤或高压消毒，调节 pH 至 7.0。

（8）0.1μCi ^{3}H-poly（A）（标记核酸）。

（9）乙醚：在使用前用水抽提，以除去水溶性过氧化物。

【实验操作】

1）反相蒸发法制备脂质体

（1）将 5μmol 溶于氯仿的 PS 和胆固醇转移至 10mm×100mm 带盖玻璃样品管中，将样品管插入蒸发管中，在标准旋转蒸发器内，于 25～30℃，约 500mmHg 真空条件下蒸发氯仿 20min。

（2）加入 0.6ml 乙醚，溶解干燥的脂膜。

（3）取含待包裹核和 0.1μCi ^{3}H-poly（A）的样品缓冲液 0.175ml，加至样品管中。

（4）将含有两相混合液的样品管放入水浴式超声波仪处理 2～3s，使形成乳浊液。

（5）将样品管立即转移至蒸发管，用 300～400mmHg 柱真空的旋转蒸发器在 5～10min 内使大部分乙醚蒸发掉，形成黏稠的凝胶状液相。将真空度稳定至 650mmHg，这时将形成半透明的脂质体悬液，残余乙醚可经持续蒸发而除去，但操作应小心，避免水化样品的蒸发。

2）脂质体纯化

（1）用 70％乙醇消毒离心管。

（2）在无菌条件下将脂质体制备（0.175ml）转移到离心管中，将样品管用 0.25ml 缓冲液冲洗，重复 2 次，以达到较高的脂囊回收率。

（3）加入 1ml 25％ Ficoll 溶液，轻轻摇匀。将 2ml 10％ Ficoll 溶液轻轻加在样品表面，然后再加一层缓冲液 0.5～1.0ml。

（4）30 000r/min 离心 30～40min，在缓冲液与 10％ Ficoll 交界面上出现脂质体区带。

（5）收集脂质体并测定磷脂浓度及脂囊制备液的放射性，计算包裹率，并确定出与细胞保温培养的脂质用量。

3）脂质体与原生质体保温培养

（1）将原生质体重悬于保温缓冲液中，细胞密度达 10^6/ml。取 0.5ml 细胞转入 15ml 锥形离心管中。

（2）取 10～50μl 即 50～100nmol 的脂囊直接加至原生质体样品中，轻轻混匀，于 30℃ 保温 5min。

（3）加入 4.5ml 15％ PEG，将内含物轻轻倒转混匀，继续保温 25min。

（4）加入 10ml 保温缓冲液，稀释黏稠的 PEG 溶液，100*g* 离心 10min。将原生质体重悬于培养基中，或重悬于保温缓冲液中，再经 100*g* 离心 5min 后洗涤 2 次。

（5）将原生质体于适宜条件下培养。

【实验解析】

（1）经过保温、洗涤后，原生质体的回收率一般为 50％～75％。

（2）脂质损失通常为 10％～20％，校正脂质损失后，样品的包裹率一般为 40％～50％，因此要注意校正脂质的损失率。

（3）相对分子质量为 6000～10 000 的 PEG 对于促进原生质体吸收脂质体最有效。

20-7-2　使用商品转化脂方法

【实验材料】

籼稻悬浮细胞系。

【实验试剂】

（1）脂质体 Lipofectin^{TM}试剂，BRL。

（2）洗液：1470mg/L $CaCl_2 \cdot 2H_2O$，95mg/L KH_2PO_4，600mg/L MES，0.4mol/L Mannitol（pH5.7）。

（3）混合酶液：2％纤维素酶 RS（Yakult Honsha Co.，Japan），0.2％果胶酶，Y-23（Seishin Pharm，Japan）溶解于洗液中，经 0.22μm 滤膜过滤灭菌。

（4）改良 KM8P 培养基：KM8P 培养基成分去除 NH_4NO_3，铁盐浓度减半＋2,4-D 1.0＋NAA 0.5＋ZT 0.5＋0.8％ BSA ＋0.4mol/L 葡萄

糖（pH5.6）。

（5）27%PEG：PEG 6000 溶于洗液，使用前加变性小牛胸腺 DNA 至 30μg/ml。

（6）10%甘露醇的 F 溶液。

【实验操作】

1）质粒 DNA 的提取和纯化

质粒 DNA 按 Sambrook 等的方法提取，并经氯化铯密度超速离心纯化。也可按 Sambrook 等的方法，得到 DNA 粗提物后，用琼脂糖凝胶电泳法，回收纯化超螺旋结构的质粒 DNA。

2）原生质体分离

（1）选择继代第三天的籼稻悬浮细胞系，用混合酶液分离原生质体。取约 0.5g 鲜重的悬浮细胞，加入 10ml 混合酶液，在 28℃黑暗条件下静置酶解 4～6h。

（2）用 38μm 的镍丝网过滤，于 500r/min 离心 2min，收集原生质体。

（3）用洗液清洗原生质体 3 次（洗液重悬，离心收集）。

（4）用洗液重悬原生质体，用血球计数板计数，使原生质体密度为 2×10^6/ml，备用。

3）脂质体的准备及脂质体-DNA 复合物的制备

（1）用高压灭菌过的重蒸水将脂质体及纯化后的质粒 DNA 均稀释至 10μg/50μl。

（2）将脂质体与 DNA 等体积轻轻混合，在室温下放置 10～15min，这样就会自发形成脂质体-DNA 复合物。

4）原生质体的转化

（1）按 2ml 原生质体加入 40μl 脂质体-DNA 复合物的比例使二者混合，混匀后室温放置 6h。

（2）500r/min 下离心 2min 收集原生质体。

（3）用洗液和原生质体培养基各清洗一次，将原生质体悬浮于改良 KM8P 培养基，原生质体密度为 8×10^5/ml。

5）原生质体培养和抗性克隆的筛选

原生质体用低熔点琼脂糖包埋，以珠状形式培养。其方法是：将 4 倍于终浓度的低熔点琼脂糖（如果终浓度是 0.8%，则用 3.2%）溶解于蒸馏水中，高压灭菌，与 2 倍于终浓度的原生质体培养基等体积混合，得到含有 1.6%琼脂糖的原生质体培养基，将其溶化后置于 40℃水浴中。把含有 1.6%低熔点琼脂糖的培养基与原生质体悬液等体积混合，迅速滴于小培养皿中，每滴 40～100μl，每皿加 1ml。待琼脂糖珠完全固化后，加 0.8ml 改良的 KM8P 液体培养基，封口膜封口，于 24～26℃避光培养。培养 5～7d 后，当第一次细胞分裂出现时，加入含有相应抗生素的选择培养基进行筛选，之后每 10d 更换新的选择培养基 1 次，直至抗性克隆长至直径 1～2mm，转移到含抗生素的固体培养基上进行继代培养。

【实验解析】

（1）脂质体转化可用于使植物病毒 RNA 高效感染原生质体，也可用于稳定的 DNA 直接转化植物细胞和基因的瞬时表达检测。

（2）目前使用的商品转化脂 Lipofectin™试剂可购自 BRL 公司，是近年来合成的一种新型的转化脂，其主要成分是 DOT-MA，带有较强的正电荷基团，能与 DNA 分子上带负电荷的磷酸基团发生相互吸引，形成脂质体-DNA 复合物。

（3）两种脂质体都可获得转化效果。

第 21 章

种质系统介导转化目的基因

实验 21-1　花粉粒媒体介导外源基因转化

【实验目的】

以花粉粒为载体，通过花粉管通道将外源 DNA 导入卵细胞。

【实验材料】

棉花，玉米，水稻等及外源 DNA。

21-1-1　花粉粒与 DNA 混合授粉法

【实验操作】

（1）将目的 DNA 溶于 0.3mol/L 蔗糖，20mmol/L 硼酸钠溶液中，终浓度约 40μg/ml。选择发育正常的花，预先去雄套袋隔离。

（2）采集发育正常的花粉（防止干燥失水）。

（3）打开隔离袋将 DNA 溶液滴（涂）在柱头上，然后立即将花粉洒落于该柱头上（不可涂抹以免擦掉 DNA 溶液），或者取 200μl DNA 溶液与适量新鲜花粉迅速混合成糊状，立即涂于柱头上。

（4）迅速套袋隔离至种子成熟。

【实验解析】

该实验的关键技术是授粉的时间，并且不同植物授粉的时间不同，要通过实验确定。

21-1-2　花粉培养法

【实验试剂】

花粉萌发培养基：15%蔗糖、0.03%硝酸钙、0.01%硼酸，高压灭菌。

【实验操作】

（1）目的 DNA 溶于 1×SSC 溶液中，DNA 浓度为 40～50μg/ml，选择发育正常的花去雄，套袋隔离。授粉前一天将玉米花丝剪齐。

（2）在无菌培养皿中加入一薄层花粉萌发培养基。

（3）采集未萌发的新鲜花粉置培养基中，在 30℃条件下培养 3min 左右，每 10ml 培养基中加入约 30mg 花粉（根据不同植物通过实验确定实际用量）。

（4）在显微镜下观察，当约 1/10 的花粉已经萌发时，加入 1/10 体积的 DNA 溶液小心混匀，与花粉混合后 DNA 的终浓度为 5μg/ml。

（5）将 DNA 与花粉的混合液涂于柱头上，约 10mg 处理后的花粉授一个雌穗。

（6）授粉后重新套袋隔离至种子成熟。

【实验解析】

该方法是在花粉粒开始萌发时加入供体 DNA，混合后进行授粉，通过萌发的花粉管将外源 DNA 导入卵细胞。另外一种做法是将花粉粒接种在含 DNA 的培养基中培养，开始萌发时取出授粉。

21-1-3　柱头切除法

【实验操作】

（1）目的 DNA 溶于 1×SSC 溶液中，浓度约为 100μg/ml，选择发育正常的花去雄套袋隔离。

（2）人工授粉或自花授粉后 2～3h，将柱头轻轻切除。

（3）在切口上用放大镜或显微镜观察花粉管孔，立即向花粉管孔滴一滴供体 DNA 溶液。

（4）套袋隔离至种子成熟。

【实验解析】

该方法利用授粉后花粉管萌发并进入子房之瞬时，把柱头切除，并立即把 DNA 溶液滴在花粉管内。由于子房内的负压作用，使 DNA 溶液被吸入子房。

21-1-4　花粉粒转化法

【实验试剂】

花粉萌发筛选培养基：15%蔗糖、0.03%硝酸钙、0.01%硼酸、Km 25～100mg/L。

【实验操作】

（1）选择发育正常的花去雄套袋隔离。

（2）采集未萌发的新鲜花粉按农杆菌共培养或 DNA 直接导入法（基因枪法、电激法、超声波法等）操作，介导外源 DNA 转化花粉粒。

（3）将转化处理过的花粉粒接种于花粉萌发筛选培养基中，于 30℃ 培养几分钟或更长时间（随不同植物而定），每 10ml 培养基中大约加入 30mg 花粉。

（4）显微镜下观察挑选开始萌发的花粉粒。

（5）将刚萌发的花粉涂于柱头上。

（6）授粉后重新套袋隔离至种子成熟。

【实验解析】

（1）花粉粒媒体介导外源基因转化目前正处于深入研究阶段，该技术成功的关键在于掌握好导入的时间。因此使用该方法时必须对实验植物的受精过程十分清楚。对授粉后花粉粒的萌发时间、萌发率、发育状态，如花粉管能否伸入柱头、伸入数量、伸入深度及时间，以及子房的变化等，都要有详尽的了解。这需要对授粉到柱头上的花粉定时进行观察及分析，当花粉管进入柱头后，可采用柱头切割法观察花粉管在柱头中伸入的深度和时间，以此为依据来确定授粉后多长时间切除柱头进行转化。柱头切割法的做法是在花粉管发育不同时间定时用双面刀片做柱头横切或纵切的徒手切片，然后在实体显微镜或普通显微镜（高倍镜）下观察花粉管的形态、大小和数量。

（2）不同植物孢子发育程度、花粉管伸长速度、花柱长度及授粉时间等均不尽相同，因此各转化处理的时间要根据植物种类相应调整。

（3）不同植物花粉粒要求的渗透压不同，离体存活时间也有差异，要根据植物种类相应调整。

（4）供体 DNA 的浓度也应相应变化。

（5）各操作程序都应设置用蒸馏水处理的对照组。

（6）筛选技术则依外源 DNA 所携带的筛选标记不同而异，未携带有效的选择标记基因的 DNA，可以用特异序列作探针，以点杂交技术筛选。

（7）上述有些方法尚处于技术研究阶段，研究者可根据实际情况进行改进或创造。

实验 21-2　子房注射导入外源基因

【实验目的】

利用微针将外源 DNA 溶液注入子房或胚珠，从而导入卵细胞。

【实验仪器和材料】

（1）玻璃针，针口直径 30μm 左右。

（2）水稻。

（3）目的 DNA 溶液：100μg/ml 溶于无菌 1×SSC 溶液。

【实验操作】

（1）选择发育正常的花，去雄套袋隔离。

（2）人工授粉或自花授粉 2～3h 后，小心剪去部分外颖壳。

（3）将 DNA 溶液注入玻璃针。

（4）玻璃针刺入子房，使针尖在胚珠位置。将玻璃针内的 DNA 溶液注入胚珠或子房，每个子房注射 1～2μl。

（5）重新套袋隔离至种子成熟。

（6）筛选转化种子。

【实验解析】

（1）该实验的关键技术是 DNA 溶液注入的时间和部位，要在八核胚囊期注射，并且一定要注射进入胚囊中。

（2）玻璃针要自制拉毛细管，尽量细，减少对子房的损伤。

实验 21-3　穗鞘腔浸泡导入外源基因

【实验目的】

在大孢子母细胞减数分裂前 1～2 周时，将 DNA 溶液注入穗鞘腔内，使小花序浸泡在 DNA 溶液中，迫使卵母细胞吸入外源 DNA。

【实验材料】

（1）小麦幼穗。

（2）目的 DNA 溶液：100μg/ml 溶于无菌 1×SSC。

【实验操作】

（1）选择生长旺盛的小麦植株，当旗叶抽出，长度达成熟时的 1/3～1/2 时，取幼穗常规压片观察，确定小穗处于孢子母细胞减数分裂前 1～2 周。

（2）用无菌微量加样器将供体 DNA 溶液注入小花序鞘腔内，以液体从穗顶溢出为度，约 30μl，注射后挂签标记。

（3）开花前进行自交或人工杂交，并套袋隔离至种子成熟。

（4）筛选转化种子。

【实验解析】

注射器和 DNA 溶液均不能带菌，以免影响花序发育。

实验 21-4　种子浸泡导入外源基因

【实验目的】

通过种子在供体 DNA 溶液中浸泡吸水时将外源 DNA 携入种子的胚细胞中，再经过胚的发育获得转基因植株。

【实验材料】

（1）种子。

（2）含 *ntp-Ⅱ* 基因的供体 DNA 溶液：溶于 1×SSC 中。

【实验操作】

（1）将种子常规消毒，无菌剥去外种皮和内种皮，或剥出幼胚。

（2）将剥离后的材料再次轻度消毒。

（3）消毒后的种子或幼胚浸于无菌的 0.1×SSC 液中，加入 20%的二甲基亚砜（DMSO）。

（4）加入供体 DNA，浸泡 30min。

（5）用无菌 0.1×SSC 冲洗。

（6）将材料平铺于无菌滤纸上，放在不含激素的固体培养基上培养。

（7）将生长发育正常的胚转入含 Km 的固体培养基上筛选培养。

【实验解析】

剥离时注意不要损伤幼胚。

第 22 章

遗传转化新技术

实验 22-1 叶绿体基因转化

【实验目的】

(1) 了解植物叶绿体基因转化的优点及原理。

(2) 掌握叶绿体转化载体的构建及基因枪转化的方法。

【实验材料】

(1) 植物材料：烟草无菌苗。

(2) 菌株和载体：菌株为 *E. coli* DH 5α，质粒 pTBa8（含烟草叶绿体基因组同源片段 *rpl2-trnH-psbA* 和 *trnK-ORF509A*），质粒 pZS197［含 *aadA* 基因表达盒（*Prrn-aadA-psbA3′*）］，质粒 pUC119。

【实验试剂】

各种限制性内切核酸酶、Klenow 酶、T4 DNA 连接酶、T4 DNA 聚合酶、PCR 试剂，质粒和基因组 DNA 提取试剂盒，DNA 纯化回收试剂盒，探针标记试剂盒，硝酸纤维素膜，及用于培养基制备、基因枪转化及电泳等的试剂。

【实验操作】

1）叶绿体转化载体的构建

将质粒 pTBa8 酶切，回收 3.2kb 的 DNA 片段，克隆到质粒 pUC119 中；然后将质粒 pZS197 中包含叶绿体 16S rRNA 基因启动子 *Prrn* 和 *psbA* 基因的终止子 *psbA3′* 的抗壮观霉素基因 *aadA*（外源基因）的基因表达盒约 1.3kb 的片段插入烟草叶绿体基因组片段，构建叶绿体定点转化载体 pTRZ（图 22-1）。

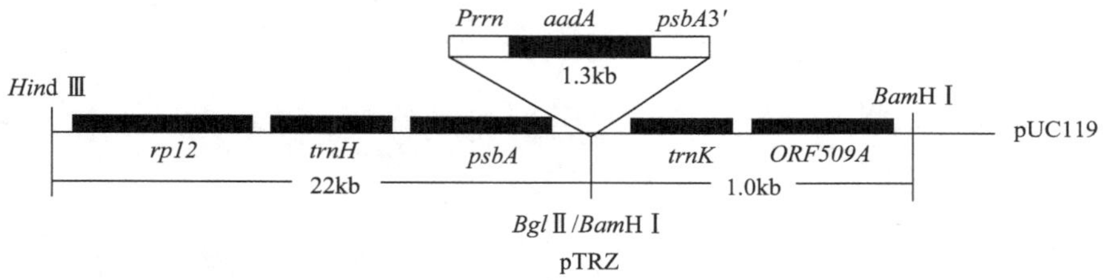

图 22-1 烟草叶绿体转化载体 pTRZ 的构建及其示意图（邹竹荣等，1998）

2）基因枪轰击转化

取 2 周左右的烟草无菌苗叶片，用于基因枪转化叶绿体。转化前一天，将叶片底部朝上置于 MS_0 培养基上并保存于暗处。选取直径约 3cm 的叶片作为外植体，参照实验 20-1“基因枪转化外源基因”的方法用含外源基因的质粒包裹金粉，制备金粉/载体 DNA 子弹，用 Bio-Rad PDS 1000/He 基因枪轰击烟草叶片。基因枪转化参数为：真空度 28in① 汞柱、轰击距离 9cm、氦气压力 1100psi②、金粉颗粒直径 1.0μm。

3）抗性芽筛选

将轰击过的烟草叶片放置 25℃光照培养箱 2d，然后切割成约 $1cm^2$ 小片，在正常生长条件下放在 MS_S 选择分化培养基（MS_0 + IAA 0.15mg/L + 6-BA 1.5mg/L + Spc 100mg/L）上进行抗性筛选。被转化细胞获得对壮观霉素的抗性，筛选过程中可以再生愈伤组织及绿色小芽，而野生型细胞逐渐变成白色，并且愈伤组织的形成被抑制。一周后叶片逐渐失绿变白，5～6 周长出愈伤组织，并从叶片的边缘或中间分化出绿芽。

4）叶绿体转化植株的再生

取转化后 6 周内出现的绿色芽尖组织在含有 500mg/L 壮观霉素的 MS_0 培养基上进行继代培养。培养 3 次后，移入生根培养基中生根，随后

① 1in=2.54cm

② 1psi=6.895×10^3Pa

移入温室盆栽，直至收集种子。

5）转基因植株的鉴定

为鉴定叶绿体转化植株，从抗性植株中提取 DNA，用 *Btg* Ⅰ 酶切后进行 Southern 杂交检测，并分析转基因叶绿体同质化程度。探针标记及 Southern 分析步骤参照厂家说明书进行。

6）叶绿体转化植株后代的遗传学分析

为检验插入叶绿体的 *aadA* 基因的可遗传性，将收集到的种子表面消毒后置于含有 500mg/L 壮观霉素的 MS_0 培养基上萌发并观察幼苗生长情况，以分析叶绿体转化植株后代对两种抗生素的敏感性。

【实验解析】

1）植物叶绿体转化系统的特点

植物叶绿体转化不但有助于研究叶绿体基因的表达调控、核质关系、光合作用机制和植物叶绿体进化，而且在抗病虫害转基因作物品种的培育、将叶绿体用作生物反应器生产一些多肽类药物及疫苗等方面，还有着广阔的应用前景。与细胞核转基因技术相比，叶绿体基因组转化具有下列优点：外源基因的高效表达；原核基因无需修饰改造就能直接表达；遗传背景比较清楚，便于遗传操作；可以实现定点整合；由于叶绿体的母性遗传特征，易于保持纯系、后代不分离；无位置效应和基因沉默现象；多个基因可以同时表达；可降低外源基因产物对细胞的影响；叶绿体基因组转化的外源基因表达具有组织特异性；无位置效应和基因沉默现象；环境安全性好；基因产物对植物的影响小。

2）叶绿体转化系统的转化原理

目前，通用的叶绿体转化载体都含有外源基因及外源调控因子，而目标插入位点往往是叶绿体基因组中转录不活跃的基因间隔区域。因此，选择合适的插入区域及合适的外源启动子和终止子是构建叶绿体载体的第一步。在构建叶绿体表达载体时，一般都在外源基因的两侧各连接一段叶绿体的 DNA 序列，这两个片段称为同源重组片段或定位片段。当载体导入叶绿体后，在同源重组片段的介导下与叶绿体基因组之间发生同源重组，外源基因就可以整合到叶绿体基因组的特定位点。作为同源重组片段，一般应具有：与内源 DNA 片段具有完全的同源性，足够的长度，以保证外源 DNA 的有效整合，具有合适的插入整合位点及合适的限制性酶切位点。

在已有的报道中，常用的启动子是叶绿体的 16S rRNA 基因启动子 *Prrn*，以及光系统Ⅱ作用中心蛋白基因的启动子 *PpsbA*。常用的终止子包括叶绿体 *psbA* 基因的终止子 *TpsbA* 和叶绿体 *rps16* 基因的终止子 *Trps16*。由于使用了叶绿体来源的启动子和终止子，从而可以保证外源基因在叶绿体中正常表达。

在构建叶绿体表达载体时，同源重组片段之间如果包含两个以上的表达盒，这些表达盒的转录方向可以相同，也可以不同。无论采用哪一种载体，在获得的叶绿体转化体中两个基因都能得到高效表达。

烟草是叶绿体转化研究的模式生物，烟草叶绿体基因组是环状双链 DNA 分子，含有一个 86 686bp的大单拷贝区、一个 18 571bp 的小单拷贝区和两个 25 341bp 的反向重复区。基因枪是目前叶绿体基因组转化采用最多、转化效率最高的方法，大多数已经成功的叶绿体基因组转化都是用这种方法实现的。

实验 22-2 基因敲除转化

22-2-1 RNA 干扰转化

【实验目的】

（1）了解 RNA 干扰技术的原理。

（2）掌握 RNA 干扰表达载体的构建方法和转化程序。

【实验材料】

转化受体材料为小麦材料新春 9 号和番茄种子。

【实验试剂】

各种限制性内切核酸酶、反转录酶、高保真酶、T4 DNA 连接酶，反转录试剂盒，琼脂糖凝胶回收试剂盒，质粒提取试剂盒，TRIzol，PCR 试剂，各种抗生素，以及用于培养基制备、电泳等的试剂。

22-2-1-1 利用含有反向重复序列的 RNA 干扰表达载体进行转化

【实验目的】

通过构建小麦 *W17* 基因的干扰表达载体及其向小麦中的转化，掌握含有反向重复序列的 RNA 干扰表达载体的构建方法和利用基因枪法转化干扰表达载体的方法。

【实验材料】

（1）受体材料：小麦新春 9 号。

（2）质粒载体和菌株：含有小麦 *W17* 基因全长的质粒 pEASY-W17，含有 Adh intron 间隔序列载体 pHMW-Adh-Nos，植物表达载体 pAHC25，大肠杆菌 TOP10。

【实验试剂】

膦丝菌素（PPT），亚精胺、金粉等基因枪转化及组培所需试剂。

【实验操作】

1）pAHC-W17RNAi 载体构建

（1）*W17* 基因特异片段的扩增。在 NCBI 库搜索乙烯响应因子（ERF）同源基因，根据小麦 *W17* 基因的 cDNA 序列在 cDNA 的 3′端非保守区选取 470～820bp 间长 350bp 的特异序列作为干扰片段，根据干扰片段和 pHMW-Adh-Nos 质粒 Adh intron 序列两端的限制性酶切位点设计两对引物，为使反向重复序列能够插入到表达载体 pAHC25 的多克隆位点，分别在正向片段（记为 5′F）、反向片段（记为 3′R）的正向引物中引入 *Sma* Ⅰ/*Sac* Ⅰ 酶切位点。以 pEASY-W17 质粒为模板，高保真酶 PCR 扩增 *W17* 基因的特异片段，回收目的片段备用。

（2）中间载体的构建 *Bgl* Ⅱ/*Sal* Ⅰ。双酶切正向片段及 pHMW-Adh-Nos 质粒，分别回收，连接，热激转化大肠杆菌 TOP10。选取酶切正确的克隆提取质粒 DNA 即为 pHMW-Adh-5′F。用 *Eco*R Ⅰ/*Bam*H Ⅰ 双酶切反向片段及 pHMW-Adh-5′质粒，连接、转化、筛选方法同上。酶切、测序鉴定正确的含有反向重复序列的中间载体即为 pHMW-Adh-5′F-3′R。

（3）RNAi 表达载体的构建。用 *Sma*Ⅰ/*Sac*Ⅰ双酶切中间载体、植物表达载体 pAHC25，电泳后分别回收带有反向重复序列的片段与酶切后的 pAHC25 质粒，连接，转化，筛选方法同上。选取酶切正确的克隆测序，验证 RNA 干扰表达载体即 pAHC-W17RNAi 正确（图 22-2）。

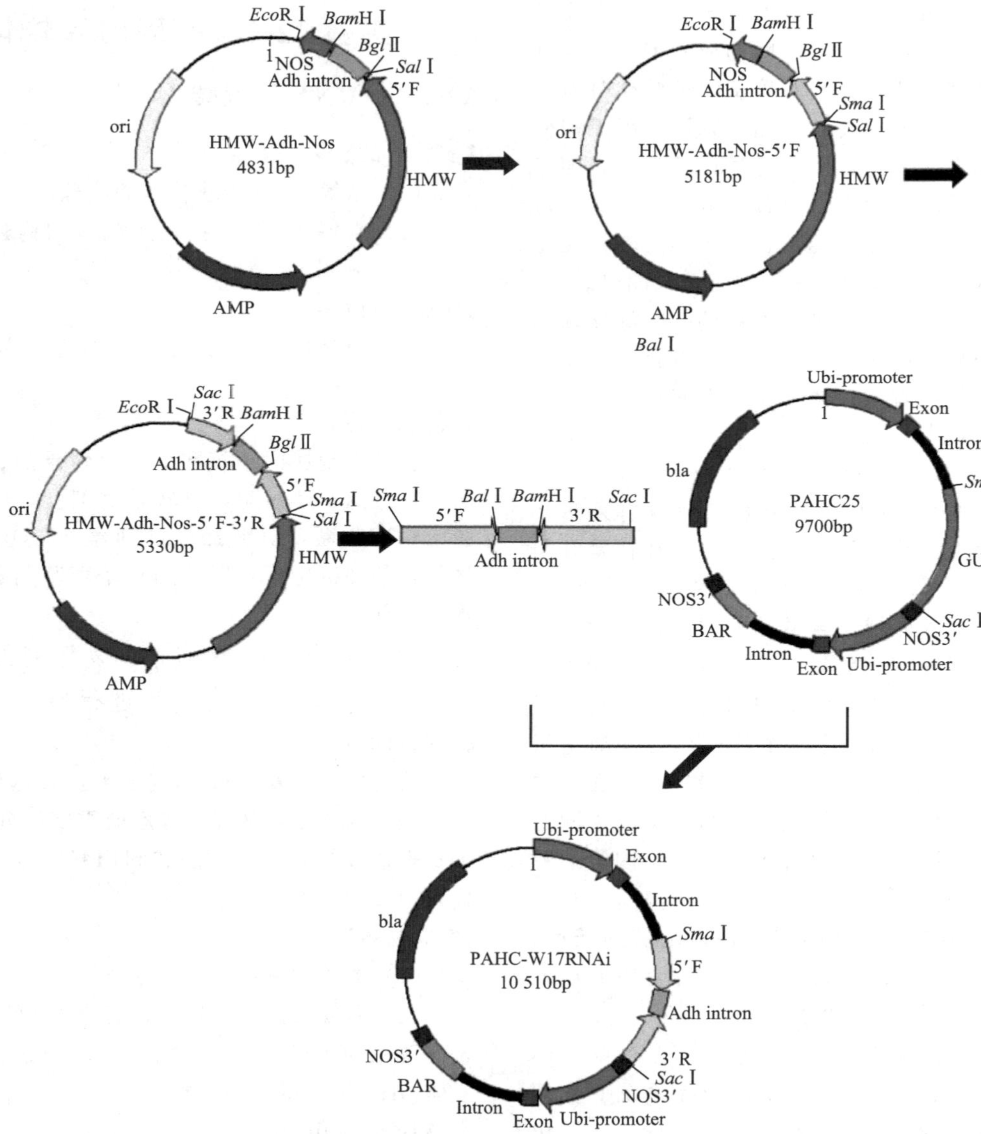

图 22-2　RNA 干扰载体 pAHC-W17RNAi 的构建（闵东红等，2013）

2）基因枪法转化及转化体的获得

（1）基因枪法转化。取受体小麦授粉后 14d 左右的幼胚为外植体，接种于附加 2,4-D 2.0mg/L 的 MS 培养基暗培养 10d，以诱导的愈伤组织为受体进行基因枪轰击，基因枪转化方法参照实验 20-1。

（2）转化体筛选及植株再生。轰击后的愈伤组织经恢复培养 2 周后，转入附加 3mg/L 双丙氨膦（bialaphos）的筛选分化培养基上，在光照下进行分化筛选。分化出的幼苗转入含筛选剂不含激素的培养基上继续筛选 2～3 次，待长到 6～8cm 时移入花盆中，春化后移入温室，生长至收获。

3）转基因小麦的鉴定

提取转基因小麦 DNA 用筛选标记基因 *Bar* 基因进行 PCR 检测。随机选取阳性转基因株，进行 *W17* 基因的转录表达分析。

4）转基因小麦下游基因的表达分析

选取 3 个 *W17* 基因的下游基因，利用半定量 RT-PCR 的方法对其表达量进行分析。

【实验解析】

（1）RNA 干扰技术原理。RNA 干扰（RNA interference，RNAi）是由双链 RNA（double-strandedRNA，dsRNA）引发，特异性地使目的基因转录后沉默（post-transcriptional gene silencing，PTGS）现象。其原理是：RNaseⅢ 核酶家族的 Dicer，与双链 RNA 结合，将其剪切成 21～25nt 及 3′端突出的小干扰 RNA（small interfering RNA，siRNA），随后 siRNA 与 RNA 诱导沉默复合物（RNA - induced silencing complex，RISC）结合，解旋成单链，活化的 RISC 受已成单链的 siRNA 引导，序列特异性地结合在靶 mRNA 上并将其切断，引发靶 mRNA 的特异性分解，从而阻断相应基因表达的转录后基因沉默机制。RNAi 已成为基因功能研究的重要方法。

（2）表达载体转化法产生 RNA 干扰的特点。在植物功能基因组研究中，dsRNA 通常是利用含有反向重复序列（inverted-repeat sequence）的表达载体进行体内转录的方法。转录后反向重复序列形成互补的 dsRNA 或发卡结构 RNA（hairpin RNA，hpRNA）结构，从而有效地引发转基因植物内源靶基因沉默。这种 RNA 干扰方法干扰效率高、作用持久、可稳定遗传给子代。

22-2-1-2　病毒诱导的基因沉默

【实验目的】

通过病毒诱导抑制植物内源八氢番茄红素脱氢酶基因（*PDS*）在植物中的表达，学习病毒诱导的植物基因沉默的方法，可以很方便地观察到植物叶片白化现象，快速简便的鉴别出基因沉默的抑制效果。

【实验材料】

（1）受体材料：番茄种子。

（2）载体及菌株：载体 pTRV1（携带有 RNA 依赖性 RNA 聚合酶，即 RdRp）、载体 pTRV2（对照空载体）和插入番茄 *PDS* 基因片段的载体 pTRV2-tPds（图 22-3）；农杆菌菌株 GV3101。

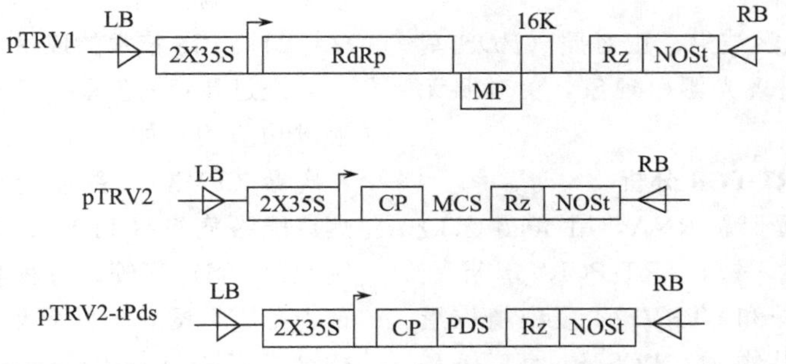

图 22-3　病毒载体 pTRV1、pTRV2 和 pTRV2-tPds 示意图（Liu et al.，2002）

RdRp. RNA 依赖性 RNA 聚合酶；MP. 运动蛋白；Rz. 自我切割核酸酶；CP. 衣壳蛋白；MCS. 多克隆位点；PDS. 八氢番茄红素脱氢酶

【实验试剂】

MES，乙酰丁香酮。

【实验操作】

1）番茄植株的培养

将番茄种子催芽后播种于含灭菌土的育苗盘中，25℃，16h 光照/8h 黑暗，相对湿度 60%，在生长室盆栽培养，培养约 3 周，4～5 叶期为合适苗龄。

2）农杆菌侵染液的准备

（1）将含有 pTRV1、pTRV2 或番茄 *PDS*

(phytoene desaturase，PDS，即八氢番茄红素脱氢酶）基因片段的载体 pTRV2-tPds 的农杆菌从 −70℃ 冰箱取出，在含有 Kan 50mg/L、Rif 100mg/L 的 LB/YEB 固体培养基上划线培养，28℃，48h。

（2）挑取单一菌落在含有 Kan 50mg/L、Rif 100mg/L 的 5ml LB 液体培养基中，28℃下 250r/min，过夜培养。

（3）第二天将 5ml 菌液全部接种进 50ml 含抗生素的 LB 培养基（10mmol/L MES 和 20μmol/L 乙酰丁香酮），28℃下振荡培养过夜，OD 值为 0.6～0.8。

（4）次日，以 6000r/min 离心 10min，去上清，将菌体以侵染培养基中（含 10mmol/L $MgCl_2$，10mmol/L MES，200μmol/L 乙酰丁香酮）重新悬浮，OD_{600} 为 2.0，温室下放置 3h。

（5）将菌体悬液以 1∶1 的比例（pTRV1：pTRV2 和 pTRV1：pTRV2-Pds）混合用于病毒接种。

3）病毒接种

（1）将混合好的病毒菌液用高压喷射法（或渗透注射法、真空渗透法）接种幼叶。待接种植株随机分成两组，一半接种 pTRV1/2-Pds，另一半接种空载体 pTRV1/2 作为阴性对照。

（2）接种过的植株放置在温度为 16℃的培养箱内，黑暗培养，相对湿度 60%，24h。随后保持在 20～22℃、16h 光照/8h 黑暗、相对湿度 60%条件下培养。

另外，可以通过注射花柄或果梗的方式获得基因在花或果实中的沉默。

（3）约 14d 后，观察结果，正对照（*PDS* 基因沉默）植株新叶会出现光漂白现象，负对照无任何现象发生。

4）RNA 提取和 qRT-PCR 分析

利用 TRIzol 试剂提取总 RNA，用 oligo（dT）引物合成 cDNA 第一链，qRT-PCR 分析在 pTRV1/2-Pds 侵染植株和 pTRV1/2 侵染植株里的 *PDS* 转录丰度，引物为：PDS3Fw（5′-ATGAGGATGGAAGTGTCAAGAG-3′）和 PDS3Rv（5′-TTATCACAGGTACTCCG ACTAAC-3′），以核糖体蛋白 L33 编码的基因作为内参基因。

【实验解析】

1）VIGS 技术原理

病毒诱导的基因沉默（virus induced gene silencing，VIGS）是高等植物 RNA 干扰的一种手段，即由携带植物功能基因 cDNA 片段的病毒感染植物，可引起相应的寄主基因沉默的现象。病毒诱导的基因沉默能有效地抑制与内源基因相关的一些生物合成途径，可通过表型或生理指标上的变化反映该目的基因的功能。其作用机制为：含有目的基因片段的病毒载体在被侵染的植物组织中大量复制，病毒载体中的目的基因片段在 RNA 引导的 RNA 聚合酶（RdRP）作用下合成大量的双链 RNA（dsRNA）；dsRNA 在 Dicer 酶作用下产生 21～25 个核苷酸的短干扰 RNA（siRNA）；然后 siRNA 的反义链与 RNA 诱导基因沉默复合物（RISC）结合，特异性识别细胞质中的目的基因的单链 mRNA，造成目的基因 mRNA 特异性降解，从而导致目的基因在 RNA 水平上的沉默。与其他导致基因功能缺失的研究方法（如反义抑制、基因突变等）相比，病毒诱导的基因沉默具有研究周期短、不需要遗传转化、可在不同的遗传背景下生效以及能在不同的物种间进行基因功能的快速比较等优点，此种技术正在发展成为一种简单、快速、有效、高通量的分析基因功能的方法。

VIGS 发生的基本原理是一致的，即含有目标基因片段的病毒载体被接种到幼嫩的植物体内，然后随着植物的生长，病毒从接种的部位传播到生长区域，进而引发 PTGS。由于 VIGS 可能引起任何与目标序列存在至少 23 个核苷酸一致的转录产物的降解，所以在选择目标基因的插入序列区域时必须非常慎重。通常事先进行 BLAST 序列比对或 DNA 杂交分析以核实是否可能引起基因家族的其他成员的沉默是非常必要的。而目标基因片段在病毒载体中的插入方向对基因的沉默效果没有影响。

2）VIGS 技术的应用

经过几年的发展，已有多种病毒载体在 VIGS 上成功应用，如烟草花叶病毒（TMV）、马铃薯 X 病毒（PVX）、番茄金色花叶病毒（TGMV）、烟草脆裂病毒（TRV）、卫星病毒诱导的沉默系统（SVISS）等等。每种病毒载体都存在一定的宿主范围，诱导沉默效果也不同。采用烟草脆裂病毒（tobacco rattle virus，TRV）载体能有效地使目标基因在生长点或分生组织中沉默，产生系统的沉默效果。而且 TRV 对在番茄和烟草非常敏感，是 VIGS 研究的模式植物。

植物八氢番茄红素脱氢酶基因（*PDS*）是合成类胡萝卜素的关键酶，TRV-PDS 病毒载体对宿主影响小，适应范围广。*PDS* 沉默后能引起沉默区域发生光漂白，迅速产生可见的表型，因而 *PDS* 通常作为 VIGS 实验中的阳性对照。为说明病毒自身是否会引起表型，还必须用空病毒载体接种植物作为阴性对照。另外，阴性对照也可以显示接种技术对植物生长的影响。

22-2-2　siRNA 的设计及转染真核细胞

【实验目的】

（1）了解 siRNA 的设计的基本原则和制备途径。

（2）学习 siRNA 转染真核细胞的基本方法。

【实验材料】

真核细胞（或原生质体）。

【实验试剂】

RNaseⅢ（核糖核酸酶Ⅲ），DNA Oligo（寡聚核苷酸），*Taq* 酶，dNTP，氯化钙，磷酸缓冲液，克隆所需试剂，siRNA 合成试剂盒等。

【实验操作】

1）siRNA 的设计

siRNA 的设计是决定 RNAi 实验成败关键性的第一步。并非所有针对某基因不同位置碱基所设计的 21 个碱基 siRNA 都能有效引发相似基因沉默效率，合理设计的 siRNA 序列能够提高基因沉默的效率。siRNA 所含碱基序列、dsRNA 双链末端的稳定性、目的 mRNA 上相应序列的二级结构及 siRNA 同 RISC 的结合均同 RNAi 过程有关。理想的 siRNA 序列是特异性强，抑制效率高。

可通过检索相关基因的文献报道序列，或者通过在线设计软件进行设计。一个目标基因至少设计 3～5 个以上的 siRNA，以筛选最特异、最有效的 siRNA 序列。

（1）在设计 RNAi 实验时，可以先在以下网站进行目标序列的筛选：

http://www.genesil.com/business/products/order2.htm

http://www.ambion.com/techlib/misc/siRNA_finder.html

http://www.ic.sunysb.edu/Stu/shilin/rnai.html

http://design.dharmacon.com/rnadesign/default.aspx? SID=45358710

（2）RNAi 目标序列的选取原则。

① 从转录本（mRNA）的 AUG 起始密码开始，寻找“AA”二连序列，并记下其 3′端的 19 个碱基序列，作为潜在的 siRNA 靶位点。有研究结果显示 GC 含量在 30%～50%的 siRNA 要比那些 GC 含量偏高的更为有效。

在设计 siRNA 时不要针对 5′端和 3′端的非编码区（untranslated region，UTR），原因是这些地方有丰富的调控蛋白结合区域，而这些 UTR 结合蛋白或者翻译起始复合物可能会影响 siRNP 核酸内切酶复合物结合 mRNA 从而影响 siRNA 的效果。

② 将潜在的序列和相应的基因组数据库进行比较，排除那些和其他编码序列/EST 同源的序列，如使用 BLAST 等。

③ 选出合适的目标序列进行合成。通常一个基因需要设计多个靶序列的 siRNA，以找到最有效的 siRNA 序列。

（3）阴性对照。一个完整的 siRNA 实验应该有阴性对照，作为阴性对照的 siRNA 应该和选中的 siRNA 序列有相同的组成，但是和 mRNA 没有明显的同源性。通常的做法是将选中的 siRNA 序列打乱，同样要检查结果以保证它和目的靶细胞中其他基因没有同源性。

阴性对照 siRNA 通常在进入细胞后不会引起任何基因表达的改变，从而反映出小分子 RNA 片段进入细胞后对基因表达的非特异影响。

（4）siRNA 荧光标记。采用荧光标记的 siRNA 可以用来确定转染效率和优化转染条件，这种方法操作快速，实验费用也不高，但由于荧光标记的 siRNA 摄入与 siRNA 导致的抑制效果时常会出现不相关性，这种情况在某些细胞系和应用某些转染试剂时，如脂质体时更为严重。因此在应用脂质体转染试剂优化转染条件时，不推荐使用荧光标记的 siRNA。

（5）目前已证实的 siRNA 可以在下面的网页找到：

http://design.dharmacon.com/catalog/category.aspx? key=49

http://www.ambion.com/techlib/tb/tb_502.html

http://web.mit.edu/mmcmanus/www/siRNADB.html

http://python.penguindreams.net/Order_Entry/jsp/BrowseCatalog.jsp? Category = Published

2）siRNA 的制备

目前较为常用的方法有通过化学合成、体外转录、长片段 dsRNA 经 RNaseⅢ类降解（如 Dicer，*E. coli*，RNase Ⅲ）体外制备 siRNA、通过 siRNA 表达载体或者病毒载体，或 PCR 制备的 siRNA 表达框等方法在细胞中表达产生 siRNA。

（1）化学合成。先筛选出最有效的序列再进行化学合成。许多公司都可以根据用户要求提供高质量的化学合成 siRNA。常规化学合成 siRNA

为 21～25nt 的双链小分子 RNA。即用型的 siRNA，已经经过纯化、退火等处理，只要用灭菌的 ddH_2O 或 RNase-free water 溶解并配制成 20μmol/L 液体即可直接转染细胞。

（2）体外转录。以 DNA Oligo 为模版，通过体外转录合成 siRNA，成本较低，而且能够比化学合成法更快的得到 siRNA。值得一提的是，体外转录得到的 siRNA 毒性小，稳定性好，效率高，只需要化学合成的 siRNA 量的 1/10 就可以达到化学合成 siRNA 所能达到的效果，从而使转染效率更高。最适用于：筛选 siRNA，特别是需要制备多种 siRNA 时。

（3）用 Dicer/RNaseⅢ酶解长片段双链 RNA 制备 siRNA。

选择通常是 200～1000bp 的靶 mRNA 模板，用体外转录的方法制备长片段双链 dsRNA，然后用 RNaseⅢ（或 Dicer）在体外消化，得到一种混合有各种 siRNA 的混合物。在除掉没有被消化的 dsRNA 后，这个 siRNA 混合物就可以直接转染细胞，方法和单一的 siRNA 转染一样。由于 siRNA 混合物中有许多不同的 siRNA，通常能够保证目的基因被有效地抑制。这种方法有可能引发非特异的基因沉默，特别是同源或者是密切相关的基因。

（4）siRNA 表达载体。多数的 siRNA 表达载体依赖三种 RNA 聚合酶Ⅲ启动子（polⅢ）中的一种，操纵一段小的发夹 RNA（short hairpin RNA，shRNA）在细胞中的表达。siRNA 表达载体的优点在于可以进行较长期研究—带有抗生素标记的载体可以在细胞中持续抑制靶基因的表达，持续数星期甚至更久。

病毒载体也可用于 siRNA 表达，其优势在于可以直接高效率感染细胞进行基因沉默的研究，避免由于质粒转染效率低而带来的种种不便，而且转染效果更加稳定。最适用于已知一个有效的 siRNA 序列，需要维持较长时间的基因沉默。

（5）siRNA 表达框架。siRNA 表达框架（siRNA expression cassette，SEC）是一种由 PCR 得到的 siRNA 表达模版，包括一个 RNA polⅢ启动子，一段发夹结构 siRNA，一个 RNA polⅢ终止位点，能够直接导入细胞进行表达而无需事前克隆到载体中。和 siRNA 表达载体不同的是，SEC 不需要载体克隆、测序等颇为费时的步骤，可以直接由 PCR 得到。因此，SEC 成为筛选 siRNA 的最有效工具，甚至可以用来筛选在特定的研究体系中启动子和 siRNA 的最适搭配。如果在 PCR 两端添加酶切位点，那么通过 SEC 筛选出的最有效的 siRNA 后，可以直接克隆到载体中构建 siRNA 表达载体。构建好的载体可以用于稳定表达 siRNA 和长效抑制的研究。这个方法最适用于筛选 siRNA 序列，在克隆到载体前筛选最佳启动子。

与体外制备法相比，siRNA 表达载体和基于 PCR 的表达框架法不需要直接操作 RNA，从转染到细胞的 DNA 模板中在体内转录得到 siRNA。

3）siRNA 的转染

用于转染的细胞应生理状态良好。将制备好的 siRNA 和其表达载体转导至真核细胞中的方法主要有以下几种：磷酸钙共沉淀、电穿孔法、DEAE-葡聚糖和 polybrene（聚凝胺）、机械法（显微注射和基因枪）、阳离子脂质体试剂，其中阳离子脂质体试剂转染法是目前哺乳动物细胞最常用的转染方法。

（1）磷酸钙共沉淀。将氯化钙，DNA（或 RNA）和磷酸缓冲液混合，沉淀形成包含 DNA 且极小的不溶的磷酸钙颗粒。磷酸钙-DNA 复合物黏附到细胞膜并通过胞饮进入目的细胞的细胞质。

（2）电穿孔法。电穿孔通过将细胞暴露在短暂的高场强电脉冲中转导分子。将细胞悬浮液置于电场中会诱导沿细胞膜的电压差异，据认为这种电压差异会导致细胞膜暂时穿孔。电脉冲和场强的优化对于成功的转染非常重要，因为过高的场强和过长的电脉冲时间会不可逆地伤害细胞膜而裂解细胞。一般，成功的电穿孔过程都伴随高水平（50%或更高）的毒性。

（3）DEAE-葡聚糖和 polybrene（聚凝胺）。带正电的 DEAE-葡聚糖或 polybrene（聚凝胺）多聚体复合物和带负电的 DNA 分子使得 DNA 可以结合在细胞表面。通过使用 DMSO 或甘油获得的渗透休克将 DNA 复合体导入。两种试剂都已成功用于转染。DEAE-葡聚糖仅限于瞬时转染。

（4）机械法。转染技术也包括使用机械的方法，如显微注射和基因枪。

（5）阳离子脂质体试剂。在优化条件下将阳离子脂质体试剂加入水中时，其可以形成微小的（平均大小为 100～400nm）单层脂质体。这些脂质体带正电，可以靠静电作用结合到 DNA 的磷酸骨架上以及带负电的细胞膜表面。因此使用阳离子脂质体转染的原理与以前利用中性脂质体转染的原理不同。使用阳离子脂质体试剂，DNA 并没有预先包埋在脂质体中，而是带负电的 DNA 自动结合到带正电的脂质体上，形成 DNA-阳离子脂质体复合物。据称，一个约 5kb 的质粒会结合 2～4 个脂质体。被俘获的 DNA 就会被导入培养的细胞。现存对 DNA 转导原理的证据来源于内吞体和溶酶体。

在转染实验过程中，需要注意以下几点：纯化 siRNA，避免 RNA 酶污染，健康的细胞培养物和严格的操作确保转染的重复性，避免使用抗生素，选择合适的转染试剂，通过合适的阳性对照优化转染和检测条件，通过标记 siRNA 来优化实验。

例如，动物贴壁细胞的转染步骤如下。

① 转染前一天，将密度为 3×10^5～5×10^5/ml 的细胞接种在 24 孔板上，0.5ml 含 FBS 和抗生素的 DMEM（或 Opti-MEM，其他培养基）细胞培养基。

② 选择用于初期接种的细胞数量，应能在 24h 内使细胞汇合达到 70%～90%。

③ 在 50μl 的 DMEM（或 Opti-MEM，或其他无血清培养基）无血清培养基加入 20pmol siRNA（或 0.8μg DNA），柔和混匀。

④ 混匀脂质体（Lipofectamin）试剂，用 50μl 无血清的 DMEM 或 Opti-MEM，或其他无血清培养基稀释 1μl Lipofectamin 试剂（DNA 转染时，则加入 2μl Lipofectamin 试剂），轻轻混匀，室温放置 5min。

⑤ 将稀释好的 siRNA 和 Lipofectamin 试剂混合；轻柔混匀，室温放置 20min，以便形成 siRNA/Lipofectamin（或 DNA/Lipofectamin）复合物。

⑥ 将 100μl siRNA/Lipofectamin（或 DNA/Lipofectamin）复合物加到含有细胞和培养基的培养板的孔中，来回轻柔摇晃细胞培养板。

⑦ 细胞在 CO_2 培养箱中 37℃ 温育 24～48h 后，进行转染后的其他检测步骤。如果细胞株比较敏感，孵育 4～6h 后，除去复合物，更换培养基。

4）RNAi 效应检测方法

（1）mRNA 水平：最简单和灵敏的检测方法是用 qRT-PCR，一般在转染后 24～48h 检测。

（2）蛋白水平：常见的是 Western blot、免疫荧光检测和流式细胞检测。可在 48～72h 检测。

（3）生物学效应：细胞学、酶活性、芯片分析等。

【实验解析】

（1）siRNA 转染原理。siRNA 即小分子干扰 RNA（small interfering RNA，siRNA），是 RNA 干涉的诱发物。瞬时 RNAi 短时转染是一种常见的简单生物手段，能够将外源性的 siRNA 或是能够编码 siRNA 的质粒通过非病毒感染的方式导入细胞中。不过所产生的沉默作用持续时间较短，因为所诱导的 siRNA 不能够进行自身复制而且会因为细胞的分化而被稀释或降解。转染的外源 DNA 由于不能够插入核内基因组通常会在细胞经历有丝分裂过程中丢失。一旦所转染的细胞中 siRNA 消失后，靶基因功能又重新恢复到转染前水平。

（2）采用转染技术来产生基因沉默通常要在 48～72h 才能达到高沉默率，而且根据不同转染效率也只能维持 24～96h。因此，siRNA 转染可作为短期分析基因功能的有效工具，而且可以方便快速去验证针对靶基因所设的 siRNA 干扰效率。

实验 22-3　基因编辑及其遗传转化技术

22-3-1　基因组定点编辑技术概述

基因组定点编辑技术（CRISPR/Cas）被 *Science* 评为 2012 年十大重要科学进展之一。基因组定点编辑技术是利用人工核酸酶在 DNA 靶位点产生 DNA 双链断裂（double strand break，DSB），DSB 激活细胞内固有的非同源末端链接（non-homologous ending-joining，NHEJ）或同源重组（homology-directed repair，HDR）两种不同的修复机制对损伤的 DNA 进行修复，从而实现对基因组的定点编辑，它们对基因组定点编辑是通过控制 DNA 的修复途径实现的。

2013 年年初，基于细菌获得性免疫系统改造而成的一种全新的人工核酸酶 CRISPR/Cas 系统出现了，与第一代人工核酸内切酶——锌指核酸内切酶（ZFN）和第二代人工核酸酶——类转录激活因子效应物核酸酶（TALEN）相比，该人工核酸酶操作简单，制作成本低，适用于普通分子生物学实验室。

1987 年，在 *E. coli* K12 的碱性磷酸酶基因附近区域首次发现了成簇的规律间隔的短回文重复序列（clustered regularly interspaced short palindromic repeats，CRISPR）。它是一类新型的 DNA 重复序列，CRISPR 由一系列短的高度保守的正向重复序列（repeats）与长度相似的间隔序列（spacers）间隔排列组成，如图 22-4 所示。CRISPR 的间隔序列与一些噬菌体或质粒的序列存在同源性，这些间隔序列为宿主细胞提供了一种对抗外源基因侵染的能力，是细菌及古生菌进化形成的适应性免疫系统。

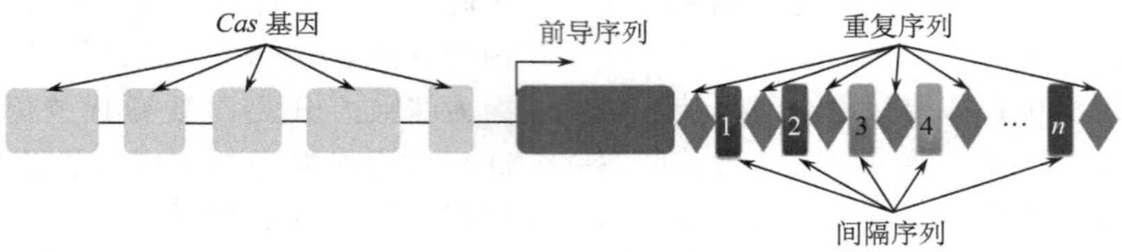

图 22-4　CRISPR 位点结构（李君等，2013）

22-3-2　CRISPR/Cas 系统的作用机制

CRISPR 位点附近存在着一系列保守的 CRISPR 相关基因（CRISPR-associated gene，*Cas* 基因），这些 *Cas* 基因是 CRISPR 免疫防御途径中的基本组成成分，往往与 CRISPR 位点的重复序列相连。*Cas* 基因是一类较大的多态性家族，编码的蛋白具有核酸相关的功能域，Cas 蛋白通过位点特异性的切割将入侵 DNA 切断。对于 CRISPR/Cas 的作用机制可以分为三个阶段来理解，第一是 CRISPR 的高度可变的间隔区的获得；第二是 CRIPSR 基因座的表达（包括转录和转录后的成熟加工）；第三是 CRISPR/Cas 系统活性的发挥或者是对外源遗传物质的干扰。

CRISPR 位点的第一个重复序列上游有 CRISPR 前导序列（leader sequence），该前导序列可以作为启动子，启动 CRISPR 序列的转录，转录产生的非编码 RNA 被命名为 CRISPR RNA（crRNA），这些 crRNA 会与反式激活的 crRNA（trans-activating crRNA，tracrRNA）形成一种双链二级结构，以此招募 Cas 蛋白，crRNA、tracrRNA 以及 Cas 蛋白形成复合体，识别紧随原型间隔序列序列（protospacer）后的 PAM 序列（protospacer adjacent motif，PAM），Cas 蛋白的核酸酶结构域对与 crRNA 互补的双链 DNA 进行切割，从而使细菌具有对抗同类噬菌体再次入侵的能力。

CRISPR/Cas 系统的作用特性与限制性内切核酸酶相似，它对序列的特异性切割主要依赖于 crRNA 与 Cas 蛋白形成的核糖核蛋白复合物识别靶序列上的 PAM 和 protospacer。根据 CRISPR/Cas 系统这一特性，将其用于设计人工的内切核酸酶（engineered endonuclease，EEN），用来对我们感兴趣的基因位点进行修饰。

22-3-3　CRISPR/Cas 系统的类型及其特性

根据 *Cas* 基因核心元件序列的不同，可以将 CRISPR/Cas 系统分为：TypeⅠ、TypeⅡ和 TypeⅢ三种类型。不同类型的系统其作用过程分为四步（图 22-5）：来自噬菌体或质粒的外源遗传物质侵入宿主细胞（第一步：侵染阶段），Cas 蛋白复合物靶向并切割外源遗传物质中的原型间隔序列（protospacer），并将这些间隔序列整合进入宿主基因组内的 CRISPR 位点（第二步：间隔序列的获得）。整合位置位于 CRISPR 的 5′端的两个重复（repeats）序列之间，用于 CRISPR/Cas 系统进行自身序列和外源靶序列区的识别。对每一种类型的 CRISPR 系统来说 CRISPR 重复间隔物阵列转录并加工为成熟非编码 RNA 即 crRNA 的过程不同（第三步：crRNA 的生物合成与加工）。

在Ⅰ型和Ⅲ型 CRISPR 系统中，CRISPR 重复间隔物阵列转录全长的前体 crRNA（pre-crRNA），随后在 Cas 蛋白或是核酸内切酶的作用下被剪切成许多小 crRNA，每个 crRNA 由一个间隔序列和部分重复序列组成。Ⅲ型 crRNA 中间物通过某些核酸酶在 3′端进一步被加工为充分成熟的 crRNA。在Ⅱ型 CRISPR 中，tracrRNA 指导 RNaseⅢ和 Cas9 完成 pre-crRNA 的成熟，随后成熟的 tracrRNA 与正向重复序列杂交，形成一个双链 RNA 杂交配对形成双链 RNA（即 sgRNA）。来自Ⅰ型和Ⅲ型 CRISPR 系统的成熟 crRNA 随后被装载在效应蛋白复合体上用以对靶向序列的识别和降解。在Ⅱ型系统中，sgRNA 和 Cas9 蛋白结合成核糖核蛋白复合体，识别和降解入侵的外源 DNA。

在Ⅰ型和Ⅲ型系统中，均需利用多蛋白复合体以促进靶序列的识别。在Ⅰ型系统中，多个 Cas 蛋白与一个成熟的 crRNA 共同结合形成一个 CRISPR 相关病毒防御复合体 Cascade（CRISPR associated complex for antivirus defense）以识别外源靶向 DNA，促使 Cascade 内的 crRNA 与外源 DNA 的互补链配对形成 R 环结构，Cas3 核酸酶被招募到 Cascade 的 R 环结构调节靶序列的降解。在Ⅲ型系统中，crRNA 分别与多蛋白复合体 Csm 或 Cmr 中的任意一个结合可以促使靶 DNA 或 RNA 的降解。在Ⅱ型系统中，只需要一个 Cas9

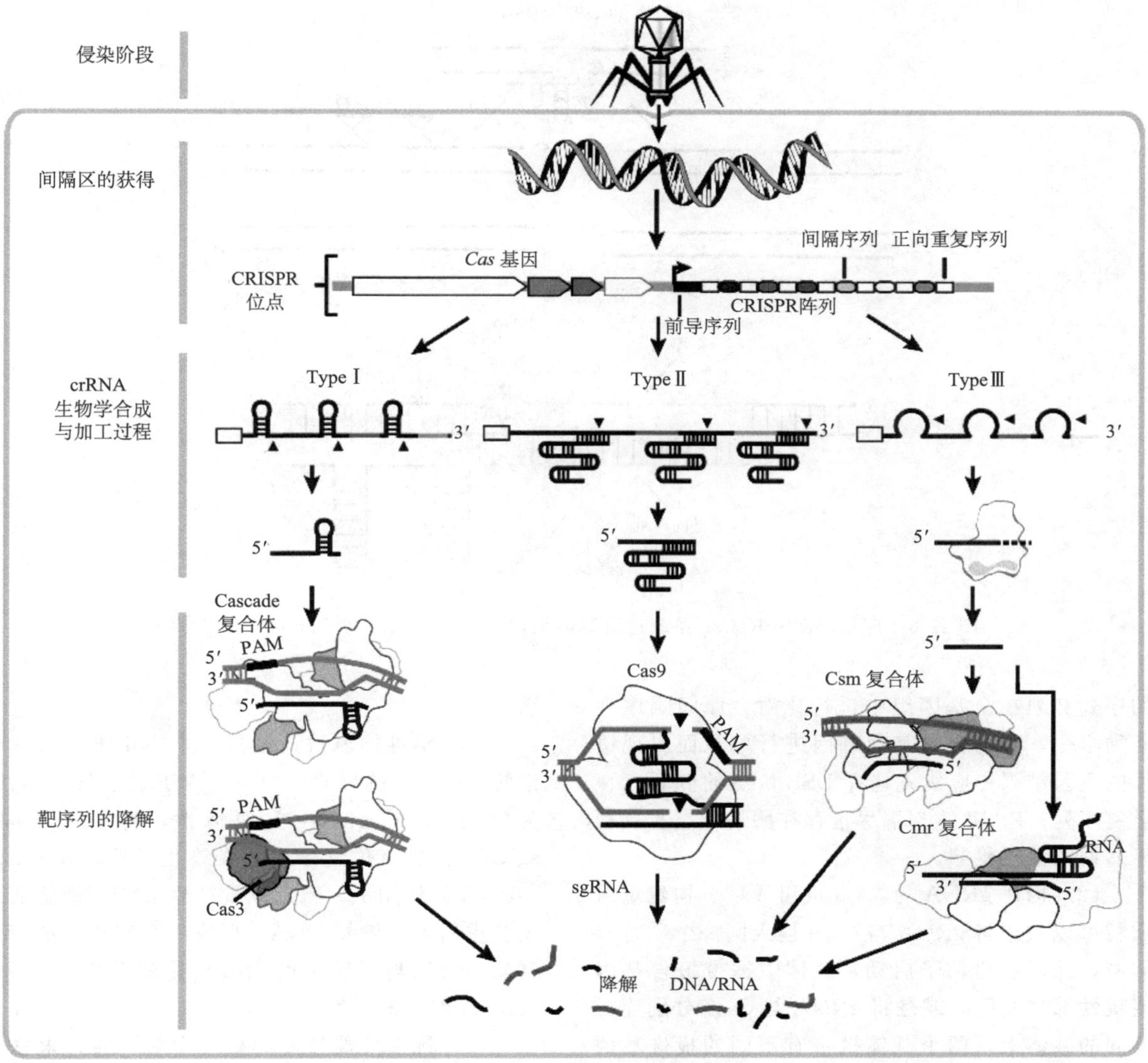

图 22-5 细菌 CRISPR 系统在获得性免疫上的天然机制（Patrick et al.，2014）

核酸酶就可以促使与 sgRNA 匹配的 DNA 降解（第四步：靶序列的降解）。

由于Ⅰ型和Ⅲ型 CRISPR/Cas 免疫系统需要多个 Cas 蛋白形成复合体切割 DNA 双链，而Ⅱ型 CRISPR/Cas 系统只需要一个 Cas9 蛋白来切割 DNA 双链，Ⅱ型系统是目前被改造最为成功的人工核酸酶。体外实验证明 *Cas9* 基因是参与 CRISPR 免疫系统的唯一必需基因，Cas9 是由 1409 个氨基酸组成的多结构域蛋白，含有 2 个核酸酶结构域：氨基端的 RuvC-like 结构域及位于蛋白中间位置的 HNH 核酸酶结构域，HNH 核酸酶结构域可以切割与 crRNA 互补配对的模板链。切割位点位于 PAM 上游 3nt 处，RuvC-like 结构域可以对另一条链进行切割，切割位点位于 PAM 上游 3～8nt 处。在 crRNA 与 tracrRNA 形成的双链 RNA 的指导下，Cas9 蛋白对靶位点进行切割。

根据 tracrRNA 与 crRNA 的结构特性，将 tracrRNA 和 crRNA 表达为一条嵌合的向导 RNA（single guide RNA，sgRNA），体外证明 sgRNA 可以发挥 tracrRNA 和 crRNA 的功能（图 22-6）。在 sgRNA 的介导下，Cas9 蛋白在目的基因处切割，形成 DSB，该过程是 CRISPR/Cas 对基因组进行编辑的基础。

22-3-4 CRISPR/Cas 系统的基本操作程序

CRISPR/Cas 系统的基本操作程序主要包括以下几个基本步骤。

（1）从已知的序列中通过 PAM 进行定位寻找合适的靶位点并合成 gRNA。关于 sgRNA 的设计，一般原则是选择 PAM（NGG）5′端的一段碱基序列 20nt 作为原间隔序列即敲除的靶点，选择

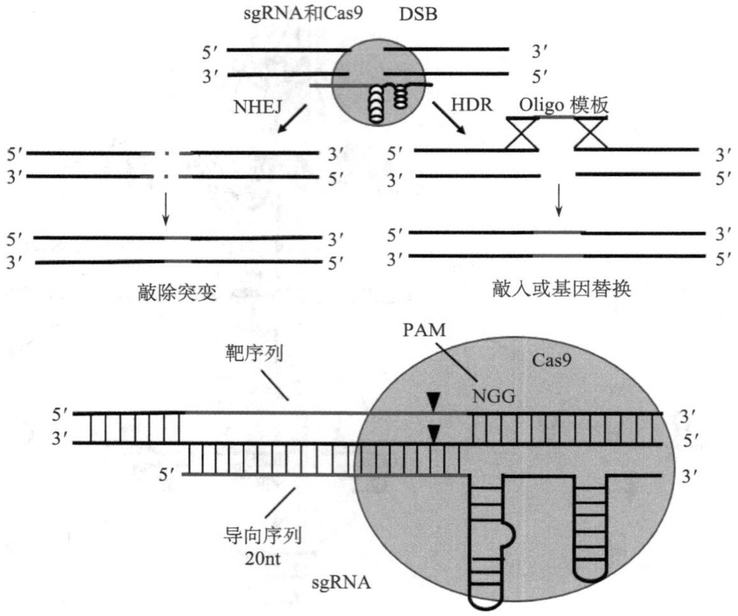

图 22-6 应用 CRISPR/Cas 系统进行基因组定向编辑示意图（Shan et al.，2014）

的序列必须在全基因组中进行比对，原间隔序列必须唯一，否则会对其他基因进行敲除而出现错误的实验结果；应优先选择 DSB 位点的侧翼存在重复序列；PAM 的 5′端尽量存在酶切位点，有利于后期的活性检测。

（2）构建 gRNA 与 Cas9 重组质粒。构建重组质粒可以采用将 gRNA 与 Cas9 连入同一个质粒载体中，并以双启动子启动，载体中携带报告基因或抗性筛选基因，或是将 gRNA 与 Cas9 分别连在不同的载体上，两个载体携带有不同的报告基因或抗性筛选基因。

（3）对重组质粒进行活性检测，敲除效率的计算。可以采用限制性内切核酸酶法、非配对内切酶法或 SSA 活性检测等方法检测 gRNA 活性。

限制性内切核酸酶法，是当 Cas9/sgRNA 靶点位置中间序列存在限制性内切核酸酶位点时，如果通过 Cas9/sgRNA 发生突变，这个位点将可能被破坏，而不能被内切酶酶切，可采用电泳的方法估计突变频率，以突变效率的高低来衡量 sgRNA 的活性。

非配对内切酶法，T7 核酸内切酶Ⅰ（T7 endonuclease Ⅰ，T7E Ⅰ）能够识别不完全配对 DNA 并对其进行切割，如果通过 Cas9/sgRNA 发生突变，将基因组 DNA 做 PCR，将相对应的 PCR 产物与野生型 DNA 的 PCR 产物等量混合，并退火杂交，将产生非配对 DNA 片段，将能被非配对内切酶 T7EⅠ剪切，用电泳的方法估算突变效率，以突变效率的高低来衡量 sgRNA 的活性。

SSA 活性检测法，是当一个终止子插入萤光素酶（GFP）的编码区中央，GFP 就会失去活性。为检测 Cas9/sgRNA 剪切活性，将一个 Cas9/sgRNA 的靶点位置序列插在终止子后，在 Cas9/sgRNA 的作用下，靶点位置产生 DSB，细胞通过同源重组方式修复 DNA，形成一个有活性的萤光素酶。通过与对照组的比值变化就可反应 Cas9/sgRNA 剪切的活性水平。

（4）挑选活性较高的敲除质粒，通过电击转化、基因枪轰击、农杆菌侵染或病毒侵染等方法导入细胞或生物体内，进行基因组定点编辑操作。

（5）利用测序、RFLP 等方法检测基因组定点修饰结果。

22-3-5 CRISPR/Cas 系统的功能及其应用

CRISPR/Cas 系统被称为第三代基因编辑技术，可以对基因组特定位点进行靶向编辑，包括缺失、插入、修复等。相比于 ZFN 和 TALEN 系统，它有着无可比拟的优点。首先，理论上基因组中每 8 个碱基就能找到一个可以用 CRISPR/Cas9 进行编辑的位置（PAM 序列），几乎可以对所有基因进行编辑；其次，CRISPR/Cas9 系统更具有可控性，可以同时对多个靶点进行基因操作；再次，CRISPR/Cas9 系统的使用极为方便，实验周期短、设计简单，节约大量的时间和经济成本，几乎任何分子生物学实验室都可以开展（郑武等，2015；周金伟等，2015）。正是这些优势，使其成为科学界的新宠。

随着越来越多的物种基因组测序的完成，基因功能的研究成为后基因世代的重点。利用 CRISPR/Cas 系统可以高效快速地进行基因敲除，既可以用正常基因替代突变基因进行性状改良和基因治疗，也可以用突变基因替代正常基因，是研究基因功能的有力工具；可以精确定位，在靶位点进行修饰或进行基因切除，达到基因治疗的目的；基因编辑技术不受 ES 细胞的限制，可以应用于更多的物种，且定向修饰更加精确，效率更高，所需时间更短，得到的突变可以通过种系遗传，可在多种细胞及生物体内的特定位点进行切割和修饰，对根据人类疾病构建动物模型，研究这些疾病的发生及其治疗有着重要意义；Crispr 系统可以同时进行多靶点的切割，易于得到纯合子突变体；基因组编辑技术对应的友好位点的选择、多基因连接策略、表达调控策略等配套的技术体系正在形成，为今后大规模、多基因的动物改良奠定了基础；在改造和培育新品种上，相比传统的转基因技术，基因编辑技术可以进行定点修饰，达到高效定向。

CRISPR/Cas9 基因编辑系统的特异性取决于 sgRNA 上的识别序列（约 20nt），然而在复杂的生物基因组中，sgRNA 的识别序列可能会与非靶点 DNA 发生局部匹配，而导致脱靶效应，其特异性有待进一步提高。目前，对 Crispr/cas9 技术的开发尚属初步，还存在构建复杂和价格较高等问题。随着 CRISPR/Cas 系统的不断改进和完善，可以预见，基因组编辑技术必将成为生命科学和生物医学等领域研究与应用的重要工具，将对生物学领域的发展起到深远影响。

22-3-6 CRISPR/Cas 的遗传转化系统及其实验

22-3-6-1 原生质体系统 CRISPR/Cas 遗传转化

【实验目的】

通过利用植物原生质体为受体细胞进行瞬时表达转化，学习应用 Crispr/Cas9 系统进行基因组定点编辑的基本方法和程序。

【实验材料】

（1）受体材料为水稻品种日本晴。

（2）质粒载体。

sgRNA 表达载体 pOsU3-sgRNA，Cas9 表达载体 pJIT163-2NLSCas9，潮霉素筛选标记载体 pAct1-HPT（图 22-7），pEASY-Blunt 克隆载体，pUC-T 载体。

（3）引物见表 22-1。

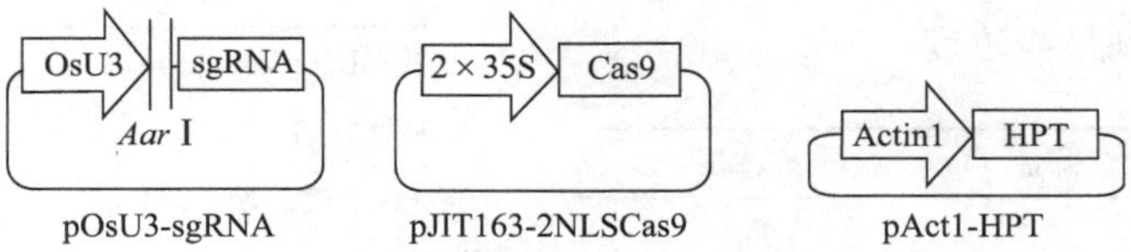

图 22-7 pOsU3-sgRNA、pJIT163-2NLSCas9 和 pAct1-HPT 表达载体示意图（Shan et al.，2014）

表 22-1 以 *OsPDS* 为靶基因的 sgRNA 克隆和验证的引物序列

应用步骤	名称	序列	目的
10	OsU3-F	5′-AAGGAATCTTTAAACATACGAACAGATC-3′	菌落 PCR 和 sgRNA 载体验证
1	Rice-Fwd	5′-GGCANNNNNNNNNNNNNNNNNNNNN-3′	克隆 sgRNA 形成 pOsU3-sgRNA
	Rice-Rev	5′-AAACNNNNNNNNNNNNNNNNNNNNN-3′	sgRNA 载体验证的菌落 PCR

【实验试剂】

各种限制酶及 buffer，T4 链接酶，高保真 DNA 聚合酶，dNTPs，感受态细胞 *E. coli* DH5á，TAE buffer，琼脂糖，DNA Marker，溴化乙锭，质粒提取试剂盒，DNA 凝胶回收试剂盒，氨苄西林，丙三醇，退火 buffer，EMS，甘露醇，$CaCl_2$，KCl，$MgCl_2$，牛血清蛋白，纤维素酶 R10，离析酶 R10，PEG4000，DNA 快速提取试剂盒，T7E Ⅰ 及 buffer，*Taq* 聚合酶，MS 培养基无机盐及有机成分，植物凝胶，肌醇，蔗糖，谷氨酰盐，脯氨酸，2,4-D，6-BA 等。

【实验操作】

1）克隆 sgRNA 寡核苷酸序列构建 sgRNA 表达载体

首先优化酿脓链球菌 Cas9 密码子（oCAS9），附加核定位信号（NLS）（图 22-8A），以水稻八氢番茄红素脱氢酶基因（*OsPDS*）为靶基因，设计 sgRNA。靶向序列位点选定后，设计和合成正向和反向寡核苷酸序列，插入 sgRNA 载体中（图 22-8B），OsU3 RNA 聚合酶Ⅲ启动子作为 RNA 表达的启动子（图 22-8）。

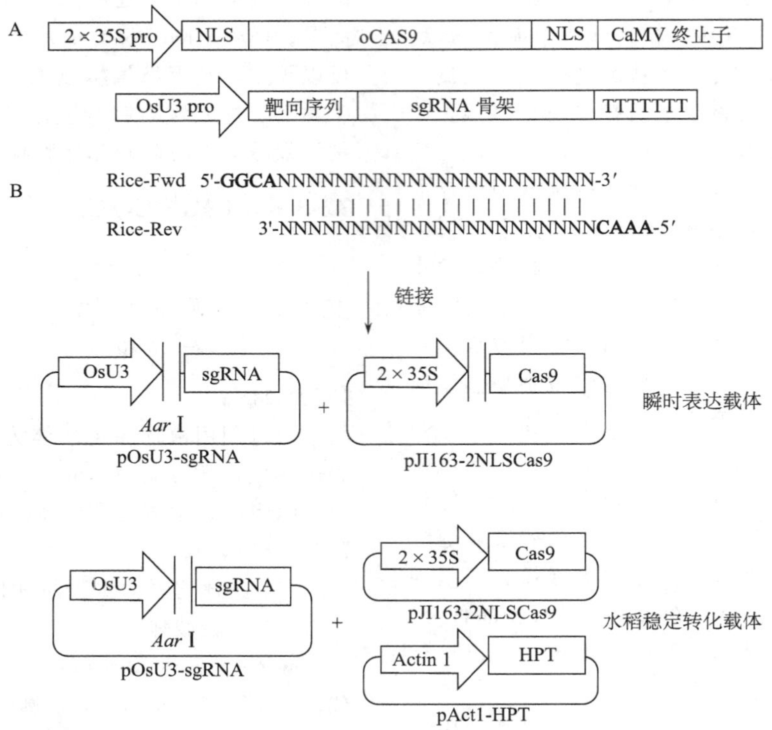

图 22-8 克隆 sgRNA 寡核苷酸序列并导入质粒载体示意图（Shan et al.，2014）

（1）按照下列各混合物的浓度，稀释正向和反向 sgRNA 寡核苷酸到最终浓度。

成分	总量/μl	终浓度
退火 buffer，10×	2	1×
Rice-Fwd（10μmol/L）	9	4.5μmol/L
Rice-Rev（10μmol/L）	9	4.5μmol/L
总体积	20	

（2）在热循环仪中应用下列程序进行寡核苷酸退火。

循环数	条件
1	95℃，5min
2	95～25℃，−1℃/min，70min
3	10℃保存

（3）在 50μl 反应混合物中用 *Aar* Ⅰ 消化载体质粒。

（4）在 37℃下酶解 3～16h。

成分	总量/μl	终浓度
Aar Ⅰ buffer，10×	5	1×
寡核苷酸	1	1×
Aar Ⅰ 限制酶，2U/μl	2	4U
pOsU3-sgRNA	可变的	2μg
ddH_2O	加至 50	—

（5）将酶解产物在 1.2%的琼脂糖凝胶中电泳，pOsU3-sgRNA 载体成功的酶解反应将产生一个 3.2kb 的条带。

（6）在紫外光下切下含条带的凝胶，利用纯化试剂盒纯化。

（7）采用下列反应混合体系将 sgRNA 寡核苷酸退火［“实验操作”中步骤（2）］和酶解后的载体［“实验操作”中步骤（6）］在 22℃下温育 1h，进行链接反应。

（8）将链接后的载体转化大肠杆菌细胞，在含氨苄西林的 LB 平板培养基上 37℃培养过夜。

（9）选取 2～3 个单克隆，每个单克隆取 5ml 培养液，利用质粒小量提取试剂盒分离质粒 DNA。

成分	总量/μl	终浓度
T4 buffer，10×	1	1×
酶解后的载体	可变	50ng
sgRNA 寡核苷酸退火	3	—
T4 链接酶，5U/μl	0.5	2.5U
ddH_2O	10	—

（10）用引物 OsU3-F 验证质粒序列是否含有正确的 sgRNA。

（11）利用质粒大提试剂盒，从 100ml 含有正确 sgRNA 的单克隆培养液中分离质粒 DNA。提取的终浓度应不低于 1μg/μl，A_{260}/A_{280} 为 1.7～1.9。

2）原生质体制备

水稻幼苗的幼茎和叶鞘组织的原生质体分离。

① 将水稻种子苗的幼茎和叶鞘横切成 0.5mm 的小条。

② 将材料转入含 0.6mol/L 甘露醇溶液的培养皿中，暗中温育 10min 促使质壁分离。

③ 用尼龙网过滤掉甘露醇溶液，将材料转入含 50ml 无菌酶解液的 150ml 三角瓶中，用铝箔封瓶口。

④ 常温暗条件下抽真空 30min，后温育 5～6h 期间轻微振荡（60～80r/min）。

⑤ 酶解后，添加 50ml W5 溶液到三角瓶中，用手轻轻晃动 10s 释放出原生质体。

⑥ 用 40μm 尼龙网过滤酶解液并用 W5 [2mmol/L MES（pH5.7），154mmol/L NaCl，125mmol/L $CaCl_2$，5mmol/L KCl] 溶液冲洗尼龙网上的材料 3～5 次，收集的原生质体分装进 50ml 的离心管中。

⑦ 常温下 250*g* 离心 3min，用移液管移去上清，原生质体重新悬浮在 10ml W5 溶液中并收集在 50ml 离心管中。

⑧ 常温下 250*g* 再离心 3min，移去上清，原生质体重新悬浮在 4ml MMG 溶液使最终密度为每毫升 2.5×10^6 个细胞。

⑨ 可用血球计数板在显微镜下计数，判断细胞密度。

3）PEG 介导的原生质体转化和基因组 DNA 的提取

下列各程序在常温下进行，用一个含 GFP 报告基因的质粒作为转化的阳性对照。

（1）2ml 离心管中准备 40μl 转化混合液，增加 20μg pOsU3-sgRNA 和 20μg 的 pJIT163-2NLSCas9 [来自"实验操作"中步骤 3）中 (4)]，在水稻中对于 HDR 介导的基因打靶，还包括 10μl（100μmol/L）ssDNA 寡核苷酸。

（2）上述混合液中加 200μl 原生质体，轻轻敲打离心管使之混匀。

（3）再加入 220μl 新鲜准备的 PEG 溶液，轻轻敲打离心管使之混匀。

（4）将混合液在黑暗条件下静置 15～20min，加入 880μl 的 W5 溶液，上下颠倒混合均匀以终止转化过程。

（5）常温下 250*g* 离心 3min，移去上清。

（6）将原生质体重新悬浮在 2ml 的 WI 溶液中。

（7）将原生质体转移到 6 孔细胞培养板上。

（8）用铝箔密封培养板，于 23℃ 下静置 48～72h。

（9）在显微镜下观察原生质体的状态，健康的原生质体应为细胞完整，并呈圆形。利用荧光显微镜，通过统计含绿色荧光细胞的数量，检测转化效率。一般情况下，应有 70%～80% 的具 GFP 的阳性细胞。

（10）用移液管使原生质体重新悬浮，并将原生质体转到 2ml 离心管中。

（11）常温下 12 000*g* 离心 2min 收集原生质体，移去上清。

（12）提取基因组 DNA。

（13）用分光光度计检测 DNA 的浓度，在总体积 30μl 中浓度通常应在 30～60ng/μl。

4）在原生质体中检测突变

（1）以野生型为阴性对照，利用 PCR 扩增检测突变。

参照"实验操作"中步骤 1）（7）的反应体积，采用下列反应程序进行 PCR 扩增反应：

如果是由 HDR 介导的突变 ["实验操作"中步骤 3）中（1）]，在 PCR 之前基因组 DNA 可以参照下列配比进行酶切（37℃下酶切处理 1h）：

成分	总量/μl	终浓度
高保真聚合酶 buffer，5×	10	1×
dNTP，10mmol/L（2.5mmol/L each）	5	1mmol/L
PCR-Fwd primer，10μmol/L	2	0.4μmol/L
PCR-Rev primer，10μmol/L	2	0.4μmol/L
高保真聚合酶，2.5U/μl	1	2.5U
DNA 模板（未酶解或酶解后的）	5	3～6ng/μl
ddH_2O	加至 50	—

如果是由HDR介导的突变［“实验操作”中步骤3）（1）］，在PCR之前基因组DNA可以参照下列配比进行酶切（37℃下酶切处理1h）。

成分	总量/μl	终浓度
限制酶buffer，10×	2	1×
限制酶5U/μl	1	5U
基因组DNA	17（30～60ng/μl）	25～50ng/μl
ddH_2O	20	—

（2）采用下列PCR扩增参数进行扩增反应。

循环数	变性	退火	延伸
1	95℃，2min		
2～36	95℃，20s	60℃，20s	72℃，15s
37			72℃，5min

（3）取5μl的PCR产物用1.2%（*m*/*V*）的琼脂糖凝胶进行电泳检测，根据目标条带的亮度评估产物的产量。

（4）通过NHEJ途径诱导的突变，可以通过PCR/RE分析或T7EⅠ分析进行检测，PCR/RE分析仅用于在PAM序列的上游存在一个合适的酶切位点，当没有合适的酶切位点时可以用T7EⅠ分析。通过亚克隆和测序可以精确检测HDR介导的基因组修饰。

① PCR/RE分析。

a. 对PCR产物［来自“实验操作”中步骤4）中（2）］进行酶切，酶切反应如下：

成分	总量/μl	终浓度
限制酶绿色buffer，10×	5	1×
限制酶	2	
PCR产物	8	
ddH_2O	加至50	

以野生型样品为阴性对照。

b. 混合好后瞬时离心，37℃下反应1h。

c. 将全部的50μl酶切产物用2%（*m*/*V*）的琼脂糖凝胶电泳。

d. 评估插入/缺失频率。

e. 纯化未酶切的条带，通过克隆和对来自单克隆细胞的质粒DNA测序以确定突变。

f. 如果插入/缺失突变频率大于10%，则sgRNA可以用于后续的稳定遗传转化实验。

② T7EⅠ分析。

a. 利用PCR产物［来自“实验操作”中步骤4）中（2）］，按照下列配比设置退火反应，形成DNA异源双链核酸分子。

成分	总量/μl
T7EⅠ buffer，10×	1.1
PCR产物	5
ddH_2O	4.4
总计	10.5

b. 在热循环仪上进行退火反应，反应条件为：95℃、5min，然后逐步降到15℃（−10℃/min）。

c. 用T7EⅠ核酸酶对退火反应后的异源双链核酸分子进行酶切。

成分	总量/μl	终浓度
退火反应后的异源双链核酸分子	10.5	
T7EⅠ，5U/μl	0.5	2.5U
总计	11	

d. 混合好后瞬时离心，37℃下反应1h。

e. 将全部的11μl酶解产物在2%（*m*/V）的琼脂糖凝胶上电泳检测，同时包括阴性对照。如果在CRISPR/Cas处理过的样品中检测到酶切条带，而没有出现在阴性对照中，说明存在一个插入/缺失突变。

f. 评估插入/缺失频率。

g. 将PCR产物［来自“实验操作”中步骤4）中（2）］克隆到pEASY-Blunt载体上，挑选单克隆细胞过夜培养后提取质粒DNA进行测序，以确认突变。

h. 如果插入/缺失突变频率大于10%，sgRNA可以用于后续的稳定转化实验。

③ 通过亚克隆和测序精确检测HDR介导的基因修饰。

a. 纯化PCR产物［来自“实验操作”中步骤4）中（2）］。

b. 将PCR产物连接和克隆到pEASY-Blunt克隆载体上，转化*E. coli*感受态细胞。

c. 假设存在一个合适的酶切位点，参照下列设置进行单菌落PCR，通过PCR/RE分析以检测突变。

成分	总量/μl	终浓度
Easy*Taq* buffer，10×	2.5	1×
dNTP，10mmol/L（2.5mmol/L each）	2.5	1mmol/L
M13F，10μmol/L	1	0.4μmol/L

续表

成分	总量/μl	终浓度
M13R，10μmol/L	1	0.1μmol/L
Easy*Taq* 聚合酶，5U/μl	0.2	1U
单菌落		
ddH_2O	加至 20	

d. 参照下列 PCR 反应程序，30 个扩增循环。

循环数	变性	退火	延伸
1	98℃，3min		
2～31	98℃，30s	60℃，30s	72℃，30s
32			72℃，5min

e. 取 5μl PCR 产物用 1.2% 的琼脂糖凝胶电泳，以判断 PCR 是否成功。

f. 参照下列配比在 37℃ 下酶切菌落 PCR 产物 1h。

成分	总量/μl	终浓度
限制酶绿色 buffer，10×	2	1×
限制酶	1	
PCR 产物	5	
ddH_2O	加至 20	

g. 全部的酶切产物在 1.2% 的琼脂糖凝胶上电泳。

h. 用适合的测序引物来鉴定未酶切的菌落 PCR 产物的序列是否具有正确的插入突变。

i. 用百分率来评估 HDR 的效率。如果 PCR 之前对基因组 DNA 进行了酶切，HDR 的效率则不能通过百分率来计算，真实的效率可能更低。

22-3-6-2　基因枪系统 CRISPR/Cas 遗传转化

【实验目的】

通过利用基因枪转化法进行稳定的遗传转化，学习应用 Crispr/Cas9 系统进行基因组定点编辑的基本方法和程序。

【实验材料】

同上述原生质体转化实验（22-3-6-1“原生质体系统 CRISPR/Cas 遗传转化”）。

【实验试剂】

同上述原生质体转化实验（22-3-6-1“原生质体系统 CRISPR/Cas 遗传转化”）。

【实验操作】

1）sgRNA 表达载体载体构建

同上述原生质体转化实验（22-3-6-1“原生质体系统 CRISPR/Cas 遗传转化”）。

2）利用基因枪转化法进行稳定的遗传转化

（1）水稻胚性愈伤组织诱导

将水稻品种日本晴的成熟种子表面消毒后，接种在含 2.0mg/L 2,4-D 的 1/2 MS 培养基中，暗培养诱导愈伤组织，约 3 周后，将愈伤组织进行继代培养，选择胚性愈伤组织用于基因枪转化。基因枪轰击前，将胚性愈伤组织置于高渗培养基处理 4h。

（2）参照下列比例配制金粉微弹，质粒 DNA 的比例为 1∶1∶1。

成分	总量/μl
直径 0.6μm 的金粉，40mg/ml	120
pOsU3-sgRNA，1μg/μl	5
pJIT163-2NLSCas9，1μg/μl	5
pAct1-HPT，1μg/μl	5
亚精胺，0.1mol/L	40
$CaCl_2$，2.5mol/L	100

（3）用 PDS1000/He 型基因枪轰击高渗处理后的胚性愈伤组织：轰击距离 6.0cm，氦压力为 1100psi。

（4）轰击后的愈伤组织继续在高渗培养基上于 25～26℃下暗培养过夜（16～18h）。

（5）将愈伤组织转入无筛选剂的恢复培养基，28℃、暗条件下培养 7d。

（6）将愈伤组织转入筛选培养基，28℃、暗条件下筛选培养 5～6 周。

（7）将具有潮霉素抗性的愈伤组织转入分化培养基，28℃、16h/d 光照下［光照强度约 150μmol/(m^2·s)］培养 4 周。

（8）将具根的再生苗转入生根培养基促进根的进一步发育。

3）对转基因水稻植株的插入/缺失突变进行检测和测序

（1）取转基因植株的叶片提取 DNA，用 ddH_2O 调整 DNA 的浓度至 100～200ng/μl。

（2）PCR 扩增含 sgRNA 的目标片段并进行凝胶电泳检测［参照“实验操作”中步骤 4）中（1）～（3）］。

（3）通过 PCR/RE 分析或 T7EI 分析［步骤 4）中（4）］在 PCR 产物中检测插入/缺失突变。

（4）对 PCR 产物进行测序，以确定每个突变的准确性质。

【实验解析】

（1）在筛选 Cas9 靶向位点时应考虑以下因素：20bp 的靶向序列应直接在 NGG（PAM）的 5′端之前；如果基因编辑的目的是破坏目标基因的功能，则靶向序列应避免不要在 3′端编码区或内含子区；对于相关的 22nt 的序列（20nt sgRNA 加上 NGG-PAM 的 GG）建议利用 BLAST 搜索基因组（http://blast.ncbi.nlm.nih.gov/）以确保靶向序列是唯一的，减少脱靶效应。

另外，对于模式植物和主要的农作物，人工筛选靶向位点时，可以利用如“CRISPR-PLANT”（http://www.genome.arizona.edu/crispr/）和“CasOT”（http://eendb.zfgenetics.org/casot/）等网站协助筛选特异的 sgRNA 序列，以避免潜在的非靶向位点的出现。

（2）通过 PCR/限制性内切核酸酶（PCR/RE）分析 sgRNA 活性时，限制性内切核酸酶位点应在靶向序列内的 Cas9 限制性内切核酸酶剪切位点 NGG 的 5′端上游 3bp 处，以方便检测；如果通过 T7EI分析，则不需要考虑限制性内切核酸酶位点。

22-3-6-3 农感菌系统 CRISPR/Cas 遗传转化

【实验目的】

了解并学习农杆菌介导的 CRISPR/Cas9 技术，利用多靶点 Cas9 载体系统敲除杨树多个内源靶基因。

【实验材料】

（1）植物材料：毛白杨（*Populus tomentosa* Carr. clone 741）无菌苗。

（2）载体系统及菌株：双元植物表达载体 pYLCRISPR/Cas9-DH；sgRNA 表达盒中间载体；根癌农杆菌（*Agrobacterium tumefaciens*）菌株 GV3101。

【实验试剂】

各种限制性内切核酸酶、T4 连接酶、DNA 提取试剂、PCR 相关试剂、琼脂糖凝胶电泳试剂，以及用于制备培养基的各种无机盐和有机盐类、抗生素、植物生长调节剂等。

【实验操作】

1）Cas9 靶点设计

基于 *PtPDS1* 基因组序列，利用在线工具 ZiFiT Targeter Version 4.2（http://zifit.partners.org/ZiFiT/Introduction.aspx）查找潜在的 Cas9 靶点（Sander et al.，2010）。根据靶点的位置和 GC 含量选择其中 4 个（T1/T2/T3/T4）设计 sgRNA（图 22-9A）。靶点的序列分别为：T1：5′-TGAGTGCATTGAACTTGAGC-3′；T2：5′-GTGTTATCAAGGTCCGGTCT-3′；T3：5′-TTCACCGTGTTATCAAGGTC-3′；T4：5′-CCATTAAATGTTGTCATTGC-3′。

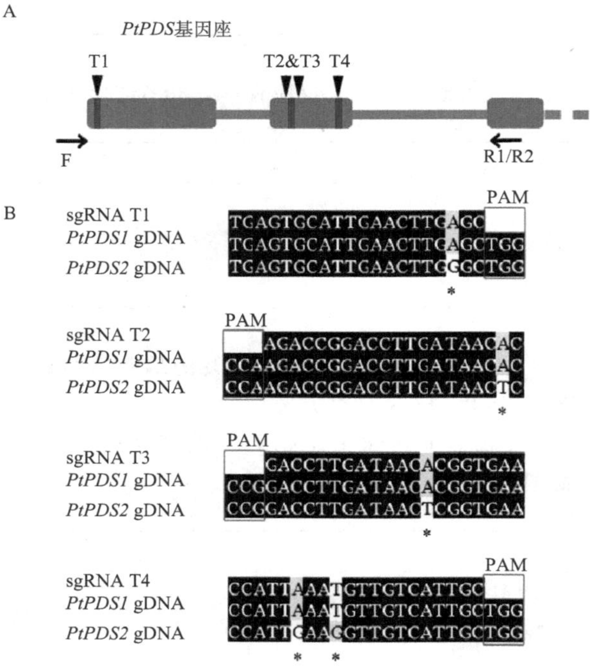

图 22-9 sgRNA 与杨树内源 *PDS* 基因序列结合位置和能力的分析（刘婷婷等，2015）

A. 各靶点在 *PtPDS* 基因上的分布及克隆引物的结合位置；B. sgRNA 识别序列与 *PtPDS* 基因序列的比对。* 代表不配对的碱基位点

2）多靶点 Cas9 植物表达载体构建

载体系统包含了双元的植物表达载体 pYLCRISPR/Cas9-DH（由华南农业大学刘耀光教授提供）和针对 T1～T4 的 4 个 sgRNA 表达盒中间载体，前者以 35S 超表达 Cas9，后者分别以 *AtU3b*、*AtU3d*、*AtU6-1* 和 *AtU6-29* 四个启动子分别驱动 sgRNA 的表达（Sander et al.，2010）。Cas9 载体和多个 gRNA 表达盒片段的连接组装采用 Golden Gate Cloning 方法（Engler et al.，2009），设计一组分别带有 4 个（*PtPDS*×4）、3 个（*PtPDS*×3）、2 个（*PtPDS*×2）和 1 个（*PtPDS*×1）针对 *PtPDS* 的 sgRNA 载体，其中，*PtPDS*×4 含有针对杨树内源 *PDS* 座位上全部 4 个靶序列的 sgRNA；而 *PtPDS*×3 含有结合 T1、T2、T4 的 sgRNA；*PtPDS*×2 含结合 T1、T4 的 sgRNA；*PtPDS*×1 只有一个结合 T1 位点的 sgRNA（图 22-10）。将构建好的载体分别转入农杆菌菌株 GV3101。

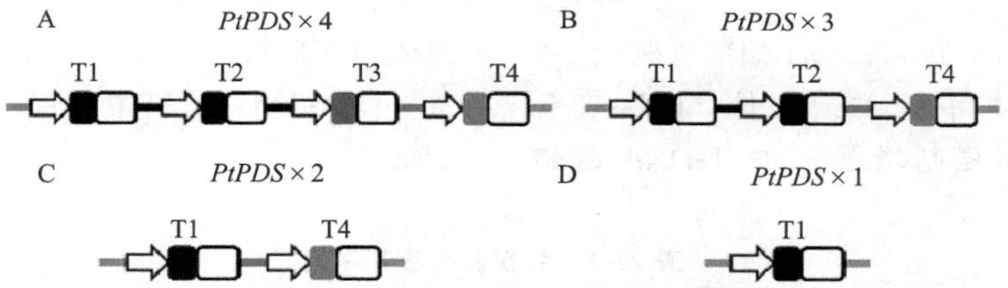

图 22-10　各载体上携带 sgRNA 的情况（刘婷婷等，2015）

3）杨树遗传转化和组培苗再生

将上述载体和作为对照的空载体分别转化杨树，遗传转化方法为农杆菌叶盘转化法（Jia et al.，2010）。取杨树无菌苗幼嫩叶片，切成 0.5cm 小块，菌液浸染 8～10min；取出叶片，背面向下平铺在 WPM1［WPM 培养基（NH_4NO_3 400mg/L、$Ca(NO_3)_2\cdot4H_2O$ 556mg/L、K_2SO_4 990mg/L、$CaCl_2\cdot2H_2O$ 96mg/L、KH_2PO_4 170mg/L、$Na_2MoO_4\cdot2H_2O$ 0.25mg/L、$MgSO_4\cdot7H_2O$ 370mg/L、$MnSO_4\cdot H_2O$ 22.4mg/L、$ZnSO_4\cdot H_2O$ 8.6mg/L、$CuSO_4\cdot5H_2O$ 0.25mg/L、$FeSO_4\cdot7H_2O$ 27.8mg/L、Na_2-EDTA 37.3mg/L、肌醇 100mg/L、维生素 B_1 1.0mg/L、烟酸 0.5mg/L、维生素 B_6 0.5mg/L、甘氨酸 2.0mg/L、蔗糖 20g/L、琼脂 6g/L，pH5.2）加萘乙酸 1.0mg/L、乙酰丁香酮 100μmol/L］共培养基上，暗培养 2 天；移到 WPM2（WPM 培养基加 ZT 2mg/L、NAA 1.0mg/L、头孢霉素 400mg/L、潮霉素 90mg/L）选择培养基上，光照培养 3～4 周；长出愈伤后移入生芽培养基 WPM3（WPM 培养基加 ZT 2mg/L、NAA 0.1mg/L、头孢霉素 400mg/L、潮霉素 90mg/L），光照培养 4～5 周；不定芽切下并转入 WPM4（WPM 培养基加 NAA 0.1mg/L、头孢霉素 400mg/L、潮霉素 90mg/L）中生根。

4）T0 代 Cas9 转化植株的表型统计及分析

统计 T0 代植株的白化率，分析不同 sgRNA 的敲除效率及其在导致植株白化表型中的作用是否存在差异，分析不同 sgRNA 对杨树 *PDS* 同源基因结合能力的差异（图 22-9B）。

5）基因组 DNA 提取

取转化的 T0 代植株材料约 0.1g，采用 CTAB 法提取杨树基因组 DNA。

6）突变检测

以转基因植株的基因组 DNA 为模板，PCR 扩增杨树内源 *PDS* 基因 5′端部分序列。PCR 引物如下：*PtPDS*-F：5′-GTTGAATTTGGTTTTGGAGAAATG-3′；*PtPDS*-R1：5′-CCAAGTATTTTGCAGTCGATAAACCCG-3′；*PtPDS*-R2：5′-CCAAATATTTTGCAGTAGATAAACCAG-3′。用 *PtPDS*-F 和 *PtPDS*-R1 引物组合扩增 *PtPDS*1；用 *PtPDS*-F 和 *PtPDS*-R2 引物组合扩增 PtPDS2。PCR 扩增产物经胶回收后连接到 pMD19-T Simple［宝生物工程（大连）有限公司］载体上，挑单克隆测序。利用 DNAMAN（Version 7.0）对所有测序获得的序列和 *PtPDS* 基因的参考序列进行比对分析，并进行统计。

【实验解析】

（1）敲除效率。由于 Cas9 结合到 DNA 序列的特定位置依赖于 sgRNA 的引导，所以 sgRNA 对靶序列的结合能力会影响突变的效率。其中，靶序列的 GC 含量、碱基的分布，以及错配碱基的位置等均对 sgRNA 与 DNA 靶序列之间的亲和性有影响，需要在选择靶点时纳入考虑。此外，sgRNA 的表达水平的差异也是一个可能的原因。在多靶点系统中，不同的 sgRNA 是由多个不同的启动子来驱动的，不同启动子在植物体内可能有不同的活性。

（2）多靶点 CRISPR/Cas9 系统。多靶点 CRISPR/Cas9 系统相比单靶点系统的一个主要优势在于大幅提高了突变的效率。在植物基因功能的研究中，常常需要获得两个或两个以上基因同时突变的材料，因为可能有多个同源基因功能冗余，或者多个不同源基因参与了平行的信号转导。对于拟南芥等模式植物，比较易于通过杂交、遗传转化等方法获得多突，然而，受制于漫长的繁殖周期和困难的二次遗传转化，以杨树为代表的木本植物很难获得多基因缺陷材料。利用多靶点的 CRISPR/Cas9，可在转基因 T0 代就高效地获得多基因同时敲除的突变体株系 。

22-3-6-4　植物病毒系统 CRISPR/Cas 遗传转化

【实验目的】

以经过修饰的双组分病毒甘蓝卷叶病毒（cabbage leaf curl virus，CaLCuV）T-DNA 载体 pCVA 和 pCVB 进行操作向转 *Cas9* 基因的植株中导入 gRNA，学习和了解病毒介导的植物基因组编辑技术。

【实验材料】

(1) 受体材料：*N. benthamina* 烟草植株。

(2) 质粒载体和菌株：载体 pUC19、含 CaMV35s 启动子和复制增强子的 T-DNA 载体 pJG081、载体 pMD18-T 和 PCAMBIA2300，病毒载体 pCVA 和 pCVB，农杆菌菌株 GV3101。

(3) 引物：试验中所用引物名称及序列见表 22-2。

表 22-2 引物名称及其序列

名称	序列
oYK465	CgACgACAAgACCgTgACCATGGATTACAAGGATCACGATGGAGAT
oYK468	gAggAgAAgAgCCgTtcaCTTCTTCTTTTTAGCCTGTCCTGCTTT
oYK550	cccAAGCTTTCGTTGAACAACGGAAACT
oYK551	gctatttctagctctaaaacAATCACTACTTCGACTCTAGCTGTA
oYK552	gcaccgagtcggtgcttttTTTTGCAAAATTTTCCAGATCGATT
oYK553	cccTGAATTCAAAAATTATATCCTGTGG
oYK554	ctagagtcgaagtagtgattgttttagagctagaaatagc
oYK615	GCGCTTCAAGGTGCACATGGgttttagagctagaaatagcaag
oYK616	CCATGTGCACCTTGAAGCGCaatcactacttcgactctagctg
oYK618	CGACGACAAGACCCTaccatgGCGCTTCAAGGTGCACATGGAGGTTACGTCCTGTAGAAACCCcaa
oYK619	GAGGAGAAGAGCCCTTCATTGTTTGCCTCCCTGCTGC
oYK1013	cccTCTAGAgttttagagctagaaatagc
oYK1056	gccgttaatttgagagtccagttttagagctagaaatagcaag
oYK1057	tggactctcaaattaacggcaatcactacttcgactctagctg
oYK1191	cccTCTAGAaagctttcgttgaacaacgg
oYK1192	cccGGTACCaaaaaaagcaccgactcggtgccac
oYK 1202	gccgttaatttgagagtcca
oYK 1203	gcaccgactcggtgccacttt
PDS-MlyIF	GCTTTGCTTGAGAAAAGCTCTC
PDS-MlyIR	ACATAACAAATTCCTTTGCAAGC

资料来源：Yin et al.，2015

【实验试剂】

各种限制酶、质粒提取试剂盒、基因组 DNA 提取试剂盒、DNA 纯化试剂盒、PCR 反应相关试剂、琼脂糖凝胶电泳相关试剂、MS 培养基、Luria-Bertani 培养基、蔗糖、6-BA、NAA、MES、NaClO、Tween-20、SDS、Tris-HCl、甘油、β-巯基乙醇、琼脂等。

【实验操作】

1) Cas9 克隆载体构建

为了克服 Cas9 在植物上的低水平表达，参照拟南芥的密码子偏好性优化 *Cas9* 基因（命名为 *oCas9*），并在它的 N 端和 C 端增加核定位信号 (NLS)，优化两个核定位信号的密码子。合成携带两个核定位信号的 *oCas9*，并将其克隆进 pUC19 载体，构建克隆载体 pUC19-NLS-oCas9-NLS（Yin et al.，2015）。

2) Cas9 表达载体构建

利用 pUC19-NLS-oCas9-NLS 为模板，用引物 oYK465 和 oYK468 通过 PCR 扩增 *oCas9*，随后克隆进含 CaMV35S 启动子并具有复制增强子的 T-DNA 载体 pJG081，通过不依赖链接反应的克隆 (LIC)（Xu et al.，2010）技术构建 *oCas9* 组成型表达载体 pKQ334（图 22-11）。

3) 转基因 *oCas9* 表达植株的再生及鉴定

(1) 转基因 *oCas9* 表达植株的转化及再生。含 pKQ334 重组质粒的农杆菌菌液用液体转化培养基（MS + 30% 蔗糖 + 2.0mg/L 6-BA + 0.2mg/L NAA，pH5.8）稀释至 OD 值为 0.6，取

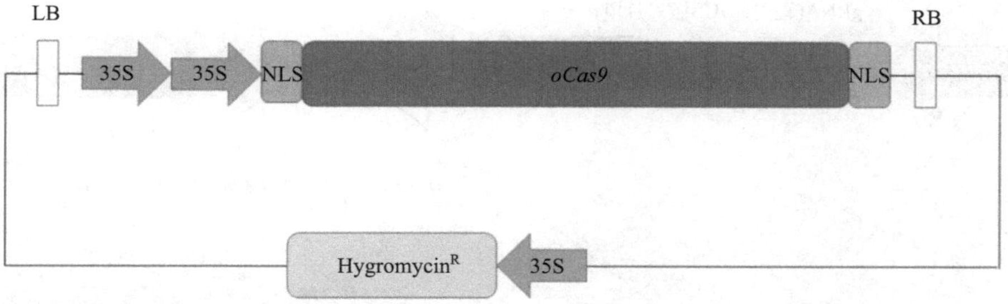

图 22-11　*oCas9* 的植物表达载体 pKQ334 示意图（Yin et al.，2015）

4～8 周大的 *N. benthamina* 烟草植株叶片，利用 20% NaClO（*V/V*）和 0.1%（*V/V*）Tween-20 消毒 10min，用含 0.1%（*V/V*）Tween-20 的无菌水冲洗 4 次，消毒后的叶片切成 1cm 方块接种进上述农杆菌菌液中浸染，室温下处理 10min，浸染后的叶片随后放进固体转化培养基（含 1%琼脂，其他成分与上述液体转化培养基相同）暗培养，2 天后将叶片移入筛选诱导培养基（附加 25mg/L 潮霉素和 200mg/L Timentin，其他成分与上述固体培养基相同）。每隔 2 周将外植体移入新鲜的筛选诱导培养基，直至不定芽苗形成。

将再生的芽苗从外植体上切割下，转入生根诱导培养基（与上述筛选诱导培养基相比不含外源激素，其他成分相同），待形成不定根后，将具根的转基因植株移入基质中，用塑料膜覆盖以保湿，2～3 周后去掉塑料膜，正常管理，直至收获种子。

（2）转基因植株鉴定。PCR 检测 T1 代所有的转基因植株，确定转 *oCas9* 基因的阳性植株。取阳性植株的叶片 0.4g，加 200μl 2×裂解缓冲液（4% SDS，20% 甘油，120mmol/L Tris-HCl pH 6.8，10% β-巯基乙醇，0.02% 溴酚蓝），抽提植物总蛋白，煮沸样品后离心移除细胞碎片，用 10%的 SDS-PAGE 凝胶电泳后，转移到 PVDF 膜上，利用抗 Cas9 单克隆抗体（Diagenode，USA）检测到蛋白，分析各株系的 oCas9 表达水平，选择表达水平最高的株系用于进一步实验。

（3）转基因株系中 oCas9 活性鉴定。利用 fs-GUS 报告系统（图 22-12）来鉴定转基因株系中 oCas9 活性。在这个系统中，将一个以 PAM（AGG）结尾的 23bp 序列（含 APaLI 识别位点）插入在 *GUS* 基因起始密码子的下游，引起 *GUS* 基因的移码，经修饰过的 *GUS* 命名为 *fsGUS*（frame-shift *GUS*），利用引物 oYK618 和 oYK619 扩增 *fsGUS*，并通过 LIC 技术克隆进 pJG081（图 22-12）。

（4）gRNA 载体构建。利用来自拟南芥的 U6 启动子和终止子来驱动 gRNA 在植物中的表达。用引物 oYK550 和 oYK551 扩增 U6 启动子，用引物 oYK552 和 oYK553 扩增 U6 终止子。

用一个合成的寡核苷酸 gRNA 骨架序列（gRNA scaffold）作为模板、用引物 oYK554 和 oYK555 进行 PCR 扩增，产生的 gRNA 骨架与 U6 启动子和终止子两者都有一个 20bp 重叠，利用引物 oYK550 和 oYK553 通过融合 PCR（fusion PCR）将 U6 启动子、gRNA 骨架和 U6 终止子组合在一起。将融合的 PCR 产物克隆进 pMD18-T，构建 pT-U6p-scaffold-U6t 克隆载体，以这一载体为模板进一步构建靶向不同的基因组区域的 gRNA 载体。

通过 PCR 突变，以 pT-U6p-scaffold-U6t 作为模板，利用两个引物：一个引物含 20nt 导向序列和一个与 scaffold 的第一个 23bp 序列匹配的 23bp 序列；另一个引物含一个与导向序列互补的 20nt 序列和一个 23bp 的 U6 启动子 3′端的反义序列。PCR 产物用 *Dpn* Ⅰ 消化并直接转化进 DMT 细胞（Transgene，BJ），通过在 *E. coli* 中的 DNA 修复，产生 pT-U6p-gRNA-scaffold-U6t，构建包含各种 gRNAs 的 pT-U6p-gRNA-scaffold-U6t 载体。

通过利用引物 oYK615 和 oYK616 构建 U6p-gRNA：fsGUS-U6t 载体，利用 *Sac*Ⅰ和 *Pst*Ⅰ限制性内切核酸酶，将含 *fsGUS* 基因的 gRNA 序列的 U6p-gRNA-scaffold-U6t 表达框切割下来，克隆进 pCAMBIA2300 形成 p2300-gRNA（图 22-12）。

4）GUS 瞬时表达检测

（1）烟草植株培育。转基因 *oCas9* 株系的烟草植株生长在 25℃、每天 16h 光照、60%湿度下，用于瞬时表达检测和病毒接种。

（2）侵染液制备。将 pJG081（含 *fsGUS*）和 p2300-gRNA 分别转入根癌农杆菌菌株 GV3101。将农杆菌接种进 5ml 的 Luria-Bertani 培养基，含

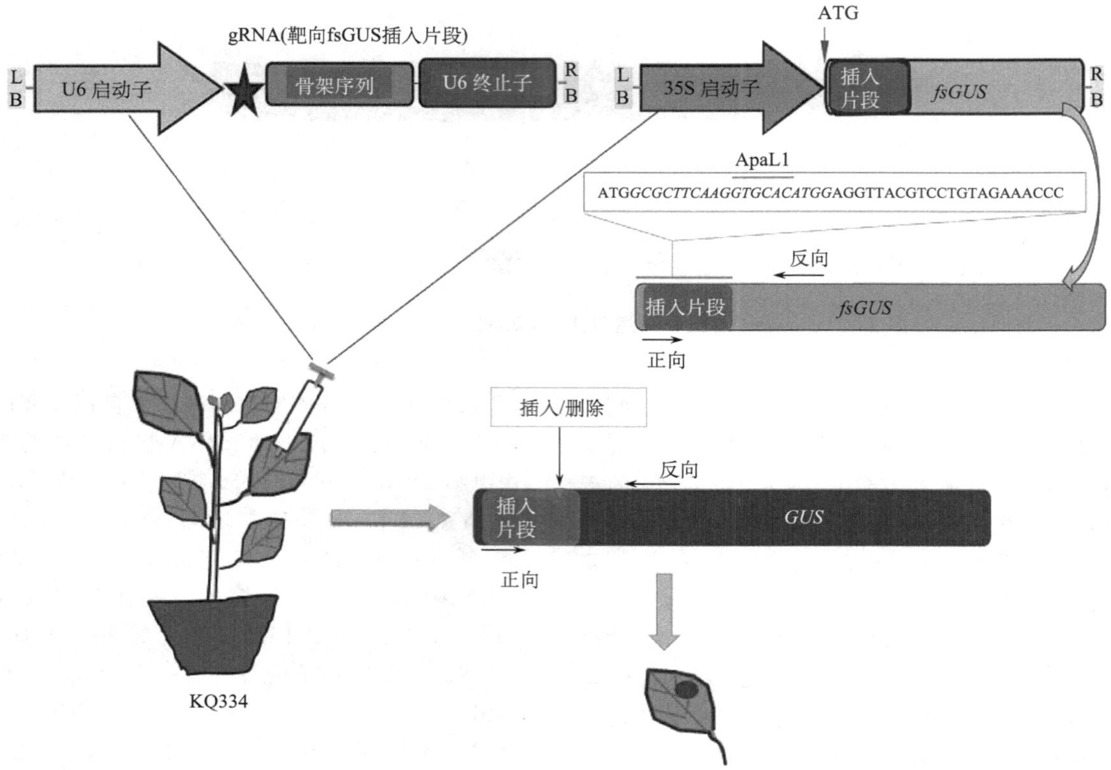

图 22-12　fsGUS 报告系统（Yin et al.，2015）

50mg/L 利福平和 50mg/L 卡那霉素，28℃振荡过夜，离心收获农杆菌菌体，用渗透缓冲液（10mmol/L $MgCl_2$，10mmol/L MES 和 200μmol/L 乙酰丁香酮）重悬浮，使 OD 值为 1.0，叶片渗透浸染前室温下暖育 3～4h。

（3）侵染。转基因 *oCas9* 植株生长至 6 叶期时，用 1ml 针管将含两个农杆菌菌株（一个含有 *fsGUS* 基因，另一个含 *fsGUS* 基因的 gRNA 序列）的混合侵染液渗透进叶片，进行共侵染（图 22-12），同时以含正常 *GUS* 基因、*fsGUS* 基因、gRNA 序列的农杆菌菌株分别单独侵染叶片作为对照。

（4）GUS 瞬时表达检测。一旦 gRNA 把第一个 20bp 的插入序列作为目标，Cas9 将被招募到靶位点，并且在 PAM 上游 3bp 处切割靶 DNA。被切割的靶 DNA 将主要地通过 NHEJ 修复。这个 DNA 修复机制常会在断裂位点引起小的插入、删除或替换，在一些事件中，这些变化将修正非正常的 *fsGUS* 基因结构，产生一个功能正常的 GUS，通过颜色沉积能够在植物组织中检测到。

56h 后取侵染的叶片进行 X-Gluc 染色。如果用含 *fsGUS* 基因和 gRNA 共浸润的叶片表现出颜色，*GUS* 基因表达，则转基因株系中 oCas9 有活性，说明转基因 *oCas9* 植株保持有 Cas9 活性并且在 gRNA 引导下使 DNA 断裂。

5）病毒介导的烟草内源 *PDS* 基因编辑

（1）病毒载体构建。基于甘蓝卷叶病毒（cabbage leaf curl virus，CaLCuV）T-DNA 载体 pCVA 和 pCVB（Tang et al.，2010）进行操作（图 22-13）。

选择 *NbPDS* 的第一个外显子的 20bp 序列（GCCGTTAATTTGAGAGTCCA）为靶向序列（Nekrasov et al.，2013），以上述 gRNA 载体构建的方法，利用引物 oYK1056 和 oYK1057，构建载体 pT-U6p-gRNA::NbPDS-scaffold-U6t，利用引物 oYK1191 从载体上扩增 gRNA::NbPDS，并克隆进 pCVA，构建病毒载体 pCVA-gRNA::NbPDS；利用引物 oYK1013 和 oYK1192 从 pT-U6p-scaffold-U6t 扩增 gRNA-scaffold，然后克隆进 pCVA 的 *Kpn* Ⅰ-*Xba* Ⅰ位点，构建 pCVA-scaffold 载体作为阴性对照（图 22-14）。

（2）病毒接种。农杆菌菌液培养及菌体收集参照上述方法，按 1∶1 比例混合含 pCVB 和 pCVA-gRNA::NbPDS、pCVB 和 pCVA-scaffold 的农杆菌菌体混合液，用 1ml 针管注射进 6～8 叶期的转基因 *oCas9* 植株和野生烟草植株的叶柄，进行侵染。大约 3 周后观察接种植株是否产生光漂白现象。如果在用 pCVB 和 pCVA-gRNA::

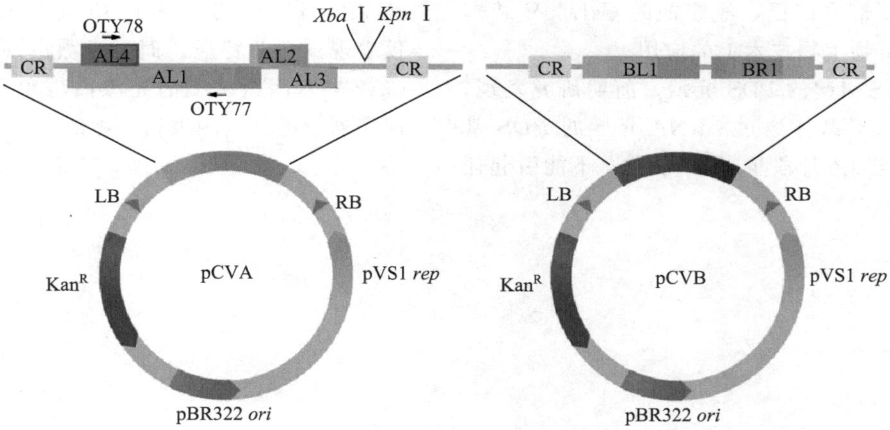

图 22-13 CaLCuV T-DNA 载体示意图（Tang et al.，2010）

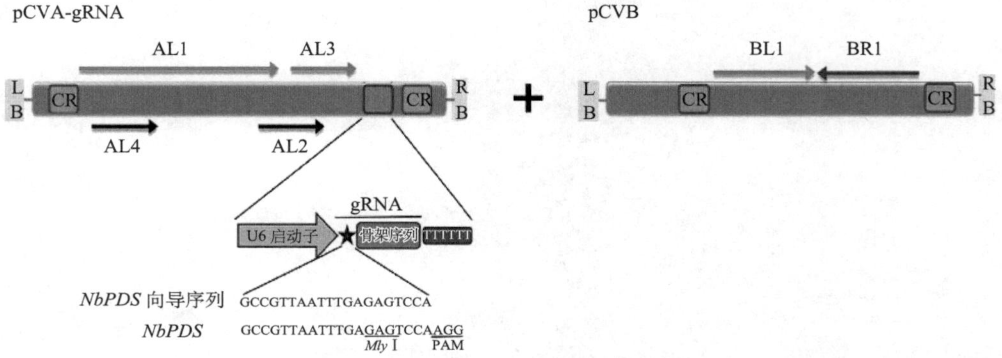

图 22-14 病毒载体 pCVA-gRNA 和 pCVB 示意图（Yin et al.，2015）

NbPDS 共侵染的转基因 *oCas9* 植株上出现光漂白现象，而阴性对照和野生烟草植株上无光漂白现象发生，则说明这一现象是由 20bp 的导向序列引起的。

（3）半定量 RT-PCR 分析 gRNA 的表达。分别提取用 pCVA-gRNA：：NbPDS/pCVB 和 pCVA-scaffold/pCVB 感染的转基因 *oCas9* 植株叶片的总 RNA，用反转录酶进行反转录。用引物 oYK1202 和 oYK1203 扩增 gRNA：NbPDS，PCR 产物用 1.5％琼脂糖凝胶电泳检测并染色观察。

（4）基因组 DNA 中突变的检测。利用植物基因组提取试剂盒提取被浸染的转基因 *oCas9* 植株叶片的基因组 DNA，以基因组 DNA 为模板，用引物 PDS-MlyIF 和 PDS-MlyIR（Nekrasov et al.，2013）PCR 扩增 *PDS* 片段。PCR 产物纯化后用 *Mly* Ⅰ 酶解，2％琼脂糖凝胶电泳检测。通过 ImageJ（NCBI）估计突变率。凝胶电泳后，未被酶切的 DNA 带通过 DNA 纯化试剂盒（BioMed，北京）纯化后克隆进 pMD18-T 载体（Takara），用于检测 DNA 序列突变。

【实验解析】

（1）CaLCuV 病毒载体。双组分双生病毒甘蓝卷叶病毒（cabbage leaf curl virus，CaLCuV）是核内复制的联体病毒科家族菜豆黄金花叶病毒属的一个成员，该属病毒多数由两个组分（DNA-A 和 DNA-B）组成，为两条闭环状 ssDNA 分子，长度相似，每条为 2.5～2.8kb。二分体基因组 DNA-A 和 DNA-B 的基因间隔区上约 200bp 的序列几乎完全相同，称为共同区（CR）。两个单独的基因组编码 7 个蛋白：AL1 是病毒复制相关蛋白；AL2 是转录激活蛋白；AL3 是复制增强子蛋白；AL4 是一个决定症状表达的产物，可能作为转录后基因沉默（PTGS）抑制物；AR1 是一个外壳蛋白；BR1 和 BL1 是移动蛋白。AR1 蛋白对于昆虫的传递是必需的，但对于 CaLCuV 侵染性是不必需的。此外，删除 AR1 可使症状变弱，但对病毒载体是有利的，经过修饰的 CaLCuV 可作为病毒诱导基因沉默（VIGS）和 miRNA 表达载体已经在一些研究中进行了应用。CaLCuV 可以感染十字花科、甘蓝、花椰菜、拟南芥以及烟草等茄科植物，寄主广泛，经修饰的CaLCuV载体拓宽了它在植物生物技术上的应用。

（2）VIGS引起的PDS沉默。前期研究发现，在利用CaLCuV载体通过siRNA介导的*PDS*基因沉默时，当插入片段少于40bp时，不能引起任何的VIGS现象。用pCVA-gRNA：：NbPDS/pCVB共浸染野生的无*Cas9*转基因的植株，如果仅表现出卷曲特征，而无光漂白现象，则说明在*Cas9*转基因植株上的光漂白现象是由20bp的导向序列引起的基因编辑产生的。

第四篇主要参考文献

崔柳青，李一帆，潘卫东. 2012. 叶绿体基因工程研究进展. 生物技术通报，6：1-6

邓小梅，赵先海，袁金英，等. 2014. 植物多基因转化方法研究进展. 林业科技开发，(2)：7-12

杜沙沙，张旭，王进茂，等. 2014. 农杆菌介导 BtCry-1Ac、NTHK1 双价基因烟草植株的研究. 河南农业科学，43（7）：31-37

方锐，畅飞，孙照霖，等. 2013. CRISPR/Cas9 介导的基因组定点编辑技术. 生物化学与生物物理进展，40（8）：691-702

胡银岗. 2006. 植物基因工程. 杨凌：西北农林科技大学出版社

金辉，李铁女，倪丕冲，等. 2012. 叶绿体转化体系研究进展. 生物技术通报，1：1-6

李君，张毅，陈坤玲，等. 2013. CRISPR/Cas 系统：RNA 靶向的基因组定向编辑新技术. 遗传，35（11）：1-9

刘婷婷，范迪，冉玲玉，等. 2015. 应用 CRISPR/Cas9 技术在杨树中高效敲除多个靶基因. 遗传，37（10）：1044-1052

刘新星，罗俊杰，陈玉梁，等. 2015. 农杆菌介导棉花和玉米非组培转化方法探索. 甘肃农业科技，（3）：25-28

闵东红，陈阳，霍冬英，等. 2013. 乙烯应答因子 W17 基因 RNAi 表达载体的构建及小麦遗传转化. 中国农业大学学报，18（1）：16-24

尚霄丽. 2014. 果树遗传转化方法概述. 落叶果树，(1)：16-18

王关林，方宏筠. 2009. 植物基因工程. 北京：科学出版社

王关林，方宏筠. 2014. 植物基因工程. 2 版. 北京：科学出版社

王家佳，张利莉，朱延明，等. 2014. GsPPCK1 和 GsP-PCK3 基因转化苜蓿. 塔里木大学学报，(2)：20-31

王玹瑛. 2014. 胡杨大片段基因转化拟南芥的体系优化和突变体筛选. 呼和浩特：内蒙古农业大学硕士学位论文

杨捷，MChampagne M，Hieber AD，等. 2010. 一种新型叶绿体表达系统的构建. 福州大学学报（自然科学版），38（4）：601-605

张丽君，刘龙龙，张建珍，等. 2014. 农杆菌介导创伤胚转化的应用. 安徽农业科学，(1)：16-18

郑武，谷峰. 2015. CRISPR/Cas9 的应用及脱靶效应研究进展. 遗传，37（10）：1003-1010

周金伟，徐绮嫔，姚婧，等. 2015. CRISPR/Cas9 基因组编辑技术及其在动物基因组定点修饰中的应用. 遗传，37（10）：1011-1020

邹竹荣，张中林，山松，等. 1998. 烟草叶绿体转化载体的构建及转基因植株的获得. 作物学报，24（4）：410-415

Engler C，Gruetzner R，Kandzia R，et al. 2009. Golden gate shuffling：a one-pot DNA shuffling method based on type IIs restriction enzymes. PLoS One，4（5）：e5553

Hsu PD，Lander ES，Zhang F. 2014. Development and applications of CRISPR-Cas9 for Genome Engineering. Cell，05. 010：1262-1278

Jia ZC，Sun YM，Yuan L，et al. 2010. The chitinase gene（Bbchit1）from *Beauveria bassiana* enhances resistance to *Cytospora chrysosperma* in *Populus tomentosa* Carr. Biotechnol Lett，32（9）：1325-1332

Nekrasov V，Staskawicz B，Weigel D，et al. 2013. Targeted mutagenesis in the model plant *Nicotiana benthamiana* using Cas9 RNA-guided endonuclease. Nat Biotechnol，31：691-693

Romero I，Tikunov Y，Bovy A. 2011. Virus-induced gene silencing in detached tomatoes and biochemical effects of phytoene desaturase gene silencing. Journal of Plant Physiology，168：1129-1135

Sander JD，Maeder ML，Reyon D，et al. 2010. Dobbs D. ZiFiT（Zinc Finger Targeter）：an updated zinc finger engineering tool. Nucleic Acids Res，38（Suppl2）：W462-W468

Shan QW，Wand YP，Li J，et al. 2014. Genome editing in rice and wheat using the CRISPR/Cas system. Nature Protocols，9（10）：2395-2410

Tang Y，Wang F，Zhao JP，et al. 2010. Virus-based microRNA expression for gene functional analysis in plants. Plant Physiol，153：632-641

Xu GY，Sui N，Tang Y，et al. 2010. One-step，zero-background ligation-independent cloning intron-containing hairpin RNA constructs for RNAi in plants. New Phytol，187：240-250

Yin KQ，Han T，Liu G，et al. 2015. A geminivirus-based guide RNA delivery system for CRISPR/Cas9 mediated plant genome editing. Sci Rep，5，14926；doi：10. 1038/srep14926

第五篇

转基因植物的检测鉴定

遗传转化获得的再生植株必须进行分子生物学鉴定，检测植株中目的基因是否整合，是否表达。一般来说，转基因植物的检测包括4个方面：检测转基因植株中标记基因及报告基因是否表达；从DNA水平上检测目的基因是否整合到受体基因组中；从RNA水平上检测目的基因是否转录；以及从蛋白水平上检测目的基因是否能够合成蛋白质。本篇详细阐述这些检查技术，同时汇集了近期研究的新成果和新技术，介绍几种最新的转基因植物检测新技术。

第 23 章

标记基因及报告基因表达检测

实验 23-1　冠瘿碱检测

【实验目的】

检测冠瘿碱合成酶基因在植物细胞中的整合及表达情况。

【实验材料】

(1) 待测样品：转化后的植物组织。

(2) 阴性对照：非转化的植物组织。

(3) 阳性对照：冠瘿瘤组织。

【实验试剂】

(1) 0.1mg/ml 标准精氨酸溶液。

(2) 提取缓冲液：0.2mol/L Tris-HCl、0.5mol/L 蔗糖、0.1%抗坏血酸、0.1%盐酸半胱氨酸，使用前加入 β-巯基乙醇（终浓度为 10mmol/L）。

注：β-巯基乙醇具有刺激性，需在通风橱中操作。

(3) 80%乙醇。

(4) 电极缓冲液。

Ⅰ：甲酸/乙酸/水（5∶15∶80）

Ⅱ：甲酸/乙酸/水（15∶12∶63）

注：酸性试剂具有强烈的刺激性，需要在通风橱中配制，配好后封闭保存可反复使用。

(5) 电泳指示剂：0.5%甲基绿乙醇溶液。

23-1-1　胭脂碱、章鱼碱检测

【特殊目的】

用荧光染料菲醌进行染色，检测两种常见的冠瘿碱——胭脂碱、章鱼碱合成酶基因是否在植物细胞中整合表达，以此推断外源基因是否转化成功。

【实验试剂】

(1) 标准胭脂碱溶液：0.1mg/ml 水溶液。

(2) 标准章鱼碱溶液：0.1mg/ml 水溶液。

(3) 胭脂碱合成预培养培养基：MS＋10mmol/L 精氨酸＋5mmol/L α-酮戊二酸。

(4) 章鱼碱合成预培养培养基：MS＋10mmol/L 精氨酸＋5mmol/L 丙酮酸。

(5) 菲醌染色液：使用时取 A 液和 B 液等体积混匀。

A 液：0.02%（*m*/*V*）菲醌/乙醇液——称取 2mg 菲醌溶解 10ml 无水乙醇中。

B 液：10%（*m*/*V*）NaOH/60%（*V*/*V*）乙醇液——称取 1g NaOH 溶解于 10ml 60%乙醇中。

注：此液有很强的腐蚀性。

(6) 胭脂碱反应液（NIM 溶液）：精氨酸 210mg、α-酮戊二酸 186mg 溶解在 100ml MS 中，－20℃储存。

(7) 章鱼碱测定液。

① A 液（pH8.4）：0.4mol/L Na_3PO_4、27.6g/L NaH_2PO_4、28.4g/L Na_2HPO_4。

② B 液（pH7.0）：6.3mg 盐酸精氨酸、8.2mg 丙酮酸用 0.5ml ddH_2O 溶解，再加入 0.5ml A 液混匀。

③ C 液：1ml B 液加入 14.2mg NADH，现用现配。

(8) 胭脂碱测定液。

① A 液（pH8.4）：同上。

② B 液（pH6～7）：12.7mg 盐酸精氨酸、10.1mg α-酮戊二酸用 0.5ml ddH_2O 溶解，再加入 0.5ml A 液和 0.07ml 1mol/L NaOH 溶液混匀。

③ C 液：1ml B 液加入 11.3mg NADH，现用现配。

【实验操作】

1）电泳用滤纸准备

取一张 20cm×30cm 的层析滤纸，用软铅笔在距一端 6cm 处轻描出起点线及点样点，样点之间距离 1.5cm。

2）样品准备

根据原理及操作不同分为 5 种方法。

(1) 方法一：一步点样法。将材料放在层析纸点样点处，用玻璃棒碾碎，直接将汁液挤压在滤纸上。

(2) 方法二：直接提取材料中冠瘿碱点样。取 100～200mg 植物材料，置于离心管或匀浆器中制成匀浆，10 000r/min 离心 2min，将全部上

清液点样。

(3) 方法三：冠瘿碱活体合成法Ⅰ。

① 取 100～200mg 待测植物组织浸入 500μl NIM 溶液中，置于 25℃恒温水浴中过夜。

② 取出组织，用蒸馏水漂洗数次，滤纸吸干。

③ 将处理好的组织块放入离心管中，用玻璃棒捣碎，制成匀浆，10 000r/min 离心 3～4min。若无明显的上清液，可在离心管中加入 5～10μl ddH_2O，用玻璃棒重新搅匀再离心。

④ 取上清液 5～10μl 点样。

(4) 方法四：冠瘿碱活体合成法Ⅱ。

① 将待测组织切成小块，转入预培养的培养基中，培养 24h 以上。

② 取出组织样品，用蒸馏水冲洗，除去多余的培养基，并用滤纸吸干。

③ 将材料置小研钵中，加入等体积的 80%乙醇，研磨成匀浆。

④ 将匀浆转入离心管中，室温条件下浸提 1h 以上。

⑤ 4000r/min 离心 10min，取 5～10μl 上清液点样。

(5) 方法五：提取冠瘿碱合成酶，进行冠瘿碱体外合成。

① 取 100～200mg 植物材料置于小乳钵或匀浆器中，加入 100～200μl 提取缓冲液制成匀浆。

② 4000r/min 离心 10min。

③ 取 10μl 上清液，加入 10μl 测定液混匀，室温反应 1～4h。

④ 取 2μl 反应液点样。

3）点样

(1) 以 0.5%甲基绿乙醇溶液为电泳指示剂，取 2～5μl 点样于滤纸两侧的点样点上。

(2) 取标准精氨酸溶液及标准冠瘿碱溶液各 4μl 分别点在不同的点样点上。

(3) 分别用加样器量取制备好的阴性对照、阳性对照及被检材料的样品液 5～10μl 点在层析纸上各点样处。

(4) 将滤纸非点样端放入电泳槽的负极，使电极缓冲液由非点样端向点样端浸润，点样处一旦湿润，立即接通电源。

4）电泳

400V 稳压条件下电泳 60～90min，当甲基绿电泳指示剂跑到距滤纸边缘 3cm 时停止电泳。

5）染色

电泳完毕取出滤纸，将滤纸彻底吹干，置菲醌染色液中染色 10s，取出彻底吹干。置 254nm 紫外光下观察黄绿色的荧光斑点，用铅笔描出荧光点的位置。

【实验解析】

(1) 5 种样品制备方法中，方法一、方法二为直接点样，操作简单，但有时效果不理想。方法五所用试剂比较复杂。方法四样品提取简单，重复性较好，且在测定冠瘿碱合成酶活性极低的组织时可通过延长预培养时间来增强检测效果。

(2) 用电极缓冲液Ⅱ代替电极缓冲液Ⅰ，可增强冠瘿碱和其他荧光化合物的分离效果。

(3) 精氨酸及冠瘿碱合成酶的催化产物冠瘿碱等胍基类化合物与菲醌显色剂作用后，在紫外光下显示黄绿色的荧光，约 2d 后变为蓝色。

23-1-2　农杆碱、甘露碱检测

【特殊目的】

检测两种常见的冠瘿碱——农杆碱、甘露碱合成酶基因在植物细胞中的整合及表达，以此推断外源基因是否转化成功。

【实验试剂】

(1) 0.1mg/ml 标准农杆碱溶液。

(2) 丙酮配制的 0.2%硝酸银。

(3) 甲醇配制的 1% NaOH 溶液。

(4) 5%硫代硫酸钠($Na_2S_2O_3 \cdot 5H_2O$)溶液。

【实验操作】

染色前步骤同 23-1-1“胭脂碱、章鱼碱检测”，染色步骤如下。

(1) 取出滤纸吹干，浸入丙酮配制的 0.2%硝酸银溶液中 1min，风干。

(2) 转入甲醇配制的 1% NaOH 溶液中浸 2～3min。

(3) 转入 5%硫代硫酸钠溶液固定，阳性样品出现黑色斑点。

【实验解析】

硝酸银属于强氧化剂、腐蚀品、环境污染物，由于不纯的硝酸银见光不稳定，因此硝酸银溶液应保存在棕色玻璃瓶中，且本实验中染色后的实验操作步骤需在暗室中进行。

实验 23-2　NPT-Ⅱ活性检测

【实验目的】

检测 NPT-Ⅱ蛋白在植物组织中的表达情况，以此推断外源基因是否转化成功。

【实验材料】

(1) 待测样品：经转化的植物材料。

(2) 阴性对照：未经转化的受体植物材料。

(3) 阳性对照：*E. coli*（含 *npt-II* 基因的质粒）或用于转化的农杆菌。

【实验试剂】

(1) 10μCi/μl [γ-^{32}P] ATP。

(2) 植物蛋白提取液：100mmol/L Tris-HCl (pH7.4)、10mmol/L EDTA、1% Triton X-100。

(3) 细菌蛋白提取液：250mmol/L Tris-HCl (pH8.0)、10mmol/L EDTA、50mmol/L 蔗糖、1mg/ml 溶菌酶。

23-2-1 点渍法

【特殊目的】

使用点渍法检测 NPT-Ⅱ蛋白在植物组织中的表达情况。

【实验试剂】

(1) 反应缓冲液：355mmol/L Tris、210mmol/L $MgCl_2$、2mol/L NH_4Cl。

配制方法：Tris 20.183g、$MgCl_2$ 21.348g、NH_4Cl 53.490g 溶于 300ml dH_2O，用 1mol/L 顺丁烯二酸（maleic acid）调 pH 至 7.1，再用 dH_2O 定容 500ml。

(2) 10mmol/L ATP。

(3) 22mmol/L Km 或 Ncomycin。

(4) 1mol/L NaF 或 KF。

(5) 反应液：反应缓冲液 4.936ml、ATP 5μl、[γ-^{32}P] ATP 1.5μl、Km 或 Ncomycin 7μl，NaF 或 KF 50μl。

(6) 封闭液：20mmol/L ATP、100mmol/L 焦磷酸钠。

(7) 冲洗液：10mmol/L 磷酸钠缓冲液（pH 8.5）。

(8) Whatman P81（磷酸纤维素）纸。

【实验操作】

1) 定性检测

(1) 植物蛋白样品制备。

① 称取 100mg 待测植物材料放入离心管中，加入 20μl 提取缓冲液，用玻璃棒碾碎。

② 加入 5μl BSA 和 2μl PMSF，研磨成匀浆。

③ 4℃下 2000r/min 离心 5min，将上清液转移到预冷的离心管中。

注：取材、研磨以及提取上清液的全部过程需要在冰上进行。

(2) 细菌蛋白样品制备。

① 挑取单菌落，接种到 20ml 含相应抗生素的 LB 液体培养基中振荡培养至约 4×10^8 细胞/ml。

② 7000r/min 离心 20min，弃去上清液。

③ 用 500μl 细菌蛋白提取液悬浮沉淀，超声破碎 5s，冰浴冷却 2～3min，重复处理 3 次，直至细胞完全裂解释放出蛋白。

(3) 分别取各样品上清液 15μl 置于离心管中，加入 15μl 反应液混匀，37℃水浴 30min。室温 10 000r/min 离心 5min，将上清液转移至新的离心管中。

(4) 剪取适当大小的磷酸纤维素纸，浸于封闭液中，饱和后取出干燥，以封闭非特异的位点。

(5) 分别取 10～20μl “实验操作” 步骤 1)(3) 中的上清液点在磷酸纤维素纸上，晾干。

(6) 将磷酸纤维素纸置于 80℃预热的冲洗液中冲洗 2min，再转入室温冲洗液中冲洗 10min，重复 3～5 次，取出晾干。

(7) 压 X 线片，曝光 16～48h，进行放射自显影，冲片，观察胶片上的黑色曝光点。

2) 定量测定

(1) 采用上述步骤提取待测样品蛋白。

(2) 采用 Bradford 法测定提取液中的总蛋白含量。

① 取 20mg BSA 加入 0.5ml 提取缓冲液，用 dH_2O 定容至 100ml，配制 0.2mg/ml BSA 母液。

② 取 7 支试管编号，按表 23-1 制作 BSA 梯度稀释液。

表 23-1 实验各组合的成分表

试管编号	BSA 母液/ml	H_2O/ml	BSA 浓度/（μg/ml）
1	0.0	5.0	0
2	0.25	4.75	10
3	0.5	4.5	20
4	1.0	4.0	40
5	1.5	3.5	60
6	2.0	3.0	80
7	2.5	2.5	100

③ 从每支试管中取 4ml BSA 梯度稀释液，加入 1ml 考马斯亮蓝溶液混匀，室温下反应 2min，在 595nm 波长下测定吸收值，以吸收值对 BSA 浓度作图绘制标准曲线。

④ 取 20μl 植物蛋白提取液加 H_2O 至 4ml，加入 1ml 考马斯亮蓝溶液混匀，室温下反应 2min，并测定 595nm 吸收值，根据标准曲线计算样品中总蛋白含量。

(3) 根据上述定性检测步骤 (3) ～ (7) 进行后续实验，放射自显影后从胶片上剪下样品曝光黑点进行计数。定义酶活力单位，并计算酶活力。

【实验解析】

(1) 点渍法检测 NTP-Ⅱ蛋白活性主要是使用放射性标记的 [^{32}P] ATP 检测磷酸基团的转移，这种方法具有简单、快速等特点。

(2) 操作过程中涉及同位素的使用，因此需采取放射性防护设施，操作人员必须穿戴工作服及相关防护用品。操作放射性物质时，必须戴乳胶手套，且不能戴手套接触其他公共物品。做完实验应及时清洗使用过的器皿，整理台面，避免放射性污染。

(3) 进行定量测定时，注意观察做出的标准曲线相关性，是否需要修正，剔除坏点，使标准曲线更为准确。

23-2-2 纸层析法

【特殊目的】

使用纸层析法检测转基因材料中 NPT-Ⅱ蛋白的表达情况。

【实验试剂】

(1) 10% Triton X-100。

(2) 透析缓冲液：100mmol/L Tris-HCl (pH7.4)。

(3) 反应液：100mmol/L Tris-HCl (pH7.4)、10mmol/L $MgCl_2$、0.4mg/ml Km、10μCi/ml [γ-^{32}P] ATP。

(4) 层析液：异丙醇/氨水/水 (5∶4∶1, *V/V/V*)。

【实验操作】

1) 植物蛋白粗提

(1) 取 100mg 植物叶片置于研钵中，加入液氮迅速冷冻，充分研磨成粉末，加 200μl 预冷的植物蛋白提取液制成匀浆。

(2) 将匀浆转移至离心管，4℃下10 000r/min 离心 10min。

(3) 将上清液装入透析袋，用透析缓冲液 4℃透析 3h，透析后的蛋白样品置 −70℃ 冰箱保存。

2) 细菌蛋白粗提

(1) 将大肠杆菌或农杆菌接种于 5ml 含相应抗生素的 LB/YEB 液体培养基中，振荡培养过夜。

(2) 取适量培养液于无菌离心管中，4℃下 10 000r/min离心 2min，弃上清。

(3) 向离心管加入 200μl 细菌提取液，迅速悬浮菌体，置冰浴中 10～15min。

(4) 加入 1/5 体积的 10% Triton X-100，振荡混匀。

(5) 4℃下 10 000r/min 离心 10min。

(6) 将上清液装入透析袋中，4℃ 透析 3h，透析后的蛋白样品于 −70℃冰箱保存。

3) 酶反应

(1) 取 10μl 植物蛋白样品，加入 40μl 反应液混匀，70℃水浴 30min。

(2) 取 1μl 细菌蛋白样品，加入 49μl 反应液混匀，70℃水浴 30min。

4) 层析

(1) 根据样品多少，取一张大小适宜的层析滤纸，距底边 2～3cm 处画一水平线作为起始线，描出间距 1.5cm 的点样点。

(2) 分别取阳性对照、阴性对照及被测样品的反应液 5μl，依次点于不同的点样点上做好记录。

(3) 层析缸内加入 0.5～1.0cm 厚的层析液，将层析纸样品端向下垂直放入层析缸中，密闭层析缸，上行层析。

注：不要将样品点没入层析液，层析过程应在通风橱内进行。

(4) 当层析液到达距纸顶端 0.5cm 左右时，取出层析滤纸，在空气中自然干燥。

5) 放射自显影

(1) 用保鲜膜将层析纸包好，压 X 线片，于 −70℃放射自显影 24h。

(2) 冲 X 线片，观察 X 线片上黑色曝光点，对比阴性及阳性对照并分析实验结果。

【实验解析】

(1) 纸层析法与点渍法相同，都是使用放射性标记的 [^{32}P] ATP 检测磷酸基团的转移，简单、快速。

(2) 同位素的使用过程应小心谨慎，否则会造成环境污染。

(3) 纸层析是以滤纸为惰性支持物的分配层析。滤纸纤维上的羟基具有亲水性，水被吸附在滤纸纤维素的纤维之间形成固定相。有机溶剂为流动相，与水不相溶，把预分离物质加到滤纸的一端，使流动溶剂经此向另一端移动，这样物质随着流动相的移动进行连续、动态的不断分配而得到分离，以便检测。

(4) 层析点样时手要洗净，操作中尽可能少接触滤纸，以免污染；点样点不宜过大，直径应小于 0.5cm；层析液中含有腐蚀性药品，取用时注意安全，防止溅到皮肤或眼睛。

23-2-3 非变性聚丙烯酰胺凝胶电泳法

【特殊目的】

使用非变性聚丙烯酰胺凝胶电泳法检测转基

因材料中 NPT-Ⅱ蛋白的表达情况。

【实验试剂】

（1）40mmol/L PMSF。

（2）10mg/ml BSA。

（3）反应缓冲液（pH7.1）：67mmol/L Tris-malate、42mmol/L $MgCl_2$、400mmol/L NH_4Cl。

（4）3000Ci/mmol [γ-^{32}P] ATP。

（5）1mg/ml 胰蛋白酶溶液：溶解于 1% 的 SDS 溶液中。

（6）10mmol/L 磷酸钠缓冲液（pH7.6）。

（7）5×native-PAGE 电泳缓冲液（pH8.3）：甘氨酸 139.6g/L、Tris 15.2g/L。

（8）丙烯酰胺储存液：300g/L 丙烯酰胺、8g/L 甲叉双丙烯酰胺（棕色瓶内 4℃储存）。

（9）1.5mol/L Tris-HCl（pH 8.8）。

（10）1mol/L Tris-HCl（pH6.8）。

（11）过硫酸铵。

（12）TEMED。

（13）5×native-PAGE 上样缓冲液：60mmol/L Tris-HCl（pH6.8）、0.1% 溴酚蓝、25%甘油。

（14）Whatman P81（磷酸纤维素）纸。

【实验操作】

（1）采用实验 23-2-1 方法提取待测样品总蛋白。

（2）制备 1%覆盖琼脂糖凝胶：设聚丙烯酰胺凝胶的面积为 S，配制 0.15cm 厚的琼脂糖凝胶覆盖层，所需各试剂用量如下 [γ-^{32}P] ATP 0.5SμCi，Km 0.2Sμl，反应缓冲液 0.075Sml，2%低熔点琼脂糖 0.075Sml。

配制方法：将琼脂糖与反应缓冲液加热混合均匀，冷却至 37℃，加入 Km，迅速混匀，于 37℃保温，覆盖前加入 [γ-^{32}P] ATP 混匀。

（3）取适量的样品液于冰冷的离心管中，与 1/5 体积的上样缓冲液混合，用加样器转移到聚丙烯酰胺凝胶样品孔中。

（4）100V 恒压 4℃电泳至溴酚蓝泳动至距胶底部 1cm。

（5）NPT-Ⅱ原位分析。

① 结束电泳后，从电泳槽中取出聚丙烯酰胺凝胶板，揭去上层玻璃板，除去浓缩胶，切去分离胶的左下角以标示方向。

② 将分离胶转移到装有预冷蒸馏水的方盘中，在冷室中振荡两次，每次 10min。

③ 在冷室中加预冷的反应缓冲液平衡 15～30min。

④ 将聚丙烯酰胺凝胶转置室温条件备用。

⑤ 将 37℃的琼脂糖凝胶溶液覆盖在聚丙烯酰胺凝胶上，于室温放置 30min。

⑥ 取一张与凝胶大小相同的 Whatman P81 纸，于反应缓冲液中浸湿，用滤纸吸去多余液体，准确地覆盖在凝固的琼脂糖凝胶上，避免胶与纸间出现气泡。

⑦ Whatman P81 纸上放上 3 层普通滤纸，普通滤纸上放一叠约 5cm 厚吸水纸，压上约 1kg 的重物，转移 1～3h。

⑧ 取出 Whatman P81 纸置于 65℃蛋白酶溶液中温育 30min。

⑨ 用 80～90℃的 10mmol/L 磷酸缓冲液洗涤 5 次，每次 5min。

⑩ 将冲洗好的 Whatman P81 纸夹在两层普通滤纸之间干燥。

⑪ 用保鲜膜将干燥后的 Whatman P81 纸包好，压 X 线片，曝光数小时至 1 周。

⑫ 冲 X 线片，观察黑色条带的有无、深浅及位置。

【实验解析】

（1）非变性聚丙烯酰胺凝胶电泳（native-PAGE）是在不加入 SDS 和巯基乙醇等变性剂的条件下，对保持活性的蛋白质进行聚丙烯酰胺凝胶电泳。未加 SDS 的天然聚丙烯酰胺凝胶电泳可以使生物大分子在电泳过程中保持其天然的形状和电荷，它们的分离是依据其电泳迁移率的不同和凝胶的分子筛作用，因而可以得到较高的分辨率，尤其是在电泳分离后仍能保持蛋白质和酶等生物大分子的生物活性，对于生物大分子的鉴定有重要意义。

（2）该方法可精确地检测出 NPT-Ⅱ及 NPT-Ⅱ融合蛋白，检测精度可达到 1ng。

（3）提取细菌蛋白时，超声破碎仪会产生大量热量，因此菌液需置于冰上，并且进行间歇性破裂至菌体完全裂解，如无超声破碎仪，也可于冰上研磨。

（4）丙烯酰胺为神经性毒剂，实验中应佩戴口罩和手套。

实验 23-3　GUS 活性检测

【实验目的】

通过 GUS 活性的测定，了解或研究 *gus* 基因是否转化进入植物细胞以及 GUS 蛋白在植物组织的表达部位，可以用来研究启动子的功能、组织特异性表达、发育调控、mRNA 的稳定性以及各种细胞器靶向蛋白的信号序列。

【实验材料】

(1) 待测样品：转化的植物组织、器官、原生质体、种子的胚及幼苗等。

(2) 阴性对照：非转化的相同材料。

23-3-1　组织化学染色法

【特殊目的】

在适宜的反应条件下，GUS 可将 X-Gluc 水解生成蓝色物质，使具有 GUS 活性的部位或位点呈现蓝色或蓝色斑点，肉眼或在显微镜下可以观察到。本实验以 X-Gluc 作为底物，通过组织化学染色法定性检测 GUS 活性及在植物组织中的表达部位。

【实验试剂】

(1) 10% (V/V) Triton X-100。

(2) 100mmol/L 磷酸钠缓冲液（pH7.2）。

(3) 0.1mol/L $K_4[Fe(CN)_6]$。

(4) 0.1mol/L $K_3[Fe(CN)_6]$。

(5) 0.1mol/L X-Gluc。

注：X-Gluc 见光易分解，应避光保存于－20℃。

(6) 染色液：5ml 100mmol/L Na_3PO_4 缓冲液（pH7.2）、0.2ml 10% Triton X-100、0.2ml 0.1mol/L $K_3[Fe(CN)_6]$、0.2ml 0.1mol/L $K_4[Fe(CN)_6]$、4.6ml ddH_2O、0.2ml 0.1mol/L X-Gluc。

注：染色液最好现用现配，长时间放置会影响染色效果。

(7) FAA 固定液：50ml 无水乙醇、35ml ddH_2O、10ml 37%甲醛、5ml 冰醋酸。

注：FAA 要现用现配。

【实验操作】

(1) 将新鲜待测的植物材料置于预冷的 90% 丙酮中。

(2) 室温抽真空 10min，轻摇混匀 20～30min。同时配制不含 X-Gluc 的染色液，置于冰上预冷。

注：抽真空的时间取决于植物组织的硬度。

(3) 去除丙酮，加入不含 X-Gluc 的染色液，抽真空 10min。同时配制含 X-Gluc 的染色液，置于冰上预冷。

(4) 去除不含 X-Gluc 的染色液，加入预冷的含 X-Gluc 的染色液，使样品浸润到染色液中，在冰上，慢慢地抽真空 15～20min，直至所有的样品都下沉到染色液底部。

注：如果没有下沉，则需再次抽真空直至样品下沉，可能需要 2～3 个循环。

(5) 37℃过夜孵育。

注：孵育时间不能过长，超过两天叶片可能变质。具体时间取决于转基因植株中 GUS 表达的强度，可定时观察。

(6) 取出材料，分别在 20%、35%、50%乙醇中室温漂洗 30min。

(7) 放入 FAA 固定液中室温孵育 30min 固定组织。

(8) 去除 FAA，加入 70%乙醇，此时组织样品可以在 4℃长期保存或在电子显微镜下观察。

(9) 用体式显微镜观察 GUS 染色结果，白色背景上的蓝色斑点即为 GUS 表达位点。

【实验解析】

(1) 实验要有严格的阴性对照，即要有未经转化处理的同种材料同时进行相同方法的染色，阴性对照应无蓝色出现，若产生蓝色即为本底。产生本底的原因主要有：①试材或试剂的细菌污染，尤其是材料的内生菌；②染色时间过长，随保温时间延长，假阳性率增加。缩短染色时间可使本底表达减低。

(2) 染色液中的甲醇可抑制细菌生长。染液中也可不加入甲醇，但在需要进行较长时间染色时应加入 0.02% NaN_3 或 100μg/ml 的氯霉素，以便抑制细菌生长，减少本底表达。

(3) 叶绿素含量高的试材染色后一定要进行脱色，可以进行梯度脱色或者在 70%乙醇中于 4℃长时间放置直至叶绿素完全脱去。

(4) 含多酚、木质素多的试材染色过程中会发生褐化，样品呈现黑褐色而掩盖 GUS 着色。出现这种情况时可将染色后的材料放到 75%乳酸水溶液中，在 1 磅蒸汽压下加热 15min，此方法效果与材料有关，对烟草，马铃薯等有效，但棉花叶片经上述处理会产生一种深红色物质。

(5) $K_4[Fe(CN)_6]$ 和 $K_3[Fe(CN)_6]$ 的浓度可以根据实验材料适当调整，较高的浓度使整体的染色水平降低但是可以提高染色的特异性。2mmol/L 可以适用于大部分植物组织材料，但是可以根据实验需求进行调整。

23-3-2　荧光测定法

【特殊目的】

以 4-甲基伞形酮-D-葡萄糖醛酸苷（4-methyklumbelliferone-D-glucuronide，4-MUG）为底物，产生的 4-甲基伞形酮（4-methylumbelliferone，4-MU）具有荧光，其检测灵敏度可达飞摩尔级。本实验通过荧光测定法定量检测 GUS 活性。

【实验试剂】

（1）GUS 提取缓冲液：50mmol/L 磷酸钠（pH7.0），10mmol/L EDTA，0.1% Triton X-100，0.1% Sarcosyl，6mmol/L L-抗坏血酸，10mmol/L β-巯基乙醇。

注：β-巯基乙醇具有刺激性，需在通风橱中进行操作。

（2）1mmol/L 4-MU（4-甲基伞形酮）：称取19.82mg 4-MU 钠盐，用 dH_2O 溶解，定容至100ml。

注：4℃避光保存可贮存一个月，贮存过程中可能出现有结晶。

（3）GUS 反应缓冲液：GUS 提取缓冲液中加入 1mmol/L MUG（100ml 加入 35.23mg），4℃可保存 2 周。

（4）GUS 反应终止液：0.2mol/L Na_2CO_3。

（5）考马斯亮蓝 G-250 溶液：100mg 考马斯亮蓝 G-250 溶于 50ml 95%乙醇中，加 100ml 磷酸，用水定容至 1L，过滤后于 4℃储存。

23-3-2-1 荧光光度计定量测定法

【特殊目的】

使用荧光光度计定量测定 GUS 活性。

【实验试剂】

（1）聚乙烯吡咯烷酮（PVPP）。

（2）BSA 蛋白。

【实验操作】

1）GUS 提取

（1）新鲜的植物组织 GUS 提取。

① 取待测植物材料及非转基因对照材料 0.3～0.5g 放入研钵中。

② 加入 3 倍体积的 GUS 提取缓冲液，同时加入适量石英砂，将样品磨碎，制成匀浆。

③ 将研磨液转移至 1.5ml 离心管中，加入适量的 PVPP，剧烈振荡 1min，置于 4℃提取 2h，期间颠倒混匀数次。

④ 12 000r/min 离心 10min，收集上清液，于 4℃冰箱中保存备用。

（2）原生质体 GUS 提取。

① 将原生质体培养液低速离心（600r/min，5min），收集原生质体。

② 将原生质体沉淀悬浮于 GUS 提取缓冲液中，加少量石英砂，用细口滴管冲洗数次使原生质体完全破碎。

③ 10 000r/min 离心 5min，收集上清液，于 4℃冰箱中保存备用。

2）用 Bradford 法测定 GUS 提取液中总蛋白含量

（1）制作标准曲线：配制 0.2mg/ml BSA 母液：称取 20mg BSA，加入 0.5ml 提取缓冲液，用 dH_2O 定容 100ml。取 7 支试管，编号，按下表制作 BSA 梯度液（表 23-2）。

表 23-2 实验各组合的成分表

试管编号	BSA 母液/ml	H_2O/ml	BSA 浓度/(μg/ml)
1	0.0	5.0	0
2	0.25	4.75	10
3	0.5	4.5	20
4	1.0	4.0	40
5	1.5	3.5	60
6	2.0	3.0	80
7	2.5	2.5	100

从每支试管中取 4ml BSA 标准液加入 1ml 考马斯亮蓝溶液，混匀，室温下放置 2min，测定 595nm 波长下的吸收值。以吸收值对蛋白浓度作图绘制标准曲线。

（2）提取液中蛋白含量测定：取植物材料 GUS 提取液 20μl，加 dH_2O 至 4ml，加入 1ml 考马斯亮蓝溶液，混匀，室温下放置 2min。测定 595nm 波长下的吸收值，根据标准曲线计算样品蛋白质含量。

3）酶反应

（1）将反应缓冲液于 37℃预热。

（2）取 6 支 EP 管，各加入 900μl 反应终止液，编号。

（3）取 1 支 EP 管加入 1ml 预热的反应缓冲液，再加入 2～100μl 提取缓冲液（具体用量要根据材料情况而定），混匀，立即取出 100μl 加入到 1 号管中，此为反应 0min 的样品（荧光测定时以此为空白），并开始严格计时。

（4）将反应管放入 37℃水浴中进行酶反应，分别于 5min、10min、15min、30min、60min 时各取 100μl 反应液，依次加入到 2～6 号管中，混匀，分别为酶反应 5min、10min、15min、30min、60min 时的样品，供荧光测定用。

4）荧光测定

（1）配制 4-MU 梯度稀释液以制作标准曲线。

100μmol/L 4-MU：取 100μl 1mmol/L MU 与 0.9ml 反应终止液混合。

10μmol/L 4-MU：取 100μl 1mmol/L MU 与 9.9ml 反应终止液混合。

1μmol/L 4-MU：取 100μl 10μmol/L MU 与

0.9ml反应终止液混合。

100nmol/L 4-MU：取 100μl 10μmol/L MU 与9.9ml反应终止液混合。

在激发光365nm，发射光455nm，狭缝10nm条件下测各样品的荧光，以反应终止液为空白，绘制标准曲线。

（2）样品荧光测定以1号管为空白，在上述条件下测定2～6号管的荧光强度。从标准曲线上计算出2～6号管中4-MU含量。

5）酶活力计算

（1）以酶反应时间对4-MU含量作图，直线部分的斜率即为酶反应初始阶段的速度。

（2）酶活力单位定义为：每分钟水解4-MUG生成1nmol或1mg、1μg、1ng 4-MU的酶量为一个单位，根据定义求出各样品的酶活力。

（3）*gus*基因表达活性以每毫克蛋白的酶活力表示，将样品酶活力除以上述测得的样品蛋白含量。

【实验解析】

（1）对于数字显示最高为9999的仪器（如Perkin-Elmer LS series），最方便的是将1μmol/L 4-MU的相对荧光读数设定为1000。这样从测定样品的相对荧光值可以直接读出其量nmol/L，即相对荧光值为1的样品中4-MU含量为1nmol/L。

（2）*gus*基因表达活性除以每毫克蛋白的酶活力表示外，有时可以用样品单位鲜重的酶活力表示，这时不必测定样品的蛋白质含量。

23-3-2-2　底物凝胶定性测定法

【特殊目的】

采用底物凝胶定性测定法检测GUS活性（刘家胜，1993）。

【实验试剂】

琼脂糖。

【实验操作】

（1）底物凝胶制备。

① 将5mg 4-MUG及8mg琼脂糖分别加入5ml GUS提取缓冲液，加热溶解。

② 将上述两热溶液合并，混匀，倒入培养皿中。

③ 凝固后将胶分割成小块，可以立即使用，也可以封存于培养皿内，于4℃冰箱中保存备用。

（2）样品提取。

① 取5～10mg愈伤组织或叶片，置玻璃乳钵中加100～200μl提取缓冲液，用研磨杵研成匀浆。

② 匀浆转入离心管中，室温下4000r/min离心10min。

③ 取上清液置于另一新EP管中，放入一小块底物凝胶，全部浸入，37℃或室温下放置5～10min。

④ 于紫外灯下检测，底物胶块呈现荧光的样品为*gus*基因转化样品。

【实验解析】

（1）该法简单、快速，一次制胶后可供多次使用。

（2）若酶活性低，可重新将胶放回原提取液中继续保温，可至过夜。

（3）该法的荧光亮度随样品量增加而增加，当反应不明显时可增加样品量。

23-3-2-3　变性聚丙烯酰胺电泳法

【特殊目的】

通过对GUS提取液进行变性聚丙烯酰胺凝胶电泳检测GUS是否表达。

【实验试剂】

（1）上样缓冲液：62.5mmol/L Tris-HCl、0.23% SDS、10%甘油、50mmol/L β-巯基乙醇、0.001%溴酚蓝。

（2）5×电泳缓冲液（pH8.3）：甘氨酸139.6g/L、Tris 15.2g/L。

（3）丙烯酰胺储存液：300g/L丙烯酰胺、8g/L甲叉双丙烯酰胺（棕色瓶内4℃储存）。

（4）分离胶缓冲液（1.5mol/L Tris-HCl pH 8.8）。

（5）浓缩胶缓冲液（1mol/L Tris-HCl pH 6.8）。

（6）过硫酸铵。

（7）TEMED。

（8）10% SDS。

【实验操作】

（1）采用实验23-3-2-1的方法提取植物样品总蛋白。

（2）取10～50μl GUS提取液与等量的上样缓冲液混合，室温下温育10～15min。

（3）将温育后的样品点样于凝胶样品孔内，室温下50V电泳，至溴酚蓝泳至凝胶底部。

（4）从电泳槽中取出凝胶板，揭去上层玻璃，去除浓缩胶，将分离胶放入盛有100ml提取缓冲液方盘中，轻轻摇动30min，更换提取缓冲液，洗涤4次。

（5）将胶转入GUS反应缓冲液中，于冰上放置30min。

（6）用清洁滤纸吸干胶上的反应缓冲液，室温下放置10～30min。

(7) 向胶面上均匀喷洒GUS反应终止液，在360nm波长下观察凝胶上的荧光区带，并以GUS标准样品的荧光区带位置为对照，分析产生荧光区带的分子大小。

【实验解析】

(1) 该实验可用于分析GUS融合蛋白及融合蛋白在植物细胞内的转移及代谢情况。

(2) 该方法十分灵敏，可检出0.2ng的GUS蛋白含量。

(3) 如需提高反应灵敏性，可以在37℃进行酶反应，反应前要将胶上的缓冲液吸干。

23-3-3 比色测定法

【特殊目的】

GUS能够以对硝基苯基-β-D-葡萄糖醛酸苷(P-nitrophenyl-β-D-glucuronide，PNPG)为底物，催化其水解，生成对硝基苯酚(P-nitrophenol)。本实验采用比色测定法对GUS活性进行测定。

【实验试剂】

(1) GUS反应缓冲液：50mmol/L Na_3PO_4(pH7.0)、10mmol/L EDTA、0.1% Triton X-100、10mmol/L β-巯基乙醇、1mmol/L PNPG。

(2) GUS反应终止液：1mol/L 2-氨基-2-甲基-1,3-丙二醇(2-amino-2-methyl-1，3-propanadiol)。

(3) 对硝基苯酚。

【实验操作】

(1) 采用23-3-2-1“荧光光度计定量测定法”的方法提取植物样品总蛋白。

(2) 采用23-3-2-1“荧光光度计定量测定法”的方法测定提取液总蛋白质的含量。

(3) 酶反应。

① 取6支EP管，分别加入35μg上述提取的总蛋白，再加入反应缓冲液至总体积为1ml，混匀。

② 立即向第一个EP管中加入400μl反应终止液，此为反应时间为0min的样品。

③ 将其他5支EP管置于37℃恒温水浴，分别在5min、10min、15min、30min和60min向管内加入400μl反应终止液，作为不同反应时间的样品。

(4) 配制0～5μmol/L之间10个浓度的对硝基苯酚，测定其在415nm波长下的光吸收值，并以吸收值对对硝基苯酚浓度作图，绘制标准曲线。

(5) 以0min样品为空白，测定不同反应时间的样品在415nm波长下的光吸收值，根据对硝基苯酚标准曲线计算其含量。

(6) 酶活力计算。

① 以酶反应时间对对硝基苯酚含量作图，直线斜率即为酶反应初始阶段的速率。

② 酶活力单位定义为：每分钟水解PNPG生成1nmol/L或1mg、1μg对硝基苯酚的酶量为一个单位，根据定义求出各样品的酶活力。

③ GUS蛋白表达活性以每毫克蛋白的酶活力表示，将样品酶活力除以上述测得的样品蛋白含量。

【实验解析】

(1) *gus*基因存在*E. coli*等一些细菌基因组内，编码β-葡萄糖苷酸酶。由于绝大多数植物没有检测到葡萄糖苷酸酶的背景活性，因此这个基因被广泛应用于植物基因调控的研究中。其检测方法简单，可定性或定量：使用X-Gluc为底物，通过显色反应来观察；或者使用4-MUG为底物，反应以后生成荧光物质，通过荧光检测仪来进行精确定量；本实验则以PNPG为底物，通过比色法测定GUS的活性。

(2) 在提取缓冲液中加入非水溶性PVPP，可以很好地去除大多数色素。L-抗坏血酸有利于分光检测背景值的降低。

(3) 用荧光法及比色法进行GUS活性定量测定时，主要问题是消除植物细胞内某些小分子物质的荧光淬灭作用对光吸收的干扰，这些小分子物质可以通过柱层析的方法去除。

实验23-4 Cat活性检测

【实验目的】

检测报告基因*cat*(氯霉素乙酰转移酶)在植物细胞中的表达情况。

【实验材料】

(1) 待测样品：转化后的植物材料。

(2) 阴性对照：未转化的植物材料。

(3) 阳性对照：含携带*cat*基因质粒的*E. coli*。

【实验试剂】

(1) 提取缓冲液：0.25mol/L Tris-HCl(pH 7.9)。

(2) 乙酰CoA。

23-4-1 DTNB比色法

【特殊目的】

使用DTNB比色法测定待测样品中Cat蛋白的活性。

【实验试剂】

（1）反应缓冲液：0.25mol/L Tris-HCl（pH7.9）、0.1mmol/L 乙酰 CoA、0.4mg/ml DTNB。

（2）1mmol/L 氯霉素溶液。

（3）BSA 蛋白。

（4）考马斯亮蓝 G-250 溶液。

【实验操作】

（1）待测样品 Cat 蛋白的提取。

① 取 100～200mg 待测的植物材料于研钵中，迅速加入液氮冷冻，充分研磨成粉末。

② 将粉末转移至 EP 管中，加入 500μl 预冷的提取缓冲液，制成匀浆。0℃下 6000r/min 离心 5min。

③ 将上清液转入另一 EP 管中，于 65℃保温 10min。

（2）酶反应。

① 将反应缓冲液和氯霉素溶液于 37℃预热。

② 用 Bradford 法测定 Cat 蛋白提取液中的蛋白质含量，具体操作步骤详见 23-3-2-1“荧光光度计定量测定法”。

③ 取多支 EP 管，分别加入适量的 Cat 蛋白提取液和反应缓冲液混匀，加入终浓度 0.1mmol/L 的氯霉素，立即混匀，开始计时。

④ 以 0min 的样品作为对照，迅速测定酶反应不同时间的样品在 412nm 波长下的吸光度。

（3）酶活力计算。

① Cat 酶活力单位定义为 37℃、1min 催化 1μmol/L 氯霉素乙酰化的酶量。

② 待测样品 Cat 活性以每毫克蛋白中含有的酶活力单位表示：

$$\text{Cat 活性}=\frac{\text{OD }412_t-\text{OD }412}{t\times 13.6\times C\times V}$$

式中，t 为反应时间（min）；C 为酶液中蛋白质浓度（mg/ml）；V 为反应中加入酶液体积（ml）。

【实验解析】

（1）该方法为偶联测定 Cat 活性，Cat 催化氯霉素乙酰化，偶联反应中氯霉素乙酰化的摩尔数与 DTNB 还原产物 5-thio-nitrobenzote 的摩尔数相同。5-thio-nitrobenzote 的摩尔数可由光吸收求出，其摩尔消光系数为 13 600。

（2）提取液于 65℃保温 10min 的作用是将抑制 Cat 活性的物质失活，减少干扰。

（3）必须注意避免 Cat 酶溶液中含有高浓度的硫醇。

（4）某些细胞粗提物中硫酯酶的活性较高，会使乙酰 CoA 水解，导致 412nm 波长下的吸收值增加，影响测定的精确性，必要时应纯化 Cat。

（5）酶提取液及反应液中不能加入具巯基的保护剂，在偶联反应中，DTNB 会使酶活性迅速下降，但由于氯霉素乙酰化的速度明显大于 Cat 失活的速度，因此只要是酶提取液与反应液混合后迅速加入氯霉素，就可以近似测得 Cat 在反应起始时的活性。

（6）此方法精确性较差，但具有不需要放射性标记的优点。

（7）DTNB 在偏酸性溶液中较为稳定。随着介质 pH 的升高，DTNB 二硫键逐渐断开，裂解成 TNBA 双阴离子，因此，为减少 DTNB 自身降解的影响，配制 DTNB 储存液选用 pH4.0 的磷酸缓冲溶液。

23-4-2　薄层层析法

【特殊目的】

使用薄层层析（TLC）法测定待测样品中 Cat 蛋白的活性。

【实验试剂】

（1）40～60mCi/mmol ^{14}C 氯霉素。

（2）硅胶 G。

（3）1%羧甲基纤维素。

（4）乙酸乙酯。

（5）氯仿/甲醇（95∶5，V/V）。

【实验操作】

（1）采用 23-4-1“DTNB 比色法”方法提取待测样品。

（2）采用 23-2-2“纸层析法”方法提取 *E. coli* 中 Cat 蛋白。

（3）取 180μl Cat 蛋白提取液至新离心管中，加入 20μl 乙酰 CoA（4mmol/L）和 1μl ^{14}C 氯霉素，混匀，37℃水浴保温 3h。

（4）反应产物抽提。

① 向离心管内加入 600μl 乙酸乙酯，在涡旋振荡器上剧烈振荡 1min。

② 5000r/min 离心 5min，小心吸取上层乙酸乙酯相，转移到另一离心管中，使用真空浓缩仪进行抽真空干燥处理。

③ 加入 10～15μl 乙酸乙酯溶解。

（5）层析检出。

① 取一块洁净的 8cm×10cm 的玻璃板。称取硅胶 G 4.5g，置于乳钵中，加入 1ml 1% 的 CMC 及 7ml H_2O，按照同一个方向轻轻调匀，调匀后慢慢倒在玻璃板上，轻轻振动玻璃板，使硅胶向四周摊平，放在水平处，自然干燥后放入 150℃烘箱中干燥 30min。取出硅胶板，用软铅笔

在距底边 1.5cm 处画一直线作为起始线，并在起始线上描出点样点，各点之间相距 1.5cm。

注：搅拌硅胶的时候要缓慢搅动，注意不要搅起气泡。

② 在同一块硅胶板上点以下 4 种样品。

层析对照样品：^{14}C 氯霉素 1μl。

阴性对照样品：非转化植物 Cat 蛋白提取液的酶反应产物 10～15μl。

阳性对照样品：*E. coli* Cat 蛋白提取液的酶反应产物 5μl。

待测植物样品：待测植物样品 Cat 蛋白提取液的酶反应产物 10～15μl。

注：样品液分 2～3 次用毛细管点到硅胶板点样点上，每次点样后立即用吹风机的冷风吹干，不同样品使用不同的毛细管避免交叉污染。

③ 层析缸内加入氯仿/甲醇混合液，约 0.5cm 厚度，沿层析缸内壁挂一张 Whatman 3mm 滤纸，下缘浸入展开剂，以平衡缸内气体。将硅胶板点样端向下放入展开剂中。盖上层析缸盖，上行层析，待展开剂升至距板上缘 1cm 时取出硅胶板，冷风吹干。

注：起始线应位于展开剂上方，展开剂不能浸没点样点；层析缸用前要平衡，层析溶剂当天配制，层析过程要在室温通风橱内进行。

④ 用保鲜膜包好层析板，压 X 线片，－70℃曝光过夜，冲 X 线片，观察放射自显影结果，查看有无乙酰化氯霉素曝光黑点及其颜色深浅。如果 CAT 酶具有活性，在 ^{14}C 氯霉素点的前面，会出现第二个乙酰化氯霉素点或第三个乙酰化氯霉素点。

⑤ 若需要定量测定，使用光密度计（densitometer）对自显影图谱进行扫描，或将标记的乙酰化氯霉素斑点从薄层板上刮下，用闪烁计数器测定放射性强度。

【实验解析】

（1）薄层层析是一种快速而微量的层析方法，它是将一种固定支持物均匀地涂在薄板上，对物质进行层析的方法。本实验中支持物是硅胶 G，层析时根据吸附剂对样品中各组分的吸附能力不同造成各组分的移动速度不同，从而达到分离混合物的目的。

（2）本实验采用极性较大的物质采用甲醇：氯仿系统作为流动相。一般情况下极性较大的物质易被硅胶吸附，极性较弱的物质不易被硅胶吸附，整个层析过程即是吸附、解吸、再吸附、再解吸过程。硅胶柱层析流动相极性小的用乙酸乙酯：石油醚系统；极性较大的用甲醇：氯仿系统；极性大的用甲醇：水：正丁醇：乙酸系统；条带出现拖尾可以加入少量氨水或冰醋酸。

（3）一定要有对照组用 CAT 酶代替细胞提取液，来验证反应及层析等过程的可行性。

（4）4mmol/L 乙酰 CoA 溶液，最好用前配制，配制的溶液可保存于－20℃，但不可超过 10d。

（5）操作过程中涉及同位素的使用，因此需放射性防护设施。操作人员必须穿戴工作服及相关防护用品，操作放射性物质时，必须戴乳胶手套，但是不能戴手套接触其他公共物品。做完实验应及时清洗使用过的器皿，整理台面，避免放射性污染。

23-4-3 试剂盒法

【特殊目的】

使用试剂盒测定待测植物样品中 Cat 蛋白的活性。

【实验试剂】

（1）Cat 酶活性检测试剂盒（以 Promega 的 Cat Enzyme Assay System Kit 为例）。

（2）PBS 缓冲液（Mg^{2+} 和 Ca^{2+}-free）。

（3）TEN 缓冲液。

（4）0.25mol/L Tris-HCl（pH8.0）。

【实验操作】

（1）待测材料中 Cat 蛋白的提取。此处可根据实验的具体需要使用试剂盒提供的报告基因裂解缓冲液提取或采用 23-4-1“DTNB 比色法”方法提取。

（2）标准酶反应（以报告基因裂解缓冲液提取物为例）。

① 在 1.5ml 离心管中加入以下试剂：

Cat 蛋白提取液	10～50μl
^{14}C 氯霉素（0.05mCi/ml）	3μl
n-Butyryl CoA	5μl

加入 0.25mol/L Tris-HCl（pH8.0）至总体积 125μl。

用提供的氯霉素乙酰转移酶作为阳性对照，以不含 Cat 蛋白提取液的裂解缓冲液为阴性对照。

② 37℃孵育 30min 至 20h。

③ 终止反应：若采用液体闪烁计数法则加 300μl 混合二甲苯（Aldrich Cat. ＃ 24-764-2）至每支离心管；若采用薄层层析法则加 500μl 乙酸乙酯至每支离心管。

（3）液体闪烁计数法测定 Cat 活性。

① 将上述反应液涡旋振荡 30s，微型离心机最大速度离心 3min。

② 将全部或固定体积的上层液相（二甲苯）转移至新离心管。加入现制的 100μl 0.25mol/L Tris-HCl（pH8.0），重复步骤（3）中①。

③ 为增加灵敏度，重复步骤（3）中②一次，以去除有机相中残留的基底。如果对灵敏度要求不大，可忽略此步骤。

④ 小心地取 200μl 或固定体积的上层有机相置于闪烁管。

⑤ 加入适量闪烁液（如 Ready-Safe™ scintillant），用液体闪烁计数器测量样品放射性。

⑥ 每个样品的 cpm 代表丁酰化的氯霉素产物。

⑦ 减去阴性对照反应中氯霉素的 cpm，以得出每个样品的丁酰化产物的水平。

（4）薄层层析法测定 Cat 活性。

① 将上述反应液涡旋振荡 1min，微型离心机最大速度离心 3min。

② 转移上层有机相至新离心管，蒸发干燥。

③ 用 30μl 乙酸乙酯重悬，将 10μl 样品加到硅胶 TLC 板上，并干燥。剩余样品晾干并保存于 −20℃。

④ 将 TLC 板放进用氯仿/甲醇（97∶3）预平衡过的 TLC 槽中。

⑤ 关上容器，1h 后溶剂前沿移动到板上端大约一半的地方。

⑥ 取出 TLC 板，室温干燥。

⑦ 用保鲜膜覆盖 TLC 板，进行 X 线片曝光。

⑧ 2～7d 后冲洗 X 线片。使用光增强屏可使曝光时间减少到 1d。

⑨ 放射自显影后，从 TLC 板中把放射性斑点切下来，用闪烁计数器测定放射量。

【实验解析】

（1）在前 60min 通过测定不同时间的反应样品可以监控 Cat 酶反应的动力学曲线，这些数据可以精确测量酶活性，尤其是在 Cat 蛋白活性高的情况下。

（2）长时间的孵育具有更高的信号和更大的敏感性，能够检测到低水平的 Cat 蛋白活性。当 Cat 蛋白活性非常低的时候可延长孵育时间至 20h。

实验 23-5　Pat 活性检测

【实验目的】

检测 Pat（膦丝菌素乙酰转移酶）蛋白在植物细胞中的表达情况。

【实验材料】

（1）待测样品：转化后的植物材料。

（2）阴性对照：未转化的植物材料。

【实验试剂】

（1）Tris-HCl。

（2）EDTA。

（3）Leupetine。

（4）PMSF（苯甲基磺酰氟）。

（5）BSA 蛋白。

（6）PPT（膦丝菌素）贮液：0.1mmol/L PPT、50mmol/L Tris-HCl（pH7.5）、2mmol/L EDTA。

23-5-1　DTNB 比色法

【特殊目的】

采用 DTNB 比色测定法检测 Pat 蛋白的活性。

【实验试剂】

（1）提取缓冲液：25mmol/L Tris-HCl（pH 7.5）、1mmol/L EDTA、0.08mg/ml Leupetine、0.08mg/ml PMSF、0.15mg/ml BSA。

（2）反应混合液：100mmol/L Tris-HCl（pH7.8）、0.1mmol/L 乙酰 CoA、0.4ng/ml DTNB。

（3）30%～60%硫酸铵。

【实验操作】

（1）Pat 蛋白提取。

① 取 250mg 植物材料置乳钵中，加入 500μl 提取缓冲液，冰浴中研磨成匀浆。

② 4℃下 6000r/min 离心 5min。

③ 将上清液转入离心管中，用 30%～60%的硫酸铵沉淀蛋白质，6000r/min 离心 5min，去上清液。

④ 向沉淀中加入 200μl 提取缓冲液，使蛋白沉淀充分溶解。

（2）酶反应。

① 在 1cm 的比色杯中加入适量的提取缓冲液和反应混合液，于 37℃平衡。

② 加入终浓度为 0.1mmol/L PPT 混匀，立即计时，并放入分光光度计中在 412nm 波长下测定每分钟吸光值的变化。

（3）酶活力计算。

① Pat 的活力单位定义为：37℃下 1min 催化 1μmol PPT 乙酰化。

② Pat 活性用每毫克蛋白中含有的 Pat 酶活力单位表示。蛋白质浓度测定方法同实验 23-2 “NPT-Ⅱ 活性检测”，酶活力计算同 23-4-1

"DTNB 比色法"。

【实验解析】

PAT 为 PPT 乙酰转移酶，能够使 PPT 的自由氨基乙酰化。其检测原理、方法与 Cat 相同，参见 23-4-1 "DTNB 比色法"。

23-5-2 薄层层析法

【特殊目的】

使用薄层层析（TLC）法检测 Pat 蛋白的活性。

【实验试剂】

（1）提取缓冲液：50mmol/L Tris-HCl（pH 7.5）、2mmol/L EDTA、0.15mg/ml Leupetine、0.15mg/ml PMSF、0.3mg/ml BSA、0.3mg/ml DTT。

（2）PVP（聚乙烯吡咯烷酮）。

（3）58.1mCi/mmol ^{14}C 标记的乙酰 CoA。

（4）丙醇/25％氨水（3∶2，V/V）。

【实验操作】

（1）取 100mg 待测样品，加入 50～100μl 提取缓冲液和 5mg PVP，研磨成匀浆，4℃下 6000r/min离心 5min。

（2）取稀释 10 倍的上清液 12.5μl，加入 0.75μl PPT 贮液和 1.25μl ^{14}C 标记的乙酰 CoA 混匀，于 37℃反应 30min。

（3）取 6μl 反应混合物点在 TLC 硅胶板上（见 23-4-2 "薄层层析法"），以丙醇/25％氨水为展开剂进行层析。

（4）当展开剂接近层析板的顶端时，取出层析板，在室温自然干燥。

（5）压 X 线片，－70℃过夜，冲片，分析结果。

【实验解析】

PAT 为 PPT 乙酰转移酶，其检测原理、方法与 Cat 相同，参见 23-4-2 "薄层层析法"。

实验 23-6 Dhfr 活性检测

【实验目的】

检测 Dhfr（二氢叶酸还原酶）在植物细胞中的整合及表达。

【实验材料】

（1）待测样品：转化后的植物材料。

（2）阴性对照：未转化的植物材料。

【实验试剂】

（1）2％ CTAB 抽提缓冲液。

（2）氯仿/异戊醇（24∶1，V/V）。

（3）异丙醇。

（4）氨甲蝶呤。

（5）35μCi [^{32}P] 磷酸盐。

（6）磷酸盐缓冲液。

（7）75％乙醇。

（8）巯基乙醇。

【实验操作】

（1）植物材料预培养。

① 取 5g 待测植物组织置于不含磷酸盐但附加 0.1mg/ml 氨甲蝶呤的培养基中，25℃黑暗条件下培养 22h，愈伤组织、悬浮细胞、原生质体等温和振荡培养。

② 将材料转入附加氨甲蝶呤并含有 35μCi [^{32}P] 磷酸盐的培养基中，继续培养 22h。

③ 取出材料，用 15ml 磷酸盐缓冲液洗涤 3 次，用滤纸吸去多余水分，置液氮中冷冻。

（2）提取待测样品的基因组 DNA，具体操作步骤参见实验 2-1 "植物细胞总 DNA 提取"。

（3）用 1％琼脂糖凝胶电泳检测植物基因组 DNA。

（4）凝胶表面放一张保鲜膜，压 X 线片，室温曝光一至数天，观察放射自显影条带。

【实验解析】

（1）氨甲蝶呤是细胞关键代谢酶 Dhfr 的强抑制剂，能与 Dhfr 的活性部位结合，使该酶失活，比叶酸对该酶的亲和能力大 10^5 倍。经过氨甲蝶呤处理后大多数细胞死亡，存活下来的细胞中 *Dhfr* 基因得以扩增，提高 Dhfr 的表达水平来抵消氨甲蝶呤的抑制作用，因此将待测材料在附加氨甲蝶呤的培养基中预培养可增加 Dhfr 的表达量，便于检测。

（2）操作过程中涉及同位素的使用，因此需放射性防护设施，在使用过程中应小心谨慎，否则会造成环境污染。

（3）植物组织 DNA 提取有 CTAB 法、SDS 法、试剂盒法，根据实验材料选取适合的提取方法。

实验 23-7 萤光素酶活性检测

【实验目的】

检测萤光素酶蛋白在待测植物细胞中的表达，快速筛选转化体。

【实验材料】

（1）待测样品：转化后的植物材料。

（2）阴性对照：未转化的植物。

【实验试剂】

1mmol/L 萤光素溶液。

23-7-1　光自显影定性检测

【特殊目的】

使用光自显影定性的方法检测萤光素酶蛋白在待测植物中的活性及表达。

【实验试剂】

（1）萤光素溶液：1mmol/L 萤光素、100mmol/L 柠檬酸钠（pH5.0）、20%二甲基亚砜。

（2）萤光素浓度为 80～400μmol/L 的 MS 液体培养基。

【实验操作】

（1）细胞培养物、原生质体中萤光素酶活性的检测。

① 取 200μl 转化的细胞悬浮培养物，加入到微滴板小孔中。

② 取同量非转化的细胞悬浮培养物加入另外的小孔中做对照。

③ 向各小孔加入 200μl 含萤光素的 MS 液体培养基，轻轻摇匀。

④ 微滴板置暗室中，压 X 线片，进行光自显影 1h，冲片，观察对应样品孔处有无曝光点。

（2）离体器官中萤光素酶活性的检测。

① 从转化及对照植株上取下叶片等离体器官，浸入萤光素溶液中 2～3h。

② 取出材料，用滤纸吸去多余的液体，压 X 线片 20min 至 1h，冲片，观察。

（3）整体植株中的萤光素酶活性测定。

① 分别向转化植株及非转化对照植株根部浇 5ml 左右萤光素溶液。

② 6h 后进行光自显影 24h，冲片，观察。

【实验解析】

（1）萤光素酶催化底物发光因无需外源光的激发，避免了非特异性干扰，具有其他报告基因不可替代的优势。其内源性低，在植物和哺乳动物无内源性表达，检测方便且灵敏度高，能检测到 10^{-20}mol 萤光素酶。

（2）此法只能对萤光素酶进行定性检测，待测样品不同，检测方法也相应发生改变，根据具体的待测材料选取适合的方法。

23-7-2　光分析定量检测

【特殊目的】

使用光分析法测定待测植物材料中的萤光素酶的活性。

【实验试剂】

（1）DTT。

（2）ATP。

23-7-2-1　使用光强计检测萤光素酶的活性

【特殊目的】

使用光强计测定萤光素酶的活性。

【实验试剂】

（1）提取缓冲液：100mmol/L 磷酸钾缓冲液（pH7.5）、1mol/L DTT。

（2）反应缓冲液：14mmol/L 甘氨酰缓冲液（pH7.8）、14mmol/L $MgCl_2$、6mmol/L ATP。

【实验操作】

（1）取 100～200mg 植物材料，置液氮中研磨成粉末。

（2）将粉末转入离心管中，加入 200μl 提取缓冲液，混匀，冰上放置 2～3h。

（3）于 4℃下 6000r/min 离心 5min。

（4）取 1/10 体积的上清液，加入反应缓冲液至总体积 400μl，加 100μl 1mmol/L 萤光素，混匀，立即于光强计测定产生的光强度（以光单位 LU 表示）。

（5）计算酶活力：酶活力用每克植物材料产生的光单位表示，即 LU/g 鲜重。用 LU/mg 蛋白表示时要测定提取液的蛋白含量（见实验 23-2 “NPT-Ⅱ活性检测”）。

【实验解析】

萤光素酶根据来源生物种类的不同可以分为以下几类：萤火虫萤光素酶（firefly luciferase，FLuc），发光底物通常为 D-萤光素（D-luciferin），其反应需要 ATP 参与，是目前应用最广泛的一类萤光素酶；海肾萤光素酶（renilla luciferase，RLuc），发光底物为腔肠素，反应无需 ATP 参与，常作为双萤光素酶报告系统（FLuc＋RLuc）的内参基因；长腹水蚤萤光素酶（gaussia luciferase，GLuc），发光底物为腔肠素，反应无需 ATP 参与，GLuc 为分泌型萤光素酶，在细胞水平检测其表达产物时，无需裂解细胞，可直接在细胞培养上清液中检测；海萤萤光素酶（cypridina luciferase，CLuc），发光底物为海萤萤光素（vargulin 或 vargula luciferin），比萤火虫萤光素酶作用于底物后发光亮度更高，酶底物不与 FLuc、RLuc、GLuc 反应，因此可与 FLuc、RLuc、GLuc 任一者构建双萤光素酶报告系统，该酶也是分泌型萤光素酶，具有检测方便的特性；细菌萤光素酶，该酶对热敏感，因此在哺乳细胞研究中的应用受到限制。

23-7-2-2　使用荧光计或闪烁计数器检测萤光素酶的活性

【特殊目的】

使用荧光计或闪烁计数器测定萤光素酶的

活性。

【实验试剂】

（1）基本缓冲液：20mmol/L Tricine、1.07mmol/L $(MgCO_3)_4Mg(OH)_2 \cdot 5H_2O$、2.6mmol/L $MgSO_4$、0.1mmol/L EDTA、33.3mmol/L DTT。

（2）反应液：基本缓冲液中加入 270μmol/L 辅酶 A、470μmol/L 蛍光素、530μmol/L ATP。

（3）植物提取缓冲液：50mmol/L Tris-H_3PO_4（pH 7.8）、2mmol/L DTT、2mmol/L 1，2-diaminocyclohexane-*N*，*N*，*N'*，*N'*-tetraacetic acid、10%甘油、1% Triton X-100。

【实验操作】

（1）取适量的植物材料置于研钵中，用液氮速冻，用研磨杵充分研磨成粉状。用预冷的提取缓冲液重悬。

（2）瞬时离心 5s，去除植物组织中的大块残渣。

（3）吸取 20μl 提取物与 100μl 反应液混合，立即放入荧光计或闪烁计数器中。

（4）测定数秒钟后产生的荧光值。

【实验解析】

（1）萤光素酶与反应底物混合后，立即产生荧光，荧光持续数秒至数分钟即消失。在理想条件下，萤光素酶的可检测浓度小于 10^{-20} mol/L，一般操作均可达到比 Cat 蛋白高 100 倍的灵敏度。

（2）Tricine 为 *N*-三羟甲基甘氨酸，用于制备 pH 7.4～8.8 的缓冲液。

（3）萤光素酶反应的最适温度为 20～25℃，所以本实验在室温条件下进行。

（4）样品需要稀释时，用含 1mg/ml BSA 的提取缓冲液稀释，BSA 可防止萤光素酶过多地吸附在容器表面。

第 24 章

外源基因整合及其特性的检测鉴定

实验 24-1 转基因植物的 Southern 杂交检测

【实验目的】

检测通过遗传转化再生的具有筛选标记抗性的植株，外源基因是否整合到植物基因组中，对转基因植物进行 DNA 水平上的分子鉴定。

【实验材料】

（1）待检测的转化植株。

（2）非转化的受体植株（阴性对照）。

（3）转化使用的菌株或质粒 DNA（制备探针及阳性对照）。

24-1-1 用作探针的核酸片段的制备

【特殊目的】

制备用于探针标记所需的核酸片段。

【实验试剂】

（1）含有目的基因重组中间表达载体的大肠杆菌。

（2）限制性内切核酸酶及其缓冲液。

（3）DNA 聚合酶及其缓冲液。

（4）胶回收试剂盒。

（5）Tris 饱和酚。

（6）氯仿。

（7）异戊醇。

（8）无水乙醇。

【实验操作】

（1）将含有目的基因重组中间表达载体的大肠杆菌在含相应抗生素的 LB 固体培养基平板上划线，倒置于恒温培养箱中，37℃培养过夜，直至长出单菌落。

（2）挑取 LB 培养基平板上的单菌落接种于含有相应抗生素的 LB 液体培养基中，37℃下 180～200r/min 振荡培养过夜。

（3）提取目的基因重组中间表达载体的质粒 DNA，具体操作步骤见 1-1-3“质粒 DNA 大量提取法”。

（4）采用合适的限制性内切核酸酶，从上述目的基因重组载体的质粒 DNA 中酶切所需的探针片段并回收，具体操作步骤见实验 13-3“目的基因与克隆载体的限制性酶切及回收”。

注：① Southern 杂交所采用的探针一般可为载体上的筛选标记基因片段，如果植物基因组中没有内源目的基因，也可以将目的基因作为探针。

② 探针片段回收可采用胶回收试剂盒法，也可以采用乙醇沉淀法。

（5）或利用特异引物，以上述目的基因重组载体的质粒 DNA 为模板，通过 PCR 扩增所需的探针片段，并回收 PCR 产物，具体操作步骤见实验 13-3“目的基因与克隆载体的限制性酶切及回收”。

【实验解析】

（1）探针的长度不宜过短或过长，以 500bp 至 1kb 为宜，探针太短会出现非特异条带，太长会增加杂交的难度。

（2）回收产物纯度要高，可采用进口的 DNA 纯化试剂盒，尤其是酶切之后需确定蛋白已除净，否则会影响后续标记效率。

24-1-2 ^{32}P 同位素标记探针的制备、纯化及效率检测

【特殊目的】

将上述回收纯化的探针 DNA 片段进行标记。根据标记类型可分为同位素标记和非同位素标记，非同位素标记一般采用生物素标记和地高辛标记两种。

24-1-2-1 随机引物合成法制备 ^{32}P 标记 DNA 探针

【特殊目的】

采用随机引物合成法制备 ^{32}P 同位素标记的 DNA 探针片段。

【实验试剂】

（1）DNA 聚合酶Ⅰ Klenow 片段。

（2）随机六核苷酸引物。

（3）10 × 随机标记缓冲液（pH6.6）：

900mmol/L HEPES、10mmol/L $MgCl_2$。

(4) 20mmol/L DTT。

(5) 未标记的 dNTP 溶液：dGTP、dCTP 和 dTTP 溶液各 5mmol/L。

(6) [α-^{32}P] dATP：比活性>3000Ci/mmol，10μCi/μl。

(7)缓冲液 A：50mmol/L Tris-HCl (pH7.5)、50mmol/L NaCl、5mmol/L EDTA、0.5% SDS。

【实验操作】

(1) 将 200ng 回收纯化的 DNA 探针片段 (1μl) 和 7.5ng 随机引物 (1μl) 混合后置于干净的离心管内，水浴煮沸 5min 后，立即置于冰水混合浴中至少 1min。

(2) 同时尽快在一新的离心管内配制下列反应体系 (8μl)，操作应在冰上进行：

20mmol/L DTT	1μl
未标记的 dNTP 溶液	1μl
10×随机标记缓冲液	1μl
[α-^{32}P] dATP	3μl
无菌 ddH_2O	2μl

注：若要一次制备大量探针，可相应扩大上述反应体系。

(3) 将“实验操作”步骤 (1) 离心管中的溶液移到步骤 (2) 的离心管中。

(4) 加入 5U Klenow 片段，充分混匀，瞬时离心，使所有溶液沉于管底，室温反应 3～16h。

(5) 向上述反应液中加入 10μl 缓冲液 A，混匀，即获得标记的探针。若不立即使用，可置铅盒中于−20℃保存。

注：由于同位素标记物具有一定的半衰期，所以保存时需要在离心管壁注明日期。

【实验解析】

(1) 随机引物合成双链探针是使寡核苷酸引物与 DNA 模板结合，在 Klenow 酶的作用下，合成 DNA 探针。合成产物的大小、产量、比活性依赖于反应中模板、引物、dNTP 和酶的量。通常产物平均长度为 400～600 个核苷酸。

(2) 利用随机引物进行反应的优点如下。

① Klenow 片段保留了 DNA 聚合酶Ⅰ的 5′→3′聚合酶和 3′→5′外切酶活性，但没有 5′→3′外切酶活性，反应稳定，可获得大量的有效探针。

② 反应时对模板的要求不严格，用质粒 DNA 模板也可进行反应。

③ 反应产物的比活性较高，可达 4×10^9 cpm/μg 探针。

④ 随机引物反应还可在低熔点琼脂糖中直接进行。

24-1-2-2 切口平移法制备^{32}P 标记 DNA 探针

【特殊目的】

采用切口平移法制备^{32}P 同位素标记的 DNA 探针片段。

【实验试剂】

(1) DNA 聚合酶Ⅰ。

(2) DNaseⅠ。

(3) 10×缓冲液 (pH7.5)：500mmol/L Tris-HCl、100mmol/L $MgSO_4$、1mmol/L DTT、500μg/ml BSA。

(4) 300μmol/L dNTP。

(5) [α-^{32}P] dCTP。

(6) 0.2mol/L EDTA (pH8.0)。

【实验操作】

(1) 取 dATP、dTTP、dGTP 溶液各 10μl，混合成 dNTPs 溶液。

(2) 在一干净的离心管中配制如下反应体系 (20μl)，并充分混匀，瞬时离心，置 15℃恒温条件下反应 60min。

无菌 ddH_2O	7μl
dNTPs 混合物	4μl
10×buffer	2μl
DNA	0.1μl
[α-^{32}P] dCTP	3μl
DNaseⅠ	2μl
DNA 聚合酶Ⅰ	2μl

(3) 向上述反应体系中加入 5μl EDTA 溶液混匀，终止反应。

【实验解析】

(1) 以限量的 DNaseⅠ在待标记的双链 DNA 的每一条链上产生若干个单链缺口，再利用 *E. coli* DNA 聚合酶Ⅰ的 5′→3′外切酶活性和 5′→3′聚合酶活性，在缺口处的 5′端每切除一个核苷酸，则在 3′端添加一个核苷酸以修补缺口，随着缺口在 DNA 链上的移动，用放射性核苷酸代替原先无放射性的核苷酸，将放射性同位素掺入到新合成的 DNA 链中。

(2)^{32}P 标记的 DNA 探针具有放射性，应贮存于铅盒中。

(3) 切口平移法的优点是快速、简便、标记的探针均匀、特异性高、适用于较长的双链DNA；缺点是需要较多的DNA模板（＞200ng）、标记效率较低。随机引物法标记的探针比活性高，但标记探针的产量比缺口平移法低。

（4）切口平移法标记探针效果受以下几种因素的影响。

① 产物的比活性取决于［α-^{32}P］dCTP的比活性和模板中核苷酸被置换的程度。

② DNA酶Ⅰ的用量和 *E. coli* DNA聚合酶的质量会影响产物片段的大小。

③ DNA模板中的抑制物如琼脂糖会抑制酶的活性，故应使用纯化后的DNA片段。

24-1-2-3 Sephadex G-50普通柱层析纯化^{32}P标记的DNA探针

【特殊目的】

采用Sephadex G-50普通柱层析法，纯化上述^{32}P标记的DNA探针。

【实验试剂】

（1）葡聚糖凝胶G-50。

（2）TE缓冲液（pH 7.6）。

（3）TEN缓冲液（pH 8.0）。

【实验操作】

（1）将1～3g Sephadex G-50干胶颗粒悬浮于50～100ml无菌ddH_2O或洗脱液中充分溶胀，溶胀之后将极细的小颗粒倾泻出去。

注：自然溶胀费时较长，加热可使溶胀加速，即在沸水浴中将湿凝胶浆逐渐升温至近沸，1～2h即可达到凝胶的充分胀溶。加热法既可节省时间又可消毒。

（2）反复用无菌ddH_2O洗涤溶胀的凝胶，尽可能除去可溶性葡聚糖。

（3）用TE缓冲液平衡凝胶，高压灭菌，室温下保存。

（4）取一支5ml的硼硅管，尖头填充无菌玻璃棉，用无菌水洗柱。

（5）用无菌滴管将处理好的凝胶悬液装入柱中，保证凝胶均一、连续、无气泡。

（6）用TE缓冲液洗柱。

（7）用移液器将标记反应混合液全部加到层析柱凝胶顶部，用0.1ml TE缓冲液洗管，待样品液进入凝胶时，立即将洗管液加到凝胶上。

（8）待洗管液进入凝胶时，随即用TEN缓冲液进行洗脱。

（9）洗脱液流出约2ml时开始用EP管收集洗脱液，每管3滴，用闪烁仪或手提式放射性监测仪测定各管的cpm值，第一个cpm峰即为标记的DNA探针。

（10）将第一峰的液体收集在一起用于杂交，或置铅盒中于－20℃保存备用。

【实验解析】

（1）当含有大小不同分子的样品加到凝胶柱上时，比凝胶珠平均孔径小的分子就要连续不断地穿入凝胶珠的内部，这样的分子运动路程长，受到阻力大。越小的分子，从柱子上洗脱下来所需时间越长，大分子可直接通过凝胶珠之间的缝隙先被洗脱下来，以此对样品进行纯化。

（2）Sephadex在水溶液、盐溶液、碱溶液、弱酸溶液以及有机溶液中都是比较稳定的，可以多次重复使用。

（3）强酸溶液和氧化剂会使交联的糖苷键水解断裂，所以要避免Sephadex与强酸和氧化剂接触。

（4）Sephadex在高温下稳定，100℃煮沸消毒40min对凝胶的结构和性能没有明显影响。

（5）Sephadex由于含有羟基基团，故呈弱酸性，这使得它与分离物中的一些带电基团（尤其是碱性蛋白）发生吸附作用。

24-1-2-4 Sephadex G-50离心柱层析纯化^{32}P标记的DNA探针

【特殊目的】

采用Sephadex G-50离心柱层析法，纯化上述^{32}P标记的DNA探针。

【实验试剂】

（1）葡聚糖凝胶G-50。

（2）TE缓冲液（pH7.6）。

（3）TEN缓冲液（pH8.0）。

【实验操作】

（1）凝胶处理同24-1-2-3。

（2）制备好离心层析柱，柱子出口处套上一只去盖的无菌离心管。

注：制备好的离心层析柱，可用石蜡膜封顶，于4℃保存一个月。

（3）用TEN缓冲液将待纯化的标记反应液稀释成0.1ml，上样。

（4）1600*g* 离心4min。

（5）取出离心管，管内的液体为纯化的标记探针液，置铅盒中－20℃保存备用。

【实验解析】

Sephadex有不同凝胶珠颗粒大小（一般有粗、中、细、超细）可以选择，一般粗颗粒流速快，但分辨率较差；细颗粒流速慢，但分辨率高。实验时根据分离要求选择颗粒大小。分辨率高的细颗粒要求流速较慢，所以不能实现快速而高效的分离。

24-1-2-5　乙醇沉淀法纯化^{32}P标记的DNA探针

【特殊目的】

采用乙醇沉淀法纯化上述^{32}P标记的DNA探针。

【实验试剂】

(1) 3mol/L乙酸钠（pH7.0）。

(2) 无水乙醇。

【实验操作】

具体操作步骤参见13-3-5“采用乙醇沉淀法进行酶切产物的回收”。

【实验解析】

采用乙醇沉淀法纯化探针的原理是：DNA探针可被乙醇沉淀，而未掺入探针的dNTP则保留在上清液中，反复用乙醇沉淀和清洗沉淀能将两者分开。

24-1-2-6　三氯乙酸沉淀法测定^{32}P标记的探针效率

【特殊目的】

采用三氯乙酸沉淀法，测定上述回收纯化后的^{32}P探针的标记效率。

【实验试剂】

(1) 0.2mol/L EDTA（pH8.0）。

(2) 20mmol/L EDTA（pH8.0）。

(3) 闪烁液。

(4) 10% TCA。

(5) 1%磷酸钠溶液。

(6) 95%乙醇。

(7) 0.1mg/ml载体DNA。

【实验操作】

(1) 取纯化后的标记探针1μl，用0.2mol/L EDTA溶液稀释100倍。

(2) 取3μl稀释的探针点样于硝酸纤维素滤纸上，于空气中干燥后加入适量闪烁液，用液闪仪测定其放射性，此为反应体系（游离的及结合的标记核苷酸）的总放射性。

(3) 另取3μl稀释的探针，加入到一支含有100μl载体DNA及20mmol/L EDTA的试管中，充分混匀。

(4) 向试管中加入1.3ml预冷的10% TCA/1%磷酸钠溶液混匀，冰上静置20min。

(5) 将样品转移到硝酸纤维素膜上，置真空抽滤器抽滤。

(6) 用2ml 95%乙醇冲洗滤膜，再用5ml预冷的10%TCA溶液冲洗滤膜3次，以除去游离的标记核苷酸。

(7) 将滤膜于空气中干燥，加入适量的闪烁液测定放射性，此为TCA沉淀的（即结合的标记核苷酸）的放射性。

(8) 计算结合率：结合率＝TCA沉淀的cpm×100%/总cpm。

【实验解析】

采用三氯乙酸沉淀法测定^{32}P标记探针效率的原理是：TCA与探针结合，转移到滤膜上时会结合到膜上，而游离的标记核苷酸会被洗掉，故可通过测定TCA沉淀前后闪烁液的放射性来计算结合率。

24-1-2-7　磷酸钠洗脱法测定^{32}P标记的探针效率

【特殊目的】

采用磷酸钠洗脱法，测定上述回收纯化后的^{32}P探针的标记效率。

【实验试剂】

(1) 0.2mol/L EDTA（pH8.0）。

(2) 0.5mol/L磷酸钠溶液（pH6.8）。

(3) 闪烁液。

【实验操作】

(1) 取1μl纯化后的标记探针，用0.2mol/L EDTA溶液稀释100倍。

(2) 取2个滤膜，分别在膜中央滴加3μl稀释的探针，将滤膜置于室温干燥。

(3) 取其中一个干燥的滤膜测定总cpm。

(4) 将另一个滤膜用0.5mol/L磷酸钠溶液洗两次，每次5min，除去未结合的标记核苷酸。

(5) 干燥冲洗过的滤膜，并测定cpm。

(6) 计算结合率：结合率＝洗涤滤膜cpm×100%/总cpm。

【实验解析】

采用磷酸钠洗脱法测定^{32}P标记探针效率的原理是：磷酸钠溶液能够洗脱滤膜上未结合的标记核苷酸，但不能洗脱标记的探针DNA，故可通过测定磷酸钠沉淀前后闪烁液的放射性来计算结合率。

24-1-3　生物素标记探针的制备、纯化及效率检测

【特殊目的】

采用生物素标记的方法将回收纯化的探针DNA片段进行标记。

【实验试剂】

（1）DNA 聚合酶及其缓冲液。

（2）2mmol/L dNTP（其中 Bio-11-dUTP：dTTP＝1：2）。

（3）10×上样缓冲液。

（4）TE 缓冲液。

（5）氯仿。

（6）乙醇。

（7）3mol/L NaAC。

（8）缓冲液Ⅰ：0.1mol/L Maleic acid（pH7.5），0.15mol/L NaCl。

（9）缓冲液Ⅱ：3%的 BSA 溶于缓冲液Ⅰ。

（10）1mg/ml SA-AP（抗生素结合蛋白-碱性磷酸酶连接物）溶液（pH7.6）。

（11）缓冲液Ⅲ：0.1mol/L Tris-HCl（pH9.8），0.1mol/L NaCl。

（12）显色液：7.5ml 缓冲液Ⅲ、33μl 75mg/ml NBT、26μl 50mg/ml BCIP。

（13）显色终止液：20mmol/L Tris-HCl（pH7.5）、0.5mmol/L EDTA。

（14）硝酸纤维素膜。

【实验操作】

（1）DNA 探针的标记。

①将 24-1-1“用作探针的核酸片段的制备”回收的 DNA 溶液置于沸水浴中，变性 2min 后速冷，使 DNA 保持变性的单链状态。

②配制如下 PCR 反应体系，充分混匀，4000r/min 离心 10s。

无菌 ddH_2O	15.5μl
10×buffer	2μl
DNA 回收片段	1μl
引物Ⅰ	0.4μl
引物Ⅱ	0.4μl
dNTP	0.4μl
DNA 聚合酶	0.3μl

③通过 PCR 扩增引入生物素标记的 dUTP/dTTP，制备生物素标记的 DNA 探针。

④通过琼脂糖凝胶电泳检测 PCR 产物。

（2）采用乙醇沉淀法回收纯化上述 PCR 产物，具体操作步骤见 13-3-5。

（3）探针效率检测。

①将上述 PCR 回收产物按 100、1000、10 000、100 000 倍进行梯度稀释。

②各取 2μl 上述稀释液，点在硝酸纤维素膜的不同位置上，做好标记，于 80℃烘 1～2h。

③将烘干的膜放入缓冲液Ⅰ中浸湿，装入塑料袋，加入缓冲液Ⅱ，封口，于 65℃保温 1h。

④取出膜吹干后，于 80℃保温 10min，置缓冲液Ⅱ中浸泡 10min，吸干。

⑤用缓冲液Ⅰ将 SA-AP 稀释 1000 倍，终浓度为 1μg/ml。

⑥按 $1cm^2$ 加 70μl 的比例加入稀释的 SA-AP，于 37℃保温 10min。

⑦取出膜，用 SA-AP 溶液用量 20 倍的缓冲液Ⅰ分 2～3 次洗膜，每次 15min。

⑧用缓冲液Ⅲ洗膜两次，每次 10min。将膜放入塑料袋中，按 $1cm^2$ 加 75μl 的比例加入显色液混匀，避光保存 0.5～3h，至颜色出现。

⑨将膜放入反应终止液中 10min，观察各点杂交信号强度。

【实验解析】

（1）生物素标记克服了同位素标记成本高、探针半衰期短、放射性物质危害人体健康等问题。

（2）生物素可共价连接在嘧啶环的 5 位上，合成 TTP 或 UTP 的类似物。在离体条件下，这种生物素化 dUTP 可作为 DNase Ⅰ的底物掺入带有缺口的 DNA，得到生物素标记的核酸探针。

（3）标记在 DNA 探针上的生物素可以和辣根过氧化物酶（HRP）标记链霉亲和素结合，通过 HRP 抗体即可检测。

24-1-4 地高辛标记探针的制备、纯化及效率检测

【特殊目的】

采用地高辛标记的方法将回收纯化的探针 DNA 片段进行标记。

【实验试剂】

（1）0.2mol/L EDTA（pH8.0）。

（2）5×标记混合物。

（3）DIG 标记的对照 DNA。

（4）马来酸溶液（pH7.5）：0.1mol/L 马来酸、0.15mol/L NaCl。

（5）封闭液：用马来酸溶液将 10×封闭液母液稀释 10 倍。

（6）抗体溶液：用封闭液将 Anti-Digoxigenin-AP 抗体稀释 5000 倍。

（7）洗膜缓冲液（pH7.5）：0.1mol/L 马来酸、0.15mol/L NaCl、0.3%（*V*/*V*）Tween-20。

（8）检测缓冲液（pH9.5）：0.1mol/L Tris-HCl、0.1mol/L NaCl。

（9）CSPD 溶液。

【实验操作】

（1）向一个反应管中加入 1μg 上述回收纯化

的模板 DNA 和无菌 ddH_2O，终体积达 16μl。

(2) 沸水浴 10min 以变性 DNA，然后迅速置于冰水混合物中至少 1min。

(3) 充分混合 DIG-High Prime，取 4μl 加入到变性 DNA 中，混合并瞬时离心。

(4) 37℃孵育 1h 或者过夜。

(5) 加入 2μl 0.2 mol/L EDTA，65℃加热 10min 终止反应。

(6) 将地高辛标记的探针 DNA 和阳性对照 DNA 梯度稀释（10、100、1000、10 000、100 000)，然后点到一小块带正电荷的尼龙膜上。

(7) 将尼龙膜放在一张干净的吸水纸上，254nm 照射 3min 使 DNA 交联到膜上。

(8) 取一合适直径的平皿，倒入 20ml 马来酸溶液，将尼龙膜漂浮在溶液表面，直到膜完全浸湿，室温孵育 2～5min。

(9) 将尼龙膜取出，转移至杂交袋中，加入 10ml 封闭液，室温孵育 30min。

(10) 将杂交袋中封闭液倒出，加入 10ml 抗体溶液，室温孵育 30min。

(11) 将尼龙膜转移至洗膜缓冲液中，室温晃动 15min。

(12) 更换新的洗膜缓冲液，再次孵育 15min。

(13) 将膜浸入 10ml 检测缓冲液，室温平衡 2～5min。

(14) 在玻璃板上平铺一层保鲜膜，将膜正面向上平铺于保鲜膜上，在膜上滴加 3 滴 CDPS，用保鲜膜反复粘合，使 CDPS 覆盖整个膜。将膜用保鲜膜包好，并赶出气泡，置于室温 5min。

(15) 将包好的膜正面向上粘贴在压片夹里，压片过夜。同时配制显影液定影液，静置 12h。

(16) 次日，在暗室将底片取出，显影液中 5min，清水中冲洗，定影液中 2min。将片子悬挂晾干，比较地高辛标记 DNA 与对照 DNA 的一系列稀释点的强度。

【实验解析】

(1) 地高辛标记 DNA 探针主要有 3 种方法：随机引物法、PCR 掺入法、及切口平移法。本实验采用的是随机引物法，随机引物与模板 DNA 退火后，由 Klenow 片段从引物 3′端开始延伸引物，将 DIG-11-dUTP 均匀掺入到新合成的 DNA 链中。

(2) PCR 掺入法是通过 PCR 扩增将 DIG-11-dUTP 掺入到新合成的 DNA 链中，该方法标记的探针灵敏度、产量较高。

(3) 切口平移法是用适量的 DNase Ⅰ 在双链 DNA 上打开若干个缺口，然后在 DNA 聚合酶 Ⅰ 的 5′→3′外切活性和聚合活性的共同作用下，在缺口的 5′端切除单链 DNA 序列，随之由新合成的地高辛标记的脱氧核苷酸链取代。

(4) 随机引物法标记 DNA 探针要求对模板要求较高，需是纯化后的线性 DNA。较长的孵育时间（最高达 20h）能够提高地高辛标记 DNA 的产量。采用地高辛高效引物获得的地高辛标记片段的长度为 200～1000bp，甚至更长，这主要取决于原始模板 DNA 的长度。

24-1-5 植物基因组 DNA 的大量提取及纯化

【特殊目的】

提取待检测的抗性植株基因组 DNA，并纯化用于限制性酶切反应。

【实验试剂】

(1) 基因组 DNA 提取试剂见 2-1-4“高盐法提取多糖类植物总 DNA”。

(2) 酚/氯仿/异戊醇混合液（按体积比 25：24：1配制，现配现用)。

(3) 氯仿/异戊醇混合液（按体积比 24：1 配制，现配现用)。

(4) 3mol/L 乙酸钠溶液（pH5.2)。

(5) TE 缓冲液（pH8.0)。

【实验操作】

(1) 采用合适的方法提取植物基因组 DNA，详见实验 2-2“植物核 DNA 提取”。

(2) 向上述 DNA 溶液中加入等体积的酚/氯仿/异戊醇混合液，然后在涡旋混匀器上充分混匀。

(3) 将混合物 12 000r/min 离心 10min 后，移取上层含 DNA 的水相到另一离心管中。如果在水相和有机相交界处有白色沉淀物，则需要重新抽提水相，直到两相交界处无明显沉淀物。

(4) 向上层水相中加入等体积的氯仿/异戊醇混合液，在涡旋混匀器上充分混匀，12 000r/min 离心 10min。

(5) 移取上层含 DNA 的水相到另一离心管中，加 1/10 体积的乙酸钠溶液充分混匀，再向管中加入 2.5 倍体积的预冷无水乙醇，上下倒置混匀，于－20℃静置 30min。

(6) 12 000r/min 离心 5min 弃上清，用 75% 乙醇洗涤沉淀，12 000r/min 离心 5min 弃上清，用吸头将管壁残留的乙醇去除，室温干燥 10～15min（不要等 DNA 沉淀完全干燥，否则 DNA 不易溶解)。

(7) 加入适量 TE 缓冲液，溶解沉淀，并置于－20℃长期保存。

【实验解析】

（1）酚抽提-乙醇沉淀法是纯化 DNA 常用方法，适用于普通实验室操作。它通过交替使用酚、氯仿两种不同的蛋白质变性剂，达到去除蛋白质的效果。

（2）氯仿可以去除核酸溶液中的微量酚，还可以加快有机相与液相混合，去除色素和蔗糖；在氯仿中加入少量的异戊醇可以减少蛋白质变性操作过程中产生的气泡。

24-1-6　植物基因组 DNA 的限制性酶切及纯化

【特殊目的】

对 24-1-5 提取的植物基因组 DNA 进行酶切及纯化。

【实验试剂】

限制性内切核酸酶及其缓冲液。

【实验操作】

（1）取一干净的离心管，加入以下试剂：

10×buffer	20μl
限制酶	10μl
样品 DNA	10～50μg
无菌 ddH_2O 补充至总体积	50μl

（2）充分混匀，瞬时离心，37℃保温过夜。

（3）将反应后的离心管瞬时离心，取 5μl 琼脂糖凝胶电泳检测酶切效果。

（4）向剩余溶液中加入 1/10 体积的 3mol/L 乙酸钠充分混匀。

（5）加入 2 倍体积冰预冷的乙醇充分混匀，置于－20℃中 15～30min，12 000*g* 离心 10min，小心移出上清液。

（6）加入 70%乙醇清洗沉淀，12 000*g* 离心 2min，小心移出上清液，吸去管壁上所有的液滴。

（7）室温下将开盖的 EP 管置于实验桌上，使残留的液体挥发至干，加 30～60μl ddH_2O 溶解 DNA 沉淀。

【实验解析】

（1）混样时应先将 DNA、ddH_2O 及 buffer 混匀，4℃静置混匀后加酶，温和混匀，升温至酶切温度，水浴时 EP 管石蜡膜封口。

（2）通常可用一种或多种限制性内切核酸酶消化待测样品基因组 DNA。DNA 的量应该根据待测植物种类基因组大小、基因拷贝数和探针效率适当调整。当基因组较大时可适当加大 DNA 量，但 DNA 过多会影响酶切效果。

24-1-7　酶切产物的电泳及转移用膜和凝胶的准备

【特殊目的】

分离酶切后的 DNA 产物，同时为下一步 DNA 转移准备凝胶和转移用膜。

【实验试剂】

（1）变性液：1.5mol/L NaCl、0.5mol/L NaOH。

（2）中和液：1mol/L Tris-HCl（pH7.4）、1.5mol/L NaCl。

（3）转移液（10×SSC 或 10×SSPE）。

（4）碱性缓冲液：0.4mol/L NaOH、1mol/L NaCl。

（5）6×上样缓冲液。

（6）尼龙膜。

【实验操作】

（1）制备 0.7%琼脂糖凝胶，不加溴化乙锭及任何染料。

（2）向酶切产物加入上样缓冲液混匀，缓慢加入加样孔，并用含有目的片段的质粒（1ng）作为阳性对照，静置数分钟使 DNA 在加样孔中下沉，先以较大电压使样品迁移出加样孔，之后换较低电压（约小于 1V/cm），使 DNA 以较慢的速率迁移。

（3）预计电泳进行 4～6h，待溴酚蓝迁移出加样孔 4～6cm 时可停止电泳。

（4）电泳后，将凝胶用溴化乙锭染色然后照相。在凝胶一侧放置一把透明直尺以便从照片上直接读出每一 DNA 条带迁移的距离。

（5）用刀片修去凝胶边缘无用的部分，在凝胶左下角切取一小三角，以此作为以下操作过程中凝胶方位的标记。

（6）若所用的尼龙膜带电荷，则室温下将凝胶浸于数倍体积的碱性缓冲液中 15min 并轻轻振荡。换液一次继续浸泡凝胶 20min。

（7）若所用的尼龙膜不带电荷或为硝酸纤维素膜，则将凝胶置于 10 倍体积的变性溶液中室温浸泡 45min 并轻轻振荡。用去离子水冲洗凝胶，然后将凝胶浸于 10 倍体积的中和缓冲液中 30min，并轻轻振荡。换一次中和缓冲液继续浸泡凝胶 15min。

（8）用干净的解剖刀切一张每边均比凝胶大 1mm 的尼龙膜，再切两张与膜同样大小的厚吸水纸。

（9）将膜漂浮于盛有去离子水的皿中直到膜

从下往上完全浸湿，然后将膜浸入适当的转移缓冲液中至少 5min。用干净的解剖刀片切下膜一角，与凝胶切下的一角相一致。

【实验解析】

（1）电泳时将凝胶连带胶槽一并放入电泳池，以防凝胶破碎，点样前需确保 DNA 溶液中的乙醇完全除去。在一个开口的离心管中将 DNA 溶液加热到 70℃即可充分除去残留乙醇；同时，加热处理也可以破坏限制性片段的黏性末端之间的碱基对。

（2）若目的片段大于 15kb 在 DNA 变性前需进行脱嘌呤处理，若目的片段小于 2kb 则应避免脱嘌呤反应。

（3）如果需要，在进行 DNA 变性以及转移到膜上之前，凝胶可以用 Saran 膜包好，平放贮存于 4℃，建议放置时间不要超过一天。

24-1-8　转膜及固定

【特殊目的】

将 DNA 转移到膜上，并固定膜上的 DNA。以尼龙膜碱转为例。

【实验试剂】

（1）碱性转移缓冲液：1mol/L NaCl、0.4mol/L NaOH。

（2）中性转移缓冲液：6×SSC。

（3）中和缓冲液Ⅱ：0.5mol/L Tris-HCl（pH7.2）、1mol/L NaCl。

【实验操作】

（1）转移装置组装：储液池、玻璃挡板、一层吸水纸、凝胶、尼龙膜、三层吸水纸、纸巾及重物。

（2）将玻璃板放在储液池上，前后留出缝隙，用平衡器调平玻璃板，用试管向玻璃板上洒碱性转移缓冲液，之后将滤纸搭在玻璃板上，两端各留出一段浸在碱转液中，待滤纸全部浸湿后用试管赶出滤纸和玻璃板之间的气泡。

（3）将处理好的凝胶倒转平放在滤纸上，使之位于吸水纸中央，赶出凝胶与吸水纸之间的气泡。

（4）用石蜡封膜围绕凝胶四周，但不要覆盖凝胶。

（5）向凝胶上滴加适当的转移缓冲液，将处理好的膜平铺于凝胶上，并使两者切角相重叠，赶出凝胶与尼龙膜之间的气泡。

（6）向膜上滴加碱转液平铺上 3 张滤纸，每铺一层都滴加转移缓冲液并赶出与前一层之间的气泡，最后在 3 张滤纸上放置 10cm 厚的吸水纸。

（7）在室温进行 DNA 转移，前 4h 每 1h 更换吸水纸。压轻物过夜，次日逐渐换重物直到转移 18～24h。

（8）除去凝胶上的纸巾及吸水纸，翻转凝胶以及与之接触的膜，凝胶向上平放于干燥的吸水纸上，标记加样孔的位置。

（9）将凝胶从膜上剥离，弃去凝胶。

（10）将潮湿的膜放在一张干净的吸水纸上，254nm 照射 3min 或 80℃干烤 30min 至 2h，使 DNA 交联到膜上。

【实验解析】

（1）将 DNA 转移至不带电荷的膜时需使用中性缓冲液。碱性转移缓冲液应用于将 DNA 转移到带电荷的尼龙膜。

（2）尼龙膜与凝胶帖服后禁止再移动凝胶和尼龙膜的相对位置。

（3）凝胶可以用溴化乙锭染色 45min，于紫外灯下观察并估计 DNA 转移的效率。由于残留在凝胶中的 DNA 已经变性，荧光强度可能很低。

（4）紫外照射交联时不要过量照射，过量照射将导致大部分胸腺嘧啶共价结合从而降低杂交信号，照射时应当使膜上带有 DNA 的一面朝向紫外光源。

24-1-9　探针杂交及信号检测

【特殊目的】

检测待检 DNA 片段及其相对大小。

【实验试剂】

（1）试剂同 24-1-4 中“实验操作”的步骤（4）～（9）。

（2）预杂交液：DIG Easy Hyb。

（3）杂交液：预杂交液和 25ng/ml 探针。

（4）DIG 标记的探针。

【实验操作】

（1）将含有靶 DNA 的膜漂浮在有 6×SSC 的皿中直到膜自下而上完全浸湿，将膜浸于溶液中 2min。

（2）将膜置入热密封袋中，按每平方米 0.2ml 加入预热的预杂交液中。尽量将袋中的空气挤出。

（3）用热封口机密封袋的开口端两次，轻轻挤压袋子以检查密封的强度是否完整。将袋子放在杂交炉中 50℃，摇动 2h（水性溶剂杂交液 68℃、含有 50%的甲酰胺的杂交液 42℃、磷酸-SDS 杂交液 65℃）。

（4）将探针沸水煮 5min，冰上 2min，重复一次。

（5）迅速将装有膜的杂交袋从杂交炉中取出，用剪刀剪开一角打开袋子，将预杂交液倒出。

（6）将变性的探针加到适量的新鲜预热的杂交液中，使其终浓度为 25～30ng/ml，混匀，将膜和混有探针的杂交液置入新的杂交袋中，赶出气泡，密封，膜正面向上放入杂交炉（50℃），摇动 18h。

（7）杂交后，将袋子取出，剪掉一角倒出杂交液，然后将袋子剪开。将尼龙膜取出，正面向上浸于适量的 2×SSC＋0.1% SDS 溶液中，室温轻轻振荡 5min。

（8）弃掉第一遍洗液，重新加入 2×SSC＋0.1% SDS 溶液，室温轻轻振荡 5min。

（9）弃掉第二遍洗液，加入预热的 0.5×SSC＋0.1% SDS，65℃轻轻振荡 15min。

（10）重复步骤（9）一次。

（11）将膜正面向上浸于 washing buffer 室温摇动 5min。

（12）将尼龙膜置于新的杂交袋中，加入适量封阻 buffer，室温封闭 30min 至 2h。

（13）将尼龙膜置于新的杂交袋中，加入适量抗体溶液室温摇动 30min 至 2h。

（14）将尼龙膜正面向上浸于 washing buffer 室温摇动 15min，重复 2 次，将膜浸于 detection buffer 静置 5min。

（15）在玻璃板上平铺一层保鲜膜，将膜正面向上平铺于保鲜膜上，在膜上滴加 3 滴 CDPS，用保鲜膜反复粘合，使 CDPS 覆盖整个膜。将膜用保鲜膜包好，并赶出气泡，置于室温 5min 之后 37℃反应 5min。

（16）将包好的膜正面向上粘贴在压片夹里，在暗室取 6 张底片，平铺于膜上，压片过夜。同时配制显影液定影液，静置 12h。

（17）次日，在暗室将底片取出，显影液中 5min，清水中冲洗，定影液中 2min。

【实验解析】

（1）杂交温度的确定：$T_m = 49.82 + 0.41\%(G+C) - (600/l)$（$l$＝探针长度）。

（2）预杂交除采用热密封袋方法外，还可以采用杂交瓶或塑料容器杂交。

（3）洗膜过程中不要让膜干燥。

实验 24-2　外源基因整合的 PCR-Southern 杂交检测

【实验目的】

（1）用于直接用 Southern 印迹杂交难以检测出的外源基因整合的鉴定。

（2）检测外源基因 PCR 扩增的真实性，鉴定转基因植株。

【实验材料】

同实验 24-1“转基因植物的 Southern 杂交检测”。

【实验试剂】

与 PCR 扩增及 Southern 印迹杂交实验相同。

【实验操作】

（1）PCR 扩增具体步骤见实验 5-2“基于保守序列的 PCR 扩增”。

（2）PCR 产物琼脂糖凝胶电泳分离、转膜、杂交、放射自显影等操作见实验 24-1“转基因植物的 Southern 杂交检测”。

【实验解析】

（1）PCR 扩增时引物的选择：若植物体内含有目的基因的同源基因，可在标记基因两端设计引物扩增标记基因；若植物体内不含有目的基因的同源基因，即可选择标记基因作为扩增对象也可选择目的基因作为扩增对象。

（2）该实验中 PCR 产物可替代 Southern 杂交实验中基因组 DNA 酶切产物进行杂交。

（3）PCR-Southern 印记杂交的准确性不如 Southern 杂交。

（4）PCR-Southern 印记杂交可以排除 PCR 结果中的假阳性，但是不能确定基因整合的拷贝数。

实验 24-3　外源基因整合的拷贝数检测

【实验目的】

检测转基因植物中，整合到植物细胞染色体上的目的基因的拷贝数。

【实验材料】

（1）待检测的转基因植株。

（2）非转化的野生型植株（用作阴性对照）。

（3）转化使用的菌株或 DNA（用作阳性对照）。

24-3-1　利用 Southern blot 检测转基因植物中外源基因的拷贝数

【特殊目的】

通过 Southern blot 分析，检测转基因植物中，整合到染色体上的目的基因的拷贝数。

【实验试剂】

同实验 24-1“转基因植物的 Southern 杂交检测”。

【实验操作】

具体操作步骤同实验 24-1“转基因植物的

Southern 杂交检测”。

【实验解析】

（1）外源基因整合到受体基因组的拷贝数是影响转基因植株中目的基因表达水平的一个重要因素。外源基因在植物染色体中的整合方式是随机的，可分为 3 种形式：单拷贝单位点整合、串联多拷贝单位点整合、多拷贝多位点整合。

（2）利用 Southern blot 分析外源基因拷贝数的基本原理是外源基因转入同一或者相近的位点概率很小，且基因组酶切产物的大小对于外源基因的插入位点具有不确定性。即外源基因的不同拷贝处于染色体上的不同的位点，而与其相邻的 DNA 序列是存在显著差异的，所以酶切位点也不一样，以相同的限制性内切核酸酶消化后会得到大小不一的 DNA 片段，故凝胶电泳时以不同条带显示出来。

24-3-2　利用 real-time PCR 检测转基因植物中外源基因的拷贝数

【特殊目的】

通过 real-time PCR 分析，检测转基因植物中，整合到染色体上的目的基因的拷贝数。

【实验试剂】

（1）植物基因组 DNA 提取试剂盒。

（2）SYBR green real-time PCR master mix。

（3）内标准基因特异性引物。

（4）目的基因特异性引物。

（5）含有目的基因的重组质粒载体。

【实验操作】

（1）取转基因与非转基因植物的嫩叶置于 EP 管中，迅速放在液氮中冷冻保存（该步骤应迅速完成，防止取下的叶片因长时间放置导致 DNA 降解）。

（2）分别提取转基因与非转基因植物的叶片基因组 DNA，并检测 DNA 样品纯度和浓度，具体操作步骤详见实验 2-2“植物核 DNA 提取”。

（3）根据内标准基因、或目的基因（无内源目的基因时可用）、或筛选标记基因序列，设计用于 real-time PCR 检测的基因特异引物，并鉴定引物的特异性（溶解曲线分析）和反应性（线性关系、扩增效率、检测灵敏度等），具体操作步骤见实验 5-6“实时荧光定量 PCR”。

注：内标准基因应选择在受体植物中为单拷贝的基因，如水稻中的 *SPS* 基因，大豆中的 *Lectin* 基因等。

（4）将带有目的基因的质粒 DNA 按 10、100、1000、10 000 倍进行梯度稀释，以稀释后的质粒 DNA 溶液为模板，进行 real-time PCR 反应得到各自的 Ct 值。通过 Ct 值与起始模板数的对数值之间存在的线性关系，制作目的基因的标准曲线 $\text{Target}_0=10^{(-k\text{Ct}+b)}$。

（5）将非转化植物基因组 DNA 按 10、100、1000、10 000 倍进行梯度稀释，以稀释后的 DNA 溶液为模板，进行 real-time PCR 反应得到各自的 Ct 值。通过 Ct 值与起始模板数的对数值之间存在的线性关系，制作内标准基因的标准曲线 $\text{reference}_0=10^{(-k\text{Ct}+b)}$。

（6）以“实验操作”中的步骤（2）提取的转基因、非转基因植物的基因组 DNA 为模板，以水为空白对照，采用目的基因特异引物进行荧光定量 PCR 反应，得到相应的 Ct 值，根据上述标准曲线方程求得模板中目的基因的初始量。

（7）以“实验操作”中的步骤（2）提取的转基因、非转基因植物的基因组 DNA 为模板，以水为空白对照，采用内标准基因特异引物进行 real-time PCR 反应，得到相应的 Ct 值，根据上述标准曲线方程求得模板中内标准基因的初始量。

注：为确定实时荧光定量 PCR 的准确性和可重复性，实验要求进行 3 次独立的生物学重复，每次生物学重复要求 3 次平行扩增，对 Ct 值进行重演性分析。

（8）由以下公式计算转基因植株中目的基因整合拷贝数。

目的基因整合拷贝数＝（目的基因拷贝数×n）/内标准基因拷贝数（n 为染色体倍数）。

【实验解析】

（1）SYBR Green Ⅰ 实时荧光定量 PCR 法是在 PCR 反应体系中加入 SYBR Green Ⅰ 荧光染料，该染料能够结合于所有的 dsDNA 双螺旋小沟区域并具有受激发产生绿色荧光的能力。当它与 PCR 合成的双链 DNA 结合，在激发光照射下产生荧光。由于荧光信号强度的增加与 PCR 产物量的增加完全同步，因此对 PCR 反应进程中的荧光信号进行实时检测，就可间接地获得 PCR 扩增数据。根据 Ct（cycle thresholds）值与起始模板数的对数值成反比线性关系的原理，制作标准曲线，获得 Ct 值与起始模板数的相关方程，将样品的 Ct 值代入该方程就可获得目的基因的起始模板数。通过与内源参照基因起始模板数的比较，就可以知道基因组中该外源基因的拷贝数。

（2）引物溶解曲线异常的原因。

① 引物特异性较低。引物设计完成以后，应通过 BLAST 检测分析引物的特异性。

② 引物自身有二级结构。引物自身不应存在

互补序列，否则会折叠成发夹状结构，这种二级结构会因空间位阻而影响引物与模板的结合。一般情况下，一对引物间不应多于 4 个连续碱基的同源性或互补性。

（3）实验过程中应注意避免 RNA 污染导致的实验误差。

① 在 DNA 提取过程中应充分消化 RNA，防止 RNA 的残留。

② 基因上下游特异性引物最好有一个跨越内含子区，这样可以避免引物与 RNA 的结合，防止 RNA 的污染，增加引物的特异性。

24-3-3　利用原位杂交检测转基因植物中外源基因的拷贝数

【特殊目的】

通过染色体原位杂交分析，检测转基因植物中，整合到染色体上的目的基因的拷贝数及整合位点。本实验以根尖组织原位杂交为例。

【实验试剂】

（1）FAA 固定液：5ml 福尔马林（38%甲醛）、5ml 冰醋酸、90ml 70%乙醇（为防止幼嫩材料收缩可用 50%乙醇代替 70%乙醇，还可加入 5ml 甘油以防蒸发和材料变硬。甲醛有剧毒，溶液的配制必须在通风橱内进行，要避免将甲醛洒落在台面上造成污染，如有洒落，要及时清理）。

（2）杂交液：50%甲酰胺、0.3mol/L NaCl、30mmol/L 柠檬酸钠、10% 硫酸葡聚糖、40mmol/L 磷酸钠缓冲液（pH6.6）、100μg/L 变性鲑鱼精 DNA。

（3）20×SSC 缓冲液（pH7.0）：175.3g/L NaCl、88.2g/L 柠檬酸钠。

（4）0.01%秋水仙素（少许乙醇溶解后，用灭菌蒸馏水定容）。

（5）10μg/ml RNase。

（6）Anti-mouse-Ig-DIG，Anti-DIG-Fluorescein，Texas-red-Avidin。

（7）7.5mmol/L 5′-氨基尿嘧啶（2，4-dihydroxy-5-aminopyrimidine）。

（8）2.5%的纤维素酶和 2.5%果胶酶混合液。

（9）70%甲酰胺（用 2×SSC 配制），DAPI，无水乙醇，Tween-20。

【实验操作】

（1）取植物幼嫩的根尖，置于 7.5mmol/L 5′氨基尿嘧啶溶液中培养 1d。

注：取材部位一定要准确，取材数量一定要少而精，切忌多而杂，材料为新鲜的活材料。

（2）用灭菌的蒸馏水冲洗后，再置氧含量高的水中培养 8～10h。

（3）将根取出，置 0.01%秋水仙素溶液中预处理 1～3h。

注：为得到良好的处理效果，被处理的材料忌多，每份秋水仙素溶液中根尖不超过 30 个；切取的材料忌大，根尖长为 2～3mm；注意避光通氧，采用振摇的方法完成预处理过程；预处理温度不宜太高，20℃为宜，一般不超过 25℃；预处理时间依物种不同而不同，一般 1～3h。

（4）用水迅速洗净根尖，置于 FAA 固定液中固定 2～4h。

注：固定液宜现用现配。

（5）将固定后的样品先转入 70%乙醇中，再转入 50%乙醇，再转入蒸馏水中泡洗至无乙醇残留。

（6）用 2.5%纤维素酶和 2.5%果胶酶混合液于 37℃酶解，待根变软后取出用蒸馏水洗净，常规压片。

注：酶解时间依物种不同而不同，至根尖变软为止；盖片应用硅化玻璃，防止因盖片释放出的化学物质改变杂交液的 pH 而影响杂交效果。

（7）将压好的玻片置于 RNase 溶液中，37℃温浴 40～60min。

注：RNase 溶液应先经沸水浴处理 10min，以彻底清除其中的 DNase。

（8）用 2×SSC 缓冲液清洗 3 次（每次约 5min），再用 70%乙醇和 95%乙醇各脱水处理 5min，室温下干燥。

（9）将玻片置于 70%的甲酰胺中，70℃水浴变性 2min，70%乙醇和 95%乙醇脱水处理各 5min，室温下干燥。

注：70%的甲酰胺应预加热到 70℃。

（10）将探针加入杂交液中混匀，每张玻片加 30～50μl，盖上盖片并避免气泡产生，用封片胶封片，在杂交仪中杂交 12h。

注：杂交时间应先进行预实验确定。

（11）小心揭去封片胶和盖玻片，在 37℃环境中，用预热的 50%甲酰胺冲洗玻片 10min，再用预热的 2×SSC 冲洗 30min。再次将玻片移入 4×SSC/0.1% Tween-20 中室温振荡洗涤 5min 两次。

（12）滴加一抗。将 4μl Anti-DIG monoclonal antibody 和 0.5μl Texas-red-Avidin 稀释于 100μl 抗体稀释液中，混匀；每张玻片滴加 25μl 于杂交区域，于 37℃湿盒中孵育 1h；室温下 4×SSC/0.1% Tween-20 中振荡洗涤 5min。

（13）滴加二抗。将 4μl Anti-mouse-Ig-DIG 和 1μl Biotinylated goat anti-Avidin 稀释于 100μl 抗体稀释液 1 中，混匀；每张玻片滴加 25μl 于杂交区域，盖上盖玻片，于 37℃ 湿盒中孵育 40min；室温下 4×SSC/0.1% Tween-20 中振荡洗涤 5min。

（14）滴加三抗。将 4μl Anti-DIG-Fluorescein 和 0.5μl Texas-red-Avidin 稀释于 100μl 抗体稀释液 1 中，混匀；每张玻片滴加 25μl 于杂交区域，盖上 22mm×22mm 盖玻片，于 37℃湿盒中孵育 30min；室温下 4×SSC/0.1% Tween-20 中振荡洗涤 5min。

注：以上步骤按双色荧光原位杂交描述，若为单色荧光原位杂交则选择相应抗体即可。

（15）用 2×SSC 溶液配制终浓度为 125ng/ml 的 DAPI 染色液，避光保存于 4℃；将玻片置于其中，避光复染 2min 后 2×SSC 中洗涤 5min。

（16）再依次用 70%乙醇和 95%乙醇各脱水 5min，室温下干燥。

注：乙醇脱水可以使细胞保持良好的形态结构，因此操作中注意脱水要充分，时间不能低于 5min。

（17）每张玻片滴加 10μl 抗荧光淬灭剂封片，盖上盖玻片，－20℃避光保存。

（18）荧光显微镜观察外源基因在植物细胞染色体上的整合位点及拷贝数。

【实验解析】

（1）原位杂交检测外源基因整合的原理。染色体荧光原位杂交始于传统的细胞遗传学和 DNA 技术的结合，其基础是 Southern blot 原理，以半抗原如生物素、地高辛间接标记或以萤光素直接标记的已知核酸分子为探针，探针和靶序列双链 DNA 变性后杂交，互补的异源单链在适宜的温度和离子强度下退火形成稳定的异源双链 DNA，通过荧光标记的亲和素或抗地高辛抗体将半抗原显示出来，通过荧光显微镜观察杂交信号。

（2）实验结果背景较深：预杂交是减低背景染色的一种有效手段。预杂交液和杂交液的区别在于前者不含探针和硫酸葡聚糖，将组织切片浸入预杂交液中可达到封闭非特异性杂交点的目的，从而减低背景染色。

（3）杂交信号强弱的因素。

① 杂交的温度是杂交成功与否的一个重要环节。原位杂交中，多数 DNA 探针需要的 T_m 是 90℃，这种高温对保持组织切片黏附在载玻片上是不可能的。因此，在杂交时加入 30%～50%甲酰胺于杂交液中，反应液中每增加 1%的甲酰胺浓度，T_m 值可降低 0.72℃。也可用调节盐浓度的办法来调节 T_m。由于盐和甲酰胺浓度的调节等因素，实际采用的原位杂交的温度在（T_m－25)℃左右，为30～60℃。

② 杂交反应的时间与核酸探针长度与组织通透性有关。

（4）检测结果假阳性可能原因：① 探针设计不合理；② 细胞自身荧光的干扰；③ 固定方法和封固剂等对荧光信号强度的影响。

实验 24-4　外源基因整合位点检测

【实验目的】

确定外源基因的整合位点，并获得 T-DNA 插入位点的侧翼序列。

【实验材料】

转基因和非转基因植物材料组织。

【实验试剂】

（1）植物基因组 DNA 提取试剂盒。

（2）PCR 特异性引物。

（3）胶回收试剂盒。

24-4-1　反向 PCR 检测外源基因整合位点

【特殊目的】

反向 PCR（inverse PCR，IPCR）是用一种外源基因中没有的限制性内切核酸酶消化基因组 DNA，然后酶切片段自身环化，以环化的 DNA 作为模版，用一对与外源基因两端特异结合的引物，扩增两端的未知序列。通过对 PCR 产物进行测序获得外源基因插入位点两端的侧翼序列。

（1）PCR 扩增相关试剂。

（2）限制性内切酶及缓冲液。

【实验试剂】

（3）T4 DNA 连接酶（Fermentas 公司）。

【实验操作】

（1）采用试剂盒法提取转基因和非转基因植物基因组 DNA，具体操作步骤参照说明书。

注：① 完整基因组 DNA 是 IPCR 成功的基础，在提取过程中应尽量避免对 DNA 的损伤，保证基因组完整性，得到高质量的基因组 DNA。② 保证纯度，将蛋白含量降到最低，防止杂质成分影响后续酶切及连接反应。

（2）基因组 DNA 限制性酶切，在 50μl 酶切体系中加入如下组分，轻轻混匀后点离数秒，置 37℃温育 4h，65℃孵育 20min 灭活限制酶。

基因组 DNA	20μl
10×buffer	5μl
限制酶	2μl
双蒸水	23μl

注：要选用外源基因中不存在的、酶切效率高、特异性好、能产生黏性末端的常用酶。

(3) 酶切 DNA 自身环化，在 25μl 反应体系中加入如下组分，轻轻混匀后，置于 22℃反应 10min，65℃温育 10min 以灭活 T4 DNA 连接酶。

酶切 DNA 产物	20μl
10×buffer	2.5μl
T4 DNA 连接酶	1μl
双蒸水	1.5μl

注：① 线状 DNA 在低浓度下有利于自身环化链接。在酶切片段自身环化反应中，若 DNA 浓度高或反应体积小，则可能生成多种串联多聚体，这是反应中扩增出多个产物的一个原因，所以，试验应采用大体积低浓度的连接体系。

② 将环化的 DNA 模板再切成线状，有利于 PCR 反应的扩增，此方法要求外源基因中有合适的酶切位点，不具通用性。

(4) 在 50μl 反应体系中加入如下组分，置于 PCR 仪中进行 PCR 扩增（预变性 94℃、5min；变性 94℃、1min，退火 56℃、1min，延伸 72℃、2min，35 个循环；最后 72℃延伸 7min)，并通过琼脂糖凝胶电泳观察结果。

2×PCR mix	25μl
上游引物	0.5μl
下游引物	0.5μl
环化 DNA	2μl
双蒸水	22μl

注：实验中，可选用几个连续浓度梯度作为模板，摸索 PCR 反应的最佳模板浓度。采用巢式引物可降低 PCR 反应过程中非特异条带的扩增。

(5) 采用胶回收试剂盒进行纯化上述 PCR 扩增产物，并送交公司测序，测序结果利用 NCBI 网站的 BLAST 软件与 GenBank 中的已知序列进行同源性分析。

【实验解析】

(1) 在实验中用过量的限制性内切核酸酶，大的酶切反应体系和长时间处理对后续实验极为重要。也可选择使用不同的限制酶分别进行酶切，建立酶切片段库，进行 PCR，提供平行对照，增加实验准确性。

(2) 由于模板较复杂，采用热启动 PCR 和降落 PCR，以提高反应灵敏性，使目的产物得到最大限度扩增。若扩增产物片段较长，引物一般要设计 25～35bp，高 T_m 值，可以减少非特异扩增产生的假阳性片段。

24-4-2　交错式热不对称 PCR 检测外源基因整合位点

【特殊目的】

以基因组 DNA 作为模板，利用依照目标序列旁的已知序列设计的 3 个较高退火温度的嵌套特异性引物（special primer，SP）和一个较短且 T_m 值较低的随机简并（arbitrary degenerate，AD）引物组合，通过 3 轮具热不对称的温度循环的分级反应来进行 PCR 扩增，获得已知序列的侧翼序列。

【实验操作】

(1) PCR 引物设计。

① 根据所用的遗传转化载体序列设计 3 个与其边界距离不等的嵌套特异性引物。

② 按照物种普遍存在的蛋白质的保守氨基酸序列设计一系列简并引物。

(2) 采用试剂盒法提取转基因和非转基因植物基因组 DNA。

(3) 以基因组 DNA 为模板，分别采用 3 对嵌套的特异性引物与简并引物进行 3 轮交错式热不对称 PCR 扩增。PCR 反应程序如图 24-1 所示。

第一轮PCR反应：

94℃	5min	
94℃	10s	5个循环
64℃	30s	
72℃	3min	
94℃	10s	1个循环
25℃	3min	
72℃	150s	
94℃	10s	10个循环
44℃	1min	
72℃	150s	
94℃	10s	12个循环
64℃	3min	
72℃	150s	
94℃	10s	
64℃	3min	
72℃	150s	
94℃	10s	
44℃	1min	
72℃	150s	
72℃	10min	
4℃	1h	

第二轮PCR反应：

94℃	5min	
94℃	10s	10个循环
64℃	3min	
72℃	150s	
94℃	10s	
64℃	3min	
72℃	150s	
94℃	10s	
44℃	1min	
72℃	150s	
72℃	10min	
4℃	1h	

第三轮PCR反应：

94℃	5min	
94℃	10s	20个循环
44℃	1min	
72℃	150s	
72℃	10min	
4℃	1h	

图 24-1　三轮 PCR 反应的反应程序

（4）将第三步 PCR 产物胶回收，操作步骤同 5-4-1-3“PCR 产物的纯化”。

（5）将回收产物送交公司测序，测序结果利用 NCBI 网站的 BLAST 软件与 GenBank 中的已知序列进行同源性分析。

【实验解析】

（1）TAIL-PCR 引物设计。

① 特异性引物设计：3 个嵌套的特异性引物长度一般为 20～30bp，T_m值一般设为 58～68℃。SP1、SP2 和 SP3 之间最好相距 100bp 以上以便在电泳时更容易区分 3 轮 PCR 产物。若是设计 T-DNA 插入序列的引物，为了保证 T-DNA 在转移过程中不被切去，要保证 SP3 的 3′端距 T-DNA 的边界至少 100bp 左右。

② 简并引物设计：简并引物是按照物种普遍存在的蛋白质的保守氨基酸序列设计的，相对较短，长度一般是 14bp 左右，T_m值介于 30～48℃。简并引物是否最佳与它的简并度、引物长度和核苷酸序列组成有很大关系。为了更好地与目标序列退火：首先，尽量选择简并度低的氨基酸区域为引物设计区，如蛋氨酸和色氨酸均只有一个密码子，核苷酸的简并性一般选择为 64～512 倍；其次，充分注意物种对于密码子的偏好性，选择该物种使用频率高的密码子，以降低引物的简并性；最后，尽量避免 3′端的简并，即引物 3′端不要位于密码子的第三位；另外，可以使用脱氧次黄嘌呤代替简并碱基。

（2）TAIL-PCR 反应体系。

① 在 TAIL-PCR 过程中，PCR 反应体系中各组分的工作浓度也不可忽视。以往 TAIL-PCR 中第 2 次和第 3 次 PCR 反应的模板都由前一次 PCR 产物按 1/1000 稀释所得，但在实际的 PCR 反应中，为了得到更好的实验结果，探索每一轮产物的稀释倍数是必要的。

② 反应体系特异性引物的浓度与普通 PCR 相同，简并引物的浓度则较高，一般为 2.0～5.0μmol/L 以满足引物的结合效率。

（3）第一轮 PCR 反应包括 5 次高严谨性反应、1 次低严谨性反应、10 次较低严谨性反应和 12 次热不对称的超级循环。

① 首先 5 次高严谨性的反应，使长的高退火温度的特异引物 SP1 与已知的序列退火并延伸，目标序列扩增成直线型上升，由 AD 引物结合产生的非特异性产物的浓度则较低。

② 进行 1 次低退火的反应，目的是使简并引物结合到较多的目标序列上，10 次较低严谨性的反应可以使两种引物均能与模板退火，从而使原来由高严谨性循环所产生的单链靶 DNA 复制成双链 DNA，为下一轮线性扩增模板做准备。

③ 12 次热不对称的 TAIL 循环（超级循环即高特异性和低特异性循环交替），目的片段得以指数性地扩增，扩增的量大大超过了非目标片段。

（4）第二轮反应则将第一次反应的产物稀释 1000 倍作为模板，高退火温度的特异引物 SP2 与相应的 AD 引物结合，通过 10 次热不对称的超级循环，使特异性的产物被选择性扩增。

（5）第三轮反应是将第二轮反应的产物稀释 1000 倍作为模板，特异引物 SP3 与相应 AD 引物组合，程序一般设置为普通 PCR 反应或热不对称的超级循环，这样目的片段便得到进一步的特异扩增，从而获得与已知序列邻近的目标序列。

第 25 章

外源基因表达的检测鉴定

实验 25-1　外源基因表达的 Northern 杂交检测

【实验目的】

采用 Northern 杂交检测外源基因在转植物细胞中是否转录。

【实验材料】

（1）转基因植物。

（2）非转基因植物（阴性对照）。

25-1-1　植物总 RNA 提取

【特殊目的】

用 TRIzol 法提取植物组织 RNA。

【实验试剂】

（1）TRIzol 提取液。

（2）异丙醇。

（3）75%乙醇。

（4）100%乙醇。

（5）氯仿。

（6）溴酚蓝。

【实验操作】

（1）取 0.5g 植物材料，用液氮速冻后迅速研磨成粉，装于 2ml 的离心管中。

（2）加入 1ml 的 TRIzol 提取液，混匀并室温静置 5min。

（3）加入 0.2ml 氯仿，涡旋振荡混匀 15s，静置 15min，4℃下 12 000*g* 离心 10min。

（4）吸上清于 1.5ml 的离心管中，加入 500μl 异丙醇，颠倒混匀，室温静置 10min。

（5）12 000*g* 离心 10min，弃上清。

（6）加入 1ml 75%乙醇。

（7）4℃下 7500*g* 离心 5min。

【实验解析】

（1）在提取 RNA 的操作中应该戴口罩、手套，并经常更换，避免 RNase 污染。

（2）研钵和玻璃器皿用水清洗干净后，180℃烘烤 3～6h，去除 RNase 污染。

（3）RNA 电泳槽的处理：75%乙醇浸泡 30min，再浸泡于 NaOH 溶液中 30min 后，用 0.1% DEPC 处理过的水彻底冲洗。

25-1-2　杂交探针制备

【特殊目的】

利用寡核苷酸延伸法进行纯化 DNA 片段的放射性标记。

【实验材料】

纯化的 PCR 产物。

【实验试剂】

（1）[^{32}P] dNTP。

（2）dNTP 溶液。

（3）5 ×随机引物缓冲液。

（4）随机脱氧核苷酸引物。

（5）Klenow 片段。

（6）0.2mol/L EDTA（pH8.0）。

（7）RNA-free 水（含 40 Units RNase inhibitor）。

【实验操作】

（1）将 25ng～1μg 纯化模板 DNA 加到灭菌 RNase-free 离心管中，加随机脱氧核苷酸引物 1μl（0.1μg），RNase-free 水补齐至 20μl。

（2）沸水浴 5min 后快速置于冰上 2min。

（3）在上述混合物中依次加入下列试剂：1μl 5mmol/L dNTP；10μl 5 ×随机引物缓冲液；10mCi/ml [^{32}P] dNTP；RNase-free 水补齐至 50μl。

（4）加 5U Klenow 片段于混合液中，短暂离心并混合，25℃保育 1～20h。

（5）加入 5μl 0.2mol/L EDTA（pH8.0）终止反应。

（6）琼脂糖凝胶电泳检测后于－20℃保存备用（注：避免探针反复冻融）。

【实验解析】

（1）放射性同位素标记物是目前应用最多的，因其灵敏度高。此外放射性同位素与相应的元素具有完全相同的化学性质，对各种酶促反应无任何影响，不会影响碱基配对的特异性、稳定性及杂交性质。

（2）由于标记探针具有放射性，故标记反应可用闪烁计数器监测；杂交信号用敏感性高的放射自显影技术标测，信号的强弱通过计数银粒的多少进行定量分析。

（3）主要缺点是同位素对人体有伤害作用，操作时需要有一定的防护措施，放射性物质需要特殊的处理。

25-1-3 Northern 杂交

【特殊目的】

与 Southern 杂交相似，Northern 杂交也采用琼脂糖凝胶电泳，将分子质量大小不同的 RNA 分离开来，随后将其原位转移至固相支持物上，再用放射性（或非放射性）标记的 DNA 或 RNA 探针杂交，最后进行放射自显影（或化学显影），以目标 RNA 所在位置表示其分子量的大小，而其显影强度则可提示目标 RNA 在所测样品中的相对含量。

【实验试剂】

（1）10× MOPS 电泳缓冲液：0.2mol/L MOPS［3-（*N*-吗啉代）丙磺酸］，20mmol/L NaAC（乙酸钠），10mmol EDTA（pH8.0）。用 DEPC 处理的水定容至 1L，调 pH 至 7.0，过滤除菌并室温避光保存。

（2）5×甲醛凝胶电泳缓冲液；0.1mol/L MOPS（pH7.0），40mmol/L 乙酸钠，5mmol/L EDTA（pH8.0）。

（3）10×甲醛凝胶电泳加样缓冲液：50%甘油，1mmol/L EDTA，0.25%（*m/V*）溴酚蓝，0.25%（*m/V*）二甲苯青蓝乙酸。

（4）20× SSC：NaCl 175.3g，柠檬酸钠 88.2g。用 DEPC 水定容至 1L，调 pH 至 7.0，高温高压灭菌。

（5）预杂交液：6×SSC，2×Denhardt 试剂，0.1%（*m/V*）SDS。

（6）1μg/μl RNA 标准物。

（7）37%甲醛。

【实验操作】

（1）制胶。将适量琼脂糖溶于水，冷却至 60℃，加入 5×甲醛凝胶电泳加样缓冲液和甲醛至终浓度分别为 1× 和 2.2mol/L。在通风橱内灌制凝胶，于室温放置至凝胶凝固。

（2）样品准备。

①在一干净的 EP 管中加入如下组分：

RNA	5.5μl
5×甲醛凝胶电泳缓冲液	1μl
甲醛	3.5μl
甲酰胺	10μl

②将上述混合液于 65℃温育 15min，冰上冷却后短暂离心。

（3）上样及电泳。

①每管中加入 2μl 灭菌的并经 DEPC 处理的甲醛凝胶加样缓冲液。

②加样前，将凝胶预电泳 5min，电压为 5V/cm，随后将样品加入点样孔。可用已知大小的 RNA 作为分子质量标准参照物，如 18S 和 28S RNA。也可以从 BRL 购置已知大小的 RNA 混合物作为分子质量标准参照物。通常分子质量标准参照物的泳道位于凝胶边缘，便于电泳后将其切除进行溴化乙锭染色，可以在分子质量标准参照物及样品间留一个空白泳道。

③将凝胶浸入 1×甲醛凝胶电泳缓冲液中，3～4V/cm 电压电泳。

④电泳结束后（溴酚蓝迁移出约 8cm），切下分子量标准参照物的凝胶条，浸入溴化乙锭溶液（0.5μg/ml，用 0.1mol/L 乙酸铵配制）中染色 30～45min。凝胶旁放置一透明尺，在紫外灯下照相。

（4）变性 RNA 在膜上的转移和固定。

① 剪和胶同样大小的不带电的尼龙膜，于无菌水中浸湿，转入 20× SSC 中浸泡 5min 以上。

② 取一方盘，加入适量的 20×SSC 或 10×SSC 溶液，按 Southern 印迹操作进行，使凝胶上的 RNA 转移到膜上。

注：胶不需要变性、中和等过程，不能使用 0.4mol/L NaOH 转移，可在 0.01× SSC 中漂洗 2～3 次，以除去甲醛及 EB。

③ 转移后，将带膜的胶倒扣在滤纸上，用铅笔在膜上标出点样孔的位置，将膜置于 254nm UV 交联仪照射 105s，使 RNA 牢固地结合在膜上。

（5）RNA 杂交和显影。

① 在 10～20ml 预杂交液中 68℃温育膜 2h。

② 将标记的探针加入到预杂交液中，温育 12～16h。

注：若是双链探针，在 100℃下加热 5min，使之变性，然后迅速放入冰水中冷却。为了检测低丰度的 mRNA，需使用至少 0.1μg 放射性比活度超过 2×10^8 计数/（min×μg）的探针。

③ 杂交后，将膜迅速放置在 200ml 1×SSC，0.1% SDS 溶液中，室温水平温和振荡 20min。

④ 将膜转移至 200ml 含 0.1% SDS 的 2× SSC 溶液中，68℃温和振荡 20min。

⑤ 重复“实验操作”中步骤（5）中④两次。

⑥ 将膜在印记纸上晾干，放射自显影观察

结果。

【实验解析】

(1) 用于 RNA 电泳、转膜的所有器械、用具均须处理以除去 RNase 酶，以免样品的降解。

(2) 在含有甲醛的琼脂糖凝胶上，DNA 和 RNA 的电泳迁移速率不同：RNA 比 DNA 迁移的快。因此，尽管 DNA 标准参照物因其电泳条带锐利而颇受欢迎，但一般不用 DNA 作为分子质量标准参照物对未知 RNA 的分子大小进行精确定量。

(3) 与未变性的琼脂糖凝胶相比，含甲醛的凝胶较脆弱，应小心操作。

(4) 如果滤膜并不立即用于杂交实验，可用铝箔宽松的包裹起来，在真空下贮存于室温。

(5) 切记 RNA 只与双链 DNA 中一条单链互补，因此如果用单链探针，必须是能与 RNA 互补的一条单链。

实验 25-2 外源基因表达的 RT-PCR 检测

【实验目的】

检测外源基因在植物细胞中是否转录。

【实验材料】

(1) 转基因植物。

(2) 非转基因植物（阴性对照）。

【实验试剂】

以 Life Technologies 公司的 GoldScript 酶为例。

(1) 10×RT buffer。

(2) 0.1mol/L DTT。

(3) 10mmol/L dNTP mix。

(4) 25mmol/L $MgCl_2$。

(5) 40U/μl 重组 RNA 酶抑制剂。

(6) 10μg/μl Oligo（dT）引物。

(7) 50U/μl GoldScript 反转录酶。

(8) RNase-free DNase（干粉）。

(9) buffer RDD。

(10) RNase-free ddH_2O。

【实验操作】

(1) 待测植物材料总 RNA 提取。分别提取供试组织的总 RNA，并进行电泳检测，具体实验步骤同实验 25-1。

(2) 样品中基因组 DNA 的去除。

①使用 RNase-free ddH_2O 550μl 溶解 DNase Ⅰ，轻柔混匀，分装后－20℃贮存（9 个月），溶化后的贮存液至于 4℃贮存（6 周），请勿再次冻存。

② 加入 80μl DNase Ⅰ 工作液，室温放置 15min。

③采用沉淀法纯化 DNaseⅠ处理过的 RNA 样品具体操作步骤见 25-1-1“植物总 RNA 提取”。

(3) RNA 样品中基因组 DNA 污染检测。以纯化后的 RNA 为模板，采用内参基因特异引物 PCR 扩增，检测 RNA 样品中是否存在基因组 DNA 污染。

(4) 合成第一链 cDNA。

① 在使用前将每个组分摇匀并短暂离心。

② 取 1μl 10mmol/L dNTP mix、1μl 10μg/μl Oligo（dT）、1ng 至 5μg 总 RNA，加经 DEPC 处理过的水至 10μl，于 EP 管中混匀。

③ 将上述 RNA/引物混合物 65℃放置在孵育 5min，然后放在冰上至少 1min。

④ 在另一管中加入 2μl 10×RT buffer、4μl 25mmol/L $MgCl_2$、2μl 0.1mol/L DTT、1μl 40U/μl 重组 RNase 抑制剂，配制成 2×反应混合液。

⑤ 向上述 RNA/引物混合溶液中加入 9μl 2×反应预混液，轻柔混匀，短暂离心。

⑥ 42℃孵育 2min。

⑦ 在每个管中加入 1μl GoldScript 反转录酶。

⑧ 42℃孵育 50min。

⑨ 70℃孵育 15min，终止反应。

⑩ 向每个管中加入 1μl RNaseH，37℃孵育 20min。－20℃保存或进行 PCR。

(5) 聚合酶链反应。以上述反转录的 cDNA 为模板进行 PCR 扩增，具体操作步骤见实验 5-2“基因保守序列的 RCR 扩增”。

【实验解析】

(1) 务必确保 RNA 中的基因组 DNA 已完全除去，再进行合成第一链 cDNA。

(2) 合成第一链 cDNA 的所有操作应在冰上进行。

实验 25-3 外源基因表达的 mRNA 原位杂交

【实验目的】

外源 mRNA 组织细胞定位。

【实验材料】

转基因植物及非转基因植物。

【实验试剂】

(1) 10×转录缓冲液：0.4mol/L Tris-HCl，0.1mol/L NaCl，60mmol/L $MgCl_2$，20mmol/L 亚精胺，pH7.5。

(2) 0.1mol/L DTT。

（3）ATP、CTP 和 GTP 各 10mmol/L 的混合物。

（4）RNasin。

（5）原核生物 RNA 聚合酶（SP6、T3 或 T7）。

（6）6mmol/L UTP。

（7）4mmol/L DIG-UTP。

（8）RNA 水解缓冲液（80mmol/L $NaHCO_3$，120mmol/L Na_2CO_3，pH10.2）。

（9）10%乙酸。

（10）3mol/L CH_3COONa（pH5.2）。

（11）PBS：130mmol/L NaCl，70mmol/L Na_2HPO_4，30mmol/L NaH_2PO_4。

（12）固定液：4%聚甲醛/PBS。

（13）乙醇，石蜡，二甲苯。

（14）10×原位缓冲液：3mmol/L NaCl，0.1mol/L Tris-HCl，50mmol/L NaH_2PO_4，50mmol/L Na_2HPO_4，50mmol/L EDTA，(pH8.0)。

（15）甲酰胺，50%硫酸葡萄糖，50×Denhardt 溶液，酵母 tRNA，蛋白酶 K，三乙醇胺溶液（1.32ml 三乙醇胺，500μl 浓盐酸，98ml 水），乙酸酐溶液（240μl 乙酸酐，100ml 1.32%三乙醇胺溶液）。

（16）20×SSC：3mmol/L NaCl，0.3mol/L 柠檬酸钠。

（17）NTE 缓冲液：500mmol/L NaCl，10mmol/L Tris-HCl，10mmol/L EDTA，pH8.0。

（18）封闭缓冲液Ⅰ：150mmol/L NaCl，100mmol/L Tris-HCl，pH7.5，0.3% Triton X-100。

（19）封闭缓冲液Ⅱ：150mmol/L NaCl，100mmol/L Tris-HCl，pH7.5。

（20）2% Blocking 试剂。

（21）碱性磷酸酶标记的 DIG 抗体。

【实验操作】

1）RNA 探针的制备

（1）将外源基因克隆于原核表达载体，SP6、T3 或 T7 启动子控制其转录。用合适的限制酶特异切割外源基因远离启动子的一端，纯化线性质粒。

（2）在 20μl 体外转录反应体系中，加入 1μg 纯化的线性质粒 DNA，2μl 10×转录缓冲液，1μl 10mmol/L ATP、CTP 和 GTP 的混合物，1μl 0.1mol/L DTT，1μl 6mmol/L UTP，1μl 4mmol/L DIG-UTP，1μl RNasin，40U SP6，T3 或 T7 RNA 聚合酶，37℃下 2h。然后加入 1μl DNase Ⅰ，37℃下 10min。

（3）在转录产物中加入等体积 RNA 水解缓冲液，60℃保温。

（4）加入 1/10 体积的 10%乙酸和 3mol/L CH_3COONa，进行乙醇沉淀。

（5）用 100μl 水溶解沉淀。

2）植物组织的固定与包埋

（1）将新鲜的植物组织切成 3mm 左右的小段，浸入固定液，抽真空 15min，换新的固定液，于 4℃固定 12h。

（2）按照如下程序进行组织脱水与石蜡包埋（表 25-1）。

表 25-1　实验操作流程及试剂成分表

步骤	试剂	时间	步骤	试剂	时间
1	70%乙醇	2～4h	7	无水乙醇/二甲苯（1∶1）	2h
2	70%乙醇	过夜	8	无水乙醇/二甲苯（1∶3）	2h
3	95%乙醇	2～4h	9	二甲苯	2h
4	无水乙醇	2～4h	10	二甲苯	过夜
5	无水乙醇	过夜	11	二甲苯/石蜡粒（1∶1）	60℃下 72h 以上
6	无水乙醇/二甲苯（3∶1）	2h	12	石蜡	按常规包埋

3）包埋组织的切片

（1）用切片机获取 5～8μm 厚的组织切片。切片时不断在材料上加液氮，使其始终保持冷冻状态。

（2）将切片铺展在玻片（预先涂好黏附剂）上。

4）脱蜡及复水

将制备的载玻片在二甲苯中浸泡 5min 更换新的二甲苯，重复 3 次，以去掉石蜡。再浸在无水乙醇中 3min，重复 3 次，去掉二甲苯。依次用 95%、75%、50%、30%乙醇处理，每次 3min，最后用 PBS 缓冲液漂洗 3 次，每次 5min。

5）杂交

（1）制备 1000μl 杂交液（含 100μl 10×原位缓冲液，500μl 甲酰胺，200μl 50%硫酸葡聚糖，20μl 50×Denhardt 溶液，10μl 酵母 tRNA 100mg/L，170μl 水），55℃保温。

（2）将制备的载玻片浸在含 1μg/ml 蛋白酶 K 的 PBS 缓冲液中 10min，然后浸在 1.32%三乙醇胺溶液中 3min，再换成乙酸酐溶液，10min。用 PBS 缓冲液浸 5min。

（3）平放载玻片，在湿润环境条件下，用 100μl 杂交液覆盖切片表面，55℃下 2h。

（4）将标记的 RNA 探针加入新鲜的杂交液，60℃变性 20min 去掉切片上预杂交液，用含有探针的杂交液覆盖切片表面，55℃杂交过夜。

6）杂交后洗涤

（1）吸干切片上杂交液，将载玻片浸于 4×SSC，55℃下 5min，然后 2×SSC，55℃下 30min。

（2）用含 20μg/ml RNase A 的 NTE 缓冲液处理，37℃下 30min。

（3）浸于 2×SSC 和 0.1×SSC 中各 55℃下 30min。

（4）室温下，用 PBS 处理 5min。

7）免疫反应检测

（1）用封闭缓冲液室温封闭 30min。

（2）DIG 抗体用封闭缓冲液 1∶500 稀释，加 200μl 于切片表面，室温孵育 2h。

（3）按 NTB/BCIP 显色步骤处理载玻片。

（4）封片，显微镜下观察。

实验 25-4　外源基因表达的 ELISA 检测

【实验目的】

利用酶标记及免疫学方法定量测定外源基因的表达蛋白水平，研究外源基因在转基因植株中的表达活性。

【实验材料】

（1）转基因的植物材料。

（2）非转基因的植物材料。

【实验试剂】

（1）2mg/ml BSA。

（2）0.15mol/L NaCl。

（3）CpTI。

（4）Tween-20。

（5）辣根过氧化物酶标记的羊抗兔 IgG（效价 1∶1000）。

（6）邻苯二胺（OPD）。

（7）提取缓冲液：40mmol/L Tris-HCl pH 7.6，1mmol/L DTT。

（8）抗原包被液：1.6g Na_2CO_3，2.93g $NaHCO_3$，0.2g NaN_3，dH_2O 定容至 1L，pH9.5。

（9）磷酸贮备液（PBS）：8g NaCl，0.2g KCl，1.44g NaH_2PO_4，0.25g KH_2PO_4，dH_2O 定容至 1L，pH7.2。

（10）磷酸洗涤液：1×PBS，0.05% Tween-20。

（11）血清稀释液：100ml 磷酸贮备液（50×），1ml Tween-20，8.77g NaCl，ddH_2O 定容至1 L，pH7.4。

（12）底物缓冲液：0.4667g 柠檬酸，1.8427g $Na_2HPO_4 \cdot 12H_2O$，dH_2O 定容至 50ml（pH5.8）。

（13）底物反应液：10mg 邻苯二胺，37μl 30% H_2O_2，25ml 底物缓冲液（pH5.0）现用现配。

（14）封闭液：0.1g BSA，10ml 包被液（pH9.5）。

（15）考马斯亮蓝溶液：0.25%考马斯亮蓝 G-250。

【实验操作】

1）一抗的制备

（1）CpTI 为半抗原，先与兔血清白蛋白（RSA）偶联。

（2）将偶联物多点皮下注射兔。

（3）三周后测效价，用未偶联的 CpTI 对免疫反应明显的兔子进行耳静脉加强免疫。

（4）一周后，穿刺心脏，取血 100ml 左右，置离心管中，37℃条件下静置 2h 以上，4000r/min 离心 15min，取上层血清分装，−70℃保存。

2）制备 CpTI 标准样品

（1）配制 0.1mg/ml CpTI 标准蛋白母液。

（2）用包被液稀释，配制 0.1μg/ml、0.2μg/ml、0.4μg/ml、0.8μg/ml、1.6μg/ml、3.2μg/ml、6.3μg/ml、12.5μg/ml、25μg/ml、50μg/ml CpTI 浓度梯度液。

3）植物蛋白提取液制备

（1）分别取转基因植物材料及阴性对照植物材料各 1g 左右，在液氮中充分研磨成粉末，悬于 4ml 提取缓冲液中，继续研磨至溶液匀浆，转移至 50ml 离心管中。

（2）涡旋振荡，超声破碎 15s，冰浴 30s，重复 3 次；4℃下 25 000*g* 离心 10min，吸取上清至干净的50ml离心管中，弃去沉淀。

（3）加入400μl提取缓冲液，涡旋振荡5s混匀，冰上静置15min；4℃下15 000g离心10min，弃上清。

（4）用5ml冰预冷的丙酮重悬沉淀，4℃下25 000g离心5min，重复2次。

（5）用80%丙酮重悬沉淀，4℃下25 000g离心5min，弃上清，干燥后供试。

4）包被

（1）取96孔板，加入以下4种样品。

① 空白：第一、二孔加入包被液各100μl。

② 标准曲线：分别取CpTI浓度梯度液各100μl，分别加入到板孔中，各浓度均为双孔。

③ 阴性对照：将阴性对照材料粗蛋白提取液适当稀释，取稀释样品100μl加入到孔中，每样双孔。

④ 被测样品：将待测材料粗蛋白提取液适当稀释，取稀释样品100μl加入到孔中，每样双孔。

（2）用保鲜膜将板包好，于37℃保温2h，或置4℃过夜。

（3）将孔中的样品液甩掉，每孔加入150μl包被液，室温放置3min后甩去包被液，控干，重复洗涤3次。

5）封闭

（1）每孔加入100μl封闭液，37℃静置2h。

（2）用磷酸洗涤液冲洗板孔3次，每次3min，洗涤液体积分别为每孔200μl、100μl、100μl。

6）与一抗反应

（1）用血清稀释液稀释制备的抗血清（效价5∶1）。

（2）每孔加入100μl稀释好的一抗，37℃保温1.5h。

（3）将孔中的样品液甩掉，每孔加入150μl包被液，室温放置3min后甩去包被液，控干，重复洗涤3次。

7）与二抗反应

（1）用血清稀释液将辣根过氧化物酶酶标记的羊抗兔IgG（二抗）稀释成效价5∶1。

（2）每孔加入100μl稀释好的二抗，37℃保温1h。

（3）将孔中的样品液甩掉，每孔加入150μl包被液，室温放置3min后甩去包被液，控干，重复洗涤3次。

8）抗原含量测定

（1）酶反应：每孔加入100μl底物反应液，37℃暗反应15min，再加入50μl 2mol/L的H_2SO_4终止反应。

（2）制作ELISA检测标准曲线：用酶联免疫检测仪测定各CpTI标准样品的492nm光吸收值。以光吸收值对CpTI浓度作图，画出标准曲线。

（3）被检样品抗原含量测定：测定各被检样品的429nm光吸收值，从标准曲线上查出被检样品的CpTI浓度。

9）CpTI相对含量测定

采用23-2-2“纸层析法”中的方法，测定待测植物蛋白粗提物中总蛋白含量。计算各样品CpTI相对含量（μg/mg）。

【实验解析】

ELISA测定时往往出现较高本底。产生本底的原因主要有：①抗原和抗体不纯；②植物样品中的过氧化物酶或多或少地被包被；③不正确的操作引起。针对这三方面原因，解决方法分别为：①试剂中加入表面活性剂Tween-20及用BSA进行封闭；②用NaN_3灭活过氧化物酶；③操作中更换试剂后必须有效地洗涤。适当延长浸泡时间可增加洗涤效果，甩去液体时必须用力并晾干。

实验25-5 外源基因表达的Western杂交检测

【实验目的】

通过Western杂交检测转基因植物中外源基因在蛋白水平的表达。

【实验材料】

（1）转基因植物材料。

（2）非转基因植物材料。

（3）免疫前血清（负对照）。

（4）外源基因的原核表达蛋白（正对照）。

【实验试剂】

（1）蛋白提取液：含10% TCA和0.07%的β-巯基乙醇的丙酮。

（2）丙酮。

（3）BCA蛋白定量试剂盒。

（4）1.5mmol/L Tris-HCl（pH8.8）。

（5）0.5mmol/L Tris-HCl（pH6.8）。

（6）30%（*m*/*V*）丙烯酰胺溶液：29%丙烯酰胺和1%甲叉双丙烯酰胺。4℃下棕色瓶保存。

（7）10%（*m*/*V*）SDS溶液。

（8）过硫酸铵。

（9）TEMED。

（10）5×SDS-PAGE上样缓冲液（pH6.8）：60mmol/L Tris-HCl、2% SDS、0.1%溴酚蓝、25%甘油、14.4mmol/L β-巯基乙醇。

（11）Tris-甘氨酸电泳缓冲液：0.125mol/L Tris、1.25mol/L甘氨酸、0.5%（*m*/*V*）SDS。

（12）湿式转膜转移缓冲液：2.9g/L 甘氨酸、5.8g/L Tris、0.37g/L SDS、20%（*V*/*V*）甲醇。

（13）封闭液：5%（*m*/*V*）脱脂奶粉。

（14）TBS 缓冲液：10mmol/L Tris（pH7.5）、8.8g/L NaCl。

（15）TBST 缓冲液：1.65ml 20% Tween、700ml TBS。

（16）碱性磷酸酶缓冲液：100mmol/L Tris-HCl（pH8.0），100mmol/L NaCl，50mmol/L $MgCl_2$，pH 9.5。

（17）NBT/BCIP 显色液：碱性磷酸酶缓冲液，NBT（75mg/ml 溶于二甲基甲酰胺），BCIP（50mg/ml 溶于二甲基甲酰胺）。

【实验操作】

（1）称取 1.0g 左右非转基因和转基因植物材料，在液氮中充分研磨成粉末，悬于 3ml 蛋白提取液中，将匀浆转移至 50ml 离心管。

（2）涡旋振荡，超声破碎 15s，冰浴 30s，重复 3 次，4℃下 25 000*g* 离心 10min，吸取上清至干净的 50ml 离心管中，弃去沉淀。

（3）用 5ml 冰预冷的丙酮（含 0.07%的 β-巯基乙醇）重悬沉淀，4℃下 25 000*g* 离心 5min，弃上清。

（4）重复“实验操作”步骤（3）1～2 次，真空干燥沉淀，存于−80℃冰箱待用。

（5）采用 BCA 法对提取的蛋白进行定量，具体操作步骤同 23-3-2-1“荧光光度计定量测定法”。

（6）SDS-PAGE 凝胶配制：分别配制浓缩胶和分离胶。根据待检蛋白质的分子质量，配制不同浓度的胶，高分子质量蛋白用低浓度胶，低分子量蛋白用高浓度胶分离。

（7）取 20～50μg 植物蛋白加入 5×SDS 上样缓冲液混匀，煮沸 5～10min 使蛋白变性。

（8）20mA 稳流电泳，当溴酚蓝到达凝胶底端停止电泳。

（9）转膜。

① 将 SDS-PAGE 胶的多余部分切掉，用直尺测定其大小。

② 准备 6 张比凝胶稍大的 whatman 滤纸和 1 张硝酸纤维素膜，并将硝酸纤维素膜置于 ddH_2O 表面浸 2h。

③ 将转膜用的夹子、两块海绵垫、一支玻璃棒、滤纸和浸过的膜放入加有转移液的搪瓷盘里。

④ 将夹子打开使黑的一面保持水平，依次放上海绵垫、3 层滤纸，并用玻璃棒擀去其中的气泡。

⑤ 依次将电泳后的分离胶盖于滤纸上，膜盖于胶上，在膜上盖 3 张滤纸并除去气泡。最后盖上另一个海绵垫，合起夹子。

⑥ 将夹子放入转移槽槽中，在槽的一边放一块冰降温，60V 转移 2h。

（10）封闭：将膜用 TBS 从下向上浸湿后，移至含有封闭液的平皿中，摇床上摇动封闭 1h。

（11）免疫反应。

①将一抗用 TBST 稀释至适当浓度，将膜从封闭液中取出，转移至含有一抗抗体溶液的杂交袋中，赶出残留气泡，室温孵育 1～2h。

② 弃掉一抗溶液，用 TBST 溶液洗膜 2 次，每次 10min。

③ 弃掉 TBST 溶液，用 TBS 溶液洗膜 10min。

④ 将膜转移至含有二抗抗体溶液的杂交袋中，赶出残留气泡，室温孵育 1～2h。

⑤ 弃掉二抗溶液，用 TBST 溶液洗膜 2 次，每次 10min。

⑥ 弃掉 TBST 溶液，用 TBS 溶液洗膜 10min。

（12）酶显色反应。

① 将硝酸纤维膜用 TNT 缓冲液漂洗 3 次，每次 5～10min。

② 将膜放入 NBT/BCIP 显色液中晃动，染色至条带显现清楚为止。

③ 将膜置于蒸馏水中漂洗，取出晾干，照相。

【实验解析】

（1）植物蛋白提取有不同的方法，如 TCA-丙酮法、苯酚提取法、Tris 缓冲液法等，应根据不同植物材料的特点选择合适的方法。

（2）蛋白提取过程中，通过调节提取液 pH、盐浓度、表面活性剂、还原剂等，尽量保持蛋白处于溶解状态。

（3）提取过程要防止蛋白降解、聚集、沉淀、修饰等，因此需低温操作，并加入合适的蛋白酶和磷酸酶抑制剂。

（4）在 SDS-PAGE 电泳分离蛋白质时，pH 是影响整个反应至关重要的因素。

（5）转膜时应避免用手直接接触膜，应使用镊子，手指上的油脂与蛋白会降低转膜效率并易产生背景污斑；确认裁剪的膜和滤纸与凝胶尺寸相同，否则导致电流不能通过膜，从而转膜无效。

（6）实验中设置对照很重要，免疫前血清及非转化植物蛋白提取物作负对照，用以区分非特异性蛋白条带。外源基因原核表达蛋白为正对照，以鉴定被检样品中特异性条带，并估测其含量。蛋白质分子质量标准物用来估算特异性条带分子质量。

第 26 章

转基因植物检测新技术

实验 26-1　生物传感器

【实验目的】

(1) 随着生物技术的飞速发展，转基因植物检测技术也获得了许多新进展，其中很多技术方法已经超越了常规的核酸和蛋白质的检测范围。虽然这些技术尚未广泛的推广应用，但由于这些技术提高了转基因检测的灵敏性和准确性，在未来的研究和应用中将为促进转基因植物的相关研发、推广起到不可估量的作用。这些涌现的转基因植物检测新技术主要包括生物传感器、色谱技术、毛细管电泳检测等。本章重点举例介绍几种相关的用于转基因植物及其产品检测的新技术和方法。

(2) 生物传感器是一项结合生物特性与电子装置的技术，能够按照一定的规律将生物物质间特异的亲和作用转变成可识别的电信号或其他物理信号的装置。生物传感器具有快速、实时、便捷、高特异性和高灵敏度的优点，可设计成便携装置用于现场检测。

(3) 核酸生物传感器是将单链探针固定于传感器上，通过碱基互补的辨识机能将探针与目的序列间的专一性作用转为可探测的信号。目前，已经有三种生物传感器应用与转基因植物检测：光学生物传感器（optical biosensor）、压电式晶体管生物传感器（piezoelectric quartz crystal biosensor）和电化学生物传感器。

【实验材料】

用于提取 DNA 的植物材料样品，转基因植物材料，非转基因材料，质粒 DNA。

26-1-1　表面等离子共振生物传感器

【特殊目的】

表面等离子共振（surface plasmon resonance，SPR）生物传感器是利用光学的方式，实时测量生物分子在金属浴液体界面下发生交互作用时所造成的微小变化，无需对生物分子做任何的标记，即可实时分析生物分子间的交互作用，具有快速动态、可定量、灵敏度高以及大量平行筛检等优点，已被广泛地应用在生物分子诊断领域（图 26-1）。

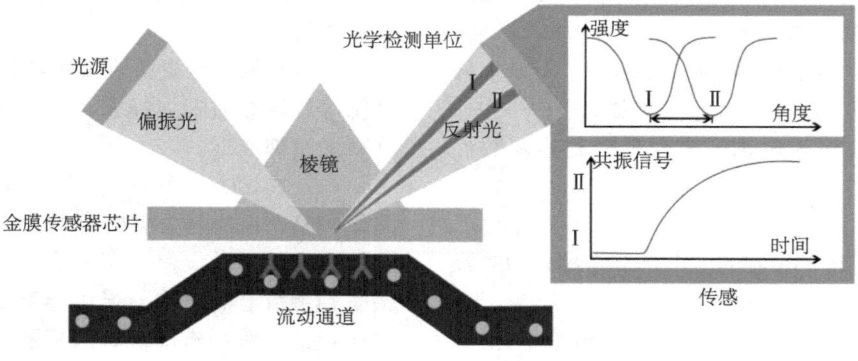

图 26-1　SPR 工作原理图

线性偏振的水平偏振光经由棱镜的耦合之后，入射到数十纳米的金属层，若在某个入射角略大于全反射角的角度，会发现入射光的强度有急剧下降的情形，表面等离子产生共振，入射能量被金属层吸收产生振幅更大的渐逝波（evanescent wave），此时探测器便会侦测到能量为零的情形。

本技术通过在镀金膜芯片上修饰一层带有巯基的 DNA 探针引物，建立一种简单、快速、灵敏的光学表面等离子共振 DNA 生物传感监测系统。通过检测探针引物与目的片段结合的响应信号的变化，获得被检转基因样品的响应值（response unit，RU），将该 RU 值代入到已建立的标准质量浓度曲线中得到被检样品转基因片段的质量浓度。

【实验仪器及试剂】

（1）仪器装置：表面等离子共振装置 Biacore XTM 及镀金芯片（SIA kit Au）购于瑞典 Biacore AB Uppsala 公司。所有实验都控制流速 5μl/min，温度为 25℃。

（2）试剂：6-mercapto-1-hexanol（MCH）购于 Sigma Aldrich；固定液（KH_2PO_4 1mol/L，pH3.8）；杂交缓冲液（NaCl 150mmol/L，Na_2HPO_4 20mmol/L，EDTA 0.1mmol/L，pH7.4）；三（2-羧乙基）磷盐酸盐（TCEP）；乙醇胺（1mol/L，pH8.5）；再生液：pH12 的 NaOH 溶液；4% SDS溶液；pH8.3 的 TBE 缓冲液；溴乙锭。

（3）引物及探针：寡聚核苷酸探针，合成的靶寡聚核苷酸和不互补的寡聚核苷酸链。

以 35S 启动子为例：

碱基序列为带巯基头的 35S 启动子寡聚核苷酸探针（Probe-C6-SH，P35S）：

5′-HS-$(CH_2)_6$-GGCCATCGTTGAAGATGCCT-CTGCC-3′

靶序列，序列与修饰的 35S 启动子寡聚核酸探针完全互补（P35S）：

5′-GGCAGAGGCATCTTCAACGATGGCC-3′

不互补的寡聚核苷酸链（用于阴性对照）：

5′-GATTAGAGTCCCGCAATTAATCATT-3′

35S DNA 扩增引物：

正义链：5′-GCTCCTACAAATGCCATCATT-3′

反义链：5′-CTCCAAATGAAATGAAC-3′

【实验操作】

（1）DNA 的提取：采用 CTAB 法提取转基因植物材料 DNA；小提法提取质粒 DNA。提取的 DNA 材料浓度用分光光度计于 260nm 检测。

（2）PCR 扩增和处理：转基因材料提取的 DNA 模板，非转基因材料提取的 DNA（阴性对照）模板，水（作为空白对照），相同体系条件下进行 PCR 扩增，产物凝胶电泳检测。

SPR 检测杂交反应前，需对 PCR 扩增产物处理，以获得单链 DNA。可采用高温变性的方法，及 95℃温育 5min，然后冰上冷却 1min。或者在变性过程中加入用于 PCR 扩增 35S 时的一对引物，这些小片段与溶液中用于与修饰芯片上的探针相杂交的远离靶序列的 PCR 扩增产物末端互补，不会与探针及靶序列重叠或形成复合物。当高温变性后已经分离的 DNA 链在温度降低时与这些小片段结合，从而延迟 PCR 扩增的单链 DNA 之间的复性，因此使得芯片表面的杂交反应可以发生。在样品到达芯片表面之前，这种方法可以有效地延迟分离的 DNA 链之间的复性，因而能得到较好的杂交反应信号。该方法包括 95℃温育 5min，然后适宜的温度（即 PCR 过程中退火的温度）放置 1min，再注入 Biacore 样品池检测。引物的浓度与 PCR 过程相同。

（3）传感器表面 DNA 芯片修饰。

① 清洗：H_2O_2（30%）、NH_3（30%）和 milliQ 水（体积比约为 1∶1∶5）混合液滴加到传感器金膜表面浸泡 10min，后用 milliQ 水清洗。

② 修饰：传感器芯片浸泡于带有巯基头的 35S 启动子寡聚核苷酸探针溶液中（1μmol/L），于室温孵育 2h。

③ 封闭：先用 milliQ 水清洗，然后在室温、黑暗条件下，浸泡于 1mmol/L 的封闭液（MCH）中 1h。

④ milliQ 水清洗、晾干后装入 Biacore 仪器，获得稳定基线后，开始杂交检测试验。

【实验解析】

当以 5μl/min 的流速注入 25μl 的目标寡聚核苷酸链溶液，可以得到一个典型的杂交应答曲线（图 26-2），反应时间为 5min，然后用杂交缓冲溶液自动冲洗掉没有结合的 DNA。共振信号（RU），即反应后的信号值减去杂交反应前的值。由于两个信号值都是在相同的缓冲溶液中获得，因此两者之差即代表在反应过程中附着在传感器芯片上的化学成分的量。对于一个完整的杂交实验所获得的 35S 反应信号 RU，是阳性（完全互补序列）反应信号 RU 减去阴性（不完全互补序列）反应信号 RU 所得的差值。其中 1-2 段为基线平衡过程，RU 变化不明显，表明生物膜分子间作用小。2-3 段为探针与目的基因片段相互作用过程，该过程注入待测样品，RU 随时间的增加逐渐变大最后平衡，表明探针与目的基因片段作用较强。由于目的基因片段分子在敏感膜表面的吸附，使得敏感膜的折射率升高，共振角变大，从而引起 RU 的增加，直到敏感膜表面的吸附达到平衡，RU 区域稳定 3-4。4-5 段为非特异形结合在缓冲液作用下的解离，使 RU 值变小。5 段后响应信号值随着缓冲液的注入开始降低，直到趋于稳定，基线恢复平衡状态，为后续测试做好准备。此检测方法用于定量时，其定量的下限为 2.5nmol/L，并且定量曲线在转基因产品含量是 0～25nmol/L 时有很好的线性关系。

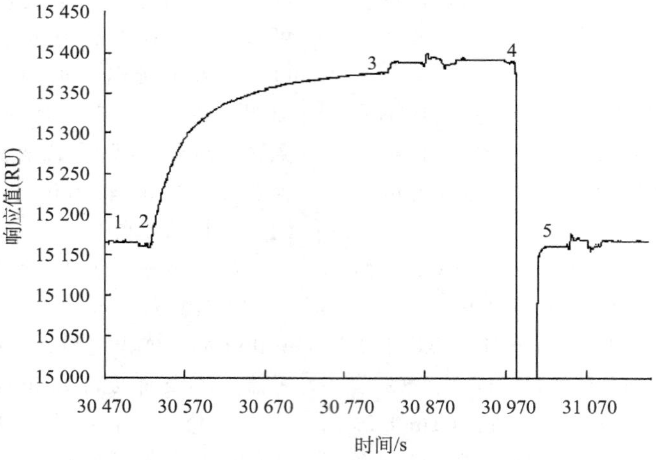

图 26-2　转基因 PCR 样品杂交信号图（肖守斌，2009）

26-1-2　压电式晶体管生物传感器

【特殊目的】

压电式晶体管生物传感器（piezoeletric quartz crystal biosensor），其表面固定具有生物识别特性的生物活性材料，利用压电介质激发声波，通过声波与周围环境的相互作用，传感器将反应过程中环境介质的物理、化学变化转换成响应的传感检测信号，从而得到关于反应的各种信息。对转基因生物进行检测，通过晶体管结合生物元件在相互作用结合目标物质时，石英晶体的共振频率下降，下降程度可推算得出结合目标物质的量。压电生物传感器具有质量响应灵敏、特异性高、简便快速、样品无需标记、方法易于自动化、集成化等优点，成为生物传感领域的研究热点之一。

【实验试剂】

（1）晶体材料：双面 AT 切工，9.5～10MHz 石英晶体（14mm），金膜（42.6mm²）。

石英晶体放在甲基丙烯酸酯反应池中，一面浸泡在溶液中，频度值通过石英晶体分析仪持续记录：数据（共振频率）显示在主显示屏，通过电脑连接到 QCA917 接口直接读取。

（2）引物及探针：以 35S 和 *Nos* 基因为例。

Biotiniylated probe（P35S）：5′ biotin-GGC-CATCGTTGAAGATGCCTCTGCC-3′

Biotiniylated probe（TNos）：5′ biotin-AAT-GATTAATTGCGGGACTCTAATC-3′

Thiolated probe（P35S）：5′HS-$(CH_2)_6$-GGC-CATCGTTGAAGATGCCTCTGCC -3′

Thiolated probe（TNos）：5′HS-$(CH_2)_6$-AATGATTAATTGCGGGACTCTAATC-3′

Target（P35S）：5′-GGCCATCGTTGAAG-ATGCCTCTGCC-3′

Target（TNos）：5′-AATGATTAATTGCG-GGACTCTAATC-3′

35S sense：5′-GCTCCTACAAATGCCAT-CA-3′

35S antisense：5′-GATAGTGGGATTGTG-CGTCA-3′

TNos sense：5′-GAATCCTGTTGCCGGT-CTTG-3′

TNos antisense：5′-TTATCCTAGTTTGC-GCGCTA-3′

（3）主要试剂。

巯基十一烷醇（11-mercaptoundecanol）、Dextran 500、epichlorohydrin、*N*-hydroxysucciminide（NHS）、1-ethyl-3-(3-dimethylaminopropyl) carbodiimide (EDAC)、6-巯基-1-正己醇（MCH）、固定 buffer（NaCl 300mmol/L，Na_2HPO_4 20mmol/L，EDTA 0.1mmol/L，pH7.4）、杂交 buffer（NaCl 150mmol/L，Na_2HPO_4 20mmol/L，EDTA 0.1mmol/L，pH7.4）、结合 buffer（Tris-HCl 10mmol/L pH7.5，EDTA 1mmol/L，NaCl 2mol/L，2-mercaptoethanol 1mmol/L，Tween-20 0.1%）、固定液（Ⅱ）（KH_2PO_4 1mol/L pH3.8）。

【实验操作】

1）样品 PCR 扩增

质粒及基因组 DNA 常规方法扩增，分别获得 P35S 和 TNos 片段产物 195bp 和 180bp。

2）核酸探针在金膜上的固定（图 26-3）

H_2O_2（30%）、NH_3（30%）和 milliQ 水（体积比约为 1∶1∶5）混合液清洗传感器金膜表面，晶体在混合液中浸泡 10min。后用用蒸馏水彻底冲洗干净后马上使用。

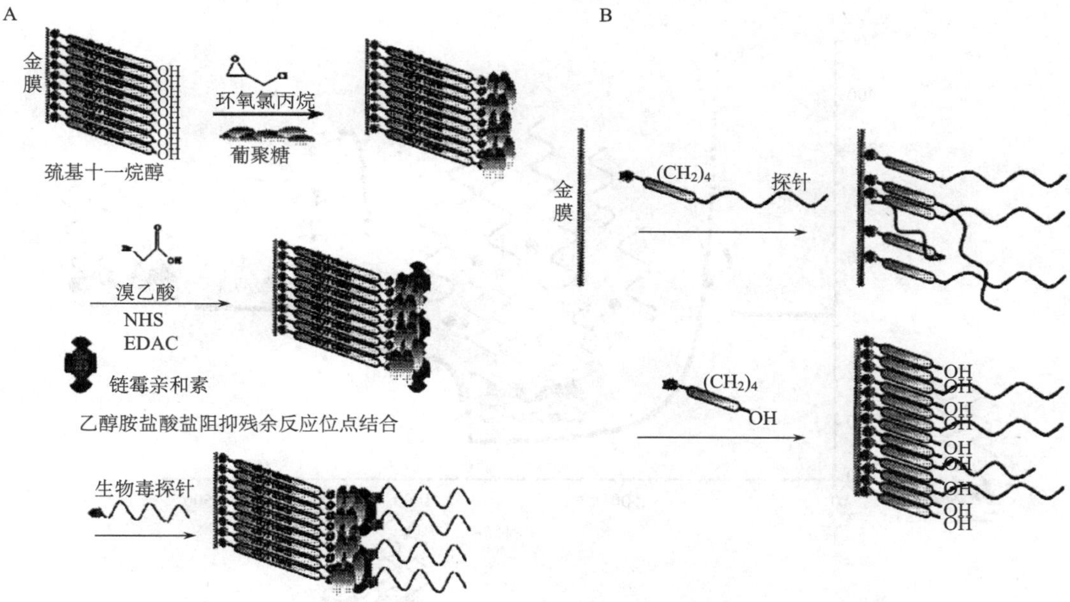

图 26-3 固定的过程（Ilaria et al.，2003）

A. 巯基-葡聚糖固化过程；B. 巯基衍生物探针/阻断巯基固化过程

（1）巯基-葡聚糖过程。将巯基十一烷醇和羧化葡聚糖用于链霉亲和素（200μg/ml 与醋酸盐溶液 10mmol/L pH5.0）的固定来修饰金膜传感器表面，固定生物素寡聚核苷酸引物（1μmol/L 溶于固定 buffer）。

（2）巯基衍生物探针和阻断巯基过程。金膜传感器表面用巯基衍生物探针（Oligo-C_6-SH，1μmol/L 溶于固定 buffer Ⅱ）和阻断巯基［6-巯基-1-正己醇（MCH）1mmol/L 溶于 milliQ 水］改性。

用固定液Ⅱ溶解的硫醇化的探针（1μmol/L）浸泡干净晶体表面 2h。用固定液Ⅱ和 milliQ 水清洗反应池后，加入 1mmol/L 200μl 的 MCH 再反应 1h。用水洗后，最后一步用 100μl 杂交 buffer 替代水，为杂交反应做准备。

另一个相同的固定过程中不使用阻断巯基，巯基衍生探针液（溶于 KH_2PO_4 1mol/L，pH3.8）孵化传感器表面过夜或者 2h。记录每个时段的频度值直到出现稳定的频度信号。

3）合成的寡聚核苷酸杂交

反应池中加入 100μl 寡核苷酸溶解液用于杂交靶向寡聚核苷酸链，反应 10min，杂交液清洗石英去除未结合的寡核苷酸。杂交液与石英结合时产生的频度值被实时记录。

所有实验于室温 25℃进行。

4）PCR 扩增

转基因材料提取的 DNA 模板，非转基因材料提取的 DNA（阴性对照）模板，水（作为空白对照），相同体系条件下进行 PCR 扩增，产物凝胶电泳检测。

5）双链扩增 DNA 改性

需要把双链的 DNA 分开，使得探针杂交固定在传感器表面。可用三种方法进行改性：热改性、磁改性及酶消化单链。

（1）热改性。将扩增产物加热到 95℃、5min，在冰上冷却 1min，改性后的样品马上加入到 QCM 反应池中，杂交反应 20min。这一过程广泛地应用到以 DNA 为基础的生物感应器的双链变性杂交研究中。

（2）磁改性。PCR 产物（100μl）中加入 100μl 1.8mg/ml 的 SAPMP，室温孵化 15min。清洗并清除上清液，用 25μl 100mmol/L 的 NaOH 改性。用 25μl 100mmol/L 的 HCl 中和，加入 2.5μl 1mol/L（pH7.5）的 Tris-HCl buffer 及 50μl 100mmol/L 的 NaCl 溶液，上清中含有非生物素单链，用于传感器表面杂交。

（3）酶消化单链。用 Strandase 试剂盒处理 5′-磷酸化正义链扩增的产物。试剂盒中的 λ-核酸外切酶能够识别并消化磷酸链，释放 5′-phosphomononucleotides 酶。

6）扩增产物的杂交（图 26-4）

将改性后的单链 DNA（ssDNA），加入到反应池与传感器表面进行杂交。反应持续 20min，杂交反应得以评估。

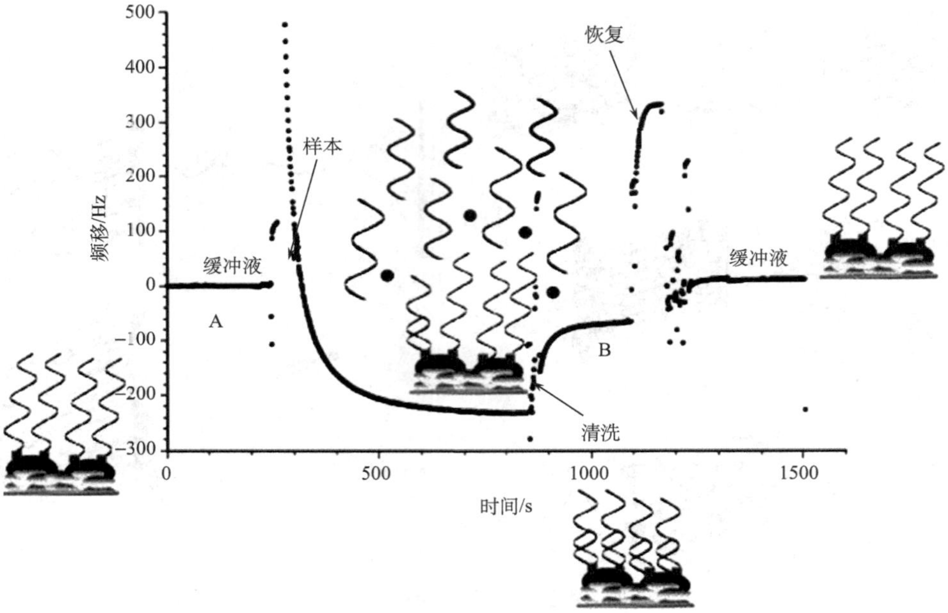

图 26-4　杂交频度-时间变化曲线（Ilaria et al.，2003）

杂交反应和替代清洗步骤结束后，用1mmol/L HCl 处理 1min 使的探针再生，用以下一个杂交再生过程。

【实验解析】

当石英晶体上的生物组件吸附待测物质后，使得石英晶体的共振频率下降。可由共振频率的下降，计算出待测物质吸附多少质量在表面上；再配合待测物质的分子质量，则可以得知有多少个分子吸附其上。可结合 PCR 手段对转基因物质进行平行的定量分析研究。

26-1-3　电化学发光 PCR 方法

【特殊目的】

电化学发光法（electrical chemistry light，ECL）是将电化学与化学发光两种高敏度方法相结合，实现了检测的高效、准确、无毒害。电化学发光 PCR 法首次将电化学发光技术、PCR 技术和双探针杂交技术结合起来，用于检测 CaMV（cauliflower mosaic virus）35S 启动子等指示性基因，从而判断其是否含有转基因成分。PCR 产物与生物素（biotin）标记的探针杂交，可以起到筛选的作用；与三联吡啶钌［RU（bpy）$_3^{2+}$］（其在阳极表面可发射 614nm 的光子）标记的探针杂交则可以用于电化学发光检测。两种探针同时与转基因样品 PCR 产物杂交，使结果避免假阳性的影响而更准确。该方法灵敏度高，可靠性强，操作简便，结果准确，是一种高效的转基因检测方法。

【实验试剂】

（1）引物及探针：设计合成一对寡聚核苷酸探针，一个探针上有生物素标记；另一个探针上有钌标记。以 35S 基因为例：

35S sense primer 5′-3′：gctcctacaaatgccatca

35S antisense primer 5′-3′：gatagtgggattgt-gcgtca

35S probe 1：cggcagaggcatcttcaacgatggcc-bio-tin

35S probe 2；Ru-tttccacgatgctcctcgtgggtggg

（2）主要试剂：Tris、EDTA、琼脂糖、*Taq* DNA 聚合酶、dNTP、100bp DNA Ladder、β-巯基乙醇、磁珠（德国 MACS）、TPA 购于 Aldrich 公司。

【实验操作】

（1）引物与探针的处理。引物和生物素探针：常规方法溶解引物和探针（生物素）。

探针（六碳氨基）连接活化的三联吡啶钌：将 80μl 溶于二甲基甲酰胺的活化钌按 4∶1 体积比加入标有 amino 解冻探针中，混合液体呈橙黄色；黑胶带缠管避光，室温（25℃）避光过夜（12h）；样品中加入 1ml 预冷无水乙醇，取另一空管加 1ml 预冷无水乙醇作对照，超低温冰箱（−80℃）沉淀 1h；用纯水和无水乙醇配一管 80%乙醇，置冰箱下层预冷；将样品与对照冷冻离心机离心沉淀，0℃下12 000r/min离心 20min；尽量倒净清液，或用纸吸干，见底部橙红色沉淀；加

1ml 无水乙醇，稍振荡，0℃下 12 000r/min 离心 20min；倒掉、吸干清液；加入 1ml 80% 乙醇，稍振荡，0℃下 12 000r/min 离心 20min；倒掉、吸干清液，开盖室温下 5min，挥发残余乙醇；加纯水至体积 100μl，振荡至完全溶解；取 10μl 溶液，再加入 30μl 纯水保存。

（2）DNA 的提取：具体方法参照 CTAB 法提取植物 DNA。

（3）PCR 扩增：转基因材料提取的 DNA 模板，非转基因材料提取的 DNA（阴性对照）模板，水（作为空白对照），相同体系条件下进行 PCR 扩增，产物凝胶电泳检测。

（4）核酸探针杂交：取扩增产物 15μl，加入过量的核酸探针（约 10∶1），置于水浴锅中控制温度进行杂交，94℃下 5min，65℃下 1h。

（5）电化学发光检测：依次将杂交后非转基因植物和转基因植物样品连上 10μl 链霉亲和素包被的磁珠，室温振荡孵育 20min，用清洗液清洗以除去有力的探针，然后，分别加入样品池中进行电化学发光检测。样品池中加入 TPA，在 1.25V 电压下进行电化学发光检测。每次加样前，用蒸馏水清洗样品池。每个样品做三次重复检测进行统计分析。

【实验解析】

标记基因通过 PCR 扩增，PCR 产物变性后再杂交缓冲液中与过量的两种核酸探针杂交，两种探针分别标记有生物素和三联吡啶钌复合物，为特异性扩增产物不能与探针杂交。然后，通过生物素与链霉亲和素包被的磁珠连接，将生物素标记的 DNA 序列收集到样品池中，其他的成分则被洗掉。随后，用电化学发光检测仪检测样品池中的电化学发光信号。因为该信号是由三联吡啶钌复合物产生，所以就可以根据发光信号的强度确定成功杂交两条探针的序列含量，从而可以确定样品中是否含有转基因的成分（图 26-5）。

此方法用于检测定量时，检测样品为皮摩尔及不同含量标记产物。样品由低浓度到高浓度依次检测，每次样品检测后用蒸馏水清洗样品池，待仪器本底降到相同的信号值再进行新的样品检测，以避免信号叠加产生误差。其定量的下限为 0.1fmol，并且其定量曲线在转基因产品含量为 0.1～100pmol 时有很好的线性关系（图 26-6）。

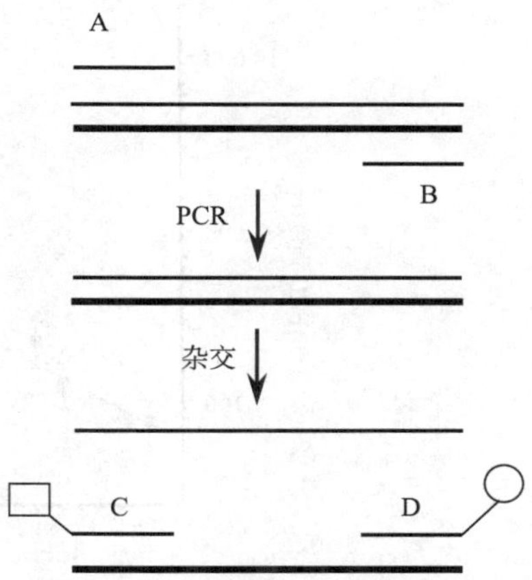

图 26-5　ECL 检测基本原理
A 和 B 为引物；C 为生物素探针；D 为 RU 标记探针

实验 26-2　侧向流动型免疫检测

【实验目的】

侧向流动型免疫检测法（lateral flow strip）与 ELISA 相似，这种测定方法也是基于三明治夹心式技术原理，该方法在一种固相支持物上进行试验，标记的抗原-抗体复合物侧向迁移，直至遇到在一种固定表面上的抗体。本实验通过市场上出现的侧向流动免疫检测试剂盒进行蛋白检测。由于目标蛋白一般是水溶性，且抗体具有高度专一性，因此检测样品仅需要初步处理就能达到测试的要求，具有快速、简便、适合野外操作等优点。但由于其检测灵敏度较低、适用范围窄、无法定量等缺点，主要适用于转基因植物的大田和原材料的快速检测。

【实验材料】

植物材料：转基因材料、非转基因材料。

【实验试剂】

（1）侧向流动免疫检测试剂盒。

（2）无菌去离子水。

【实验操作】

（1）样品充分研磨后加入无菌去离子水，振荡混匀，制成待测样品。

（2）将试纸条插入待测样品液中，深度不能超过黑色线。

（3）1～5min 后观察测试结果。

【实验解析】

与 ELISA 相比，试纸条检测蛋白是根据抗原抗体特异性结合的原理，不同之处之一是以硝化纤维代替聚苯乙烯反应板为固相载体（图 26-7）。

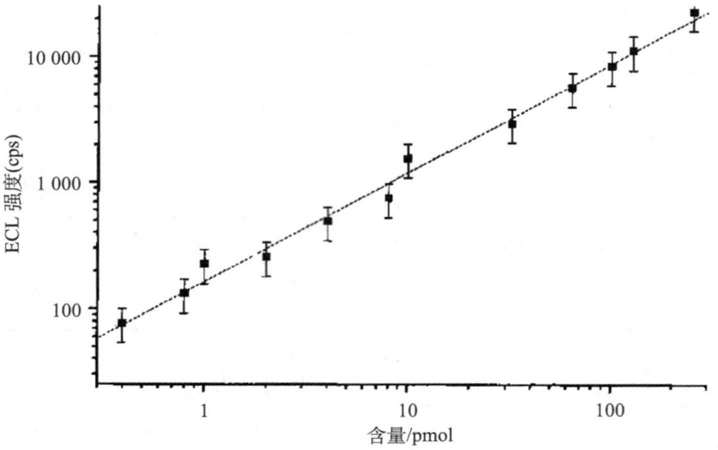

图 26-6　ECL 系统的定量标准曲线

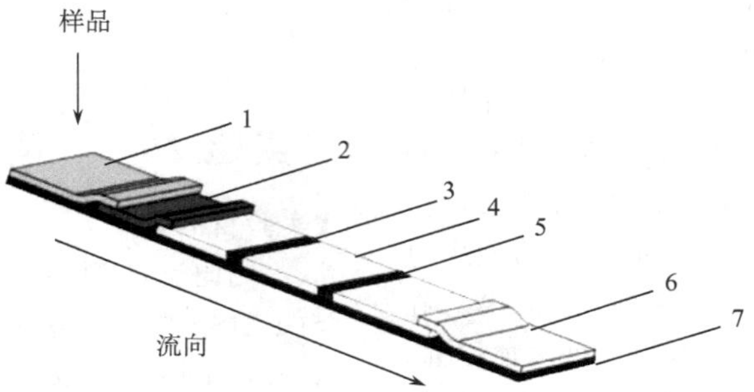

图 26-7　侧向流动免疫测试条结构

1. 样品垫；2. 结合物释放垫；3. 检测线；4. 反应膜；5. 对照线；6. 吸收垫；7. 背衬

对外源蛋白特异结合的抗体上联结了显色剂，被固定在试纸条内，当试纸条一段被放入含有外源蛋白的植物组织提取液中，另一端吸水的毛细管作用使提取液向上流动，当特异抗体与外源蛋白结合时，呈现颜色反应。试纸条上含有 2 个“捕获”区域；一个“捕获”结合外源蛋白的抗体蛋白复合物，另一个“捕获”显色剂。当所形成的夹心复合物及未反应的显色剂被纸条上的相应“捕获”区捕获时，这些捕获区呈鲜红色区带。当试纸条上只显示 1 条区带（指控线）时为阴性结果，表明不含有被检测的转基因蛋白；当显示 2 条带时为阳性结果，则表明含有被检测转基因蛋白（图 26-8）。

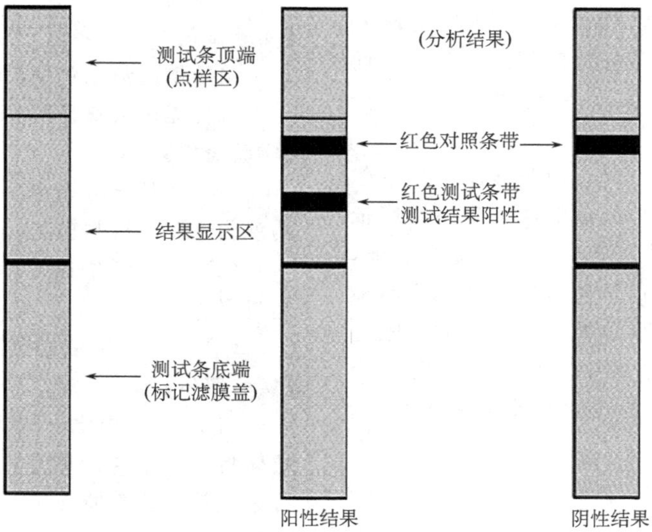

图 26-8　侧向流动附着原理图（段武德等，2009）

实验26-3　转基因植物表达产物色谱检测

【实验目的】

色谱（chromatography）是现代食品分析中的新技术，其利用样品混合物中各组分理化性质的差异，分配到互不相容的两相中。当两相相对运动时，各组分在两相中反复多次重新分配，使混合物分离。两相中固定不动的一相称固定相，移动的一相称流动相。根据固定相和流动相的不同，色谱可分为多个种类：凝胶色谱、液相色谱、气相色谱、高效薄层、高效液相等。由于色谱具有的高效分离各种物质的优势，现已应用于转基因植物及其产品的成分检测中，但该方法只适用于成分发生重大变化时的检测分析，且只能定性，不能定量分析。本实验以高效液相色谱（DHPLC）技术为例介绍转基因植物材料的检测。

【实验材料】

植物材料：转基因植株、非转基因植株。

【实验仪器及试剂】

主要仪器：PCR扩增仪，凝胶成像系统，变性高效液相色谱仪离心机，纯水器。

GoTaq酶，三乙基胺乙酸，乙腈，去离子水。DHPLC缓冲液，A液为0.1mol/L三乙基胺醋酸，B液为0.1mol/L三乙基胺乙酸和25%乙腈，D液为乙腈/水（4∶1）。

【实验操作】

（1）DNA的提取：采用CTAB法提取DNA，模板DNA的纯度OD_{260}/OD_{280}值要在1.6以上，将模板DNA浓度稀释为50ng/μl备用。

（2）引物设计：

35S sense：5′-GCTCCTACAAATGCCATC-3′

35S antisense：5′-GATAGTGGGATTGTGCGTCA-3′

NOS sense：5′-ATCGTTCAAACATTGGCA-3′

NOS antisense：5′-ATTGCGGGACTCTAATCATA-3′

NPT-Ⅱ sense：5′-CTCACCTTGCTCCTGCCGAGA-3′

NPT-Ⅱ antisense：5′-CGCCTTGAGCCTGGCGAACAG-3′

（3）PCR扩增：进行单一基因的PCR扩增，后进行多重PCR反应体系和反应条件的优化，凝胶电泳结果确定最佳条件体系。

（4）DHPLC检测：将PCR产物放入DHPLC进样室，设定基因片段大小为50～550bp，检测起始时间为0.5min，检测结束时间为15min，流动相A液为50.2%，B液为49.8%；柱温50℃，上样量为5μl，流速为0.9ml/min。重复多重PCR扩增和DHPLC分析，看峰图的重现性。

【实验解析】

高效液相色谱技术（DHPLC）是一种自动化、高通量检测方法，在不变性的温度条件下，可以检测并分离分子质量不同的双链DNA分子。通过DHPLC的DNA Sep分离柱（有无孔多苯乙烯-二乙烯基苯共聚物微球体与碳18相连而成），三乙基胺乙酸盐（TEAA）离子对试剂使DNA片段吸附在固定相上。然后，改变流动相中乙腈的浓度实现DNA片段的分离，根据内、外源基因分离时间和峰值来判断样品的结果。转基因与非转基因的检测物会在相同的时间出现和不出现峰型，以此判断转基因效果（图26-9）。

实验26-4　转基因植物毛细管电泳检测

【实验目的】

毛细管凝胶电泳（capillary gel electrophoresis，CGE）是一种微分离分析技术，它是基于带电组分在高电场中迁移率不同而进行分离的。主要特点在于：凝胶具有多孔性，起到类似分子筛的作用，溶质按分子大小逐一分离；凝胶黏度大，能减少溶质的扩散，所得峰形尖锐，能达到毛细管电泳中最高的柱效。CGE的抗对流和分子筛作用的特点可应用于大分子物质的分离。主要应用于蛋白质、多肽、寡聚核苷酸链和DNA的分离，因此现已将CGE同PCR技术结合用于转基因植物的检测中。

毛细管电泳仪主要包括高压电源、一根毛细管、两个供毛细管两端插入而又可以和高压电源相连的缓冲溶液贮瓶、检测器及一台控制电泳仪和收集处理数据的计算机。

毛细管的电泳的分离和检测过程均在毛细管中完成。使用细柱可减少电流及自热，而且能加快散热，以保持高效分离；但同时也会造成进样、检测及清洗上的困难，也不利于对吸附的抑制，故一般采用25～100μm内径的毛细管。增加柱的长度，会使电流减少，分析时间增加；而短柱则易造成过载。一般常采用20～70cm的长度。常用的毛细管均为圆柱形，也有采用矩形或扁方形的毛细管。矩形管的有优点是可以加长检测的光

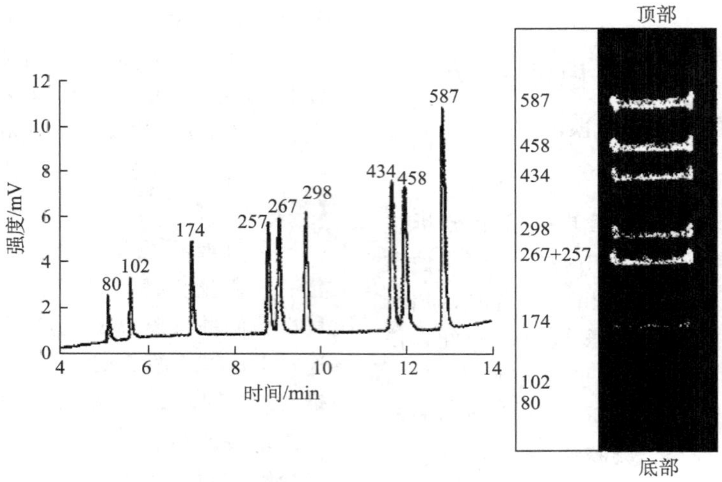

图 26-9 DHPLC 系统和琼脂糖凝胶电泳对 *Hae* Ⅲ酶切质粒 pUC18 分析图谱比较（李莉等，2006）

径，散热好，分离效率比圆柱高；扁管可以在不降低电泳效率的同时，增大进样量和光径。毛细管材料由聚丙烯空心纤维、聚四氟乙烯、玻璃及适应等。最常用的是石英毛细管，这是因为其具有良好的光学性质（能通过紫外光），石英表面有硅醇基团，能产生吸附和形成电渗流（EOF）。

激光诱导荧光检测（LIF）的检测灵敏度高，其检测限为 $10^{-12} \sim 10^{-10}$ mol/L，比常规 UV 吸收法低 5～6 个数量级。本实验将 LIF 与 CGE 技术结合，通过高灵敏度的激光诱导的毛细管凝胶电泳检测方法（CGE-LIF）来检测转基因植物。

【实验材料】

植物材料：转基因材料、非转基因材料。

【实验试剂】

溴乙锭，羟丙基甲基纤维素（hydroxy-propyl-methacrylate，HPMC-400），Sulforhdamine B，三羟甲基氨基甲烷（Tris），乙二胺四乙酸，硼酸，*Taq* DNA 聚合酶。

【实验操作】

（1）DNA 的提取：采用 CTAB 法提取 DNA，期间用三氯甲烷-异丙醇（体积比为 24∶1）溶液进一步沉淀去除蛋白质及酯类等物质。用核酸蛋白分析仪测定 DNA 纯度（OD_{260}/OD_{280}）。

（2）PCR 反应：通过对退火温度、引物浓度等的优化，确定最佳 PCR 扩增体系。

（3）PCR 产物的毛细管电泳分析：将购买的毛细管用 0.1mol/L 的 HCl 冲洗 1h，水洗 10min，再用 0.1mol/L NaOH 溶液冲洗 1h，水洗 10min，然后烘干 110℃烘烤 2h 进行活化。然后将配制好的 1g/L 的羟丙基甲基纤维素注入毛细管柱中，再充以含有 3.5μmol/L 溴乙锭的 8g/L HPMC，分离所用的缓冲液为 TBE 溶液（Tris 45mmol/L，boric acid 45mmol/L，EDTA 1mmol/L pH8.5）。取 PCR 扩增产物 10μl，在 −5.0kV 下电动进样 15s，并在 −5.0kV 下恒压电泳，用 543.5nm 波长的激光激发，在 590nm 波长处检测嵌入 EB 的 DNA 片段相对荧光强度而被检测。电泳温度为 20℃，每次电泳后用 0.01mol/L H_3PO_4 溶液冲洗毛细管 5min，再进行下一次检测。

【实验解析】

根据毛细管电泳的迁移时间对转基因中靶基因进行定性分析，根据星对荧光强度（峰高）进行定量分析。

根据 PCR 反应产物片段的大小，选用相应的 DNA Marker 作为 DNA 片段长度标准物质，对筛分体系进行优化，考察不同质量分数的筛分介质羟丙基甲基纤维素对 DNA Marker 中两个相邻的与产物大小相应的 Marker 条带的分离情况，确定实验中的选择筛分介质 HPMC 的质量分数。

根据在优化的电压和时间条件下进行试验，与内源基因和选定的外源基因比较，根据外源基因峰值的出现和高低，可进行转基因植物的定性和定量分析。

第五篇主要参考文献

白月，才华，栾凤侠，等. 2011. 多重 PCR 结合 DHPLC 方法检测番茄中转基因成分. 作物杂志，2：28-31

邓汉超，尹长城，刘国振，等. 2011. 转基因植物核酸成分检测技术研究进展. 中国生物工程杂志，31（1）：86-95

段武德. 2009. 转基因植物检测. 北京：农业部科技发展中心

番茄中转基因成分定性 PCR 检测方法. 中华人民共和国出入境检验检疫行业标准，SN/T. 1816—2006

黄新，郭欣硕，李明福，等. 2013. 生物传感器在转基因产品检测中的研究进展. 生物技术通报，10：83-87

姜羽，胡佳莹，杨立桃. 2014. 利用微滴数字 PCR 分析转基因生物外源基因拷贝数. 农业生物技术学报，22（10）：1298-1305

兰金苹，李莉云，贾霖，等. 2011. 叶绿体基因编码蛋白质在水稻叶片生长过程中的表达研究. 生物化学与生物物理进展，38（7）：652-660

兰金苹，武鹏程，郭美岑，等. 2015. NPT 域蛋白质在转基因水稻中的表达特征研究. 生物化学与生物物理进展，42（3）：268-276

李莉，王翀，陈瑶生. 2006. DHPLC 系统工作原理及其应用. 生物技术通报，（增刊）：120-124

刘晋峰. 2004. 电化学发光方法检测基因植物. 广州：华南师范大学硕士学位论文：33-36

刘亚攀，欧阳华学，孙成均，等. 2012. 转 Bt 基因稻米的降落 PCR-毛细管电泳快速检测研究. 中国卫生检验杂志，22（11）：2531-2533

王关林，方宏筠. 2009. 植物基因工程. 北京：科学出版社

王关林，方宏筠. 2014. 植物基因工程. 2 版. 北京：科学出版社

王婷婷，李伟，魏文松，等. 2013. 光学表面等离子共振生物传感器检测小麦转基因的研究. 河南农业大学学报，47（5）：580-583

向才玉，凌杏园，潘广. 2015. 多重 PCR-DHPLC 法检测转基因棉花品系. 植物检疫，29（1）：37-41

肖守斌. 2009. 运用表面等离子共振（SPR）生物传感器检测转基因玉米的研究. 玉米科学，17（2）：38-43

周颖，黎源倩，裴晓方. 2007. 转基因玉米的多重 PCR-毛细管电泳-激光诱导荧光检测方法研究. 高等学校化学学报，28（8）：1458-1463

周颖，黎源倩，苏宁，等. 2005. 双重 PCR-毛细管电泳法快速检测大豆中转基因成分. 四川大学学报（医学版），36（1）：119-123

庄强，钱程，刘立. 2010. SYBR Green 实时定量 PCR 检测外源基因拷贝数. 浙江理工大学学报，1（27）：125-129

Gerdes L，Busch U，Pecoraro SA. 2014. statistical approach to quantification of genetically modified organisms（GMO）using frequency distributions. BMC Bioinformatics，15（1）：407

Huang RF，Liu HX，Gai QQ，et al. 2015. facile and sensitive electrochemiluminescence biosensor for Hg^{2+} analysis based on a dual-function oligonucleotide probe. Biosens Bioelectron，71：194-199

Ilaria M，Maria M，Sara T，et al. 2003. Quartz crystal microbalance（QCM）affinity biosensor for genetically modified organisms（GMOs）detection. Biosensors and Bioelectronics，18：129-140

Karamollaoglu I，Ktem H，Mutlu M. 2009. QCM-based DNA biosensor for detection of genetically modified organisms（GMOs）. Biochemical Engineering Journal，44（2-3）：142-150

Li X，Bai H，Wang X，et al. 2011. Identification and validation of rice reference proteins for Western blotting. J Exp Bot，62（14）：4763-4772

Qiu J，Xu Y，Yu F. 2011. Determining the copy number of exogenous gene in transgenic plant by SYBR Green Real-time quantitative PCR. Agricultural Science and Technology，12（6）：829-83

Scarano S，Ermini ML，Spiriti MM，et al. 2011. Simultaneous detection of transgenic DNA by surface plasmon resonance imaging with potential application to gene doping detection. Anal Chem，83（16）：6245-6253

Yao GH，Liang RP，Huang CF，et al. 2015. Enzyme-free surface plasmon resonance aptasensor for amplified detection of adenosine via target-triggering strand displacement cycle and Au nanoparticles. Anal Chim Acta，871：28-34

Zhou X，Hui E，Yu XL，et al. 2015. Development of a rapid immunochromatographic lateral flow device capable of differentiating phytase expressed from recombinant Aspergillus niger phyA2 and genetically modified corn. J Agric Food Chem，Apr 22

第六篇

转基因植物的生物学特性及表观遗传学检测

调查分析转基因植物的生物学特性，了解其遗传规律、目的性状的表现及相应生理生化等特性，对合理地分析目的基因的生物学功能、恰当地利用转基因植物材料具有重要意义。外源基因导入受体植物是否引起转基因植物基因分子水平的改变？如基因的剪辑、甲基化等表观遗传学变化是近期分子生物学家所关心的问题。

本篇阐述了分析转基因植物遗传特性的方法；分析转基因植物目的性状及其调控的生理生化特性的方法；分析其遗传多态性的方法；最后介绍了近期研发的检测转基因植物表观遗传学特性的新技术。

第 27 章

转基因植物的遗传特性检测

实验 27-1 转基因植物的（非）孟德尔遗传规律检测

【实验目的】

（1）了解转基因植物的遗传特性。

（2）掌握鉴定转 Bt 基因棉中外源基因的方法。

【实验材料】

转 Bt 基因棉花“国抗 1 号”及其受体亲本“泗棉 3 号”杂交的 F_2 分离群体。“国抗 1 号”含有的外源基因中整合有 Bt 抗虫基因（显性基因）、报告基因 *gus* 和抗性筛选基因 *npt-Ⅱ*，可以通过检测这三个基因控制的性状的分离情况来解析其在转基因植物中的分离是否符合孟德尔遗传规律。

【实验试剂】

硫酸卡那霉素溶液（4mg/ml）。

【实验操作】

1）NPT-Ⅱ叶片涂抹法（卡那霉素法）鉴定转 Bt 基因

（1）取 F_2 棉花幼苗（子叶平展时）约 200 株，用浸润有硫酸卡那霉素溶液的脱脂棉球涂抹叶片，一周后观察叶片反应结果。

（2）数据统计。叶片涂抹部位有黄白斑的幼苗即为非转基因植株，即不含 Bt 基因；叶色不发生变化的幼苗含有 Bt 基因。统计各基因型的单株数量。

2）F_2 单株的抗虫性鉴定

（1）取植株顶端的两片嫩叶进行室内抗虫鉴定。抗虫鉴定采用刚孵化的棉铃虫。将棉叶放入培养皿中，并接 2 日龄幼虫 10 头，做好标记。养虫室内温度 25～28℃，相对湿度 70%～80%。接虫后第 5 天查看幼虫食叶情况和幼虫存活情况。

（2）数据统计。以两亲本的抗虫性为对照，同时以幼虫食叶量和幼虫存活情况作为抗虫鉴定分级标准。1 级，高抗（HR）；2 级，抗（R）；3 级，中抗（MR）；4 级，感（S）；5 级，高感（HS）。

3）统计分析

结合 NPT-Ⅱ卡那霉素检测和抗虫性鉴定，用卡方测验（χ^2）鉴定 F_2 材料中 Bt 基因的遗传是否符合孟德尔经典遗传规律。若含 Bt 基因（抗虫株）的植株数与不含 Bt 基因（感虫株）的植株数的比例符合 3∶1，则转 Bt 基因的遗传符合孟德尔遗传规律，否则则为非孟德尔遗传。

【实验解析】

（1）“国抗 1 号”含有抗性基因 *npt-Ⅱ*，*npt-Ⅱ* 编码一种能对某些氨基糖苷类抗生素（如卡那霉素、新霉素等）具有抗性的酶，从而使转化体能在有抗生素的条件下正常生长，而非转化体不能正常生长。因此，在有抗生素存在的条件下，非转 Bt 基因幼苗中无 *npt-Ⅱ* 基因，不能正常生长，涂抹部位出现黄白斑甚至整株幼苗都呈黄色，而转 Bt 基因幼苗有 *npt-Ⅱ* 基因活性，能正常生长，叶片为绿苗或无颜色变化。依据抗性筛选基因的这一特性，可以鉴定出各个单株的基因型，为分析目的基因的遗传规律奠定基础。

（2）卡那霉素检测与室内抗虫性检测结果可相互参照，提高检测的准确性。

实验 27-2 转基因植物的纯（嵌）合性检测

【实验目的】

（1）了解转基因植物中外源基因的纯（嵌）合性。

（2）掌握检测转基因植株中外源基因的方法。

【实验材料】

转 Bt 抗虫基因棉各组织样品；转 Bt 抗虫基因棉与其受体亲本杂交的 F_1 材料。

【实验试剂】

金标 Bt-Cry1Ab/Ac 检测试纸条（Envirologix 公司），石英砂，蒸馏水。

【实验操作】

1）金标试纸条法（免疫检测法）对各器官的 Bt 基因进行定性测定

（1）金标试纸条检测。

① 取转 Bt 抗虫棉子叶、顶部第二叶（苗期、

蕾期、花期、铃期）、蕾、苞叶（花期、铃期）及种子（去壳）样品各 2g，于研钵中，加入 0.5g 石英砂和一定量的蒸馏水，研磨充分后倒入离心管，1000r/min 离心 30s，取上清，备用。

② 将各组织的上清液置于 1.5ml 离心管中，将金标检测试纸条中带有“箭头”和“MAX”标记端插入准备好的样品中（检测液高度不超过 MAX 线），反应 10s 后取出平放，检测线与质控线一般在 1～2min 后出现，反应结果在 5min 内观测。

③ 阳性结果（含 Bt 基因）：在检测试剂条上出现两条紫红色条带，一条为检测线和一条质控线。阴性结果（不含 Bt 基因）：在检测试剂条上只出现一条紫红色质控线。

无效结果：在检测试剂条未现一条紫红色质控线（操作不正确或试剂盒已失效）。

（2）结果分析。根据各组织样品的试纸条检测结果，判断各组织是否含有 Bt 基因。若某组织不含 Bt 基因而其他组织含有 Bt 基因，则判断该转 Bt 材料为嵌合体（转化时可能只有部分细胞接受目的基因，形成嵌合体）。

2）F_1 材料 Bt 基因型检测（纯合或杂合）

（1）Bt 基因的定性检测。取 F_1 棉花幼苗（子叶平展时）约 100 株，用金标试纸条检测各材料是否含 Bt 基因，方法同上。

（2）数据统计。若所有 F_1 材料都含有 Bt 基因（抗虫），则该转 Bt 材料为纯合基因型；若同时发现含 Bt 和不含 Bt 的材料（1∶1 分离），则该转 Bt 材料为杂合基因型。

【实验解析】

（1）金标法是在酶联免疫吸附法的基础上发展起来的一种固相标记免疫测定新技术。其检测原理是，以微孔滤膜为载体，包被已知抗原，加入待检标本后，经滤膜的毛细管作用，标本中的抗体与胶体金结合的抗原结合，再通过与膜上包被的抗原结合显色而达到检测目的。金标法的试剂为试纸条形式，即为金标试纸条。

（2）金标 Bt-Cry1Ab/Ac 抗虫检测试纸条可定性检测 Bt 毒蛋白，是鉴定转 Bt 基因抗虫棉的简便、快速、准确、经济的检测手段。检测前先将样品磨碎并加水，以溶解蛋白。

实验 27-3　转基因植物的遗传稳定性检测

【实验目的】

分析转基因植物的遗传稳定性。

【实验材料】

转 Bt 基因棉 T_0、T_1、T_2、T_3 代材料。

【实验试剂】

10× buffer，dNTP mix，$MgCl_2$，*Taq* DNA 聚合酶；Bt 基因特异性 PCR 引物（F：5′-CAGAGTCTTTCAGAGAATGGGAG-3′；R：5′-GAGAGGCCATGATCTGGTGTC-3′）。

【实验操作】

1）抗虫性鉴定

鉴定方法如实验 27-1“转基因植物的（非）孟德尔遗传规律检测”。

（1）各世代材料的抗虫性鉴定。

① T_0 代植株的抗虫性检测。

② T_1 代植株的抗虫性检测。

③ T_2 代植株的抗虫性检测。

④ T_3 代植株的抗虫性检测。

（2）Bt 基因在各世代材料中的遗传。

① 选择 T_0 代的抗虫株，留种，种成 T_1 代。

② 分析 T_1 株系的抗虫性，若株系中的材料都抗虫，则此系纯合；若抗虫与感虫株比例为 3∶1，则其对应的 T_0 亲本为杂合；若株系中的所有材料都不抗虫，则抗虫基因已丢失。选择纯合抗虫株系，留种，种成 T_2 株系。

③ 分析 T_2 株系的抗虫性，若 T_2 株系内的所有材料都抗虫，表明 Bt 基因能稳定遗传给后代；若 T_2 株系发生分离，表明 Bt 基因尚未纯合；若 T_2 株系不抗虫，表明 Bt 基因已丢失。选择纯合株系，留种，种成 T_3。

④ 分析 T_3 株系的抗虫性，同 T_2 分析方法。

2）转 Bt 基因 Cry1Ab/Ac 的特异性 PCR 扩增检测

（1）各世代材料的 PCR 鉴定。

① T_0 代植株的 PCR 鉴定。

用 CTAB 法提棉花叶片的 DNA，稀释至 50ng/μl，备用。PCR 扩增体系：反应总体积为 15μl，含 10×buffer 1.5μl，dNTP mix（2.5mmol/L）1.3μl，$MgCl_2$(25mmol/L) 1.0μl，引物（10μmol/L）各加 0.5μl，*Taq* DNA 聚合酶（5U/μl）0.15μl，模板 DNA 2.0μl；ddH_2O 补齐至 15μl。PCR 扩增程序：95℃，5min；然后 40 个循环：94℃、20s，63℃、30s；72℃、90s；最后 72℃、5min。PCR 扩增后，1%琼脂糖凝胶电泳检测，分析 Cry1Ab/Ac 的特异性条带。

有特异性带的为阳性，含有抗虫基因；无特异性条带的不含抗虫基因。

② T_1 代植株的 PCR 鉴定，同步骤 2）（1）①。

③ T_2 代植株的 PCR 鉴定，同步骤 2）（1）①。

④ T_3 代植株的 PCR 鉴定，同步骤 2）（1）①。

（2）Bt 基因在各世代材料中的遗传分析。

① 选择 T_0 代含 Bt 基因的植株，留种，种成 T_1 代。

② 分析 T_1 株系中的 Bt 基因，若株系中的材料都含 Bt，则此系纯合；若株系中含 Bt 与不含 Bt 植株比例为 3∶1，则其对应的 T_0 亲本为杂合；若株系中的所有材料都不含 Bt，则抗虫基因已丢失。选择纯合抗虫株系，留种，种成 T_2 株系。

③ 分析 T_2 株系中的 Bt 基因，若 T_2 株系内的所有材料都含 Bt，表明 Bt 基因能稳定遗传给后代；若 T_2 株系发生分离，表明 Bt 基因尚未纯合；若 T_2 株系不含 Bt，表明 Bt 基因已丢失。选择纯合株系，留种，种成 T_3。

④ 分析 T_3 株系的 Bt 基因，同 T_2 分析方法。

【实验解析】

根据转基因后代的抗虫性（表型分析）并结合目的基因特异性 PCR 检测（基因型分析），分析外源基因是否可以在后代中稳定遗传，结果可靠，准确性高。

第 28 章

转基因植物目的性状检测及其生理生化指标分析

实验 28-1　转基因植物目的性状及其变异检测

【实验目的】

（1）了解转基因是通过外源目的基因在受体植物中的表达，实现植物某些生物学性状（抗病/抗逆）的改良。

（2）了解转基因植物外源目的基因遗传变异特性，理解转基因植物外源目的基因在后代稳定遗传的重要意义。

【实验材料】

（1）转 *Yr26* 基因 $T_{1\sim4}$ 代小麦株系，以非转基因受体品种为阴性对照。

（2）直径 30～40cm 花盆及营养土若干。

【实验试剂】

CYR32 生理小种夏孢子粉 0.5～1.0g，Tween-20。

28-1-1　转基因植物目的性状检测

【实验目的】

掌握转基因小麦条锈病的记载方法及抗条锈病转基因小麦成株抗病鉴定方法。

【实验材料】

（1）转基因材料：转 *Yr26* 基因 T_4 代小麦株系，其中，目的基因 *Yr26* 对小麦条锈病病菌主要流行小种 CYR32 具有全生育期抗性，以非转基因受体品种为阴性对照。

（2）发芽盘、注射器、滤纸等。

【实验试剂】

过氧化氢溶液等。

【实验操作】

1）播种

（1）挑选大小相一致，无霉烂变质的 T_4 代转 *Yr26* 基因小麦籽粒若干，受体品种种子若干（ck）。用 1%的过氧化氢溶液室温下浸种 24h（杀菌、破眠）。然后用蒸馏水清洗 3～4 次，将已开始露白的小麦籽粒逐个移入铺有湿润滤纸的发芽盘中，注意每隔 5～8h 洒水，保持滤纸湿润，使种子在发芽盘中发芽并生长 3d（室温）。

（2）将萌发的幼苗依次逐粒移栽到预先备好的盛营养土的花盆（5 株/盆，转基因阳性株系 10 盆，阴性对照 2 盆），缓苗结束后移入 4～6℃春化间培养 25～30d，期间注意水分、通风及光照管理。

（3）春化结束，经过 1～2d 室温缓苗后，将花盆移入人工温室中培养。

2）人工接种

（1）CY32 生理小种夏孢子悬浮液制备：待植株生长发育至拔节期，将 CYR32 生理小种的夏孢子粉用数滴 0.05%的 Tween-20 水溶液调成糊状，按 0.5g 孢子：250ml 水比例稀释成夏孢子悬浮液。

（2）采用注射法接种：接种操作选取 10～20 个单茎分别注射接种。其方法是用注射器将孢子悬浮液从每一单株心叶与其下的展开叶叶鞘相接处以下约 1cm 处注射，针头宜向下倾斜刺入，但不要刺穿，挤压少量悬浮液，以见到心叶处冒出水珠为度。

3）实验结果记载

（1）调查记载时间：在小麦乳熟期进行病情调查。

（2）调查方法及项目：以每株旗叶为调查对象，逐叶进行调查记载严重度、侵染型，计算普遍率、平均严重度和病情指数，调查 2 次，每次间隔 10d。

【实验解析】

（1）*Yr26* 是由西北农林科技大学旱区作物逆境生物学国家重点实验室康振生教授研究团队克隆，功能验证表明，该基因对小麦条锈病主要流行小种 CYR32 具有高度抗性，且对小麦具有全生育期抗性的基因。实验结果出现高抗 CYR32 小种类型的，说明 *Yr26* 基因的性状得到体现。

（2）发病程度记载及标准。

① 侵染型记载及标准：病斑侵染型按 0、0;、1、2、3、4 六个类型划分，其划分标准见表 28-1，各类型可附加“+”或“−”号，以表示偏重或

偏轻，用以表示测试小麦材料的抗锈程度。每一鉴定材料随机调查 50 片叶，逐叶调查记载侵染型，当发现同一叶片上出现不同侵染型时，主要侵染型记录在前。

表 28-1　转基因小麦条锈病侵染型级别及其症状描述

侵染型	症状描述
0	叶上不产生任何可见的症状
0;	叶上产生小型枯死斑，不产生夏孢子堆
1	叶上产生枯死条点或条斑，夏孢子堆很小，数目很少
2	夏孢子堆小到中等大小，较少，其周围叶组织枯死或显著褪绿
3	夏孢子堆较大、较多，其周围叶组织有褪绿现象
4	夏孢子堆大而多，周围不褪绿

注：侵染型级别经常用如下符号进行精细划分，即“－”表示疑孢子堆较其相应正常侵染型的夏孢子堆略小；“＋”表示夏孢子堆较其相应正常侵染型的夏孢子堆略大

② 严重度记载及标准：严重度用分级法表示，设 1%、5%、10%、20%、40%、60%、80%、100%八级。调查时每份材料随机抽样 50 片叶，逐叶记载严重度，计算平均严重度。

$$\overline{S}(\%)=\sum_{i=1}^{n}(X_i\cdot S_i)/\sum_{i=1}^{n}X_i\times 100$$

式中，$\overline{S}$ 为平均严重度，i 为病级指数（$1-n$），X_i为病情为 i 级的单元数，S_i 为病情为 i 级的严重度值（如小麦条锈病各级的百分数）。

③ 普遍率记载及标准：每一鉴定材料随机调查 50 片叶，计数发病叶片数，计算普遍率。

普遍率(%)＝(发病叶片数/调查总叶片数)×100

（3）抗性评价标准。依据鉴定材料发病程度（病情指数和侵染型）确定其对条锈病的抗性水平，其评价标准见表 28-2。

表 28-2　转基因小麦条锈病抗性评价标准

侵染型	病情指数	抗性评价
0	—	免疫 immune（I）
0;	—	近免疫 nearly immune（NIM）
1	—	高抗 highly resistent（HR）
2	—	中抗 moderately resistant（MR）
3～4	≤25	慢锈 slow rusting（SR）
3	＞25	中感 moderately susceptible（MS）
4	＞25	高感 highly susceptible（HS）

28-1-2　转基因植物变异性状检测

【实验目的】

（1）了解转基因植物外源目的基因遗传变异特性，理解转基因植物外源目的基因在后代稳定遗传的重要意义。

（2）熟练掌握目的基因表型性状的观测手段和观察方法。

【实验材料】

经 PCR 分子检测的转 *Yr26* 基因 T_1 代阳性植株 20 株，受体小麦植株 5 株（ck）。按单株分别脱粒，种子保存备用。

【实验试剂】

CYR32 生理小种夏孢子粉 1.0g，Tween-20 试剂若干毫升。

【实验操作】

1）T_2 代转 *Yr26* 基因阳性植株抗病性状检测

（1）播种。

① 对 T_1 代阳性植株的每一单株种子，挑选大小相一致，无霉烂变质籽粒 20 粒，分别放入小塑料杯，按单株编号、标记。种子处理同 28-1-1“转基因植物目的性状检测”。

② 将幼苗按单株籽粒依次逐粒移栽到预先备好的盛营养土的花盆中，注意分别对单株对应的花盆、每花盆中的籽粒进行编号（每单株种子载 4 盆，5 株/盆，）缓苗，春化处理方法同 28-1-1“转基因植物目的性状检测”。

③ 室温培养，方法同 28-1-1“转基因植物目的性状检测。

（2）人工接种。

① CY32 生理小种夏孢子悬浮液制备。方法同 28-1-1“转基因植物目的性状检测”。

② 采用喷雾法接种。其方法是用手持式喷雾器将孢子悬浮液均匀喷洒在预先喷水湿润的小麦叶片上，之后覆盖塑料薄膜保湿过夜，次日清晨揭去薄膜。

（3）实验结果记载。

① 调查时间、方法及项目，观察记载方法同 28-1-1“转基因植物目的性状检测”。

② 根据单株 CY32 条锈菌生理小种的抗病鉴定结果，逐一统计、标记抗条锈植株和感条锈植株，待成熟后按单株收获，分单株脱粒，保存。

2）T_3 代转 *Yr26* 基因阳性植株抗病性状检测

（1）播种。

① 选取 T_2 代转 *Yr26* 高抗 CY32 生理小种的单株种子，单株编号同上代，根据参试及对照材料每单种子数量，在大田鉴定圃等株、行距开沟点播（行长 6m，行距 25cm，株距 6.67cm）。田间生长发育过程的管理措施同大田普通小麦。

② 人工接种（同前述）。

（2）实验结果记载。

① 调查记载的时间、方法同 28-1-1“转基因植物目的性状检测”。

② 抗病鉴定结果分析统计及收获同上。

3）T_4 代转 *Yr26* 基因阳性植株抗病性状检测

（1）播种。

① 选取 T_3 代转 *Yr26* 高抗 CY32 生理小种的单株种子，单株编号同上代。实验设计及播种方法同上。

② 人工接种（同前述）。

（2）实验结果记载。

① 调查记载的时间、方法同 28-1-1“转基因植物目的性状检测”。

② 抗病鉴定结果分析统计及收获同上。

4）分子检测分析

针对 T_2、T_3、T_4 代观测的感病植株，开展外源目的基因 PCR 等分子检测分析。

5）分析后代变异特点

根据 T_2-T_3-T_4 三代同一单株在各代目的基因性状观察，定点跟踪分析从 T_1 代到 T_4 代每一单株后代植株对条锈病抗性的变化，通过变异植株的分子检测，综合分析转 *Yr26* 基因小麦目标性状的后代变异特点。

【实验解析】

（1）转基因植株的外源基因在其遗传的早代，常常会发生不同程度的分离，从而表现为目的基因性状的变异。

（2）基因决定功能，功能体现于表型，目的基因的作用是通过表型性状观测的。

实验 28-2　抗逆转基因植物目的性状的生理指标分析

【实验目的】

（1）了解植物抗逆性的生理学机制，以及各生理指标与植物抗逆性的关系。

（2）熟练掌握抗逆转基因植物抗旱相关生理指标测定原理与方法。

（3）本实验中生理指标包括叶片相对含水量（RWC）、相对电导率、叶绿素含量、净光合速率（Pn）、蒸腾速率（Tr）及水分利用效率测定（WUE）等。

【实验材料】

（1）转基因材料：T_4 代转 *TaEBP* 小麦新品系 G221 及其受体对照品种西农 979 种子（ck）。

（2）实验材料处理。

① 材料种植：参试材料的种子种植于盛营养土的花盆，并置于人工移动旱棚下，以防降雨影响营养土的水分控制，非胁迫时期实验材料按正常栽培措施管理。

② 参试材料逆境胁迫处理：在小麦生长发育进入拔节期（水分敏感期），分别对转基因材料和对照施加水分的胁迫，待植株叶片有一半发生胁迫萎蔫时，根据实验目的，进行取样，分别测定各个生理指标。

【实验试剂】

丙酮。

【实验仪器】

烘箱，天平，电导仪，真空泵恒温水浴锅，磁力搅拌器，分光光度计，CB-1101 型光合（呼吸）、蒸腾作用测定系统。

28-2-1　叶片相对含水量（RWC）测定

【仪器设备】

天平（感量 0.1mg），烘箱，铝盒若干。

【实验操作】

1）自然含水量测定

（1）取新鲜参试材料叶片，剪成 1cm 左右小段，迅速放入已知重量的铝盒，称原始鲜重（W_f）。

（2）将叶片放置于烘箱中，105℃ 杀青 30min，然后 80℃ 烘干至恒重，并记录干重（W_d）。

（3）按照下列公式计算自然状态下叶片组织含水量：

植物组织含水量（%）（占鲜重）＝（W_f—W_d）/W_f×100

植物组织含水量（%）（占干重）＝（W_f—W_d）/W_d×100

2）相对含水量测定

（1）在称取鲜重（W_f）后，将样品浸入水中数小时，让其吸水饱和，取出后用吸水纸擦干样品表面水分，称取被水饱和后的组织重量，在将样品浸入水中1h，去除擦干，再次称重，直至样品饱和重量近似，即得样品最终饱和重量（W_t）。然后烘干，称重（W_d）。

（2）将所得的W_f、W_t、W_d值带入下列公式，求算RWC。

$$相对含水量（RWC）（\%）=\frac{(W_f-W_d)}{(W_t-W_d)}\times 100$$

【实验解析】

植物组织含水量和相对含水量是反映植物水分状况和研究植物水分关系及农产品质量检验的重要指标。植物组织相对含水量（RWC）指组织含水量占饱和含水量百分数，测定RWC时W_t很难测准，应注意不同植物材料和样品大小带来的差异。

28-2-2　叶片相对电导率测定

【仪器设备】

DDS-370A型电导仪1台，真空泵恒温水浴锅、磁力搅拌器各1台，500ml、50ml烧杯若干。

【实验材料】

材料及逆境处理见前述。

【实验操作】

1）仪器调试

（1）准备测试装置。将电导仪接通电源，再将事先活化的电极输出端与电导仪连接好，插入蒸馏水中。

（2）打开电导仪电源开关，指示灯亮。频率选择开关置低档，量程开关置Ⅱ档，工作开关先置校正位，一起处于待用状态。

2）电导率测定

（1）将胁迫处理的小麦叶片剪成大小一致约5g的叶片，用自来水洗净叶面，再用蒸馏水冲洗2次，用粗滤纸吸去表面水，剪成1cm左右的叶段，放入盛有350ml蒸馏水的烧杯中，置真空干燥器中抽气10min，当叶块细胞间隙中空气被抽出时，外部水进入细胞间隙，叶片组织变成半透明状，使叶片下沉。

（2）将以上烧杯置于室温多次摇动，1h后测定其初电导值（S_1），然后将各烧杯置于沸水浴中10min，杀死植物组织，取出烧杯后用水冷却至室温，并在室温下平衡10min，摇匀测定终电导率（S_2），根据以下公式计算叶片组织的相对电导率：

$$相对电导率=\frac{S_1-S_0}{S_2-S_0}$$（S_0是蒸馏水作空白的电导率）

【实验解析】

（1）此实验是电解质外渗量法测定细胞膜透性的方法。植物细胞质膜是维持细胞有序结构，沟通外界环境的屏障，当植物受到水分胁迫时质膜的结构和功能首先受到伤害，质膜透性增大，细胞内容物如电解质等可溶性物质外渗，导电能力增强。

（2）抗旱性不同的植物材料，其质膜透性存在一定的差异，在连续室温条件下，测定外渗液的电导率变化，可以反映植物细胞原生质膜的稳定性。

28-2-3　叶绿素含量测定

【仪器设备】

分光光度计。

【实验操作】

1）仪器调试

试用前对分光光度计进行调试。

2）操作步骤（采用丙酮直接提取法）

（1）将约0.2g小麦叶片剪成细丝或小块放入具塞刻度试管中，加入0.5ml纯丙酮和10ml 80%的丙酮，盖紧瓶塞，并用黑色塑料袋包裹，在室温下黑暗处浸提，防止叶绿素见光分解，期间摇动3～4次。直到叶片颜色完全变为白色为止，说明叶组织中叶绿素已经提取干净。

（2）用80%丙酮定容至25ml，摇匀，过滤。以80%丙酮为空白对照，分别测定波长645nm和663nm处的吸光值。按照以下公式计算叶绿素含量：

$C_a=12.72A_{663}-2.59A_{645}$ $C_b=22.88A_{645}-4.67A_{663}$

式中，C_a、C_b分别是叶绿素a和叶绿素b的质量浓度。

$$C_t=C_a+C_b=20.29A_{645}+8.05A_{663}$$

$$叶绿素含量（mg/g）=\frac{C_t\times V}{FW\times 1000}$$

式中，C_t为叶绿素总浓度（mg/L）；FW为鲜重（g）；V为提取液总体积（ml）。

【实验解析】

（1）叶绿体是植物进行光合作用，将无机物合成有机物的重要细胞器，叶绿素是植物进行光合作用的主要色素。

（2）干旱等逆境胁迫会对植物叶绿体造成一定程度的伤害，主要体现在叶绿素含量的变化。抗逆性不同的材料，在逆境胁迫条件下其叶绿素含量存在一定的差异，叶绿体损失较小的材料，叶绿素含量相对较高或保持正常，反之，则叶绿素含量相对较低，这在一定程度上可以反映植物细胞的抗逆性。

28-2-4　净光合速率（Pn）、蒸腾速率（Tr）及水分利用效率测定（WUE）

【仪器设备】

CB-1101型光合（呼吸）、蒸腾作用测定系统。

【实验操作】

(1) 按照仪器使用说明进行仪器连接、仪器预热、仪器调试。

(2) 测定。

① 按照仪器使用说明依次进行开机预热、CO_2调零、CO_2调满、测量。

② 记录。主要记录如下参数：蒸腾速率 (Tr) 和净光合速率 (Pn)。

净光合速率：C_0、C_i、T_a、$V=0.6$、$P=1$、$A=6.5$。

蒸腾速率：RH_0、RH_i、T_a、$V=0.6$、$P=1$、$A=6.5$。

③ 计算。

a. 开路系统的净光合速率：

$$Pn=-\frac{V}{60}\times(C_0-C_i)\times\frac{P}{1.013}\times\frac{1}{22.41}\times\frac{10\ 000}{A}\ [\mu mol/(m^2\cdot s)]$$

式中，V 为体积流速 (L/min)，从流量计读出；T_a为空气温度 (K)，待测；P 为大气压力 (bar)，待测，一般为 1 标准大气压；A 为叶面积 (cm^2)，固定，为叶室标准面积 ($6.5cm^2$)；C_0为出气口 CO_2浓度 (μl/L)，待测；C_i为进气口 CO_2浓度 (μl/L)，待测。

b. 蒸腾速率：$Tr=(e_0-e_i)/(P-e_0)\times W\times10^3\ [mmol/(m^2\cdot s)]$

这里，

$$e_i=RH_i\times e_s$$

式中，e_0 (e_i) 为出 (进) 气口水汽压 (bar)，待测；P 为大气压力 (bar)，一般为 1 标准大气压；e_s为空气温度下的饱和水气压 (bar)，待测；RH_0 (RH_i) 为出 (进) 气口的相对湿度 (%)，待测；T_a为空气温度 (℃)，待测；W 为开路测量时与上述光合速率一致。

c. 水分利用效率计算：利用蒸腾速率和净光合速率测定结果，可以直接计算水分利用效率 (WUE)。

WUE=净光合速率 (Pn) /蒸腾速率 (Tr)

【实验解析】

本实验采用 CB-1101 型光合 (呼吸)、蒸腾作用系统进行测定。该仪器采用气体交换法来测量植物光合作用，通过测量流经叶室的空气中的CO_2浓度的变化来计算叶室内植物的光合速率。测的方式有开路和闭路两种，本实验应用开路方式测定。

实验 28-3　抗逆转基因植物生化指标检测与分析

【实验目的】

(1) 了解植物的各生化指标与植物抗逆性的关系。

(2) 熟练掌握抗逆转基因植物抗旱相关生化指标测定原理与方法。

(3) 本实验中的生化指标检测包括对可溶性蛋白、游离脯氨酸、脱落酸 (ABA)、丙二醛 (MDA) 及植物逆境保护酶 (SOD、CAT、POD) 的测定。

【实验材料】

实验材料及其处理同 28-2-1 “叶片相对含水量 (RWC) 测定”，以胁迫处理后各时期的小麦旗叶叶片为样品进行各指标的测定。

28-3-1　可溶性蛋白含量测定

【仪器设备】

(1) −40℃冰箱、恒温培养箱、高速离心机、紫外分光光度计、恒温水浴锅、荧光灯。

(2) 研钵、50ml 三角瓶、容量瓶，0.2～1.0ml 移液管、25ml 具刻度试管、15ml 试管。

【实验材料】

小麦旗叶叶片 [材料及逆境处理见 28-2-1 “叶片相对含水量 (RWC) 测定”]。

【实验试剂】

(1) 标准蛋白质溶液 (100μg/ml)：称取 10mg 牛血清白蛋白，用蒸馏水溶解并定容至 100ml (表 28-3)。

表 28-3　可溶性蛋白质标准曲线溶液组成

管号	1	2	3	4	5	6
蛋白质标准溶液/ml	0	0.20	0.40	0.60	0.80	1.00
蒸馏水量/ml	1.00	0.80	0.60	0.40	0.20	0
蛋白质含量/μg	0	20	40	60	80	100

(2) 考马斯亮蓝 G-520 溶液：称取 100mg 考马斯亮蓝 G-520，溶于 50ml 90%的乙醇中，加入 85%的磷酸 100ml，最后用蒸馏水定容至 1000ml，贮放于棕色瓶中，此溶液在常温下可放置 1 个月。

【实验操作】

1) 标准曲线绘制

取 6 支具塞试管，按表 28-3 数据配制含 0～100μg/ml 的牛血清蛋白质液各 1ml。

在每支试管中加入 5ml 考马斯亮蓝 G-520 溶

液，盖紧，混合均匀后，放置2min，用1cm光径比色杯在595nm下比色。以蛋白质浓度为横坐标，以吸光值为纵坐标，绘制标准曲线。

2）样品测定

（1）称取参试材料鲜叶片0.5g，剪碎，加入10ml pH7.8的磷酸缓冲液（预冷缓冲液分多次洗涤研钵）于冰上研磨成匀浆，4℃下15 000r/min离心15min。

（2）将上清液倒入已预冷的10ml具塞磨口试管中，置于冰水浴中，取上清液0.1ml，加蒸馏水0.9ml，放入试管中摇匀（每样设置3个重复），加入5ml考马斯亮蓝G-250溶液，充分摇匀，静置之后，在595nm波长下比色，测定吸光度。并通过标准曲线查得蛋白质含量。

（3）计算。

样品中可溶性蛋白含量（mg/g FW）＝（$C\times V_t$）/（$V_s\times FW\times 1000$）

式中，C为查标准曲线值μg；V_t为提取液总体积（ml）；FW为样品鲜重（g）；V_s为测定时加样量（ml）。

【实验解析】

（1）考马斯亮蓝G-520在游离状态下呈红色，在烯酸溶液中当它与蛋白质的疏水区结合后变为青色，前者最大吸光值在465nm，后者在595nm。在一定蛋白质浓度范围内（1～1000μg），蛋白质与色素结合物在595nm波长下的光吸收与蛋白质含量呈正比，故可用于蛋白质的定量测定。

（2）蛋白质与考马斯亮蓝G-520结合，在2min左右达到平衡，完成反应十分迅速，其结合物在室温下1h内保持稳定。考马斯亮蓝在蛋白质含量很高时线性关系偏低，且不同源蛋白质与色素结合状况有差异。

28-3-2 游离脯氨酸含量测定

【仪器设备】

高速离心机，恒温水浴锅，萃取装置，分光光度计等。

【实验材料】

小麦旗叶叶片（材料及逆境处理见前述）。

【实验试剂】

磺基水杨酸，冰醋酸，酸性茚三酮显色液，甲苯等。

【实验操作】

（1）称取0.1g新鲜叶片样品，用3%磺基水杨酸研磨，匀浆转入离心管离心提取，之后进行沸水浴，冷却后取上清液，加入冰醋酸与2.5%酸性茚三酮显色液，沸水浴40min，冷却后加入甲苯充分振荡，进行萃取，以萃取红色物质，待混合物分层后，吸取甲苯层，在分光光度计520nm波长处比色，读取吸光值。

（2）以脯氨酸标准液制作标准曲线，从标准曲线中查出测定液中脯氨酸的质量。按下式计算样品中脯氨酸的质量分数：

$$\text{样品中脯氨酸质量分数}(\mu g/g)=\frac{C\times V}{a\times FW}$$

式中，C为提取液中脯氨酸的质量（μg），由标准曲线求得；V为提取液总体积（ml）；a为测定时所吸取的体积（ml）；FW为样品鲜重（g）。

【实验解析】

此测定方法为磺基水杨酸测定法。

28-3-3 脱落酸（ABA）含量测定

【仪器设备】

冷冻离心机，台式快速离心浓缩干燥器或氮气吹干装置，酶联免疫分光光度计，恒温箱、冰箱，酶标板（40孔或96孔），各种量程的移液器，带盖磁盘（内铺湿纱布），吸水纸、研钵等。

【实验材料】

小麦旗叶叶片（材料逆境处理见前述）。

【实验试剂】

（1）植物激素脱落酸（ABA）酶联免疫吸附测定试剂盒（中国农业大学作物化学控制实验室）。

（2）磷酸盐缓冲液（PBS）（称取8.0g NaCl，0.2g KH_2PO_4，2.96g $Na_2HPO_4\cdot 12H_2O$，用量筒加1000ml蒸馏水，pH为7.5），样品稀释液［500ml PBS中加0.5ml Tween-20，0.5g明胶（稍加热溶解）］，洗剂液（1000ml PBS加1ml Tween-20），终止液（2mol/L H_2SO_4），提取液［80%甲醇，内含1mmol/L BHT（二叔丁基对甲苯酚，为抗氧化剂），先用甲醇溶解BHT，再配成80%的浓度］。

【实验操作】

1）样品处理

（1）取锡箔纸包裹的参试小麦叶片，擦干净表面尘土，称取0.1g，加2ml样品提取液，在冰浴下研磨成匀浆，转入10ml试管，再用2ml提取液分次将研钵冲洗干净，一并转入试管中，摇匀后放置在4℃冰箱中。

（2）4℃下提取4h，冷冻离心15min（4℃下4000r/min），取上清液。沉淀中加1ml提取液，搅匀，置4℃下再提取1h，离心，合并上清液弃去残渣并记录体积。

（3）氮气吹干，除去提取液中的甲醇，用样品稀释液定容至 1ml。

2）样品测定

（1）包被：在 10ml 包被缓冲液中，按试剂盒标签上的最适稀释倍数加入一定量的包被抗原，混匀，在酶标板每小孔中加 100μl，然后将酶标板放入内铺湿纱布的带盖瓷盘内，置于 37℃下 3h。

（2）洗板：将包被好的板取出，放在室温下平衡。然后甩掉包被液，将事先配好的洗涤液通过乳胶管均匀加入板上，使每孔充满洗涤液，放置约 1min，再甩掉洗涤液，重复 3 次，将板内残留洗涤液在吸水纸上甩干。

（3）竞争：即加标准物、待测样和抗体。

① 加标样及待测样：取样品稀释液 0.98ml，内加 20μl 激素的标样试剂（100μg/ml），即为 2000ng/ml 标准液，然后再依次稀释为 1000ng/ml、500ng/ml、250ng/ml、125ng/ml、62.5ng/ml、15.7ng/ml、7.8ng/ml、2ng/ml、0ng/ml 的系列标准样。将系列标准样加入 96 孔酶标板的前三行，每个浓度加三孔，每孔 50μl，其余孔加待测样，每个样品重复三孔，每孔 50μl。

② 加抗体：在 5ml 样品稀释液中，按试剂盒标签上的最适稀释倍数加入一定量的抗体，混匀后每孔加 50μl，然后将酶标板放入湿盒内开始竞争。

（4）洗板：方法同包被之后的洗板。注意以下两点，以防各孔的交叉反应：加洗涤液时一定要从标准曲线的低浓度一边向高浓度一边加，并且酶标板要向高浓度的一边倾斜；第一次加入洗涤液后要立即甩掉，然后再接着加第二次。

（5）加二抗：在 10ml 样品稀释液中，加入一定量的酶标羊抗鼠抗体（最适稀释倍数见试剂盒标签），混匀后，酶标板每孔加 100μl，然后将其放入湿盒内，置 37℃下，温育 0.5h。

（6）洗板：方法同竞争之后的洗板，洗 5 次。

（7）加底物显色：称取 10～20mg 邻苯二胺（OPD）溶于 10ml 底物缓冲液中（小心勿用手接触 OPD），完全溶解后加 2～4μl 30% H_2O_2，混匀。在每孔中加 100μl（在暗处操作），然后放入湿盒内，当显色适当后（即 0ng/ml 孔与 2000ng/ml孔的 OD 差值为 1.0 左右时），每孔加入 50μl 2mol/l硫酸终止反应。

（8）比色：用标准曲线最高浓度孔（2000ng/ml）调零，在酶联免疫分光光度计 UV300 上测定标准物各浓度和各样品 492nm 处的 OD 值。

3）测定数据的计算方法

（1）用于 ELISA 结果计算最方便的是 Logit 曲线。曲线的横坐标用激素标样各浓度（ng/ml）的自然对数表示，纵坐标用各浓度显色值的 Logit 值表示。Logit 值的计算方法如下：

$$\text{Logit}\,(B/B_0)=\ln\frac{B/B_0}{1-B/B_0}=\ln\frac{B}{B_0-B}$$

式中，B_0为 0ng/mL 孔的显色值，B 为其他浓度的显色值。作出的 Logit 曲线在检测范围内应是直线。

（2）待测样品可根据其显色值的 Logit 值，查出其所含激素浓度（ng/ml）的自然对数，再经过反对数即可知其激素的浓度（ng/ml），求得样品中激素的浓度后，再计算样品中激素的含量[ng/(g·FW)]。

【实验解析】

此测定方法为酶联免疫吸附分析法。该方法是包被抗原的间接法。主要是利用游离抗原和吸附抗原与游离抗体进行竞争而进行测定 ABA 的。此测定方法参考中国农业大学作物化学控制实验室的测定方法。

28-3-4 丙二醛（MDA）含量测定

【仪器设备】

冷冻离心机，恒温水浴锅，研钵，0.5～5ml 移液管，20ml 试管。

【实验材料】

小麦旗叶叶片（材料逆境处理见前述）。

【实验试剂】

5%三氯乙酸（TCA），0.5% TBA（用 5% TCA 溶液溶解并定容）。

【实验操作】

（1）取小麦植株不同部位的叶片 3～5 片，洗净擦干，剪成 0.5cm 长的小段，混匀。

（2）称取 0.3g 叶片切段，放入冰浴的研钵中，加入少许石英砂和 5ml 5%TCA 溶液（分 2 次加入），研磨成匀浆，并转移至离心管中，3000*g* 离心 15min，分离上清液备用。

（3）吸去离心后的上清液 2ml，加入 5ml 0.5%硫代巴比妥酸溶液，摇匀。

（4）将试管放入沸水中煮沸 10min（自试管内溶液中出现小气泡开始计时），到时间后，立即将试管取出并放入冷水浴中。

（5）待试管内溶液冷却后，3000*g* 离心 15min，上清液用于吸光值测定。以 0.5%硫代巴比妥酸溶液为空白，分别测试 532nm、600nm 和 450nm 处的消光值。

（6）结果计算。

$$MDA(mmol/g\ FW) = [6.452\times(D_{532}-D_{600})-0.559\times D_{450}]\times\frac{V_t}{FW\times V_s}$$

式中，V_t为提取液总体积（ml）；V_s为测定用提取液体积（ml）；FW为样品鲜重（g）。

【实验解析】

（1）植物在逆境下遭受伤害与活性氧积累诱发的膜脂过氧化作用密切相关，膜脂过氧化的产物主要有脂类过氧化物、丙二醛、乙醛等。其中，丙二醛是膜脂过氧化最重要的产物之一。因此，当植物处于逆境胁迫时，往往表现出MDA含量增加，可通过测定MDA含量，间接测定膜系统受损以及植物的抗逆性。

（2）可溶性糖与TBA显色反应的产物在532nm处也有吸收（最大吸收在450nm），当植物处于干旱、高温、低温等逆境时，可溶性糖含量会增高，必要时要排除可溶性糖的干扰。

28-3-5 植物逆境保护酶（SOD、CAT、POD）活性测定

28-3-5-1 超氧化物歧化酶（SOD）活性测定

【实验材料】

小麦旗叶叶片（材料及逆境处理见前述）。

【实验试剂】

（1）50mmol/L磷酸缓冲液（pH7.8）。

（2）130mmol/L甲硫氨酸（Met）溶液：称取1.9389g Met，用磷酸缓冲液溶解定容至100ml。

（3）750μmol/L NBT溶液：称取0.061 33g NBT，用磷酸缓冲液溶解定容至100ml，避光保存。

（4）20μmol/L核黄素溶液：称取0.0075g核黄素，用磷酸缓冲液溶解定容至1000ml，随用随配，避光保存。

（5）100μmol/L EDTA-Na_2溶液：称取0.0372g EDTA-Na_2·H_2O，用蒸馏水溶解定容至1000ml。

（6）SOD提取介质：50mmol/L磷酸缓冲液内含1%聚乙烯吡咯烷酮（PVP）。

【实验操作】

1）SOD提取

称取小麦叶片0.5g于预冷的研钵中，加2ml预冷的提取介质在冰浴中研磨匀浆，后转移至10ml容量瓶，用提取介质冲洗研钵2～3次（每次1～2ml），合并冲洗液于容量瓶中，定容至10ml。取5ml提取液于4℃下10 000r/min离心15min，上清液即为SOD粗提液。

2）SOD活性测定

取透明度好、质地相同的150mm×15mm试管7支，测定管和光下对照管各3支，暗中对照（调零）1支，按表28-4加入反应显色剂。

表28-4 SOD活性测定反应系统

反应试剂/ml	测定管			光下对照			暗中对照
	1	2	3	4	5	6	7
50mmol/L磷酸缓冲液	1.5	1.5	1.5	1.5	1.5	1.5	1.5
130mmol/L Met溶液	0.3	0.3	0.3	0.3	0.3	0.3	0.3
750μmol/L NBT溶液	0.3	0.3	0.3	0.3	0.3	0.3	0.3
100μmol/L EDTA-Na_2溶液	0.3	0.3	0.3	0.3	0.3	0.3	0.3
20μmol/L核黄素溶液	0.3	0.3	0.3	0.3	0.3	0.3	0.3
粗酶液	0.1	0.1	0.1	0	0	0	0
蒸馏水	0.5	0.5	0.5	0.6	0.6	0.6	0.6

给7号试管加入核黄素后立即用双层黑色纸套遮光，全部试剂加完后摇匀，将所有试管置于4支40W荧光灯（2500～3000lx）显色，反应15～20min（要求各管光照一致，反应温度控制在25～35℃，视光下对照管的反应颜色和酶活性的高低适当调整反应时间）。反应结束后用黑布罩遮盖试管终止反应。以暗中对照管做空白（调零），在560nm下测定1～6号试管反应液，记录测定数据。

3）结果计算

$$SOD活性\ [U/(g\cdot h)]=\frac{(A_0-A_S)\times V_t\times 60}{A_0\times 0.5\times FW\times V_s\times t}$$

【实验解析】

（1）SOD能够抑制氮蓝四唑（NBT）在光下的还原作用，当体系中存在可被氧化的物质存在下，核黄素可被光还原；被还原的核黄素在有氧

条件下极易再氧化而将氮蓝四唑还原为稳定的蓝色物质，该物质在 560nm 处有最大吸收值。

（2）SOD 作为氧自由基的清除剂可抑制上述反应。酶活性越高，抑制能力就越强，反应液蓝色就越浅；反之，反应液颜色就越深，说明酶活性越低。

（3）一个酶活力单位定义为将 NBT 光化学还原反应抑制到对照 50%时所需的酶量。

28-3-5-2　过氧化物酶（POD）活性测定

【仪器设备】

（1）紫外分光光度计，离心机，研钵，磁力搅拌器，秒表。

（2）1ml、5ml 移液枪各 1 支，10ml 容量瓶 1 支，10ml 具塞试管 4 支。

【实验材料】

小麦旗叶叶片（材料及逆境处理见前述）。

【实验试剂】

（1）愈创木酚，20%过氧化氢，20mmol/L KH_2PO_4，100mmol/L 磷酸缓冲液（pH6.0）。

（2）反应混合液：在 50mmol/L 磷酸缓冲液（pH6.0）中加入 28μl 愈创木酚，于磁力搅拌器加热搅拌，直至愈创木酚溶解，待溶液冷却后，加入 19μl 30% H_2O_2，混合均匀，保存于冰箱备用。

【实验操作】

1）粗酶液的提取

称取小麦叶片 0.50～1.00g，加 3.0ml 20mmol/L KH_2PO_4，于冰浴下磨成匀浆，再加入 7ml KH_2PO_4溶液，混匀。匀浆液在 5000*g* 离心 15min，分离上清液，保存于冰箱中备用。

2）POD 活性测定

取 4 支试管编号，按照表 28-5 加入各种试剂。

表 28-5　POD 活性测定反应系统

试剂	试管号			
	1	2	3	4
反应混合液	3.0	3.0	3.0	3.0
20mmol/L KH_2PO_4	1.0	0	0	0
酶提取液	0	1.0	1.0	1.0

以 1 号管调零，从 2 号管开始，每加一支酶液（如酶活性过高，可适当稀释），立即开启秒表，在 470nm 处读取 0～3min 的 A_{470} 值，每隔 1min 读数一次。

3）结果计算

以每克鲜组织每分钟 A_{470}值变化 0.10 为一个酶活性单位（U）。

$$\text{POD 活性}\ [\mu g/(g\cdot min)] = \frac{X\times V_t}{FW\times V_s\times t}$$

式中，V_t为酶液总体积（ml）；FW 为样品鲜重（g）；V_s为测定时取酶液的量（ml）；t 为酶反应的时间（min）；X 为 A_{470} 0～3min 的差值。

【实验解析】

（1）过氧化物酶普遍存在于植物各个组织器官中，在 H_2O_2存在时 POD 能催化多酚类芳香族物质氧化形成各种产物。

（2）POD 作用于愈创木酚（邻甲氧基苯酚）生成四邻甲氧基苯酚（棕红色聚合物），该产物在 470nm 处有特征性的吸收峰，且在一定范围内其颜色的深浅与产物的浓度成正比，因此可通过分光光度计进行间接测定 POD 活性。

28-3-5-3　过氧化氢酶（CAT）活性测定

【仪器设备】

（1）紫外分光光度计，冷冻离心机，恒温水浴锅，分析天平。

（2）100ml 微量进样器，各量程的移液器若干，10ml 容量瓶、具塞试管各 1 支。

（3）研钵，剪刀，秒表等。

【实验材料】

小麦旗叶叶片（材料及逆境处理见前述）。

【实验试剂】

（1）50mmol/L 磷酸缓冲液（pH7.0），50mmol/L Tris-HCl 缓冲液（pH7.0）。

（2）100mmol/L H_2O_2溶液：量取 30% H_2O_2 2.8ml，用磷酸缓冲液溶解定容至 250ml。

【实验操作】

1）酶液的提取

称取剪碎混匀的小麦叶片 1.00g 置于预冷的研钵中，加适量磷酸缓冲液及少量石英砂，在水浴上研磨匀浆，转移至 10ml 容量瓶中，用磷酸缓冲液冲洗研钵 2～3 次（每次 1～2ml），合并冲洗液于容量瓶中，定容至 10ml，摇匀。取提取液 5ml 于离心管中，在 4℃下 15 000*g* 离心 15min，上清液即为酶提取液，4℃保存备用。

2）CAT 活性测定

（1）取 10ml 具塞试管，加 2ml 酶提取液于沸水浴中加热煮死，冷却备用。

（2）取 10ml 试管 4 支，3 支为测定（3 个重复），1 支为对照，按表 28-6 加入试剂。

（3）将上述 4 支试管于 25℃水浴中预热 3min，逐管加入 0.2ml 200mmol/L H_2O_2溶液，每加一管立即在紫外分光光度计上测定 A_{240}（蒸馏水调零），每隔 30s 读数一次，共测 3min，记录 4 支试管的测定值。

表 28-6　CAT 活性测定反应系统

试剂/ml	试管号			
	1	2	3	4（对照）
Tris-HCl pH7.0	1.0	1.0	1.0	1.0
酶提取液	0.1	0.1	0.1	0.1（煮死酶液）
蒸馏水	1.7	1.7	1.7	1.7

3）结果计算

以 1min 内 A_{240}降低 0.1（3 支测定管的平均值）为一个酶活性单位（U），先求出 3 支测定管各自每分钟 A_{240}降低值，按下式计算 CAT 活性：

$$\text{CAT 活性}\ [\mathrm{U/(g\cdot min)}]=\frac{\Delta A_{240}\times V_t}{0.1\times FW\times V_s\times t}$$

式中，$\Delta A_{240}=A_{S0}-\frac{As_1+As_2+As_3}{3}$，$A_{S0}$为对照管吸光度，$As_1$、$As_2$、$As_3$为样品测定管与对照管吸光度的差值；FW 为样品鲜重（g）；V_t为酶提取液总体积（ml）；V_s为测定时取酶液的量（ml）；t 为酶反应的时间（min）。

【实验解析】

H_2O_2对 240nm 波长的紫外光具有强吸收作用，过氧化氢酶（CAT）能催化 H_2O_2分解成 H_2O和 O_2，因而在反应体系中加入 CAT 时会使反应液的吸光度（A_{240}）随反应时间降低，根据 A_{240}的变化速率可以计算出 CAT 的活性。

实验 28-4　抗逆转基因植物目标性状鉴定与评价

【实验目的】

（1）干旱、盐碱、低温是制约农作物产量和品质提升的主要非生物限制因子。对转基因植物抗逆性鉴定，无论对转基因抗逆育种，还是对转基因抗逆种质创制都具有重要的现实和重大战略意义。目前，关于作物及转基因作物抗逆性鉴定方面的研究，主要是集中在转基因作物种子的萌发期、苗期和成株期三个阶段，主要通过抗逆性的形态指标、生理生化指标检测途径，利用田间直接鉴定法、干旱棚法、人工气候室法、盆栽法和室内模拟干旱法等方法。

（2）了解逆境胁迫对植物生长发育的危害，掌握实验室内芽苗期进行转基因植物抗逆性鉴定与评价的方法。

（3）掌握田间栽培条件下对转基因植物进行抗逆性鉴定与评价的方法。

【实验材料】

转抗逆相关基因（抗旱、耐盐、耐寒或耐热性）的转基因植物种子，以受体品种为对照。

【实验试剂】

Nacl，Hoagland 营养液，液氮等。

28-4-1　转基因植物的抗旱性鉴定

植物抗旱性鉴定的时期分为：种子萌发期、苗期、水分临界期及全生育期，鉴定评价方法包括胁迫溶液法，苗期用反复干旱法，全生育期用抗旱指数法，可根据研究工作目的选用任何一个时期的鉴定结果判定待测材料的抗旱性。本实验借鉴小麦抗旱性鉴定方法，以转基因抗旱小麦苗期、水分临界期抗旱性鉴定为例阐述转抗旱相关基因小麦的抗旱性鉴定。

【实验操作】

1）苗期抗旱性鉴定

苗期抗旱性鉴定用两次干旱胁迫-复水法。具体做法如下

（1）培养温度：在（20±5）℃的条件下进行。

（2）试验设计：三次重复，每个重复 50 苗，塑料箱栽培。

（3）播种：在长×宽×高＝60cm×40cm×15cm 的塑料箱中装入 10cm 厚的中等肥力（即单产在 200kg/亩①左右）耕层土（壤土），灌水至田间持水量的 85%±5%，播种，覆土 2cm。

（4）第一次干旱胁迫-复水处理：幼苗长至三叶时停止供水，开始进行干旱胁迫。当土壤含水量降至田间持水量的 15%～20%时（壤土）复水，使土壤水分达到田间持水量的 80%±5%。复水 120h 后调查存活苗数，以叶片转呈鲜绿色者为存活。

（5）第二次干旱胁迫-复水处理：第一次复水后即停止供水，进行第二次干旱胁迫。当土壤含水量降至田间持水量的 15%～20%时，第二次复水，使土壤水分达到田间持水量的 80%±5%。

① 1 亩≈666.7m²

120h 后调查存活苗数，以叶片转呈鲜绿色者为存活。

（6）幼苗干旱存活率的实测值：幼苗干旱存活率实测值的计算公式如下：

$$DS = (DS1 + DS2) \times \frac{1}{2} = (X_{DS1} \times X_{TT}^{-1} \times 100 + X_{DS2} \times X_{TT}^{-1} \times 100) \times \frac{1}{2}$$

式中，DS 为干旱存活率的实测值；$DS1$ 为第一次干旱存活率；$DS2$ 为第二次干旱存活率；X_{TT} 为第一次干旱前三次重复总苗数的平均值；X_{DS1} 为第一次复水后三次重复存活苗数的平均值；X_{DS2} 为第二次复水后三次重复存活苗数的平均值。

（7）幼苗干旱存活率的校正值。按下式计算校正品种（经国家认定的抗旱性较强的小麦品种，用于校正非同批待测材料鉴定结果的标准品种）幼苗干旱存活率实测值的偏差（ADS_E）。依下式求出待测材料幼苗干旱存活率的校正值（DS_A），即

$$ADS_E = (ADS - ADS_A)/ADS_A$$

$$DS_A = DS - ADS_A \times ADS_E$$

式中，ADS_E 为校正品种干旱存活率实测值的偏差，即校正品种本次实测值与校正值偏差的百分率；ADS 为校正品种干旱存活率的实测值；ADS_A 为校正品种干旱存活率的校正值，即多次幼苗干旱存活率实验结果的平均值；DS_A 为待测材料干旱存活率的校正值；DS 为待测材料干旱存活率的实测值。

（8）苗期抗旱性判定规则。苗期抗旱性判定见表 28-7。

表 28-7　小麦苗期抗旱性判定规则

干旱存活率/%*	抗旱性等级
≥70.0	极强（HR）
60.0～69.9	强（R）
50.0～59.9	中等（MR）
40.0～49.9	弱（S）
≤39.9	极弱（HS）

* 干旱存活率（%）用校正值

2）水分临界期抗旱性鉴定

水分临界期抗旱性鉴定可在旱棚或田间条件下进行。田间鉴定需有两点的结果。

（1）试验设计。随机排列，三次重复，小区面积旱棚鉴定 $2m^2$、田间鉴定 $6.7m^2$。适期播种，冬小麦和春小麦分别为每亩 15 万和 25 万基本苗。

（2）胁迫处理。播种前浇足底墒水，在抽穗期和灌浆期分别再浇一水，使 0～50cm 土层水分达到田间持水量的 80%±5%。

（3）对照处理。播种前浇足底墒水，在拔节至孕穗期、抽穗期和灌浆期分别再浇一水，使0～50cm 土层水分达到田间持水量的 80%±5%。

（4）考察性状。小区籽粒产量。

（5）抗旱指数。按式⑦计算抗旱指数：

$$DI = GY_{S.T}^{2} \times GY_{S.W}^{-1} \times GY_{CK.W} \times (GY_{CK.T}^{2})^{-1}$$

式中，DI 为抗旱指数；$GY_{S.T}$ 为待测材料胁迫处理籽粒产量；$GY_{S.W}$ 为待测材料对照处理籽粒产量；$GY_{CK.W}$ 为对照品种对照处理籽粒产量；$GY_{CK.T}$ 为对照品种胁迫处理籽粒产量。

（6）小麦水分临界期抗旱性判定规则。小麦水分临界期抗旱性判定见表 28-8。

表 28-8　小麦水分临界期抗旱性判定规则

抗旱指数	抗旱性等级
≥1.30	极强（HR）
1.10～1.29	强（R）
0.90～1.09	中等（MR）
0.70～0.89	弱（S）
≤0.69	极弱（HS）

28-4-2　转基因植物的耐盐性鉴定

高盐环境严重影响植物的生长和发育，是造成作物减产的主要原因之一。鉴定和筛选和利用耐盐植物新品种是改良盐碱地最经济有效的方法。目前，关于作物耐盐性鉴定主要在植物耐盐敏感期——芽期和苗期进行。本实验以小麦为例，阐述小麦芽期和苗期耐盐性鉴定。

【实验操作】

1）芽期耐盐性鉴定

（1）试验设计。试验设 1 个对照和 1 个处理，重复 3～4 次，每次重复用种 20～30 粒。

（2）将准备好的种子均匀放在直径为 9cm 的塑料培养皿中的滤纸上，处理组每个培养皿中加入 350mmol/L 化学纯 NaCl（2%）溶液 5ml，在培养箱内 20℃恒温发芽 14d。对照组每个培养皿中加入去离子水 5ml，培养箱内 20℃恒温发芽 7d。调查处理组和对照组的发芽情况。

（3）根据下列公式计算相对盐害率，并分级。

相对盐害率（%）＝

$$\frac{(CK_1+CK_2+CK_3)/3\times100-(T_1+T_2+T_3)/3\times100}{(CK_1+CK_2+CK_3)/3\times100}\times100$$

式中，CK_1、CK_2、CK_3 分别代表对照重复Ⅰ、

重复Ⅱ、重复Ⅲ的发芽率。T_1、T_2、T_3分别代表处理重复Ⅰ、重复Ⅱ、重复Ⅲ的发芽率。

2）苗期耐盐性鉴定

（1）根据农业部 NY/PZT001—2002《小麦耐盐性鉴定评价技术规范》的标准方法，实验设 1 个处理，2 次重复，每次重复 20 株苗。

（2）在光照培养箱内，将生长至 1 叶期的 60 株麦苗移植到带孔的泡沫板上，将泡沫板浮漂在内装 Hoagland 营养液的 0.5m×0.4m×0.3m 塑料培养盒中，待麦苗长到 2 叶 1 心时，开始盐胁迫处理，不断调整培养液，使其电导率始终维持在（30±1）dSPm（约为 300mmol/L NaCl）的胁迫强度下。20℃恒温，10h 光照 14h 黑暗条件下水培 20d 后，调查幼苗生长情况。根据生长状况将苗情分为 6 类（表 28-9）。

表 28-9　盐处理后的苗情分类标准

级别	分级标准
0	生长正常，无受害症状
1	生长基本正常，个别叶片变黄或叶尖青枯
2	生长基本正常，有 3 片绿叶
3	生长受抑制，有 2 片绿叶
4	严重受害，仅有 1 片绿叶或仅心叶存活
5	植株枯死或接近死亡

（3）按下列公式计算盐害指数，并确定各材料的耐盐等级（表 28-10）

$$\text{盐害指数}(\%)=\frac{\sum(0\text{类苗数}\times0+1\text{类苗数}\times1+2\text{类苗数}\times2+3\text{类苗数}\times3+4\text{类苗数}\times4+5\text{类苗数}\times5)}{5\text{级}\times100}\times100$$

表 28-10　小麦芽期和苗期耐盐性分级标准

级别	耐盐性	芽期相对盐害率/%	苗期盐害指数/%
1	高耐	0～20.0	0～20.0
2	耐盐	20.1～40.0	20.1～40.0
3	中耐	40.1～60.0	40.1～60.0
4	敏感	60.1～80.0	60.1～80.0
5	高感	80.1～100.0	80.1～100.0

【实验解析】

（1）品种的发芽率能有效地指示其芽期耐盐能力，发芽率对于小麦芽期耐盐性评价较为可靠，且相对盐害率能反映品种的耐盐能力。种子萌发更易遭受盐害，盐胁迫下植物种子发芽情况是耐盐能力的重要依据，较强的芽期耐盐性是盐渍地区小麦品种必须优先具备的特性，是保证小麦出苗的基础。

（2）小麦苗期是小麦一生耐盐性最薄弱的阶段，而且小麦出苗后多数麦区正处土壤返盐时期，对小麦苗期生长有明显的影响，苗期耐盐性是保证苗全、苗齐的基础，苗期的耐盐性更具生产实践有现实意义。

28-4-3　转基因植物耐寒性鉴定

植物抗寒性的强弱不仅取决于其生长环境，关键还取决于作物本身的耐寒性。目前，关于作物耐寒性鉴定主要有田间直接鉴定与实验室间接鉴定两种途径。本实验以耐寒转基因小麦为例，阐述小麦田间和室内的耐寒性鉴定。

【实验操作】

1）田间直接鉴定法

（1）鉴定地点：选择低温冷害、冻害常发生态区，选择地势平坦，土壤肥沃，肥力均匀，土质为壤土的田块为试验田，且试验田四周无遮蔽物，在生态区内有较好的代表性。

（2）试验设计：试验采取随机区组排列，三次重复，长方形小区，行距同当地大田小麦，小区面积不小于 $6m^2$，播种密度 20 万～25 万株/亩。

（3）试验地准备：按照当地产量水平，施入 $3m^3$左右有机肥，根据前茬作物产量和施肥量，补充足量的 N、P、K 肥。精细整地，平整土壤，播种前保证土壤墒情适宜，以利正常出苗，根据试验设计整畦。

（4）播种方法：选当地正常年份播种期播种。播深 4～5cm，播后镇压，三叶期定苗。

（5）田间管理：土壤缺水时及时灌溉。昼消夜冻，平均气温 0℃左右，浇封冻水，返青时浇好返青水。灌溉方式为畦灌。及时防治虫害。其他管理同当地大田。

（6）调查记载及方法。

① 出苗期：50%以上植株幼芽露出地面 1cm 日期。

② 样点选择和确定：小麦三叶期定样点，每小区按三点取样法（图 28-1）选定 3 个样段，即在每小区内选定 3 行（边行除外），按对角线（两条对角线均可）每行截取出苗均匀的 1m，作为样点。其中 1、3 样段用于调查基本苗、冬前分蘖、死株、死茎等相关数据，2 样段用于调查冬前单株次生根数、冬前叶龄。

③ 基本苗：小麦三叶期定苗后，计算基本苗。

④ 冬前分蘖：平均气温小于 3℃，小麦越冬前分蘖完成，停止生长时在每个小区 1、3 样段内进行调查。

⑤ 冬前单株次生根数、冬前叶龄：调查冬前

分蘖时，挖取每个小区 2 样段内的全部麦苗，调查次生根数和叶龄，取平均值。

⑥ 死株率、死茎率：小麦返青后，尚未出现新蘖时，将每个小区 1、3 样段内的麦苗全部挖出，分别调查总株数、总茎数、死株数、死茎数。取两样点平均值，计算越冬死株率和越冬死茎率。

(7) 根据下列公式计算，根据越冬死茎率分级评价参试材料的耐寒性等级，将抗寒性分为 5 级（表 28-11）。

越冬死株率＝调查的死株数/调查总株数×100%

越冬死茎率＝调查的死茎数/调查总茎数×100%

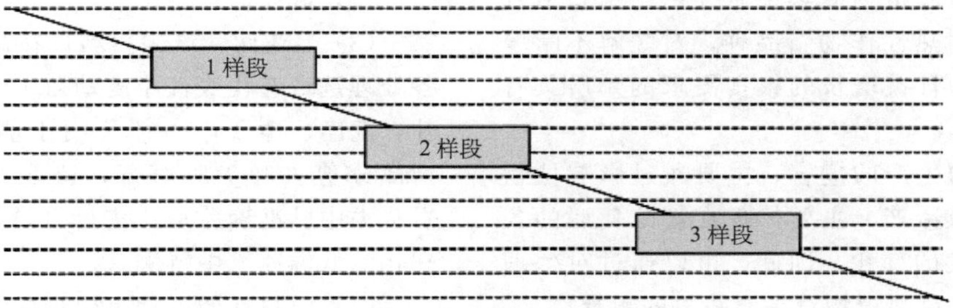

图 28-1　小区样段设定示意图

亩活茎数＝（调查总茎数－死茎数）/样段面积（m^2）/666.67

表 28-11　小麦抗寒性分级标准

抗寒性级别	越冬死茎率	抗寒性评价标准
1 级	≤10%	好
2 级	10.1%～15.0%	较好
3 级	15.1%～20.0%	中等
4 级	20.1%～25.0%	较差
5 级	>25.0%	差

2）实验室内间接鉴定法

实验室内间接鉴定就是利用人工气候室、低温光照培养箱、分光光度计及高速离心机，以及冰箱等设备，在参试材料生长发育的某些低温敏感时期，对其采用人工低温处理，根据作物某些生理生化指标间接推断、评价供试材料的抗寒性。

(1) 材料种植管理同正常盆栽，在生长发育的苗期，对参试材料进行人低温人工处理（0℃以下温度处理，冰冻速度一般为 2℃/h），观察记载处理前后幼苗叶片失绿情况。

(2) 在小麦生长发育的雌雄蕊末期到药隔初期，利用人工气候箱进行 0℃过夜，然后 0℃以上低温冷胁迫处理（2～10℃）一定时间，取处理后材料的幼穗，低温保存备用。

(3) 耐寒性鉴定。

① 耐寒性的生理指标。

a. 耐冷指数测定。通过对苗期低温处理前后幼苗叶片失绿情况调查，由以下公式计算耐冷指数：

$$T_1=\frac{gi_1}{gi_2}\times\frac{100}{Ld_1}/\frac{C_2}{C_1}\times\frac{100}{Ld_2}$$

式中，gi_1、gi_2 分别为处理前、后苗数；Ld_1 为供试叶失绿等级，Ld_2 为耐冷对照叶失绿等级；C_1 为处理前耐冷对照苗数，C_2 为耐冷对照存活数。

b. 伤害率（即电导率，膜相对透性）测定。取低温处理过的幼苗叶片，电导率测定方法同 28-2-2“叶片相对电导率测定”。

$$伤害率（\%）=\frac{低温处理电导率-对照电导率}{煮死电导率-对照电导率}\times 100$$

c. 植物耐寒性保护酶活性（SOD、CAT、POD）活性测定：方法同 28-3-5。

d. 其他生理指标。叶绿素含量、净光合速率等的测定方法同 28-2-3“叶绿素含量测定”、28-2-4“净光速率（*Rn*）、蒸腾速率（*Tr*）及水分利用效率测定（*WVE*）”。

② 耐寒性的生化指标测定。反应植物耐寒性的生化指标有保护性物质，如可溶性蛋白、游离脯氨酸含量、丙二醛含量等，其测定方法同 28-3-1“可溶性蛋白含量测定”、28-3-2“游离脯氨酸含量测定”、28-3-4“丙二醛（MDA）含量测定”。

【实验解析】

(1) 低温逆境对植物的伤害分为冷害和冻害两类：冷害（chilling injury），由 0℃以上低温对植物引起的伤害。冻害（freezing injury），由 0℃以下低温引起的伤害。低温逆境对植物的伤害程度，除了取决于低温外，还取决于低温维持时间的长短。

(2) 利用自然低温鉴定植物的耐寒性应注意参试材料鉴定的同时同地记载评价原则，同时，也要考虑参试材料的生长发育对低温敏感的时期。同时，植物耐寒性受结冰和解冻速度的影响，所以低温处理应根据材料的状态、测定项目特点等因素，来确定低温处理的程度与温度回升的速度。

28-4-4　转基因植物耐热性鉴定

高温胁迫是植物，特别是小麦等农作物主要的气象灾害，通常在灌浆期发生，往往导致农作物严重减产，开展植物耐热性研究，创制和培育耐热性种质与耐热性作物新品种，对缓解不断增长的全球气温和日益增长的粮食需求的矛盾具有重要意义。

高温对植物生产的危害，主要通过影响植物新陈代谢而导致减产，主要体现在新陈代谢的各种生理生化特性的变化。因此，可以通过对生理生化指标的变化反映植物对高温胁迫的耐受性。

【实验目的】

(1) 了解高温胁迫对植物的胁迫危害，灌浆期高温是农作物对高温逆境最敏感的发育时期，高温严重影响作物的产量和品质。

(2) 熟练掌握高温胁迫条件下，耐热转基因小麦鉴定的方法。

【实验材料】

转基因耐热小麦及其受体(ck)。

【实验试剂】

参照28-2-1“叶片相对含水量(RWC)测定”。

【实验操作】

(1) 试验设2个处理，分别为耐热转基因小麦、对照品种(CK)，高温处理温度为40℃，完全随机排列，重复3次。待小麦长到2叶1心时，将小麦幼苗在30℃下锻炼24h，然后将温度调至40℃，处理48h。

(2) 同样，另一套实验材料种植于大田，三个重复，随机排列。待小麦生长发育进入灌浆期初期、中期、末期，分别对其实施大棚高温处理(40℃)，取样保存备用。

(3) 上述两套试验材料，在高温处理结束后，各处理选取有代表性小麦幼苗10株，取幼苗倒二叶，洗净、擦干，一部分用于测定相对含水量，一部分剪去叶尖和基部，留取中间部位5cm左右，去中脉准确称取小麦叶片0.5g，液氮速冻于−40℃低温冰箱中待测。

(4) 耐热性的生理生化指标测定。

① 生理指标：参照28-2-1“叶片相对含水量(RWC)测定”的方法。

② 生化指标：参照28-2-2“叶片相对电导率测定”的方法。

【实验解析】

(1) 高温胁迫对植物造成的危害包括间接伤害和直接伤害两个方面。直接伤害包括生物膜破坏、蛋白质变性，影响光合作用和呼吸作用等；间接伤害有气孔关闭导致CO_2饥饿，过氧化损伤等。

(2) 小麦生长后期，籽粒的营养物质主要来自旗叶，旗叶的生理活性直接影响植株干物质的积累与转运，最终决定籽粒的饱满度、粒重，从而最终影响到产量。

第 29 章 转基因植物的遗传多样性检测

实验 29-1　转基因植物的 RFLP 检测

【实验目的】

利用 DNA 限制性内切核酸酶片段长度多态性（restriction fragment length polymorphism，RFLP）对转基因后代的遗传多样性进行检测和分析。

【实验材料】

转基因植株后代株系群，转基因材料供体亲本（对照）。

【实验试剂】

（1）限制性内切核酸酶（*Bam*HⅠ、*Eco*RⅠ、*Hin*dⅢ）及 10×酶切缓冲液。

（2）5×TBE（Tris-硼酸缓冲液），10×SSC（柠檬酸钠缓冲液）。

（3）变性液（0.5mol/L NaOH、1.5mol/L NaCl），中和液［1mol/L Tris-HCl（pH7.5）、1.5mol/L NaCl］。

（4）其他试剂：0.4mol/L NaOH、0.2mol/L Tris-HCl（pH7.5）/2×SSC、ddH_2O、Agarose 0.8%、0.25mol/L HCl、EB 染液等。

【实验操作】

1）靶 DNA 的准备

（1）基因组 DNA 提取。参照实验 2-2“植物核 DNA 提取”中的方法提取转基因后代株系及供体亲本的基因组 DNA，并测定 DNA 浓度。

（2）酶切。在 50μl 反应体系中，进行酶切反应：5μg 基因组 DNA、5μl 10×酶切缓冲液、20 单位（U）限制酶（任意一种）、加 ddH_2O，至 50μl。轻微振荡，离心，37℃反应过夜（约 14h）。取 5μl 反应液，0.8%琼脂糖电泳观察酶切是否彻底。

（3）Southern 印迹转移。

① 酶切的 DNA，点入 0.8%琼脂糖凝胶，以 1.5V/cm 电泳约 20h，后 EB 染色观察。

② 将电泳后的凝胶块浸没于 0.25mol/L HCl 中脱嘌呤 10min，取出胶块，蒸馏水漂洗，转至变性液变性 45min，再经蒸馏水漂洗后转至中和液中和 30min。

③ 切一张与胶同样大小的尼龙膜或硝酸纤维膜，浸入 10×SSC 中。将一玻璃板架于盆中，盆中放 10×SSC 盐溶液，架子上搭滤纸桥使溶液能够虹吸上来。依次放：处理好的凝胶（反转放置），盖上尼龙膜，上覆二层滤纸，再加盖吸水纸，玻璃板，适量重物（500～1000g）。要确保各层间没有气泡，于室温转移 18～24h。取下膜，0.4mol/L NaOH 冲洗 30s，迅速转至 0.2mol/L Tris-HCl（pH7.5）/2×SSC 溶液中，清洗 5min。

④ 将膜夹于 2 层滤纸内，80℃真空干燥 2h 或用长波紫外线照射 10～20min，亦可在普通烤箱中 65～70℃烘烤 3～4h，将 DNA 固定在膜上。固定后，将膜封于塑料袋中，保存于干燥处待杂交。

2）核酸探针的标记及杂交显示

（1）探针的标记。挑选具有多态性的探针，将准备作为探针的 DNA 片段纯化（这些 DNA 片段可以是基因组 DNA 的一个片段，或是 cDNA，或是人工合成的寡核苷酸），用放射性元素（如 α-^{32}P）或非放射性元素（如 Dig-dUTP 等）标记，经纯化后再用。

（2）杂交显示。将标记好的探针与硝酸纤维膜或尼龙膜上的单链核酸杂交，洗膜去除未杂交的标记探针后，进行放射自显影或加入酶的底物进行显色反应，再对显示出来的谱带进行分析。

3）数据分析

逐一考查每一材料的多态性谱带，将每一个多态性条带视为一个性状，有此带时赋值为 1，无此带时赋值为 0，将所有数据输入计算机中，利用群体分析软件计算样品个体间的遗传相似系数（genetic similarity）和遗传距离（genetic diversity），用非加权组平均法（UPGMA）进行聚类分析。

【实验解析】

（1）RFLP 技术的原理。RFLP 即限制性片段长度多态性（restriction fragment length polymorphism）是利用限制酶消化基因组 DNA 时，会产生大小不同的 DNA 片段，电泳后通过 Southern 印迹杂交，将这些大小不同的 DNA 片段转移到硝酸纤维膜或尼龙膜上，然后用特异的探针进行杂交，最后通过放射性自显影或其他显色技术显示杂交结果，从而揭示出 DNA 的多态性。因此凡是可以引起酶切位点变异的突变如点突变（新产生和去除酶切位点）和一段 DNA 的重新组织（如插入和缺失造成酶切位点间的长度发生变化）等均可导致 RFLP 的产生。

（2）RFLP 标记的特点。RFLP 揭示的是 DNA 水平自然变异，其数目几乎是无限的；无表型效应，任何生育期都可预测，其检测不受环境条件和基因互作的影响；共显性，可以区别纯合基因型和杂合基因型；可利用的探针很多，可以检测到很多遗传位点。但 RFLP 分析要求 DNA 样品纯度较高，用量大，且 RFLP 多态信息含量低，多态性水平过分依赖于限制酶的种类和数量，操作复杂，通常要接触放射性，所以其应用受到了一定的限制。

实验 29-2　转基因植物的 RAPD 检测

【实验目的】

学习利用随机扩增多态性（random amplified polymorphic DNA，RAPD）的方法对转基因后代株系群进行遗传多样性检测和分析。

【实验材料】

待检测转基因植株群体及受体亲本的 DNA 样品。

【实验试剂】

（1）PCR 扩增所需的 10mer 随机引物（上海生工）。

（2）*Taq* DNA 聚合酶，dNTP mixture，PCR buffer（或预混合的 2×*Taq* PCR mix）。

（3）其他试剂：琼脂糖，EB 染液，DNA Marker，TE 溶液，TBE 缓冲液等。

【实验操作】

（1）提取好的 DNA 用 TE 溶液稀释至浓度为 20ng/μl。

（2）RAPD 分析。

① PCR 反应体系：总体积 25μl，其中 10× buffer 2.5μl，$MgCl_2$（25mmol/L）2.0μl，dNTPs（dATP、dTTP、dCTP、dGTP 各 2.5mmol/L）3.0μl，*Taq* DNA 聚合酶 0.8U，随机引物 10ng，模板 DNA 100ng（如果使用预混合的 2×*Taq* PCR mix，取 12.5μl mix），其余以双蒸水补足。最后每反应管加 20μl 矿物油覆盖，防止液体蒸发。

②将反应管置于 PCR 仪中，按照下面的反应程序进行扩增。

PCR 扩增程序：94℃，5min；94℃，45s；36℃，45s；72℃，90s；45 个循环，72℃，10min。反应结束后，样品可于 4℃保存。

③电泳检测：取 10μl 反应液，以 5μl 的 D2000 Marker 为参照，置于 1.2%的琼脂糖凝胶电泳，80～100V 恒压电泳，电泳结束，胶块经 EB 染色后在紫外凝胶成像仪上观察并照相。一般 RAPD 扩增产物有 5～10 条带，大小 0.1～2.0kb。

（3）多态性数据统计。

①多态性引物的筛选：选择少量转基因株系和受体亲本进行引物筛选，筛选出条带清晰、结果稳定、多态性丰富的引物。

②利用筛选出的引物对受体材料和转基因株系群体进行 PCR 扩增，依据扩增产物的电泳带型进行分析。记录清晰且重复性好的条带，对同一引物的扩增产物，将相同迁移距离的条带看作 1 个位点，扩增产物有赋值为 1，无赋值为 0，建立特征数据矩阵用于进一步分析。

（4）数据分析。利用 Popgen32 群体分析软件计算样品个体间的遗传相似系数和遗传距离，非加权组平均法（UPGMA）进行聚类分析。

【实验解析】

（1）RAPD 技术原理。RAPD（random amplified polymorphic DNA，随机扩增的多态性 DNA）是建立在 PCR 基础之上的一种可对整个未知序列的基因组进行多态性分析的分子技术。

其以基因组 DNA 为模板，利用一系列人工合成的随机多态核苷酸序列（通常为 10 个碱基对）为引物，进行 PCR 扩增。扩增产物经琼脂糖或聚丙烯酰胺电泳分离、溴化乙锭染色后，在紫外透视仪上检测多态性。这些扩增产物 DNA 片段的多态性反映了基因组相应区域的 DNA 多态性。

RAPD 所用的一系列引物 DNA 序列各不相同，但对于任一特异的引物，它同基因组 DNA 序列有其特异的结合位点。这些特异的结合位点在基因组某些区域内的分布如符合 PCR 扩增反应的条件，即引物在模板的两条链上有互补位置，且引物 3′端相距在一定的长度范围之内，就可扩增出 DNA 片段。因此如果基因组在这些区域发生 DNA 片段插入、缺失或碱基突变就可能导致这些特定结合位点分布发生相应的变化，而使PCR产物增加、缺少或发生分子质量的改变。通过对PCR产物检测即可检出基因组DNA的多态性。

分析时可用的引物数很大，虽然对每一个引物而言其检测基因组DNA多态性的区域是有限的，但是利用一系列引物则可以使检测区域几乎覆盖整个基因组。因此RAPD可以对整个基因组DNA进行多态性检测。另外，RAPD片段克隆后可作为RFLP的分子标记进行作图分析。

（2）RAPD扩增的稳定性。由于PCR是以指数方式扩增，极微量的DNA污染度可能造成假阳性结果，因此反应体系的干净程度是非常重要的。影响PCR结果的主要原因是$MgCl_2$浓度和循环温度，此外促进聚合酶稳定性，增加退火的严谨性，减少引物与模板的非特异性反应，均可极大地改进PCR的敏感性、特异性和产量。通过对RAPD扩增体系中模板浓度、酶浓度、镁离子浓度、引物浓度以及扩增循环次数的优化，可以提高RAPD反应的稳定性。

实验 29-3 转基因植物的SSR检测

【实验目的】

学习利用简单重复序列（simple sequence repeats，SSR）法分析转基因株系群体的遗传多态性的方法。

【实验材料】

待检测转基因植株群体及受体亲本的DNA样品。

【实验试剂】

（1）PCR所需试剂：*Taq* DNA聚合酶，dNTP mixture，PCR buffer，或预混合的2×*Taq* PCR mix。

（2）琼脂糖电泳所需试剂：琼脂糖，loading buffer，EB染液。

（3）变性PAGE胶电泳所需试剂：丙烯酰胺，*N*,*N*′-亚甲双丙烯酰胺，过硫酸铵（APS），四甲基二乙胺（TEMED），亲和硅烷溶液（95%乙醇4ml，冰醋酸20μl，亲和硅烷20μl），无水乙醇，冰醋酸，$AgNO_3$，NaOH，甲醛等。

（4）其他试剂：ddH_2O，TE溶液，TBE缓冲液。

【实验操作】

（1）取待检样品的基因组DNA，用TE溶液稀释为50ng/μl。

（2）SSR引物设计。SSR检测目前有两种方法，一种是基于全基因组序列的检测，即Genome-SSR；另一种是基于表达序列标签的检测，即EST-SSR，其主要的区别在于引物设计时的不同。

① Genome-SSR引物设计。在通过GenBank数据库，检索待检物种的全基因组序列，保存成FASTA格式，利用SSR Hunter1.3搜索基因组序列中的简单重复序列信息位点，选取信息位点核苷酸重复基序为2～6个的序列为靶标序列，每条染色体上平均选取SSR标记，利用Primer Premier 5.0软件设计引物，每条染色体上可设计一至多对引物。

引物设计的主要参数：引物长度20～25bp，（G+C）含量40%～60%，退火温度T_m值50～60℃，上下游引物相差小于5℃，PCR扩增片段100～400bp，并用Oligo软件对引物进行质量评估。

② EST-SSR引物设计。根据GenBank中的公布的待检物种的EST标记，以FASTA格式下载该物种所有的EST序列。利用Phrap软件对这些EST进行拼接，然后通过MISA软件对拼接后的结果进行SSR位点搜索。选择SSR位点的重复单元为二核苷酸、三核苷酸、四核苷酸、五核苷酸和六核苷酸最少重复次数分别为8次、6次、4次、3次、3次，且SSR位点距离序列两端大于50bp的序列，利用Primer Premier 5.0设计SSR引物。设计出来的引物利用Oligo软件进行引物评估。

（3）SSR引物PCR扩增与检测。

① 20μl PCR反应体系：PCR buffer 3μl，上下游引物各1.0μl（0.5mmol/L），dNTP-mix 0.4μl（10mmol/L），*Taq*聚合酶0.4μl（2U/μl）（如果使用预混合的2×*Taq* PCR mix，取10μl mix），模板DNA 50～100ng，加ddH_2O补足至20μl。

② PCR反应程序：94℃，4min；94℃，1min；40～60℃，30s；72℃，1min；35个循环，72℃，10min；4℃，10min。

③ 琼脂糖凝胶电泳检测：扩增产物经1.5%琼脂糖凝胶电泳初步检测，对具有多态性的扩增产物再利用6%变性PAGE胶上电泳分离。

④ 6%变性PAGE胶检测。

a. 根据分离DNA片段的大小及需凝胶的容积，配制聚丙烯酰胺凝胶（表29-1）。

b. 上样检测：PCR扩增产物加7μl loading buffer于95℃变性5min后冰浴冷却待用。预电泳30min后上样6μl，电泳缓冲液上槽为0.5×

TBE，下槽为1×TBE，恒功率55W，电泳1.5h左右，至第一条loading buffer指示带跑至胶板的2/3处时停止电泳。排出缓冲液，小心的分开两块玻璃板，这时凝胶会粘连在涂有亲水剂的玻璃板上。

表 29-1　不同浓度丙烯酰胺和 DNA 的有效分离范围

丙烯酰胺/%	有效分离范围/bp	溴酚蓝*	二甲苯青*
3.5	100～2000	100	460
5.0	80～500	65	260
8.0	60～400	45	160
12.0	40～200	30	70
15.0	25～150	15	60
20.0	10～100	12	45

*表中给出的数字为与指示剂迁移率相等的双链DNA分子所含碱基对数目（bp）

⑤ 硝酸银染色：将带凝胶的玻璃板浸在固定液（10%乙醇，0.5%冰醋酸）中20min，凝胶朝下放置，玻璃板位于上方；将玻璃板取出，浸在染色液（10%乙醇，0.5%冰醋酸，0.2% $AgNO_3$）中15min，凝胶朝下放置，玻璃板位于上方；用双蒸水短时间（5～10s）冲洗玻璃板两面；将凝胶浸在显影液（3% NaOH，0.1%甲醛）中20～30min，直至带纹出现，凝胶朝上放置；用双蒸水冲洗凝胶两遍，每次2min；室温下自然干燥，胶晾干后观察并拍照记录。

（4）数据分析。参照上述RFLP和RAPD的方法进行。

【实验解析】

（1）SSR技术原理。在真核生物基因组中均存在着由1～4个碱基对组成的简单重复序列（simple sequence repeats，SSR），又称之为微卫星（microsatellite），如（GA）*n*、（AC）*n*、（GAA）*n*等。同一类微卫星DNA可分布在整个基因组不同位置上，由于其重复次数不同或重复程度不完全而形成每个座位的多态性。SSR两端有一段保守的DNA序列，通过这段序列可以设计一段互补序列的寡聚核苷酸引物，对SSR进行PCR扩增，由于SSR多态性仅由简单序列的重复次数的差异引起的，通常表现为共显性。SSR扩增产物通常采用高浓度的琼脂糖胶或聚丙烯酰胺凝胶电泳检测。

（2）SSR标记的多态性。SSR标记的多态性与位点基序重复次数有关，重复次数越多，多态性越高。通常EST-SSR基序的重复次数比基因组SSR的少，因此相应的多态性也低。

第30章

转基因植物的表观遗传学检测

实验30-1 转基因植物染色质的免疫沉淀实验

【实验目的】

(1) 掌握免疫沉淀甲醛交联染色质的基本步骤。

(2) 学习用半定量PCR来进一步分析免疫沉淀后的DNA的基本方法。

【实验材料】

转基因水稻‘华恢1号’的叶肉细胞，转基因受体材料‘明恢63’的叶肉细胞。

【实验试剂】

甘氨酸，37% HCHO，磷酸缓冲液，ChIP裂解缓冲液（50mmol/L EDTA，1% Triton X-100，0.1%脱氧胆酸钠），目的蛋白抗体，鲑鱼精子DNA，ChIP洗脱缓冲液，*Taq* DNA聚合酶，琼脂糖。

【实验操作】

1）可溶性染色质提取物的准备

(1) 体内蛋白质-DNA甲醛交联复合物。

① 在50ml离心管中用30ml培养基（无血清）重悬浮2.5×10^8个细胞。在细胞悬浮液中加入37%甲醛溶液，至浓度为1%。室温孵育混合物5～15min，不时晃动。这里所用的细胞数目可满足4次免疫沉淀。

② 在固定好的细胞悬浮液中加入1.5ml 2.5mol/L甘氨酸溶液，使之终浓度达到0.125mol/L，终止交联，室温培育5min，不时晃动。离心细胞（2000r/min，5min），弃上清。用30ml预冷的PBS洗涤细胞两次，离心收集细胞，弃上清。4℃（或－20℃）保存细胞。

(2) 超声波制备可溶性染色质。

① 用1ml ChIP裂解缓冲液重悬浮细胞，冰上30min。将裂解液转移到3.5ml圆底细胞管中，置于碎冰中。用Branson 450超声波仪的标准探头，设定到40%～50%输出，90%脉冲保持时间与间歇时间比；超声波处理提取物8s，共6次。在脉冲之间，让样品在冰上至少放置2min。处理后，染色质最终会变成平均长度为500～1000bp的片段。

② 于4℃离心样品15min，将上清转移到一个新的1.5ml离心管，然后再次于4℃离心15min。收集上清，现在上清中含有染色质提取物。在细胞裂解液中加入80μl鲑鱼精子DNA/Protein A琼脂糖珠子对染色质提取物进行预处理，接着在摇床上4℃培育60min。8000r/min离心样品2min，将上清转移到新管中。

2）交联染色质的免疫沉淀和纯化

(1) 交联染色质的免疫沉淀。

① 为了对染色质DNA进行定量，利用DNA纯化试剂盒对DNA纯化。进行免疫沉淀的染色质要用各自DNA含量来标准化。

② 在300～400μg染色质提取物（DNA）中加入目的基因的一抗。用预冷ChIP裂解缓冲液补充体积到500μl，4℃旋转4h。用ChIP裂解液来平衡鲑鱼精子DNA/Protein A琼脂糖珠子。4℃旋转1h。加入30μl鲑鱼精子DNA/Protein A琼脂糖珠子基质。4℃旋转1～3h。4℃下以8000r/min离心样品2min。上清吸取50μl，用TE将体积调整到500μl，加入20μl 5mol/L NaCl，丢弃剩余物。加入1ml ChIP裂解缓冲液到珠子中，用于洗涤免疫沉淀物，冰浴5min，不时颠倒，然后以8000r/min离心2min。弃上清，重复一遍。用1ml ChIP裂解缓冲液（高盐）洗涤珠子，重复一遍。用1ml去垢剂溶液洗涤珠子，重复一遍。在珠子中加入1ml TE，重复培育和离心过程。用200μl TE，pH8.0，含有20μg无DNase的RNase A来重悬浮珠子，37℃温浴30min。加入1ml TE，混合，随后收集珠子。最后，加入250μl洗脱缓冲液，混合，室温培育15min。不时上下颠倒。简单离心一下，将洗脱液转移到新管子中，再用250μl ChIP洗脱缓冲液洗脱珠子，合并上清。

(2) 免疫沉淀DNA（IP DNA）的纯化。加入20μl 5mol/L NaCl到500μl的洗脱液中，65℃下培育洗脱液和加入物或者未结合组分至少需6h

来逆转交联。加入1ml乙醇，在－70℃放置至少30min来移去免疫沉淀物。用最高速离心15min，用预冷的70%乙醇洗涤颗粒。再次离心，弃上清，静置干燥。用178μl TE溶解颗粒，然后加入20μl 10×蛋白酶K缓冲液和2μl 20μg/μl蛋白酶K，50℃温浴30min。加入200μl 25：24：1的苯酚/氯仿/异戊醇萃取。剧烈振荡1min。室温最高速离心5min用以分层，氯仿萃取一次。接着用150μl TE萃取前一步的有机相层。合并两次水相层。加入35μl 3mol/L NaAc，pH4.8，1ml 100%乙醇。离心沉淀DNA，按照前述的方法用70%乙醇洗涤。最后，用50μl TE溶解IP DNA，将加入物或者未结合DNA溶解于100μl TE中，保存于－20℃。

3）IP DNA半定量PCR

PCR扩增体系：反应总体积为20μl，含10×buffer 2μl，dNTP mix（2.5mmol/L）1.0μl，$MgCl_2$（25mmol/L）1.0μl，根据实验目的设计的特异引物（10μmol/l）各加0.5μl，*Taq* DNA聚合酶（5U/μl）0.2μl，模板DNA 2.0μl；ddH_2O补齐至20μl。

PCR扩增程序：95℃，5min；然后28个循环：94℃，20s，60℃，30s；72℃，90s；最后72℃，5min。采用2%琼脂糖凝胶检测扩增产物。

4）结果分析

依据半定量PCR结果，分析转基因材料与非转基因材料在染色质-DNA方面存在的差异。

【实验解析】

（1）染色质免疫沉淀（chromatin immunoprecipitation，ChIP）是研究蛋白质-DNA之间相互作用的强有力工具，在研究同染色质相关蛋白质，如组蛋白和它的异构体、特定DNA结构域上转录因子等许多相关领域中被广泛应用。染色质免疫沉淀技术的原理是：在生理状态下把细胞内的DNA与蛋白质交联在一起，通过超声或酶处理将染色质切为小片段后，利用抗原抗体的特异性识别反应，将与目的蛋白相结合的DNA片段沉淀下来。染色质免疫沉淀技术一般包括细胞固定，染色质断裂，染色质免疫沉淀，交联反应的逆转，DNA的纯化，以及DNA的鉴定。因为ChIP实验涉及的步骤多，结果的重复性较低，所以对ChIP实验过程的每一步都应设计相应的对照，而且对结果的分析也需要有一定的经验。

（2）应该用免疫沉淀预实验来确定所用抗体合适的量。如果加入的抗体量过多的话，会导致整体DNA产量过高。通常来说，5μg抗体可以在300～400μg染色质中沉淀出足够的IP DNA，不过低特异性抗体会相应地降低特异性IP DNA的产量。

实验30-2 转基因植物的甲基化敏感扩增多态性（MSAP）

【实验目的】

（1）了解外源基因对植物全基因组甲基化的影响。

（2）掌握检测植物全基因组DNA甲基化的MSAP技术。

【实验材料】

转Bt抗虫水稻材料‘华恢1号’；转Bt水稻的受体亲本‘明恢63’。

【实验试剂】

限制酶*Eco*RⅠ，*Msp*Ⅰ，*Hpa*Ⅱ，T4 DNA连接酶，10×buffer，dNTP mix，$MgCl_2$，*Taq* DNA聚合酶，琼脂糖，聚丙烯酰胺凝胶电泳相关试剂。

MSAP的接头和引物：*Eco*RⅠ接头序列为CTCGTAGACTGCGTACC和AATTGGTACGCAGTC；*Msp*Ⅰ/*Hpa*Ⅱ接头序列：GACCATGAGTCCTGAG和CGCTCAGGACTCAT；*Eco*RⅠ预扩增引物E0：GACTGCGTACCAATTC和*Msp*Ⅰ/*Hpa*Ⅱ预扩增引物MH0：GATGAGTCCTGAGCGG；*Eco*RⅠ选择性扩增引物E1：GACTGCGTACCAATTCAA和*Msp*Ⅰ/*Hpa*Ⅱ选择性扩增引物MH1：GATGAGTCCTGAGCGGC。

【实验操作】

1）MSAP检测

（1）DNA提取及酶切。

① CTAB法提取‘华恢1号’和‘明恢63’的叶片基因组DNA，稀释到50ng/μl。

② 利用2个甲基化敏感程度不同的限制酶组合*Eco*RⅠ/*Msp*Ⅰ和*Eco*RⅠ/*Hpa*Ⅱ分别对基因组DNA进行双酶切。

双酶切反应体系（25μl）为：基因组DNA 5μl；*Eco*RⅠ（20U）0.25μl；*Msp*Ⅰ或*Hpa*Ⅱ（10U）0.5μl；NEB buffer 1或2（10×）5μl；ddH_2O 14.25μl。酶切反应在PCR管中进行，37℃恒温6h，酶切产物于1%琼脂糖凝胶电泳检测酶切效果。

（2）接头复性。将*Eco*RⅠ接头的两条单链稀释至5pmoL/μl，等体积混合；*Eco*RⅠ/*Msp*Ⅰ接头的两条单链稀释至50pmoL/μl，等体积混合；95℃变性5min，缓慢冷却至室温。

（3）接头连接。接头连接体系 35μl：*Eco*RⅠ接头 1μl；*Eco*RⅠ/*Msp*Ⅰ接头 1μl；T4 DNA ligase 0.5μl；buffer 3.5μl；ddH_2O 4μl。于 PCR 仪中 16℃恒温 12h。

（4）预扩增 PCR。用预扩增引物 E0/HM0 对转基因材料及非转基因材料的 DNA 酶切连接产物进行扩增。

反应体系 25μl：酶切连接产物 DNA 5μl；引物 E0 1μl；引物 M0 1μl；*Taq* DNA 聚合酶 0.3μl；buffer 2.5μl；dNTP 1μl；ddH_2O 补齐至 25μl。PCR 扩增程序：95℃，5min；然后 30 个循环：94℃，20s；56℃，30s；72℃，90s；最后 72℃，5min。1%琼脂糖凝胶电泳检测预扩增产物。扩增产物稀释 20 倍，备用。

（5）选择性扩增 PCR。反应体系 25μl：预扩增的产物 5μl；引物 E1 1μl；引物 M1 1μl；*Taq* DNA 聚合酶 0.3μl；buffer 2.5μl；dNTP 1μl；ddH_2O 补齐至 25μl。

PCR 扩增程序：95℃，5min；然后 30 个循环：94℃，20s；60℃，30s；72℃，90s；最后 72℃，5min。

8%聚丙烯酰胺凝胶电泳检测扩增产物。

统计转基因和非转基因材料的扩增结果，统计条带差异。

2）结果分析

聚丙烯酰胺凝胶电泳获得的条带可分以下为 4 种类型：

A 型，两条泳道均有带，表示无甲基化发生。

B 型，*Msp*Ⅰ扩增泳道有带，*Hpa*Ⅱ扩增泳道无带，表示发生双链内部甲基化。

C 型，*Msp*Ⅰ扩增泳道无带，*Hpa*Ⅱ扩增泳道有带，表示发生单链外部甲基化。

D 型，两条泳道均无带，表示双链外部发生甲基化或非 5′CCGG3′位点。

通过比较 *Msp*Ⅰ/*Hpa*Ⅱ双泳道的带型，可得出不同样品 DNA 中 5′CCGG3′序列甲基化状态和模式。

【实验解析】

（1）在合适的甲基化状态前提下，*Msp*Ⅰ和 *Hpa*Ⅱ都识别并切割 5′CCGG3′序列，但对该位点不同甲基化状态的敏感度不同。MSPⅠ对内部胞嘧啶甲基化敏感，对外部胞嘧啶甲基化不敏感，只能切割外部胞嘧啶没有发生甲基化的 5′CCGG3′序列；而 *Hpa*Ⅱ对半甲基化（单链甲基化）敏感，对全甲基化（双链甲基化）不敏感，只切割半甲基化的 5′CCGG3′位点。因此，对 *Msp*Ⅰ和 *Hpa*Ⅱ泳道的带型进行分析，能够了解基因组 DNA 中 5′CCGG3′位点甲基化的状态及模式。

（2）MSAP 技术相对其他测定 DNA 甲基化程度的技术有如下优点：不需知道被测 DNA 的序列信息，在不同生物上具有通用性。操作相对简便，在 AFLP 技术体系的基础无需改进，即可操作。可在全基因组范围检测 CCGG 位点的胞嘧啶甲基化变化。

实验 30-3　转基因植物 DNA 甲基化改变的变性梯度胶电泳检测

【实验目的】

（1）检测转基因植物的 DNA 甲基化水平。

（2）掌握变性梯度胶电泳检测法检测甲基化。

【实验材料】

转 Bt 抗虫水稻材料‘华恢 1 号’；转 Bt 水稻的受体亲本‘明恢 63’。

【实验试剂及仪器】

丙烯酰胺，尿素，限制酶：*Tsp*509Ⅰ、*Mse*Ⅰ、*Nla*Ⅱ和 *Bfa*Ⅰ等，梯度形成器（SG30，Amersham Biosciences），电泳仪，蠕动泵等。

【实验操作】

1）目的片段的扩增与处理

（1）CTAB 法提取水稻叶片的 DNA。

（2）PCR 扩增目的片段（可根据研究需要选择不同的扩增对象）。

2）变性梯度凝胶电泳检测

（1）变性梯度胶的制备（平行梯度胶）。

① 混合一定体积的不含变性剂和 90%变性剂溶液，配备两个 10ml 具有不同变性浓度的溶液。加入 100μl 10%过硫酸铵溶液和 4μl TEMED，充分混匀。

② 沿着梯度形成器小室的壁慢慢倒入溶液。具有更高变性剂浓度的溶液应该位于右边小室。不要让气泡堵塞连接管。用搅拌棒在更高浓度的变性剂中剧烈搅拌。打开蠕动泵，随后立刻同时打开两个活塞，将溶液转移到框中。

③ 标记所倾倒溶液的顶端位置。填满较低变性剂浓度溶液的空隙，插上梳子，静置 30min。

（2）变性梯度胶的制备（垂直梯度胶）。

① 配制 10ml 不含变性剂（或者其他合适浓度）和 10ml 90%变性剂溶液。

② 随后进行“实验操作”步骤 2）（1）中的步骤。

③ 胶聚合后，用 1×TAE 冲洗掉未聚合的凝胶，用添加过硫酸铵和 TEMED 的 0 变性剂溶液

填满剩余空间。静置30min。

(3) 变性梯度胶电泳（平行梯度胶）。

① 用加热器将槽中缓冲液预热到60℃。

② 点样完毕，将胶放入槽中。

③ 120V电压下电泳，4～6h；溴化乙锭染色，拍照。

(4) SPM分析。

① 用3个限制性内切核酸酶，*Tsp*509 Ⅰ（AATT）、*Mse* Ⅰ（TTAA）和*Nla* Ⅲ（CATG），来酶切所克隆的DNA片段。

② 将酶切后DNA的进行平行DGGE，如同(3)所描述。梯度的范围是9%～90%。电泳12h。

③ 溴化乙锭染色。

3）结果分析

根据条带迁移率的不同，判断目的片段发生甲基化的水平。

【实验解析】

变性梯度胶电泳（DGGE）是一种基于DNA分子解聚行为的不同将其分离的技术，因此可以分离那些在碱基组成上有局部变异的DNA片段。依据核苷酸序列而不是大小，从而将DNA片段分离。当DNA分子的一部分是GC含量高的区域，该方法十分有效。当DNA分子的一个区域发生了解聚，可以形成一个部分螺旋部分随机的链结构，这样的话在聚丙烯酰胺胶上会发生非常明显的电泳迁移率的下降。这些部分解聚DNA片段的电泳迁移率要比完全螺旋化或者完全解聚分子要低很多。其余片段的低迁移能力限制了其向梯度胶更为强烈的变性区域的移动，从而导致条带的集中。可以应用这个特性来检测化学处理后甲基化和未甲基化DNA片段，以及解聚温度的不同或发生了异常甲基化的基因组。

第六篇主要参考文献

冯振秀，朱波，曹阳，等. 2013. 医用卡那霉素在转基因抗虫棉鉴定中的应用. 现代农业科技，20：23

高力. 2010. 基于生物芯片的DNA测序以及DNA甲基化检测方法的研究. 南京：东南大学硕士学位论文

关玲，章镇，王新卫，等. 2011. 苹果基因组SSR位点分析与应用. 中国农业科学，44（21）：4415-4428

景蕊莲，胡海荣，张灿军，等. 2007. 中华人民共和国国家标准GB/T 21127—2007《小麦抗旱性鉴定评价技术规范》

李晶晶，曹振军，张建萍，等. 2014. 转 *bt* 基因抗虫棉对棉铃虫的抗性分析. 湖北农业科学，53（7）：1567-1569

李懿，李光润，陈宏. 2015. DNA甲基化检测技术进展及经验总结. 医学综述，21（2）：204-207

刘冰. 2013. 平菇主栽品种DNA甲基化敏感扩增多态性（MSAP）分析. 武汉：华中农业大学硕士学位论文

刘姝娜. 2011. 基于内切酶特异性剪切作用的疾病DNA电化学分析方法研究. 南京：南京师范大学硕士学位论文

骆晚侠，张李，杨凯，等. 2013. 小豆SSR分子标记遗传连锁图谱构建. 中国农业科学，46（17）：3534-3544

孟灵真. 2013. 棉花Bt抗虫基因与bar抗除草剂基因的双价植物表达载体的构建及转化的研究. 乌鲁木齐：新疆农业大学硕士学位论文

聂新辉，尤春源，陈惠瑜，等. 2013. 金标Bt-CryIAb/Ac试纸条定性检测转Bt基因棉花的方法研究. 中国棉花，（1）：15-17

孙群，胡景江. 2006. 植物生理学研究技术. 咸阳：西北农林科技大学出版社

王关林，方宏筠. 2009. 植物基因工程. 北京：科学出版社

王关林，方宏筠. 2014. 植物基因工程. 2版. 北京：科学出版社

王萌萌，姜奇彦，张辉，等. 2012. 小麦品种资源耐盐性鉴定. 植物遗传资源学报，13（2）：189-194

许新. 2013. 利用SSR分子标记辅助选育转Bt基因抗虫棉. 武汉：华中农业大学硕士学位论文

杨莹，孙宝发，肖文，等. 2015. 动态RNAm～6A甲基化修饰及其调控mRNA剪接机制. 科学通报（英文版），60（1）：21-32

张兴华，田绍仁，张天玉，等. 2012. 转双价双Bt抗虫基因（Cry1Ac＋Cry2Ab）棉与非转基因棉生物学特性差异分析. 中国农学通报，28（24）：35-41

周于毅. 2013. 冠菌素对小麦耐热性的调控效应及生理机制. 北京：中国农业大学博士学位论文

Tollefsbol TO. 2007. 表观遗传学实验手册. 吴超群等，译. 上海：上海科学技术出版社

第七篇

生物信息学技术在植物基因工程中的应用

本篇系统地介绍了生物信息学在植物基因工程研究中，目的基因的高通量筛选与分析的最新技术手段，包括四部分内容：目的基因分离克隆；基因结构与功能分析；基因表达分析；蛋白质结构功能分析。采用当今世界最新的生物信息学技术，可充分利用海量的生物数据，高通量、分析、预测关键调控基因，实现基因筛选与分析的高效性与科学性。

第 31 章

基因分离克隆中的生物信息学技术

实验 31-1　基因 PCR 引物设计及评价

【实验目的】

利用软件找到一对合适的核苷酸片段，使其能有效地扩增模板 DNA 序列，以用于目的基因克隆或者检测等实验中的 PCR 反应。

【实验材料】

待设计引物的原始碱基序列。

【实验工具】

Primer Premier 5.0 或者 DNAMAN（以 Primer Premier 5.0 为例）。

【实验操作】

（1）进入 Primer Premier 5.0 启动界面，单击“File”（文件）菜单中的“Open”（打开），选择“DNA sequence”（DNA 序列），将目的片段的碱基序列载入到软件中（图 31-1）。

（2）载入序列后进入功能界面。如图 31-2 所示，点击“Primer”（引物）进行引物设计。

（3）进入引物设计界面，点击“Search”（查找）进行引物查找（图 31-3）。

（4）进入引物搜索选项设定界面，设定引物搜索选项（图 31-4），设定完成后点击“OK”。

（5）进入搜索结果界面，如图 31-5 所示。

（6）回到主窗口后，可以得到软件对该引物的评价信息（图 31-6）。

（7）如果引物个别碱基影响其质量，点击“Edit Primers”（编辑引物）对引物进行编辑（图 31-7）。

（8）进入编辑界面，单击“Analyze”（分析），分析编辑结果，单击“OK”，完成编辑（图 31-8）。

（9）得到编辑后的引物序列，保存即可。

【实验解析】

（1）在 Primer Premier 5.0 软件中剪切为 Ctrl＋X，粘贴为 Ctrl＋V，不响应右键的快捷方式。

（2）引物设计原则。

① 引物长度：大多数应用的最短引物长度为 18 个核苷酸。如果期待的产物长度等于或小于 500bp，选用短的（16～18bp）的引物；若产物长 5kb，则用 24 个核苷酸的引物。

② GC 含量为 40％～60％，以 45％～55％为宜。这可为有效退火提供足够热。

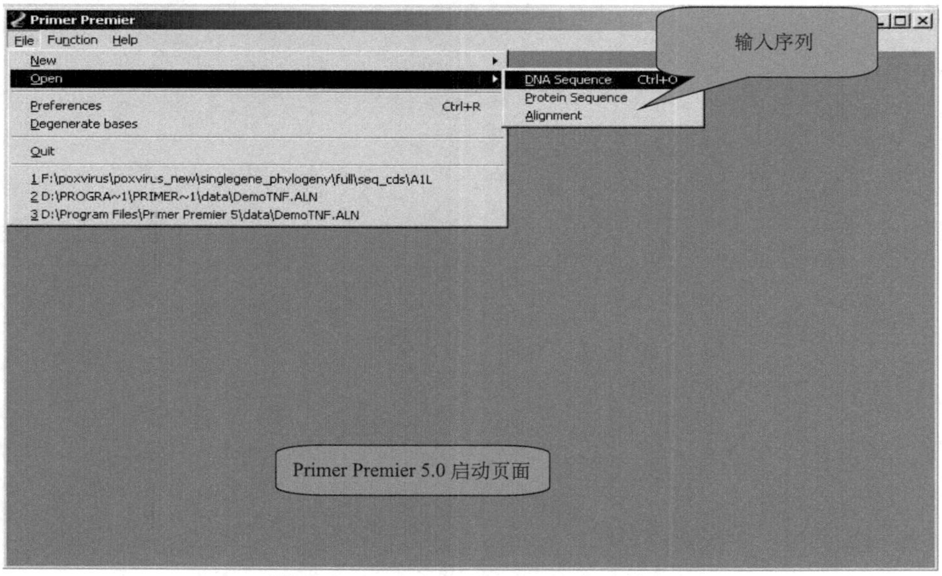

图 31-1　Primer Premier 5.0 启动界面

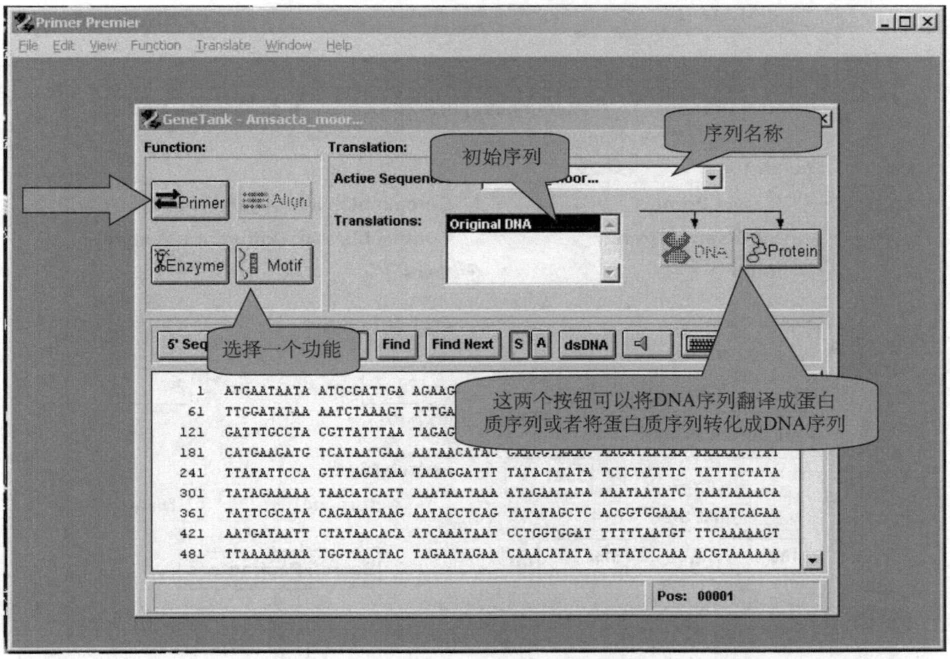

图 31-2　Primer Premier 5.0 功能界面

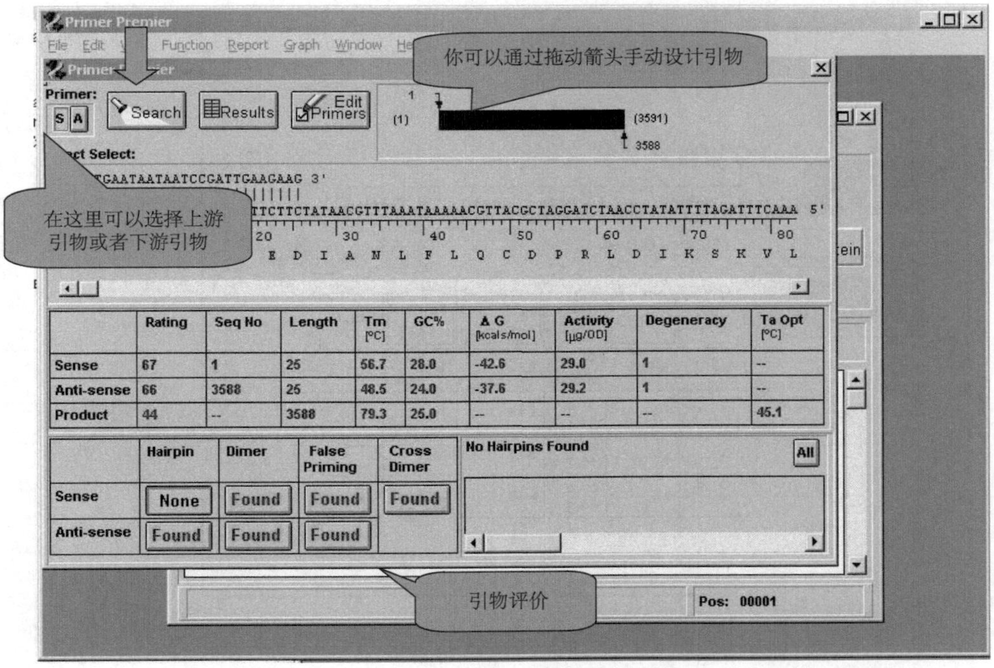

图 31-3　Primer Premier 5.0 引物设计界面

③ 引物所对应模板序列的 T_m 值最好 60℃左右，至少要在 55～80℃。

④ 引物 3′端和模板的碱基完全配对，防止一对引物内的同源性；考虑末端 5 个碱基的 ΔG；引物 3′端要避开密码子的第 3 位。

⑤ 可能的错误引发位点决定于引物序列组成与模板序列组成的相似性，相似性高则错误引发率高。

⑥ 引物自身及引物之间不应存在互补序列，否则引物自身会折叠成发夹（hairpin）结构使引物本身复性。这种二级结构会因空间位阻而影响引物与模板的复性结合。

⑦ 引物自身不应存在互补序列，否则引物自身会折叠成发夹结构使引物本身复性。这种二级

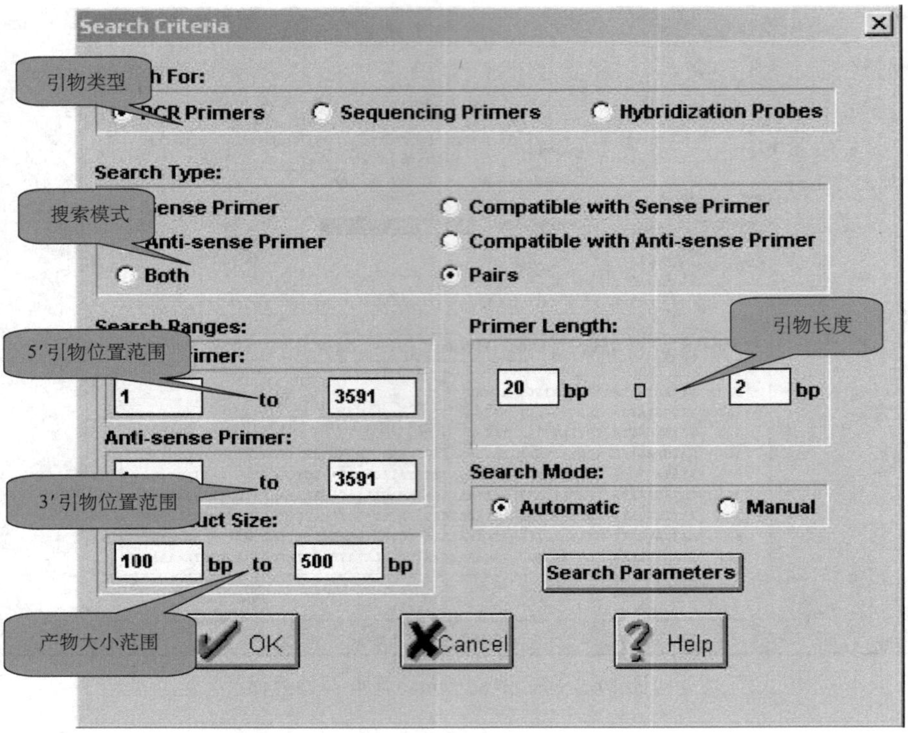

图 31-4　Primer Premier 5.0 引物搜索选项设定界面

①通常先搜索上游引物，设计好后再搜索下游，而不是同时搜索一对引物，这样更加准确。

②引物长度可以设计 20±$x$bp，以增大搜索范围

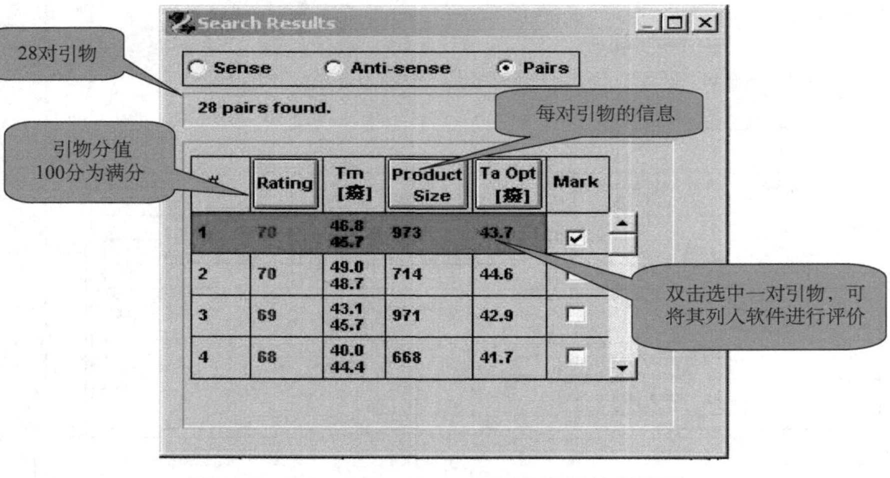

图 31-5　Primer Premier 5.0 引物搜索结果界面

结构会因空间位阻而影响引物与模板的复性结合。

⑧ 引物设计完成以后，应对其进行检测。如果与其他基因不具有互补性，就可以进行下一步的实验了。

⑨ ΔG 值（自由能）反映了引物与模板结合的强弱程度。一般情况下，引物的 ΔG 值最好呈正弦曲线形状，即 5′端和中间 ΔG 值较高，而 3′端 ΔG 值相对较低，且不要超过 9（ΔG 值为负值，这里取绝对值），如此则有利于正确引发反应而可防止错误引发。

⑩ 引物的 5′端可以修饰，而 3′端不可修饰，引物 5′端修饰包括：加酶切位点、标记生物素、荧光、地高辛等；引入蛋白质结合 DNA 序列；引入点突变、插入突变、缺失突变序列；引入启动子序列等。

（3）引物设计要按照设计的原则进行。在评价中，打分并非唯一标准，分值高的未必完全符合要求，分值稍低的也有符合原则的，所以具体

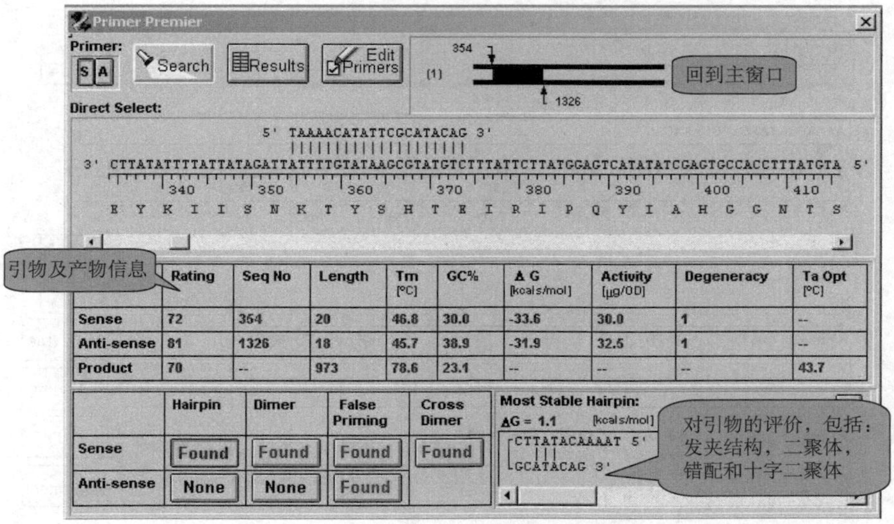

图 31-6　Primer Premier 5.0 引物评价信息界面

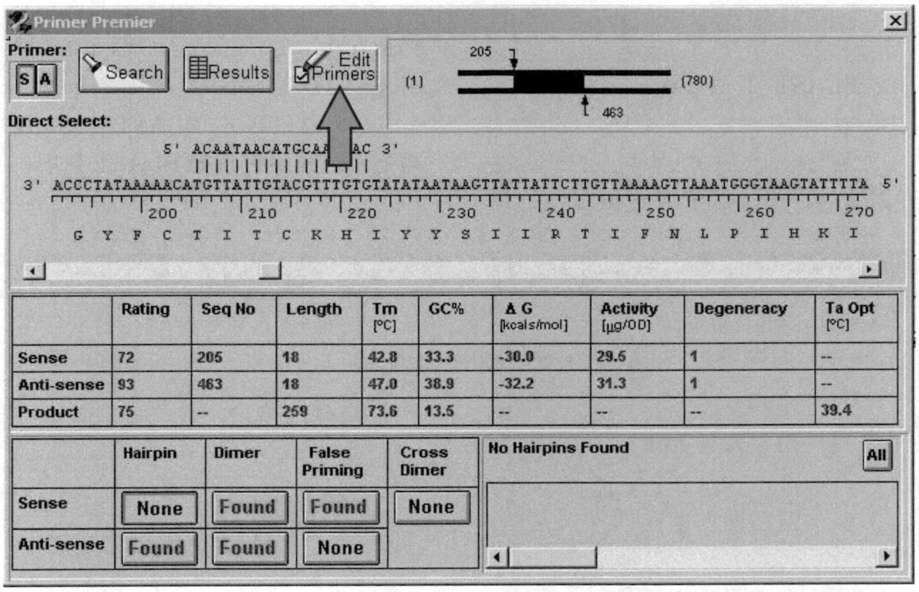

图 31-7　Primer Premier 5.0 引物编辑

情况要具体分析。

(4) 得到引物后，若用于基因克隆，则需要确定其在该物种基因组中的特异性。方法是将其与 NCBI Blast 中核酸数据库进行比对，如果除目的片段外没有相似性高的序列，说明其特异性好，可以使用。

(5) 上下游引物的 T_m 值相差必须≤2℃，引物中碱基越多 T_m 值越高，可以通过修改碱基个数来调整 T_m 值。

(6) 发夹结构及二聚化均可以在高温时解体，通常对引物与模板的结合效率没有影响，但是错配影响较大，应尽力避免。

(7) 由于版权问题，请使用正版软件，严厉打击盗版。

实验 31-2　基因电子克隆中的 BLAST 比对搜索

【实验目的】

利用 BLAST 进行序列比对分析，搜索目的基因同源序列。

【实验材料】

FASTA 格式的目的基因序列（核酸序列或蛋白序列）。

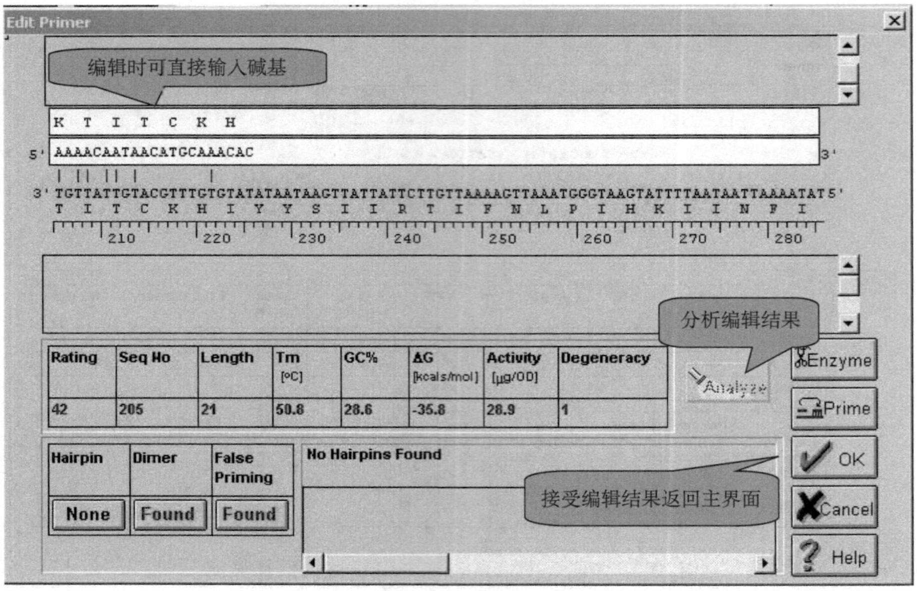

图 31-8 Primer Premier 5.0 引物编辑界面

【实验工具】

NCBI 在线 BLAST 工具 http://blast.ncbi.nlm.nih.gov/Blast.cgi。

【实验操作】

（1）打开浏览器，通过以下网址 http://blast.ncbi.nlm.nih.gov/Blast.cgi 进入 NCBI 在线 BLAST 序列分析平台（图 31-9）。

（2）在“Basic BLAST”（BLAST 基本程序）部分，选择要进行的 BLAST 程序。

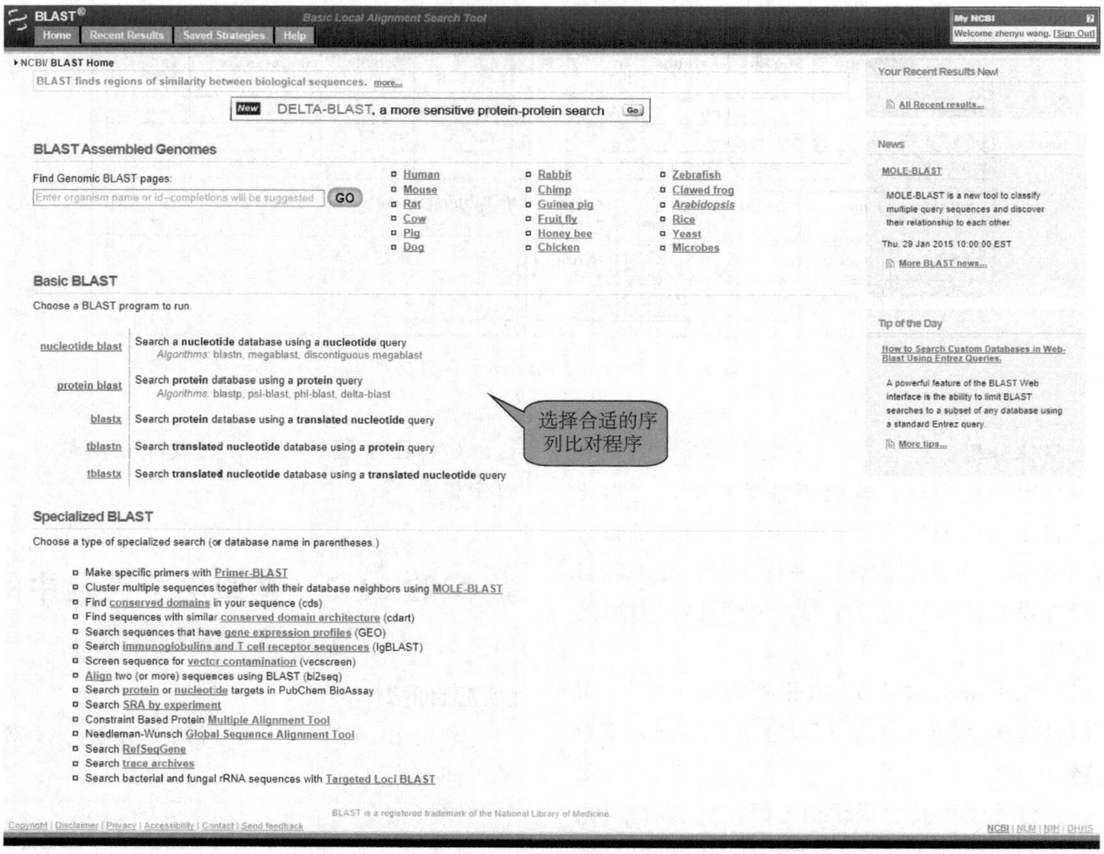

图 31-9 在线 BLAST 分析平台

本实验以拟南芥 SKP1 蛋白序列为例，故选择“protein blast”（蛋白质序列比对），进入蛋白序列相似性搜索界面（图 31-10）。序列信息如下：

>gi | 18410982 | ref | NP _ 565123.1 | S-phase kinase-associated protein 1 [Arabidopsis thaliana]

MSAKKIVLKSSDGESFEVEEAVALESQTI-AHMVEDDCVDNGVPLPNVTSKILAKVIEYCK-RHVEAAASKAEAVEGAATSDDDLKAWDAD-FMKIDQATLFELILAANYLNIKNLLDLTCQT-VADMIKGKTPEEIRTTFNIKNDFTPEEEEEV-RRENQWAFE

（3）在界面上“Enter Query Sequence”（输入查询序列）后面的方框中输入待查询序列，在“Choose Search Set”（选择查询集合）后面的方框中输入要搜索的数据库及物种，点击“BLAST”进行搜索（图 31-10）。

（4）搜索结果界面（图 31-11）主要包括 3 部分，分别为“Graphic Summary”（图示摘要）、“Discriptions”（描述）和“Alignments”（比对），分别对应搜索结果的可视化图像（图 31-12）、比对上的序列（图 31-13）及每一条比对上的序列的详细比对结果（图 31-14）。

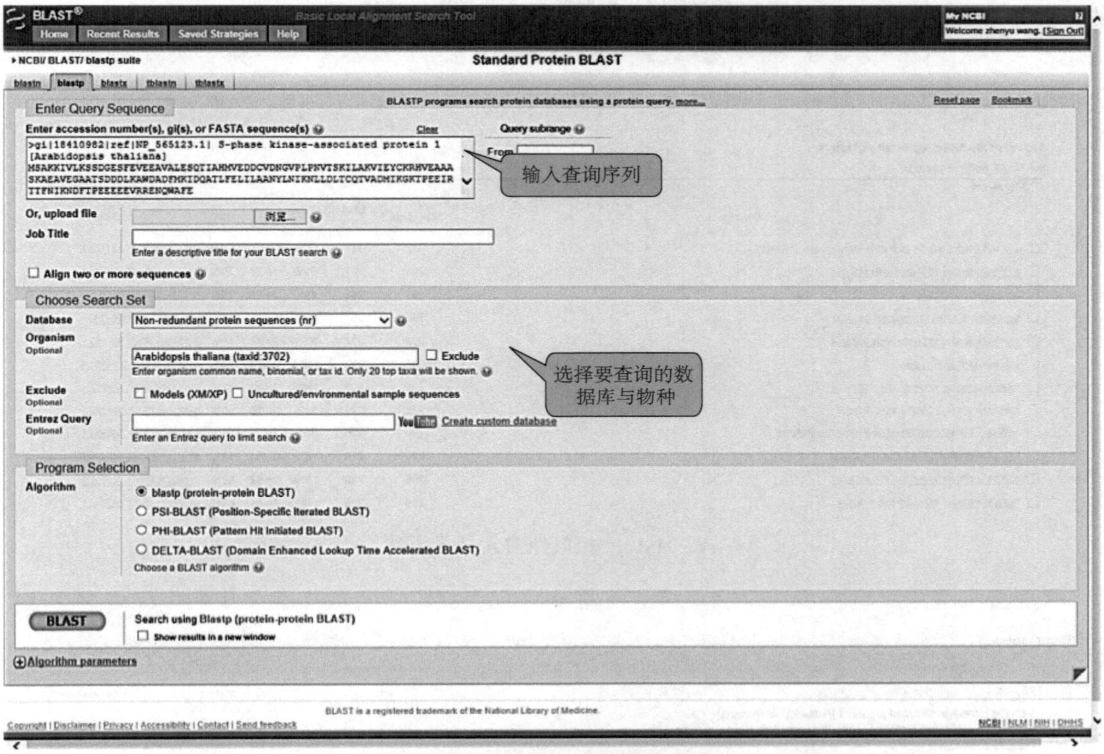

图 31-10　蛋白序列相似性搜索界面

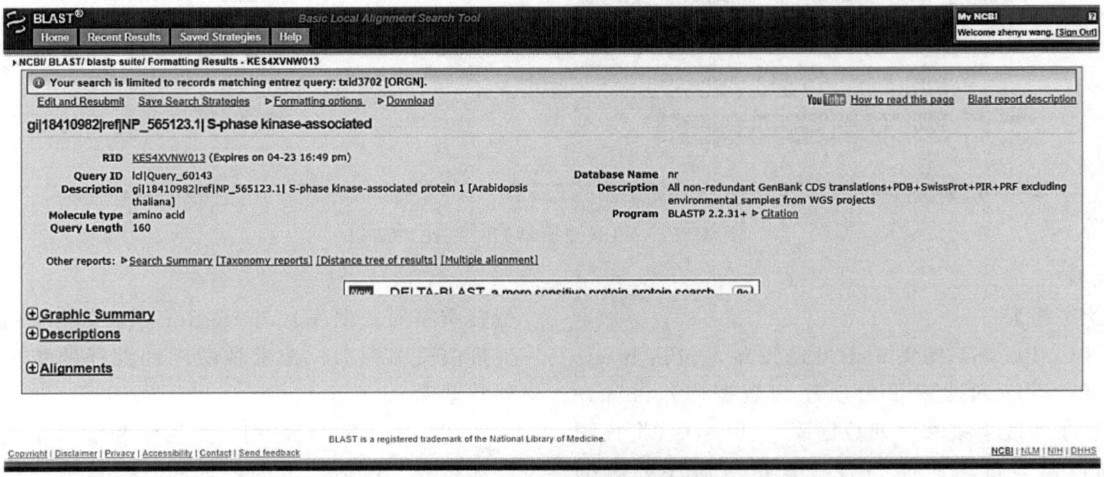

图 31-11　蛋白序列相似性搜索结果界面

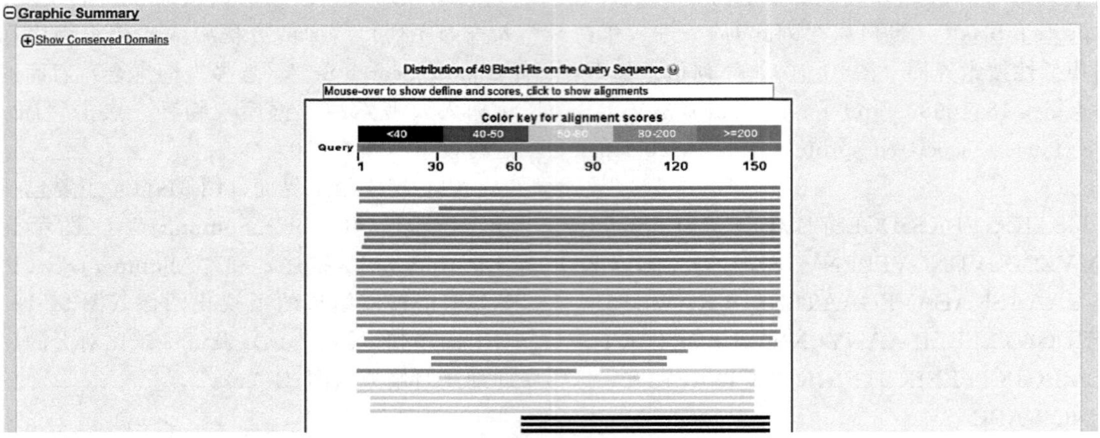

图 31-12 相似性搜索结果的可视化

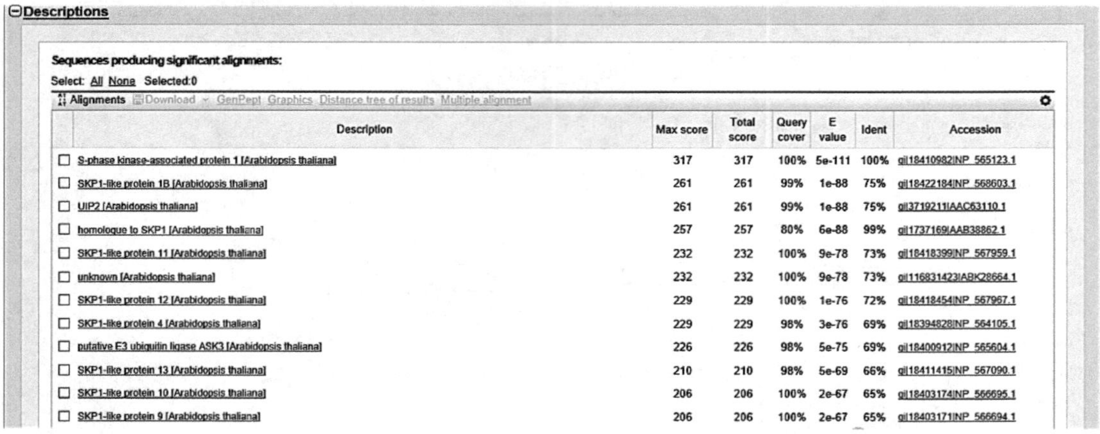

图 31-13 相似性搜索结果描述

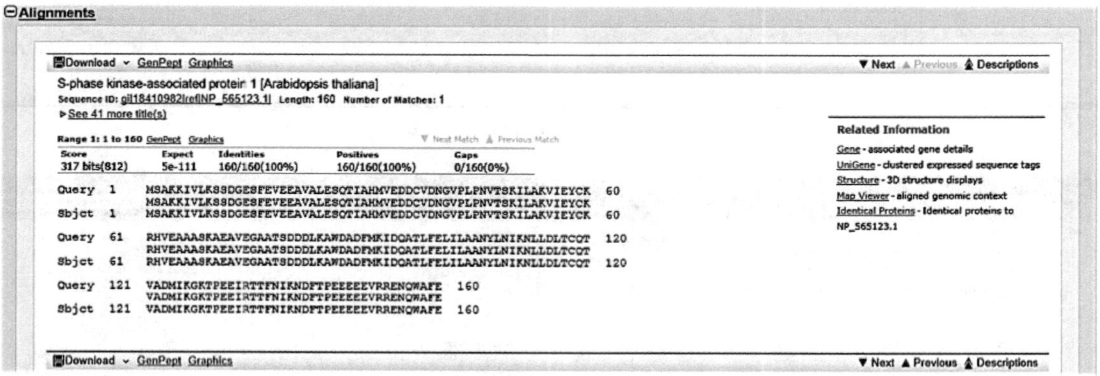

图 31-14 相似性搜索的详细比对结果

【实验解析】

(1) BLAST 提供 5 个可选程序，包括 blastp (用蛋白质序列搜索蛋白质序列数据库)、blastn (核酸序列搜索核酸序列数据库)、blastx (将核酸序列翻译为蛋白质序列后搜索蛋白质序列数据库)、tblastx (用蛋白质序列搜索核酸序列翻译的蛋白质序列数据库) 与 tblastn (将核酸序列翻译为蛋白质序列后，搜索核酸序列翻译的蛋白质序列数据库)。

(2) BLAST 允许用户为搜索和输出格式选择可选参数，包括搜索的数据库、搜索的物种、选择替换矩阵，过滤复杂度低的序列等，详见

“BLAST 使用说明”。

（3）搜索结果的 Graphic Summary 中，最上面的粗红线表示查询的序列，该线上面不同的颜色（color key）代表不同的比对得分，大于 200 分的是以红色显示。得分越高，说明序列间的相似性越高。

（4）搜索结果的 Descriptions 为搜索到的相似序列的结果，包括基因描述、得分、E 值和一致性等。该结果按相似性分值（score）排序，得分越高，表明序列间的同源性越高，序列排序越靠前。E 值（E-value）表示此比对结果随机发生的概率，E 值越小，结果越可信。

（5）搜索结果的 Alignments 为每一条序列的具体比对结果，包括序列的详细比对、得分（score）、一致性（identities）等信息。“—”表示此处出现一个空隙（gap）。

实验 31-3　基因电子延伸中的序列拼接组装

【实验目的】

将测序或下载到的短序列片段（如 EST）进行拼接、组装，获得更长的一致性序列（contig）。

【实验材料】

FASTA 格式的短的序列片段。

31-3-1　使用 CAP3 进行序列拼接组装

【特殊目的】

对序列数目较少的数据进行快速的在线拼接组装。

【实验工具】

在线版 CAP3 http://doua. prabi. fr/software/cap3。

【实验操作】

（1）打开浏览器，通过以下网址 http://doua. prabi. fr/software/cap3 进入 CAP3 序列拼接平台（图 31-15）。

（2）在界面上“Enter your sequence”（输入待查询序列）后面的方框中输入 FASTA 格式的待拼接序列，点击“SUBMIT”（提交）进行拼接（图 31-15）。

（3）拼接完成后自动跳到结果界面（图 31-16）。结果主要包括 4 个部分，分别为“Contigs”（拼接结果）、“Single sequences”（没有拼接成 Contigs 的序列）、“Assembly details”（拼接细节）和“your sequence file”（上传的序列）。单击各部分结果即可进入相关结果页面。图 31-17 和图 31-18 分别对应“Contigs”结果和“Assembly details”结果。

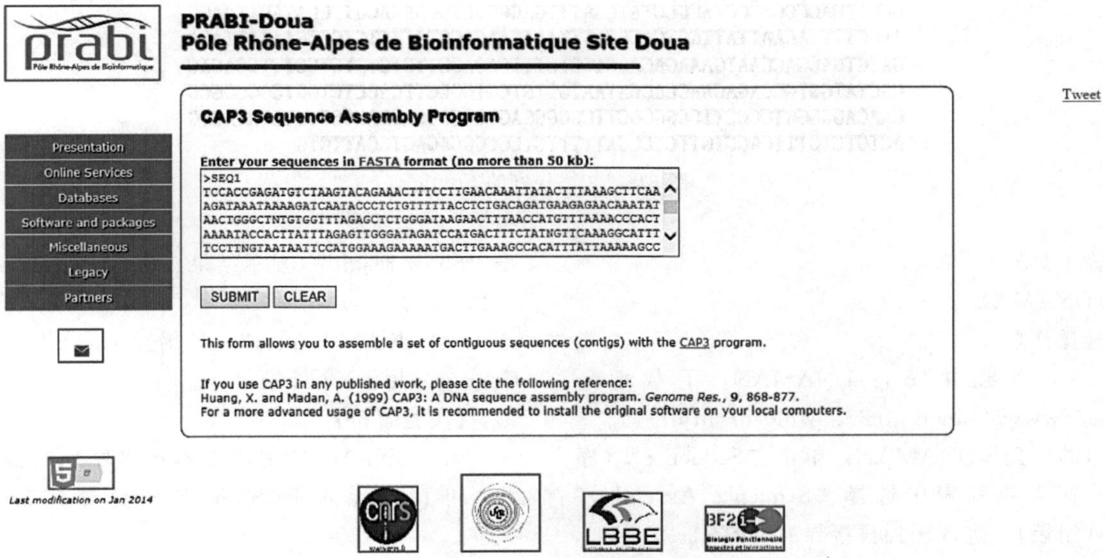

图 31-15　在线 CAP3 序列拼接平台

【实验解析】

（1）在线版的 CAP3 适用于小数据量的序列拼接组装。

（2）在线版的 CAP3 不允许用户设定序列拼接参数，所采用参数 CAP3 的默认参数。

31-3-2　使用 DNAMAN 进行序列拼接组装

【特殊目的】

对数据进行本地拼接组装。

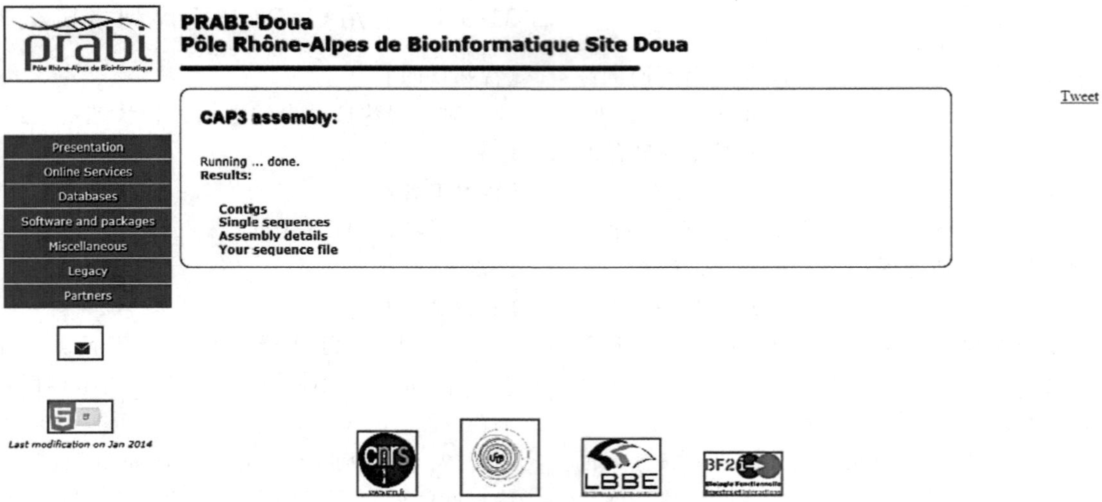

图 31-16　在线 CAP3 序列拼接平台结果界面

```
>Contig1
GAGATTGTATGTGTCCAGGCCTGCCGAGGCATTTTCCGGCACCCCCGGGGCCCCAAGAGG
TAAGGGGCCCCTCTTTCCTGAGGAAGTACGCCCGTCACAGGTAGTTCGTAAACCCCGCGT
AGCACCGGATTAAGACAGATATAATCCGGGTTTCAAGCATAATTCCAGGCTAGAGCCGAG
ATGTTCTAAGTCCAGAAACTTTCCGGTGAACAAATTATACTTGAAAGCTTCAAAGATAAA
TAAAAGATCAATACCCTCGGTTTCTACCTCTGACAGATGAAGAGAACAAATATAACTGGG
CTTTGTGGTATAGAGCTCTGGGATAAGAACTCAAACCATGTTTAAAACCCAATGTAAAAT
ACCACTTATCAAGAGTTGGGATAGATCCAGGACTTTCTATTGTTCAAAGGCATTTTCCTC
TGTAATAACTTCCATGGAAAGAAAAATGACTTGAAAGCCACATTTATTAAAAAGCCCAAA
GGCATTTGAACATCAATTTACATTTTTCTGGTTCATAGGAAAAAAAGTAGTTAAGTCTAA
ATGAATGTCAAACATGTGGTTTACATTTTCTTTAAGATGCATGTGGGCTTTAAAACCTAA
TGAAAATACTTTAGAAAGAACATATTCCACAATATGGTAAGTGTAAGATAGGTAGGAAAT
GTGGAGCACGTCAACATTCAGCTTGGGTCTTGCATAAGTCCTGCAGATAAAACAGGAGGA
GATCTTTGGTCCTCTCACATGAGATCTTCAAAGAGGGGGGTGTCAGGTCTCTGGACCTAG
GCTTTCACCCCAGCGTAGGCCTATCGATTTGAGGGGCTGGGAGACATTCCATAGTTAAGG
AAGCTTTTACAATTATTCCTCACCCATTTAATGAACACCTATTCTGTGCTGAAAATTAGA
GATGTGACGACCAATGAAAGACAACTTGTGTTTCAGAGCTTGTGTTTCTCGTTTGGAGAC
CGCTATGGTGCGAGACAACCACCATAATGTTGTCGTGGGCTTCACCTCTGGTCGGCGGCC
CAACAGGGGGTCCCCTTGCGGGGCTTCGGGGGAGTCTCGCGAGGAGCCGCGGTGATAGGG
ACTGTCTGTTTGGCCTGTTCTCCGATTTTTCTCCCGGCAGAGTGGATTGTG
```

图 31-17　拼接好的 Contigs

【实验工具】

DNAMAN。

【实验操作】

（1）下载并安装 DNAMAN，下载地址 http://www.lynnon.com/downloads.html。

（2）打开 DNAMAN，单击“Sequence”（序列），在下拉列表中选择“Sequence Assembly”（序列组装），进入序列拼接界面（图 31-19）。

（3）点击“Add file”（添加文件）导入 FASTA 格式或 SEQ 格式的待拼接序列片段，设置参数，点击“Assemble”（组装）进行拼接。点击“Show result”（显示结果）显示拼接结果细节（图 31-20）。

（4）点击“Export”（导出），导出拼接后的 Contigs（片段）（图 31-21）。

【实验解析】

（1）DNAMAN 适用于本地多序列的拼接组装，可直接导入 FASTA 或 SEQ 格式的序列文件。

（2）DNAMAN 允许用户设置个性化的拼接参数。

```
Number of segment pairs = 2; number of pairwise comparisons = 1
'+' means given segment; '-' means reverse complement

Overlaps            Containments  No. of Constraints Supporting Overlap

******************** Contig 1 *********************
SEQ2-
SEQ1+

DETAILED DISPLAY OF CONTIGS
******************** Contig 1 *********************
                      .    :    .    :    .    :    .    :    .    :    .    :
SEQ2-                 GAGATTGTATGTGTCCAGGCCTGCCGAGGCATTTTCCGGCACCCCCGGGGCCCCAAGAGG
                      ____________________________________________________________
consensus             GAGATTGTATGTGTCCAGGCCTGCCGAGGCATTTTCCGGCACCCCCGGGGCCCCAAGAGG

                      .    :    .    :    .    :    .    :    .    :    .    :
SEQ2-                 TAAGGGGCCCCTCTTTCCTGAGGAAGTACGCCCGTCACAGGTAGTTCGTAAACCCCGCGT
                      ____________________________________________________________
consensus             TAAGGGGCCCCTCTTTCCTGAGGAAGTACGCCCGTCACAGGTAGTTCGTAAACCCCGCGT

                      .    :    .    :    .    :    .    :    .    :    .    :
SEQ2-                 AGCACCGGATTAAGACAGATATAATCCGGGTTTCAAGCATAATTCCAGGCTAGAGCCGAG
                      ____________________________________________________________
consensus             AGCACCGGATTAAGACAGATATAATCCGGGTTTCAAGCATAATTCCAGGCTAGAGCCGAG

                      .    :    .    :    .    :    .    :    .    :    .    :
SEQ2-                 ATGTTCTAAGTCCAGAAACTTTCCGGTGAACAAATTATACTTGAAAGCTTCAAAGATAAA
SEQ1+                                           TGAACAAATTATACTTTAAAGCTTCAAAGATAAA
                      ____________________________________________________________
consensus             ATGTTCTAAGTCCAGAAACTTTCCGGTGAACAAATTATACTTGAAAGCTTCAAAGATAAA

                      .    :    .    :    .    :    .    :    .    :    .    :
SEQ2-                 TAAAAGATCAATACCCTCGGTTTCTACCTCTGACAGATGAAGAGAACAAATATAACTGGG
SEQ1+                 TAAAAGATCAATACCCTCTGTTTTTACCTCTGACAGATGAAGAGAACAAATATAACTGGG
                      ____________________________________________________________
consensus             TAAAAGATCAATACCCTCGGTTTCTACCTCTGACAGATGAAGAGAACAAATATAACTGGG

                      .    :    .    :    .    :    .    :    .    :    .    :
SEQ2-                 CTTTGTGGTATAGAGCTCTGGGATAAGAACTCAAACCATGTTTAAAACGCCATGTAAAAT
```

图 31-18　拼接的详细情况

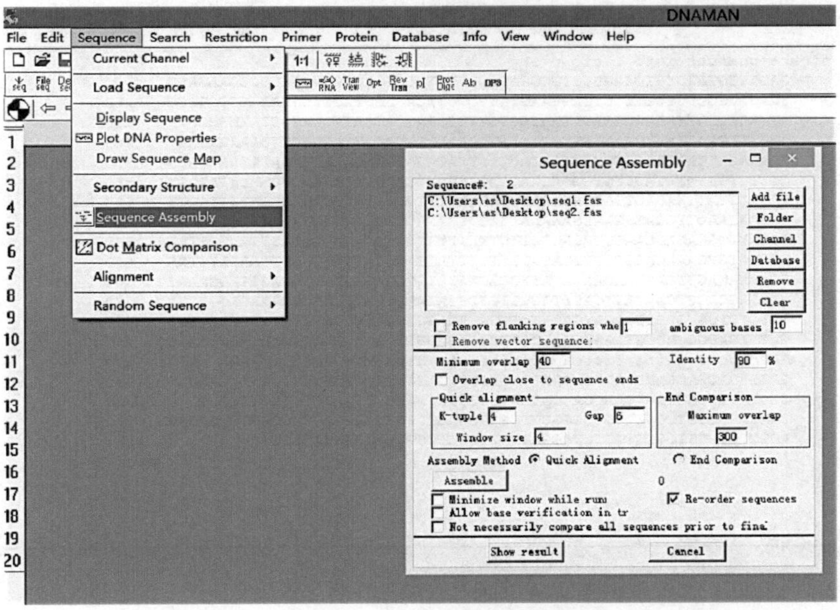

图 31-19　DNAMAN 序列拼接操作界面

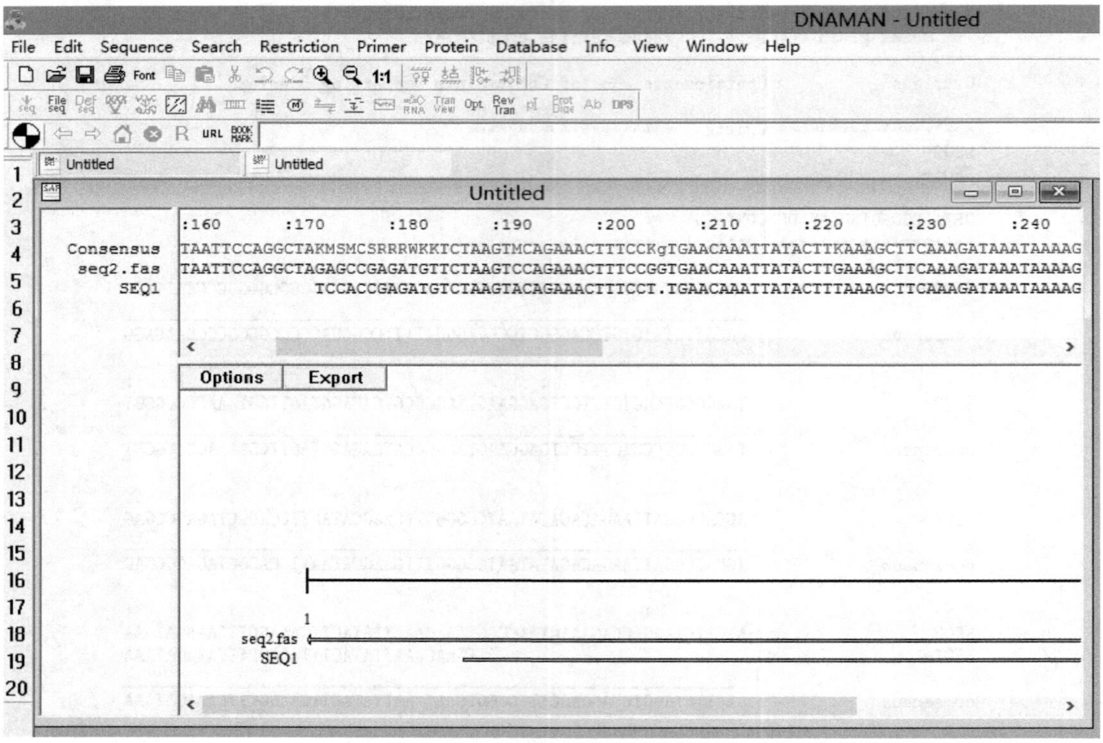

图 31-20 DNAMAN 序列拼接详细情况

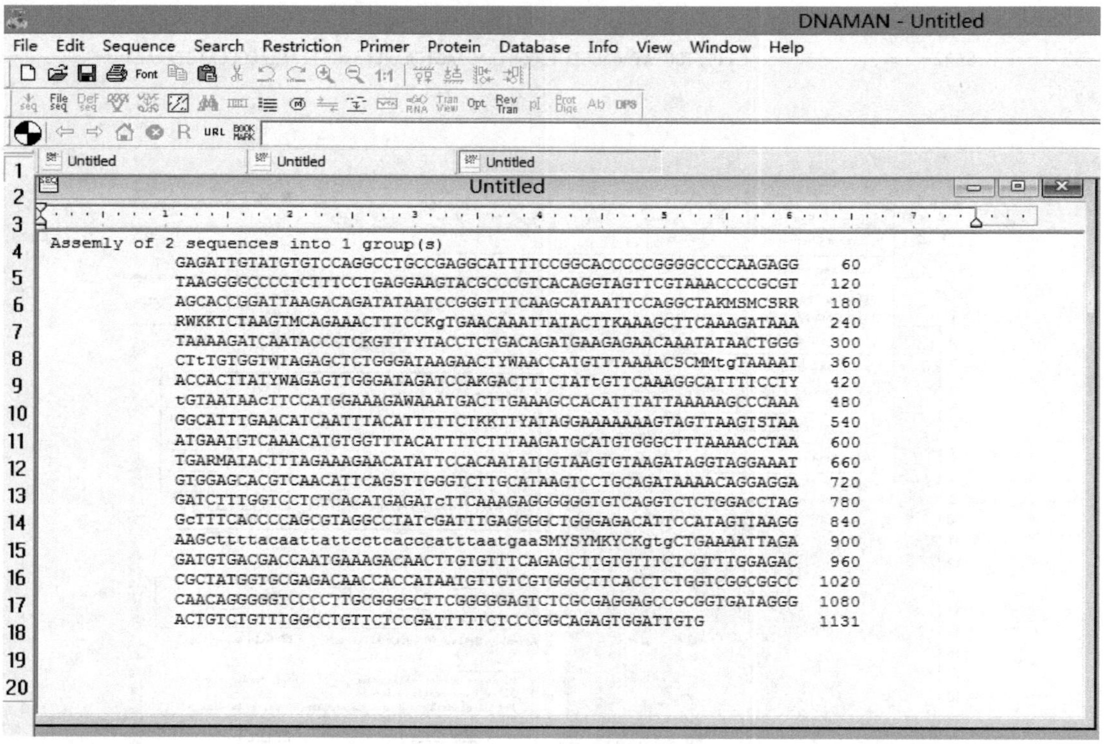

图 31-21 DNAMAN 序列拼接结果

第 32 章 基因结构和功能分析中的生物信息学技术

实验 32-1 基因多序列比对分析

【实验目的】

将目的基因序列与其他已知基因序列进行比对，获得目的基因序列特点及其与已知基因的相似性。多序列比对结果也可用于基因的分子进化分析。

【实验材料】

目的基因与其他已知基因序列。

【实验工具】

MEGA5. 0 软件。

【实验操作】

（1）打开 MEGA 软件所在的主页 http://www. megasoftware. net/，下载所需平台的软件并安装。

（2）打开 MEGA5，点击“Align”（比对）创建新的比对（图 32-1）。

（3）导入所要进行比对的序列文件。一般为 FASTA 格式，也可为 *. txt 文件（图 32-2）。

（4）点击“Alignment”（比对）文件选项里的“Align by CLUSTAL _ W”（用 clustal W 进行比对），即选择用 CLUSTAL 程序进序列比对。一般情况下，对“CLUSTAL _ W parameters”（clustal W 参数）采用默认状态设定，点击“OK”，开始对导入的序列进行比对（图 32-3）。

（5）比对完毕后，保守的位点上标“*”。点击“Data”（数据）按钮，选取“Export Alignment”（导出比对结果），可以导出不同格式的比对结果（图 32-4）。

【实验解析】

（1）MEGA5 适用于本地多序列的比对，可导入单个序列，也可以导入含多条序列的 FASTA 或 txt 文件。

（2）MEGA5 可以进行蛋白质序列的比对，也可以进行核酸序列的比对。

（3）MEGA5 允许用户对比对结果进行编辑，如去除 Gap 等，具体见“MEGA5 使用说明”。

实验 32-2 基因的分子进化分析

【实验目的】

通过多序列比对结果构建进化树，从而判断目的基因与已知基因的功能相似程度和进化关系。

【实验材料】

目的基因与其他已知基因序列。

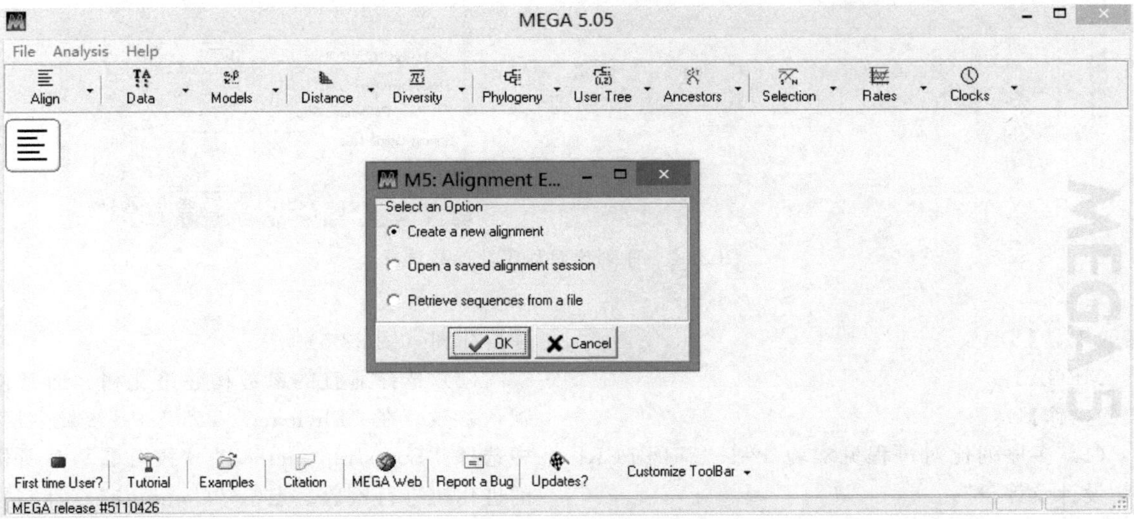

图 32-1 MEGA 创建新的比对

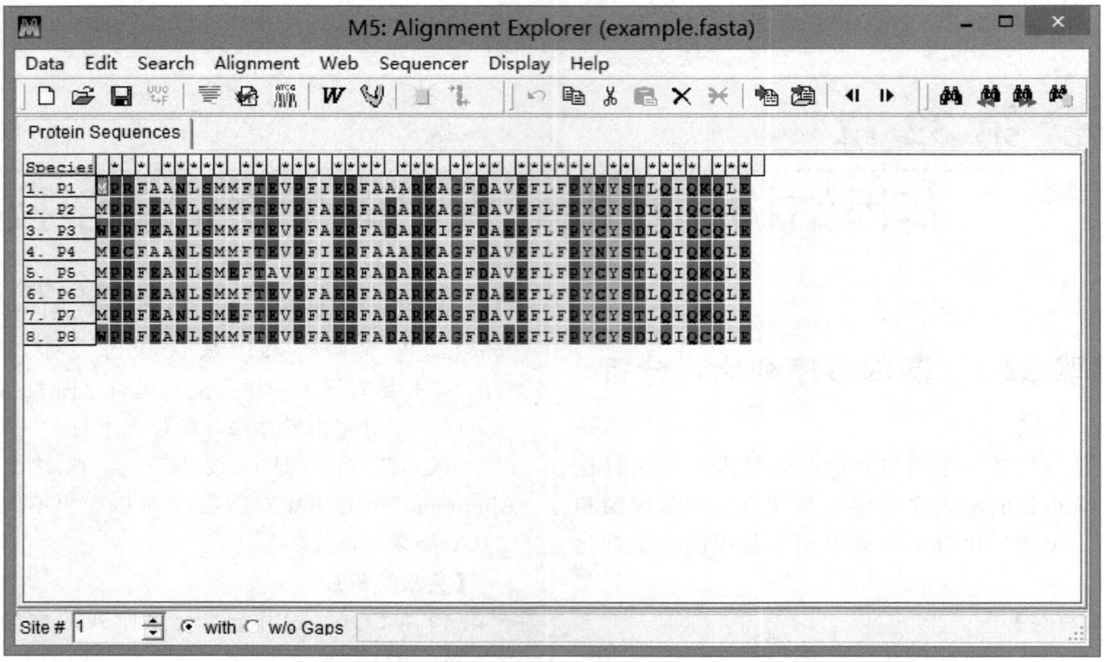

图 32-2　导入要进行比对的序列

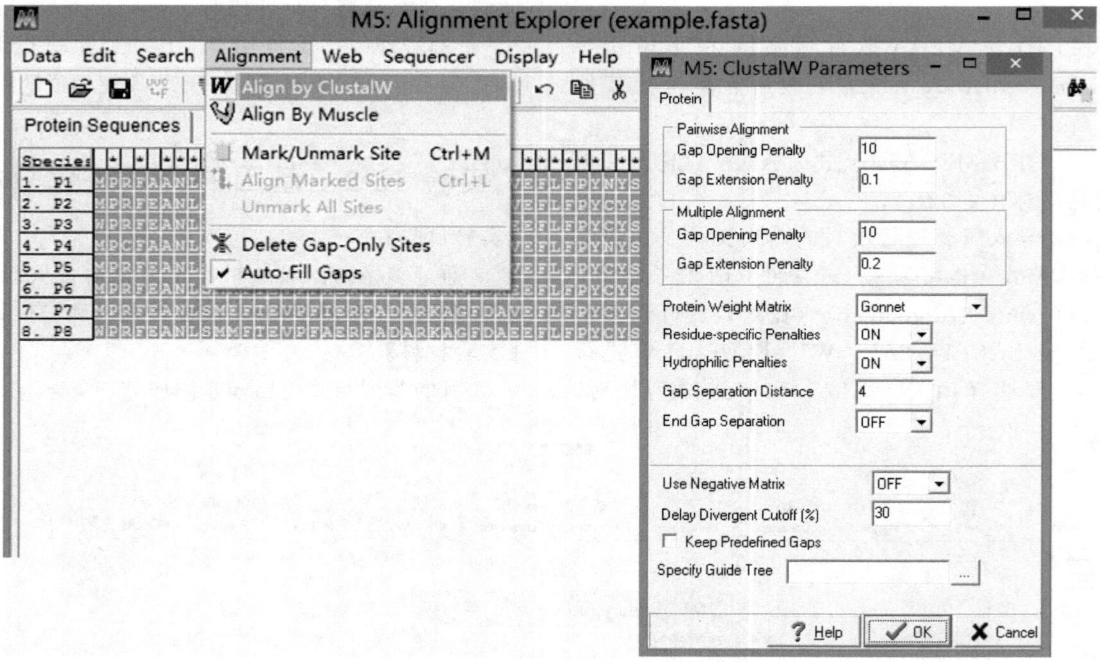

图 32-3　序列比对程序及参数选择

【实验工具】

MEGA5。

【实验操作】

（1）多序列比对过程见实验 32-1“基因 PCR 引物设计及评价”。

（2）打开 MEGA5，点击“phylogeny”（系统发生），选择合适的算法利用多序列比对结果，构建进化树（图 32-5）。

（3）选择适宜的参数构建进化树，通常使用默认参数。在“Phylogeny Test”（系统发生检验）中选择“Bootstrap method”（拔靴法）对所构建的进化树进行检验。点击“Compute”（计算）构建进化树（图 32-6）。

（4）结果输出两个进化树，一个是原始树，

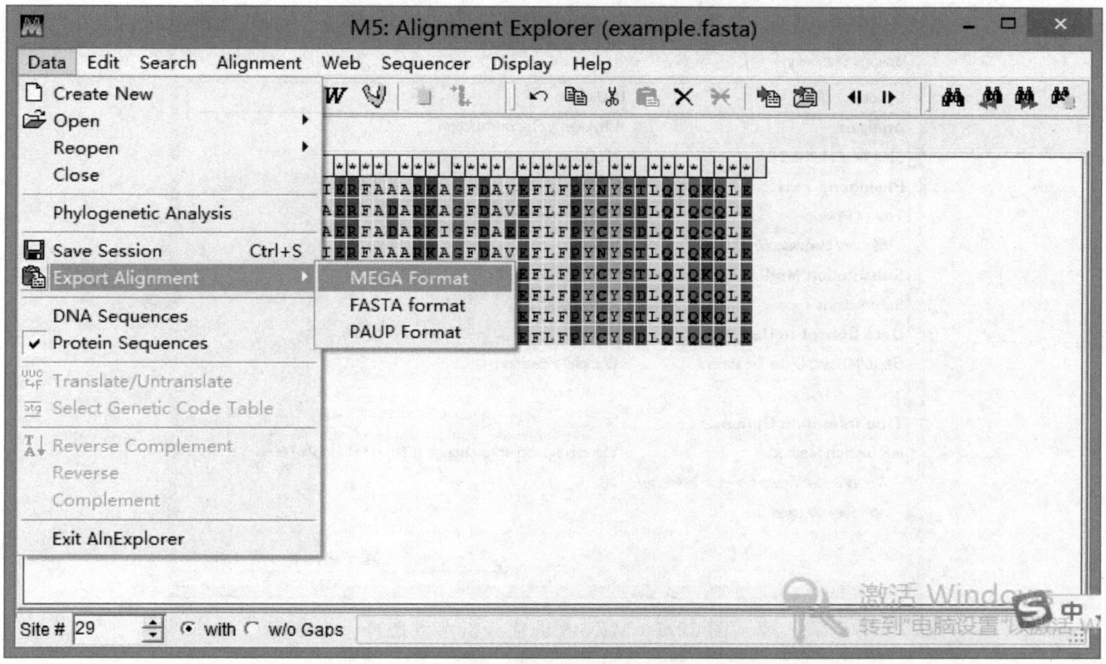

图 32-4　MEGA 比对结果可视化与导出

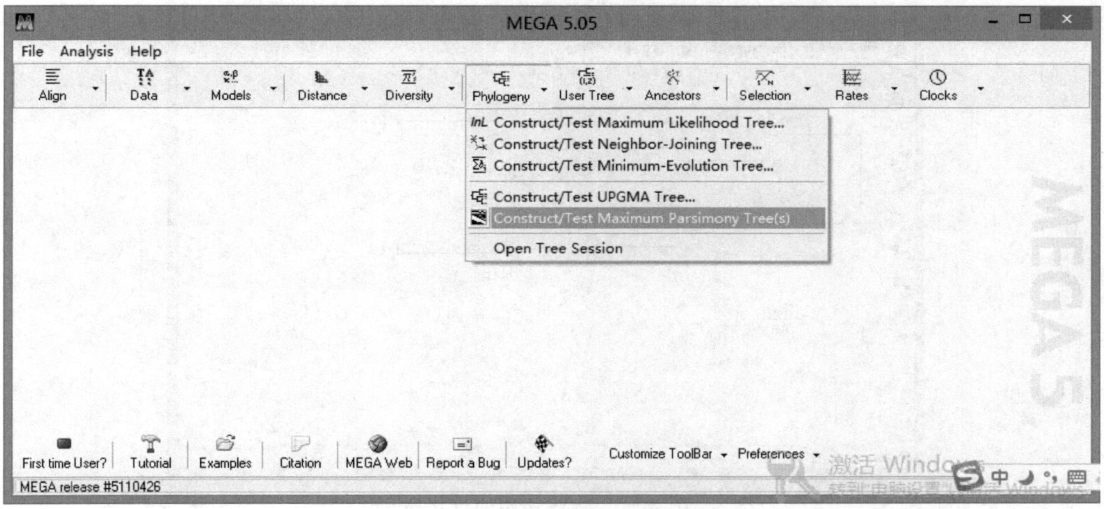

图 32-5　MEGA 进化分析算法选择

一个是“bootstrap”（拔靴法）验证过的一致树。树枝上的数字表示 bootstrap 验证中该树枝可信度的得分（图 32-7）。

（5）点击“view”（视图）中的“Option”（选项），可对初始的进化树进行调整和润色，以适合美学和视觉优美感（图 32-8）。

（6）所构建的进化树可以直接复制，用 word 进行编辑（图 32-9）。

【实验解析】

（1）MEGA5 提供多种进化树构建算法，包括近邻法（neighbor-joining，NJ）、最大似然法（maximum likelihood，ML）和最大简约法（maximum parsimony，MP）等。其中，ML 树的结果相对较好，但时间复杂度较高；NJ 树适用于相似性较高的序列；MP 法一般不用于构建远缘序列的进化树。

（2）构建进化树时，Bootstrap 的次数应该大于 100，通常设为 1000 次。

（3）在构建的进化树中，通常 Bootstrap 得分大于 50 的分枝被认为是可靠的。

（4）MEGA5 允许用户对构建的进化树进行编辑美化，具体见“MEGA5 使用说明”。

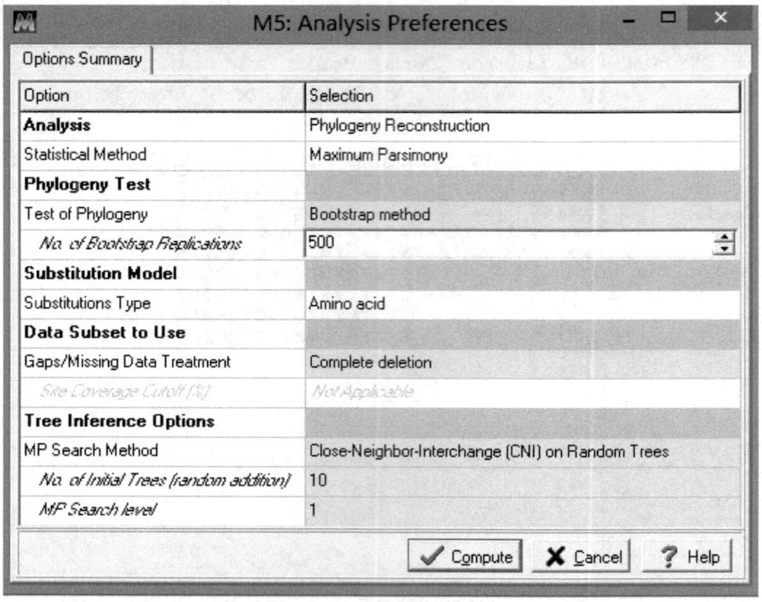

图 32-6　MEGA 进化分析参数选择

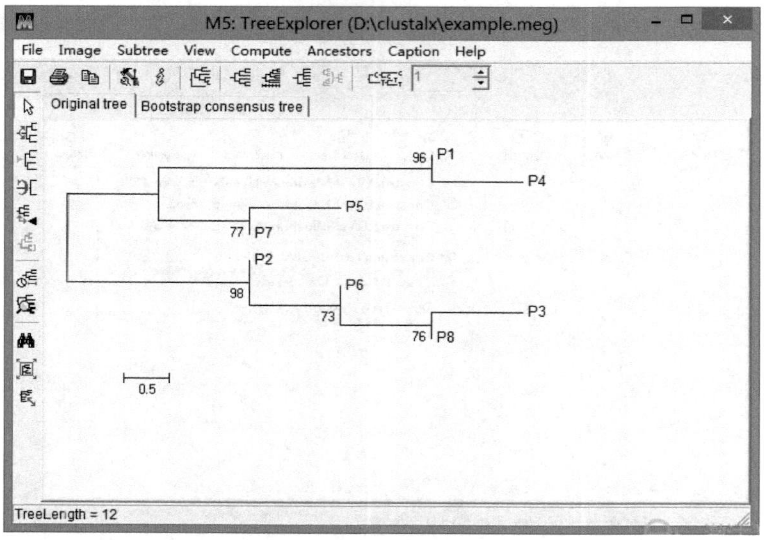

图 32-7　构建初始的进化树

实验 32-3　基因的完整性分析

【实验目的】

对 RACE、EST、同源克隆、电子克隆等方法获得的新基因的编码区进行预测，判断该序列是否包含完整编码区。

【实验材料】

目的基因序列。本实验以已知拟南芥序列（NM _ 180628. 3）为例。

【实验工具】

Genscan　http://genes. mit. edu/GENSCAN. html。

【实验操作】

（1）打开浏览器，通过以下网址 http://genes. mit. edu/GENSCAN. html，进入 Genscan 基因结构分析平台（图 32-10）。

（2）在“Organism”（物种）、“Suboptimal exon cutoff”（次优外显子阈值）、“Sequence name”（序列名称）以及“Print options”（打印选项）后的下拉菜单中选择相应的物种、预测的阈值（一般用默认值）、目的序列名称、并选择是否在结果中显示预测到的编码区序列（图 32-11）。

（3）提交目的基因序列，可以选择利用

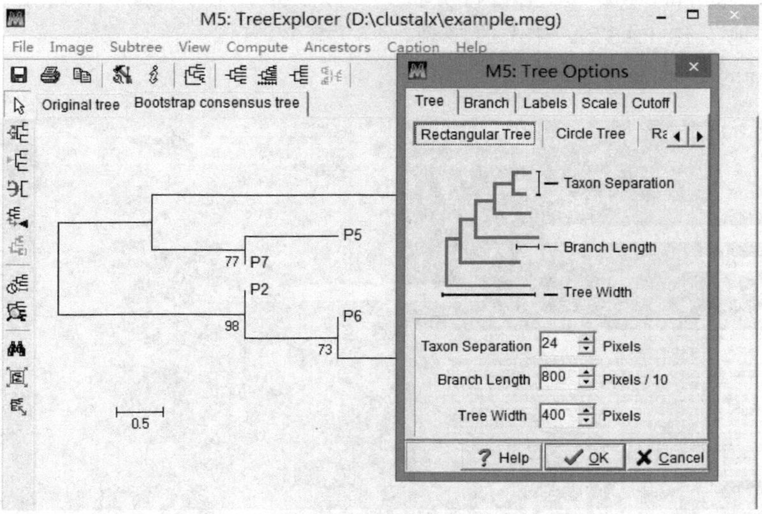

图 32-8　进化树的编辑

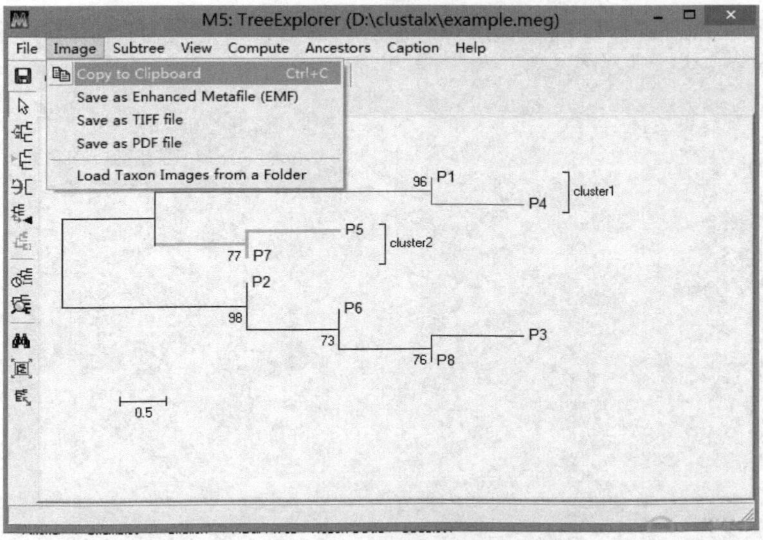

图 32-9　进化树的导出

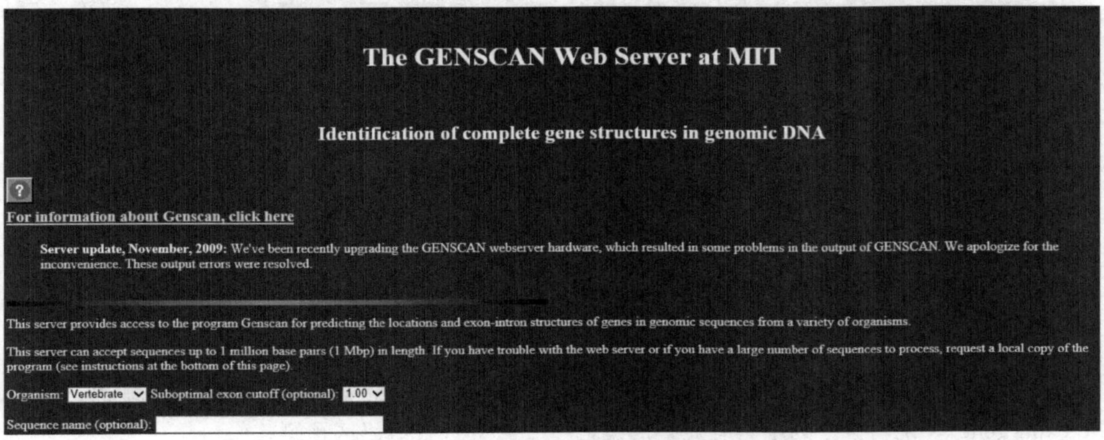

图 32-10　Genscan 基因结构分析平台主页

"Upload your DNA sequence file"（上传待分析DNA序列），从本地上传FASTA格式的序列，也可以在"paste your DNA sequence here"（粘贴待分析DNA序列）下的空白处直接粘贴序列（图32-11）。

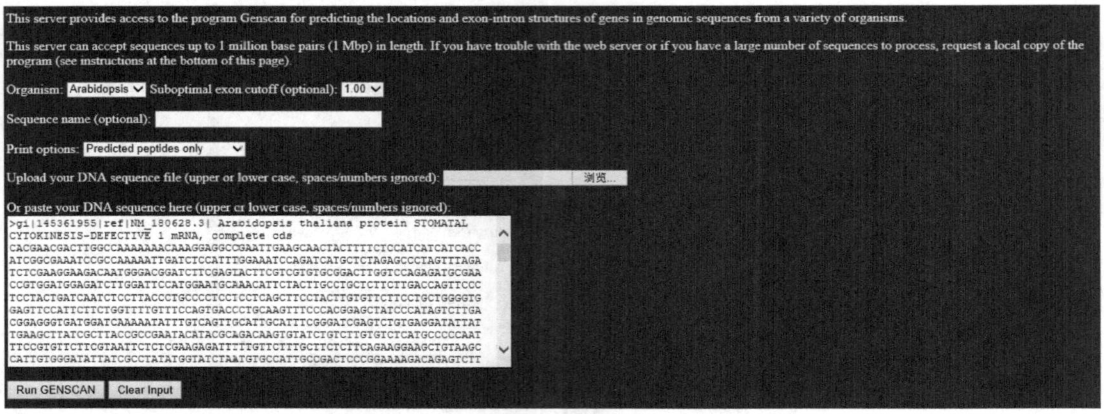

图 32-11　Genscan 参数设置与序列提交

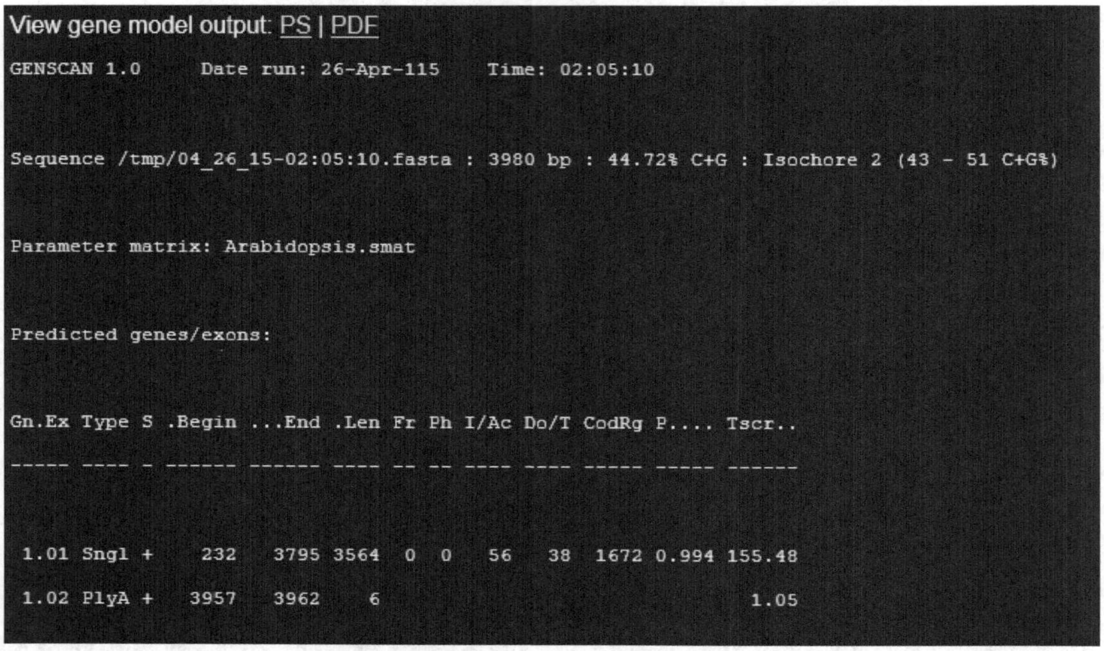

图 32-12　Genscan 结果界面

（4）单击"run Genscan"（运行Genscan），提交预测任务，并等待服务器返回预测结果（图32-11）。

（5）结果显示该序列中有一个基因结构，基因中有两个组成部分（图32-12）。

①"1.01"中小数点前面的"1"代表预测到的第一个基因，后面的"01"代表该基因的第一个组成部分，该部分类型为单一的外显子（Sngl：Single-exon gene），说明该序列中具有完整的编码区，起止位置为从232bp到3795bp。

②"1.02"为预测到的同一基因的第二部分，类型为Poly-A加尾信号（Poly-A signal）。

③"*P*"为外显子的可能性，*P*越大结果越可靠，$P<0.5$时，预测结果不可靠。

【实验解析】

（1）获得新基因序列时，应首先进行序列比对，找出与之最匹配的已知全长基因序列，查看所得序列是否能覆盖完整编码区，由此可以判断该序列是否完整。若无匹配已知基因，再用Genscan进行编码区预测。

（2）目前Genscan支持的物种有脊椎动物、拟南芥和玉米。

（3）Genscan 可以对序列中的多个基因同时进行识别，并在结果中按其出现顺序编号，本实验所用示例中仅包含一个基因。

（4）Genscan 提供预测结果的图形化表示形式，该结果可导出为 PS 或 PDF 格式。

实验 32-4　基因中 motif 的识别与分析

【实验目的】

对目的基因的序列进行分析，识别该序列中的 motif。

【实验材料】

目的基因序列。本实验以大豆 *UGD* 家族基因为例。

【实验工具】

在线版序列 motif 分析工具 MEME http://meme.nbcr.net/meme/。

【实验操作】

（1）打开浏览器，通过以下网址 http://meme.nbcr.net/meme/，进入 MEME——基于序列的 motif 分析平台（图 32-13）。

（2）单击左侧的“Motif Discovery”（搜索基序）选项，选择“MEME”，进入 MEME 分析界面（图 32-14）。

（3）在“Select the motif discovery mode”（选择基序检索模式）下，选择 motif 识别模式，通常为“Normal Mode”（普通模式）（图 32-14）。

（4）在“Input the primary sequences”（输入基本序列）下，选择需要上传目的基因序列，在“Select the site distribution”（选择位点分布）及“Select the number of motifs”（选择基序数量）下，分别选择位点分布及所要识别的 motif 数量，输入邮箱，点击“Start search”（开始搜索），开始搜索 motif（图 32-14）。

（5）MEME 提供 2 种结果 MEME 和 MAST，每种结果有 3 种输出形式，包括 html 格式、xml 格式及 txt 格式（图 32-15）。

（6）在结果界面，点击 MEME 结果的 html 格式进行结果在线预览（图 32-16）。

（7）MEME 还提供自定义的参数设置，包括提交自己的背景模型，设定预测的 motif 的大小等（图 32-17）。

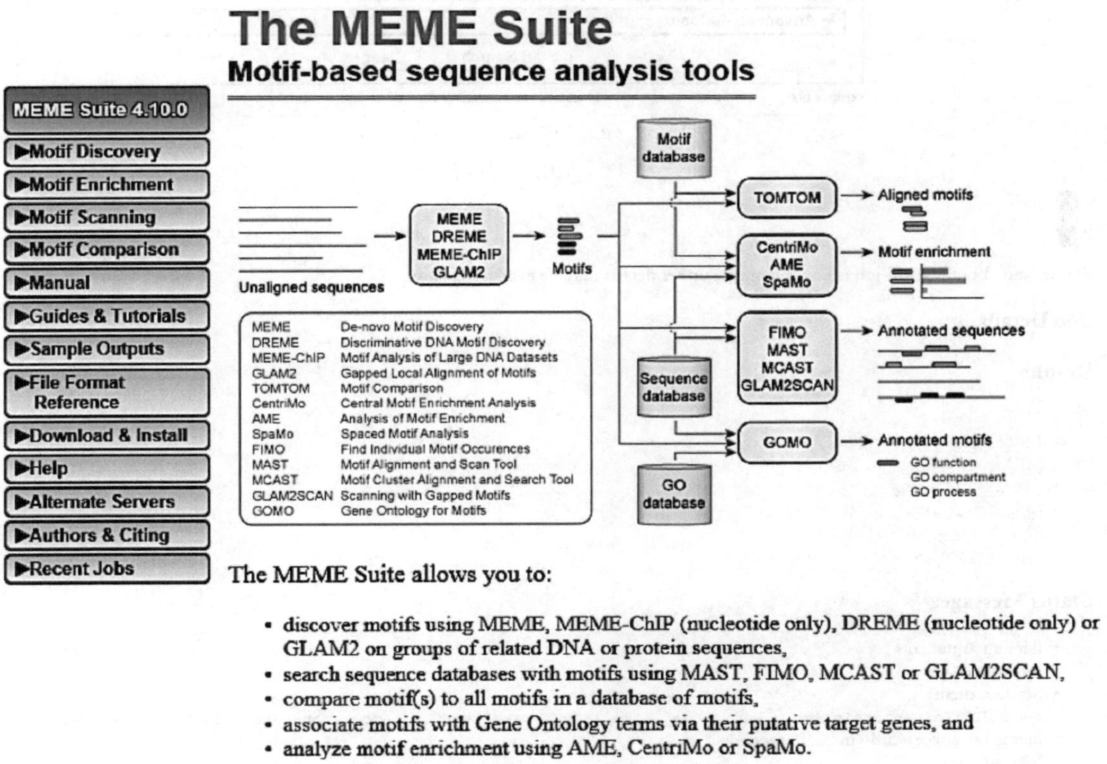

图 32-13　MEME 分析平台主页

【实验解析】

（1）在 motif 识别模式选择中，“Normal mode”模式需用户提交一个数据集合，然后识别在其中富集的 motif，而“Discriminative mode”模式需用户提交两个数据集合，然后识别仅在一个数据集合中富集，而在另一个数据集合中不富

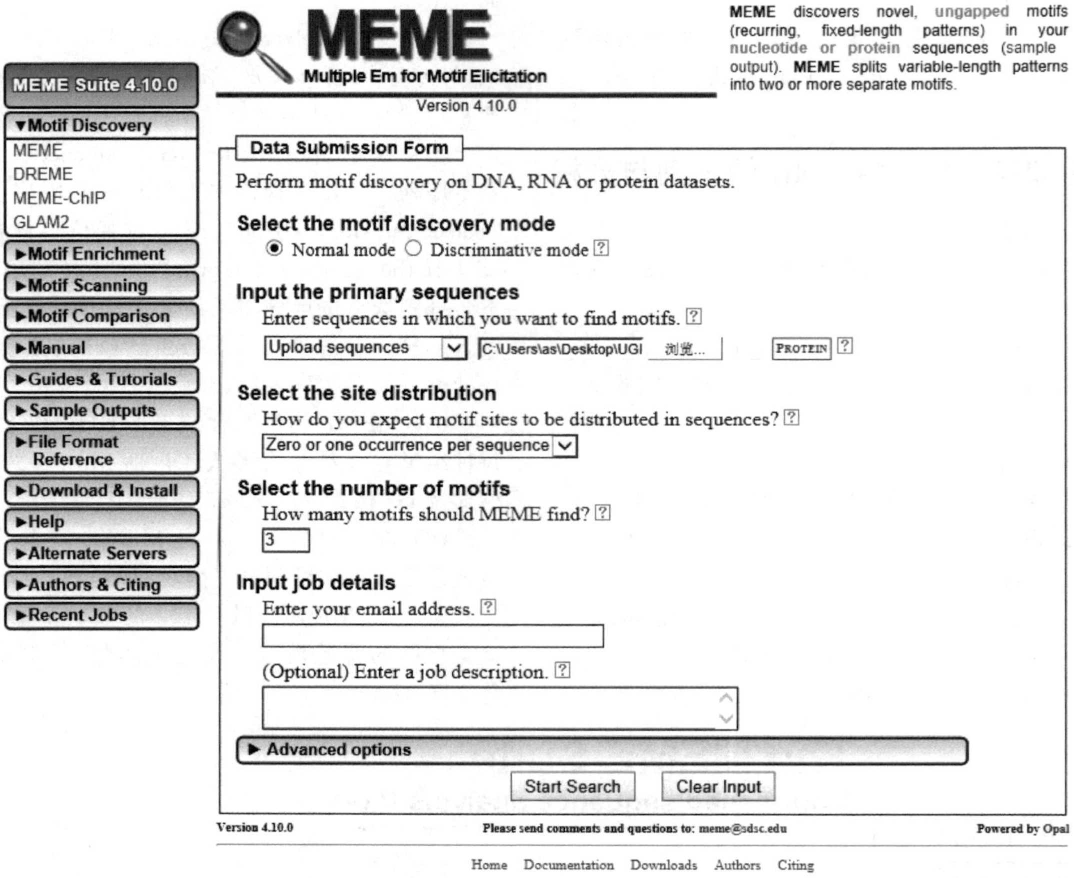

图 32-14　MEME 分析界面

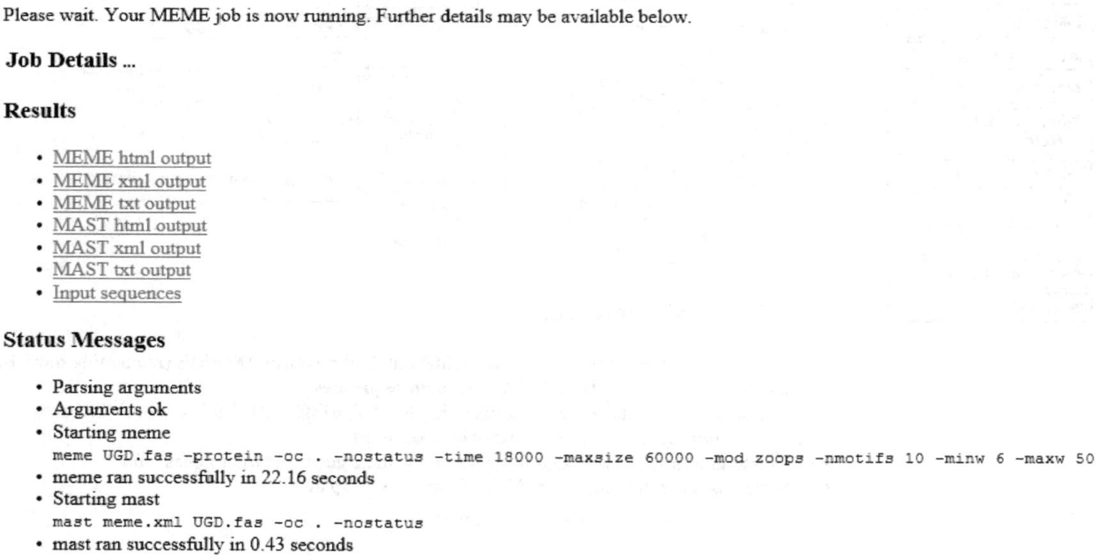

图 32-15　MEME 结果输出界面

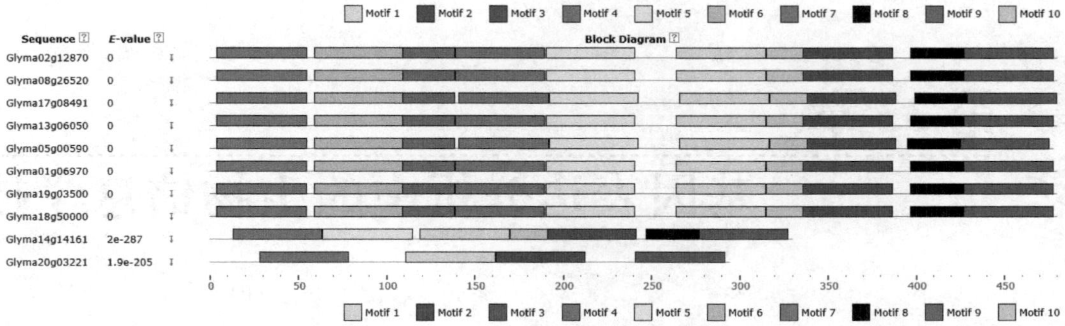

图 32-16　MEME 的 motif 划分结果

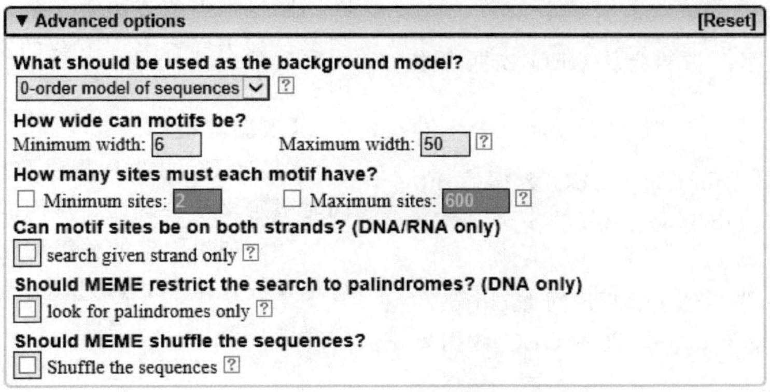

图 32-17　MEME 高级参数选择界面

集的 motif。

（2）位点分布“Select the site distribution”（选择位点分布）选项允许用户限定每条序列中 motif 的数目，“Zero or one occurrence per sequence”（每条序列至多一个 motif）选项表示每条序列中一个 motif 至多出现一次，此选项耗时最长，但识别的 motif 特异性较高。其他参数说明详见 MEME 使用说明。

（3）“MAST”是 MEME 的一个后续的分析。在通过 MEME 得到一个 motif 之后，MAST 可以在其他的序列中查找并分析这个 motif。

第 33 章 基因表达分析中的生物信息学技术

实验 33-1 基因表达仓库（GEO）中数据的获得

【实验目的】

了解 GEO 数据库，并学会从 GEO 数据库中下载基因表达数据。

【实验工具】

Gene Expression Omnibus，GEO 数据库 http://www.ncbi.nlm.nih.gov/geo/。

【实验操作】

（1）打开浏览器，通过以下网址 http://www.ncbi.nlm.nih.gov/geo/，进入 GEO 数据库主页（图 33-1）。

（2）在 GEO 主页下的“Search”（查找）按钮前的搜索框内输入要查找的关键词，如物种、组织、条件等，点击“Search”（查找），出现不同 GEO 数据库中的结果数目，选择“GEO DataSets Database”（GEO 数据集合数据库），点击结果数目，进入搜索结果页面（图 33-2）。

（3）选择所需的数据，点击进入数据详细页面，点击“DataSet SOFT file”（SOFT 文件数据集）下载该表达谱（图 33-3）。

（4）下载的 SOFT 文件可用 Excel 打开，文件分两部分，前半部分为数据的基本信息，如组织、样本数、处理条件等，后半部分为每个基因在不同样本下的表达值（图 33-4）。表中，行为基因名，列为样本名。下载的文件即可用于后续基因表达分析。

【实验解析】

（1）GEO 数据库提供数据的高级搜索，可以同时限定多个关键词，从而缩小搜索范围。

（2）如果限定的关键词无法搜索到相应结果，可尽量放宽限制，通过阅读每个搜索结果的详细内容筛选数据。

（3）对于每个数据集，GEO 提供整理好的 SOFT 文件，单个样本的基因表达文件、基因注释文件及原始数据，可根据不同需要进行下载。

实验 33-2 差异表达基因的筛选

【实验目的】

通过比较不同条件或组织下基因的表达情况，筛选差异表达基因，用于目基因筛选或基因功能预测。

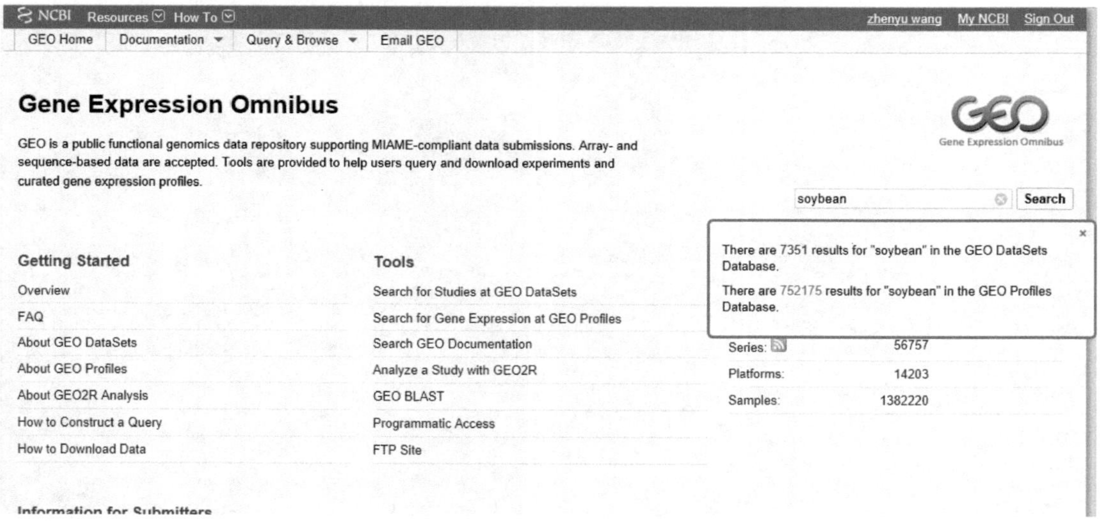

图 33-1 GEO 数据库主页

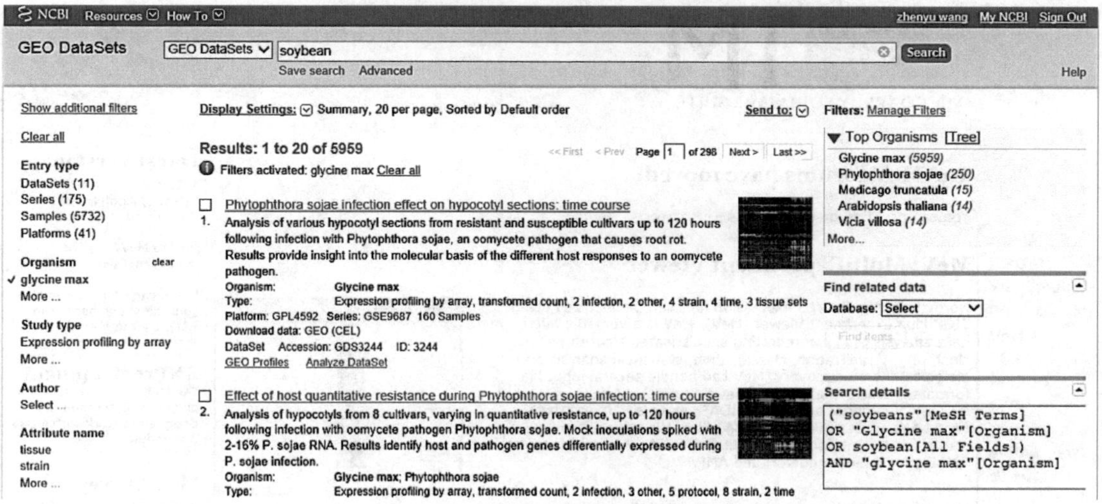

图 33-2　GEO 数据库搜索结果页面

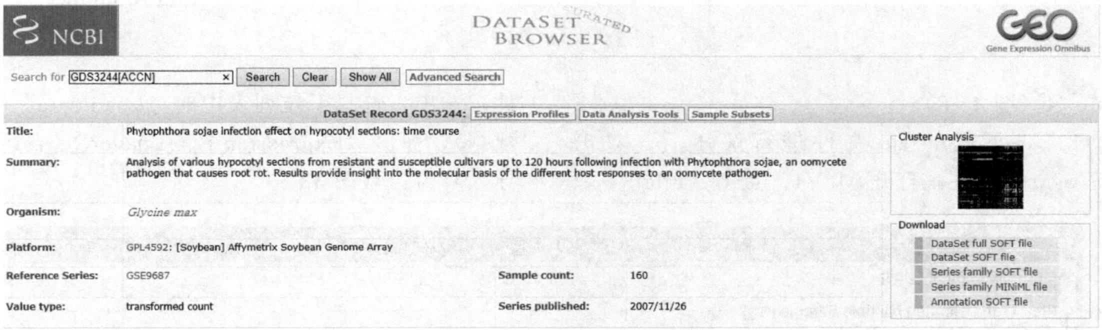

图 33-3　GEO 数据库数据下载界面

ID_REF	GSM244794	GSM244826	GSM244846	GSM244858	GSM244778	GSM244782	GSM244874	GSM244882	GSM244806	GSM244822	GSM244850	GSM244894
AFFX-BioB-3_at	7.25712	7.08908	7.42583	7.04761	7.13622	6.27411	6.91515	7.33563	7.27232	7.67332	7.09101	6.98515
AFFX-BioB-5_at	7.41544	7.34555	7.4732	7.28937	7.52084	6.88555	6.95102	7.23557	7.30437	7.82502	7.2148	7.12745
AFFX-BioB-M_at	7.4487	7.35445	7.67856	7.1996	7.18017	6.62167	7.06148	7.31812	7.43193	7.67785	7.30107	7.02135
AFFX-BioC-3_at	8.5194	8.36952	8.53793	8.16817	8.22997	7.73618	8.03774	8.29076	8.31624	8.70658	8.26471	8.08151
AFFX-BioC-5_at	8.82048	8.63532	8.97958	8.47657	8.62293	8.19055	8.50333	8.71321	8.7007	9.11365	8.64998	8.48595
AFFX-BioDn-3_at	11.1082	10.918	11.1064	10.8113	11.0641	10.5491	10.7507	10.8817	10.9678	11.2431	10.8305	10.7176
AFFX-BioDn-5_at	10.1092	9.76817	10.2416	9.71574	9.8037	9.18784	9.84048	9.89933	10.0584	10.2914	9.88244	9.84069
AFFX-CreX-3_at	13.1368	13.0511	13.1461	12.9145	12.9553	12.6782	12.9597	13.0335	13.1252	13.2503	13.0032	13.0337
AFFX-CreX-5_at	12.8261	12.7134	12.9828	12.6722	12.7032	12.2889	12.7726	12.7953	12.8626	13.0361	12.7759	12.7813
AFFX-DapX-3_at	3.00203	2.99732	2.96696	3.09532	2.98676	2.91689	2.91048	2.99303	2.86485	2.98612	2.89383	2.84401
AFFX-DapX-5_at	2.87386	2.81401	2.83612	2.8165	2.89019	2.9346	2.79779	2.86439	2.82296	2.90727	2.83125	2.861
AFFX-DapX-M_at	2.73932	2.72803	2.84946	2.93332	3.01202	3.05325	2.80675	2.86844	2.81568	2.92892	2.97707	2.8569
AFFX-Gma-A00196-1_	3.42368	3.59283	3.4269	3.42963	3.70583	3.75993	3.28373	3.58145	3.5306	3.4913	3.47297	3.24885
AFFX-Gma-AB076373-	3.76836	3.88155	3.56079	3.70837	3.55643	3.78309	3.81052	3.62451	3.60432	3.54613	3.82931	3.51755
AFFX-Gma-AF292559-	2.76336	2.53748	2.64436	2.58777	2.71507	2.74858	2.66128	2.67385	2.60132	2.63384	2.55248	2.56837
AFFX-Gma-AF292559-	2.68782	2.84452	2.75163	2.81608	2.69139	2.76384	2.7039	2.96825	2.73558	2.71084	2.72257	2.80651
AFFX-Gma-AF292559-	3.39016	3.58443	3.74826	3.75889	3.53397	3.30584	3.53334	3.30362	3.67709	3.47573	3.4791	3.4591
AFFX-Gma-AF292560-	2.75703	2.77967	2.83848	2.8251	2.68688	3.03481	2.79629	2.84115	2.74156	2.71247	2.95094	2.75434
AFFX-Gma-AF298789-	3.46409	3.54991	3.46899	3.47821	3.4872	3.40578	3.46915	3.45827	3.41232	3.37159	3.67596	3.2988
AFFX-Gma-AF323980-	3.26867	3.27462	3.12415	2.98551	3.09709	3.06443	2.87274	3.06768	2.93495	3.03272	2.99143	3.2165
AFFX-Gma-AJ002682-	3.42439	3.89877	3.60741	3.33525	3.55016	3.60256	3.13761	3.47175	3.42521	3.35985	3.4791	3.28585
AFFX-Gma-AJ002682-	3.36499	3.39027	3.18507	3.27375	3.12242	3.46115	3.29507	3.05657	3.21998	3.33732	3.27986	3.12591
AFFX-Gma-AJ132968-	3.31679	3.49209	3.17938	3.47295	3.28708	3.34302	2.90612	3.35076	3.20034	3.58652	3.18723	3.10837
AFFX-Gma-AY056050-	5.29893	5.36842	5.27264	5.357	5.49333	5.12714	5.21311	4.97183	5.08666	5.2807	5.28185	5.16459

图 33-4　GEO 数据库数据格式

【实验材料】

不同条件或组织下的基因表达数据。

【实验工具】

表达数据分析工具 Multiexperiment Viewer，MeV 4。

【实验操作】

（1）打开浏览器，通过以下网址 http://www.tm4.org/mev.html，进入 MeV4 主页，下

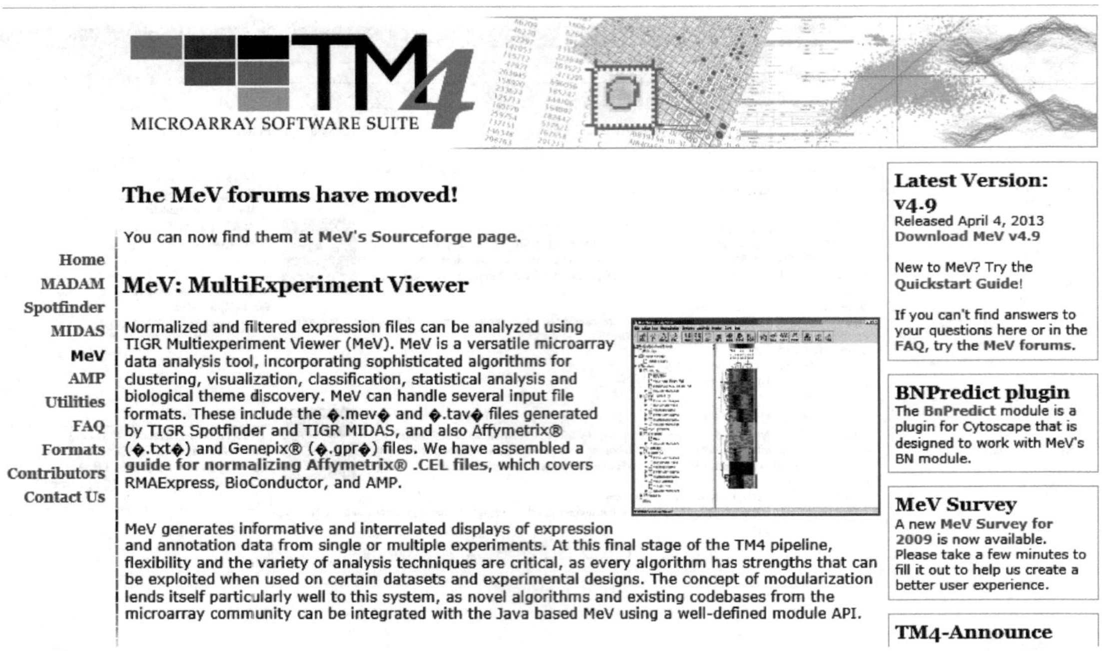

图 33-5　MeV 4 主页

载 MeV4（图 33-5）。

（2）将下载的 zip 文件进行解压后，双击 “MeV. exe” 文件，打开 MeV4。点击 “File”（文件）选项，选择下拉列表中的 “Load data”（导入数据），弹出 “Expression File Loader”（表达文件导入）窗口（图 33-6）。

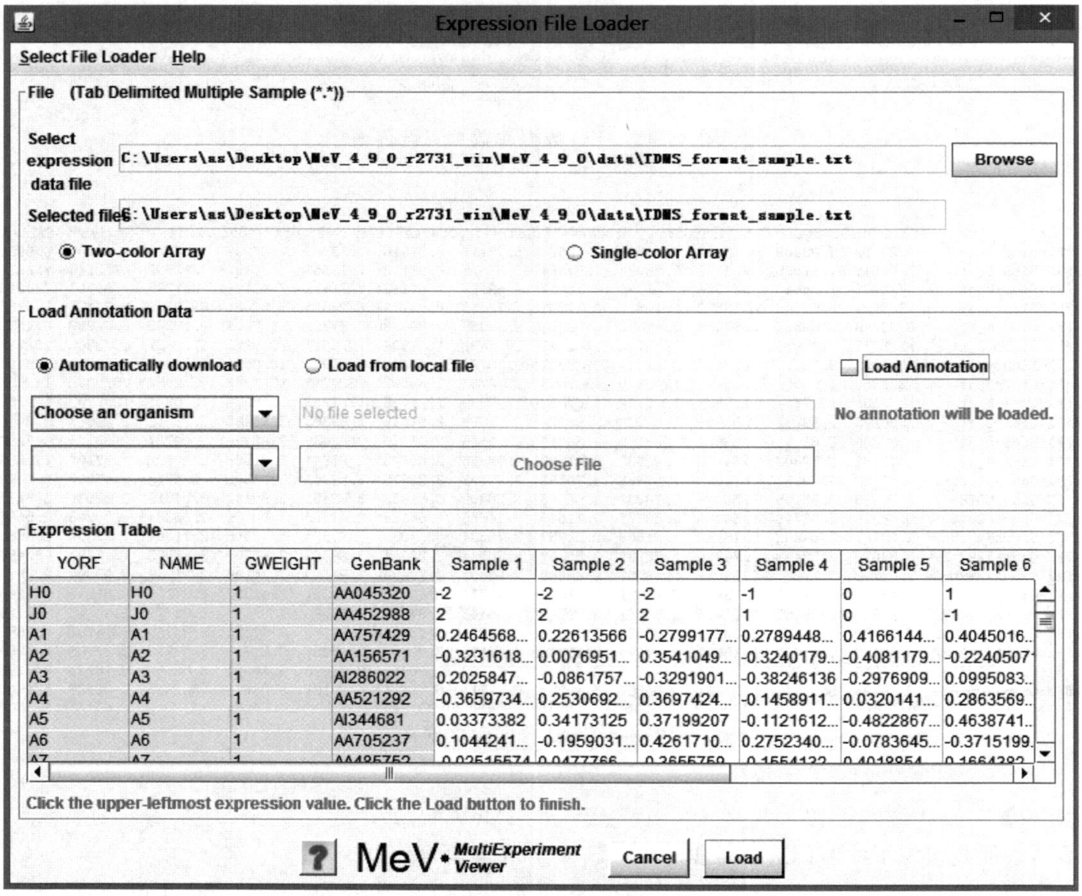

图 33-6　MeV 4 表达文件导入窗口

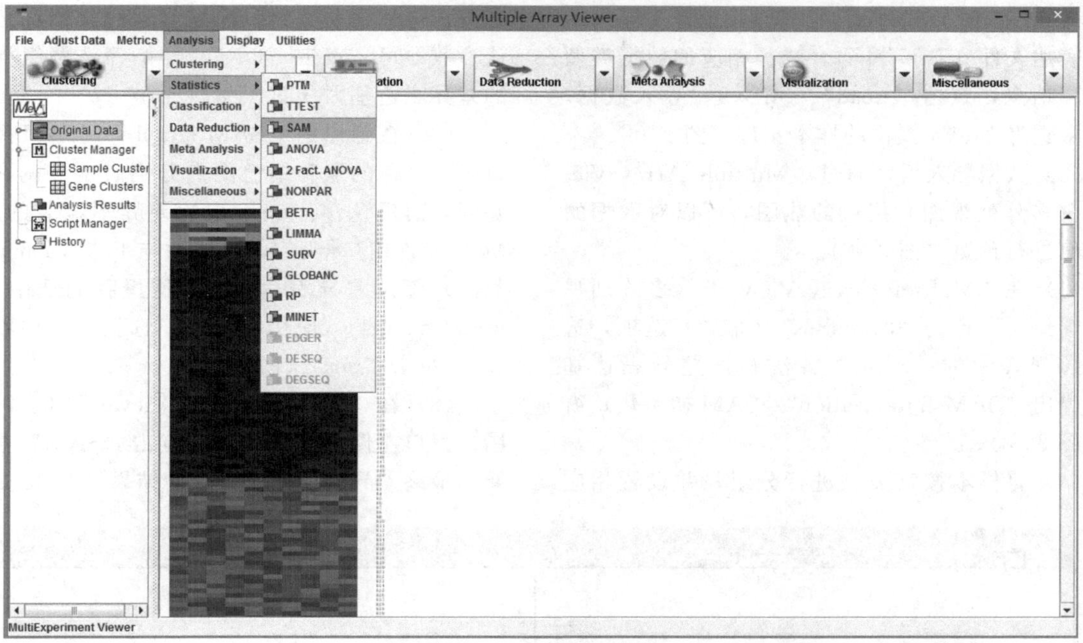

图 33-7　MeV 4 主界面

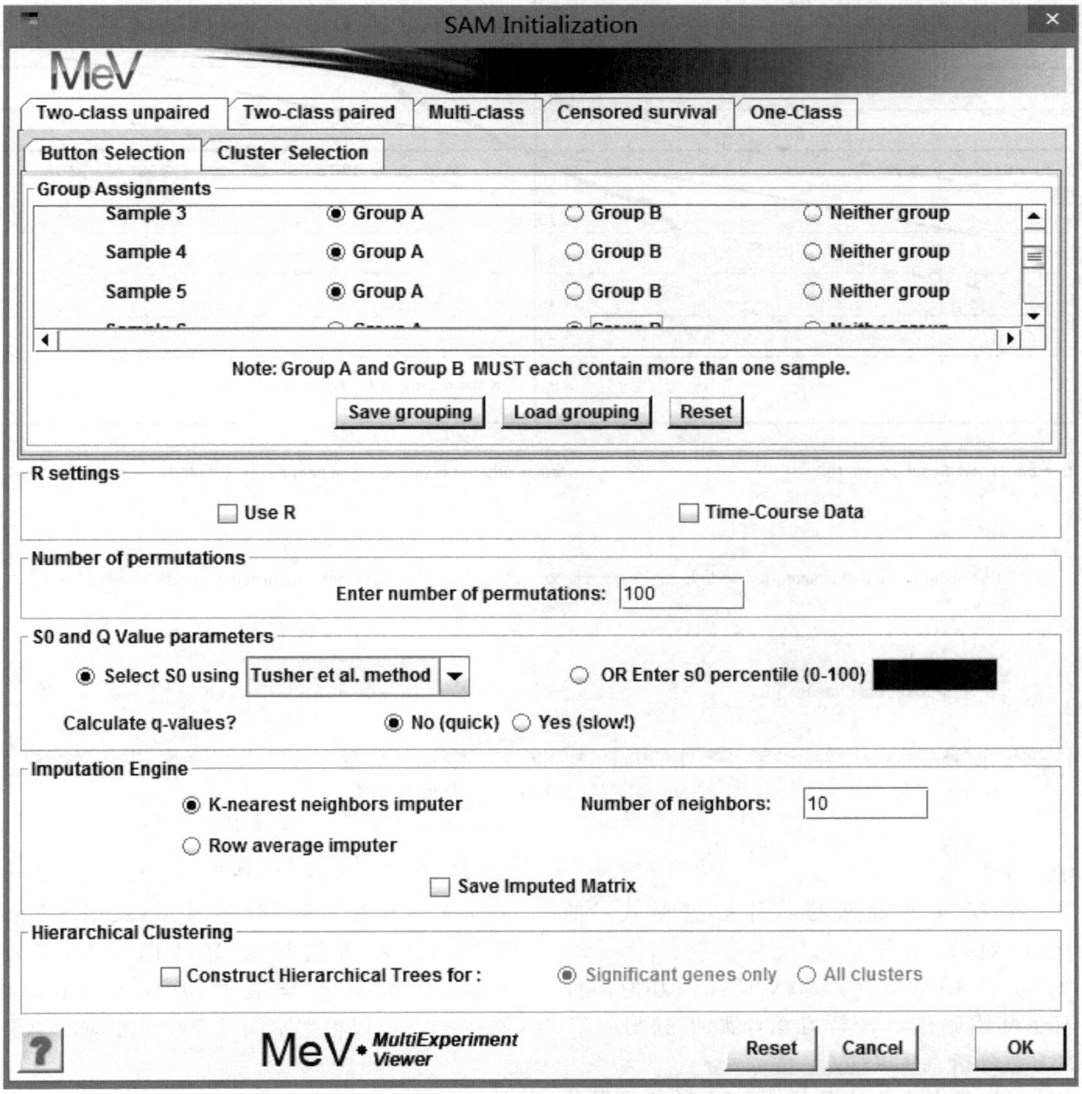

图 33-8　MeV 4 SAM 分析窗口

(3) 点击"Browse"(浏览),选择要导入的基因表达文件(Tab分隔)。选择相应的数据类型与注释信息,点击"Load"(导入),导入数据。本例中选择MeV4提供的样本文件(图33-6)。

(4) 数据导入后,通过"Multiple Array Viewer"(多阵列视图)提供的热图,可以对数据的表达值进行预览(图33-7)。

(5) 在"Multiple Array Viewer"(多阵列视图)窗口下,点击"Statistics"(统计)选项,选择下拉列表中的"SAM"方法筛选差异表达基因,弹出"SAM Initialization"(SAM初始化)窗口(图33-8)。

(6) 将样本按其类型进行分组,并设置相应参数,包括扰动次数,模型等,通常情况选择默认参数即可,点击"OK",开始筛选两组样本中的差异表达基因(图33-8)。

(7) 在弹出的"SAM Graph"(SAM图)窗口中,红色的点和绿色的点分别表示上调和下调基因,而黑色多点表示表达差异不显著的基因。MeV允许用户结合SAM方法与Fold Change(倍数法)筛选差异表达基因,这里我们选中"Use Fold Change"(应用倍数法)选框,使用默认值2.0,单击"OK"(图33-9)。

(8) 在"Multiple Array Viewer"(多阵列视图)窗口左侧的导航栏中,点击"SAM"查看或导出最终差异表达基因筛选的结果(图33-10)。

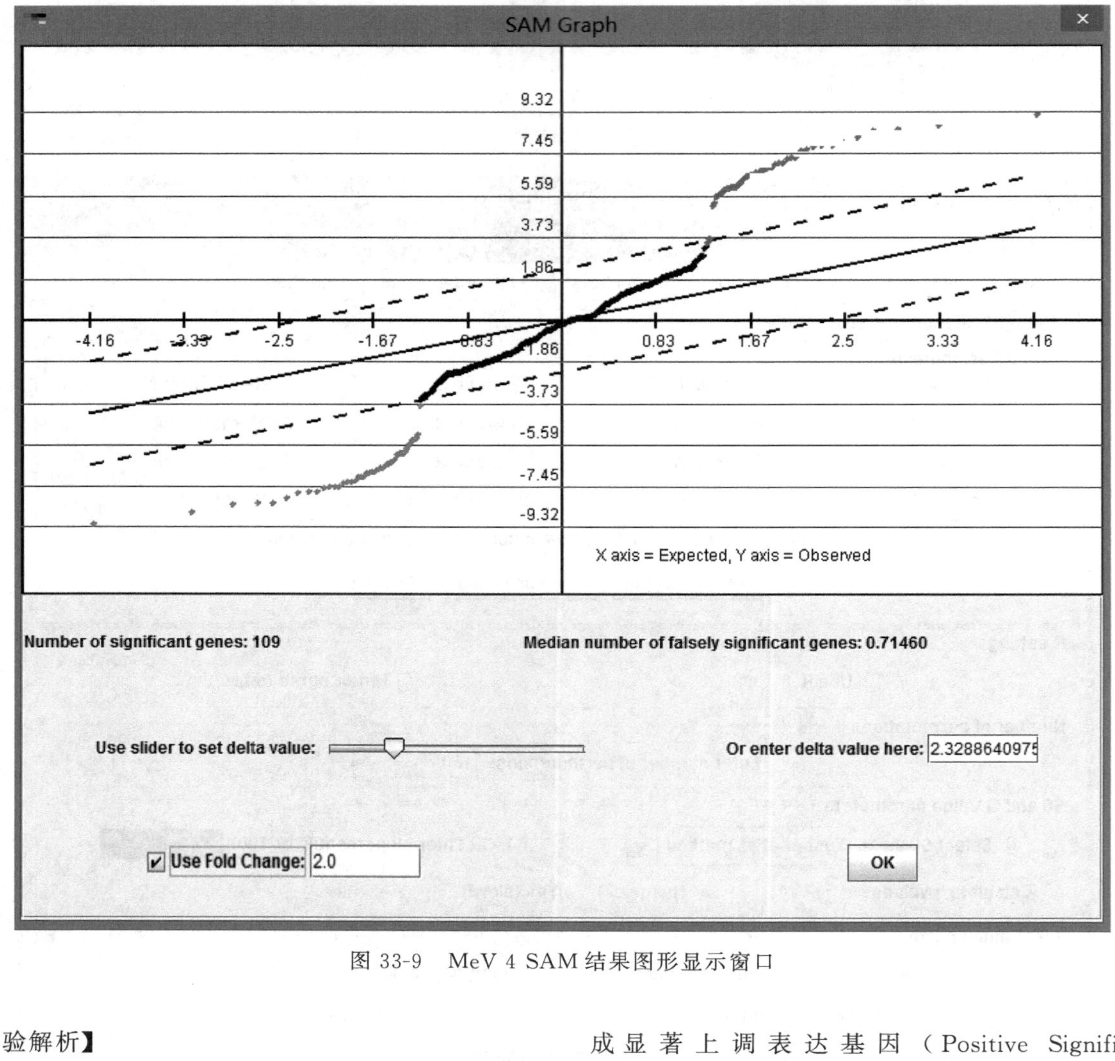

图33-9 MeV 4 SAM结果图形显示窗口

【实验解析】

(1) MeV支持常见的芯片数据格式,如mev、geo、gpr、txt等。

(2) 除了SAM方法,MeV还提供其他多种差异表达基因筛选、分析方法,如T检验(T-test)、方差分析(ANOVA)等。

(3) 根据基因表达的显著性,MeV的结果分成显著上调表达基因(Positive Significant Genes)、显著下调表达基因(Negative Significant Genes)、表达差异显著基因(All Significant Genes)和非差异表达基因(Non-significant Genes),可以根据不同需要导出相应的结果。

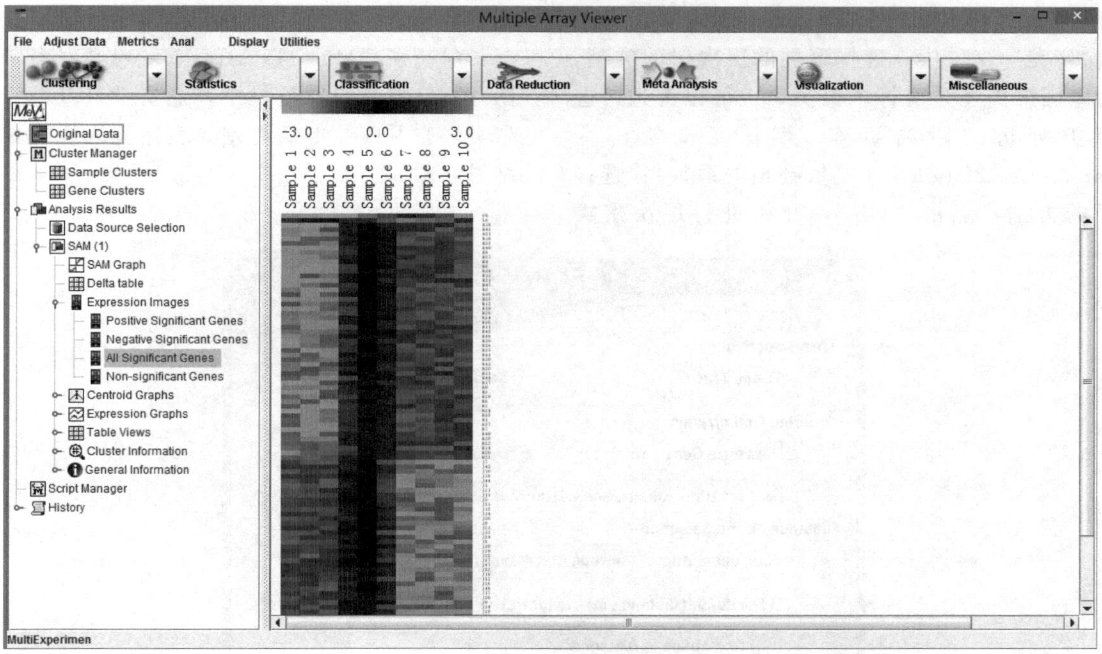

图 33-10　MeV 4 SAM 差异表达基因筛选结果

实验 33-3　差异表达基因的聚类分析

【实验目的】

通过差异表达基因的表达模式对其进行聚类，用于目基因筛选或基因功能预测。

【实验材料】

不同条件或组织下的基因表达数据，或差异表达基因的表达谱数据。

【实验工具】

表达数据分析工具 Multiexperiment Viewer，MeV 4。

【实验操作】

（1）MeV 下载及差异表达基因筛选同实验 33-2“差异表达基因的筛选”。

（2）在“Multiple Array Viewer”（多阵列视图）窗口下，点击“Clustering”（聚类）选项，选择下拉列表中的“HCL” Hierarchical Clustering（层次聚类）方法对差异表达基因进行聚类（图 33-11）。

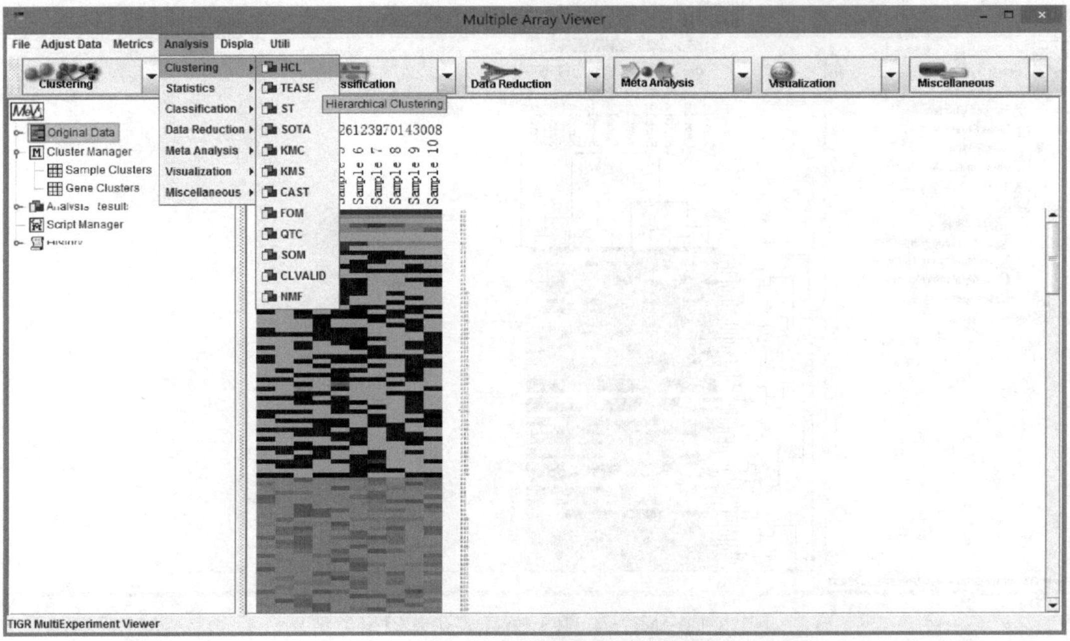

图 33-11　MeV 4 主界面下的聚类方法选择

（3）在弹出“HCL：Hierarchical Clustering”（层次聚类）窗口中，选择聚类的层次树的类型，即对基因聚类还是对样本聚类，也可以都选；选择聚类分析的距离矩阵，默认距离矩阵为“Pearson Correlation”（皮尔逊相关系数）；选择聚类的方法，点击“OK”，开始进行层次聚类（图 33-12）。

（4）在“Multiple Array Viewer”（多阵列视图）窗口左侧的导航栏中，点击“HCL”（层次聚类）查看或导出最终差异表达基因层次聚类的结果（图 33-13）。

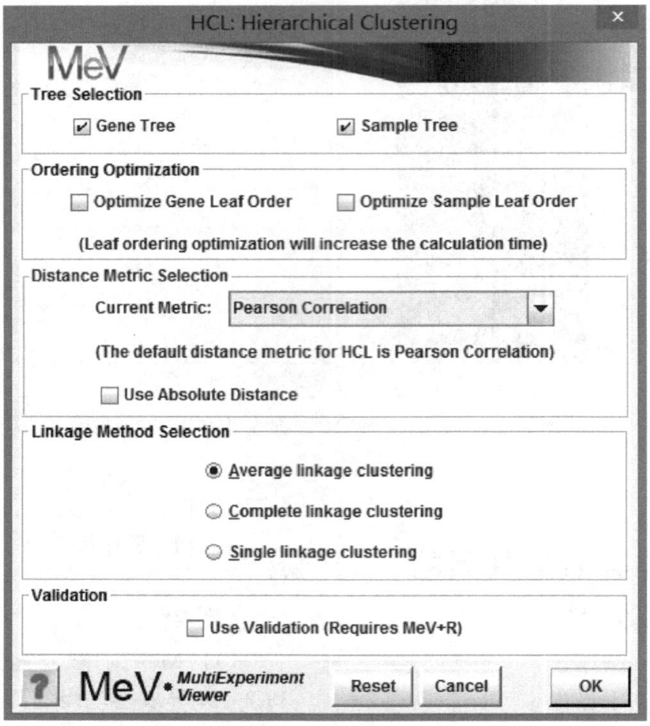

图 33-12　MeV 4 HCL 分析窗口

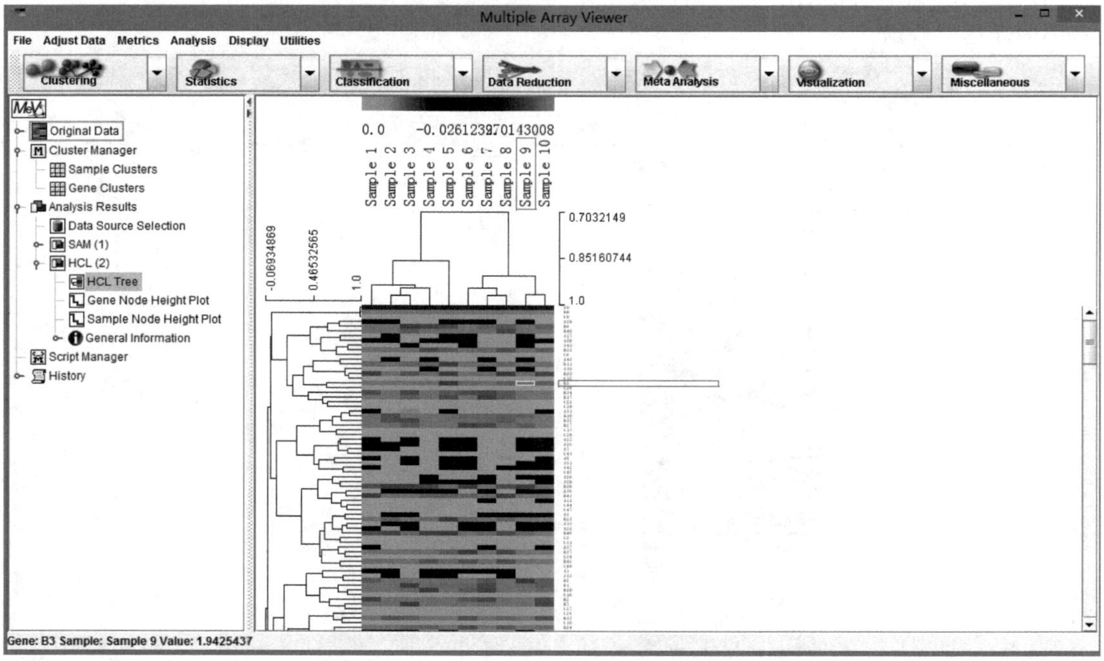

图 33-13　MeV 4 HCL 差异表达基因聚类结果

【实验解析】

（1）除了 HCL（层次聚类）方法，MeV 还提供其他多种差异表达基因聚类方法，如 K 均值（KMC）、自组织映射（SOTA）等。

（2）层次聚类方法分为 average-linkage、complete-linkage 以及 single-linkage 聚类方法等。

① average-linkage 聚类法：组间距离等于两组对象之间的平均距离。

② complete-linkage 聚类法：组间距离等于两组对象之间的最大距离。

③ single-linkage 聚类法：类间距离等于两类对象之间的最小距离。

第 34 章

蛋白质结构功能分析中的生物信息学技术

实验 34-1 蛋白质结构与功能数据库检索

【实验目的】

通过浏览蛋白质结构数据库 PDB，熟悉蛋白质结构数据库的使用，从中获取所需信息。

【实验工具】

PDB 数据库 http://www.rcsb.org/pdb/home/home.do。

【实验操作】

（1）登录 PDB 数据库主页 http://www.rcsb.org/pdb/home/home.do，进入 PDB 数据库首页（图 34-1）。

（2）在搜索栏输入要查询的关键词或者序列，这里我们输入关键词“arabidopsis thaliana skp1”，点击搜索，进入查询结果页面（图 34-2）。

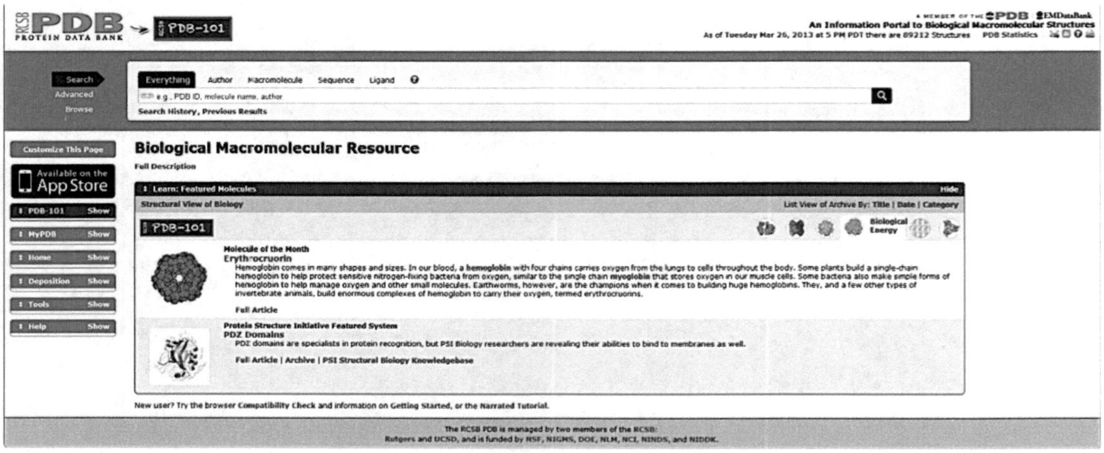

图 34-1 PDB 数据库首页

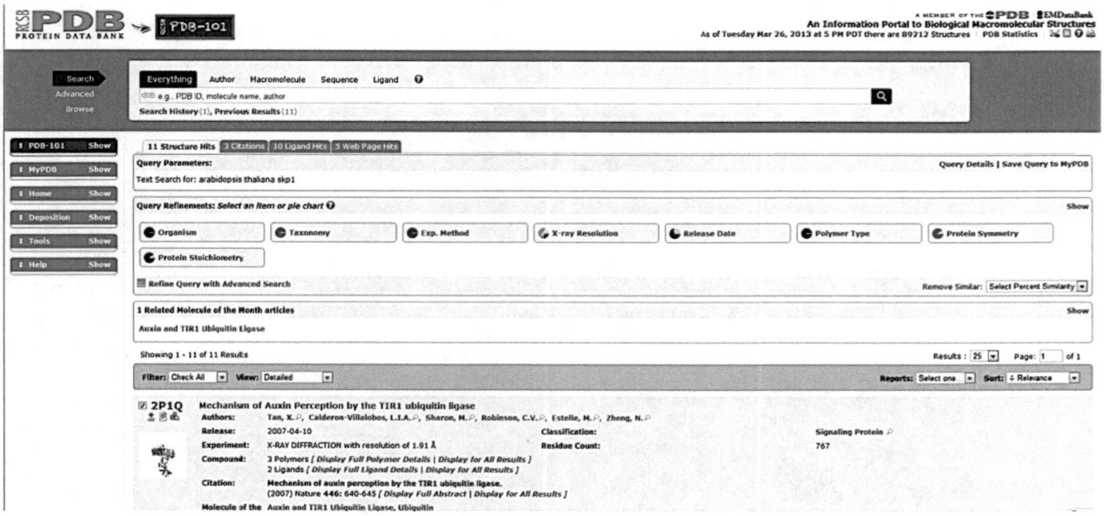

图 34-2 数据库查询结果页面

（3）查询结果页面显示共得到 11 个匹配的结果，这里我们选择第一个检索结果 2P1Q，点击，打开其链接页面（图 34-3）。

（4）在结果页面右侧列表信息中查看生物结构信息面板“Biological Assembly”（生物学集合）部分，结果页面中包括该蛋白质结构的作者信息（Deposition Summary）及实验细节信息（Experimental Details），包括分辨率（Resolution）、空间群（Space Group）等。

（5）点击“Biological Assembly（生物学集合）”面板，展示 2P1Q 的结构图（图 34-4）。

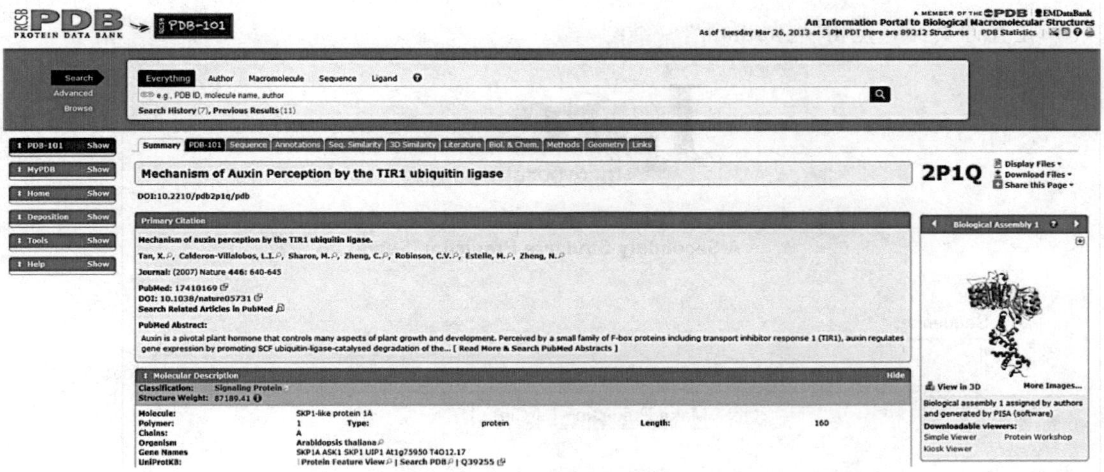

图 34-3　PDB 数据库结果页面

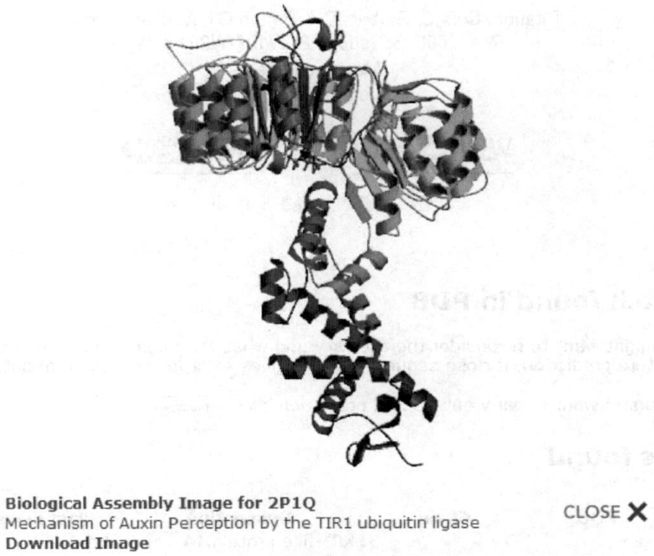

图 34-4　PDB 数据库蛋白质结果展示图

【实验解析】

（1）PDB 数据库允许用户用多种关键词组合进行检索，可检索的关键词包括名称、PDB 代码、作者、分子式及物种等。

（2）PDB 数据库提供的蛋白质结构信息包括生物大分子的各种注释、坐标、三维图形、作者及实验细节等信息，同时提供相关数据库链接，包括 SCOP、CATH 等。

（3）PDB 数据库允许用户下载其数据，下载的数据以纯文本或压缩文件的格式保存。

实验 34-2　蛋白质二级结构预测

【实验目的】

预测目的蛋白质的二级结构，从而预测其功能。

【实验工具】

蛋白质二级结构预测平台 Jpred 3。

【实验操作】

（1）登录 http://www.compbio. dundee. ac. uk/www-jpred/，进入 Jpred 首页（图 34-5）。

（2）在“Sequence”（序列）下的空白处输入序列，点击“Make Prediction”（进行预测），提交查询序列。数据提交后，出现一个查询页面（图 34-6）。

（3）在查询页面，点击“continue”（继续），进入 Jpred 3 结果页面，选择输出结果的方式，如 PDF 格式、网页浏览或数据下载等（图 34-7）。

（4）Jpred 3 允许用户利用网页模式进行结果浏览，点击“View All”（显示所有结果），显示结果。Jpred 方法预测的 SKP1 二级结构有 7 个 α 螺旋区（H）和 3 个 β 折叠区（E），其他区域均为无规则卷曲区（-）（图 34-8）。

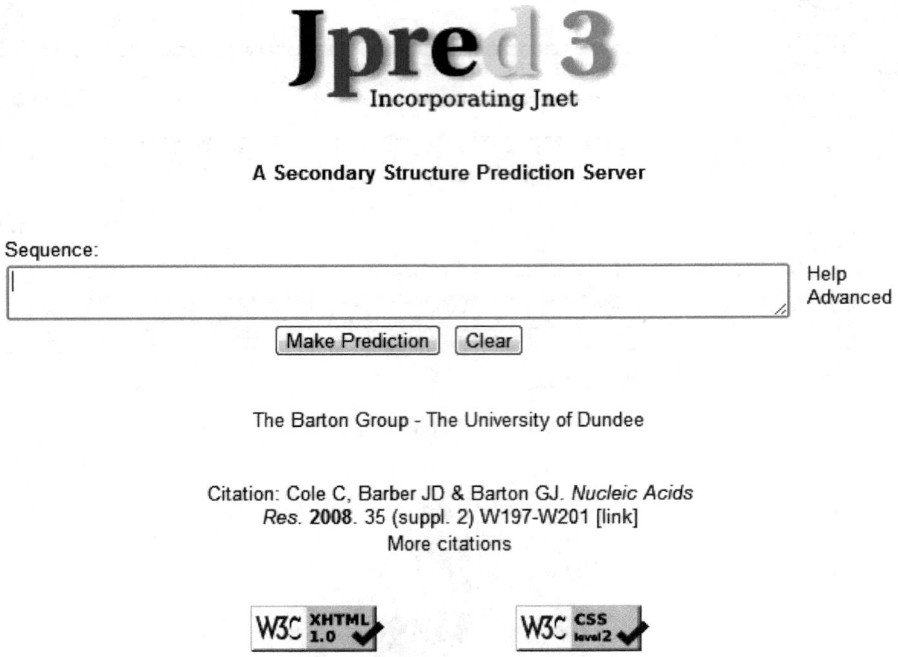

图 34-5　Jpred 3 首页

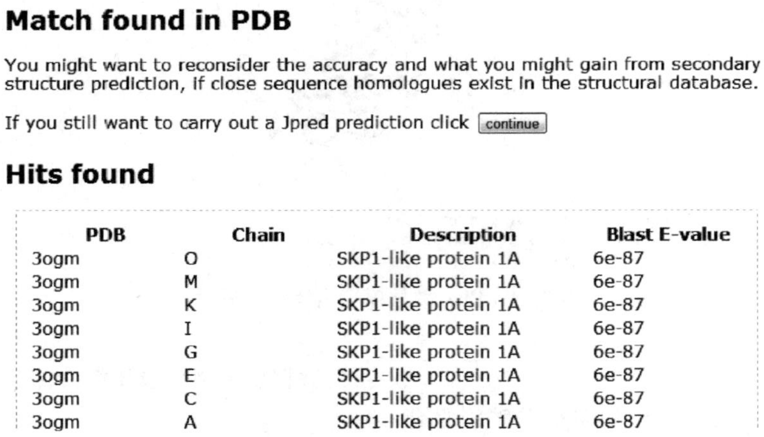

图 34-6　Jpred 查询页面

【实验解析】

（1）Jpred 的服务器通过 DSC、PHD、NNSSP、Predator、Zpred 和 Mulpred 六种方法预测蛋白质二级结构，最终输出的结果为六种方法结果的总结。

（2）Jpred 可预测的蛋白质序列二级结构包括 α 螺旋、β 折叠或无规则卷曲。

（3）Jpred 应用 Jnet 神经网络算法，准确率高达 76.4%。

（4）在 Jpred 进行二级结构预测前，会先将

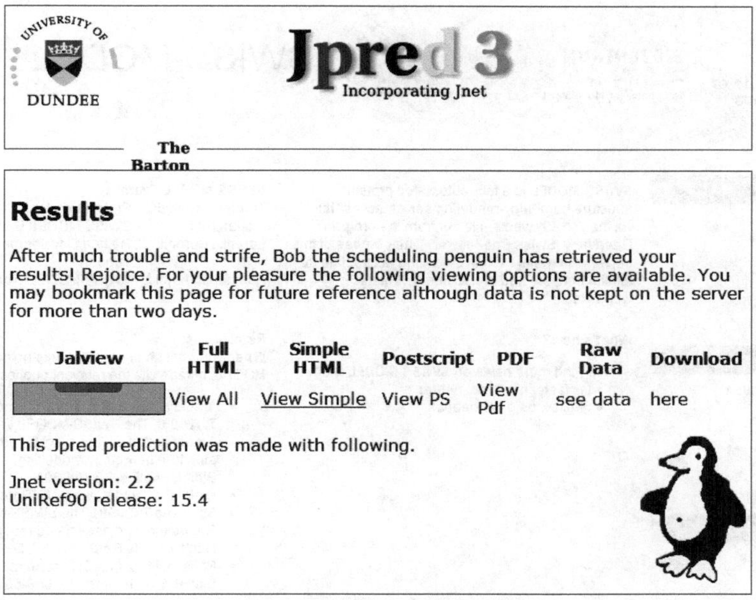

图 34-7　Jpred 结果页面

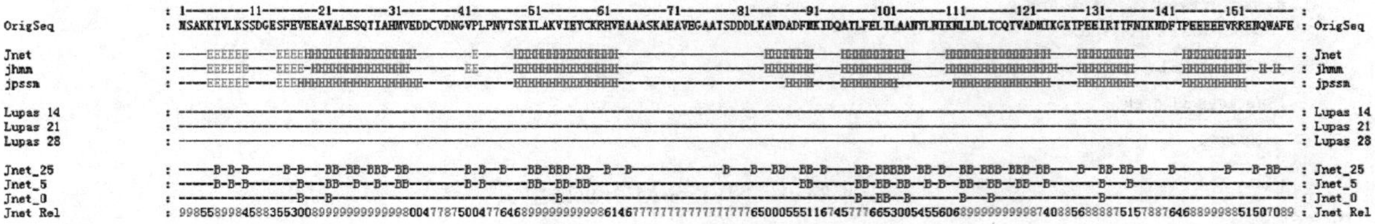

图 34-8　Jpred 3 二级结构预测结果

提交的序列与 PDB 中的蛋白序列进行比对，获得序列相似的蛋白以提供参考。

实验 34-3　蛋白质三级结构预测

【实验目的】

预测目的蛋白质的三级结构，从而预测其功能。

【实验工具】

蛋白质三级结构预测平台 SWISS-MODEL。

【实验操作】

（1）登录 http://swissmodel.expasy.org/，进入 SWISS-MODEL 的主页（图 34-9）。

（2）选择“Automated Mode”（自动模式），进入查询页面。在“Provide a protein sequence or a UniProt AC Code”（提交蛋白序列或 UniProt 序号）下的输入区输入待查询蛋白质序列，这里我们以 SKP1 蛋白质序列为例，点击“Submit Modeling Request”（提交建模请求）进入结果页面（图 34-10）。

（3）可以在“Email”（电子邮件）后填写 E-mail 地址，将结果发送至电子邮箱，也可以在新的网页上直接显示结果（图 34-10）。

（4）最终结果显示，共得到两个相似性较高的模型，分别是 3c6nA 和 3ogkl。模板信息中显示三级结构预测的详细信息，包括所模拟目标蛋白的残基范围、所用模板、序列相似性及 E 值（图 34-11）。

【实验解析】

（1）SWISS-MODEL 是基于同源建模法的自动蛋白质三级结构预测服务器。一般来说，目标蛋白质序列和模板蛋白质序列越相似，预测的三级结构越准确。

（2）SWISS-MODEL 中，“Automated Mode”（自动模式）为简洁模式，仅需要用户提供一条蛋白质序列，服务器会自动选择合适的模板，这种模式只能进行大于 25 个氨基酸的单链蛋白质三级结构预测；“Alignment Interface”（比对接口）模式允许用户自己提供比对好的蛋白质序列作为模板；“Project mode”（工程模式）允许用户手工操作建模过程，包括模板的选择、比对中的缺口位置等。

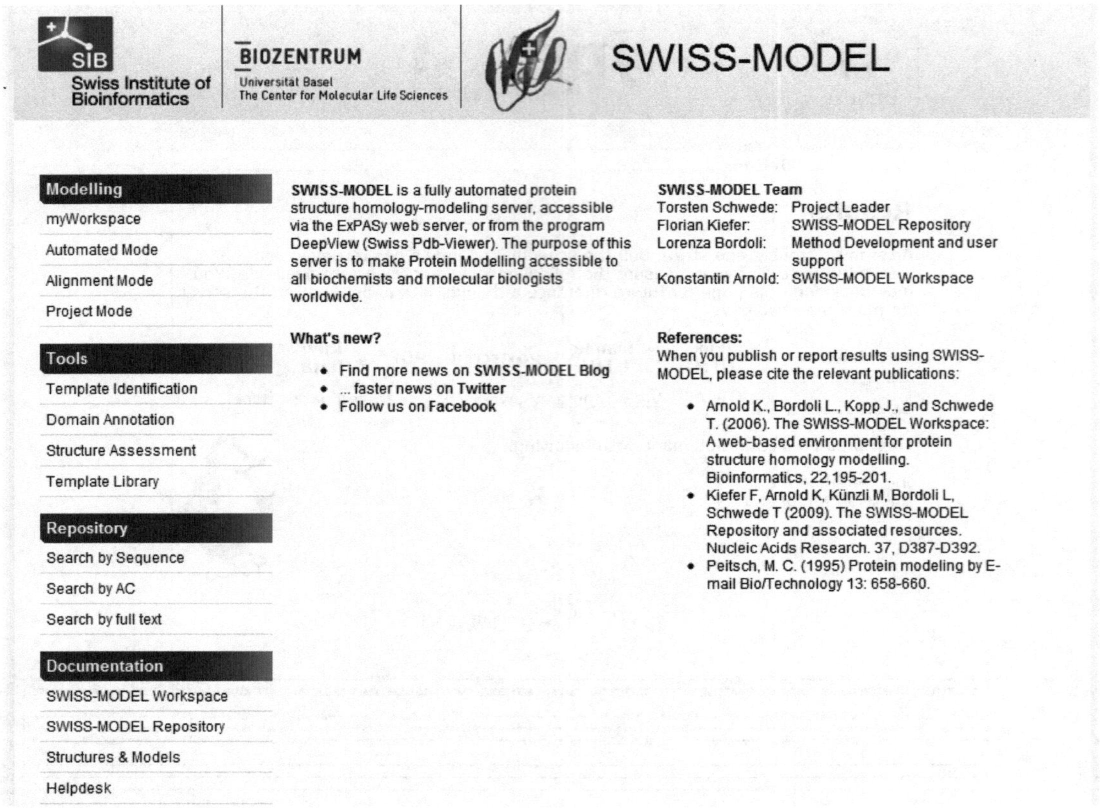

图 34-9　SWISS-MODEL 主页

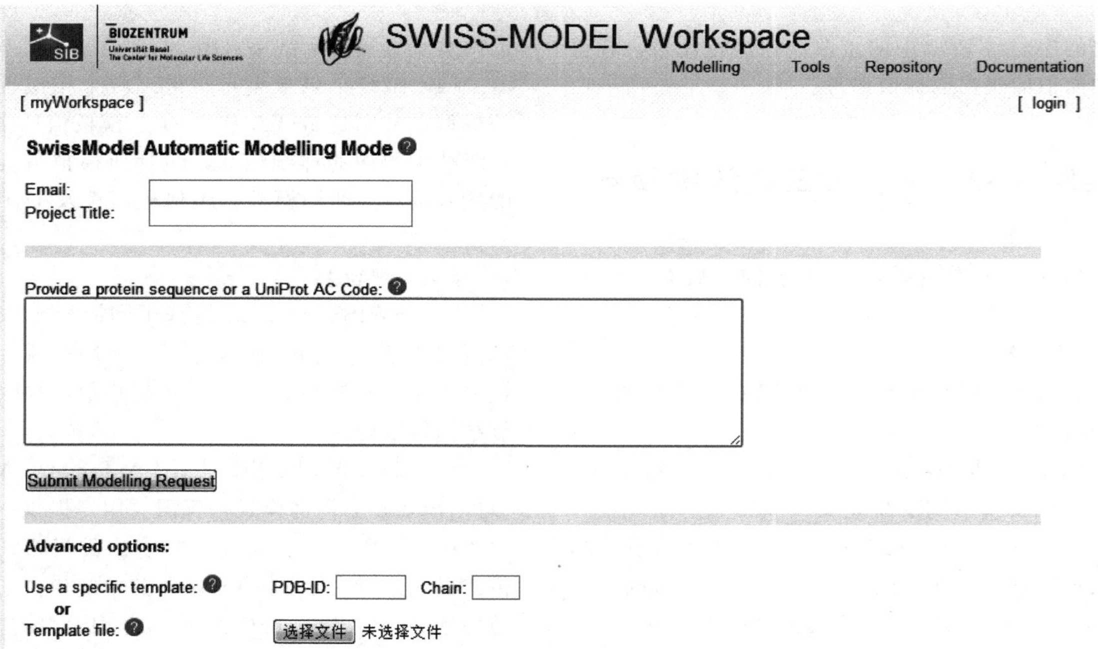

图 34-10　SWISS-MODEL 自动模式查询页面

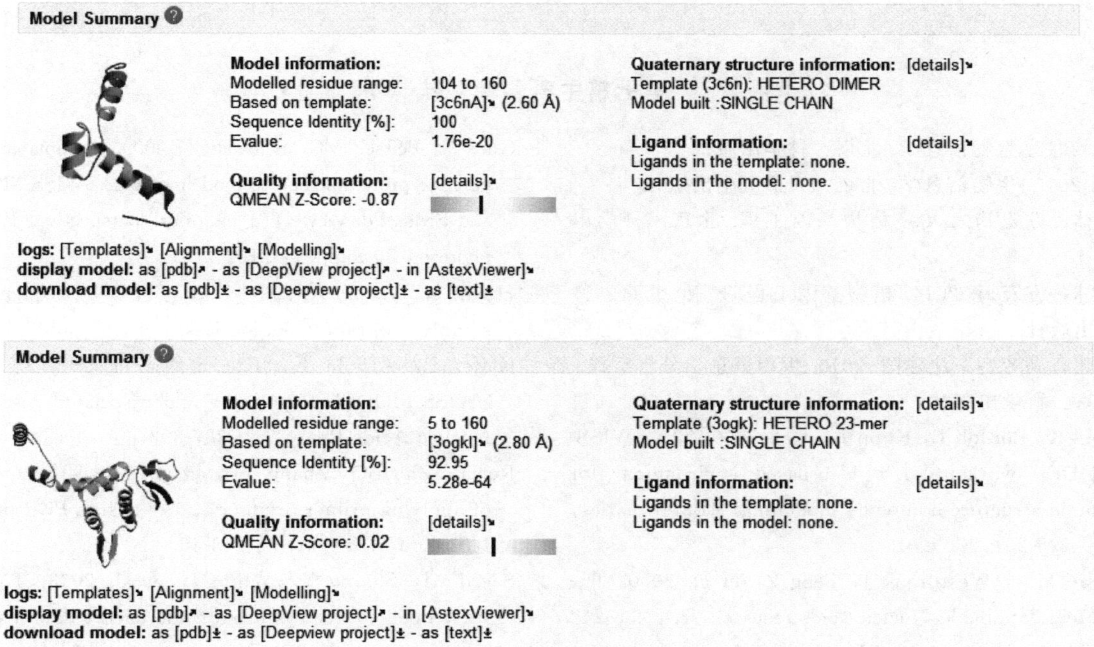

图 34-11　SWISS-MODEL 预测三级结构结果

第七篇主要参考文献

陈铭. 2012. 生物信息学. 北京：科学出版社

李霞. 2010. 生物信息学. 北京：人民卫生出版社

王关林，方宏筠. 2009. 植物基因工程. 北京：科学出版社

王关林，方宏筠. 2014. 植物基因工程. 2 版. 北京：科学出版社

吴祖建，高芳銮，沈建国. 2010. 生物信息学分析实践. 北京：科学出版社

Arnold K，Bordoli L，Kopp J，et al. 2006. The SWISS-MODEL workspace：a web-based environment for protein structure homology modelling. Bioinformatics，22：195-201

Berman HM，Westbrook J，Feng Z，et al. 2000. The protein data bank. Nucleic acids research，28：235-242

Biasini M，Bienert S，Waterhouse A，et al. 2014. SWISS-MODEL：modelling protein tertiary and quaternary structure using evolutionary information. Nucleic Acids Res，42：W252-258

Burge C，Karlin S. 1997. Prediction of complete gene structures in human genomic DNA. J Mol Biol，268：78-94

Cole C，Barber JD，Barton GJ. 2008. The Jpred 3 secondary structure prediction server. Nucleic Acids Res，36：W197-201

Guex N，Peitsch MC，Schwede T. 2009. Automated comparative protein structure modeling with SWISS-MODEL and Swiss-PdbViewer：a historical perspective. Electrophoresis，30 Suppl 1：S162-173

Huang X，Madan A. 1999. CAP3：A DNA sequence assembly program. Genome Research，9：868-877

Kiefer F，Arnold K，Kunzli M，et al. 2009. The SWISS-MODEL Repository and associated resources. Nucleic Acids Res，37：D387-392

Ren L，Zhu BQ，Zhang YB，et al. 2004. The research of applying primer premier 5. 0 to design PCR primer. J Jinzhou Med Coll，25：43-46

Saeed AI，Sharov V，White J，et al. 2003. TM4：a free，open-source system for microarray data management and analysis. Biotechniques，34：374-378

Singh VK，Mangalam AK，Dwivedi S. et al. 1998. Primer premier：program for design of degenerate primers from a protein sequence. Biotechniques，24：318-319

Tamura K，Peterson D，Peterson N，et al. 2011. MEGA5：molecular evolutionary genetics analysis using maximum likelihood，evolutionary distance，and maximum parsimony methods. Mol Biol Evol，28：2731-2739

第八篇

转基因植物的安全性评价检测

转基因技术打破了原有物种之间的生殖隔离障碍，扩大了目标基因的来源和范围，对医药、创新育种产业及社会经济发展孕育巨大的潜力，从而引发了人们对转基因植物的极大关注。同时也令人产生了新基因产物是否会产生毒性和过敏性、新基因是否会转移到有性可交配物种而破坏生态平衡、转基因产品是否对人体有害等方面的担忧。为了使转基因技术更好地服务于人类，转基因植物在进入产业化应用之前需要进行安全性评价。评价的原则为个案分析、实质等同、科学评价。评价的内容主要包括环境安全性和食品安全性两个方面。本篇以目前广泛应用的抗虫或抗除草剂的转基因植物为材料，归纳总结了评价转基因植物安全性的常用标准方法，汇集了安全评估的新的技术和新成果，从而为广大科研人员对转基因植物的安全性进行正确评估提供技术平台。

第 35 章

转基因植物的环境安全性评价

实验 35-1　转基因植物的生存竞争性实验

【实验目的】

检测转基因植物在农田中的生存竞争能力，分析转基因植物与其受体材料在生存竞争性上的差异。

【实验材料】

转基因植物品种（系）、对应的非转基因受体品种（系）。

【实验试剂】

（1）DNA 提取（见 2-1-1“可用于 PCR 的 DNA 微量制备”）。

（2）PCR 检测（见 5-2-1“一般的 PCR 方法”）。

【实验操作】

1）荒地生存竞争能力检测

（1）在适宜播种季节和非适宜播种季节各播种 2 次，分地表撒播和常规播种两种方式。小区面积一般不小于 6m × 6m，采用随机区组设计，4 次重复。整个生育期不进行农事操作。

（2）播种前调查杂草种类、数量，按植株垂直投影面积占小区面积的比例估算出杂草相对覆盖率。调查方法为对角线 5 点取样法，取样面积为 0.5m × 0.5m。

（3）播种 30d 后统计各小区的成苗数。

（4）播种 30d 后开始定期调查杂草种类、株数，按植株垂直投影面积占小区面积的比例估算出杂草相对覆盖率。调查方法同上。

（5）根据植物的生物学特性，分别在收获后 20d 和 40d 统计试验小区内自生苗情况，并在第二年受试材料的苗期和生长中期调查 1～2 次。

（6）对出现的自生苗进行 PCR 检测，确认其是否为受试转基因材料。

（7）利用方差分析法确定转基因植物与其受体材料在荒地生存竞争能力上的差异。

2）栽培地生存竞争能力检测

（1）按受试植物的常规播种时间、播种方式和播种量进行播种，并记录播种粒数。按当地常规栽培管理方式进行。

（2）播种 30d 后统计各小区的成苗数。

（3）播种 30d 后开始定期调查杂草种类、株数，按植株垂直投影面积占小区面积的比例估算出杂草相对覆盖率。调查方法同上，取样面积为 1.0m × 1.0m。

（4）在不同发育时期，每小区随机选取 10 株调查株高，并计算相对覆盖率。

（5）种子收获后，依据 GB/T3543.4 标准规定进行种子发芽率测定。调查记录发芽种子数、正常苗、非正常苗、未发芽种子的数量，用新复极差法比较转基因植物和对应的非转基因受体材料发芽率的差异。

（6）根据统计结果，比较转基因植物和对应的非转基因受体在成苗率、生长势、种子发芽率等指标的差异。

【实验解析】

（1）目前转基因玉米、大豆、棉花、油菜和水稻的生存竞争能力检测已标准化，其具体操作可参照相应标准执行。

（2）转基因大豆的生存竞争能力检测国家标准为 NY/T 719.1—2003，转基因玉米的生存竞争能力检测标准为 NY/T 720.1—2003，抗虫转基因水稻生存竞争能力检测的标准为农业部 953 号公告 8.2—2007。

（3）试验田的选择要复合转基因植物安全评价管理办法的相关规定。

实验 35-2　转基因植物的杂草性实验

【实验目的】

分析抗除草剂转基因植物演变为田间杂草的可能性。

【实验材料】

抗除草剂转基因植物、非转基因植物受体及常规栽培品种、野生近缘种。

【实验试剂】

（1）DNA 提取（见 2-1-1“可用于 PCR 的

DNA 微量制备”）。

（2）PCR 检测（见 5-2-1“一般的 PCR 方法”）。

【实验操作】

1）转基因植物自身杂草化分析

（1）转基因植物的生存竞争性：参阅实验 35-1。

（2）繁殖力调查：在栽培地生存竞争性同一块田中进行。

① 花期每小区取 10 株进行花粉和柱头活力检测。

② 收获期统计千粒重、单位面积产量、落粒性等与繁殖力相关的指标。

（3）自生苗调查：在栽培地生存竞争性同一块田中进行。

① 不进行收割，让种子自然落粒或人工落粒到土壤中，定期调查试验田中的自生苗情况。

② 试验田冬天闲置，不进行任何农田管理。入冬前调查试验田中的种子量。在第二年受试材料的苗期和生长中期调查自生苗 1～2 次。

③ 对出现的自生苗进行 PCR 检测，确认其是否为受试转基因材料。

④ 利用方差分析法确定转基因植物与其受体材料自生苗生长情况的差异。

（4）种子收获后，根据标准 GB/T3543.4 进行种子发芽率检测，调查记录发芽种子数、正常苗、非正常苗、未发芽种子的数量，用新复极差法比较转基因植物和对应的非转基因受体材料发芽率的差异。

（5）种子生存能力检测。

① 将一定数量的转基因植物、非转基因植物受体材料的种子置于尼龙网袋中，埋入不同深度的土中，每个处理重复 4 次，按随机区组试验设计。

② 分别于埋后不同时期取出种子按标准 GB/T3543.4 方法检测发芽率。

③ 用方差分析法分析比较转基因植物和对应的非转基因受体材料种子生存能力的差异。

2）与野生近缘种杂交后代的环境适合度分析

（1）转基因植物与其野生近缘种杂交获得 F_1 代杂交种。

（2）F_1 代杂交种自交或与野生近缘种回交，获得 F_2 代杂交种和回交后代。同时进行转基因植物与其野生近缘种杂交获得 F_1 代杂交种。

（3）重复“实验操作”中步骤 2）（2）2～3 次，获得不同世代的杂交种和回交种。

（4）将获得的不同世代的杂交种和回交种田间种植，以亲本为对照，从营养生长性状（株高、光合效率、生物量）和生殖生长性状两个方面分析不同世代杂交种和回交种的环境适合度，分析杂交后代在环境中形成居群的能力。

【实验解析】

（1）转基因植物的杂草性试验主要针对的是抗除草剂转基因植物，试验田的选择要复合转基因植物安全评价管理办法的相关规定。

（2）进行常规田间操作，但不喷施除草剂。

（3）分析与野生近缘种杂交后代的环境适合度时，对照应包含其近等基因系，而且应多选几个非转基因品种进行比较。

实验 35-3　转基因植物对靶标生物的影响

【实验目的】

通过室内生测，分析抗虫转基因植物对靶标生物的影响。

【实验材料】

抗虫转基因植物、非转基因受体材料、常规感虫对照品种。

【实验操作】

（1）供试材料的准备。

（2）根据供试材料的常规种植方式和种植密度进行种植。常规耕作管理，全生育期不喷施针对靶标害虫的杀虫剂。

（3）不同生育期取样（一般为叶片），每个处理随机抽取受试植株 30 株，每株重复测定 4 次。

（4）对受试叶片进行保湿，放于适当大小试管中。

（5）接种靶标生物，置于养虫室内培养。

（6）定期检查试虫的存活与发育情况，称量存活幼虫的体重。

（7）根据公式 $M=\dfrac{M_t-M_c}{1-M_c}\times 100\%$ 计算各处理的幼虫平均校正死亡率。其中 M 代表平均校正死亡率，单位为百分率（%）；M_t 代表供试材料试虫平均死亡率，单位为百分率（%）；M_c 代表感虫对照试虫平均死亡率，单位为百分率（%）。

（8）根据公式 $P=1-\dfrac{T}{C}\times 100\%$ 计算各处理存活幼虫的平均体重抑制百分率。其中 P 代表平均体重抑制百分率，单位为百分率（%）；T 代表处理存活幼虫平均体重，单位为毫克（mg）；C 代表对照存活幼虫平均体重，单位为毫克（mg）。

（9）方差分析比较抗虫转基因植物、对应的非转基因受体品种和感病常规品种的幼虫平均校正死亡率和平均体重抑制百分率的差异。

（10）根据抗虫转基因植物对靶标生物的抗性级别评价标准对转基因植物的总体抗性级别进行评述。

【实验解析】

（1）转基因植物对靶标生物的影响主要针对的是抗虫转基因植物，试验田的选择要复合转基因植物安全评价管理办法的相关规定。

（2）抗虫转基因棉花、抗虫转基因玉米和抗虫转基因水稻对靶标生物的影响均已标准化，具体操作详见标准农业部 95 3 号公告 12.1—2007，农业部 953 号公告 10.1—2007 和农业部 953 号公告 8.1—2007。

实验 35-4 转基因植物基因飘流检测

【实验目的】

检测转基因植物与常规栽培品种及野生近缘种的异交率，分析转基因植物中外源基因的飘流距离和频率。

【实验试剂】

（1）DNA 提取（见 2-1-1“可用于 PCR 的 DNA 微量制备”）。

（2）PCR 检测（见 5-2-1“一般的 PCR 方法”）。

【实验材料】

抗除草剂转基因植物、非转基因常规品种、野生近缘种。

【实验操作】

（1）田间设计：采用长方形设计或正方形设计。转基因植物作为花粉供体，播种在主流风向上游或中间。不同基因型的非转基因常规品种和野生近缘种作为花粉受体，并列播种在花粉源下游或四周。依据当地的栽培模式进行田间管理。

（2）通过分期播种或物理措施保证花粉供体和花粉受体花期相遇。

（3）在苗期对花粉源喷施相应除草剂，保证花粉源的纯度。

（4）花期测定试验区的风向和风速，至少设 3 个测量点。

（5）成熟期分别收获不同距离上的受体材料，每个距离的每个受体材料分成 3 份收获，作为 3 次重复。

（6）不同距离上收获的种子田间播种，苗期喷施相应的除草剂，统计成活苗数和死亡苗数。

（7）对成活苗进行 PCR 检测，确定其是否含有目标基因。

（8）统计分析不同距离上的飘流频率和最大飘流距离。

【实验解析】

（1）所选的花粉受体应具有代表性，结果能用于判断一定阈值下基因飘流的最大频率和距离。

（2）花粉源最好采用抗除草剂转基因作物，便于杂交后代筛选。

（3）风媒传粉植物宜采用长方形设计，且要考虑栽培地的主流风向。

（4）虫媒和其他植物应采用正方形设计，而且在研究虫媒转基因植物的基因飘流时，应考虑花期试验田周围的传粉昆虫的种类和数量。

（5）取样时，近距离应采取连续取样。最远取样距离可参考文献报道和根据其自身生物学特性而定。

第 36 章

转基因植物对土壤微生物群落的影响

实验 36-1 转基因植物对根圈细菌种群生态的影响

36-1-1 稀释平板计数法

【实验目的】

土壤是生态系统物质和能量循环的主要场所。随着外源基因的导入，转基因植物的根系分泌物很有可能对土壤理化性质造成影响，进而对土壤生物系的群落结构有不同程度的影响。根圈又称根际或根围，是微生物的特殊生境。根圈通常分为根圈区和根面区两个微区。不同植物或同一植物的不同发育时期，其根部分泌物都影响着周围微生物的发育。根圈微生物的研究主要是探索土壤、植物和微生物三者之间的复杂关系，通过对根圈微生物的数量、组成的调查，了解根圈微生物的作用及活动规律。

【实验材料】

转基因植物的根系土壤。

【实验试剂】

碳酸钙，琼脂，蛋白胨，酵母浸膏，磷酸氢二钾，磷酸氢二铵，硫酸镁，氯化铁，氯化钙，乙醇等。

【实验操作】

1）土壤浸出液琼脂培养基的制备

（1）混合等量的土和水，室温下浸 24h 后，加 0.5g 碳酸钙过滤，得土壤浸出液；

（2）按 1000ml 培养基中含蛋白胨 1g、酵母浸膏 1g、磷酸氢二钾 0.4g、磷酸氢二铵 0.5g、硫酸镁 0.05g、氯化铁 0.01g、氯化钙 0.01g、土壤浸出液 250ml、琼脂 15g 制备培养基，调 pH 为 7.4，121℃灭菌后，制取平板培养基。

2）样品采集

自田间或盆栽内挖取完整根系的土块，同时采用同一块无作物的耕层土壤作为根外对照土，把土块用硫酸纸包好。样品最好当天使用。

3）实验步骤

（1）轻轻抖动除去松散地附在根上的土粒，将根系取出。

（2）称取 20g 根系，放入盛 200ml 无菌水的三角瓶中，振荡 15min。洗下的土制成根圈土悬液。

（3）无菌镊子取出根系，用无菌滤纸吸干表面水分，称重。根系洗涤前后的质量差为根圈土的质量。

4）制备菌悬液

将洗过根圈土的根系在无菌水中再洗一次，无菌滤纸吸干表面水分，用无菌剪刀将根剪成小段，称取 5.0g 根段在无菌研钵中磨碎，移入 50ml 含 5.0g 石英砂无菌水中，振荡 5min，制备得到根面菌悬液。

（1）称取 20g 根外对照土，置盛有 200ml 无菌水的三角瓶中，振荡 15min，制成根外土悬液。

（2）将上述悬液以 10 倍稀释法分别稀释成一系列的稀释液（10^{-8}～10^{-2}），再按稀释平板法分别从稀释液取样，接种于平板培养基培养，计算菌落数。

【实验解析】

本实验的关键问题是选取实验材料时一定要正确，对照材料要正确，各种条件和重量要完全相同，否则影响实验的正确性。

36-1-2 Biolog ECO 平板法

【实验目的】

Biolog 测试板含有 96 个小孔，除对照外，其余孔内分别含有不同的有机碳源和一种指示剂，通过接种菌悬液，根据微生物对碳源利用时指示剂的颜色变化差异来鉴定微生物群落功能多样性。Biolog 系统是目前揭示土壤微生物群落功能多样性的一种相对简单、快速的研究方法。但是也存在一些不足，该方法仅能鉴定快速生长的部分微生物成员，Biolog 板微孔中碳源不能完全代表土壤生态系统中的实际碳源类型。

【实验材料】

转基因植物的根系土壤。

【实验试剂】

生理盐水。

【实验操作】

(1) 将土壤样品加入到灭菌水里，30min 后，用移液枪取 1ml 污泥到 1.5ml 离心管中。

(2) 10 000r/min 离心 20min，弃去上清液，加 1ml 生理盐水，在振荡器上振动 5min 使之混匀。

(3) 于 10 000r/min 离心 20min，重复 2 次，除去其中的碳源。

(4) 弃去上清液，加 1ml 生理盐水，在振荡器上振动 5min 使之混匀，于 2000r/min 离心 1min。

(5) 取上清液倒入装有 20ml 已灭菌生理盐水的试管中，并使其 OD590 维持在 0.13±0.02。

(6) 将稀释液加入 Biolog ECO 微平板中(150L/孔)，然后在 25℃条件下培养，每隔 12h 用 Biolog 细菌自动读数仪读取数据，连续测定 7d。

(7) 开启读数仪和电脑，打开 Biolog 软件，并对读数仪进行初始化，设置好各项参数（培养时间、菌株名称、菌株编号、菌株类型），用纸巾擦干净培养好的鉴定板底部，放入读数仪，A-1 孔位于左上方。即可点击"Read This"进行读数。鉴定结果自动显示在屏幕下方，将所得数据进行保存即可。

【实验解析】

(1) Biolog ECO 平板反应一般采用每孔颜色平均变化率（AWCD）来描述。计算公式为 {AWCD= [Σ（Ci−*R*）] /31}。其中，Ci 是除对照孔外各孔吸光度值，*R* 是对照孔吸光度值。

(2) 采用 Biolog 微孔平板孔中吸光值来计算土壤微生物群落功能多样性指数，即 Shannon 指数。

(3) 通过主成分分析将不同样品的多元向量变换为互不相关的主分向量，在其空间中可用点的位置直观地反映出不同微生物群落的代谢特征。

实验 36-2 转基因植物对土壤微生物群落多样性的影响

【实验目的】

原核生物的 16S RNA 基因序列不受环境或培养条件的影响，具有很强的保守性，其差异在相当程度上反映了物种的遗传多样性及其亲缘关系。采用 PCR-DGGE 技术来确定自然环境中微生物群体的遗传多样性。

【实验材料】

转基因植物的根系土壤。

【试验试剂】

Tris，EDTA，丙烯酰胺，双丙烯酰胺，过硫酸铵，TEMED，尿素，蔗糖，溴酚蓝等。

【实验操作】

1）提取根际微生物总 DNA

(1) 配制 PBS 缓冲液：8g NaCl，0.2g KCl，1.44g Na_2HPO_4，0.24g KH_2PO_4，溶于 1000ml 水中，pH7.4。

(2) 配制 TENP 缓冲液：50mmol/L Tris，20mmol/L ETDA，100mmol/L NaCl，0.01g/ml PVP，pH10.0。

(3) 称取 500mg 土壤样品，置于 10ml 灭菌离心管中，加 3ml TENP 缓冲液。

(4) 涡旋振荡 10min，室温下 12 000r/min 离心 5min，弃上清。

(5) 在土壤颗粒沉淀中再加 3ml TENP 缓冲液，离心重悬洗涤 2 次。

(6) 加 3ml PBS 缓冲液洗涤 1 次，待用。

(7) 配制 DNA Extraction 缓冲液：100mmol/L Tris，100mmol/L ETDA，200mmol/L NaCl，1% PVP，2% CTAB，pH8.0。

(8) 配制 SDS 缓冲液：100mmol/L Tris，200mmol/L NaCl，2% SDS，pH8.0。

(9) 在预处理好的土壤样品中加入 0.35g 灭菌玻璃珠（直径约 1mm）和 2ml DNA extraction 缓冲液，高强度涡旋振荡 10min。

(10) 加入 2ml SDS 缓冲液，温和涡旋振荡 10min，65℃水浴 30min，室温下 8000r/min 离心 15min。

(11) 收集中间液相层，剩余的残渣中再加 1ml DNA extraction 缓冲液和 1ml SDS 缓冲液，65℃水浴 5min，室温下 8000r/min 离心 15min，收集中间液相层，合并液相层。

(12) 再把残渣抽提 1 次，收集的液相层与上两次的液相层合并，室温下 12 000r/min 离心 20min，收集上清液，在上清液中加入 0.1 倍体积的 3mol/L NaAC（pH5.2），用手颠倒混匀后。

(13) 加入 6 倍体积异丙醇室温沉淀 DNA 1h，室温下 15 000r/min 离心 20min，弃上清液。

DNA 沉淀用 70%乙醇洗涤 1 次，干燥后将 DNA 沉淀溶于 500ml 灭菌去离子水中。

(14) 500μl DNA 溶液中加入等体积 Tris 平衡酚（pH8.0）颠倒混匀，室温下 15 000r/min 离心 20min，收集上清。

(15) 加入等体积氯仿/异戊醇（24∶1），颠倒混匀，室温下 15 000r/min 离心 20min，收集上清。

(16) 加入 0.1 倍体积 3mol/L NaAC（pH5.2），颠倒混匀，加入 0.6 倍体积异丙醇室温沉淀 DNA 1h，室温下 15 000r/min 离心 20min，弃上清。

(17) DNA 沉淀用冷的 70％乙醇洗涤 1 次，干燥后溶于 50μl TE 缓冲液（pH8.0）中，－20℃保存。

2）PCR 扩增

(1) 依据 16SrDNA 序列设计并合成引物。

例如，引物 27F：5′-AGAGTTTGATCCTG-GCTCAG-3′引物 1492R：5′-TACGGCTACCTT-GTTACGACTT-3′。

(2) PCR 具体操作步骤见本书第 5 章。

(3) 变性梯度聚丙烯酰胺凝胶电泳。配制 0％和 80％尿素（也可使用其他变性剂，如甲酰胺代替）。

(4) 使用梯度胶制备装置制作凝胶：参照梯度胶制备装置生产厂家提供的说明书。一般步骤为：组装电泳装置；准备不同浓度的凝胶；制备变性剂浓度从上方向下方依次递增的聚丙烯酰胺凝胶；待胶完全凝固后，将胶板加热至 60℃使用。需要注意：在混合和灌胶时应避免产生气泡；所有溶液应保存于 4℃棕色瓶中。

(5) 将 PCR 产物和加样缓冲液混合后加入胶孔，然后开始电泳（120V，6h）。可针对不同样品调节电泳电压和时间。

(6) 用万分之一的溴化乙锭或 SYBR Green Ⅰ染色 5～30min。

(7) 染色后对凝胶拍照。若在在紫外光下拍照，要尽快操作。

【实验解析】

利用灰度分析软件 Gel-Pro analyzer 分析 DGGE 图谱，通过获得的条带积分光密度（IOD），用 Shannon-Weaver index（H'）计算条带的多样性。用均匀度 Evenness（E）分析菌群分布的统一性。公式为

Shannon-Weaver index（H'）$= -\sum(\mathrm{Pi})(\ln \mathrm{Pi})$；Evenness（$E$）$= H'/\mathrm{InSPi} = \mathrm{ni}/N$

式中，ni 为单条带的灰度值，N 为所有条带的灰度值，S 为样品条带数。也可用 Quantity One 进行定量分析的方法对 DGGE 结果进行定量分析。

实验 36-3　转基因植物外源基因在土壤微生物中漂移检测

【实验目的】

转基因植物的外源基因横向漂移对生态平衡可能产生潜在风险，因此检测转基因植物的外源基因在土壤微生物中横向漂移的影响意义重大。转基因植物中主要有目的基因和与目的基因紧密连锁的选择性标记基因两大类外源基因。因此可以测定转基因植物根际细菌基因组中是否有特异的转基因植物的目的基因和选择标记基因序列，以推测转基因植物中外源基因是否发生转移。

【实验材料】

转基因植物的根系土壤。

【实验试剂】

Tris，EDTA，丙烯酰胺，双丙烯酰胺，过硫酸铵，TEMED，尿素，蔗糖，溴酚蓝等。

【实验操作】

1）样品采集

自种植转基因植物（以 *npt-Ⅱ* 基因为选择标记基因）的田间或盆栽内挖取完整根系的土块，同时采用种植非转基因植物的耕层土壤作为根外对照土，把土块用硫酸纸包好。

2）土壤细菌的分离与培养

参照 36-1-1“稀释平板计数法”分别培养种植转基因植物根际细菌和种植非转基因植物根际细菌。

3）PCR 扩增

(1) 依据 *npt-Ⅱ* 基因序列设计并合成引物。

例如，引物 F：5′-CGGCTATGACTGGGCA-CAACAGACAAT-3′

引物 R：5′-AGCGGCGATACCGTAAAGCA-CGAGGAA-3′

(2) 在超净工作台上，将 30μl 无菌超纯水加入 PCR 管（0.2ml），使用灭菌后的新牙签尖端在无菌超纯水里轻轻搅动后丢弃。挑取 45 个转基因植物根际细菌菌落、45 个非转基因植物根际细菌菌落、3 个含 *npt-Ⅱ* 基因的土壤农杆菌菌落（阳性对照）、3 个大肠杆菌 JM109 菌落（阴性对照）。

(3) 将各 PCR 管冻融三次后，加入其余 PCR 试剂，进行 PCR 扩增。PCR 具体操作步骤见本书第 5 章。

(4) 将 PCR 产物进行 1％琼脂糖凝胶电泳检测。若阳性对照扩增出目的条带、阴性对照没有 PCR 条带，则对 PCR 结果进行统计。

(5) 对实验所收集到的数据进行差异显著性检验（F 检验），若检验结果拒绝 H_0，则可得出转基因植物的外源基因漂移到土壤微生物中的结论。

【实验解析】

在实验中一定要严格按照要求取材，否则影响实验的正确性。

第 37 章

转基因植物的营养学及过敏性检测

实验 37-1　转基因植物的营养学检测

37-1-1　转基因大豆油成分分析检测

【实验目的】

分析转基因大豆油和非转基因大豆油在主要成分含量上的差异。

【实验材料】

转基因大豆油和非转基因大豆油。

【实验试剂】

（1）0.5mol/L NaOH-CH_3OH 溶液：2g NaOH 溶于 99.5% 以上的甲醇。

（2）三氟化硼甲醇溶液（$BF_3 \cdot 2CH_3OH$）：质量分数 14%。

（3）异辛烷：色谱纯。

（4）NaCl 饱和水溶液。

（5）无水 Na_2SO_4。

（6）N_2：含氧量低于 5mg/kg。

（7）$CHCl_3$。

（8）CH_3OH。

（9）乙酸乙醚混合液：乙酸和乙醚按 1∶72 比例混合。

（10）氯仿异丙醇混合液：氯仿和异丙醇按 2∶1比例混合。

（11）正己烷-异丙醇混合液：正己烷和异丙醇按 1∶1 比例混合。

（12）0.025mol/L CH_3COONH_4。

（13）10mg/ml 磷脂酰胆碱标准储备液：100mg 磷脂酰胆碱标准品溶于 10ml 正己烷-异丙醇混合液。

（14）10mg/ml 磷脂酰乙醇胺标准储备液：100mg 磷脂酰乙醇胺标准品溶于 10ml 正己烷-异丙醇混合液。

（15）10mg/ml 磷脂酰肌醇准储备液：100mg 磷脂酰肌醇标准品溶于 10ml 正己烷-异丙醇混合液。

（16）DNA 提取试剂盒。

（17）PCR 反应所需试剂：参阅 5-2-1“一般的 PCR 方法”。

（18）TE 缓冲液。

【实验操作】

1）大豆油中脂肪酸含量测定

（1）三氟化硼法进行甲酯化。

① 准确称取大豆油 100mg，置于 50ml 烧瓶中，加入 4ml 氢氧化钠甲醇溶液和沸石，接上冷凝器。

② 在水浴上回流直至油滴消失，每 30～60s 缓慢摇动烧瓶。

③ 用移液管从冷凝器顶部加入 5ml 三氟化硼甲醇溶液，继续煮沸 3min。

④ 从冷凝器顶部加入 1ml 异辛烷。

⑤ 取下冷凝器，拿出烧瓶，迅速加入 20ml 饱和氯化钠水溶液并剧烈摇动 15min 以上。

⑥ 继续加入饱和氯化钠水溶液直至烧瓶顶部，静置分层。

⑦ 取 1～2ml 上层的溶液于玻璃瓶中，加入适量无水 Na_2SO_4 去除溶液中痕量的水。

（2）气相色谱分析：气相色谱分析脂肪酸组成参照 GB/T 17377—2008 规定，色谱条件：石英毛细管柱（30m × 0.32mm），固定相为 EG-WAX，涂布膜厚 0.25μm；火焰离子化检测器，检测器温度为 275℃；载气为 N_2；柱头压为 34.5kPa，分流气为 6ml/min；进样体积 1μl；进样口的温度 250℃；升温程序为 100℃，5min；15℃/min 到 205℃，18min。

（3）内部归一法进行样品中脂肪酸含量分析。

2）大豆油中磷脂含量测定

（1）磷脂提取。

① 准确称取大豆油 4g，置于 100ml 具塞试管中，加入 50ml 氯仿并涡旋混匀。

② 用 1ml 氯仿活化氨基固相萃取柱，然后将 10ml 大豆油氯仿混合液加入萃取柱中。

③ 依次用 2ml 氯仿-异丙醇混合液和 3ml 乙酸-乙醚混合液洗脱萃取柱，弃去洗脱液。

④ 用 3ml 甲醇洗脱出磷脂，重复 4 次，洗脱液收集到 15ml 甲醇溶液中。

⑤ 将收集的洗脱液用 N_2 吹干。

⑥ 加入 10ml 正己烷-异丙醇混合液溶解。

⑦ 4000r/min 离心 5min，取上清液用于液相色谱分析。

（2）液相色谱分析。

① 三种磷脂标准储备液用正己烷-异丙醇混合液稀释至 0.05mg/ml、1.0mg/ml、2.0mg/ml、3.0mg/ml 和 4.0mg/ml。

② 磷脂标准液和样品依次上样，进行液相色谱检测［色谱柱为正相硅胶柱 Si60-5 或相当者；流动相为正己烷/异丙醇/乙酸铵（8∶8∶1）；流速为 1ml/min；柱温为 30℃；进样量为 10μl］。

③ 根据色谱检测结果，绘制标准曲线。

④ 根据公式 $w=P\times V/m$ 分别计算出样品中磷脂酰胆碱、磷脂酰乙醇胺和磷脂酰肌醇的含量。其中 w 为每克样品中磷脂酰胆碱、磷脂酰乙醇胺和磷脂酰肌醇的含量，P 为根据标准曲线计算出的被测组分溶液浓度（mg/ml），V 为样品溶液的定容体积（ml），m 为样品的重量（g）。

3）大豆油中抗营养因子胰蛋白酶抑制剂的测定

参阅实验 36-1-2。

4）大豆油中转基因成分检测

（1）2ml 离心管中加入 1ml 大豆油和 400μl TE 缓冲液，颠倒混匀 5min，室温下 13 000r/min 离心 3min。

（2）去除上层油脂层，再加入 1ml 大豆油，混匀后离心。重复 2～3 次。取水相用于提取 DNA。

（3）试剂盒法提取 DNA：根据试剂盒说明书提取。

（4）紫外分光光度计对提取的 DNA 进行定量，并根据需要进行稀释。

（5）常规 PCR 反应进行目标片段的检测。

【实验解析】

（1）三氟化硼甲醇溶液有毒，甲酯化过程应在通风橱中进行。

（2）转基因大豆油和非转基因大豆油对照的来源尽量一致，否则应多选几个非转基因大豆油对照，以便于当两者之间在营养成分上出现差异时，分析造成这种差异的具体原因。

（3）大豆油中 DNA 含量很低，为保证充分沉淀 DNA，在利用试剂盒法提取过程中，DNA 沉淀时应加入适量的其他植物如非转基因玉米或水稻的 DNA 作为担体。

（4）大豆油转基因成分检测时，应先检测常规的调控元件，然后再根据大豆原料来源分析其中的目标基因。大豆油转基因成分检测过程中需要的引物和内标准基因详见标准 SN/T 1197 和 SN/T 1203—2003。

37-1-2　转基因玉米胰蛋白酶抑制剂抗营养因子的安全性分析

【实验目的】

（1）检测转基因玉米中胰蛋白酶抑制剂抗营养因子，分析转基因玉米与其受体品种中胰蛋白酶抑制剂含量的实质等同性。

（2）评价转基因玉米中胰蛋白酶抑制剂抗营养因子的安全性。

【实验材料】

转基因玉米和非转基因玉米受体品种的种子。

【实验试剂】

（1）0.05mol/L Tris 缓冲液。

（2）0.01mol/L NaOH 溶液。

（3）1mmol/L HCl。

（4）胰蛋白酶溶液：10mg 胰蛋白酶（10 000 BAEE U/mg），溶于 200ml 1mmol/L HCl。

（5）BAPA 底物溶液：称取 40mg BAPA，溶于 1ml 二甲基亚砜中，用预热至 37℃ 的 Tris 缓冲液稀释至 100ml。

（6）反应终止液：取 30ml 冰醋酸，加水定容至 100ml。

【实验操作】

（1）将玉米种子置于粉碎机中磨碎，并用 200 目的筛盘过滤。

（2）称取适量样品（0.2～1g），按 1∶50（g/ml）比例加入 0.01mol/L NaOH 溶液，低速电磁搅拌下浸提 3h，浸出液用于测定。

（3）取两组平行的试管，按表 37-1 在每组测试管中依次加入试样浸出液、水和胰蛋白酶溶液，于 37℃水浴中混合。

表 37-1　测定管反应体系　（单位：ml）

试剂	试剂对照	测定管 1	测定管 2	测定管 3	测定管 4	试样对照
试样浸出液	0.0	0.3	0.6	1.0	1.5	2.0
水	2.0	1.7	1.4	1.0	0.5	0
胰蛋白酶溶液	2.0	2.0	2.0	2.0	2.0	2.0
BAPA 底物溶液	5.0	5.0	5.0	5.0	5.0	5.0
反应终止液	1.0	1.0	1.0	1.0	1.0	1.0

（4）加入5.0ml预热至37℃的BAPA底物溶液，于37℃水浴中摇动混匀并准确反应10min。

（5）加入1.0ml反应终止液终止反应。

（6）反应结束后用0.45μm微孔滤膜过滤，收集滤液。

（7）制备试剂对照管和试样对照管，取2ml水或试样浸出液，然后按顺序加入2ml胰蛋白酶溶液、1ml反应终止液和5ml BAPA底物溶液，混匀后过滤。

（8）以试剂对照管调节吸光度值为0，在410nm波长下测定各测定管和对照管的吸光度值，以平行试管的算术平均值表示。

（9）根据所得吸光度值，计算试样中胰蛋白酶抑制剂活性和胰蛋白酶抑制率。

① 按公式 TIR＝ $(A_N - A_T - A_{TO}) / A_N \times 100\%$ 计算测试管中的样品的胰蛋白酶抑制率。其中TIR为胰蛋白酶抑制率（%）；A_N为非抑管吸光度值；A_T为测定管吸光度值；A_{T0}为试样对照管吸光度值。

② 按公式 TI＝ $(A_N - A_T - A_{T0}) / t \times 0.01$ 计算测试管中的样品的胰蛋白酶抑制剂活性。其中TI为胰蛋白酶抑制剂活性，单位为胰蛋白酶抑制剂单位（TIU）；A_N为非抑管吸光度值；A_T为测定管吸光度值；A_{T0}为试样对照管吸光度值。t为反应时间，单位为min。

③ 以测定用试样浸出液体积（单位为ml）为横坐标，TI为纵坐标作图，拟和直线回归方程，计算斜率，斜率值即是单位体积试样浸出液中胰蛋白酶抑制剂活性（单位为TIU/ml）。

④ 根据公式 TIM ＝ TIV $\times V \times F / m$ 计算试样中胰蛋白酶抑制剂活性。其中TIM为试样中胰蛋白抑制剂活性（TIU/g）；TIV为单位体积试样浸出液中胰蛋白酶抑制剂活性，单位为胰蛋白酶抑制剂单位每毫升（TIU/ml）；V为试样浸出液总体积，单位为毫升（ml）；F为稀释倍数；m为试样质量，单位为克（g）。

（10）根据测定的转基因玉米和非转基因玉米中胰蛋白酶抑制剂的活性和抑制率，方差分析二者之间的差异。

【实验解析】

（1）转基因样品和非转基因受体材料样品的各种处理条件完全相同，如种植条件、水分含量、生长势和叶龄等。

（2）样品中加入0.01mol/L NaOH溶液后，应该用酸度计测量提取液的pH，并将pH应控制在8.4～10.0。

（3）在规定的实验条件下，与试剂对照管相比，测定管中样品吸光度值降低的比率称为胰蛋白酶抑制率。只有胰蛋白酶抑制率在20%～70%，测定管中样品的吸光度值才可用于下一步分析。因此，在正式实验前，应该进行预备实验，确定样品浸出液的适宜稀释倍数。

（4）在实验中胰蛋白酶活性单位（TU）的定义为：在规定实验条件下，每10ml反应混合液在410nm波长下每分钟升高0.01吸光度值即为一个TU。

（5）在实验中胰蛋白酶抑制剂单位（TIU）的定义为：在规定实验条件下，与试剂对照管相比，每10ml反应混合液在410nm波长下每分钟降低0.01吸光度值即为一个TIU。

实验37-2　转基因植物表达蛋白的模拟胃肠道消化检测

【实验目的】

分析转基因植物表达的外源蛋白在模拟胃肠道消化条件下的可消化性，对外源蛋白的食用安全性进行评价。

【实验材料】

转基因植物表达的外源蛋白，或来源于微生物表达的外源蛋白但与转基因植物表达的外源蛋白具有实质等同性。

【实验试剂】

（1）0.2mol/L NaOH溶液。

（2）KH_2PO_4。

（3）0.2mol/L $NaHCO_3$溶液。

（4）3mol/L HCl溶液。

（5）1.5mol/L Tris-HCl，pH8.8。

（6）1mol/L Tris-HCl，pH 6.8。

（7）300g/L Acr/Bis储液：29.1g Acr，0.9g Bis，ddH_2O定容至100ml，4℃下避光保存备用。

（8）100g/L SDS。

（9）100g/L AP。

（10）蛋白样品上样缓冲液（pH6.8）：10.0g SDS，40ml甘油，33ml 1.0mol/L Tris-HCl（pH 6.8），5ml β-巯基乙醇，0.05g溴酚蓝，ddH_2O定容至100ml。

（11）50g/L TCA。

（12）SDS洗脱液：455ml甲醇，90ml乙酸，ddH_2O定容至1000ml。

（13）考马斯亮蓝染色液：150ml甲醇，100ml冰醋酸，1.0g考马斯亮蓝，ddH_2O定容至1000ml。

（14）脱色液：250ml甲醇，75ml乙酸，

ddH_2O 定容至 1000ml。

(15) 电泳缓冲液：3.0g Tris，14.4g 甘氨酸，1.0g SDS，溶于 800ml ddH_2O，用 3mol/l HCl 调 pH 至 8.3，ddH_2O 定容至 1000ml。

(16) 转移缓冲液：3.2g Tris，14.4g 甘氨酸，甲醇 200ml，ddH_2O 定容至 1000ml。

(17) TBS 缓冲液：1.2g Tris，8.8g NaCl，加 800ml ddH_2O，3mol/L HCl 调 pH 至 7.5，ddH_2O 定容至 1000ml。

(18) TBST1 缓冲液：在 500ml TBS 缓冲液中，加入 250μl Tween-20，用磁力搅拌器混匀。

(19) TBST2 缓冲液：3.0g Tris，4.4g NaCl，加 ddH_2O 400ml，500μl Tween-20，搅拌混匀，加 ddH_2O 定容至 500ml。

(20) 碱性磷酸酶显色缓冲液：1.2g Tris，0.6g NaCl，1.0g $MgCl_2 \cdot 6H_2O$，ddH_2O 溶解并定容至 100ml。

(21) 蛋白印迹显色液：66μl NBT，10ml 碱性磷酸酶缓冲液，33μl BCIP 溶液。

(22) 封闭液：50ml TBST1 缓冲液中加入 1.5g BSA，混匀。

(23) 一抗工作液：50ml 封闭液中加入 50μl 目标蛋白抗血清。

(24) 二抗工作液：20ml TBST2 缓冲液中加入 0.2g BSA，混匀溶解后，再加入 20μl 碱性磷酸酶标记二抗。

【实验操作】

1）模拟胃液消化试验

(1) 样品制备。

① 根据公式 $A = 5 \times 106/19 \times B$ 计算出 100μl 模拟胃消化液中应加入的胃蛋白酶的量，式中，A 为胃蛋白酶加入量（mg），B 为胃蛋白酶活力（U/mg）。

② 称取 0.2g NaCl 和 A mg 胃蛋白酶溶于 70ml ddH_2O 中，加入 730μl HCl，再用盐酸调 pH 至 1.2，最后加 ddH_2O 定容至 100ml。

③ 分别称取样品蛋白、BSA 和 BLG 5mg，溶解于 1ml ddH_2O 中，制成样品蛋白溶液、胃消化稳定对照蛋白溶液和胃消化不稳定对照溶液。

(2) 反应时间为 0s 的模拟胃液消化试验。

① 1.5ml 离心管中加入 190μl SGF，37℃恒温水浴 5min。

② 加入 10μl 测试蛋白溶液，同时加入 70μl 0.2mol/L $NaHCO_3$，涡旋振荡后冰浴。

③ 加入 70μl 蛋白样品上样缓冲液，沸水浴 5min。

④ 取出后冷却至室温备用。

(3) 反应时间为 15s、2min、30min、60min 的模拟胃液消化试验。

① 7ml 离心管中加入 1.9ml 模拟胃消化液 SGF，37℃恒温水浴 5min。

② 加入 100μl 样品蛋白溶液或对照蛋白溶液（5g/L），迅速涡旋振荡并快速置于 37℃水浴，准确记录时间。

③ 反应时间一到，迅速吸取反应液 200μl 加入到含有 70μl 0.2mol/L $NaHCO_3$ 的 1.5ml 离心管中冰浴。

④ 加入 70μl 蛋白样品上样缓冲液，沸水浴 5min。

⑤ 取出后冷却至室温备用。

(4) 胃蛋白酶对照。

① 1.5ml 离心管中加入 190μl SGF，10μl 重蒸馏水和 70μl 0.2mol/L $NaHCO_3$ 溶液，涡旋振荡。

② 加入 70μl 蛋白样品上样缓冲液，沸水浴 5min，取出后冷却至室温备用。

(5) 试样蛋白对照。

① 1.5ml 离心管中加入 190μl 不含胃蛋白酶 SGF，10μl 样品蛋白或对照蛋白，70μl 0.2mol/L $NaHCO_3$溶液，涡旋振荡。

② 加入 70μl 蛋白样品上样缓冲液，沸水浴 5min，取出后冷却至室温备用。

2）模拟肠液消化试验

(1) 样品制备。

① 称取 0.7g KH_2PO_4 溶解于 60ml ddH_2O，加入 19ml 0.2mol/L NaOH 溶液和 1.0g 胰酶，并用 0.2mol/L NaOH 溶液调 pH 至 7.5，ddH_2O 定容至 100ml。

② 分别称取样品蛋白、BLG 和 BSA 2mg，溶解于 1ml ddH_2O 中，制成样品蛋白溶液、肠消化稳定对照蛋白溶液和肠消化不稳定对照溶液。

(2) 反应时间为 0s 的模拟肠液消化试验。

① 1.5ml 离心管中加入 190μl SIF，37℃恒温水浴 5min。

② 加入 10μl 测试蛋白溶液涡旋振荡后立即加入 50μl 蛋白样品上样缓冲液，沸水浴 5min。

③ 取出后冷却至室温备用。

(3) 反应时间为 15s、2min、30min、60min 的模拟肠液消化试验。

① 7ml 离心管中加入 1.9ml 模拟肠消化液 SIF，37℃恒温水浴 5min。

② 加入 100μl 样品蛋白溶液或对照蛋白溶液，迅速涡旋振荡并快速置于 37℃水浴，准确记录时间。

③ 反应时间一到，迅速吸取反应液 200μl 加入到含有 50μl 蛋白样品上样缓冲液的 1.5ml 离心管中，沸水浴 5min。

④ 取出后冷却至室温备用。

(4) 胰酶对照。

① 1.5ml 离心管中加入 190μl SIF，10μl 重蒸馏水涡旋振荡。

② 迅速加入 50μl 蛋白样品上样缓冲液，沸水浴 5min，取出后冷却至室温备用。

(5) 试样蛋白对照。

① 1.5ml 离心管中加入 190μl 不含胰酶的 SIF，10μl 样品蛋白或对照蛋白，涡旋振荡。

② 迅速加入 50μl 蛋白样品上样缓冲液，沸水浴 5min，取出后冷却至室温备用。

3) SDS-PAGE 电泳

(1) 制胶。

① 取出两块大小相同的玻璃板，清洗干净后晾干，梳子用自来水洗净，晾干。

② 配制 15% 分离胶：在 50ml 三角瓶中依次加入 2.3ml ddH_2O，300g/L Acr/Bis 储液 5.0ml，1.5mol/L Tris-HCl（pH8.8）2.5ml，100g/L SDS 0.1ml，100g/L AP 0.1ml，TEMED 0.004ml，混匀。将分离胶溶液匀速慢慢的灌入胶膜夹中，在液面距凹板上平面 2～3cm 处停止注入，用滴管在分离胶上面轻缓连续注入一层约 0.5cm 厚的 ddH_2O，放置 1h。胶与 ddH_2O 之间出现明显界线即表明胶已凝固好。将 ddH_2O 倒掉并用清洁滤纸吸干胶上的水。

③ 制备浓缩胶：在 50ml 三角瓶中依次加入 3.4ml ddH_2O，300g/L Acr/Bis 储液 0.83ml，1mol/L Tris-HCl（pH6.8）0.63ml，100g/L SDS 0.05ml，100g/L AP 0.05ml，TEMED 0.005ml，混匀。将浓缩胶溶液缓慢匀速的注入到分离胶表面，插入梳子，避免气泡。

④ 浓缩胶完全聚合后（一般过夜较好），取下夹子和模具底边的边条。

⑤ 将凝胶板放入电泳槽中，在电泳槽两侧的电极槽中注入电泳缓冲液，缓冲液与凝胶上下两端之间避免产生气泡，小心取下梳子。

(2) 点样：在玻璃板上做好记号，分别取“实验操作”中步骤 1) 和 2) 处理的各样品 15μl 用加样器加入点样孔中。样品加入顺序为 1，蛋白 Marker；2，蛋白酶对照样品；3，试样蛋白对照样品；4～8，模拟胃/肠液消化样品（0s，15s，2min，30min，60min）。

(3) 电泳：4℃下 80V 条件下电泳，当溴酚蓝染料前沿进入分离胶后，电压提高到 120V，待溴酚蓝迁移至距胶底 1.0cm 处停止电泳。

(4) 洗脱：从电泳装置上卸下双层玻璃夹板，撬开玻璃板，在凝胶点样孔上部切除一角标注凝胶的方位；将凝胶在 50g/L TCA 溶液中轻轻振荡 5min 然后在 SDS 洗脱液中振荡洗脱 1～2h。

(5) 染色：洗脱结束后，将凝胶置于考马斯亮蓝染色液中浸泡染色 10min 以上。

(6) 脱色：染色结束后，将凝胶置于脱色液中脱色直至条带清晰。

(7) 成像：取出凝胶，置于凝胶成像仪上，使用凝胶图像分析系统照相，并保存图像。

4) 样品蛋白的蛋白印迹

(1) 按“实验操作”中步骤 3)(1)～(3) 进行 SDS-PAGE 电泳。

(2) 转膜。

① 玻璃板上取下凝胶，切除所有浓缩胶；剪制与凝胶大小相同的 PVDF 转印膜和滤纸 6 张。

② 凝胶浸入转移缓冲液中 15～30min。

③ 滤纸浸入转移缓冲液中 30s 以上。

④ PVDF 转印膜在甲醇中润湿 15s，使膜均匀地由不透明变成半透明。

⑤ 将膜放入重蒸馏水中浸泡 2min，然后小心的放入转移缓冲液中浸泡 5min 以上。

⑥ 将转移夹放入转移槽，转移夹的凝胶侧面面向阴极（－），膜侧面面向阳极（＋）。向转移槽中加入适量缓冲液至转移夹完全浸没。

⑦ 于 4℃冰箱中连接转移装置正负极，电流 100mA 下转移 6h。

(3) 封闭。

① 转移完成后，用镊子小心取出 PVDF 膜，用 TBS 缓冲液洗膜三次，每次 1min。

② 加入封闭液，在室温下，45r/min 振荡 2h，然后在 4℃静置封闭过夜。

(4) 杂交。

① 倒掉封闭液，加入一抗工作液，室温下 45r/min 振荡 3h。

② 倒掉一抗工作液，加入 TBST1 缓冲液 45r/min 振荡洗膜三次，每次 10min。

③ 倒掉 TBST1 缓冲液，加入二抗工作液，室温下振荡 45r/min 振荡 1h。

④ 倒掉二抗工作液，加入 TBST1 缓冲液 45r/min 振荡洗膜三次，每次 10min。

(5) 显色成像。

① 倒掉 TBST2 缓冲液，加入显色液显色，轻轻晃动直到条带清晰。

② 倒掉显色液加入重蒸馏水终止反应。

③ 凝胶图像分析系统照相，并保存图像。

【实验解析】

(1) 由于目标蛋白在植物中表达量比较低，样品蛋白可以选用微生物表达的、与转基因植物表达外源蛋白具有实质等同性的蛋白。

(2) 实验用胰酶应满足 40℃、5min 内，能将其质量的 25 倍的淀粉转化为水溶性的碳水化合物；40℃、60min 内（pH7.5），消化掉其质量的 25 倍的酪蛋白；37℃(pH9.0)，每毫克胰酶每分钟能够从橄榄油中至少水解生成 2μmol 脂肪酸。

(3) 胃蛋白酶活力不能低于 2000U/mg。

(4) 不稳定对照蛋白在 2min 内完全被消化，而稳定对照蛋白在 60min 内不能被消化，则证明模拟胃/肠消化试验体系工作正常；否则需要查找原因重新进行试验。

(5) 试验体系工作正常的情况下，根据 SDS-PAGE 电泳图谱和蛋白印迹图谱中试样蛋白条带及其可见降解片段消失的时间来判断样品蛋白的可消化性。具体如下：0～15s 内全部消化为极易被消化；15s 至 2min 内全部消化为易消化；2～30min 内全部消化为可消化；30～60min 内全部消化为难消化；60min 仍不能被全部消化为极难消化。

实验 37-3　转基因植物中外源蛋白的过敏性分析

【实验目的】

通过生物信息学比对的方法和血清法，分析转基因植物中外源蛋白与已知过敏原的同源性，对其潜在的过敏性进行评价。

【实验材料】

转基因植物、目标蛋白氨基酸序列。

【实验试剂】

(1) HRP（辣根过氧化物酶）标记的羊抗鼠 IgE 抗体。

(2) SDS-PAGE 凝胶电泳所用试剂。

(3) 低分子质量蛋白标准。

(4) 葡萄糖。

(5) 牛血清蛋白。

(6) 邻苯二胺（OPD）。

(7) 二氨基联苯胺（DAB）显色试剂。

【实验操作】

1）利用在线过敏原数据库进行分析比对

(1) 输入网址 http://www. allergenonline. com。

(2) 点击 Search for full-lengthalignments by FASTA 标题，进入序列输入界面。

(3) 在输入框内输入外源蛋白名称和氨基酸序列，蛋白名称和氨基酸序列间用前导符隔开。

(4) 点击“full fasta”。

(5) 点击“submit”按钮，进行 full fasta 比对。

(6) 点击“Sliding 80mer Window”。

(7) 点击“submit”按钮，进行 80 氨基酸比对。

(8) 点击“8mer Exact Match”按钮。

(9) 点击“submit”按钮，进行 8 氨基酸比对。

(10) 根据比对结果，分析外源蛋白的过敏性。

2）利用过敏蛋白结构数据库进行分析比对

(1) 输入网址 http://fermi. utmb. edu。

(2) 点击“FAO/WHO Allergenicity Test”标题，进入序列输入界面。

(3) 在输入框内输入外源蛋白氨基酸序列。

(4) 点击“Full FASTA alignment”，默认条件为 E 值 0.01。

(5) 点击“submit”按钮，进行“full fasta”比对。

(6) 点击“FASTA alignments for an 80 amino acids sliding window”，默认条件为 35%。

(7) 点击“submit”按钮，进行 80 氨基酸比对。

(8) 点击“Exact match for contiguous amino acids”按钮，默认条件为 6。

(9) 点击“submit”按钮。

(10) 根据比对结果，分析外源蛋白的过敏性。

3）血清学实验分析目标蛋白的过敏性

(1) 提取转基因植物总蛋白。参阅实验 11-1“用于双向电泳分析的植物总蛋白提取及浓度测定”。

(2) SDS-PAGE 分离目标蛋白。参阅实验 11-2“双向电流分离目的蛋白”。

(3) 免疫小鼠。设阴性对照组、目标蛋白组和阳性对照组。其中阴性对照组：0.2mol/L pH 7.4 的 Tris-HCl 经口灌胃致敏和腹腔注射激发；目标蛋白组：100mg/ml 目标蛋白经口灌胃致敏、200mg/ml 目标蛋白经口灌胃激发；阳性对照组：0.50mg/ml 的卵白蛋白经口灌胃致敏、1.0mg/ml 卵白蛋白腹腔注射激发。致敏、激发剂量均为 0.3ml/10g 体质量。每组小鼠均在第 1、7、14 天致敏，第 21 天激发。

（4）采集血清。末次激发后第14天采血，将血液在室温下自然凝固3～4h。待血液凝固后，用毛细滴管吸取血清。3000r/min离心15min，取上清备用。

（5）血清的预处理：取5ml血清与等量的生理盐水混合后，缓慢加入20g/100ml的硫酸铵使有沉淀产生。充分混合后，4℃放置30min；后于3000r/min离心20min，弃沉淀，上清液中继续加入硫酸铵至浓度为50g/100ml，4℃放置30min，经5000r/min离心30min，收集沉淀溶于10ml的生理盐水，加入硫酸铵至终浓度为33g/100ml，4℃放置30min，后于3000r/min离心20min，沉淀以33g/100ml饱和度的硫酸铵溶液洗涤两次后，溶解于10ml生理盐水中，置于透析袋中在生理盐水中透析过夜，处理好的血清用于IgE测定。

（6）间接ELISA检测抗血清中sIgE。用包被缓冲液将目标蛋白稀释至一定质量浓度，加到96孔酶标板，100μl/孔，4℃过夜；次日用PBST液洗涤3次，拍干；将酶标板孔内加入封闭液，200μl/孔，37℃恒温箱中孵育2h，同上洗涤；将一定质量浓度的抗血清加入板孔，100μl/孔，37℃恒温箱中孵育2h，同上洗涤；加入羊抗鼠IgE-HRP，100μl/孔，37℃恒温箱中孵育2h，同上洗涤；再加现配制的OPD底物显色液，37℃避光显色30min；加入2mol/L的H_2SO_4终止液，每孔50μl，用ELISA酶标仪于492nm波长处，以空白对照孔调零后测定各孔OD值。

【实验解析】

（1）外源蛋白全长比对结果E值小于或等于0.01、80个氨基酸序列与已知过敏原有大于或等于35%的序列同源性、与已知过敏原有8个连续相同的氨基酸序列时，认为外源蛋白与已知过敏原存在较高的序列同源性，其潜在过敏性的可能性较高，否则可认为外源蛋白的不具有潜在过敏性。

（2）当生物信息学分析认为外源蛋白可能为过敏原时，需要进行血清学实验。实验时，检测孔与阴性对照孔的OD_{492}之比（P/N）≥2.1时，认为外源蛋白为过敏蛋白，否则为非过敏蛋白。

第 38 章

转基因植物的毒理学检测

实验 38-1 转基因植物的急性毒性试验

【实验目的】

转基因植物在达到人们理想目的效果的同时，是否会增加和集聚了植物中原有的微量毒素或产生新的毒素？故必须对转基因植物进行毒性检测。急性毒性试验是在 24h 内饲喂动物 1 次或 2 次（间隔 6～8h），观察动物接受过量的受试食物所产生的急性中毒反应，计算 LD_{50}。为多次反复饲喂的毒性试验设计剂量，分析毒性作用的主要靶器官，为人体摄入过量时可能出现的毒性反应提供参考信息等。

【实验材料】

1）试验动物

选用健康的小鼠或大鼠，一般为 7～9 周龄成年鼠。同批试验中，组内个体间体重差异应小于 10%，各组间平均体重差异不应超过 5%。试验前至少驯养观察 1 周，记录动物的行为活动、饮食、体重及精神状况。

2）受试物

受试物应溶解或悬浮于适宜的介质中。

【实验试剂】

常规检测试剂。

【实验操作】

1）灌胃染毒

对于转基因食品，可采用最大受试食物量试验方法，即在合理的浓度及合理的容量条件下，用最大的剂量给予试验动物，或选择 4 个固定剂量灌胃给予试验动物，观察动物的反应。

2）观察

给予受试动物食物后至少应观察 2 周，根据毒性反应的具体特点可适当延长。对每只动物均应仔细观察和详细记录各种毒性反应出现和消失的时间。给予受试动物食物当天至少应观察记录两次，以后可每天一次。观察记录的内容包括皮肤、黏膜、毛色、眼睛、呼吸、循环、自主及中枢神经系统行为表现等。动物死亡时间的记录要准确。应分别在给受试食物前、给受试食物后 1 周、动物死亡及试验结束时称取动物的体重。所有动物包括死亡或处死的动物均应进行尸检，尸检异常的器官应作病理组织学检查。

3）计算 LD_{50}

按改良寇氏法公式进行计算 LD_{50}。

【实验解析】

（1）试验动物首选大鼠，饲喂前禁食 6～12h，给受试食物后再禁食 3～4h。如无资料证明雄性动物对受试食物更敏感，首先用雌性动物进行预试验。

（2）根据受试食物的有关资料，确定初始剂量，若无有关资料作参考，需进行预试验。

（3）给受试食物后的观察期至少 7d，如动物的毒性反应在第 7d 时仍然存在，应继续再观察 7d。

实验 38-2 转基因植物的慢性毒性试验

【实验目的】

在动物的大部分生命期间，反复饲喂转基因植物后观察其呈现的慢性毒性作用及其剂量-反应关系，尤其是进行性和不可逆毒性作用及肿瘤疾患，并确定受试物的无作用剂量和最大耐受剂量，作为最终评定转基因植物能否应用于食品的依据。

【实验材料】

1）试验动物

一般用雌、雄两性断乳大鼠或小鼠。对活性不明的受试物，则宜用两种性别的啮齿类和非啮齿类动物。同批试验中，组内个体间体重差异应小于 10%，各组间平均体重差异不应超过 5%。

2）受试物

转基因植物饲料，鼠用普通饲料。

【实验试剂】

常规检测试剂。

【实验操作】

1）染毒

试验动物经口给予，可加入饲料、饮水中或灌胃。

2）一般性指标观察

（1）对试验动物的一般健康状况每天至少有一次认真的观察和记录。对死亡动物要及时剖检并保存尸体；对有病或濒死的动物需分开放置或处死，并检测各项指标。动物出现异常，需详细记录肉眼所见、病变性质、时间、部位、大小、外形和发展等情况，对濒死动物要详细描述。

（2）试验期的前13周即前3个月，每周要对全部动物分别称量体重，以后每4周1次，每周要检查和记录一次每只动物的饲料食用量。如以后健康状况或体重无异常改变，可以每3个月检查一次。

3）血液学检查

于试验前、试验后每隔6个月及试验结束时进行常规检查血红蛋白、血细胞压积、红细胞计数、白细胞计数及分类、血小板及血凝试验等。大、小鼠每组每一性别检查10只，且每次检查尽可能安排为同一动物。非啮齿类动物则全部检查。当发现动物健康状况有变化时，必须对有关动物血液进行红、白细胞计数，当需要进一步探讨时，尚需作白细胞分类检查；当各剂量组只有在高剂量组和对照组动物间有较大差异时，方进行红、白细胞计数检查，濒死的动物应作白细胞分类检查。

4）生化检查

于试验前、试验后每隔6个月及试验结束时进行。检测指标有血清谷丙转氨酶、谷草转氨酶、羟丁酸脱氢酶、肌酸激酶、碱性磷酸酶、乳酸脱氢酶、总蛋白、清蛋白、球蛋白、血糖、总胆固醇、甘油三酯、总胆红素、尿素氮、肌酐、尿比重、尿沉淀物及钙、磷、氯、钾、钠等微量元素。

5）病理检查

大体检查将为显微镜检查取材提供方便，故应特别注意；濒死或处理的动物均应进行系统的肉眼检查；对有关脏器需要进行称量。

6）显微镜检查

显微镜检查是慢性毒性试验的主要必检项目，凡在试验过程中濒死处理的动物均应进行。有条件和需要时可酌情进行电镜检查；要累积常用动物的肿瘤发生数据，为今后制定相应自然肿瘤发生率提供依据。

7）恢复性观察

试验结束后，每组留下的动物继续观察4周，以了解毒效应的可逆程度及迟发性毒作用。观察期间不给予受试物。

【实验解析】

（1）组数：除对照组外，一般试验组可分为3～5组，要求最高剂量组的剂量能引起最小毒性表现，但不影响其正常生长、发育和寿命，试验组的剂量可按几何级数或其他规律划分，对照组除不给予受试物外其他条件均与试验组相同。

（2）动物数量：慢性毒性试验中啮齿类动物每组至少50只，雌雄各半，非啮齿类动物每组每一性别至少4只，如计划在试验期中定期剖杀时，动物数要作相应增加。当慢性毒性和致癌试验结合在一起进行时，每组动物雌雄均以50只以上为宜，如计划在试验期中定时剖杀，动物数要相应增加。

（3）饲料：饲料中营养成分应能满足该试验动物的营养需要。饲料的污染物如残余杀虫剂、多环芳烃化合物、雌激素、重金属、亚硝胺类化合物等的含量要控制；不饱和脂肪酸与硒的含量要限制，均应使其不影响受试物的试验结果。

（4）饲养管理：除参见食品毒理试验中试验动物和饲料要求外，尚需做到：同一间动物房中不得放置两种试验动物，也不能同时进行两种受试物的毒性试验；不得使用消毒剂和杀虫剂等药物；动物饲料罐中的饲料每周至少要更换两次。

（5）受试物：非营养性受试物加入饲料中的量不能大于饲料量的5%；营养成分受试物应尽可能采用高剂量，应保证试验动物的营养平衡或采用对饲方法。受试物在饲料制备或存放时，要求不影响饲料的营养成分含量和性质。饲料中加入受试物的量很少时，宜先将受试物加入少量饲料中充分混匀后，再加入一定量饲料后混匀，如此反复3～4次。

（6）试验期限：一般情况下，致癌试验试验期小鼠定为18个月，大鼠定为24个月；个别生命期较长和自发性肿瘤率较低的动物可适当延长。

试验期中，当最低剂量组或对照组存活的动物数仅为开始时的25%时，可及时中止试验；但因明显的受试毒性作用造成高剂量组动物过早死亡，则应继续进行试验，如因管理不善所造成的动物死亡大于10%及小鼠在试验期为18个月或大鼠为24个月时，各组存活率均小于50%也应中止进行。

（7）总结与报告：有关动物、饲料、饲养的日常观测、气象、人员变动及试验过程中发生的情况均应详细记录和妥善保存；资料的统计与分析按相关的统计学方法进行；按各阶段的试验资料、数据汇总后进行统计分析；完整、准确地描述对照组与各剂量组动物间各项指标的差异，以展示其毒性作用；报告应阐明试验设计、毒性表现、受试物的食用可行性评价。

实验 38-3　转基因植物的细胞毒性试验

【实验目的】

微核试验是检测染色体或有丝分裂器损伤的一种细胞毒性试验方法。无着丝粒的染色体片段或因纺锤体受损而丢失的整个染色体，在细胞分裂后期仍留在子细胞的胞质内成为微核。对食用转基因植物的动物进行微核测试是转基因植物毒理学评价的重要方法。

【实验材料】

1）试验动物

选用健康的小鼠或大鼠，一般为 7～9 周龄。同批试验中，组内个体间体重差异应小于 10%，各组间平均体重差异不应超过 5%。

2）受试物

转基因植物饲料，鼠用普通饲料。

【实验试剂】

（1）0.8%生理盐水。

（2）0.1mol/L 环磷酰胺溶液。

（3）0.5% KCl。

（4）固定液（甲醇与冰醋酸的体积比为 3∶1）。

（5）吉姆萨染液。

【实验操作】

1）小鼠饲喂

试验动物小鼠随机分为 4 组：转基因饲料饲喂组、非转基因饲料饲喂组、阳性对照组和阴性对照组。阳性对照组和阴性对照组都用普通饲料饲喂，阴性对照组在处死小鼠前 24h 腹腔注射 0.2ml 生理盐水；阳性对照组在处死小鼠前 24h 腹腔注射环磷酰胺，注射剂量 60mg/ml 体重。每大组分别设立 10d、20d、30d 3 组，每组 8 只小鼠。

2）细胞学试验

（1）骨髓细胞的制备：所有饲喂处理结束，处死小鼠，取下股骨，用纱布将股骨外的肌肉剔除干净，浸入盛有生理盐水的烧杯中。用生理盐水洗出股骨内骨髓细胞，自然沉降后吸出细胞悬浮液，以 1000r/min 转速离心 7min，弃上清液，留下骨髓细胞。

（2）低渗：用 0.5% KCl 低渗液 7ml 加入盛有骨髓细胞的 10ml 离心管中，用吸管缓慢冲打均匀，放入 37℃温箱低渗 20min，然后取出离心管，以 1000r/min 转速离心 7min。吸弃上清液。

（3）固定：用甲醇和冰醋酸（按 3∶1 的比例）配制的固定液，固定细胞 15min 后，离心，换一次固定液，在室温中搁置 15min，离心，收集细胞，制备细胞悬浮液。

（4）微核检测：吸取 1ml 细胞悬浮液，平铺在干净载玻片上。晾干后用吉姆萨染液染色 10min。晾干后显微镜下观察微核并计数。

（5）数据整理，进行方差分析。

【实验解析】

（1）饲料配制时非营养性受试物加入饲料中的量不能大于饲料量的 5%，营养成分受试物应尽可能采用高剂量。

（2）此试验关键在于严格遵循试验设计的处理间唯一差异原则。选择的小鼠在饲喂前，必须是体重一致的健康小鼠。在饲喂过程中除试验处理外其他条件，包括饮水等生长环境，要严格一致。

（3）微核检测时，每个处理建议统计 1000 个细胞以上。另外，试验应重复 3 次以上，以保证结果的可靠性。

第八篇主要参考文献

昌艳萍，杨亮，李春青，等. 2011. 转基因植物对环境微生物的影响及其检测技术的研究进展. 河北大学学报，3：23-25

崔荣荣，韦颖，孟攀潘，等. 2012. 抗草铵膦转基因水稻明恢 86B 杂草化潜力评价. 中国水稻科学，26（4）：467-475

黄昆仑，段武德，李欣，等. 2010，转基因生物及其产品食用安全性检测：外源蛋白质过敏性生物信息学分析方法. 农业部 1485 号公告-18

李莹莹，吴彩娥，杨剑婷，等. 2011. 白果过敏蛋白及其过敏原性研究. 食品科学，32（7）：16-20

孟橘，夏天文，陈勇，等. 2008. 动植物油脂-脂肪酸甲酯制备. 国家标准 GB/T 17376—2008

单毓娟. 2013. 食品毒理学. 北京：科学出版社

田波. 2009. 转基因植物种植土壤微生物群落多样性指数度量的研究. 南京：南京大学硕士学位论文

王关林，方宏筠. 2009. 植物基因工程. 北京：科学出版社

王关林，方宏筠. 2014. 植物基因工程. 2 版. 北京：科学出版社

王金斌，赵凯，谭芙蓉，等. 2010. 一种用于评价植物根系微生物群落多样性的土壤 DNA 提取方法. 江西农业学报，28：18-26

杨月欣，王竹，韩军花，等. 2006. 转基因植物及其产品食用安全检测-抗营养素第 2 部分：胰蛋白酶抑制剂的测定. 国家标准 NY/T1103. 2—2006

中英文名词缩写对照

中英文名词缩写对照表

英文缩写	中文名称
cDNA	互补脱氧核糖核酸
ABA	脱落酸
AMV	禽骨髓母细胞瘤病毒
APS	过硫酸铵
AS	乙酰丁香酮
ATP	腺苷三磷酸
Bar	双丙氨膦抗性基因
BSA	牛血清白蛋白
buffer	缓冲液
Cas genes	CRISPR 相关基因
CAT	过氧化氢酶
CP	病毒衣壳蛋白
Crispr	成簇的规律间隔的短回文重复序列
dCTP	三磷酸脱氧胞
ddH_2O	重蒸馏水
DEPC	焦碳酸二乙酯
DMEM	一种含各种氨基酸和葡萄糖的细胞培养基
DMSO	二甲基亚砜
DNA Marker	DNA 标记
DNA polymerase	DNA 聚合酶
DNase	脱氧核糖核酸酶
dNTP	脱氧核糖核苷三磷酸
DSBs	DNA 双链断裂
dsRNA	双链 RNA
DTT	二硫苏糖醇
E. coli	大肠杆菌
EB	溴化乙锭
*Eco*RⅠ	限制性内切核酸酶 *Eco*RⅠ
EDTA	乙二胺四乙酸
EEN	人工的核酸内切酶
ERF	乙烯响应因子
EST	表达序列标签
EtBr	溴化乙锭

续表

英文缩写	中文名称
FBS	牛胎儿血清
FPLC	快速蛋白液相色谱
FW（或 Wf）	鲜重
GFP	绿色荧光蛋白
GS	谷氨酰胺合成酶
HDR	同源重组
HEPEH	羟乙基哌嗪乙磺酸
hpRNA	发卡结构 RNA
IPTG	异丙基硫代半乳糖苷
LB medium	溶菌肉汤培养基
ligase	连接酶
MCS	多克隆位点
MDA	丙二醛
MEM	动物细胞培养中的常用的培养基
mer	单体单元，相当于 nt 或者 bp
MES	2-吗啉乙磺酸
M-MLV	反转录酶
MP	病毒移动蛋白
mRNA	信使 RNA
mtDNA	线粒体 DNA
NaAC	乙酸钠
NAD	烟酰胺腺嘌呤二核苷酸
NHEJ	非同源末端链接
NLS	核定位信号
Not Ⅰ	限制性内切核酸酶 *Not* Ⅰ
oligo（dT）	多聚胸腺嘧啶
PAGE	聚丙烯酰胺凝胶电泳
PAM	原型间隔序列毗邻基序
PAT	膦丝菌素乙酰转移酶
PBS	磷酸缓冲液
PCR	聚合酶链反应
PDS	八氢番茄红素脱氢酶
PEG	聚乙二醇
Pn	净光合速率
POD	过氧化物酶
PPT	膦丝菌素（草丁膦，草铵膦）
primers	引物
PTGS	转录后基因沉默
PVP	聚乙烯吡咯烷酮
RAPD	随机扩增的多态性 DNA
RdRp	RNA 依赖性 RNA 聚合酶

续表

英文缩写	中文名称
RFLP	限制性片段长度多态性
RISC	RNA 诱导沉默复合物
RNAi	RNA 干扰
RNase	核糖核酸酶
RNase H	内切核糖核酸酶
RNasin	核糖核酸酶抑制剂
RTase	反转录酶
RT-PCR	反转录 PCR
RWC	相对含水量
Rz	自切割核糖酶
SDS	十二烷基硫酸钠
SEC	siRNA 表达框架
sgRNA	单向导 RNA
siRNA	小干扰 RNA
SOD	超氧化物歧化酶
Spc	盐酸壮观霉素
specific primer	特异引物
SSC	柠檬酸钠缓冲液
ssDNA	单链 DNA 寡核苷酸
SSR	简单重复序列
T4-DNA ligase	T4 DNA 连接酶
TAIL-PCR	交错式热不对称 PCR
TALEN	类转录激活因子效应物核酸酶
Taq	耐热的 DNA 聚合酶
TEMED	四甲基乙二胺
total RNA	总 RNA
Tr	蒸腾速率
tracrRNA	反式激活的 crRNA
Tris	三羟甲基氨基甲烷
TRV	烟草脆裂病毒
UPGMA	非加权组平均法
urea	尿素
UTR	非编码区
VIGS	病毒诱导的基因沉默
Wt	最终饱和重量
WUE	水分利用效率
X-Gal	5-溴-4-氯-3-吲哚-β-D-半乳糖苷
ZFN	锌指蛋白核酸内切酶

附录

附录1 主要溶液及缓冲液的配制

1-1 质粒提取试剂

溶液Ⅰ：50mmol/L 葡萄糖，25mmol/L Tris-HCl（pH8.0），10mmol/L EDTA（pH8.0），121℃灭菌 20min，贮存于 4℃。

溶液Ⅱ：现用现配，0.2mol/L NaOH，1% SDS。

溶液Ⅲ：5mol/L 乙酸钾 60ml，11.5ml 冰醋酸，用蒸馏水定容至 100ml，121℃灭菌 20min，贮存于 4℃。

TE 缓冲溶液：10mmol/L Tris-HCl（pH8.0），1mmol/L EDTA（pH8.0），121℃灭菌 20min，贮存于 4℃。

RNaseA 溶液：称取 10mg RNaseA 粉末溶于 1ml 双蒸水中，配成 10g/L 的溶液。

1-2 DNA 提取溶液

DNA 提取缓冲液：0.35mol/L 山梨醇，100mmol/L Tris-HCl（pH7.5），5mmol/L EDTA。

DNA 提取裂解缓冲溶液：2% CTAB，2mol/L NaCl，50mmol/L EDTA，200mmol/L Tris-HCl（pH7.5）。

2×CTAB buffer（200ml）（pH7.5）NaCl 23.376g，Tris-Base 4.844g，CTAB 4g，Na_2EDTA 3.722g。

1-3 电泳溶液

50×TAE 溶液：242g Tris 碱，57.1g 冰醋酸，100ml 0.5mol/L EDTA（pH8.0），加双蒸水至 1L。

溴化乙锭（EB）溶液：将 EB 配制成10mg/ml，用铝箔或者黑纸包裹容器，储存于室温即可。

1-4 酵母转化试剂

10×TE：100mmol/L Tris（pH7.5），10mmol/L EDTA，用 HCl 调节 pH，过滤除菌，室温保存。

10×LiAc：1mol/L LiAc 溶液（pH 7.5），用稀释过的冰醋酸调节 pH，过滤除菌，室温保存。

1×LiAc/0.5×TE：按比例以 10×LiAc 和10×TE 及双蒸水配制，过滤除菌，室温保存。

1×LiAc/40% PEG 3350/1×TE（1ml）：0.5ml 双蒸水，0.1ml 10×TE，0.1ml 10×LiAc，0.4g PEG 3350。121℃灭菌 20min。

100×鲑精 DNA（10g/L）：0.5g 鲑精 DNA，剪切成 1mm 左右的碎末，加入 50ml 0.1mol/L NaCl 溶液中，用磁力搅拌器搅拌 4h，高压灭菌后分装为 1ml/份，－20℃贮存备用。

1-5 分子杂交试剂

20×SSC（pH7.0）：3mol/L NaCl，0.3mol/L 柠檬酸钠。

5×甲醛电泳缓冲液：0.1mol/L MOPS，40mmol/L NaAc，50mmol/L EDTA，用 NaOH 调 pH7.0，去离子水定容至 1L。电泳时使用 1×甲醛凝胶电泳缓冲液。

antibody solution：将抗体 10 000r/min 离心 5min 后，用 10×blocking buffer 按 1∶5000 稀释。

blocking buffer：10×blocking buffer 用 Malefic acid buffer 按 1∶10 稀释。

DEPC 水：在双蒸水中加入 DEPC，混匀，室温静置过夜，121℃灭菌 30min。

detection buffer：0.1mol/L Tris-HCl（pH9.5），0.1mol/L NaCl。

malefic acid buffer（pH7.5）：0.1mol/L malefic acid，0.15mol/L NaCl。

washing buffer：0.1mol/L malefic acid buffer，0.3% Tween-20。

洗液Ⅰ：2×SSC，0.1% SDS。

洗液Ⅱ：0.5×SSC，0.1% SDS。

1-6　蛋白质电泳试剂

SDS-PAGE 凝胶（15%分离胶）：纯水 1.17ml，30% 丙烯酰胺溶液 2.0ml，2.0mol/L Tris-HCl（pH8.8）0.75ml，10% SDS 0.04ml，10% 过硫酸铵 0.04ml，TEMED 0.0016ml。

SDS-PAGE 凝胶（5%浓缩胶）：纯水 1.4ml，30% 丙烯酰胺溶液 2.0ml，2.0mol/L Tris-HCl（pH8.8）0.33ml，10% SDS 0.25ml，10%过硫酸铵 0.02ml，TEMED 0.002ml。

PBS 缓冲液（1L）：NaCl 8g，KCl 0.2g，Na_2HPO_4 1.44g，K_2HPO_4 0.24g，pH7.4，高温高压灭菌。

2×SDS 上样缓冲液：Tris-HCl（pH6.8）100mmol/L，DTT 200mmol/L，SDS 4%，溴酚蓝 0.2%，甘油 20%（注：DTT 在使用前加入，其他的配成混合液可室温放置）。

5×Tris-甘氨酸电泳缓冲液（1L）：Tris-base 15.1g，Glycine 94，10%电泳级 SDS 贮液 50ml。（注：电泳前用纯水稀释成 1 倍使用）。

考马斯亮蓝染色液：（100ml）（可重复利用）甲醇 45ml，冰醋酸 10ml，考马斯亮蓝 0.25g，纯水 45ml。三层滤纸过滤以除去不溶物。

脱色液：（500ml）甲醇 150ml，冰醋酸 50ml，纯水 300ml。

1-7　磷酸盐缓冲液

磷酸盐缓冲液（pH2.0）甲液：取磷酸 16.6ml，加水至 1000ml，摇匀。乙液：取磷酸氢二钠 71.63g，加水使溶解成 1000ml。取上述甲液 72.5ml 与乙液 27.5ml 混合，摇匀，即得。

磷酸盐缓冲液（pH2.5）：取磷酸二氢钾 100g，加水 800ml，用盐酸调节 pH 至 2.5，用水稀释至 1000ml。

磷酸盐缓冲液（pH5.0）：取 0.2mol/L 磷酸二氢钠溶液一定量，用氢氧化钠试液调节 pH 至 5.0，即得。

磷酸盐缓冲液（pH5.8）：取磷酸二氢钾 8.34g 与磷酸氢二钾 0.87g，加水使溶解成 1000ml，即得。

磷酸盐缓冲液（pH6.5）：取磷酸二氢钾 0.68g，加 0.1mol/L 氢氧化钠溶液 15.2ml，用水稀释至 100ml，即得。

磷酸盐缓冲液（pH6.6）：取磷酸二氢钠 1.74g、磷酸氢二钠 2.7g 与氯化钠 1.7g，加水使溶解成 400ml，即得。

磷酸盐缓冲液（pH6.8）：取 0.2mol/L 磷酸二氢钾溶液 250ml，加 0.2mol/L 氢氧化钠溶液 118ml，用水稀释至 1000ml，摇匀，即得。

磷酸盐缓冲液（pH7.0）：取磷酸二氢钾 0.68g，加 0.1mol/L 氢氧化钠溶液 29.1ml，用水稀释至 100ml，即得。

磷酸盐缓冲液（pH7.2）：取 0.2mol/L 磷酸二氢钾溶液 50ml 与 0.2mol/L 氢氧化钠溶液 35ml，加新沸过的冷水稀释至 200ml，摇匀，即得。

磷酸盐缓冲液（pH7.3）：取磷酸氢二钠 1.9734g 与磷酸二氢钾 0.2245g，加水使溶解成 1000ml，调节 pH 至 7.3，即得。

磷酸盐缓冲液（pH7.4）：取磷酸二氢钾 1.36g，加 0.1mol/L 氢氧化钠溶液 79ml，用水稀释至 200ml，即得。

磷酸盐缓冲液（pH7.6）：取磷酸二氢钾 27.22g，加水使溶解成 1000ml，取 50ml，加 0.2mol/L 氢氧化钠溶液 42.4ml，再加水稀释至 200ml，即得。

磷酸盐缓冲液（pH7.8）甲液：取磷酸氢二钠 35.9g，加水溶解，并稀释至 500ml。

1-8　Tris-HCl 缓冲液

50ml 0.1mol/L 三羟甲基氨基甲烷（Tris）溶液与 $x$ml 0.1mol/L HCl 混匀后，加水稀释至 100ml。

pH	x/ml	pH	x/ml	pH	x/ml	pH	x/ml
7.10	45.7	7.60	38.5	8.10	26.2	8.60	12.4
7.20	44.7	7.70	36.6	8.20	22.9	8.70	10.3
7.30	43.4	7.80	34.5	8.30	19.9	8.80	8.5
7.40	42.0	7.90	32.0	8.40	17.2	8.90	7.0
7.50	40.3	8.00	29.2	8.50	14.7	9.00	5.7

附录 2　常用培养基的配制

2-1　大肠杆菌 LB 培养基

10g 蛋白胨，5g 酵母抽提物，10g NaCl，加双蒸水至总体积 1L，用 NaOH 调节 pH 至 7.5，121℃灭菌 20min。配制固体培养基时，每升液体培养基中加入 20g 琼脂粉。

2-2　蓝白斑筛选培养基

在每升 LB 固体培养基中加 20mg/ml 的 X-gal 40μl 和 200mg/ml 的 IPTG 4μl。

2-3　酵母 YPD 培养基

1%酵母提取物，2%蛋白胨，2%葡萄糖。

2-4　酵母 SC-U 基本培养基

0.01%（半胱氨酸、精氨酸、亮氨酸、苏氨酸、色氨酸、腺嘌呤），0.005%（苯丙氨酸、蛋氨酸、脯氨酸、缬氨酸、酪氨酸、丝氨酸、天冬氨酸、异亮氨酸、组氨酸），0.67% 酵母氮源，2% 葡萄糖（过滤除菌）。配制固体培养基时，每升液体培养基中加入 20g 琼脂粉。

2-5　酵母 SC-U 诱导培养基

将 SC-U 基本培养基中的 2%葡萄糖换成 2%半乳糖（过滤除菌）和 1%棉子糖（过滤除菌），其他成分与 SC-U 基本培养基相同。

2-6　农杆菌培养基

2-6-1　YEP 培养基

1%蛋白胨，1%酵母提取物，0.5% NaCl，1.5%琼脂糖。

2-6-2　NBY 培养基

牛肉汁 0.8%，酵母 0.2%，K_2HPO_4 0.2%，KH_2PO_4 0.05%，葡萄糖 0.25%，琼脂 1.5%。

2-6-3　PDA 培养基

马铃薯 20%，葡萄糖 2%，琼脂 2%。

2-6-4　MS 培养基配方

大量元素：NH_4NO_3 1.650g/L，KNO_3 1.9g/L，$CaCl_2 \cdot 2H_2O$ 440mg/L，$MgSO_4 \cdot 7H_2O$ 370mg/L，

KH_2PO_4 170mg/L。

铁盐：$FeSO_4 \cdot 7H_2O$ 27.85mg/L，$Na_2EDTA \cdot 2H_2O$ 37.25mg/L。

微量元素：KI 0.83mg/L，H_3BO_3 6.2mg/L，$MnSO_4 \cdot H_2O$ 15.6mg/L，$ZnSO_4 \cdot 7H_2O$ 8.6mg/L，$Na_2MoO_4 \cdot 2H_2O$ 0.25mg/L，$CuSO_4 \cdot 5H_2O$ 0.025mg/L，$CoCl_2 \cdot 6H_2O$ 0.025mg/L。

有机元素：肌醇 100mg/L，烟酸 0.5mg/L，甘氨酸 2.0mg/L，维生素 B_1 0.4mg/L，维生素 B_6 0.5mg/L。

附录 3　常用抗生素的配制及使用浓度

3-1　卡那霉素

50mg 卡那霉素（kanamycin，Kan），加双蒸水至总体积 1ml，配成 50mg/ml 贮存液，0.22μm 滤膜过滤后分装于 1.5ml 离心管中，−20℃保存备用。使用浓度通常为 50mg/L。

3-2　氨苄西林

50mg 氨苄西林（ampicillin，Amp），加双蒸水至总体积 1ml，配成 50mg/ml 贮存液，0.22μm 滤膜过滤后分装于 1.5ml 离心管中，−20℃保存备用。使用浓度通常为 50mg/L。

3-3　潮霉素

10mg 潮霉素（*Streptomyces hygroscopious*，hyg），加双蒸水至总体积 1ml，配成 10mg/ml 贮存液，0.22μm 滤膜过滤后分装于 1.5ml 离心管中，−20℃保存备用。使用浓度通常为 10mg/L。

3-4　头孢菌素类

500mg 头孢（cephalosporins，Cel），加双蒸水至总体积 1ml，配成 500mg/ml 贮存液，0.22μm 滤膜过滤后分装于 1.5ml 离心管中，−20℃保存备用。使用浓度通常为 500mg/L。

附录 4　常用相对分子质量标准

名称	化学式	相对分子质量
对硝基苯酚	HOC_6H_4NO	123.11
二甲苯	$C_6H_4(CH_3)_2$	106.17
二氯甲烷	CH_2Cl_2	84.93
甲醛	HCHO	30.03
甲醇	CH_3OH	32.04
甲苯	$C_6H_5CH_3$	92.14
乙酸乙酯	$C_8H_{16}O_2$	144.21
三氯甲烷（氯仿）	$CHCl_3$	119.38
三氯乙酸	CCl_3COOH	163.39
乙醇，俗称“酒精”	C_2H_5OH	46.07
对苯二酚，亦称“氢醌”	$C_6H_6O_2$	110.11
丁酮，简称“MEK”	$CH_3COCH_2CH_3$	72.11
醋酐，亦称“乙酸酐”	$(CH_3CO)_2O$	102.09

续表

名称	化学式	相对分子质量
草酸（乙二酸）	$(COOH)_2$	90.04
丙烯酰胺	$CH_2{=}CHCONH_2$	71.08
苯并三氮唑	$C_6H_5N_3$	119.12
苯甲酸钠，亦称"安息香酸钠"	$C_7H_5NaO_2$	144.11
苯胺，俗称"阿尼林油"	$C_6H_5NH_2$	93.13
蓖麻油	$C_{57}H_{104}O_9$	933.37
甘油，亦称"丙三醇"	$C_3H_8O_3$	92.09
1,2-丙二醇	$CH_3CHOHCH_2OH$	76.10
苯酚，俗称"石炭酸"	C_6H_5OH	94.11
冰醋酸	CH_3COOH	60.05
丙酮	CH_3COCH_3	58.08
氨三乙酸	$CH_6N_9O_6$	191.14

附录 5　常用的测量单位及摩尔数与重量间的换算

5-1　常用的测量单位

类别	单位
质量	千克（kg）、克（g）、毫克（mg）、吨（t）
物质的量	摩尔（mol）、毫摩（mmol）、皮摩（pmol）
物质的量浓度	摩（尔）每立方米（mol/m^3）、摩每升（mol/L）、mmol/L、mol/L、nmol/L
长度	米（m）、厘米（cm）
体积	立方米（m^3）、升（L）、毫升（ml）、微升（μl）

5-2　摩尔数与重量间的换算

质量（g）＝摩尔数（mol）×相对分子质量

摩尔数（mol）＝质量（g）/相对分子质量

附录 6　DNA 片段分子质量及其量与质量的换算

1 个脱氧核糖核酸碱基的平均分子质量为 333Da；1 个核糖核酸碱基的平均分子质量为 340Da。因此，脱氧核糖核酸（DNA）的质量＝摩尔数(mol)×333×碱基数；核糖核酸（RNA）的质量＝摩尔数(mol)×340×碱基数。

附录7　凝胶浓度的有效分离范围

7-1　不同浓度琼脂糖凝胶的分离范围

浓度	范围
0.3	5～60kb
0.6	1～20kb
0.7	0.8～10kb
0.9	0.5～7kb
1.2	0.4～6kb
1.5	0.2～3kb
2.0	0.1～2kb

7-2　不同浓度 SDS-PAGE 胶的分离范围

浓度	范围
6	50～150kDa
8	30～90kDa
10	20～80kDa
12	12～60kDa
15	10～40kDa

附录8　转基因植物主要目的基因、表达蛋白和目的性状

8-1　目的性状为抗病菌类基因

烟草花叶病毒（TMV）、TRV（烟草脆裂病毒）、CMV（黄瓜花叶病毒）、SMV（大豆花叶病毒）、ALMV（苜蓿花叶病毒）、RSV（水稻条纹病毒）、PVX（马铃薯X病毒）及PVY（马铃薯Y病毒）、α-硫素基因（抗病蛋白）、*ttr* 基因（抗细菌毒素）、溶菌酶基因（鸡蛋蛋白或T4噬菌体）、几丁质酶基因（抗真菌）、葡聚糖酶基因（抗真菌）、*KP4* 基因、*WYMV-Nib8*、*BYDV-GPV*、*PAV*＋*GPV*、*NP-1* 等。

8-2　目的性状为抗虫类基因

毒晶蛋白基因（简称Bt基因）、凝集素基因、淀粉酶抑制剂基因、几丁质酶基因、蝎毒素、脂肪氧化酶基因、蛋白酶抑制剂基因、蜘蛛毒素基因等。

8-3　目的性状为抗除草剂类基因

aroA 基因（分解草甘膦）、EPSP合成酶基因、草甘膦氧化还原酶（GOX）基因等。

8-4　目的性状为品质改良类基因

植酸酶基因、*CHS* 基因（花色素合成关键酶）、*AMA1* 基因（提高蛋白含量）、*BcpLH*（白菜叶发育基因）、*cpLH* 反义基因（引起先期抽薹变异）等。

8-5 目的性状为抗旱类基因

2R3-MYB、*bZI*、*CAZFP1*、转录因子 *DREB*（*CBF* 基因）、*IPT*、*AVP1* 基因、*LEA* 基因、*CBL1*、*P5CR* 基因、*ADC*、*SAMDC* 等。

8-6 目的性状为抗盐碱类基因

甜菜碱醛脱氢酶基因、*HAL1* 基因、*LEA* 基因、超氧化物歧化酶基因、过氧化氢酶基因、*Os-MAPK4* 等。

8-7 目的性状为抗低温类基因

转录因子 *DREB*（*CBF* 基因）、*LEA* 蛋白基因、*HAV1* 蛋白基因、*Le25* 基因、*AFP*、*desA* 基因、甘油-3-磷酸酰基转移酶等。

8-8 目的性状为养分高效利用类基因

OsPTF1（提高磷利用率）、谷氨酰胺合成酶基因 *glnA*（提高氮利用率）、*AMT* 基因（提高氮利用率）等。

8-9 目的性状为次生代谢类基因

H6H（提高东莨菪碱含量）、*FDS* 基因（青蒿素）、*SMT* 基因（提高 S 金黄紫堇碱 9-*O* 转甲基酶活性）、八氢番茄红素合成酶（促进合成胡萝卜素）、八氢番茄红素脱氢酶（促进合成胡萝卜素）、番茄红素环化酶（促进合成胡萝卜素）等。

8-10 目的性状为生物反应器类基因

人类重组蛋白生长激素、重组抗生物素蛋白、Ⅱ型胶原耐受多肽、ADP 葡糖焦磷酸化酶基因、果糖转移酶基因 *FTF*、甘露醇-1-磷酸脱氢酶基因（*MtD*）等。

8-11 目的性状为雄性不育类基因

Barnase（一种 RNA 酶基因）、*CMS7311-orf224* 等。

8-12 目的性状为筛选类基因

bar 基因、*gus* 基因、新霉素磷酸转移酶等。

附录 9 植物基因组大小及拷贝数计算方法

9-1 基因 DNA 定量测定

通过基因 DNA 定量测定方法，可以准确获得提取样品 DNA 浓度和质量，其中包括转基因标准样品 DNA。利用测定的 DNA 标准样品的浓度和质量，可以测定转基因定性、定量 PCR 检测方法的定量极限。在通常情况下，转基因 PCR 检测方法的检测灵敏度、定量检测极限是通过检测基因的拷贝数或检测转基因的百分含量来表示的。但是，由于不同植物的基因组 DNA 的大小不一致，在进行灵敏度和定量极限分析时，需要将 DNA 样品的质量换算成基因组的拷贝数，具体换算方法通过下面的公式进行：

$$\text{样品中植物基因组拷贝数}=\frac{\text{样品 DNA 质量（g）}}{\text{植物单倍体基因组的大小}\times 324.5\times 2}\times 6.02\times 10^{23}$$

9-2 常见植物的基因组大小和质量

在进行换算时，需要知道植物基因组的大小或者单个基因组的质量。为方便起见，下表列出几种常见植物的基因组大小和质量。

俗名	学名	单倍体基因组质量/pg	单倍体基因组大小/Mb
Arabidopsis 拟南芥	*Arabidopsis thaliana*	0.15	125
Rice 水稻	*Oryza sativa* L. ssp. *indica*	0.48	466
Leek 韭菜	*Allium ampeloprasum*	28.135	24 255
Grape 葡萄	*Vitis vinifera*	0.5	490
Onion 洋葱	*Allium cepa*	18.845	15 290
Pineapple 菠萝	*Ananas comosus*	0.545	526
Papaya 番木瓜	*Carica papaya*	0.385	370
Peanut 花生	*Arachis hypogaea*	2.915	28
Sorghum 高粱	*Sorghum bicolor*	0.775	730
Corn 玉米	*Zea mays* ssp. *mays* L.	2.38	2 300
Cucumber 黄瓜	*Cucumis sativus* L.	0.38	350
Soybean 大豆	*Glycine max*	1.115	1 100
Oats 燕麦	*Avena sativa*	11.725	11 315
Rapeseed 甘蓝型油菜	*Brassica napus*	1.17	1 129
Pepper 辣椒	*Capsicum annuum*	2.8	2 702
Castor bean 蓖麻	*Ricinus communis*	0.335	350
Chick pea 豌豆	*Cicer arietinum*	0.765	738
Apple 苹果	*Malus* × *domestica* Borkh.	8.77	742
Watermelon 西瓜	*Citrullus vulgaris*	0.44	425
Orange 橘子	*Citrus sinensis*	0.38	367
Cantaloupe 哈密瓜	*Cucumis melo*	0.47	454
Zucchini 南瓜	*Cucurbita pepo*	0.52	502
Cotton 棉花	*Gossypium hirsutum*	2.195	2 118
Sunflower 向日葵	*Helianthus annuus*	2.975	2 871
Barley 大麦	*Hordeum vulgare*	8.05	4 873
Lentil 扁豆	*Lens culinaris*	4.21	4 063
Potato 马铃薯	*Solanum tuberosum*	1.65	844
Cassava 木薯	*Manihot esculenta*	0.72	690
Turnip 白菜	*Brassica rapa*	0.53	485
Banana 香蕉	*Musa* sp.	0.905	873
Tobacco 烟草	*Nicotiana tabacum*	4.38	4 221
Parsley 西芹	*Petroselinum crispum*	1.98	1 911
Petunia 矮牵牛	*Petunia hybrida*	1.32	1 274
Apricot 杏	*Prunus armenaica*	0.305	294
Tomato 番茄	*Solanum lycopersicum*	0.99	760
Cantaloupe 甜瓜	*Cucumis melo* L.	0.47	375
Banana 香蕉	*Musa acuminata*	0.905	523
Pear 梨	*Pyrus communis*	0.515	496
Mung bean 绿豆	*Vigna radiata*	0.6	579
Cowpea 豇豆	*Vigna unguiculata*	0.635	613

附录 10　我国转基因生物安全管理法规

我国转基因生物安全管理法规遵循国际通行指南，并注重我国国情，能够保障人体健康和动植物、微生物安全以及生态环境安全。建立了一整套适合我国国情并与国际接轨的法律法规、技术规程和管理体系。我国转基因法律法规体系已日臻完善。

10-1　我国转基因生物安全管理机构

设立国家农业转基因生物安全委员会，负责转基因生物安全评价和开展转基因生物安全咨询工作。农业部负责制定农业转基因生物安全评价标准和技术规范，认定农业转基因生物技术检测机构。

10-2　我国转基因生物安全管理法规

（1）2001 年，国务院颁布了《农业转基因生物安全管理条例》，农业部制定并实施了《农业转基因生物安全评价管理办法》、《农业转基因生物进口安全管理办法》、《农业转基因生物标识管理办法》和《农业转基因生物加工审批办法》4 个配套规章，质检总局实施了《进出境转基因产品检验检疫管理办法》。

（2）2015 年新修订并实施的《食品安全法》对转基因食品标示及法律适用等问题进行了明确规定。正在修订的《种子法》对涉及转基因植物的相关条款作了修改，《食品安全法实施条例》、《农业转基因生物安全评价管理办法》等也正在修订。

（3）建立了转基因生物安全监管体系。国务院建立了由农业、科技、环保、卫生、食品药品、检验检疫等 12 个部门组成的农业转基因生物安全管理部际联席会议制度，负责研究和协调农业转基因生物安全管理工作中的重大问题。农业部设立了农业转基因生物安全管理办公室，负责农业转基因生物安全评价管理工作。县级以上地方各级人民政府农业行政主管部门负责本行政区域内的农业转基因生物安全的监督管理工作。县级以上各级人民政府有关部门依照《食品安全法》的有关规定，负责转基因食品安全的监督管理工作。下一步，我们将积极配合有关立法机关加强转基因法律问题研究，做好相关立法工作。

附录 11　植物基因工程实验守则

一、每位实验者必须严格遵守我国基因操作的法规和守则：不能把带有目的基因的材料带出实验室；实验中带有目的基因的实验废物必须彻底高压灭菌后才能弃入垃圾箱，实验者一定要戴一次性手套、专用口罩、帽子及穿专用工作服，在离开实验室前要对自己接触基因的手等部位用乙醇严格消毒；工作服、口罩和帽子等实验用具要统一消毒保管。

二、每次实验前，学生要仔细预习实验指导，明确本次实验的目的与要求，了解实验内容和应注意的事项。

三、进入实验室，要严格遵守实验室各项规章制度，衣着及所携带物品符合实验要求，按规定位置就位。

四、认真听取老师指导，按要求逐项细心操作，爱护仪器设备，节约材料，损坏物品要及时报告。

五、遵守实验室纪律，实验时，不准在实验室内谈笑喧哗、吸烟与饮食；不要在室内来回走动，共同保持室内的整洁与安静。严禁用酒精灯互相点火，以确保安全。

六、使用任何药品，请先看清楚标示、注意事项，翻阅物质安全资料表，查明是否对人体造成伤害，使用完毕请放回原位。

七、挥发性、腐蚀性、有毒溶剂（如甲醇、丙酮、乙酸、氯仿、盐酸、硫酸、酚等）要在通风橱中戴手套量取配制，取用完后随即盖好盖子，若不小心打翻试剂，马上处理。

八、有毒、致癌药剂如丙烯酰胺（神经毒剂）、溴化乙锭（致癌剂），请戴手套及口罩取用。脱下手套后，应养成洗手的好习惯。

九、认真记录实验的结果，分析实验现象，不抄袭他人实验记录，按时上交实验报告。

十、需要进一步培养观察的实验材料，应写好标签，注明日期，以防混淆或丢失。

十一、实验结束时，仪器用具要擦干净并放回原处，清除垃圾，实验室要打扫干净。离开实验室时，要注意切断电源、水源、气源，经许可方可离开。

附录12　植物基因工程实验报告的基本内容和要求

一、实验预习

在实验前要对本次实验内容进行认真预习，主要明确实验目的、要求，明确基因的名称、结果与功能及其主要事项，以及需要用到的仪器设备、物品资料和简要的实验步骤，形成一个操作提纲。对实验中的安全注意事项及可能出现的现象等做到心中有数。

二、实验记录

学生开始实验时，应该将记录本放在近旁，将实验中所做的每一步操作、观察到的现象和所测得的数据及相关条件如实地记录下来。

三、实验报告内容与格式

实验报告主要内容包括对实验数据、实验中的特殊现象、实验操作的成败、实验的关键点等内容进行整理、解释、分析总结，以及回答思考题、提出实验结论或提出自己的看法等。并按要求撰写实验报告。实验报告格式如下：

实验名称：　　　　　　　　实验操作者：　　　　　　　　日期：

1. 实验目的
2. 实验主要原理
3. 实验用具和药品
4. 实验材料和仪器
5. 实验步骤
6. 实验结果
7. 实验结果分析
8. 实验建议
